YINGKE® 盈科

案例·策略·智慧

盈科律师事务所2020年优秀案例精选

盈科律师事务所 / 编
梅向荣 / 主编
胡忠义 王汉波 / 执行主编

法律出版社
LAW PRESS·CHINA
北京

图书在版编目(CIP)数据

案例·策略·智慧. 盈科律师事务所2020年优秀案例精选 / 盈科律师事务所编 ; 梅向荣主编. -- 北京 : 法律出版社, 2021

ISBN 978-7-5197-5871-4

Ⅰ. ①案… Ⅱ. ①盈… ②梅… Ⅲ. ①案例-汇编-中国 Ⅳ. ①D920.5

中国版本图书馆CIP数据核字(2021)第171203号

案例·策略·智慧

——盈科律师事务所2020年优秀案例精选

ANLI · CELÜE · ZHIHUI

—YINGKE LUSHI SHIWUSUO 2020 NIAN YOUXIU ANLI JINGXUAN

盈科律师事务所 编

梅向荣 主编

胡忠义 王汉波 执行主编

策划编辑 朱海波

责任编辑 朱海波

装帧设计 贾丹丹

出版发行 法律出版社

编辑统筹 法律应用出版分社

责任校对 邢艳萍

责任印制 吕亚莉

经　　销 新华书店

开本 710毫米×1000毫米 1/16

印张 45.25 **字数** 800千

版本 2021年11月第1版

印次 2021年11月第1次印刷

印刷 天津嘉恒印务有限公司

地址:北京市丰台区莲花池西里7号(100073)

网址:www.lawpress.com.cn

投稿邮箱:info@lawpress.com.cn

举报盗版邮箱:jbwq@lawpress.com.cn

销售电话:010-83938349

客服电话:010-83938350

咨询电话:010-63939796

书号:ISBN 978-7-5197-5871-4

定价:158.00元

凡购买本社图书,如有印装错误,我社负责退换。电话:010-83938349

案例·策略·智慧

盈科律师事务所2020年优秀案例精选

主　　编　梅向荣

执行主编　胡忠义　王汉波

编委会成员　周　彦　孙伏龙　闫拥军　陈　娜

梅向荣

北京市盈科律师事务所主任，盈科律师事务所全球董事会主任。全国律师协会政府法律专业委员会委员、北京市律协理事、北京律协律师事务所管理指导委员会主任。中国中小企业协会副会长、中国青年企业家协会理事、中华梅商联盟会长。清华大学校友总会理事，清华企业家协会理事、监事，清华大学法学院法硕联合导师，中国人民大学律师学院兼职教授，中国政法大学法学院兼职教授。主编《盈科律师丛书》《走近盈科大律师丛书》《登峰律途》《辩策》《律智》《盈论》等系列书籍，著有《如何做中国最好的律师事务所》《律师事务所战略与发展》《管理层收购法律实务》《私募股权投资基金的设立与税收筹划》等著作。

胡忠义

盈科律师事务所中国区监事会主任、宣传出版工作委员会主任，中国科学技术大学等九所高校兼职（客座）教授，西南政法大学等六所高校硕士研究生导师，西北政法大学民事司法改革研究所研究员，湛江国际仲裁院仲裁员、合肥仲裁委员会仲裁员。胡忠义律师从事法律教学和司法实务工作三十三年，曾任高等院校法学教师，中级法院审判员、副庭长等职，担任专职律师后，承办过大量重大、疑难商事纠纷案件和职务犯罪、经济犯罪、黑恶势力犯罪案件。

王汉波

北京市盈科律师事务所中国区董事会副主任、安徽区管委会联席会议主任、合肥分所管委会名誉主任，从事司法及律师工作30年。曾经或正在担任安徽省公安厅、住建厅专家顾问；西南政法大学硕士研究生兼职导师；安徽师范大学硕士研究生兼职导师、兼职教授；安徽农业大学客座教授；中国科技大学法硕中心课程教授；安徽大学硕士研究生就业导师；中国人民解放军安徽合肥警备区专家顾问；省法学会民商研究分会理事；合肥市见义勇为基金会理事；安徽省人民政府行政执法特邀监督员；安徽省“一带一路”建设法律服务团成员；南京市仲裁委仲裁员；合肥市仲裁委仲裁员等。在基层法院、中院、高院、最高法院代理过诸多疑难的建筑工程、合同类民商案件，处理过大量的行政法律事务，有非常丰富的办案经验。

周　彦

湖南浏阳人，哈尔滨商业大学学士，现为北京盈科（长沙）律师事务所管委会主任、盈科刑事诉讼法律事务部主任。周彦律师系长沙市第十四、十五届人大代表，同时任长沙仲裁委员会仲裁员、长沙市第五届律师协会常务理事（副会长）、湖南省看守所特邀监督员等社会职务。擅长的业务领域为：刑事辩护、企事业常年法律顾问、重大民商事案件代理。

孙伏龙

盈科中国董事局副主任并河北区主任，河北省律师协会副会长，省案例法学会常务副会长，全国优秀仲裁员、最高法案例基地评审专家、河北省政府参事室特约研究员，中国中立专家调解与诉讼结合专业委员会副会长、省诉讼法学会副会长、省电子商务法学会副会长，盈科河北一体化主任，盈科石家庄分所管委会主任，省法制办、财政厅、商务厅、省人大常委会、交投集团、省知识产权局、北人集团等专家顾问。石家庄、天津、唐山、廊坊等仲裁委仲裁员。北大法学院讲堂授课律师、多所大学特聘教授、硕导。上市公司独立董事，河北法治智库首批专家，国家“双千计划”专家。财政部PPP专家库专家。

闫拥军

盈科北京管委会副主任、盈科（全国）业务指导委员会副主任、盈科北京房地产与基础设施法律事务部主任，国家发改委、财政部PPP专家双库法律专家、中国政法大学联合硕士导师、“legal 500”房地产与建筑工程领域推荐律师。业务领域为房地产与建设工程、土地投资项目开发、并购重组、基础设施与PPP项目、政府法律服务、诉讼仲裁。曾为2022年北京冬奥会国家速滑馆项目、大唐电信、幸福人寿、易华录、京能置业、鑫苑置业、天山集团、中国奥园、亿利集团等上市公司提供专业法律服务；另外一直担任文化和旅游部机关服务中心、承德市人民政府、南京市雨花台区人民政府、雄安新区改发局等政府机关法律顾问。

陈　娜

现任中国共产党北京盈科（昆明）律师事务所总支部委员会党总支书记，中国区股权高级合伙人，盈科中国区董事会董事，规章制度委员会副主任，云南省国资委省属企业投资项目评审专家库成员，盈科青年律师导师，盈科昆明分所股权高级合伙人，盈科投行与并购法律事务部主任，昆明市律师协会理事，昆明市律师协会党政法律事务专业委员会副主任，昆明市律师协会参政议政工作委员会副主任，昆明市律师协会文化建设与会员事务委委员。专业特长：企业投行与并购、资产与债权重组、破产清算与重整等法律事务，房地产、建筑、公司治理法律事务，企业风险防控法律事务，重大民商事诉讼业务。

目 录

CATALOG

民 事

商　事

刑　事

刑民交叉

行　政

民　　事

天价服务费仅被支持零头，以无权转委托抗辩止损千万

——北京某资本管理公司诉安徽某公司等委托合同纠纷案

柏懿婧

案件简介

2012 年，安徽某公司（本案委托人/被告三）、北京某公司（被告一）、浙江某公司（被告二）、中某投资公司（被告四）分别持有甘肃某公司股份，为该公司财务小股东，希求该公司能够上市成功，股份升值，然而 2015 年，该公司上市无望，因此各财务小股东纷纷希望转让手中股份，及时止损。

同年 5 月，中某投资公司法人尹某某声称其愿意帮助其余小股东一起转股，要求小股东给她出具《授权委托书》《一致行动人承诺函》，增加她在各政府部门游说的话语权。因此，尹某某取得了包括安徽某公司在内的 5 家小股东的《授权委托书》《一致行动人承诺函》。

2015 年 11 月，中某投资公司将其股份转给另一家私营企业，不再是甘肃某公司股东，失去一致行动人身份。

2017 年 7 月，北方某科技公司（上市公司）突然发出公告，称有意向收购甘肃某公司股份，但仅愿意收购国资背景的股东股份，此举引起私企小股东的震惊和强烈不满。于是，甘肃某公司全部私企小股东上访长达半年时间，要求国资委及相关政府部门干预此次收购，打包收购私企小股东股份。

2017 年 12 月，北方某科技公司发布公告，对甘肃某公司股权出让方进行调整，增加收购 14 家中小股东股份。该收购事件为能源类上市公司的重大重组及能源板块经国家工业和信息化部备案的企业整合，一时间在能源行业内引起

轰动。

2018年1月31日,北京某资本管理公司(原告)在北京某区人民法院起诉北京某公司、浙江某公司、中某投资公司,诉请确认《服务合同》合法有效并请求判令北京某公司、浙江某公司向其支付服务费。举证了其与中某投资公司之间签署的《服务合同》,称中某投资公司因有该2家小股东的《授权委托书》和《一致行动人承诺函》,因此有权代表其他2家小股东公司委托北京某资本管理公司处理转股事项,根据《服务合同》约定,只要2家小股东公司成功转股给北方某科技公司,就应当向北京某资本管理公司支付转股总价款20%的服务费。但该次诉讼并没有起诉安徽某公司为被告,同时,虽然列中某投资公司为被告,但诉请中却并没有要求中某投资公司承担任何支付义务,该次诉讼立案后北京某资本管理公司自行撤诉。

2018年5月,在小股东收取北方某科技公司支付的股权转让款期间,原告北京某资本管理公司又重新起诉,并提高诉讼标的在北京某中级人民法院起诉。安徽某公司成为此次诉讼的被告三,在收到法院送达的诉讼材料时才得知北京某资本管理公司要求其按股权转让的20%支付服务费(1530万元的服务费及利息),同时得知原告保全了包括除中某投资公司以外的3家小股东剩余的股权转让款7900万元。其中,安徽某公司被实际保全金额高达2630万元。

同时,中某投资公司法定代表人尹某某早在2015年4月就结识了所谓金融服务机构——原告北京某资本管理公司的原法定代表人王某某,转股期间为二人夫妻关系存续期间,2015年二人离婚。

另,原告北京某资本管理公司仅起诉了《服务合同》中涉及的6家小股东中的4家,即被告一北京某公司,被告二浙江某公司,被告三安徽某公司,被告四中某投资公司,另有2家小股东公司因与中某投资公司、北京某资本管理公司达成协议,无须实际支付服务费而未被起诉,6家公司转股款高达5亿元(49,908.6万元),20%服务费近1亿元(9981.72万元),可谓天价。

律师策略

柏懿婧律师接受本案被告三安徽某公司的委托,担任其一审、二审的代理律师。经过细致梳理证据材料,代理人认为,本案案情扑朔迷离,突破口较多、证据较为琐碎、时间跨度较大,因此代理人预先归纳了原告诉请理由及应对策略。

原告诉请理由的关键点是:(1)中某投资公司获得了3家小股东公司给出的《授权委托书》《一致行动人承诺函》,其中授权范围明确包含委托中某投资公司委托中介机构,具体表述为“授权一致行动人代表中某投资公司履行股权转让过程中的相关事宜(包括委托专业财务顾问等相关中介机构的事宜等)”;(2)北京某资本管理公司是利用其人脉资源和专业能力促成了北方某科技公司收购私企小股东股份,北方某科技公司认可北京某投资公司参与在转股事宜之中;(3)有2家小股东公司同本案被告一、二、三一样给了被告四中某投资公司《授权委托书》,他们对《服务合同》是认可的。

首先,针对原告上述理由和证据硬伤,代理人采取了直击矛盾,以无权转委托且未被追认作为抗辩理由,深入挖掘了《民法通则》及《合同法》关于转委托法律规定的立法本意,并从多层次的法律适用角度围堵原告举证中对委托人安徽某公司不利的硬伤:第一层次,应认定授权委托书为约定不明的一般委托,受托人中某投资公司无权转委托;第二层次,即便授权委托书包含转委托权利,但中某投资公司委托的是无专业财务资质的第三方,不符合授权委托书授权范围,依然无权转委托,应当自负其责;第三层次,即便中某投资公司有权转委托,其与原告也存在恶意串通损害第三人利益的行为,应当认定合同无效。

其次,代理人从原告举证的细节着手,找出其证据缺陷及两次诉讼的矛盾点,从根本上强调了原告与被告四之间存在的恶意串通并进行虚假诉讼的意图。

最后,代理人从民事诉讼证据高度盖然性的角度给原告与被告四施加了较大的诉讼压力:原告第一次起诉及保全的全部卷宗材料证明其诉请前后矛盾明显且串通被告四配合诉讼,原告法人与被告四法人之间的户籍信息证明双方存有婚姻关系,以及代理人走访两家承认服务费的小股东公司获取了其如实阐述其对服务合同并不知情的《访谈笔录》等证据材料,使一审法院对原告与被告四的紧密关系产生合理怀疑,并列为案件焦点。

律师文书

代 理 意 见

一、中某投资公司无权代理本案被告一、二、三与北京某资本管理公司签订《服务合同》,该合同对被告一、二、三没有约束力

1.《授权委托书》仅为一般授权并非包含转委托的特别授权,仅为授权中某投资公司履行股权转让过程中的相关工作事宜,即授权其履行程序性工作。

2015 年 5 月 25 日,被告一、二、三向中某投资公司出具的授权委托书并没有给予中某投资公司特别授权,而是仅仅授权其“履行股权转让过程中的相关工作事宜”并仅列举了“包括委托专业财务顾问等相关中介机构的事宜等”,其中的“中介机构”已经划定前提是“与专业财务顾问等相关的中介机构”,并非是其有权转委托或委托其他居间转股的中介金融机构。事实情况为,北京某资本管理公司并非专业财务顾问相关的中介机构。

根据《民法总则》第 165 条的规定,“委托代理授权采用书面形式的,授权委托书应当载明代理人的姓名或者名称、代理事项、权限和期间,并由被代理人签名或者盖章”。结合本案事实,其中关于代理事项一项并没有允许中某投资公司进行转委托,更没有允许中某投资公司有权委托居间转股的金融机构,因此中某投资公司与北京某资本管理公司签订《服务合同》的行为为无权代理,根据《民法总则》第 171 条第 1 款与《合同法》第 48 条第 1 款的规定,“行为人没有代理权、超越代理权或者代理权终止后,仍然实施代理行为,未经被代理人追认的,对被代理人不发生效力”,“行为人没有代理权、超越代理权或者代理权终止后以被代理人名义订立的合同,未经被代理人追认,对被代理人不发生效力,由行为人承担责任”。即该《服务合同》对被告一、二、三不发生效力。

2.《一致行动人承诺函》所谓的全权授权因约定不明也仅为一般授权。

2015 年 5 月 25 日,被告一、二、三向甘肃某公司股东会出具了《一致行动人承诺函》,该承诺函的对象为甘肃某公司股东会,并非直接出具给代理人中某投资公司,该承诺函虽然明确了授权中某投资公司为“全权授权”但并没有列举出授权范围。因此属于约定不明的授权,即为一般授权,中某投资公司也

无权拿着这份《一致行动人承诺函》对外擅自签署《服务合同》。

参照最高人民法院《关于适用〈中华人民共和国民事诉讼法〉若干问题的意见》第 69 条的规定，“当事人向人民法院提交的授权委托书，应在开庭审理前送交人民法院。授权委托书仅写‘全权代理’而无具体授权的，诉讼代理人无权代为承认、放弃、变更诉讼请求，进行和解，提起反诉或者上诉”。也明确了仅写出“全权代理”而未言明具体授权即为一般授权的立法本意。

3. 中某投资公司擅自与北京某资本管理公司签订《服务合同》已经构成转委托，然而转委托并未受到被代理人的事前许可或事后追认，因此所谓《服务合同》对被告一、二、三并无效力。

中某投资公司在与北京某资本管理公司签订《服务合同》之前，并没有通知被告一、二、三任何信息，在签订《服务合同》之后长达 3 年的时间内从未向被告一、二、三披露过该《服务合同》和北京某资本管理公司的存在。

根据《民法总则》第 169 条、《民法通则》第 68 条、《合同法》第 400 条的规定，委托代理人为被代理人的利益需要转托他人代理的，应当事先取得被代理人的同意。事先没有取得被代理人同意的，应当在事后及时告诉被代理人，如果被代理人不同意，由代理人对自己所转托的人的行为负民事责任。根据《民法总则》第 171 条第 1 款的规定，“行为人没有代理权、超越代理权或者代理权终止后，仍然实施代理行为，未经被代理人追认的，对被代理人不发生效力”。

首先，中某投资公司将其应当履行的受托义务全部交给北京某资本管理公司代理，属于转委托的行为性质；其次，被告一、二、三并未给予中某投资公司转委托权限，中某投资公司对外签订《服务合同》属于非法转委托；最后，中某投资公司转委托给北京某资本管理公司并非是为了委托人利益，反而损害了委托人利益，对外代表被告一、二、三承担了高达转股价款 20% 的天价服务费，不符合法定的转委托条件，事前事后均没有告知被告一、二、三，被告一、二、三也从未进行追认，因此所谓的《服务合同》对被告一、二、三不发生效力。

4. 2015 年 5 月 30 日，也即签订所谓《服务合同》当日，中某投资公司向北京某资本管理公司发出授权委托书，其中明确言明的授权范围并未得到被告一、二、三的认可或追认，属于明显的无权代理。

该份授权委托书中言明中某投资公司根据一致行动人6家股东授权，委托北京某资本管理公司为6家股东转让股权推荐收购方，提供股权转让的居间服务，为6家股东转让股权进行推荐买受人、协助谈判等，(除签署转让协议外)为股权转让进行的居间行为后果由6家股东承担。

由此可见，中某投资公司非常明确对北京某资本管理公司的授权范围，但是中某投资公司的授权应当来自6家股东的授权，然而，反观6家股东给予中某投资公司的授权委托书，并没有任何内容包含中某投资公司授予北京某资本管理公司的上述内容，也并没有授权中某投资公司可以转委托，因此中某投资公司的此份授权委托书为彻头彻尾、非常明显的无权代理。

不符合常理的是，如果中某投资公司有权代表小股东签署《服务合同》，在签订后，中某投资公司应当报告被代理的小股东，毕竟小股东们并没有在《服务合同》上盖章签字认可，小股东们与北京某资本管理公司的权利义务是需要明确的，中某投资公司作为《服务合同》签订的甲方，其与北京某资本管理公司的权利义务已然由《服务合同》约定明确，根本没有必要在合同之外再次出具授权委托书给北京某资本管理公司。

因此，所有书面材料都是中某投资公司与北京某资本管理公司之间配合制作，6家股东并不知情北京某资本管理公司与所谓《服务合同》的存在，中某投资公司对外签订所谓《服务合同》为明显的无权代理行为。

5. 中某投资公司转股后丧失股东身份也即丧失一致行动人代表身份，对于合同是否能够继续履行一事北京某资本管理公司与中某投资公司均未向被告一、二、三询问，被告一、二、三也并未追认，因此《服务合同》对被告一、二、三不发生效力。

2015年11月20日，中某投资公司将其所持甘肃某公司股份转让给了另一小股东公司，即丧失了甘肃某公司股东身份和一致行动人代表的身份，《授权委托书》《一致行动人承诺函》因为中某投资公司失去股东身份无法行使代理一事而就此失效，也即所谓正在履行的《服务合同》中甲方中某投资公司因为丧失了代理权限而变为无疑的无权代理，导致该《服务合同》也处于无疑的效力待定状态。

此时,中某投资公司与北京某资本管理公司并没有就此合同效力向被告一、二、三询问是否追认,反而是中某投资公司于2015年12月5日向北京某资本管理公司发承诺函,告知:(1)其股权由另一小股东公司代持,中某投资公司作为股权的实际权利义务人继续对外转股;(2)中某投资公司愿意北京某资本管理公司继续提供服务并承诺支付服务费;(3)转股所需另一小股东公司签署出具的文件由中某投资公司负责协调解决。

该承诺函出具时,中某投资公司的外观显示已经不是甘肃某公司的股东了,北京某资本管理公司已经知情,该承诺函仅仅代表其一家公司的单方承诺,中某投资公司转股已成事实,至于是否是代持、是否实际享有股权利益,对此被告一、二、三是不知情的,中某投资公司已然无权代理被告一、二、三的任何意思表示。

根据《合同法》第48条的规定,“行为人没有代理权、超越代理权或者代理权终止后以被代理人名义订立的合同,未经被代理人追认,对被代理人不发生效力,由行为人承担责任。相对人可以催告被代理人在一个月内予以追认。被代理人未作表示的,视为拒绝追认”。第49条规定,“行为人没有代理权、超越代理权或者代理权终止后以被代理人名义订立合同,相对人有理由相信行为人有代理权的,该代理行为有效”。

结合本案事实,北京某资本管理公司没有理由相信中某投资公司继续享有代理权限,北京某资本管理公司应当就《服务合同》的有效性催告被告一、二、三等小股东进行追认。因为,北京某资本管理公司并不知情小股东们是否知情中某投资公司与另一小股东公司是代持股份关系还是彻底的转股关系,北京某资本管理公司也并不知情小股东们在中某投资公司失去甘肃某公司股东身份后是否还继续委托中某投资公司作为其一致行动人代表,因此即便抛开法律层面,北京某资本管理公司也应就此问题询问小股东,然而事实情况是北京某资本管理公司始终与小股东没有任何联系。被告一、二、三等小股东也并未追认该《服务合同》有效。

因此,无论中某投资公司转股另一小股东公司前《服务合同》是否对被告一、二、三有效,中某投资公司转股另一小股东公司后,《服务合同》因为效力待定,而未被被告一、二、三追认,因而对被告一、二、三已然不发生任何效力。

二、王某某、尹某某的夫妻关系结合本案诉讼全过程来看,足以证明本案为此二人恶意串通的虚假诉讼

1. 北京某资本管理公司无意要求中某投资公司承担《服务合同》支付义务,虚假诉讼目的昭然若揭。

北京某资本管理公司在北京市某区人民法院第一次诉讼时,中某投资公司为被告之一,但原告在诉讼请求中并没有要求中某投资公司承担任何服务费支付义务,足以证明北京某资本管理公司需要中某投资公司作为被告之一对其诉请进行承认,协助原告进行虚假诉讼。

2. 诉讼前,尹某某一直代表北京某资本管理公司与安徽某公司、另一小股东公司进行斡旋,企图获取2家公司对莫须有的《服务合同》的认可。

北京某资本管理公司第一次诉讼时,安徽某公司并不是被告,是因为在原告第一次诉讼之时,尹某某以北京某资本管理公司代表的身份,拿着拟好的北京某资本管理公司的函件要求安徽某公司盖章承认服务合同及服务费的存在,并承诺可以为安徽某公司免除服务费,因此安徽某公司当时未被原告列为被告。之后安徽某公司严词拒绝了尹某某要求作伪证的无理请求,所以才在原告第二次诉讼中被列为被告。安徽某公司已经充分举证上述事实。

3. 北京某资本管理公司并没有保全被告中某投资公司的任何财产,反而将中某投资公司应当承担的所谓服务费金额分摊给被告一、二、三,其所依据的连带责任毫无事实和法律依据。

2019年4月,原告申请诉前财产保全措施,要求北方某科技公司对安徽某公司暂停支付2530万元,而原告对被告三的诉讼请求仅为1760万元,北方某科技公司未向被告三支付的款项恰好就为2530万元,超额保全了770万元,该错误的保全措施给被告三造成了严重的经济损失,但对中某投资公司没有保全任何财产,与常理不符,实际为夫妻二人的恶意串通。

原告以毫无事实和法律依据的"一致行动人"即应负"连带责任"为理由,将其向中某投资公司主张的服务费支付义务强加给被告一、二、三后,造成三被告被超额保全2395.28万元,利息损失距今已高达百万元。由此可见,北京某

资本管理公司无意要求中某投资公司实际支付服务费，仅希望其以被告身份对原告主张进行自认，强迫被告一、二、三认可涉案合同及付款义务。

三、北京某资本管理公司并非为了完成涉案的所谓《服务合同》而实际开展工作

北京某资本管理公司并未提供任何实质性服务，其单方制作的证据材料不足以证明其履行了所谓《服务合同》。所谓《服务合同》约定的买受人是“北方某科技公司”，是已经在合同内确定好的，但原告举证却是以北京某资本管理公司自行组建的“某产业基金”为小股东股权的买受人，已然公开“违约”，且此种参与目的是其公司获利并非是小股东定向转股给北方某科技公司。

四、虽有2家小股东认可了《服务合同》效力，但均作出说明表示在转股成功之前是不知道《服务合同》的存在的

认可《服务合同》的2家股东公司因曾经出借资金给到中某投资公司，因此与中某投资公司及北京某资本管理公司达成三方协议，无须实际支付服务费用，被告就该种利益安排已经与这2家小股东公司进行询问访谈，2家小股东公司已经明确书面表示其在转股成功之前是不知道《服务合同》的存在的。

综上所述，请求法院依法查明案件真相，驳回原告的全部诉讼请求，并在查明原告与被告中某投资公司恶意串通、虚假诉讼的情况下依法移送公安机关。

案件结果

一审法院认为，本案焦点如下：一是中某投资公司是否有权代理被告一、二、三对外签署相关股权转让的服务合同。二是王某某与尹某某曾为夫妻关系是否影响涉案《服务合同》的效力。三是北京某资本管理公司是否为完成委托事项实际开展了工作。四是涉案《服务合同》条款对被告一、二、三是否具有法律约束力。

一审法院认为：

1. 关于中某投资公司是否有权代理被告一、二、三对外签署相关股权转让的服务合同。

根据《合同法》第400条关于转委托的法律规定并结合本案事实，被告一、

二、三委托中某投资公司作为一致行动人代表,并授权中某投资公司履行股权转让过程中的相关工作事宜,且特别指明“包括委托专业财务顾问等相关中介机构的事宜”等均属于“相关工作事宜”的范围,该事实表明被告一、二、三已事先同意中某投资公司可以将受托事务转委托他人,故中某投资公司在履行受托事务过程中有权代理被告一、二、三对外签署相关股权转让的服务合同,将受托事务转委托他人处理。

2. 王某某与尹某某曾为夫妻关系是否影响涉案《服务合同》的效力。

王某某系北京某资本管理公司的法定代表人,尹某某系中某投资公司的法定代表人,二人之间曾系夫妻关系。因法律、行政法规并未明令禁止此种情形下两公司之间开展交易,故不能仅以此为由认定涉案《服务合同》当然无效。但毕竟二人之间的夫妻关系导致北京某资本管理公司与中某投资公司之间存在特殊关系,既存在损害他人利益的便利,也容易引起一般人的合理怀疑,故两公司在开展交易涉及他人利益时,应当尽到更高的注意义务,避免争议的发生。

3. 北京某资本管理公司是否为完成委托事项实际开展了工作。

因北京某资本管理公司提供了其履行《服务合同》项下义务的部分证据,且股权收购方在向本院的回函中明确称北京某资本管理公司参与了北方某科技公司收购甘肃某公司有关沟通协调、设计收购方案等事宜;另,北方某科技公司明确表示其未委托北京某资本管理公司提供服务,被告一、二、三也未提供证据证明北京某资本管理公司系基于何种原因参与北方某科技公司收购甘肃某公司股权事宜,故本院认定北京某资本管理公司为了完成《服务合同》约定的目标,实际开展了具体的工作。

4. 涉案《服务合同》条款对被告一、二、三是否具有法律约束力。

涉案《服务合同》系中某投资公司基于被告一、二、三的事先授权委托,为了被告一、二、三的合法利益,代表被告一、二、三签订,原则上对被告一、二、三具有法律约束力,除非合同条款显失公平。本院注意到涉案《服务合同》的签订具有以下特殊情形:一是尽管被告一、二、三授权中某投资公司对外签署股权转让的服务合同,但双方就对外签署合同的重要事项之一服务费的标准未作出任何约定,作为受托方的中某投资公司为了避免纠纷,应当勤勉尽责,告知委托方服务合同的重要事项,但中某投资公司未提供任何证据证明其在签订涉案《服务合同》的前后,及时将该合同的重要事项告知委托方。二是涉案《服务合同》载明的委托方为中某投资公司,受托方为北京某资本管理公司,根据查明的事实,中某投资公司的法定代表人尹某某与北京某资本管理公司的法定代表人王某某曾系夫妻。中某投资公司将股权转让相关服务事项委托给与其有特殊关系,且会令人产生合理怀疑的北京某资本管理公司,更应将涉案《服务合同》中的重要事项,即收费标准及时告知被告一、二、三。三是北京某资本管理公司作为涉案《服务合同》的受托方,明知其与中某投资公司具有特殊关系,被告一、二、三可能对收费标准产生疑问,为了避免纠纷,亦应尽到合理的注意义务,向被告一、二、三披露该特殊关系,征询委托方关于收费标准的意见,但未有证据显示北京某资本管理公司从事了该行为。四是涉案《服务合同》中的收费标准,北京某资本管理公司称符合行业惯例,该种业务行业内一般收取5%管理费,成功后再收取标的的20%作为服务费,但其未提交任何证据予以证明,且经本院了解,并非如此,涉案《服务合同》中的收费标准明显畸高。此种情形下,北京某资本管理公司更应就收费标准征得被告一、二、三的同意。基于上述情形,且依据公平原则考量涉案《服务合同》的条款,本院认为,涉案《服务合同》约定的“支付股权转让款20%的服务费”对被告一、二、三不具有法律约束力,其他条款合法有效。

基于上述相关问题分析,尽管本院认定涉案《服务合同》中“支付股权转让款20%的服务费”条款对被告一、二、三不具有当然的法律约束力,但被告一、二、三确曾委托中某投资公司对外签署股权转让的相关合同,北京某资本管理公司亦为被告一、二、三利益依据《服务合同》的约定实际开展了工作,且被告一、二、三股权已成功转让,故被告一、二、三应当向北京某资本管理公司支付一定数额的服务费。

关于服务费的具体数额,本院综合各方对纠纷产生的过错、北京某资本管理公司所做的工作量及贡献、行业一般标准等情况予以酌定,为股权转让款的5%,尽管被告一、二、三未收到北方某科技公司支付的第二笔股权转让款,但该情形系因北京某资本管理公司在本案中申请财产保全所致,北方某科技公司支付第二笔转让款的条件已经具备,故北京某资本管理公司现要求支付全部服务费,本院予以支持。北京某资本管理公司现要求支付全部服务费,本院予以支持。被告一、二、三主张股份转让系其自身努力的结果,与北京某资本管理公司无关。诚然,在股份转让过程中,被告一、二、三为了成功转让股份,自身积极努力,但也不能因此否定北京某资本管理公司所做工作的价值。被告一、二、三主张中某投资公司与北京某资本管理公司恶意串通损害其利益,缺乏依据,本院不予采信。

关于中某投资公司是否应当向北京某资本管理公司支付服务费及利息。依据中某投资公司于2015年12月5日及2018年3月14日向北京某资本管理公司出具的函件,其股权成功转让,中某投资公司依据《服务合同》约定支付服务费。现股权受让公司也已成功转让股权,并且实际收到股权转让款,故中某投资公司应当向北京某资本管理公司支付服务费。因涉案《服务合同》约定服务费畸高,且中某投资公司的股东并非尹某某一人,中某投资公司与北京某资本管理公司亦存在特殊关系,故中某投资公司支付的服务费数额,本院亦酌定为股权转让款的5%。中某投资公司以其付出巨大努力为由拒绝支付服务费,缺乏依据,本院不予支持。

另,北京某资本管理公司主张被告一、二、三、中某投资公司对所欠的服务费及利息损失承担连带清偿责任,既缺乏法律依据,又缺乏合同依据,本院不予支持。判决如下:

(1)北京某公司于本判决生效后10日内给付北京某资本管理公司资本服务费506.43万元及利息损失;(2)浙江某公司于本判决生效后10日内给付北京某资本管理公司服务费306万元及利息损失;(3)安徽某公司于本判决生效后10日内给付北京某资本管理公司服务费382.5万元及利息损失;(4)中某投资公司投资有限公司于本判决生效后10日内给付北京某资本管理公司服务费520.2万元及利息损失;(5)驳回北京某资本管理公司的其他诉讼请求。

一审法院判决后,除中某投资公司外,各方当事人均提起上诉,二审法院现已判决驳回上诉维持原判。

典型意义

本案的法律意义在于：委托关系中，如代理人与第三人/复代理人之间建立转委托关系，则代理人应当承担向被代理人进行通知、告知的义务，本案生效判决对此种义务认定得尤为详尽，指导了类似案例中关于认定代理人的义务承担，不仅有告知被代理人转委托的义务，而且对有偿的价款类条款也应当向被代理人告知，获取被代理人的同意，这样第三方与被代理人之间才算建立起权利义务关系。

本案的经济意义在于：在金融类中介机构中介费用取费一事上，一审法院参考了一般企业寻求融资时中介费用的取费标准，认定20%的取费标准属于"畸高"，因此最终生效判决只支持了原告诉请的零头还不到，这对资本市场的参与者来说也无疑敲响了警钟，过高的取费标准在法律面前可能仍会被公平原则重新审视而进行酌定调整。本案为委托人止损超过千万元，代理效果较好，委托人较为满意。

本案的社会意义在于：本案涉及的股权收购事件为能源类上市公司的重大重组，在能源行业内部影响重大，该重组早在2014年就经过国家工业和信息化部备案，由此可见，该事件为国家能源板块的战略调整，一个小投资公司在其中操盘撮合，其真实性可想而知，投资人应当警惕股权投资中索要《授权委托书》欲提供居间服务的此类机构，并对此类服务的取费标准做到心中有数。另外，本案被告一、二、三也均属于规上企业，在参与风投失利后，借着国家能源板块战略整合的便利，坚持长期上访，最终以保底投资额的价格出让股权为自己解套，无奈秋后被算了服务费一账，好在本案最终结果为各家企业均止损千万余元。该案在北京某中级人民法院一审，而后在北京市高级人民法院二审，在北京地区影响较大。

回顾思考

本案在法律适用上仍存有遗憾。一审法院仅从《授权委托书》《一致行动人承诺函》两份书面证据上直接认定受托人有权转委托，但是代理人认为此种文意解释的认定方式较为表面且极易产生理解差异，从法律角度来看，法院在适用《合同法》第400条时可遵循定分止争的立法本意，在认定理由中向前多走一步，表述更加明确。

《合同法》第400条规定，委托代理人为被代理人的利益需要转托他人代理的，应当事先取得被代理人的同意。事先没有取得被代理人同意的，应当在事后及时告诉被代理人，如果被代理人不同意，由代理人对自己所转托的人的行为负民事责任。

该条规定多次提到“同意”一词，但对于“同意”的内容，法律并没有明确规定，到底是对复代理人人选的同意，还是对建立复代理合同关系的全部权利义务内容进行同意？

如果同意是指代理人仅就复代理人人选的选定需要经过被代理人同意，其他如付款义务无须被代理人同意，则极易引发代理人权利过大，与复代理人共同串通侵害被代理人权益的社会矛盾，现实生活中恶意串通的举证责任又较重，被代理人很难加以证明。

如果同意是指建立转委托关系的全部权利义务需要被代理人同意，则是直接将转委托经同意的同意范围划定的较为明确，不存在本案中的理解歧义了，也就是说，被代理人应当对代理人转委托他人建立合同关系的全部权利义务内容进行同意后，转委托才完全成立，由被代理人享受转委托合同权利、承担转委托的合同义务。

代理人期待在更多的转委托司法案例中，法院认定能够越来越明确转委托同意的范围，减少代理人是否有权转委托的理解歧义，也提醒各位委托人在向他人出具授权委托书时，就转委托范围应进行细致的列举，减少歧义就是避免纠纷、降低法律风险最直接有效的手段。

律师简介

柏懿婧，北京盈科(上海)律师事务所专职律师，两岸法律事务部律师，涉外事务组组长，北京盈科(合肥)律师事务所国际法律事务部特聘顾问、法语国家业务负责人。柏懿婧律师毕业于西南政法大学，法学学士，获取法学专业学士后求学法国，获得法国图卢兹第一大学法国公法学士、法国图卢兹第一大学欧盟商法、国际商法专业硕士学位。

16 岁男孩百万打赏女主播，律师帮助全额索回

——刘某乙诉某科技公司合同纠纷案

高同武

案件简介

原告刘某乙生于2002年9月，初中未毕业即辍学在家。刘某乙其父刘某甲及其母巩某从事蔬菜批发经营，2018年将刘某乙派至兰州市帮助收取蔬菜货款，并居住在蔬菜批发市场。2018年10月，刘某甲授权刘某乙在中国农业银行开设银行账户用于收款。

某科技公司系某某网络直播平台的运营商和网络服务提供者，该网络直播平台应用软件客户端(2019年4月适用版本)“登录注册”页面显示，该应用软件支持手机号、微信号、QQ号、微博账号直接登录。

刘某乙在某某网络直播平台通过微信注册账号，并且自2018年10月23日至2019年1月5日，通过微信、支付宝、京东、农业银行卡第三方支付方式向某某网络直播平台连续充值，累计金额达158万余元。充值金额兑换为某某网络直播平台虚拟币，用于向该直播平台的“舞某某”等主播打赏。

另查，刘某乙使用微信注册的、某某网络直播平台账户绑定的移动电话号码尾号为6628，归属地为陕西省西安市，系用刘某乙之母巩某身份证开办。刘某乙在某某网络直播平台微信注册账户绑定了该尾号为6628的手机号，账号后台实名信息显示为巩某。

一审中刘某乙提供了其支付宝网页截图及微信账单。支付宝截图显示支付宝实名用户为“刘某乙”，绑定尾号6628手机号，自2018年10月下旬至2019年1月5日有数百次购买某某网络直播平台虚拟币的支付记录。微信账单显示

自2018年10月下旬至2019年1月5日，该微信账号有数百次购买某某网络直播平台虚拟币的支付记录。一审中刘某乙未提供京东支付账单。

法院于2019年10月15日作出一审判决，判决被告某科技公司于判决生效之日起10日内返还原告刘某乙400,000元；驳回原告的其他诉讼请求。刘某乙不服，向天津市第三中级人民法院提起上诉，并于2019年11月9日委托了北京市盈科律师事务所的高同武律师团队代理二审阶段。

律师策略

代理人在了解案件的基本情况后，第一件事就是要仔细阅读判决书，找出败诉的原因。通过分析一审判决书，律师分析出一审败诉的原因有三点：

第一，由于刘某乙未成年不能办理手机实名入网，刘某乙用于在直播平台及微信等支付工具上注册账号的手机号入网实名为其母亲所有，一审律师并未充分说明刘某乙与充值、打赏行为的关联性，也未提供足够多的证据证明充值、打赏行为由刘某乙独立实施；

第二，对刘某乙是否具有独立充值、打赏的民事行为能力，其独自去外省收钱、存钱的行为能否被认定为“以自己的劳动收入为主要生活来源”的问题论述不清；

第三，对当事人提供的证据没有进行审查筛选，有的支付方式数据遗漏、有的支付方式交叉重复，导致多种支付方式混杂交错又理不清其中的对应关系，以至于对刘某乙究竟充值、打赏至直播平台多少钱的数额问题混沌不清。

针对上述三项问题，北京盈科律师事务所高级合伙人高同武律师团队在研究后制定了三项解决方案：

首先，虽然在充值、打赏期间，刘某乙采取了四种支付方式对某知名直播平台进行充值打赏，想要厘清四种支付方式之间的对应关系需要耗费大量的时间精力，但是律师认为提出诉讼请求是诉讼的开端，是庭审争议的焦点，是直接关系到当事人的切身利益问题。一审158万余元的诉讼请求没有详细的计算依据，自然很难得到法院的支持。

因此，律师耗费一周时间，将一审中提交的608笔网络平台充值记录、547

笔微信零钱消费记录、143 笔支付宝消费记录、285 笔京东消费记录以及 665 笔银行卡消费记录列项录入 EXCEL 表格，以消费时间和金额为基础，用相同序号方式注明其中的对应关系，用两种不同方法进行验证，确定刘某乙向该直播平台的充值、打赏金额为 158 万余元。

其次，补充证据、制作证据目录提交法院。补充证据并非对当事人提供的证据全额如数上交这么简单。第一步，要跟当事人沟通需要哪方面的证据，如果当事人一时想不到还要举例进行说明；第二步，对证据进行审查，提交对当事人有利的的证据，剔除对当事人不利以及没有证明力的证据，对证明力有瑕疵的证据通过其他证据再次进行补正；第三步，对证据进行分组整理，标明序号、页码，写明证明目的，方便在庭审过程中进行质证。

最后，准备庭审中的代理意见。根据相关法律规定，将法条中的要点逐一拆解为代理意见的论述焦点，重点是对一审中没有论述清楚的部分加以详解。特别是此案在第二次开庭审理前，恰逢最高人民法院《关于依法妥善审理涉新冠肺炎疫情民事案件若干问题的指导意见（二）》的发布，律师更是对新规的出台拥有强烈的敏感度，甚至考虑到将新闻发布会中制定者们对该司法解释出台目的的论述作为附件附在代理意见之后，为代理意见加深理论支持。

律师文书

代　理　词

尊敬的审判长、审判员：

北京市盈科律师事务所接受上诉人刘某乙的委托，指派高同武律师、胡映珂（实习）律师参加刘某乙诉某科技公司合同纠纷上诉一案，担任其诉讼代理人，根据本案事实及相关法律规定，就本案的事实情况和争议问题发表如下代理意见：

根据最高人民法院 2020 年 5 月 15 日发布的《关于依法妥善审理涉新冠肺炎疫情民事案件若干问题的指导意见（二）》第 9 条的规定：限制行为能力人未经其监护人同意，参与网络付费游戏或者网络直播平台“打赏”等方式支出与其年龄、智力不相适应的款项,监护人请求网络服务提供者返还该款项的,人民法院应予支持。

本案中,上诉人刘某乙作为案发时一名刚满16岁仅过一个月的未成年人,在未经其监护人同意的情况下,在某某网络直播平台充值、打赏158万余元的行为已经彻底超出了刘某乙及其整个家庭的承受范围,与刘某乙年龄、智力状况极不相适应。现刘某乙及其监护人、法定代理人刘某甲请求网络服务提供者某科技公司返还上述款项,请天津市某中级人民法院予以支持。

一、刘某乙属于限制民事行为能力人

上诉人刘某乙于2002年9月12日出生,至案发时2018年10月,刘某乙还是一名刚满16岁仅过一个月的未成年人,依靠父母供养作为其唯一生活来源。根据《民法总则》第18条第2款规定:十六周岁以上的未成年人,以自己的劳动收入为主要生活来源的,视为完全民事行为能力人。

关于刘某乙是否以自己的劳动收入为主要生活来源的问题:

第一,刘某乙刚满16岁,初中未毕业即辍学在家,九年义务教育都尚未完成,更不要说具备丰富的社会经验。第二,刘某乙父亲让刘某乙临时去兰州收钱存钱,是由于2018年年底去产地收货时发生交通事故,导致受重伤腿骨折行走不便,无奈之下采取的临时措施。第三,上诉人刘某乙既无正当工作又无固定收入,除了父母供给外没有其他任何生活来源。

二、刘某乙未经其父母同意,私自参与网络直播充值、打赏与其年龄、智力不相适应的款项共计158万余元

(一)刘某乙为涉案移动电话号码、微信账号、支付宝账号、京东支付账号、某某直播平台账号的实际使用人,在某某直播平台充值、打赏行为未经监护人同意,皆由刘某乙独立实施

关于充值、打赏行为是否由刘某乙独立实施的问题:

刘某乙案发期间在中国农业银行榆中定远支行(位于甘肃省兰州市)办理业务的业务凭证、在京东购物的订单详情手机截图可以证明:刘某乙母亲巩某在西安生活,刘某乙父亲刘某甲收菜辛苦长期出差,均未与刘某乙共同生活。案发期间,刘某乙在兰州独自生活,充值、打赏行为由刘某乙独立实施,其父母

并不知情。

关于刘某乙是否为涉案微信账号、支付宝账号、京东支付账号、移动电话号码、某某直播平台账号的实际使用人问题：

第一，涉案微信账号、支付宝账号（刘某乙实名注册）、京东支付账号均绑定尾号6628的涉案手机号码，消费记录正常连贯，对实际使用人为同一人具有一致指向性。

第二，支付宝账号实名注册为刘某乙，京东、微信、支付宝账号的实际使用人又具有一致指向性，可以证明京东、微信、支付宝账号为刘某乙本人使用。

第三，刘某乙向法庭补充提交了在某某直播平台充值、打赏期间，其在京东购物的订单详情手机截图，可以证明刘某乙收取快递的常用手机号为156××××6628，即尾号为6628的涉案手机号为刘某乙使用。况且巩某作为一名以卖菜为生的、40多岁的中年妇女，有家庭、有子女，根本不具有巨额打赏一名年轻女主播的财产、动机以及可能性。

（二）刘某乙未经其监护人同意的私自充值、打赏行为与其年龄、智力不相适应

如果充值、打赏是正常的偶发性行为，数额不大，与16岁未成年人群体消费水平差异不大，没有超出刘某乙的承受范围，当然可以认定未超出刘某乙的民事行为能力，与刘某乙年龄、智力状况相适应。但上述充值记录显示充值金额相对固定且有规律可循，从19,000元、29,000元至39,000元逐渐增加的充值金额可以分析出，刘某乙作为一个未成年人，显然是受到了平台或主播某类诱惑才可能有此行为。

况且刘某乙的网络消费行为是在两个多月的时间内连续不断的发生，每天在数分钟充值上千元、上万元的行为具有连续性，在一段时间内连续大额的充值、打赏的行为超过了刘某乙及其整个家庭的承受能力，因此根据总金额和发生频率等情况综合判定，刘某乙的网络支付、打赏行为是与其年龄、智力不相适应的民事法律行为。

（三）充值、打赏金额共计158万余元

无论是采用“微信零钱充值金额+支付宝充值金额+京东充值金额+农

业银行卡－微信第三方支付充值金额”的计算公式，还是采用“某某平台充值记录＋微信、支付宝、京东、农业银行卡－微信第三方支付在某某平台充值记录中未显示金额”的计算公式，均可得出一致结论，即自2018年10月23日至2019年1月5日，上诉人刘某乙通过微信零钱、支付宝APP、京东APP以及农业银行卡－微信第三方支付方式，向某科技公司充值、打赏158万余元。

三、某科技公司监管不力，不仅不能承担社会责任，还纵容“舞某某”等主播进行低俗表演，损害未成年人合法权益

1.某科技公司未尽监管义务，对用户信息没有进行后台核验。

2.某某平台注册流程不严格，不能确保用户知悉网络直播服务内容。

3.某某平台以消费者自愿为噱头，行侵害消费者权益的事实，对大额非理性消费缺乏劝勉措施，诱导未成年人天价消费。

4.从直播类型上看，主播“舞某某”的直播内容不积极健康向上，不利于为未成年人营造风清气正的网络空间。

四、刘某乙家庭以卖菜为生，生活艰难

最高人民法院《关于依法妥善审理涉新冠肺炎疫情民事案件若干问题的指导意见（二）》的出台，意在通过司法手段保护未成年人的合法权益、强化网络公司的社会责任，挽救像刘某乙这样的家庭从家庭经济状况和刘某乙的成长环境来看，刘某乙成长在一个卖菜为生的家庭，父母辛辛苦苦卖菜，欠下很多外债，其家庭状况根本不能承担巨额打赏。通过上诉人在一审时提交的S小额贷款有限公司还款提示书、秦农银行结算业务申请书、欠条、收发货明细，以及刘某乙父亲刘某甲被频繁催款的微信记录截图可以看出，刘某乙父亲辛苦卖菜，起早贪黑，小本经营本来也是借债运转。打赏事件发生后，让原本辛苦的家庭雪上加霜。因无法还清外债，刘某乙父亲在债权人屡次索债的情况下多次想要跳楼自杀，险些酿成惨剧，在亲友的安慰劝说下，才决定拿起法律的武器讨回公道。希望审判长、审判员能够依法作出公正的判决！

案件结果

本案最终以双方达成和解，被告向原告全额返还158万余元，原告撤诉

结案。

典型意义

未成年人打赏成为新趋势，本案于 5 月开庭审理，可谓是最高人民法院《关于依法妥善审理涉新冠肺炎疫情民事案件若干问题的指导意见(二)》出台后，媒体广泛关注的第一案。

本案相继入选最高人民法院官方微信“小案大道理时代新风尚”栏目、最高人民法院未成年人司法保护典型案例，后又被写入 2021 年“两会”最高人民法院工作报告，对未成年人打赏案件具有重大参考意义。一滴水，能折射太阳的光辉；一桩案，能彰显法治的道理，感受到每一个司法案件中所蕴含的公平正义的正能量。

回顾思考

近年来，未成年人巨额打赏主播的新闻屡见不鲜，未成年人消费事实难认定更是成为未成年人充值、打赏案件维权的“死穴”。直播间里的小学生、初中生也学成年人的样子给主播刷礼物，但他们可能自己都不知道，他们在耽误学业的同时，也花光了父母的血汗钱、看病钱、养老钱、甚至是负外债借来的钱。网络的复杂性和直播的娱乐诱导性，会影响他们尚不成熟的心智，让未成年人作出错误的判断，甚至滑向违法犯罪的深渊。

2020 年 5 月，最高人民法院出台的《关于依法妥善审理涉新冠肺炎疫情民事案件若干问题的指导意见(二)》中明确规定，关于合同案件的审理，限制民事行为能力人未经其监护人同意，参与网络付费游戏或者网络直播平台“打赏”等方式支出与其年龄、智力不相适应的款项的，人民法院应予支持。

最高人民法院《关于依法妥善审理涉新冠肺炎疫情民事案件若干问题的指导意见(二)》的发布，正是在通过司法手段督促网络直播平台建立一个清晰明确的退还机制，以制约网络平台对未成年人打赏把关不严，甚至有意“求赏”的问题，保护未成年人的合法权益，挽救那些因未成年人巨额打赏而险些破碎的家庭。

这起案件不仅是在给家长教育子女提个醒，也是给社会对于未成年的关注提醒,给网络直播平台承担社会责任提醒。一方面,父母必须加强对孩子的教育和管理,在帮助孩子养成理性的消费习惯之前,避免孩子有机会接触大额资金。另一方面,网络直播平台要承担更多的社会责任,应当避免向未成年人提供可能诱导其沉迷的内容,要运用人脸识别技术等甄别未成年消费者,设置诸如时间管理、权限管理、消费管理等功能,妥善处理由未成年人大额非理性打赏引发的各种纠纷。

律师简介

高同武,北京市律师协会刑事诉讼法专业委员会委员,北京市盈科律师事务所高级合伙人,盈科北京刑事法律事务部(三部)主任,盈科北京监事会副主任,鲁东大学盈科法学院客座教授。

教育培训合同如何约定避免歧义

——蒋某某与某教育培训中心教育培训合同纠纷再审案

郝秀凤　胡彦卓

案件简介

原告蒋某某与被告某教育培训中心于2016年12月30日签订《学员注册登记表》一份，约定原告在被告处学习英语课程，学习周期为2016年12月30日至2018年12月29日、实收金额为3008元，其中备注一栏注明：学习费用33，200元、首付10，000元，剩余23，200元办理百度24期分期一次性付清，手续费3132元在学期完成的情况下由中心承担，实收30，068元。原告于2016年12月29日通过支付宝向被告支付首付10，000元，并签订《百度有钱花教育分期服务借款协议》贷款支付余款。2019年1月20日，重庆百度小额贷款有限公司出具《个人贷款结清证明》一份，言明原告办理教育贷款23，200元，借款期限为2016年12月29日至2019年1月15日，原告已于2018年12月8日结清贷款本金、手续费等全部款项。

原告完成课程后要求被告退还手续费3132元，被告表示该部分已由被告先行垫付，不存在退还说法，原告表示不服诉至钟楼区人民法院。一审法院认定《学员注册登记表》作为被告所提供的格式文本，其中已明确约定本次课程学习费用余款23，200元由原告办理贷款支付，手续费3132元在学期完成的情况下由被告承担。通过原告、被告庭审所述可以表明，原告已经完成学期，且原告因办理教育贷款产生并支付了手续费3132元，根据上述约定，该手续费理应由被告承担。故原告要求被告退还手续费3132元的诉讼请求，本院依法予以支持。

由于本案属于小额诉讼,故一审终审无法上诉。被告于再审申请期限届满前委托我方代为申请再审。

本案争议焦点:3132元由谁先行承担?

律师策略

承办律师认为,本案一审败诉原因在于:(1)双方教育培训合同备注部分的约定标书模棱两可;(2)被告一审委托律师在庭审中对事实表述不清,造成歧义;(3)被告一审提交证据不足以证明其先行承担手续费。

承办律师于被告一审败诉后接受委托,代理再审程序。在申请再审的过程中,承办律师的工作包括:(1)写再审申请书,对双方签订的合同条款进行分析说明,对被告先行垫付手续费的事实进行陈述。(2)对案涉学费的组成部分做了列表,清晰指出各部分的来源和去处。(3)对手续费的产生进行了计算,结合提交的证据材料得出手续费计算比例的结果。(4)要求委托人补充提交与百度贷款公司约定利息的相关证据。(5)参加听证,与再审合议庭进一步沟通阐明案件事实。

律师文书

情况说明

再审申请人某教育培训中心(以下简称申请人)申请与蒋某某教育培训合同纠纷再审一案,已由贵院受理。申请人代理人就如下情况向贵院进行说明。

一、申请人认为本案原审法院认定“原告(蒋某某)因办理教育贷款产生并支付了手续费3132元”的事实缺乏证据证明。依据《民事诉讼法》第200条第2项情形、最高人民法院《关于适用〈中华人民共和国民事诉讼法〉的解释》第426条第1款,申请人向贵院申请再审。

二、申请人申请再审时补充提交一份证据,证明案涉利息3132元是以23,200元作为本金,按照13.5%的费率计算得出。根据申请人与百度小额贷款公司签订的协议以及沟通确定的费率,24期分期的利率是13.5%,蒋某某贷款本金为23,200元(学费33,200元-首付10,000元),因此利息为23,200元×

13.5% =3132 元。由此证明,利息 3132 元是独立于学费 33,200 元以外的费用,且蒋某某从未承担过该笔费用。

三、根据申请人与蒋某某签订的《学员注册登记表》中备注栏显示,蒋某某学习费用为 33,200 元,申请人实收 30,068 元。即申请人应当收取 33,200 元,但因先行垫付了学员的手续费,故实际收到的金额是 30,068 元。以上表述证明了 3132 元手续费并非蒋某某支付而是由申请人支付的。

四、关于原审中被告代理人所述的"原告所支付的 23,200 元中包含 3132 元",系对申请人实际收到百度打款金额为 20,068 元的解释说明。根据申请人与百度小额贷款公司签订的协议第 3 条第 1 款"如乙方(申请人)需向甲方(百度公司)支付贴息,甲方有权扣除乙方应付的贴息后将余额支付至乙方指定账户"之约定,百度公司从应当支付给申请人的 23,200 元贷款中直接扣除了申请人应当支付的 3132 元利息,故申请人实际收到百度打款金额为 20,068 元。

案件结果

本案经合议庭审查,裁定组成合议庭再审。后经合议庭组织协商,被申请人(一审原告)申请撤诉,本案一审判决被撤销。委托人对案件结果表示满意。

典型意义

本案标的虽小,但委托人作为一家在本地具有极高知名度的教育培训机构,深受本案败诉结果影响,在案件一审败诉后再审改判前,有众多学员要求委托人按照一审判决退费。因此本案再审的改判对委托人具有重要意义。

对其他培训机构来说,本案的意义在于,机构与学员签订合同及计算费用时一定要对核心条款有明确的约定,如涉及第三方收费平台的介入,需保留好合作记录,明确告知学员费用计算方式及各方承担部分,避免日后产生歧义。

回顾思考

一、教育培训合同的属性及法律特征

教育培训合同并非法定的继续性合同,合同约定的给付义务的表现形态为反复的给付义务,每次给付之间,存在时间间隔,例如,机构给学员安排的教学内容,通常为多个课时,而且合同订立时,每次给付的范围和数量依照买受人的需要而决定。

根据交易形态,教育培训合同与普通的买卖合同相比具有几处特别之处:(1)合同双方交易的标的是抽象的服务。(2)给付范围与总额不仅随着合同的存续时间长短而变化,而且经营者给付内容的提供,非经一定时间的存续,无法彰显其质量。(3)具有"预付"的属性,即合同订立的一方,需要先将对价预先给付给对方。"预付费"是一种提前支付价款,未来进行消费的具有期待利益的消费模式。消费者与经营者基于合意达成协议,约定消费者向经营者预先支付价款,而经营者按先前约定分期或分次向消费者提供商品或者服务。此种特点,导致了教育培训合同订立时以格式条款为主,但也正是这种特点,对教育培训合同条款的设计以及备注栏中的约定性文字提出了严格的要求。

二、教育培训合同的法律适用

根据我国现行法律法规,培训合同没有明确的法律规定,法律条文的空白使得培训合同成为非典型合同、无名合同。根据我国《民法典》第467条第1款规定,本法或者其他法律没有明文规定的合同,适用本编通则的规定,并可以参照适用本编或者其他法律最相类似合同的规定。因此,在司法实践中,培训合同的适用法律往往是《民法典》总则编以及合同编通则的规定。

实务中,最常被援引的法条,一是《民法典》第465条"依法成立的合同,受法律保护。依法成立的合同,仅对当事人具有法律约束力"。二是《民法典》第469条"当事人订立合同,可以采用书面形式、口头形式或者其他形式。书面形式是合同书、信件、电报、电传、传真等可以有形地表现所载内容的形式。以电子数据交换、电子邮件等方式能够有形地表现所载内容,并可以随时调取查用的数据电文,视为书面形式"。《民法典》第509条第1款和第2款"当事人应当按照约定全面履行自己的义务。当事人应当遵循诚信原则,根据合同的性质、目的和交易习惯履行通知、协助、保密等义务"。在对当事人的救济上,援引的多为《民法典》第510条"合同生效后,当事人就质量、价款或者报酬、履行地点等内容没有约定或者约定不明确的,可以协议补充;不能达成补充协议的,按照合同相关条款或者交易习惯确定”与《民法典》第577条“当事人一方不履行合同义务或者履行合同义务不符合约定的，应当承担继续履行、采取补救措施或者赔偿损失等违约责任”的规定。

本案中，由于双方就合同条款约定存在分歧，因此法院主要援引的条款为《民法典》第509条（原《合同法》第60条第1款）。而为了证明委托人已经履行合同义务，承办律师督促委托人寻找了大量证据并通过数据、表格等方式呈现。

三、教育培训合同纠纷法律风险防范建议

1. 强化法律意识，订立合同要严谨，对可能出现的违约情形要考虑周详，对违约责任追究的规定应尽可能具体。合同如有备注栏，填写时应当注意措辞避免引发歧义。

2. 妥善保管与学员、员工等往来文件。与学员协商、沟通的QQ、微信等聊天记录注意定期备份保管，以免员工离职无从查询。如果因服务器空间问题或要求员工备份聊天记录有难度，建议将与学员具有实质性变更的记录保留下来，特别重要的还要打印出来与对方确认，特殊情况还可以通过公证的方式保存。

3. 及时合法地制定和调整收退费制度并做好公告。及时关注收退费政策，并作出相应调整。规章制度及时做好公告，必要时请学员签字确认。公告及确认程序做好证据留存和备份。

律师简介

郝秀凤，法律硕士，二级律师。江苏省律师协会常务理事、常州市第十六届人大代表、常州市律师协会副会长，获“常州市第二届十大优秀青年法学人才”“江苏省优秀律师”“最美常州人之最美法律服务人”，江苏省“公司法专业律师”“行政法专业律师”。

胡彦卓，毕业于浙江大学。常州市律师协会涉外与海事海商业务委员会委员。具有基金从业资格。曾获得江苏省律师行业演讲比赛二等奖、常州市青年律师演讲比赛一等奖、常州市第五届律检辩论赛个人二等奖。

出租人提前解除合同，承租人的损失如何赔偿？

——SM 公司与 AT 公司、JS 中学房屋租赁合同纠纷案

何拥军

案件简介

2010 年 3 月 1 日 SM 公司与 AT 公司签订了《房屋租赁合同》，主要条款有：(1)房屋基本情况：坐落于××路 121 号 SM 公司(北院)所属建筑物及场地，主要包括办公楼、钢材仓库、工程中心楼、冶炼间、磨料楼、专用设备车间、工装所楼 3、4、5 层、门卫室、院落场地、500 千瓦供变电系统一套，供、排水系统等公共配套设施组成。(2)用途：教育文化。(3)租赁期限 10 年零 4 个月，自 2010 年 3 月 1 日始至 2020 年 6 月 30 日。(4)租金及其他费用：该房屋年租金为：2010 年 180 万元人民币(每月 15 万元)，2011 年 200 万元，2012 年 220 万元，2013 年 240 万元，自 2014 年起双方可以根据该房屋及场地周边房屋租赁价格标准，调整租金，每次调整的幅度为 5% ~10%……(12)不可抗力：如因国家政策、国家建设、上级主管部门要求等出现不能履行本合同的情形，甲方(SM 公司)必须终止合同时，应提前 60 日书面通知乙方。否则对乙方的经济损失，甲方给予补偿。

甲乙双方均同意由上级主管部门及政府确定的房屋拆迁属于本合同中约定的不可抗力情形，当该情况出现时，本合同予以解除，甲方返还剩余租金和保证金(不含利息)，乙方应于规定时间内积极配合无条件腾退房屋。拆迁补偿问题乙方承诺与其没有任何关系。

纠纷起因：按照 ZZ 市总体规划，SM 公司老所区改造“××项目”被列入 ZZ

市重点建设项目，包括××路121号南北院均属于改造建设范围。SM公司根据主管部门的要求，先后于2018年4月17日、4月19日、6月5日，给包括AT公司在内SM公司租户发出搬迁通知，具体内容如下：

1. 2018年4月17日SM公司出具的《关于SM公司租户搬迁的通知书》，转告根据ZZ市××区关于××项目建设要求，××项目范围内的所有租户务必于2018年5月5日前搬迁完毕。

2. 2018年4月17日SM公司股东GJ公司向SM公司出具《关于SM公司老厂区清租拆迁工作的通知》要求2018年5月15日前完成现有租赁户清租工作。

3. 2018年4月19日××办事处、××项目指挥部和SM公司出具的《致SM公司租赁商户的一封信》，告知租户尽快自行将各自的租赁物品搬迁完毕。

4. 2018年6月5日SM公司出具《搬迁通知》，并于2018年6月6日10时邮寄，2018年6月7日10时AT公司法定代表人签收。该《搬迁通知》内容为按照ZZ市以及上级主管单位的要求，××路121号院将于今年进行拆迁改造。因此，我司已分别于2018年4月18日、4月25日两次通知了贵司。目前，我司××路沿街门面房已经全部清租完毕且已经使用围挡进行了封闭，并将很快实施拆除。现再次通知贵司，请你们务必于2018年8月15日前，全部搬出××路121号院区，避免由于拆迁对贵司造成不必要的损失。

鉴于以上通知，AT公司认为SM公司在租期未到的情况下提前要求搬迁属于违约行为，并提出了索赔请求。具体内容如下：

2018年9月19日AT公司向SM公司出具的《房屋租赁联系函》，该《房屋租赁联系函》内容为AT公司与贵单位于2010年3月1日签订《房屋租赁合同》，承租贵方位于××路121号SM公司（北院）的场地用于创办JS中学，租赁期限为10年零4个月，应于2020年6月底截止。合同执行期间，我校均按照协议完成相关责任与义务，但是由于贵方在2018年4月17日、4月19日及6月5日给我方连续下达《搬迁通知》，根据双方《房屋租赁协议》贵方此举已经违约，并造成我方师资严重流失，招生受到极大负面影响，引起在校学生及家长情绪极不稳定。鉴于贵方此举已经造成的事实我方也在积极地寻找新的办学场地开展搬迁工作，目前我校中小学培训部、初中部已搬迁完毕，两部分搬迁面积共计5450平方米，我方提出如下要求与贵方共同协商房屋租赁的后续事宜：

1. 关于初中部和培训部使用的部分场地依据贵方《搬迁通知》要求自2018年9月起交还贵方。

2. 鉴于贵方提前终止合约须退还我方缴纳的租赁保证金60万元人民币并按保证金标

准支付双倍违约金。

3. 对于贵方提前终止《房屋租赁合同》的违约行为对我方造成的损失由双方共同协商确定对我方的赔偿金额。

双方因提前解除合同的索赔事宜未能达成一致意见，SM公司委托北京市盈科(郑州)律师事务所代理诉讼。

律师策略

主办律师在掌握上述案情和起因后认为，SM公司提前解除房屋租赁合同虽然有ZZ市重点工程“××项目”建设的客观情况，以及政府有关部门通知退租搬迁的外部因素，符合了双方合同约定的解除条件，但SM公司在具体操作时不规范，对AT公司及其创办的JS中学造成一定的负面影响。如果直接起诉，会激化矛盾，引发社会不稳定因素。最好先通过协商谈判，妥善解决合同终止及搬迁相关事宜。SM公司作为国企也不想激化矛盾，愿意就提前解除合同给予一定补偿，但要有合理合法的依据，同意进行协商谈判。在此共识下，律师先后组织参与了SM公司与AT公司六次协商谈判，刚开始AT公司负责人看到SM公司委托律师参与谈判，情绪较为激动，言语充满火药味，前两次的协商谈判没进行多久就不欢而散。总结研判AT公司的心理后，主办律师在第三次谈判时改被动倾听变为主动出击，先从话语上打消AT公司的疑虑，接着从法律上分析了诉讼对于双方的利弊，最后指出漫天要价不利于纠纷解决，反而会扩大损失，建议AT公司把自己的诉求形成书面文件，便于SM公司上报请示。经过律师入情入理的分析，AT公司的负责人怨气消了不少，语气也缓和许多。

虽然双方未能达成协商意见，但AT公司对于通过诉讼程序解决争议已经没有那么抵触。从最初双方的剑拔弩张，到最后的理智面对，代理律师牢记社会责任，服务大局，最终平息纷争，既防止了国有资产不受流失，又确保了民营企业合法权益得到合理补偿，兼顾了多方利益，可谓皆大欢喜。

律师文书

一审代理词（摘录）

一、原告SM公司与被告AT公司2010年3月1日签订的《房屋租赁合同》及2011年7月30日签订的《房屋租赁合同补充协议》已于2018年8月15日解除，该事实依法应予确认。理由如下：

1. 合同约定的解除条件已经成就。

2010年3月1日签订的《房屋租赁合同》第12条第2项、第3项内容不属于"不可抗力情形"，属于双方约定的"合同解除条件"，即出现"国家政策、国家建设、上级主管部门要求等出现不能履行合同的情形"。

首先，根据《民法总则》第180条第2款的规定，不可抗力是指不能预见、不能避免且不能克服的客观情况。比如战争、洪水、地震等。而本案中"国家政策、国家建设、上级主管部门要求等出现不能履行合同的情形"均属于可以预见的。SM公司老厂院处于ZZ市区黄金地段，随着ZZ市城市建设步伐的加快，拆迁改造是迟早的事，政府不可能在城市的核心地段留一个破旧的老厂院长期闲置，这也是双方签订房屋租赁合同时都能共同预见到的能够影响房屋租赁合同正常履行的情形。因此，"房屋租赁合同"第12条虽然标题为"不可抗力"，但除第1项内容外，其余第2项、第3项内容均属于"合同约定的解除条件"而非法定的"不可抗力"。

其次，ZZ市××街道办事处致SM公司租赁商户的一封信和主管部门GJ公司《关于SM公司老所区清租拆迁工作的通知》均属于双方约定的"合同解除条件"即"国家建设、上级主管部门要求而不能履行合同的情形"，因此，根据《合同法》第93条的规定，SM公司有权在解除条件成就时解除房屋租赁合同。被告提供的SM公司工作人员张某的朋友圈照片恰好证明清理租户工作是政府部门主导的拆迁工作，SM公司的上级主管部门GJ公司给SM公司发通知也是响应ZZ市政府关于"××项目"重点项目建设的需要，并非被告所推测的为了配合SM公司解除合同。"××项目"是ZZ市的重点建设项目，ZZ市政府副市长在2018年3月1日曾带领市规划局、文物局、国资委、国土局、房管局等单位负责同志到SM公司实地调研项目,其中就有加快园区内企业搬迁清租等工作的要求。2018年5月18日,ZZ市×区第三批次重点项目开工仪式在××项目驻地举行,省内外媒体均进行了报道。这充分说明SM公司列入"××项目"并非空穴来风,而是客观存在的事实。所以,被告辩称"上级单位要求"不具有真实性、合法性的理由不能成立。

2.解除房屋租赁合同通知已经通知到被告。

首先,SM公司列入"××项目"是不争的事实,SM公司老所区商户需要清租搬迁在2018年3~4月开始已经人尽皆知,被告反诉提供的张某朋友圈照片也充分说明SM公司要提前清租搬迁解除合同,二被告对SM公司提前解除房屋租赁合同是有心理预期的。

其次,在前期宣传的基础上,考虑到二被告租赁房屋较多,搬迁工作相对繁杂,SM公司于2018年6月5日正式向被告AT公司创办的ZZ市JS中学发出《搬迁通知》,要求于2018年8月15日前全部搬迁完毕,已经明确表达了SM公司作为出租方解除房屋租赁合同的意思表示,而且被告AT公司也收到了《搬迁通知》并进行了回复,因此,双方于2010年3月1日签订的《房屋租赁合同》已经解除。

再次,被告辩称《搬迁通知》没有"解除合同"的字样,不产生解除合同法律效力的理由不能成立。

根据《民法总则》第142条第1款的规定,"有相对人的意思表示的解释,应当按照所使用的词句,结合相关条款、行为的性质和目的、习惯以及诚信原则,确定意思表示的含义"。因此判断《搬迁通知》是否属于SM公司"解除合同的意思表示",不应拘泥于文件标题,而应结合合同条款,内容、目的以及前期宣传确定意思表示的含义来综合判断,其中《搬迁通知》中限期"全部搬出××路121号院区"的内容已经表明SM公司解除合同的理由以及解除合同的意思表示已经清晰明了,毋庸赘言。

最后,AT公司虽为房屋租赁合同的名义承租人,但实际承租人是JS中学,而且AT公司和JS中学以及AT公司的法定代表人庞某、JS中学的法定代表人季某本身就存在财产相互混同，AT 公司的法定代表人庞某也是 JS 中学的创始人，实际控制人，从案涉房屋的租金、水电费等一直由 JS 中学、庞某、季某予以缴纳即充分说明，被告 JS 中学不仅是案涉房屋的实际承租人，占有使用房屋，而且还缴纳了房屋租金、水电费，租赁发票也是开具的 JS 中学。SM 公司向 JS 中学发出《搬迁通知》AT 公司辩称“《搬迁通知》接收对象错误，不产生解除效力”的理由不能成立，形式上的瑕疵不影响 SM 公司解除房屋租赁合同意思表示的告知，被告要尊重客观事实。

3. 被告对解除合同有异议但并未在 3 个月内向人民法院请求确认解除合同的效力，其现在提出反诉依法不应予以支持。

根据《合同法》第 96 条及最高人民法院《关于适用〈中华人民共和国合同法〉若干问题的解释（二）》第 24 条的规定，当事人对《合同法》第 96 条、第 99 条规定的合同解除或者债务抵销虽有异议，但在约定的异议期限届满后才提出异议并向人民法院起诉的，人民法院不予支持；当事人没有约定异议期间，在解除合同或者债务抵销通知到达之日起 3 个月以后才向人民法院起诉的，人民法院不予支持。被告于 2018 年 9 月 19 日给 SM 公司的联系函虽然提出了对提前解除合同的异议，但并未在 3 个月内向人民法院起诉，故其此项反诉请求依法不应予以支持。

综上，被告反诉要求继续履行合同直至期满的请求不能成立，请法庭予以驳回。

二、被告拖欠租金的事实清楚，不存在调减和应予抵扣租金的情形。

1. 房屋租赁合同约定自 2014 年起开始每年按 5% ~10% 调整租金是双方真实意思表示，无论是按 5% 还是按 10% 调整均符合双方约定。结合前面文字表述，上述幅度显然是调增的幅度比例，根据合同约定，双方可以根据该房屋及场地周边房屋租赁价格标准调整租金。结合租赁市场租金价格呈现逐步增长的态势，且该合同租金低于场地周边房屋租赁价格行情的实际情况，SM 公司按 10% 幅度调整租金并无不妥，而且在 2018 年 6 月底以前，被告均是按照 10% 的调增比例缴纳的租金，并未提出过异议。其所称直到发生争议才知道 SM 公司均是按照上涨 10% 调整的租金，显然与事实不符。二被告如果对当期缴纳租金有异议,完全可以要求重新核算租金计算数额,而且自己也可以复核租金数额,但长达快8年的时间里,二被告并未提出异议,并实际缴纳了租金,这充分说明二被告不知按10%幅度上涨调整租金是假,借机不交或少交租金是真。

2. 合同解除后,AT公司、JS中学继续占有使用SM公司房屋,应参照房屋租赁合同约定租金计算标准支付房屋占有使用费,直至实际交还租赁房屋之日止。至于说房屋交还后是否闲置,有无收益,均属于SM公司内部管理问题,不是被告应该考虑的范畴。只要被告占有使用一天,就应参考合同约定租金标准支付一天的房屋占有使用费,这也是确保国有资产不受流失的正当诉求。SM公司租户早搬迁一天,就能早进行拆迁,早开工建设,早日建成收益。

3. 被告所称租赁物变电站、钢材仓库、专用设备车间、工装所楼3、4、5层,提前解除合同的5450平方米租金及维修费的扣减问题,我方在质证时已充分发表了质证意见,在此不再重复,其要求扣减上述租金及费用的请求依法不能成立。

三、被告支付滞纳金有事实和法律依据,依法应予支持。

1. 被告在合同解除后不仅没有按期搬迁,反而继续占有使用案涉房屋至今,且没有按照约定支付合同解除前的租金和解除后房屋占有使用费,参照合同约定租金标准计算租金和滞纳金符合合同约定和法律及最高人民法院《关于审理城镇房屋租赁合同纠纷案件具体应用法律若干问题的解释》的规定,滞纳金依法应予支持。

2. SM公司不存在单方违约的情形,被告所称"同时履行抗辩权"和"先履行抗辩权"缺乏行使的前提。前面已述,如果被告对SM公司解除合同有异议,可以在3个月内向人民法院提起诉讼,被告现在再提"同时履行抗辩权"和"先履行抗辩权"显然已经是时过境迁,不应予以支持。

3. SM公司不存在拒绝接收租金的情形,被告所称应免除其违约责任的理由不能成立。

SM公司的对公账户没有发生过变化。被告若要支付租金,直接银行转账即可,SM公司的银行账户不存在转入资金还需要验证确认的情况,而且按照银行账户的交易规则,转入资金不需要开户行或开户单位授权,这是银行交易的常识,目前没有任何证据表明SM公司有拒绝接收租金的行为。因此,不能免除被告延迟交付租金的违约责任。

4. 关于延迟交付租金违约金是否过高的问题。我方认为合同条款是双方当事人意思自治的结果,已经订立均应严格遵守,至于是否过高,能否调整,请法庭根据案件情况予以酌定。

四、SM公司不存在所谓的“未全面履行、不符合约定、拒绝履行、单方解除合同等违约行为”,故不应承担退还租金、支付维修费、赔偿损失的法律责任。

1. 关于变电站等公共配套设施租金的扣减问题。变电站不属于租赁物,合同约定的是500千瓦供变电系统一套,不包括变电站房屋的管理使用,变电站属于高压危险设施,需要有资质的专业人员管理,故变电站不存在扣减租金问题。

2. 关于钢材仓库维修及租金扣减问题。钢材仓库屋顶漏雨维修义务根据合同第7条第1项属于AT公司;2010年3月1日房屋租赁合同并未约定按面积计算租金;2011年7月30日补充协议退回房屋时的面积是根据房产证的面积所进行的折算,钢材仓库并未计入折算面积范围,故不存在扣减租金问题。

3. 关于SM公司专用设备车间和工装所楼3、4、5层租金扣减问题。如果存在争议,应在缴纳下期租金时提出,但反诉原告多年来并未提出异议,也未诉诸法院,应视为无争议,同时在签署补充协议时也未提出异议,故不应扣减。

4. 关于5450平方米房屋退还问题。被告并未向SM公司交还,截至目前仍在占有使用,故应参照合同约定租金标准继续计算占有使用费直至实际交还房屋之日止。

5. 关于维修大门、安装伸缩门和道闸、维修钢材仓库房顶所产生的费用抵扣问题。质证时已经发表过意见,不再重复。

6. 关于被告所称“300万元双重租金损失”问题,与SM公司无关。

房屋租赁合同对于合同履行过程中可能出现的“国家建设、上级主管部门要求及政府确定的房屋拆迁会导致合同提前解除”的风险,被告是预知和认可的,其在出现合同提前解除事由后,另行寻找其他经营场地并支付费用是其正常的投资经营行为,与SM公司无关。即便是正常履行至合同期满,也同样会存在被告提前寻找经营场地并支付租金的问题,也会存在支付租金重合的问题,故该费用依法不能转嫁给SM公司承担。

综上,我方的本诉请求应予支持,被告的反诉请求依法不应予以支持,建议法庭予以驳回。

二审代理词（摘录）

一、本案的争议焦点

焦点一:SM公司提前通知AT公司、JS中学搬迁是否构成违约行为,是否产生解除租赁合同的效力?

焦点二:AT公司反诉要求扣减的费用是否应该支持?

焦点三:AT公司反诉要求的300万元双重租金损失是否存在,SM公司是否应予赔偿?

二、关于各争议焦点的代理意见

焦点一:SM公司提前通知AT公司、JS中学搬迁是否构成违约行为,是否产生解除租赁合同的效力?

代理人认为:SM公司通知AT公司、JS中学提前搬迁不构成违约行为,足以产生解除租赁合同的效力。理由如下:

1. 租赁合同履行期间,出现双方约定的"合同解除条件",即出现"国家政策、国家建设、上级主管部门要求等出现不能履行合同的情形"。SM公司依约通知AT公司、JS中学解除租赁合同有合同依据。

2. "房屋租赁合同"第12条虽然标题为"不可抗力",但除第1项内容外,其余第2项、第3项内容均属于"合同约定的解除条件"均属于不能履行合同的约定情形。

3. ××街道办事处致SM公司租赁商户的一封信和SM公司主管部门GJ公司《关于SM公司老所区清租拆迁工作的通知》均属于双方约定的"合同解除条件"即"国家建设、上级主管部门要求而不能履行合同的情形",因此,根据

《合同法》第 93 条的规定,SM 公司有权在解除条件成就时解除房屋租赁合同。

4. AT 公司提供的 SM 公司工作人员张某的朋友圈照片恰好证明清理租户工作是政府部门主导的拆迁工作的组成部分。照片显示城管执法人员给相关租户发放搬迁通知的事实再次佐证合同约定的不能履行的解除合同的条件已经成就。

5. 媒体报道 ZZ 市领导 2018 年 3 月 1 日带领市规划局、文物局、国资委、国土局、房管局等单位的负责同志到 SM 公司老厂院等实地调研项目,其中就有加快园区内企业搬迁清租等工作的要求。2018 年 5 月 18 日,××区第三批次重点项目开工仪式在××项目驻地举行,省内外媒体均进行了报道。这些客观事实均是双方约定"合同解除条件"成就的有力佐证。

6. SM 公司《搬迁通知》中限期"全部搬出××路 121 号院区"的内容已经表明 SM 公司解除合同的理由以及解除合同的意思表示已经相当清晰明了,足以产生解除合同的效力。上诉状已经充分阐述,不再赘述。

7. AT 公司于 2018 年 9 月 19 日《房屋租赁联系函》明确认可收到了《搬迁通知》,因此该通知足以产生解除租赁合同的法律效力。

8. AT 公司于 2018 年 9 月 19 日给 SM 公司的联系函虽然提出了对提前解除合同的异议,但并未在 3 个月内向人民法院起诉。根据《合同法》第 96 条及最高人民法院《关于适用〈中华人民共和国合同法〉若干问题的解释(二)》第 24 条的规定,当事人对《合同法》第 96 条、第 99 条规定的合同解除或者债务抵销虽有异议,但在约定的异议期限届满后才提出异议并向人民法院起诉的,人民法院不予支持;当事人没有约定异议期间,在解除合同或者债务抵销通知到达之日起 3 个月以后才向人民法院起诉的,人民法院不予支持。

9. 根据二审法庭 SM 公司当庭拆开的邮件可以显示,SM 公司在 2018 年 11 月 30 日 SM 公司给 AT 公司寄送回复函(EMS 单号:1001892555931),就其 2018 年 9 月 19 日联系函相关事宜予以明确回复,其中有明确解除《房屋租赁合同》的意思表示,但该邮件被 AT 公司拒收。因此,无论是《搬迁通知》还是回复函,SM 公司解除《房屋租赁合同》的意思表示都很明确,足以产生解除合同的效力。

焦点二:AT公司反诉要求扣减的费用是否应该支持?

代理人认为:AT公司反诉要求扣减的费用无事实根据,一审判决超出反诉请求范围,属于事实错误,依法应予纠正。理由如下:

1. 一审判决从AT公司应付房屋租金中扣减钢材仓库、专用设备车间、工装所楼3、4、5层和"已退还"的5450平方米租赁物租金共计1,938,869.30元是错误的,超出了AT公司反诉的请求范围,依法应予纠正。

首先,钢材仓库、专用设备车间、工装所楼3、4、5层和"已退还"的5450平方米租赁物租金不应扣减,上诉状中已有充分阐述,不再重复。需要特别说明的是AT公司所称"已退还"的5450平方米也与事实不符,根据此前该部分房屋被JS中学转租给××学校的《房屋租赁协议书》显示,AT公司所称"已退还"的5450平方米,实际建筑面积为4450平方米。退一步讲,即便是应该扣减,也应是扣减4450平方米的租金。

其次,AT公司反诉请求总额为3,940,765.37元,其中包含300万元的"双重租金损失",那么扣掉300万元之后,仅剩940,765.37元,即便其反诉全部成立,最多也只能扣减940,765.37元,但一审法院却扣减1,938,869.30元,显然超过了AT公司的反诉请求范围,案件事实存在严重错误。

最后,一审认定AT公司应付SM公司租金4,089,920.80元,即便AT公司反诉的3,940,765.37元全部得到支持,两者相互冲抵后,也应是AT公司支付SM公司149,155.43元,而不是SM公司反过来支付AT公司938,748.50元。

2. AT公司反诉要求扣减的上述费用在2018年6月30日前双方从未存在争议,反诉超过了诉讼时效,依法不应予以支持。

焦点三:AT公司反诉要求的300万元双重租金损失是否存在,SM公司是否应予赔偿?

代理人认为:AT公司反诉要求的300万元双重租金损失不存在,SM公司不应予以赔偿。

首先,AT公司反诉主张的提前1年零1个半月即与他人签订租赁合同的事实与本案无关联。从AT公司提供的证据材料显示,均是以ST公司负责人个人名义与案外人签订的合同,和本案无关联关系。

其次，AT公司反诉所主张的300万元损失费用是JS中学所缴纳，根据AT公司和JS中学一审答辩意见（见一审判决书第7页），JS中学、AT公司在法定代表人、银行账户、资产等方面均相互独立、各自的资产也均有各自独立持有、不存在相互混同的情形；所以，JS中学缴纳的300万元费用和ST公司负责人个人签订的合同和本案并无必然的联系，故AT公司并无产生300万元双重租金损失的证据支撑。

再次，AT公司从SM公司2018年6月5日通知搬迁，至今仍占有使用SM公司租赁房屋及场院未予退还，按照合同约定支付房屋占有使用费至实际腾退之日理所应当，与AT公司反诉所称的“300万元双重租金损失”并不相关。

最后，AT公司所称的“300万元双重租金损失”，与SM公司的解除合同行为不存在因果联系。前面已述，SM公司依约解除租赁合同不构成违约，故依据约定，SM公司无须承担违约责任。

综上，代理人认为一审判决背离本案客观事实，采用双重标准取舍证据，导致认定事实错误，判决结果超出反诉请求范围，有违公平正义，请求二审法院依法改判，撤销一审判决、改判驳回AT公司的反诉请求，支持SM公司的本诉请求。

案件结果

一审法院判决继续履行合同，本诉和反诉请求冲抵后，SM公司倒付AT公司90余万元。

二审期间赶上新冠疫情，法院停止线下办公，给沟通案件情况带来诸多不便，经过律师不断和法官电话沟通解决方案，并提醒法官此案二审无论是发回重审、改判还是维持原判都不能做到案结事了，如果能调解达成协议，双方自愿履行，对于国有资产保护和民营企业权益保护都能兼顾，案件承办人采纳代理律师建议，通过对方律师和AT公司、JS中学进行多次沟通，最终双方达成一致意见，AT公司在租赁合同到期后把JS中学搬走并结清租金301万元，此案从一审被动到二审峰回路转，圆满解决。

典型意义

本案代理律师在法律服务过程中始终牢记律师的执业使命，以维护当事人合法权益、维护法律正确实施为己任，注重化解矛盾，维护社会稳定，引导当事人在法律框架内解决争议。从开始的剑拔弩张，话不投机，到最后的理智面对，相互退让。代理律师凭借扎实的专业技能，依靠丰富的实践经验，充分把握调解的时机火候，克服新冠疫情影响，最终促成各方握手言和，实现了公平正义，其社会效果有目共睹。

回顾思考

本案涉及的法律关系比较常见，其中约定的“国家政策、国家建设、上级主管部门要求等出现不能履行合同的情形”是属于“不可抗力情形”还是“合同解除条件”？双方存在较大争议。现结合案件事实和法律规定简要分析：

1. 当事人能否协议约定“不可抗力情形”？

《民法典》第180条第2款规定：不可抗力是不能预见、不能避免且不能克服的客观情况。构成不可抗力必须具备以下要件：

(1)不可预见的偶然性。

不可抗力所指的事件必须是当事人在订立合同时不可预见的事件，它在合同订立后的发生纯属偶然。当然，这种预料之外的偶然事件，并非是当事人完全不能想象的事件，有些偶然事件并非当事人完全不能预见。但是由于它出现的概率极小，而被当事人忽略不计，把它排除在正常情况之外，但结果这种偶然事件真的出现了，这类事件仍然属于不可预见的事件。

在正常情况下，判断其能否预见到某一事件的发生有两个不同的标准：

①客观标准。在某种具体情况下，一般理智正常的人能够预见到的，该合同当事人就应当预见到。如果对该种事件的预见需要一定的专门知识，那么只要具有这种专业知识的一般正常水平的人所能预见到的事件则该合同当事人就应当预见。

②主观标准。在某种具体情况下，根据行为人的主观条件，如当事人的年龄、发育状况、知识水平、职业状况、受教育程度以及综合能力等因素来判断合同当事人是否应该预见到。

（2）不可控制的客观性。

不可抗力事件必须是该事件的发生是因为债务人不可控制的客观原因所导致的，债务人对事件的发生在主观上既无故意，也无过失，主观上也不能阻它发生。债务人对于非因为可归责于自己的原因而产生的事件，如果能够通过主观努力克服它，就必须努力去做，否则就不足以免除其债务。

不可抗力事件的不可预见性和偶然性决定了人们不可能列举出它的全部外延，不能穷尽人类和自然界可能发生的种种偶然事件。所以，尽管世界各国都承认不可抗力可以免责，但是没有一个国家能够确切地规定不可抗力的范围，而且由于习惯和法律意识不同，各国对不可抗力的范围理解也不同。根据我国实践、国际贸易惯例和多数国家有关法律的解释，不可抗力事件的范围主要由两部分构成：

一是由自然原因引起的自然现象，如火灾、旱灾、地震、风灾、大雪、山崩等；

二是由社会原因引起的社会现象，如战争、动乱、政府干预、罢工、禁运、市场行情等。

一般来说，把自然现象及战争、严重的动乱看成不可抗力事件各国是一致的，而对上述事件以外的人为障碍，如政府干预、不颁发许可证、罢工、市场行情的剧烈波动，以及政府禁令、禁运及政府行为等归入不可抗力事件常引起争议。因此，当事人在签订合同时应具体约定不可抗力的范围。事实上，各国都允许当事人在签订合同时自行约定不可抗力的范围。自行约定不可抗力的范围实际上等于自订免责条款。

结合本案，双方把"国家政策、国家建设、上级主管部门要求等出现不能履行合同的情形"列为不可抗力情形，显然与法律关于"不可抗力是不能预见、不能避免且不能克服的客观情况"不相符的。案涉 SM 公司老厂区位居市中心地带，早晚都要更新改造，所以双方在 2010 年签订租赁合同时就预见到了案涉租赁物可能会因"国家政策、国家建设、上级主管部门要求等出现不能履行合同的情形"，并写进了合同条款。因此，该约定的情形并非不能预见，不属于法定的"不可抗力"，应属于"约定的合同解除条件"。

2. 不可抗力能否免责？

《民法典》第 590 条（原《合同法》第 117 条）当事人一方因不可抗力不能履

行合同的,根据不可抗力的影响,部分或者全部免除责任,但是法律另有规定的除外。因不可抗力不能履行合同的,应当及时通知对方,以减轻可能给对方造成的损失,并应当在合理期限内提供证明。当事人迟延履行后发生不可抗力的,不免除其违约责任。

本案中,AT公司因SM公司提前解除合同,自2018年7月1日起开始延付租金,案件进入二审程序后,赶上新冠疫情,各行各业受影响很大。AT公司就提出减免3个月的租金,国家有关部门也出台减免政策。对此SM公司认为,新冠疫情是发生在AT公司迟延履行期间的,依法不能免除其违约责任。考虑到纠纷的起因毕竟是由于SM公司在合同未到期前要求解除合同引起的,并且国家有减免政策,SM公司作为国企也应有责任担当,最后同意给AT公司减免3个月的租金,为案件最终和解创造有利条件。

为了避免产生争议,当事人在订立合同不可抗力条款时不妨参考以下三种方式:

第一种是概括式。即在合同中只概括地规定不可抗力事件的含义,不具体罗列可能发生的事件。如果合同签订后,客观情况发生了变化,双方对其含义发生争执,则由受理案件的仲裁机关或法院根据合同的含义解释发生的客观情况是否构成成不可抗力。

第二种是列举式。即在合同中把属于不可抗力的事件一一罗列出来,凡是发生了所罗列的事件即构成不可抗力,凡是发生了合同中未列举的事件,即不构成不可抗力事件。

第三种是综合式。即在合同中既概括不可抗力的具体含义,又列举属于不可抗力范围的事件。

律师简介

何拥军,北京市盈科(郑州)律师事务所律师,建设工程法律事务部副主任,河南省律师协会建设工程法律专业委员会委员。曾在基层法院工作多年,2001年执业以来,先后承办过数十起省内外有影响的建设工程施工合同纠纷案件,并担任过多家建筑和房地产开发企业法律顾问,处理过大量疑难案件,积累了丰富的建筑房地产风险防控实践经验。

合同出现违反法律、行政法规的条款并不当然导致合同无效

——永进公司诉汇智公司确认合同效力纠纷案

邵守刚　张晓涵

案件简介

2014 年 6 月 30 日，汇智公司与永进公司签订《合作协议》及汇智公司与永进公司、杨某某签订了《担保协议》各一份。《合作协议》约定永进公司在保留医疗废物经营许可证及业务的基础上，愿意将危险废物经营许可证及现有危险废物市场资源有偿转让给汇智公司（不包含医疗废物），并全程配合汇智公司做好各项手续办理事项（所发生的费用由汇智公司承担），汇智公司出资办理危险废物前期手续，并负责建设危险废物集中处置设施。

合作方式为汇智公司与永进公司共同成立新公司，新公司注册资金由汇智公司全部负责承担。汇智新公司在取得试生产批复前，永进公司可以以原有企业名义和资质继续开展危险废物业务。汇智新公司取得试生产批复后，永进公司所有危险废物处置业务及市场资源全部转至汇智新公司名下（不含医疗废物），永进公司不得继续开展该方面业务。

合作转让费 5, 660, 000 元，协议签署后，汇智公司向永进公司支付合作转让费的 80%，即 4, 528, 000 元。如合作未能取得政府环保部门的认可，则永进公司按照担保约定及时返还汇智公司已付合作转让费，双方合作协议自动终止。《担保协议》约定杨某某自愿以自己个人名下 3 处商业房作为永进公司收取汇智公司 4, 528, 000 元转让费款项的担保。汇智公司和永进公司将合作情况向省、市环保部门咨询后，如合作获得政府环保部门认可，汇智公司将永进公司代表人提供的房产证全部返还给永进公司，并将前述银行账户密码告知永进公司代表

人，担保协议解除；如合作未能取得政府环保部门的认可，永进公司将汇智公司先期支付给永进公司的款项及时返还给汇智公司，汇智公司同时将永进公司代表人的房产证返还给永进公司代表人，担保协议解除，合作协议和担保协议同时自行终止。

协议签订后，2014年7月8日，汇智公司将4,528,000元款项以银行转账方式支付至杨某某名下银行账户。2014年7月15日，永进公司向汇智公司出具收据，收据载明“今收到合作转让费80%是4,528,000元，经办人杨某某”。汇智公司已向永进公司支付了452.8万元转让款，并解除了杨某某提供的担保责任。山东祺源危险废物综合处置有限公司，成立日期为2014年9月2日，股东何某某、蒋某某、永进公司。该公司注册后没有实际经营。

律师策略

本案系确认合同效力纠纷，一审法院已经认定双方签订的《合作协议》违反了法律、行政法规的强制性规定，内容违法，应认定无效协议。二审若想要推翻原判决，认定协议合法有效，难度较大。经过与当事人多次的沟通以及相关证据的审查，最终，代理律师认为《合作协议》虽然在合作目的条款中使用“将危险废物经营许可证及现有危险废物市场资源有偿转让给甲方”等字样，但结合合同约定的第2条合作方式、第3条合作转让费及支付方式等回归合同整体以及收据中标注的“合作转让费”字样来看，本协议分为两个部分：合作成立新公司部分及转让市场资源及业务部分。一审判决中认定永进公司与汇智公司签订的《合作协议》无效系认定事实错误。具体措施如下：

首先，收集固定对当事人有利的证据。代理律师请当事人提供了包括枣庄市环境保护局、山东省环境保护厅等在内对本次合作项目的审查及处理意见共计两份，结合本案80%转让款的支付条件，合作协议及担保协议中均有约定，由双方将合作情况向省、市环保部门咨询后，如合作取得环保部门的认可，汇智公司即可向永进公司支付款项。事实上，汇智公司已向永进公司支付了转让款，并解除了杨某某提供的担保责任。由此证明，双方已将该种方式的合作情况向省、市环保部门进行了相关咨询并取得认可。通过当事人提供的后续合同履行过程中永进公司注销许可证的证据证明双方的合作目的并非转让许可证，也就不存在违反法律、行政法规等强制性规定的情形。

其次,在庭审结束后,针对庭审中的争议焦点问题,代理律师多次打电话与承办法官进行沟通,并提交了代理意见与补充代理意见。针对法官提出的即便合作协议合法有效,但是已经无法继续履行,也应当解除合同的观点,代理律师检索到最高人民法院审理的(2004)民一终字第106号民事判决书中的裁判观点:根据有关法律规定精神,解除权在实体方面属于形成权,在程序方面则表现为形成之诉,在没有当事人依法提出该诉讼请求的情况下,人民法院不能依职权径行裁判。并整理形成书面补充代理意见提交给承办法官。

律师文书

代理意见(节选)

一、永进公司与汇智公司之间签订的《合作协议》系合法有效的协议

1.《合作协议》的真实意思表示并未违反法律、行政法规强制性规定。

《合作协议》(证据1-2)虽然在第1条使用"转让许可证"字样,但是在第2条约定永进公司配合汇智公司做好新公司危险废物经营许可证的申办工作;并在新公司取得试生产批复后将危险废物处置业务及市场资源全部转至新公司名下,并未约定转让许可证;同时在第4条约定了永进公司未能做好配合工作导致危险废物经营许可证未能按时取得时需要承担相应责任。依据《合同法》第125条之规定,《合作协议》虽然在合作目的条款中使用"将危险废物经营许可证及现有危险废物市场资源有偿转让给甲方"等字样,但结合合同约定的第2条合作方式、第3条合作转让费及支付方式等回归合同整体以及收据中标注的"合作转让费"字样来看,本协议分为两个部分:合作成立新公司部分及转让市场资源及业务部分,并未违反法律、行政法规强制性规定。因此,不能仅仅因为出现"转让许可证"字样而认定整个合作协议无效。

2.永进公司的履约行为同样可以证明合作协议的真实意思表示并非为转让许可证。

首先,永进公司与汇智公司就合作协议约定的事项已经获得政府环保部门的认可。汇智公司与永进公司合作的基础系枣庄市环保局同意永进公司新建

危险废物处置中心项目（证据1－1），签订合作协议及担保协议后，永进公司与汇智公司按照合同约定共同向省环保厅、枣庄市环保局进行汇报并递交了书面汇报材料（证据1－4），且依据《担保协议》第4条的约定，因合作事项已经获得省、市环保部门的认可，因此汇智公司已将银行账户密码告知永进公司法定代表人，永进公司得以获得该笔合作转让费的80%（4，528，000元）。根据《危险废物经营许可证管理办法》，负责许可证审批颁发的部门为环保部门，既然合作事项已经得到环保部门的认可，也就意味着不存在转让许可证的情形。

其次，永进公司已经与汇智公司共同出资设立新公司，且永进公司依约注销危险废物经营许可证。根据合作协议约定，永进公司与汇智公司于2014年9月2日共同成立山东祺源危险废物综合处置有限公司（证据2－1），其中，永进公司股权占比为1%，汇智公司法定代表人何某某占比为50%，另一位股东名为蒋某某占比为49%。新公司成立后一直处于工业废物的收集、贮存和处理处置项目的投资建设阶段。而后在2016年，永进公司依约注销危险废物经营许可证（证据2－2、证据2－3），山东省环保厅业已批准，截至2017年11月3日，永进公司已经不在危险废物经营许可企业的名单之中（证据2－4）。也就是说，永进公司已经注销危险废物经营许可证，汇智公司主张永进公司系转让危险废物经营许可证行为也就无从谈起。

二、永进公司提交的证据属于新证据

永进公司提交的证据是在永进公司提起上诉后才发现的证据，而最高人民法院《关于民事诉讼证据的若干规定》已于2019年修改，2020年5月1日起实施，修改后的证据规定已经删除了2001年《关于民事诉讼证据的若干规定》中有关新的证据的内容。因此，除法律、司法解释有特别规定外，新的证据不再具有特别的含义，未在以前的诉讼过程中出现过的证据，原则上都属于新的证据。因此，即便永进公司提交的证据内容都成立于一审之前，也应当属于新的证据。

三、汇智公司的行为系恶意抗辩

永进公司与汇智公司签订《合作协议》的时间为2014年6月30日，之后双方一直按照合同约定有条不紊地进行，但是在新公司成立后，因为何某某与另一位股东蒋某某之间产生矛盾，导致新公司在成立后一直处于投资建设阶段，迟迟没有采取后续申办许可证以及开始试生产的环节,2015 年 2 月 13 日,蒋某某发起设立了山东鲁南渤瑞危险废物集中处置有限公司(证据 2－5),并申办获得危险废物经营许可证,导致新公司一直处于投资建设阶段而停滞不前,在新公司一直未能进行危险废物经营的客观情况下,且距离合同签订已时隔 6 年之久,汇智公司主动以签订的合作协议中存在违反行政法规强制性规定为由要求确认无效,明显是违反诚实信用原则的恶意抗辩。如支持其诉求,意味着体现双方真实意愿的合同约定不仅对汇智公司没有约束力,反而会给已将危险废物经营许可证注销的永进公司造成不可弥补的巨大损失,这将违背合同无效制度设立的宗旨。

补充代理意见（节选）

一、双方之间的《合作协议》系合法有效,汇智公司的诉讼请求理应被驳回

根据《民事诉讼法》第 168 条规定,“第二审人民法院应当对上诉请求的有关事实和适用法律进行审查”。即二审法院应当依据永进公司的上诉请求进行审理。本案系确认合同无效纠纷,无论是汇智公司的诉讼请求,还是一审法院的判决以及永进公司的上诉请求全部是围绕着双方之间签订的《合作协议》是否为合法有效的合同,且汇智公司诉请永进公司返还转让款 4,528,000 元及利息也是基于主张合同无效基础上提出的,我们认为,依据永进公司提交的证据,结合双方庭审陈述及代理意见,已充分证明该《合作协议》系真实有效的合同,那么原告提起的诉讼请求理应被驳回。

二、汇智公司无权要求永进公司返还合作转让费 4,528,000 元及利息

首先,根据永进公司提供的《合作协议》等证据,本次合作共分为三部分,第一部分为汇智公司支付给永进公司合作转让费用的 80% 后,双方将该项合同项目汇报给枣庄市环保局、省环保厅并获得认可。第二部分、第三部分分别是新公司取得项目环评批复后一周内,支付合作转让费用的 10%。根据《担保协议》,因合作事项已经获得省、市环保部门的认可,因此汇智公司将银行账户密码告知永进公司法定代表人杨某某,永进公司得以获得该笔合作转让费的 80%(4,528,000 元),若未得到环保部门的认可,永进公司不可能得知该笔合作

转让费用的账户密码,也就不能获得该笔费用。因此,在合同有效的基础之上,永进公司配合汇智公司就合作协议约定的事项已经获得政府环保部门的认可。

其次,《合作协议》明确规定,在相关手续办理方面,永进公司只负责配合工作。

最后,永进公司依法注销其自身持有的危险废物经营许可证的行为表明了其严格按照合同约定履行。《合作协议》明确约定,在新公司取得生产批复前,永进公司可以继续开展危险废物业务。新公司在成立后,一直处于投资建设阶段,新公司另外两位股东的缘故,导致新公司一直未能取得试生产批复及后续相关手续的办理,而永进公司基于诚实信用原则,依旧按照合同约定注销了自身的危险废物经营许可证,表明自己合作的诚意。作为新公司股东的何某某在与蒋某某之间存在矛盾导致新公司未能实际开始经营危废业务,且距离合同签订已时隔6年之久的情形下,主动以汇智公司的名义请求签订的合作协议中存在违反行政法规强制性规定为由而无效,明显是违反诚实信用原则的恶意诉讼。

案件结果

二审法院认定永进公司与汇智公司之间的合作协议并不违反《危险废物经营许可证管理办法》第15条规定的情形,应为有效协议。一审判决认定该协议无效,明显不当。汇智公司以双方合作协议无效为由,主张永进公司返还转让款及相应损失的诉讼请求,无事实和法律依据,不应予以支持。二审判决撤销一审法院判决,驳回汇智公司的诉讼请求。

典型意义

本案是确认合同效力纠纷的典型案件。对争议条款的合同解释,应以合同所使用词句所表达的文义解释为基础,结合合同文本的相关条款,通过整体解释明确当事人的真实意思,并借助合同目的解释进行判断印证,同时还要以交易习惯、诚实信用、公平原则等确定争议条款的真实含义,平衡当事人之间的利益冲突,确保公平合理地认定合同内容。而不能仅凭合同中出现了违反法律、行政法规强制性规定的条款动辄认定合同无效。

回顾思考

一、关于合同效力的认定

最高人民法院在《全国法院民商事审判工作会议纪要》中提及:合同是市场化配置资源的主要方式,合同纠纷也是民商事纠纷的主要类型。人民法院在审理合同纠纷案件时,要坚持鼓励交易原则,充分尊重当事人的意思自治。要依法审慎认定合同效力。要根据诚实信用原则,合理解释合同条款、确定履行内容,合理确定当事人的权利义务关系。本案中,虽然在合作目的中出现转让许可证等字样,但之后的合同文本中再无转让许可证的约定,通过合作方式条款、费用支付、收据("合作转让费"字样)以及后续的履约情况,合同协议的真实意思表示应当为"永进公司与被汇智公司共同成立新公司,并协助新公司申请危险废物经营许可证"的合作部分以及"永进公司将危险废物处置业务及市场资源转让给新公司"的转让部分,并未违反法律、行政法规强制性规定,本合作协议内容合法有效。

二、本案带给企业的思考

合同是各项业务交易活动的载体,在经济活动中有着极其重要的地位。现代企业规范经营,防范交易风险,承担权利并享有相应义务,都离不开合同。合同审查是合同管理过程中重要的一项内容。实践中,企业在签订合同时因为一个条款甚至一个词语的出现导致整个合同归于无效的情形屡见不鲜,也往往因为此种情形的出现导致企业自身遭受了巨大的经济损失。因此,企业应当重视合同法律风险审查的重要性,尤其是应当更为注重细节审查。

律师简介

邵守刚,现任北京市盈科(青岛)律师事务所管委会主任,股权高级合伙人。山东省法学会预防青少年犯罪研究会副秘书长;山东省律师协会未成年人保护法律专业委员会委员;山东省未成年人法律援助专家律师;盈科中国校园欺凌研究中心负责人;法律出版社出版专著《向欺凌说不——学生欺凌预防与治理30讲》、《中小学幼儿园依法治校全流程实务指引》。

张晓涵,北京市盈科(青岛)律师事务所专职律师,烟台大学法学学士,青岛大学法律硕士。

违背公序良俗的物权转让无效

——老李诉小李、小飞确认合同无效纠纷案

苏聪聪

案件简介

小李于1991年出生，其父母于1997年离婚。为照顾小李与其母亲生活，2014年7月，小李之父老李全款购买房屋一套给小李和其母居住，并将该房屋登记在小李名下。购房后，小李母亲对涉案房屋进行装修并出资购置了部分家具。装修完成后，小李母亲与小李先后入住涉案房屋，后因小李与母亲产生矛盾，小李搬出涉案房屋。

2017年5月，小李与小飞登记结婚，两人搬回涉案房屋与母亲同住。因小李、小飞夫妻与母亲的矛盾日渐加深，小李以其是产权人，有权占有使用房屋为由，向法院起诉要求其母亲迁出涉案房屋，该案一审判决驳回小李的诉讼请求，二审中小李撤回起诉。

后小李与小飞于2018年7月协议离婚，2019年4月复婚，2019年6月达成婚内协议，约定涉案房屋归小飞所有，并将房屋转移登记至小飞名下，2019年7月小李和小飞再次离婚并约定房屋归小飞所有，后二人再次复婚。

房屋转移登记至小飞名下后，小飞和小李将涉案房屋门锁更换，并以该房系小飞个人房产为由，逼迫小李母亲迁出涉案房屋。

老李得知自己出资购买的房屋被转移至小飞名下，小李和小飞将小李母亲赶出房屋后，认为该二人的房屋转让行为损害其合法权益，故委托律师提起诉讼。

律师策略

北京市盈科(南京)律师事务所苏聪聪律师作为老李的代理人,经详细研究后认为:首先,老李购房登记在小李名下供小李和其母居住,本质上是一种附义务的赠与行为,即老李在赠与小李该房时,附加了应允许小李母亲居住之义务,而本案中,小飞和小李将其母赶出房屋,未履行老李赠与该房时所附之义务。其次,根据《物权法》第7条之规定,物权的取得和行使,应当遵守法律,尊重社会公德,不得损害公共利益和他人合法权益。《民法总则》第143条亦规定民事行为不得违背公序良俗。小李和小飞经过数次结婚和离婚,将原属于小李的房屋转移至小飞名下,成为小飞的个人财产,以此来赶走小李之母,小飞的这种物权取得方式违背社会公德、违背公序良俗,损害老李的合法权益。最后,基于上述分析,可考虑提起诉讼,确认小李和小飞之间的房屋转让行为无效,将涉案房屋恢复登记至小李名下,并同时提起诉讼,确认小李之母对涉案房屋享有居住权。

律师文书

民事起诉状

原告:老李,男,汉族,1965年某月某日生,住南京市秦淮区。

被告:小李,女,汉族,1991年某月某日生,住南京市江宁区。

被告:小飞,男,汉族,1980年某月某日生,住南京市江宁区。

诉讼请求:

1. 确认两被告关于南京市江宁区某房屋转让无效;
2. 判令两被告协助将涉案房屋恢复登记至小李名下;
3. 判令两被告承担本案诉讼费用。

事实与理由:

原告系小李之父,2014年原告出资购买涉案房屋供小李及其母居住,原定登记在其母和小李名下,后其母考虑到最终该房还是给小李,故经商议,将该房登记在小李名下。2015年年底该房交付后小李母亲对该房进行了装修并购置家具,后该房由小李和其母居住。

2018年8月小李将其母诉至某区人民法院要求其母迁出该房,后该院作出(2018)苏某某民初某号判决,驳回小李的诉讼请求。小李不服上诉,后在二审中撤回起诉及上诉。

小飞系小李前夫,2019年两人入住涉案房屋后,将小李之母赶出,且更换门锁,致使其母至今无处居住。现两人已通过"假离婚"方式将涉案房屋过户至小飞名下,目前该房仍由两人居住。

根据《物权法》第7条之规定,物权的取得应当遵守法律,尊重社会公德,不得损害公共利益和他人合法权益。小李与小飞将小李之母赶出房屋,并通过离婚方式转移原告为小李及其母所购房屋的产权给小飞所有,严重违背社会公德,损害原告合法权益。

根据《合同法》第52条之规定,两被告恶意串通损害原告利益,且转让房屋违背法律强制性规定,两被告转让行为无效,为维护原告合法权益特诉诸贵院,请求贵院依法裁决。

此致

某市某区人民法院

具状人:老李

2019年某月某日

案件结果

法院认为:1.原告老李将涉案房屋赠与被告小李时附有容小李之母居住的义务。

根据法律规定,赠与可以附义务。赠与附义务的,受赠人应当按照约定履行义务。老李全资购买涉案房屋并将涉案房屋登记在小李名下,系对小李的赠与。关于该赠与行为是否附有容小李之母居住的义务:其一,对李二(老李之弟)在(2018)苏某某民初某号案件以及(2019)苏某某民终某号案件中发表的证言,小李均不持异议。李二的证言可以证实:在购买涉案房屋前老李曾打算由小李之母与小李按份共有涉案房屋;老李为小李购买涉案房屋的目的一是将房屋赠与小李,二是涉案房屋由小李与小李之母共同居住,对老李的购房目的家人均清楚。其二,涉案房屋交付后,小李之母参与涉案房屋装修、购置家具,并先于小李入住涉案房屋,小李当时对此并未提出异议。其三,小李与小李之母共同居住产生矛盾后,小李曾与小李之母协商安排其他房屋供小李之母居住,但未能达成一致意见。从老李为小李购买涉案房屋的目的,到涉案房屋交付后的居住使用状况,再到小李与小李之母共同居住产生矛盾后,小李提出的方案等综合分析,老李主张其为小李购买涉案房屋时即告知小李涉案房屋应给小李之母居住的意见更具真实性,故本院认定老李对小李的赠与附有容小李之母居住在涉案房屋内的义务,小李应当履行该义务。现小李通过婚内协议等方式将涉案房屋过户至被告小飞名下,并欲通过小飞使小李之母迁出,进而不履行赠与附有的义务,老李作为涉案房屋的赠与人,系本案的利害关系人,有权提起本案诉讼。

2. 小李通过与小飞达成婚内协议,将涉案房屋的不动产权变更登记至小飞名下的转让行为无效。

根据法律规定,具备下列条件的民事法律行为有效:(1)行为人具有相应的民事行为能力;(2)意思表示真实;(3)不违反法律、行政法规的强制性规定,不违背公序良俗。违背公序良俗的民事法律行为无效,行为人与相对人恶意串通,损害他人合法权益的民事法律行为无效。物权的取得和行使,应当遵守法律,尊重社会公德,不得损害公共利益和他人合法权益。

关于小李与小飞之间就涉案房屋的转让行为之效力:

其一,小李与小飞的行为违背公序良俗,其二人行为无效。良俗即善良风俗,系指国家、社会的存在和发展所必需的良好道德风尚,是社会成员所需尊重的起码伦理要求。小李、小飞与老李、小李之母间关于涉案房屋存在家庭矛盾,小李与小飞通过《婚姻法》的相关规定将涉案房屋由小李名下变更登记至小飞名下,使小李之母迁出涉案房屋,转移家庭矛盾,意图使用法律手段规避道德风险,采用了不当的矛盾解决方式,不应被提倡。换言之,即便老李赠与小李涉案房屋时不附有容小李之母居住的义务,小李与小飞作为子女,也应当善待和接纳母亲居住;其二人此举有违“老吾老”之中国传统家庭伦理道德,不仅不能缓解家庭矛盾，反而激化家庭矛盾。故本院认定小李与小飞就涉案房屋的转让行为违背公序良俗而无效。

其二，小李与小飞恶意串通，损害老李以及案外人小李之母的合法权益。其二人行为无效。小李与小飞之间达成婚内协议，并将涉案房屋过户至小飞名下，系其二人欲以此方式达到使小李之母迁出的目的，二被告恶意串通意图明显；小李与小飞的行为系小李为逃避履行老李赠与附有的义务而为，违背了老李赠与意愿的同时亦侵害小李之母对涉案房屋享有的居住权利，故二被告行为无效。

其三，小李行使物权转让的行为与小飞取得物权登记的事实所隐藏的目的有违社会公德且损害小李之母的居住权利，其二人之间的转让无效。虽然物权具有绝对性、排他性的特质，在法律规定范围内支配物权应尊重意志自由，但这种自由应当有所限度，即应当尊重社会公德且不得损害公共利益和他人合法权益。如前所述，小李与小飞转让涉案房屋的行为所隐藏的目的是使小李之母迁出，既损害了小李之母的居住权，更不为社会公众道德评价体系所接受，故二被告行为无效。

综上，本院认定小李与小飞就涉案房屋的转让行为无效，小李、小飞应将涉案房屋的不动产权恢复登记至小李名下。关于小李、小飞与老李、小李之母之间客观存在的家庭矛盾，本院建议各方积极面对、坦诚相待、换位思考、妥善化解，以期回归和睦、融洽的家庭氛围。

据此，依照《民法总则》第8条、第143条、第153条第2款、第154条，《合同法》第52条第2项、第190条，《物权法》第7条之规定，判决如下：

(1)被告小李与被告小飞关于涉案房屋的转让行为无效；(2)被告小李、被告小飞于本判决发生法律效力之日起10日内负责将涉案房屋的不动产权由被告小飞名下恢复登记至被告小李名下。

典型意义

本案判决生效后，被审理法院微信公众号发布并作出评述。物权具有绝对性、排他性的特质，权利人在法律规定范围内支配物权应尊重意志自由，但这种自由应当有所限度，即应当尊重社会公德且不得损害公共利益和他人合法权益。本案中小李和小飞看似使用了婚内协议、产权过户等一系列合法方式将涉案房屋转化为小飞的财产，但其目的在于迫使母亲迁出房屋，该行为违背公序良俗，因此应当受到法律的限制。

2021年1月1日实施的《民法典》明确规定违背公序良俗的民事法律行为、行为人与相对人恶意串通损害他人合法权益的民事法律行为均属无效。本案的处理发生在《民法典》生效之前，但与《民法典》的精神相一致，可为之后该类型案件的处理提供参照，亦对社会公众的正确价值取向具有一定引导作用。

回顾思考

本案看似是关于房屋转让行为效力的法律认定问题，背后则隐藏了小李、小飞与小李的父母之间复杂的家庭矛盾。

从表面上看，小李和小飞的婚内协议、不动产权过户登记、离婚协议等一系列手段均有相应法律依据，并已在相关国家机关办理变更手续，看似使用了合法方式将涉案房屋转化为小飞的财产，但从目的上看，小李和小飞转让财产的目的是迫使母亲迁出。

综观全案分析，该二人转让房产的行为是典型违背公序良俗，违背社会公德之行为，同时也违背老李赠与小李该房时所附的容于小李之母居住之义务，侵害小李之母的居住权。根据《物权法》第7条和《合同法》第52条之规定，应当认定二人转让房产的行为无效。

从社会伦理道德上看，赡养老人是中华民族的传统美德，无论小李的母亲是否享有对涉案房屋的居住权，小李和小飞作为子女也应当善待和接纳母亲居住；其二人转让房产的行为有违“老吾老”之中国传统家庭伦理道德，不仅不能缓解家庭矛盾，反而会激化家庭矛盾，如不认定该行为无效，将背离传统家庭伦理道德。

司法审判对社会价值取向具有引导作用，该案的判决说理清晰，论证充分，既具有事实和法律依据，又有利于弘扬中华民族传统美德，对社会公众进行了正确的引导，体现了法律效果与社会效果的统一。

律师简介

苏聪聪，北京市盈科(南京)律师事务所律师，执业纪律与惩戒委员会副主任，盈科南京辩论队队长，南京市律师协会民事法律专业委员会委员。曾荣获2017年度、2018年度盈科律师事务所(全国)民商事领域优秀律师，2019年度盈科律师事务所(全国)优秀争议解决律师，2019年度盈科南京分所"十佳律师"，2019年南京市律协"金陵杯"青年律师辩论赛优秀辩手等多项荣誉。

反败为胜：高院二审改判胜诉最高院再审驳回

——法定与约定竞合下3000万经营租赁合同解除之诉

孙伏龙　邓薇娜

案件简介

2017年3月21日，在被告丙(被告乙之子)的居间介绍下，原告北京某某能源投资集团有限公司(以下简称甲公司)作为甲方就某市某区的中途加油站(化名)租赁事宜与乙、丙达成一致，签订《加油站租赁合同》，约定租期10年，自2017年10月28日起。租金每年700万元，合同订立后，先预付每年700万元中的300万元，10年合计3000万元，以后每年再于当年起租日期前5日内交付剩余租金400万元。并于第12条明确约定了因政府行为拆迁或甲方迁址重建，甲公司所享有的解除权问题。

2017年10月16日，甲公司按租赁合同约定完成加油站装修改善工作，符合交付使用标准，乙、丙对此认可，双方签订《补充协议》并《资产交接清单》，并约定2017年10月28日为租赁起租日。随后，在起租日前，甲公司按合同约定及时支付了10年预付租金3000万元及首年度剩余租金400万元，被告出具收据确认。

合同履行至2019年3月，某市某区政府因某某路东西延伸工程开始就国有土地上房屋的征收补偿事宜下发各种通知作征收前的各项准备工作，甲公司为确保自身利益，多次找到乙、丙沟通协商加油站拆迁事宜，乙一再表示加油站不会拆。出于对此事实的不安考虑，甲公司多次提出要求乙方对其承诺或拆迁后有能力退还未到期租金给予担保，且提出需根据拆迁情况暂缓支付2020年度的

400万元剩余租金，但直到2019年9月甲公司提起诉讼前及一审终结，二被告均未向甲公司提供相应担保。双方多次沟通谈判过程虽未形成书面文件，但据在案录音及一审庭审笔录证据，双方谈判的两个日期分别为2019年7月16日与11月13日。

甲公司为确保将来租金返还的顺利执行，在诉讼立案后即向法院申请财产保全，并成功保全查封被告相关财产。在9月17日起诉状中，原告已明确提出退还租金的诉讼请求。

诉后的2019年10月16日，原告向二被告正式发函要求退还2400万元租金。一审庭审结束后，为全面查清案件事实，原告申请法院向相关政府部门调查核实，然而一审法院始终未实质进行调查，后原告自行分别于2020年1月3日、3月2日向区政府办公室申请政府信息公开，区政府办公室据此依法公开房屋征收范围通告与房屋征收决定，两份文件均于2020年1月6日正式做出并对社会进行公示公告，明确包含案涉加油站在内。至甲公司提起上诉之时，工程施工已进展到加油站边界，加油站已不具备基础营业条件，二审开庭前政府正式向加油站下发了停业通知，而后加油站进入实质全面停业状态。

2019年9月，甲公司诉请解除合同并退还原告未到期租金2400万元、暂定支付投资资产补偿款300万元。后变更增加逾期返还违约金的诉讼请求。2019年12月30日，某市中级人民法院作出一审判决，认为征收决定是确定房屋是否拆迁的依据，认为现政府部门对案涉加油站并未发布征收决定，以尚不能认定原告租赁的加油站进行拆迁为由，驳回了原告的诉讼请求。

上诉期间，原告收到了被告在该市某区法院提起的赔偿诉讼保全错误的起诉书等诉讼材料。

一审败诉，近3000万元诉讼保全还面临另诉赔偿，如不上诉，则承租方甲公司已预付但显然因客观情势变更而不能继续承租经营的加油站租金不但未退还，一审判决还未予支持，原告陷入极其被动的局面。

为彻底扭转局势，在上诉期限内，原告毅然向某省高级人民法院提起了上诉。

律师策略

孙伏龙、邓薇娜两位律师临危受托于甲公司，当时正值2020年新冠疫情防控关键期，各行各业尚未复工复产，我们努力克服困难，通过电子传输资料、网络会议等汇集案件证据、材料等，充分商讨。

一、因势而变地调整解除主事由

我们注意到，一审诉请是以不安抗辩权提起解除之诉，证据及事由组织提出主要围绕它进行。二审代理，由于不安抗辩权属于法定解除权，其行使条件、行使程序均应严格按照法律规定进行，对当事人的程序和实体证据要求较高，稍有疏忽或不充分全面便可能发生反作用，成为对方的抗辩有力攻击点。鉴于约定解除事由需发出解除通知，一审诉前为免打草惊蛇，确保诉讼保全顺利完成，以不安抗辩权诉请解除合同，具有其特定的案件背景，但在一审诉后，特别是二审案系拆迁客观情况已持续推进、征收决定做出并公示公告、加油站实质停业等重大变化的情形下，应及时调整解除的主事由，以约定解除条件成就为二审代理的重点。

二、以最高人民法院最新发布的《全国法院民商事审判工作会议纪要》支撑二审诉请事由之调整

诉请事由中心的转变需有相当充分立法司法依据，否则，二审法院可能会以不告不理，在诉请范围内审理的诉讼程序要求而不予支持。针对此，我们将最高人民法院最新发布的《全国法院民商事审判工作会议纪要》(以下简称《九民纪要》)作为调整的司法政策依据。这一纪要，立足于实务中的争议问题，遵循民法精神，专门针对司法以往实践中关于“合同解除”问题的不足和错误乱象，做出了最新指导性意见，对案系合同解除提供了极具价值、符合公平和中国实际的法律裁判指导，特别是其中的不能僵化片面理解诉请范围，强化法官引导释明诉请，争取一案解决解除及解除后的处理以减少诉累，可谓及时雨，来得恰如其时。《九民纪要》第 46 条、第 47 条、第 49 条等规定精准适用本案，特别重要。

同时，鉴于约定解除的审理标准较法定解除而言更为复杂、严格，法官具有较大的自由裁量空间，通过约定解除条件成就最终达到合同解除的法律效果具有一定的困难。为此，我们在强调民商事鼓励交易司法理念，通过不可抗力的适用加大了解除的事由，再根据《九民纪要》指导规定，在强调本案约定解除条件成就的同时，已经达到合同最终目的难以实现的法定程度。

三、进一步动态组织案件关键事实证据并客观阐明论述

在拆迁是否客观真实及对租赁合同的影响是否成就合同解除方面，我们强调拆迁是一定期间持续推进的事实，一审诉前及一审开庭前，客观证据已经印

证拆迁的必然性，二审及再审期间，我们持续动态收集固定并提交审理期间，特别是一审开庭后判决作出前政府房屋征收决定的正式做出公示，加油站面临征收拆迁的事实在二审上诉前就已是客观确定的事实。

概括拆迁持续动态事实：拆迁事实在原告诉讼前系有充分理由相信的高度盖然性，在一审判决前转变为现实确定性，在二审开庭前因加油站停业转化为正在进行时，再审时已因道路修建只差加油站处合龙而变为现实紧迫性。

四、充分说明并强调案系加油站所涉市政重点项目工程适时完成的重大战略意义与政治意义，恳请二审审理中特别注意司法对政治社会民生的综合效果

律师文书

二审代理词（摘录）

一、合同解除条件已然成就，甲公司诉请解除案系加油站租赁合同及补充协议，事实及法律依据充分，当予支持

（一）上诉人基于不安抗辩权行使法定解除权的事实及法律依据充分、正当

根据《合同法》第68条、第69条之规定，应当先履行债务的当事人，有确切证据证明对方有丧失或者可能丧失履行债务能力的其他情形，可以中止履行。中止履行后，对方在合理期限内未恢复履行能力并且未提供适当担保的，中止履行的一方就可以解除合同。

一审中，甲公司依法向法院提交了如下证据，证明被上诉人存在丧失或可能丧失继续履行租赁合同的情形：某市某区房屋征收管理中心分别于2019年3月25日、6月12日下发的房屋调查登记公告、提供停产停业损失补偿所需资料通知；某市某区政府于2019年9月12日下发的《征收补偿安置方案》；案系加油站周边的施工情况图片以及一系列官方媒体关于案系工程进展的新闻报道等。

基于上述政府文件的持续做出，并根据国有土地上房屋征收补偿法律法规的相关规定及实际操作流程，甲公司完全有理由相信案系加油站所在地块被征

收拆迁的极大现实可能性。

然而，在发生诉讼前长达6个月的时间内，尽管甲公司多次提出要求，被上诉人仍未能就此提供适当担保，已明显超出合理期限的范围。至此，不安抗辩权的法定解除条件已成就，甲公司提出解除租赁合同及补充协议并无任何不当之处。

需要强调的是，在一方当事人因行使不安抗辩权中止履行后，若对方提供了担保或者进行了对待给付，不安抗辩权消灭，当事人应当履行合同。但若对方当事人既未提供担保，也不能证明自己的履行能力，实际上是构成了《合同法》第108条规定的"以自己的行为表明不履行合同义务"，先履行方订立合同的目的无法实现，因此甲公司有权在合同履行期限届满之前解除合同，并要求对方承担违约责任。此时，实际上已不简单是不安抗辩权的问题，而是承认了预期违约制度。

(二)关于法定解除权之不可抗力的行使

《合同法》第94条规定："有下列情形之一的，当事人可以解除合同：(一)因不可抗力致使不能实现合同目的；(二)在履行期限届满之前，当事人一方明确表示或者以自己的行为表明不履行主要债务。"

1. 加油站因公共利益需要的重大市政工程被征收拆迁而不能经营，属于合同法上的不可抗力

不可抗力，根据我国《民法通则》第153条规定，是指不能预见、不能避免并不能克服的客观情况。某市某区政府针对某某路东西延伸工程所实施的政府征收行为被认定为民法意义上的不可抗力，理由充分且具体：

(1)房屋征收通常是政府城建部门在摸底立项的基础上对居民房屋土地使用权的有偿回收，应满足征收范围属于国有土地、因公共利益需要、符合规划三个法定条件。本案中，案系加油站的征收是由于某市某区某某路东西延伸工程这一重大市政工程所为，司法实务中将因公共利益需要的重大市政工程认定为不可抗力。

(2)该等房屋征收行为在订立合同之初，双方并不能对此预见，且该行为发生后亦不能避免也不能克服，尽管双方在签署《加油站租赁合同》时，将政府

拆迁行为列入了合同解除的条件之一,但显然这不是预见,因为如果可以预见,上诉人不可能订立10年期限的合同并一次性在签约后提前支付3000万元巨额租金。

2.政府征收行为致使加油站租赁合同目的不能实现

不可抗力事件的发生,对履行合同的影响可能有大有小,有时只是暂时影响到合同的履行,可以通过延期履行实现合同的目的,对此不能行使法定解除权。只有不可抗力致使合同目的不能实现时,当事人才可依法解除合同。

因此,不管是甲公司起诉之前,还是正在进行中的现在,房屋征收已经由极大可能变为客观现实,作为承租方的甲公司也从有充分理由相信变为完全有理由确认,而且该等征收行为不同于本年年初的新冠肺炎疫情防控,因为未来可期,所以可延期。征收拆迁一旦实施,作为合同履行标的的加油站即不复存在,合同目的实现也将无从谈起,租赁合同第12条约定的不可抗力应适用延期实无履行的前提基础条件。

综上,上诉人根据《合同法》第94条的规定行使法定解除权,应予支持。

补充一点:根据最高人民法院《关于适用〈中华人民共和国合同法〉若干问题的解释(二)》第26条之规定,合同成立以后客观情况发生了当事人在订立合同时无法预见的、非不可抗力造成的不属于商业风险的重大变化,继续履行合同对于一方当事人明显不公平或者不能实现合同目的,当事人请求法院变更或者解除合同的,法院应根据公平原则,并结合案件实际情况确定是否变更或者解除。因此,即便征收不被认定为不可抗力,在合同目的不能实现的现实情况下,上诉人据此请求解除合同依据充分。

(三)关于约定解除权的行使

诚实信用原则是民商法基本原则,贯穿于整个民商事交易的始终。根据《九民纪要》第47条的规定,法院在认定约定解除条件是否成就时,不能完全根据合同文本机械地确定合同是否解除,而应根据诚实信用原则,综合考量导致合同解除的各个因素来最终确定,强化对守法守约者诚信行为的保护,加大对违法违约行为的制裁与惩罚。

1. 法律依据

《合同法》第 93 条第 2 款规定，当事人可以约定一方解除合同的条件。解除合同的条件成就时，解除权人可以解除合同。

《合同法》第 97 条规定，合同解除后，尚未履行的，终止履行；已经履行的，根据履行情况和合同性质，当事人可以要求恢复原状、采取其他补救措施、并有权要求赔偿损失。

《九民纪要》第 46 条至第 49 条的规定。

2. 合同依据

案系《加油站租赁合同》第 12 条约定，如因政府行为拆迁或甲方的迁址重建，双方可另行协商相关租赁细节，但同等条件下乙方享有优先租赁权。如果双方未就另行租赁事宜达成协议，甲方立即退还乙方已付未到期租金，逾期未退还，按日千分之二支付违约金。

上述约定，退还已付未到期租金及违约金约定均是对合同解除后的处理的约定，拆迁条件成就，约定另行迁址建设继续租赁不成，合同解除是上述约定的正确理解。

3. 事实依据

2019 年 3 月至 9 月，某区房屋征收管理中心与某区政府就某某路东西延伸工程涉及房屋的征收事宜连续下发多个文件，依据我国《国有土地上房屋征收与补偿条例》及《河北省国有土地上房屋征收与补偿实施办法》的相关规定做房屋征收前的各项准备工作，工程施工与征收工作有序推进，持续进展，各文件内容中所指的征收范围均包含案系加油站在内。尤其 9 月 12 日公示的《拆迁安置补偿方案》明确指出，“本次征收是为满足市政道路建设需要，属公益事业项目，征收后的土地全部用于路网改造，不具备原地建设返迁安置的条件”。

2020 年 1 月 6 日，一审判决送达前，某市某区政府正式决定对某某路东西延伸工程国有土地上的房屋实施征收，征收决定明确包含案系加油站在内，至此，征收事实被进一步证实与确认。

4. 甲公司依此行使约定解除权具有合法性、合理性与正当性

第一，合同法和民法充分尊重民商事主体的交易自由，以当事人的意思自

洽为基本原则。根据《加油站租赁合同》第12条约定,请求甲方立即退还已付未到期租金即意味着合同解除,而合同解除发生的前提为遇政府行为拆迁或甲方迁址重建。那么,此处对于拆迁行为的理解不能特定于拆迁的某一时间节点,应包括拆迁前的各项房屋征收工作,只要存在明显证据证明加油站有面临被征收拆迁的极大可能性,使得合同继续履行存在现实障碍即可,双方另行协商租赁细节的情由即便发生,但协商并非合同约定解除的必要前置条件,可成可不成,只要双方未就另行租赁事宜达成协议,解除条件即成就。

根据在案证据所示,争议双方虽就加油站拆迁事宜进行过多次沟通协商,但始终未能达成一致形成新的租赁协议。就这一角度而言,甲公司于一审诉请解除合同、退还已付租金、支付违约金,历时3个月,仍未果,被上诉人未提供担保,亦未提出另建洽商等,甲公司依此行使合同约定解除权符合法律规定及事实要求。

第二,《九民纪要》第47条指出,合同约定的解除条件成就时,守约方以此为由请求解除合同的,法院应当审查是否影响守约方合同目的实现,根据诚实信用原则,确定合同应否解除。

本案一审诉讼进程中的2020年1月6日,明确包含案系加油站在内的政府征收决定正式作出,征收拆迁事实也由诉前的政府公文件信息及行为的高度确定性、一审结案前的现在进行时到上诉期间的彻底过去完成式,约定解除条件确定、当然成就,进一步证实上诉人诉请合同解除的必要性、紧迫性与合理性。且《拆迁安置补偿方案》明确提到,本次征收是为满足市政道路建设需要,属公益事业项目,征收后的土地全部用于路网改造,不具备原地建设返迁安置的条件,故此约定解除情形条件的成就,已实质导致合同继续履行的客观不能,合同目的的根本落空。

第三,结合已经履行部分所占全合同目比例,拆迁停业使合同目的根本落空。

举重明轻,举轻明重,参照可明。参照《合同法》第166条规定,出卖人分批交付标的物的,出卖人对其中一批标的物不交付或者交付不符合约定,致使该批标的物不能实现合同目的的,买受人可以就该批标的物解除。出卖人不交付其中一批标的物或者交付不符合约定，致使今后其他各批标的物的交付不能实现合同目的的，买受人可以就该批以及今后其他各批标的物解除。买受人如果就其中一批标的物解除，该批标的物与其他各批标的物相互依存的，可以就已经交付和未交付的各批标的物解除。

在剩余长达8年的租期内，结合上述客观事实，被上诉人已明显无能力依法依约履行加油站的交付义务，合同目的当然不能实现，甲公司据此就该期及之后行使解除权无任何不当。

第四，案系某市某路东西延伸工程系某市重大市政道路工程，即将在加油站所在的位置完成南北的贯通连接，加油站的正对面，也即加油站出入口方向已建起施工围挡，加油站的西南方向也已施工至一墙之隔的位置，结尾工程最后桥墩的架构就在加油站位置（行文之时，这已是不争事实），故不管是征收决定的作出，还是工程项目的推进，加油站均已不具备按合同约定履行交付的基础，合同目的已实质无法实现。

第五，案系加油站租赁合同及补充协议的解除与拆迁补偿安置协议的签署，系两个完全独立的法律关系，不容混淆。

根据《合同法》第十三章“租赁合同”之规定，作为出租人的乙、丙，其承担的义务是按照约定将租赁物交付承租人使用、收益，并在租赁期间保持租赁物符合约定的用途；作为承租人的甲公司，承担的义务即依约支付租金。合同履行过程中，出现约定或法定解除情形时，享有合同解除权的一方有权依约依法行使单方解除权。

而房屋征收拆迁补偿协议的签订，发生在房屋征收部门与被征收人之间，基于政府因公共利益需要，对被征收人的房屋决定实施征收行为所产生。根据《国有土地上房屋征收与补偿条例》第26条之规定，房屋征收部门与被征收人在征收补偿方案确定的签约期限内达不成补偿协议，或者被征收房屋所有权人不明确的，由房屋征收部门报请作出房屋征收决定的市、县级人民政府依照本条例的规定，按照征收补偿方案作出补偿决定，并在房屋征收范围内予以公告。被征收人对补偿决定不服的，可以依法申请行政复议，也可以依法提起行政诉讼。

本案中,被上诉人以其与政府部门尚未达成分户补偿协议对抗上诉人的合同解除,实质混淆了上述两种不同的法律关系,将后者作为了合同解除的前置条件,意图通过上诉人实际经营来对抗政府部门征收拆迁,阻碍道路建设进程,以达到其非法获取巨额不当利益的手段。

因此,需要特别强调的是:首先,双方签署的加油站租赁合同并未以此作为约定解除权行使的必要条件,二者主体不同、合同基础不同、法律关系及法律后果等均不相同。

其次,政府征收决定一经作出即发生法律效力,被上诉人若对某市某区政府的征收决定不服可依《国有土地上房屋征收与补偿条例》第14条之规定申请行政复议或提起行政诉讼,依据《行政复议法》第9条、《行政诉讼法》第45条和第46条之规定,在其知道或者应当知道该具体行政行为之日起的60日内、6个月内享有依法申请行政复议、提起行政诉讼之权利,然而我方在其权利即将丧失的现在,并未见其向相关部门主张权利的任何证据,实际以默认的方式认可了本次征收行为,至于补偿协议至今为何尚未签署,与上诉人无关。

再次,如果被上诉人并未对征收决定不服,但在征收补偿方案确定的签约期限内又与房屋征收部门达不成补偿协议的,房屋征收部门有权按照补偿方案做出补偿决定,进而申请强制执行,这一法律后果由被上诉人自行承担。

最后,在被上诉人拒不配合政府部门拆迁,合同目的早已落空、实质履行不能情形下,上诉人没有义务也没有责任陪同被上诉人与房屋征收部门对抗,至于其最终能够争取多少补偿款也与上诉人无关,上诉人仅就合同约定范围内的权益进行主张,以保障自身利益免受实质侵害。

综合前面所述内容,甲公司请求解除案系加油站租赁合同及补充协议符合法律规定及合同约定,事实依据充分,应予支持。

二、二审当适度采取职权主义,尽可能一次性解决纠纷

根据《九民纪要》第49条的规定,"审理双务合同解除纠纷中,要防止机械适用'不告不理'原则,仅就当事人的诉讼请求进行审理,而应适度采取职权主义,尽可能一次性解决纠纷。一审法院未予释明,二审法院认为应当对合同解除的法律后果做出判决的,可以直接释明并改判"。

本案若发还重审或维持原判，当事人必将面临一年左右的两审审理期间，而这样的时间内，加油站很有可能已因工程施工全面拆除，完成案系工程的路网改建。二审全面客观查明事实，改判解除并妥善处理诉请，真正做到案结事了、减轻当事人诉累，维护诚实信用原则，是适用法律特别是《九民纪要》第49条关于合同解除最新最权威精神的必然体现。二审改判合同解除符合基本的公平、公正与司法效率原则，亦是对《九民纪要》总结合同解除疑难和司法实践中不足指导精神理解的充分体现。

三、从合同法公平、诚实信用原则衡量

加油站租赁合同期限长达10年，自2017年始至2027年止。诉前上诉人已依约充分履行合同2年并本着最大的合作诚意，一次性预付10年高达3000万元的部分租金。合同履行期间，履行标的加油站因某某路东西延伸工程面临政府征收拆迁，在诉前6个月的时间内，甲公司多次就加油站拆迁事宜与被上诉人进行协商，并要求其就此提供适格担保或保证，然截至当前，案件虽经一审立案、保全、审理、调解、判决、上诉、开庭审理等各程序，历时9个月之久，被上诉人仍未提供任何担保或保证，亦未与上诉人达成新的另择新址租赁协议。据此，甲公司要求解除合同、返还已付租金并请求支付违约金，完全符合法律规定及合同约定。诚信履约一方的合法正当权益不应被不诚信的行为而肆意践踏，当从公平角度综合全面查清案件事实后，依法改判支持上诉人的诉请。

案件结果

一、高级人民法院二审改判解除，代理目标圆满实现

二审法院认为，关于租赁合同是否应当解除。租赁合同第12条约定："……经甲乙双方认可的因不可抗力造成标的物停业的，租赁期限按所停业的时间顺延，停业期间不计租金。如因政府行为拆迁或甲方的迁址重建，双方可另行协商相关租赁细节，但同等条件下乙方享有优先租赁权。如果双方未就另行租赁事宜达成协议，甲方立即退还乙方已付未到期租金，逾期未退还，按日千分之二支付违约金。如在租赁期内，该加油站因政府行为拆迁，涉及乙方投资形成资产的拆迁款，归乙方所有。"因某某路东西延伸线建设，2020年1月6日

某市某区政府作出征收决定,案涉加油站被列入征收范围,并确定加油站不具备原址回迁的条件。此后双方为租赁合同履行具体事宜曾进行过协商,但未达成一致意见。随着工程施工项目的推进,市政办公室亦陆续发布施工占道和断交施工通告,路桥施工作业已临近案涉加油站,周边已设置围挡,对甲公司的正常经营已造成实质性影响。甲公司在一次性预交10年租金的情况下,基于政府的征收决定和加油站搬迁的现实可能性,请求解除租赁合同并退还租金,符合双方租赁合同第12条的约定,其享有合同的解除权并且合同解除的条件已经成就。被上诉人主张合同约定的"因政府行为拆迁"应以政府分户拆迁为时点,现分户拆迁并未进行,合同解除条件尚未成就的观点,与合同的实际约定不符,本院不予支持。综上,上诉人主张合同解除具有事实依据,且符合合同约定的解除条件,应予支持。

关于合同解除后的处理。《合同法》第97条规定:合同解除后,尚未履行的,终止履行;已经履行的,根据履行情况和合同性质,当事人可以要求恢复原状、采取其他补救措施,并有权要求赔偿损失。对于租金的返还,合同约定年租金700万元,甲公司已交至2019年10月27日,至此时间点合同已履行2年,剩余8年预付的租金为2400万元。法院判决合同解除的时间节点按2020年7月28日计算,自2019年10月28日至2020年7月28日为9个月,正常情况下甲公司应交纳租金525万元,该期间因政府征收及道路施工,甲公司受此影响已处于非正常经营状态,故租金酌情按50%计算为宜,即262.5万元。综上,合同解除后乙、丙应返还的租金数额2400万元扣减262.5万元为2137.5万元。

对甲公司主张的租金逾期返还的违约金,虽乙、丙并未提出合同约定的该违约金过高并请求调整的具体意见,但其主张合同不应解除的抗辩意见已涵盖甲公司关于违约金的具体请求。故结合本案具体实际,违约金应按中国人民银行同期贷款利率计算,直至实际履行完毕止。合同解除后,甲公司应配合办理案涉加油站经营手续变更。

据此,二审法院依照《合同法》第93条第2款、第97条,《民事诉讼法》第170条第1款第2项之规定,判决撤销某市中院一审判决,解除双方签订的《加油站租赁合同》及《补充协议》，乙、丙于本判决生效后10日内返还甲公司租金2137.5万元，逾期按中国人民银行同期贷款利率计算违约金至实际履行完毕止。

二、执行中对方提起再审，最高人民法院依法驳回

二审生效后，被告向最高人民法院提起再审申请，并据此提出执行中止申请，经我们继续代理答辩，最高人民法院终于2020年11月30日作出驳回再审申请的裁定，主要内容为：

经合议庭审查，认为涉案合同第12条是对合同履行中出现对甲公司利益有重大影响的情况下，赋予甲公司相应的救济权利，以保障甲公司的权益。该"因政府行为拆迁"应当理解为双方约定一方解除合同事由的发生，属于双方当事人约定的合同解除条件。本案中，甲公司向乙、丙发送通知函以及起诉要求退还租金的行为，说明"双方未就另行租赁事宜达成协议"，只要解除合同的事由发生，乙、丙就应承担合同解除的后果。

鉴于相应的征收决定已经作出，征收已经开始启动，涉案合同解除的条件已经成就，甲公司据此行使合同解除权具有合同和法律依据。

政府征收土地从准备、启动到实施完成，是一个持续性过程。当地政府相关部门从2019年3月开始，陆续发布房屋调查登记公告以及提供停产停业损失补偿所需资料的通知，制定房屋征收补偿安置方案，直到征收决定作出。上述情况均会对合同履行和合同目的实现造成影响，二审法院没有认定甲公司到期没有缴纳租金构成违约，并酌情扣减相应租金的做法，并无不当。

综上，乙的再审事由不成立，依法予以驳回。

至此，一锤定音，本案诉讼程序彻底完结。我们代理的战略、战术和诉请主张，在二审和再审中的事实、法律、逻辑和论理查明和说理中得到全面支持。

典型意义

本案系经营加油站承租方甲公司以法定解除事由不安抗辩权提起的合同解除之诉，鉴于法定解除权行使的严苛性，二审代理律师结合一审实际，密切关注并固定提交二审事实变化，充分适用新纪要精神，及时调整战略战术与主攻方向，综合民、商、行等案系法律要点，从约定解除与法定解除的不同视角分别论证本案合同解除的必要性与

紧迫性,全面夯实合同解除基础,并充分阐明二审直接改判是司法公正效率的必然体现,二审及再审法院虽最终均以约定解除条件的成就进行裁判,但判决具体说理中,约定解除与法定解除在本案中体现的都比较鲜明,二者存在一定程度的竞合状态,在此情形下路径的优化选择,显然具有重要的战略意义。

回顾思考

根据我国鼓励交易的民商事审判基本理念,合同各方当应严格遵守诚实信用原则,诚信履约,以切实维护良好的社会主义市场经济秩序。但面临合同确无法继续履行时,如何能够根据错综复杂的现实情况快速准确判断并选择最优解除路径,尽最大限度保障解除权人的合法正当权益,则显得尤为重要。

本案二审是至关重要的一环,代理工作必须综观案内外全部因素,穷尽法律规定,对标案件事实,全面论证分析,精准有力出击。鉴于本案不但涉及合同条款明确的约定解除,还关联不安抗辩权、不可抗力、新纪要适用、合同目的落空等一系列法定解除权的合理正当行使,点面较全,回顾思考如下。

一、诉前预防、诉后追踪于诉讼进程及结果均极其重要

合同乃法律文书之首,促进市场主体交易的同时,也是极易产生纠纷的根源。因此,合同条款的预先设计与审查,对充分有效防范法律风险起着至关重要的作用。本案合同订立之初,委托人甲公司基于丰富的商事经验及其内部健全、严密的管理制度,有预见性地将政府征收拆迁行为纳入承租方明确享有的合同解除权情形之一,为合同解除之诉奠定了坚实的基础。

另外,为更及时全面地开示案件事实,二审代理全程、二审结束后,甚至再审程序终结前,代理律师一直安排定期每周追踪案系加油站所在位置的道路工程施工进展情况及拆迁动态,并通过视频资料、书面说明相结合的方式向二审及再审法院提交,使远在外地的主办法官及时客观真实对案件事实全面掌握,增强法官据此作出改判、驳回再审申请的内心确信度。

二、就合同解除的通知形式,司法实践中虽相对宽泛把握,但通知切不可少

《九民纪要》明确指出,解除通知可以由解除权人直接发送给对方,也可以通过诉讼方式行使。提起诉讼是解除权人意思表示的另一种表达方式,只不过

不是解除权人直接通知对方解除合同，而是通过法院向对方送达法律文书，以起诉状方式间接通知对方解除合同。无论直接通知还是间接通知，通知解除的程序切记不可少。

三、根据最新的法律规定和司法实践类案全面权衡解除权条件是否真正成就

诚实信用原则是民商法的基本原则，贯穿于整个民商事交易的始终。《九民纪要》发布后，合同约定的解除条件成就时，守约方以此为由请求解除合同的，法院将着重审查违约方的违约程度是否显著轻微，是否影响守约方合同目的实现，进而根据诚实信用原则，合理确定当事人的权利义务关系，决定合同应否解除。

合同解除条款的约定不应不分违约程度的轻重而被滥用，如同违约金条款，表面上约定较为严格的违约责任可以对合同相对人起到一定的威慑作用，但一旦真的发生诉讼，却不一定能够得到法院或仲裁的支持，故约定解除情形适当为要。

本案并不涉及法理上所谓的合同僵局，不存在上诉人因未按时支付2020年度加油站租金而被认定为违约在先。在合同显不能继续履行事由下，原告拒付租金、起诉解除合同具有法律上及合同上的正当性，故不适用违约方起诉解除合同的禁止性条款。虽然《九民纪要》已经赋予诸如本案长期性合同的违约方一定范围内的法定解除权，但本案上诉人不构成违约，当争必争，不能苟而自陷城池。

四、密切关注最新法律法规、司法解释及政策的出台，充分适用案件中

本案二审得以直接改判，有效避免发还重审的发生，极大降低当事人维权成本，在一定程度上得益于《九民纪要》针对司法实践中关于合同解除纠纷的错误乱象而做出的最新全面正确指导意见。特别是第49条（代理词中已详列）对本案二审直接改判，至关重要，是二审代理和法院改判的要旨。

五、善于运用可视化证据开示，案例检索报告、电子信息等辅助性手段，形成并更全面开示，最大效果地实现将案件持续变化的客观事实完美呈现法庭

二审代理中，我们通过综合运用简笔画、卫星定位图、工程施工鸟瞰图、事

件发展轴线图、Excel表格、视频影像等多种诉讼可视化形式，用图表说话，以最直观、最简洁、最生动的信息表达方式，达到了二审法官虽未亲临加油站现场，但对案系加油站所处的方位、周边地理环境、案系道路进展及对加油站的影响完全可直接感观，案系关键事实得以内心确信地清晰查明。此项，对对方歪曲事实，案件在加油站异地法院审理，极为重要。

同时，利用互联网大数据进行典型案例、类似案例检索，制作检索报告，究尽案例，也是本案胜诉的重要方法之一。

律师简介

孙伏龙，中国区股权高级合伙人，盈科中国董事会副主任、盈科石家庄管委会主任，河北省律师协会副会长、省诉讼法学会、互联网法律学会副会长，全国优秀仲裁员、天津、石家庄等仲裁委员会仲裁员、多所大学特聘教授、硕导，省政府参事室特邀研究员，在民事、商事、刑事、行政、非诉多元及复合业务领域具有精湛的专业素养、丰富的实务经验和最高法、高法、中法相当数量胜诉、十多件无罪辩护成功的优良业绩。担任多个司法、政府、人大、科研院校、企业家等常年法律顾问。主要专业领域为争议解决（重大疑难复合）、资本市场、刑事辩护（经济犯罪、职务犯罪）、知产（著作权、反垄断）等。

邓薇娜，北京市盈科（石家庄）律师事务所律师，武汉大学硕士。曾作为主办、承办律师，成功代理过数十起最高院、省高院、中院民商事及行政诉讼案件，办理多宗公司股权并购重组、破产重整、PPP非诉专项法律事务。专业领域主要为公司及并购重组、资本市场、争议解决、环保、PPP、建筑房地产等非诉常法或专项法律顾问。

《九民纪要》出台后公司对外债务加入效力认定

——安徽某商贸公司与上海某信息公司买卖合同纠纷案

谭　凯

案件简介

2018 年 6 月，安徽某商贸公司（以下简称甲公司）与上海某信息公司（以下简称乙公司）在上海签订一份买卖合同，授权乙公司作为经销商在安徽某市经营某乳业公司（以下简称丙公司）的产品，由丙公司进行发货，合同对于提货量、履约保证金等进行了明确约定。

合同签订后，甲公司向乙公司支付了履约保证金和货款，合同履行过程中乙公司提供部分货物后，以产品下架为由停止供货。2019 年 3 月，甲公司通过 EMS 向乙公司发出《发货催促函》，催促其发货并告知合同解除事宜，该函件于 2019 年 4 月签收，后期交涉无果。

2019 年 3 ~7 月，甲公司老板多次带领数十名经销商来丙公司前台处，拉横幅"丙公司还我们血汗钱"，发微信朋友圈，持续数日，丙公司进行报警，该聚众行为已经严重影响了丙公司的正常经营秩序，无法正常办公，且面临总部例行检查、开会等事宜，丙公司为息事宁人，无奈，非自愿的情况下出具的《垫付保证金声明》，同意代替乙公司垫付甲公司保证金和货款，并由丙公司加盖了公章和法定代表人签字确认。

2019 年 4 月甲公司起诉乙公司和丙公司至上海宝山区法院诉求：（1）解除 2018 年 6 月甲乙公司签订的买卖合同；（2）返还合同履约保证金和剩余货款；（3）赔偿实际损失和利息；（4）丙公司针对上述债务承担连带赔偿责任。

律师策略

一、了解案件事实，厘清法律关系

本所律师为本案丙公司诉讼代理人，本案为甲乙之间买卖合同纠纷，丙公司为产品品牌授权方和发货方，除产品质量问题，根据合同相对性，甲乙之间的买卖合同关系应当与丙公司无关，但丙公司出具了《垫付保证金说明》，不排除具有法律责任。

二、总结案件争议焦点

本律师接手此案之前，公司已经将《垫付保证金说明》交给了原告，根据律师以往办案经验，如果公司同意垫付，并且法定代表人签字，公司盖章，根据法律规定，该行为不能对抗善意第三人，该案的争议焦点为丙公司是否有义务为甲乙公司之间的债务承担连带责任，丙公司对外出具的《垫付保证金说明》是否具备法律效力。

三、排除可能不被法院认定的证据和观点

对被胁迫的情形的分析和可撤销合同认定的可能性。

1. 丙公司称自己出于无奈，非自愿，是被胁迫出具的《垫付保证金说明》，根据《合同法》第54条第2款规定，该《垫付保证金说明》为可撤销合同："一方以欺诈、胁迫的手段或者乘人之危，使对方在违背真实意思的情况下订立的合同，受损害方有权请求人民法院或者仲裁机构变更或者撤销。"

2. 胁迫需要具备以下特征：胁迫者有胁迫的故意，实施了胁迫行为，受胁迫者因胁迫而订立了合同，胁迫行为是非法的。

本案从表面上看，甲公司等人的行为确实符合上述胁迫要件，但证据取得非常艰难，律师通过中国裁判文书网检索查询了大量案例，以胁迫为由，请求人民法院撤销，对证据的审查和要求极高，一般也难以支持，需要改变思路。

四、案例和法律法规检索

本案中，丙公司出具了《垫付保证金说明》，律师接案后寻求突破。

1. 司法实践中的审判思路和主流观点。

(1)法院认定公司法定代表人签字和公司盖章行为对外产生法律效力，本公司并未提供证据证明相对方知道或应当知道法定代表人行为超越了权限，相

对方产生信赖，公司应承连带担保责任。（案号：2017 最高法民申 1475 号）

（2）法院认定根据《公司法》第 16 条规定，对公司及股东的行为进行规范，属于内部治理规范范畴，不能以此为由约束交易相对人，相对人是否审查公司章程和股东会决议，均不影响公司对外应依法承担的民事责任。（2017 最高法民申 1696 号）

（3）法院认定公司为股东和实际控制人担保的，必须通过股东会或者股东大会决议，不属于效力性的强制性规定，判定公司对外担保有效。（2016 最高法民申 370 号）

2.《全国法院民商事审判工作会议纪要》出台前关于公司对外债务承担的相关法律法规依据。

（1）《合同法》第 50 条规定："法人或者其他组织的法定代表人、负责人超越权限订立的合同，除相对人知道或者应当知道其超越权限的以外，该代表行为有效。"

（2）《民法总则》第 61 条第 2 款、第 3 款规定："法定代表人以法人名义从事的民事活动，其法律后果由法人承受。法人章程或者法人权力机构对法定代表人代表权的限制，不得对抗善意相对人。"

（3）《公司法》第 16 条规定："公司向其他企业投资或者为他人提供担保，依照公司章程的规定，由董事会或者股东会、股东大会决议；……公司为公司股东或者实际控制人提供担保的，必须经股东会或者股东大会决议。"

3. 2019 年 11 月 8 日，最高人民法院发布《全国法院民商事审判工作会议纪要》（法〔2019〕254 号）（以下简称《九民纪要》）出台后，针对公司对外担保案件确立了统一的审理思路，法定代表人未经授权擅自为他人提供担保的，构成越权代表，同时根据债权人是否善意认定合同效力，并对善意标准进行明确规范。

五、关键证据准备和庭审抗辩

律师依据《九民纪要》最新规定，了解丙公司为法人全资 100% 控股公司，总公司作为股东并不知晓丙公司的对外担保和债务承担情况，法定代表人越权代表对外承担债务，公司章程也有关于对外举债或担保的由股东决定的规定，遂将一份《公司章程》作为重要的证据提交给法院,《九民纪要》打印版,提交给法官参考。庭审辩论中反复强调甲公司非善意相对人,并且没有审查丙公司股东决定。

律师文书

代理词(摘录)

(下文中,原告:甲公司,被告一:乙公司,被告二:丙公司)。

尊敬的审判长、审判员:

根据了解的案件事实,争议焦点,双方提供的证据和庭审情况,被告二代理人,发表如下辩论意见:

本案不宜单纯凭借被告二出具《垫付保证金说明》来认定被告二应当为原告与被告一的债务承担共同清偿责任。

1. 本案原告诉求涉案保证金和货款为被告一收取,被告二并没有收取,被告一为被告二经销商,被告二并不知晓原告与被告一如何交易。

2. 被告二出具的两份关于丙公司《垫付保证金说明》来源不合法,并非被告二的真实意思表示。

背景为原告分别为2019年3月28日、6月3日、6月4日、6月5日、7月29日等多次带领数十名经销商来被告二处,拉横幅"上海蒙牛公司还我们血汗钱",坐地不走,撕扯闹事,发微信朋友圈毁损被告二名声,持续数日,被告二已经提供了充分的证据证明,原告也予以认可,被告二进行报警,经侦不立案处理,该聚众行为已经严重影响了被告二的正常经营秩序,被告二无法正常办公,被告二也是极其无奈,在非自愿的情况下出具的垫付声明,原告存在胁迫行为,被告二并非真实意思表示,被告二没有义务帮被告一垫付任何款项,没有法律依据。

3. 被告二出具的两份关于丙公司《垫付保证金说明》不具备法律效力。

被告二出具声明时,被告二全资控股股东某乳业(集团)股份有限公司并不知晓此事,也没有作出任何担保债务的决定,而被告二公司章程中第8条明确规定“公司向其他企业投资或者为他人担保,由股东作出决定”,担保债务的情况紧急之时,不能单纯凭借被告二盖章纸质文件确认其对外担保承担债务的效力,丙公司并非善意第三人,没有审查股东决定。

根据2019年11月8日,最高人民法院《九民纪要》(六)关于公司为他人提供担保第17条规定:“担保行为不是法定代表人所能单独决定事项,必须以以公司股东(大)会、董事会等公司机关的决议作为授权的基础和来源,法定代表人未经授权擅自为他人提供担保,构成越权代表。”第18条规定:“债权人主张担保合同有效,应当提供证据证明其在订立合同时对股东(大)会决议进行了审查,决议的表决程序符合《公司法》第16条的规定。”

原告并没有审查《垫付保证金说明》的来源和效力基础,不能被认定为善意相对人,《垫付保证金说明》应为无效。

4. 被告二不应,也没有理由和依据要为被告一的违法行为承担连带责任。

被告一收了多个客户巨额保证金关门跑路,刑事不立案,目前被告一股东/法定代表人王某在安徽老家又开饭店,继续经营其他业务,逍遥度日,挥霍非法收取原告及其他客户的保证金,应当受到惩罚。

如果法院认定被告二承担连带清偿责任,势必导致供销企业下游经销商之间出现收取保证金或货款不退等争议都会把供应商总部列为被告,这已经突破了合同的相对性,都到供应商总公司来闹,坐地不走,拉横幅,要求共同清偿,反正经侦不管,供应商埋单,有悖常理,没有任何法律依据,会导致股东利用公司有限责任逃避股东责任和不法意图,利用公司名义收取客户保证金或费用,关门跑路,逍遥法外,供应商承担清偿责任,这种连带清偿会导致恶性循环和供销企业的生存危机,我们是法治社会,需要公平正义。

5. 原告不法行为在先,自始至终不具备法律效力,并不能因被告二后续自我保护行为而认定原告的不法行为本身转化成合法行为。另外,被告二自始至终没有同意垫付任何经销商的货款,经侦支队也没有鉴定出货款金额。

综上,希望法律真正的惩恶扬善,维护公平正义,不能放任经销商的无理无据行为的继续。

案件结果

本案在上海市宝山区人民法院历经四次审理，最终法院根据最新《九民纪要》规定，采纳代理人意见，认定丙公司出具的《垫付保证金说明》无效，丙公司不承担连带责任。甲乙公司解除合同，乙公司退还履约保证金及剩余货款和赔偿利息。但酌情丙公司应对乙公司对上述债务不能清偿部分的一半承担赔偿责任。

典型意义

本案依据《九民纪要》关于公司为他人提供担保条款，对于同类案件的法律适用司法实践非常具备参考意义。该纪要对于审判实践统一了裁判思路，规范法官自由裁量权，增强同类型案件审判的公开性、透明度，提高了司法公信力。

2020年6月22日，上海市宝山区人民法院作为典型案例发表其法院公众号，原创：马培、胡莎、胡明冬，名称为"宝山法院适用《九民纪要》认定公司对外债务加入无效|法官说案"，该案影响力较大，被新浪新闻、新民网、腾讯新闻、看点快报等各大网络转载。

回顾思考

本案的委托时间为2019年10月18日，判决时间为2020年4月20日，2019年11月8日《九民纪要》的出台，明确规范了公司对外担保或债的加入和善意相对人的认定标准，统一了审判思路。关于公司对外担保或债务加入，法律实务界一直争论不休，为了减少"同案不同判"的现象出现，本案判决对于同类案件司法实践中的法律适用具有重要参考价值。

本案认定《垫付保证金说明》无效，极大地保护了总公司和股东利益，降低了供销企业下游经销商之间出现合同纠纷突破合同的相对性导致总公司连带责任的风险。

考虑到债务加入的特点，准确理解和适用《九民纪要》确立的裁判规则，建议需要注意把握以下几个问题：

一、公司对外债务加入的限制应适用《公司法》第16条的规定

为防止法定代表人随意代表公司为他人提供担保给公司造成损失，损害中

小股东利益,《公司法》第16条对法定代表人的代表权进行了限制。根据该条规定,担保行为不是法定代表人所能单独决定的事项,而必须以公司股东(大)会、董事会等公司机关的决议作为授权的基础和来源。法定代表人未经授权擅自为他人提供担保的,构成越权代表,人民法院应当根据《合同法》第50条关于法定代表人越权代表的规定,区分订立合同时债权人是否善意分别认定合同效力:债权人善意的,合同有效;反之,合同无效。

二、债权人善意标准的认定

1. 为公司股东或者实际控制人提供关联担保。

《公司法》第16条明确规定必须由股东(大)会决议,未经股东(大)会决议,构成越权代表。在此情况下,债权人主张担保合同有效,应当提供证据证明其在订立合同时对股东(大)会决议进行了审查,决议的表决程序符合《公司法》第16条的规定,即在排除被担保股东表决权的情况下,该项表决由出席会议的其他股东所持表决权的过半数通过,签字人员也符合公司章程的规定。

2. 公司为公司股东或者实际控制人以外的人提供非关联担保。

根据《公司法》第16条的规定,此时由公司章程规定是由董事会决议还是股东(大)会决议。无论章程是否对决议机关作出规定,也无论章程规定决议机关为董事会还是股东(大)会,根据《民法总则》第61条第3款关于"法人章程或者法人权力机构对法定代表人代表权的限制,不得对抗善意相对人"的规定,只要债权人能够证明其在订立担保合同时对董事会决议或者股东(大)会决议进行了审查,同意决议的人数及签字人员符合公司章程的规定,就应当认定其构成善意,但公司能够证明债权人明知公司章程对决议机关有明确规定的除外。

三、债权人对公司机关决议内容的审核标准

债权人对公司机关决议内容的审查一般限于形式审查,只要求尽到必要的注意义务即可,标准不宜太过严苛。公司以机关决议系法定代表人伪造或者变造、决议程序违法、签章(名)不实、担保金额超过法定限额等事由抗辩债权人非善意的,人民法院一般不予支持。但是,公司有证据证明债权人明知决议系伪造或者变造的除外。

四、债权人审核义务的豁免

债权人知道或者应当知道没有公司机关决议，也应当认定担保合同符合公司的真实意思表示，合同有效：

1. 公司是以为他人提供担保为主营业务的担保公司，或者是开展保函业务的银行或者非银行金融机构；

2. 公司为其直接或者间接控制的公司开展经营活动向债权人提供担保；

3. 公司与主债务人之间存在相互担保等商业合作关系；

4. 担保合同系由单独或者共同持有公司2/3以上有表决权的股东签字同意。

五、越权担保后的民事责任承担

根据《九民纪要》第20条规定，在法定代表人越权担保的情形下，应依据下列规则进行判断：

1. 担保合同有效，公司应承担担保责任。

2. 担保合同无效，公司不承担担保责任，但法院可以按照担保法及有关司法解释关于担保无效的规定处理。

《担保法》第5条第2款规定："担保合同被确认无效后，债务人、担保人、债权人有过错的，应当根据其过错各自承担相应的民事责任。"

最高人民法院《关于适用〈中华人民共和国担保法〉若干问题的解释》第7条规定："主合同有效而担保合同无效，债权人无过错的，担保人与债务人对主合同债权人的经济损失，承担连带赔偿责任；债权人、担保人有过错的，担保人承担民事责任的部分，不应超过债务人不能清偿部分的二分之一。"

律师简介

谭凯，北京市盈科（上海）律师事务所律师，中国政法大学民商法学硕士，从事法律工作13年，曾为某央企法律顾问，任职期间，由国资委颁发，省级国资委评审为"国有企业三级法律顾问"称号，荣获盈科（上海）十大经典案例，部门最佳优质奖等荣誉。执业领域：企业法律顾问，并购重组，经济合同纠纷诉讼等民商事领域，现为多家公司企业提供常年法律顾问服务。

从因果关系破解合同质量纠纷

——湛江某制冷设备有限公司诉湖南某节能新材有限责任公司买卖合同纠纷案

余志锋

案件简介

2017 年 4 月 22 日，原告湛江某制冷设备有限公司与案外人永州某农副产品批发市场有限公司签订《工业品定作合同》，由原告为案外人加工定做湖南省永州市某果蔬批发市场的制冷设备及辅料。

为了履行该定作合同，原告于 2017 年 7 月 4 日，与被告签订《工业品买卖合同》约定：原告以每立方米 390 元的单价向被告购买 $498m^3$ XPS 板，总货值 194，220 元；XPS 板的燃烧性能等级为带阻燃 B2。原告、被告双方在涉案的《工业品买卖合同》中第 2 条约定："质量要求、技术标准：按照合同约定的技术规格、质量标准及买受方生产工艺、使用要求。若合同中对技术规格、质量标准没有相应的约定、约定不明确或约定低于其他相关规定，则应以国家标准、行业标准、有关部门最新颁布的相应标准、同行业其他企业的质量标准中的最高标准为准"；第 3 条约定："出卖方对质量负责的条件及责任：产品出现质量问题，买受方有权拒收、退货，按解除合同处理或要求更换产品。……"在合同第 9 条第 3 项中约定："如因出卖方所交付的产品达不到合同约定或规定的标准，出卖方应当向买受方承担总货款 20% ~30% 的违约金并承担损失。"在第 10 条中约定："合同争议的解决方式：协商解决，协商不成，依法向买受方所在地人民法院起诉。"

合同签订后，原告依约支付全部货款给被告。被告于 2017 年 8 月 4 日及 9 月 5 日先后将 $333.9m^3$ 和 $117.61m^3$ XPS 板运至湖南省永州市某果蔬批发市场工地交给原告。上述货物分别由原告的员工汪某庆和左某江签收,用于案外人永州某公司冷库地面铺设。

2017年9月7日16时2分,在建的案外人永州某公司冷库着火,后被永州市公安消防支队扑灭。2017年10月23日,永州市冷水滩区公安消防大队作出永冷公消火认字(2017)第0003号《火灾事故认定书》认定:起火原因为电焊熔渣引燃地面可燃物引发火灾。经永州市冷水滩区公安消防大队委托,湖南永一资产评估有限公司于2017年10月12日作出《永州市冷水滩区公安消防大队调查火灾损失案资产评估报告》(湘永评报字〔2017〕第0147号),评估结果为火灾受损物品损失在评估基准日(2017年9月7日)的价格为7,552,000元。

2017年11月1日,经原告申请,湖南省永州市潇湘公证处对涉案火灾现场提取建造材料的全过程进行保全证据并将提取火间灾现场残留的XPS板材料,送到国家建筑工程质量监督检验中心进行燃烧性能等级检验。2017年12月29日,国家建筑工程质量监督检验中心作出《检验报告》检验结论:根据GB 8624—2012的判定条件,判定所送样品的燃烧性能不能达到B2级。

永州市公安消防支队在其2017年消防工作纪实中认定,2017年9月7日永州某公司在建冷库火灾的发生与施工现场管理混乱,工人违规操作、周围堆放大量易燃物有关。

原告向法院提起诉讼请求:(1)请求被告返还原告货款63,999元;(2)请求被告支付原告违约金58,266元;(3)请求被告赔偿原告经济损失3,776,000元;(4)请求被告承担本案案件受理费、财产保全费、公证费、旅旅费和鉴定费等全部诉讼费用。

律师策略

作为被告,诉讼的思路应当注重从多方面进行防守,首先从程序问题出发,分析本案的管辖问题,本案管辖在买受方所在地,即湛江市麻章区人民法院,一来对我方应诉不便利;二来可能涉及地方保护主义。管辖问题虽然是程序性问题,但是与案件实体法律关系息息相关,最直接的体现就是管辖的确定往往与案由相关。

本案系一起由买卖合同的标的物引起的质量侵权纠纷,属于合同纠纷与侵权纠纷的竞合。虽然法院立案时的案由为买卖合同纠纷,但从原告起诉的诉讼请求及事实与理由部分来看,既包含了基于合同法律关系所提出的请求,也包括了基于侵权法律关系提出的请求，由于二者竞合，只能择其一，我们需要申请法院向原告示明。若属于买卖合同纠纷，依照合同约定的管辖即由买受方所在地的人民法院管辖，那么原告要求赔偿损失的请求则在本案中无法处理，需要另诉；若属于侵权纠纷，则应当由被告所在地或者侵权行为地管辖，对我方来说更便利、更有地域优势。

其次，还是要从原告的诉讼请求出发逐一进行答辩。

第一，被告已经按照合同约定，实际交付了货物，并且经过原告授权的人员进行签收，被告无须返还货款。

第二，被告不存在违约行为，交付的货物质量标准符合合同的约定。

第三，对于涉案火灾的发生，被告方并无任何过错；涉案 XPS 板与火灾的发生也并无因果关系。

第四，本案公证、鉴定程序不合法，对其结果提出异议。我方提出申请重新鉴定或申请鉴定人出庭作证。

第五，原告对于火灾的发生具有重大过错，所造成的损失应当由其自身承担。

最后，还要学习了解涉案产品及相关国家标准，找出对我方有利的突破口；并且如果有与本案相关的社情媒体信息，也要将对方有利的信息用来佐证我方观点，影响法官的内心心证。

律师文书

一审答辩状（节选）

答辩人不应该返还被答辩人货款，更不应该支付被答辩人违约金及赔偿其经济损失。理由如下：

一、答辩人已实际交付货物，被答辩人指定收货人签字验收，答辩人不应返还被答辩人货款。

2017 年 6 月 29 日，答辩人与被答辩人签订《工业品买卖合同》，答辩人向被答辩人购买 XPS 板，合同约定单价为 390 元/m^3，合同约定结算方式为款到发货。合同签订后，被答辩人于 2017 年 7 月 13 日和 2017 年 8 月 4 日分别支付了货款19,422元和128,700元,答辩人于2017年8月4日运送XPS挤塑板B2级共333.9立方米至被答辩人指定收货地址,其指定收货人汪某庆在送货单上签字验收;2017年9月4日,被答辩人向答辩人支付货款46,098元,答辩人于2017年9月5日运送XPS挤塑板B2级150.73立方米至被答辩人指定收货地址,其指定收货人左某江在运货单上签字验收。截至2017年9月30日,被答辩人共向答辩人支付货款194,220元(答辩人已于2017年9月15日向其开具足额增值税专用发票),答辩人共向被答辩人交付XPS挤塑板B2级484.63立方米(货物价值189,005.7元),剩余13.37立方米因2017年9月5日运送货物时无法装下而未交付,但答辩人已向被答辩人表明,且账上一直标记着被答辩人预付货款5214.3元,长期以来也未收到被答辩人的发货要求。

二、被答辩人提供的相关证据不能证明答辩人存在违约情况,答辩人交付的货物符合合同约定的标准,不应该向被答辩人支付违约金及赔偿损失。

(一)被答辩人对公证程序及公证内容有异议。

首先,公证机构为被答辩人单方选定,未通知答辩人并得到认可。公证员提取样品聚氨酯保温材料及8块XPS挤塑板时,只有被答辩人的员工曲某、公证员贾某及其助理陈某、拍摄人员贺某在场,没有与本次公证事项无关的人员在场,也没有答辩人的员工在场。因此,根本无法确认他们提取到的8块XPS挤塑板就是答辩人提供给被答辩人的。其次,在公证员贾某及其助理陈某将被保全的证据送至北京国家建筑工程质量监督检验中心的过程中,被答辩人的员工吴某、陈某全程跟他们一起,答辩人有理由怀疑送检的样品在路途中有被掉包的可能。再次,将火灾后现场提取的建造材料送检至国家建筑工程质量监督检验中心期间发生的拍摄都是由公证员的助理陈某拍摄,陈某是否有资质进行拍摄。同时,也无法确认公证员贾某是否每个环节的拍摄都在场,如没有,又怎样对未参与的环节进行公证。最后,公证机构、公证员及助理公证员均没有提供相应的资质证明,有可能不具有公证资质,缺乏专业水准。

(二)对国家建筑工程质量监督检验中心(以下简称检验单位)出具《检验报告》有异议。

首先,检验单位为被答辩人单方选任,未通知答辩人并得到认可。其次,检验单位的三份产品(材料)检测/检查委托合同单(以下简称合同单)都由被答辩人的员工陈某填写,陈某在委托单中将需检验的样品"XPS 板"的生产单位填写了即答辩人的公司名称,导致检验单位在出具《检验报告》时,错误地以为所检验的样品"XPS 板"就是答辩人生产的,然而,他们所检验的样品可能根本就与答辩人无关。再次,在陈某填写的三份委托单中,两份都是检验样品为"双方彩钢聚氨酯板(厚 100mm、150mm)",该材料也是可燃物,且它们的生产单位被答辩人填写的都是湖南宝特福制冷设备有限公司。由此说明被答辩人也不知道因其冷库火灾的地面可燃物到底是什么,但检验单位只出具了针对生产单位为答辩人的 XPS 板《检验报告》,而针对"双面彩钢聚氨酯板"的检验报告至今未见到,答辩人认为冷库火灾的地面可燃物可能是由湖南宝特福制冷设备有限公司生产的"双面彩钢聚氨酯板"。最后,检验单位及检验人员都未提供相应的资质证明,答辩人有理由怀疑检验单位及检验(鉴定)人员可能根本不具备检验资质,缺乏专业水准。

综上,答辩人交付给被答辩人的 XPS 挤塑板 B2 级是严格按照合同约定的标准,亦符合该货物国家标准及行业标准。被答辩人提供的《公证书》及《检验报告》完全不能证明答辩人存在违约情况。

三、案外人冷库着火,被答辩人存在明显过错,因其过错产生的损失应由其承担,答辩人不应承担。

(一)选材错误:根据 GB 50016—2014《建筑设计防火规范》第 6.2.8 款关于冷库设计的规定,冷库、低温环境生产场所采用泡沫塑料作为内绝热层时,绝热层的燃烧性能不应低于 B1 级,且绝热层的表面应采用不燃材料做防护层。根据中华人民共和国国家标准《建筑材料及制品燃烧性能分级》的叙述:B1 级为难燃材料(制品);B2 级为可燃材料(制品)。被答辩人作为专业建造冷库的企业,应当明知国家要求建造冷库应使用 B1 级材料,却仍向答辩人购买 B2 级的 XPS 板。据此,被答辩人应当预料到在建造冷库时,擅自将 B1 级材料改为用 B2 级可能会造成的影响,还坚持用 B2 级 XPS 板,具有重大过错。因此,被答辩人应当对在建冷库着火造成的损失承担责任。

(二)施工操作不当:根据永州市冷水滩区公安消防大队于 2017 年 10 月

23日出具的永冷公消火认字(2017)第0003号《火灾事故认定书》的叙述,认定本次事故的起火原因为电焊熔渣引燃地面可燃物引发火灾。被答辩人明知B2级XPS板本质上具有可燃性,即使是带阻燃的B2级XPS板在温度足够高时阻燃效果也可能失效的情况下,仍在施工过程中,在未做好防御工作前,贸然使用电焊,致使电焊熔渣引发地面可燃物。因此,被答辩人在操作中存在严重不当,因其操作不当造成的损失应由其承担;与此同时,被答辩人并没有相关证据证明地面可燃物就是答辩人提供的货物,答辩人不应承担此损失。

(三)管理不当:2018年2月28日永州市人民政府转载永州日报一篇题为《筑牢人民群众生命财产"防火墙"》的文章,文章中对某冷库发生火灾原因进行了阐述:"据查,火灾的发生与施工现场管理混乱,工人违规操作、周围堆放大量易燃物有关,施工方的江某华、李某波、肖某国、张某雨等涉嫌重大责任事故罪,已于9月9日被冷水滩公安分局依法批捕并移送起诉。"针对该火灾发生原因,2018年4月12日,在一篇题为《永州消防铁腕办"火灾"全覆盖无禁区》的文章中再次确认,同时,许多公开渠道中对该原因都进行了报道及确认。因此,冷库失火是由于被答辩人管理不当,随意堆放易燃物引起的,被答辩人管理上存在明显过错。

二审代理词(节选)

一、消防公安已专业认定本案火灾系上诉人自身原因导致(略)

二、被电焊熔渣引燃的地面可燃物并非被上诉人供应的XPS板

(一)起火点除摆放XPS板外,还有众多易燃易爆物体

1.《火灾现场勘验笔录》显示:起火点地面残留的不仅仅是XPS板,还有电焊熔渣、焊条熔渣等。

2.根据永州市冷水滩区公安消防大队《火灾事故认定书》《火灾现场勘验笔录》以及上诉人在上诉状中的自认可知:起火点地面上除了涉案XPS板之外,还存在氧气瓶、乙炔瓶、电焊机、角磨机、切割机等物体。乙炔瓶中的乙炔属于易燃物,氧气瓶中的氧气属于助燃物,氩弧焊机和电焊机在接触到易燃易爆气体时,也极易发生爆炸。

（二）火灾现场相关人员的推测性意见和火灾现场视频无法证实被引燃物为 XPS 板

1. 上诉人对其在上诉状中所称的“当时冷库业主、参与冷库建设的工人、参与救火的人员均确认冷库火灾为涉案 XPS 板被引燃并迅速蔓延所致”未进行举证，也未申请相关人员出庭作证。

2. 案发现场相关人员只是看到火灾的蔓延情况，却没有看到最初的火灾是如何引发的。如果工人有看到，想必火就会被当场熄灭，而不是引发后来的大火。

3. 根据 2017 年消防工作纪实中认定“2017 年 9 月 7 日永州嘉信冷链物流中心在建冷库火灾的发生与施工现场管理混乱，工人违规操作……”工人对火灾的发生具有不可推卸的过错责任，因此该部分工人的陈述也不具备真实性，不足以采信。

4. 上诉人提供的视频只能显示火势的蔓延情况，却无法显示火灾源头。

三、上诉人对冷库着火存在重大过错，因此造成的损失应由其自行承担

（一）选材错误

1. 上诉人违反国家规定向被上诉人采购具有可燃性的 B2 级 XPS 板存在重大过错。

根据 GB 50016—2014《建筑设计防火规范》第 6.2.8 款关于冷库设计的规定，冷库、低温环境生产场所采用泡沫塑料作为内绝热层时，绝热层的燃烧性能不应低于 B1 级，且绝热层的表面应采用不燃材料做防护层。根据国家标准《建筑材料及制品燃烧性能分级》的叙述：B1 级为难燃材料（制品）；B2 级为可燃材料（制品）。上诉人作为专业建造冷库的企业，应当明知国家要求建造冷库应使用 B1 级材料，却仍向被上诉人购买 B2 级 XPS 板。据此，被上诉人预料到在建造冷库时擅自将 B1 级材料改为用 B2 级可能会造成的影响，仍坚持用 B2 级 XPS 板，对此具有重大过错。

2. 除被上诉人供应的 XPS 板外，上诉人还采购了其他不符合标准的产品

火灾发生后，上诉人将双面彩钢聚氨酯顶板和墙板材料送检，也被鉴定为不合格产品，被上诉人合理怀疑上诉人购买的其他不符合标准的产品同样给冷

库火灾事故造成了重大影响。

（二）贮存不当

“绝热用挤塑聚苯乙烯泡沫塑料（XPS）”国标GB/T 10801.2—2002规定XPS板的贮存条件如下：“9.2产品应按类别、规格分别堆放，避免受重压，库房应保持干燥通风。9.3运输和贮存中应远离火源，热源和化学溶剂，避免日光曝晒、风吹雨淋，并应避免长期受重压和其他机械损伤。”

上诉人将XPS板随意摆放在施工现场，没有提供干燥通风、避免日光曝晒风吹雨淋的条件，导致XPS的阻燃性能降低。同时，上诉人没有将XPS板摆放在远离火源的地方，明知B2级XPS板本质上可燃，施工员在旁随意使用电焊施工，产生火花或其他火源。对此上诉人具有重大过错。

（三）施工操作不当（详见一审答辩状）

（四）管理不当（详见一审答辩状）

四、上诉人要求被上诉人承担赔偿责任缺乏依据

（一）上诉人的实际损失不明确

根据上诉人在一审、二审中提供的证据，上诉人为修复冷库而另行采购等花销有发票记载的仅为1,909,634.45元，上诉人在上诉状中却主张被上诉人应赔偿3,776,000元，该3,776,000元诉请没有足够的支付凭证予以佐证，上诉人损失不明确。

（二）上诉人应承担的赔偿比例不明确

湘永评报字〔2017〕第0147号《永州市冷水滩区公安消防大队调查火灾损失案资产评估报告》评定冷库火灾损失为7,552,000元。烟台某公司、上诉人及永州某农副产品公司对此协商赔偿事宜。但无论是上诉人的赔偿比例还是具体赔偿金额，都是上诉人与案外第三人协商的结果，而非客观专业的确定赔偿比例。因此，无论是一审中已查明上诉人向永州某公司支付的106万元，还是二审中上诉人提交的有票佐证的849,634.45元，都是上诉人为其过错行为自愿对该公司承担赔偿责任而支付的款项，其中体现的是民事主体的平等协商和妥协，而非客观的上诉人应承担责任比例。因此，上诉人客观的赔偿比例不明确。

(三)无论上诉人损失多少,因损失并非被上诉人导致,都与被上诉人无关

1. 被上诉人供应的 XPS 板系合格产品,并非缺陷产品

首先,上诉人供应的 B2 级 XPS 板在 2016 年 4 月 14 日、2016 年 6 月 17 日、2017 年 4 月 14 日、2018 年 5 月 2 日先后经长沙市城市建设科学研究院(长沙市建设工程质量检测中心站)的燃烧性能检测,均为合格;2017 年 9 月 15 日经湖南省商品质量监督检验研究院鉴定,综合判定为合格。该证据已在一审中提交,被上诉人生产的 XPS 板 B2 级材料均为燃烧性能检测合格的材料。

其次,上诉人提交的国家建筑工程质量监督检验中心出具的《检验报告》不合法,不能作为判定 XPS 板 B2 级材料燃烧性能是否合格的依据。其不合法性表现在:(1)鉴定申请人(委托人)资格不合法。(2)取样程序不合法。(3)原告未提供《检验报告》上检验人员的资质证书,无法确认朱春玲等是否具备检验资格。(4)国家建筑工程质量监督检验中心未将《检验报告》依法交付给被告,剥夺了被告的异议权和申诉权(详见一审代理词)。

最后也是最重要的,上诉人通过公证提取送检的 XPS 板检材,由于随意摆放,未提供合理的贮存条件,降低了其阻燃性能。鉴定程序即使合规,由于检材已经受到一定程度的损坏,其鉴定结果也不能作为认定被上诉人交付的 XPS 板阻燃性能是否符合合同约定和国标规定的依据。

2. 被上诉人不具备承担责任的构成要件

上诉人根据《产品质量法》中缺陷产品致害责任条款以及根据涉案合同第 9 条第 3 项以及《合同法》第 107 条、《民法通则》第 110 条,要求被上诉人承担赔偿责任,都需具备加害行为(合同行为)、损害结果、因果关系三个要件。本案 XPS 板即使存在瑕疵,也与火灾发生之间无因果关系,不具备承担责任的因果关系要件,因此无须承担赔偿责任。

案件结果

一审判决结果:

1. 限被告在本判决发生法律效力后 10 日内支付违约金 58,266 元给原告。

2. 限被告在本判决发生法律效力后 10 日内支付公证费、检测费、交通费及

住宿费共计35,223.36元给原告。

3.限被告在本判决发生法律效力后10日内返还货款5214.3元给原告。

4.驳回原告的其他诉讼请求。

二审判决结果:

驳回上诉,维持原判。

典型意义

原告起诉金额将近400万元,最后仅判决被告支付不到10万元,本案一审、二审都取得了成功。不管是从实体上还是从程序上,都找到了能够反驳对方的地方,当然最重要的点在于"因果关系",从因果关系出发破解了合同质量纠纷,正是由于本案原告没有确实的证据证明火灾的发生与被告提供的货物质量之间具有因果关系,导致其自身承担了举证不能的责任并承担了败诉结果。故本案对于合同标的质量纠纷及合同纠纷与侵权纠纷竞合的情况下,被告如何应诉具有一定的借鉴作用和指导意义。

回顾思考

本案是一起由合同标的物质量问题引发的买卖合同纠纷,买卖合同纠纷是实务中最常见的纠纷之一,从合同本身进行规范是防控风险的最佳防火墙。当事人在签订合同之前应当尽量协商一致将合同条款具体明确化,特别是对标的物的数量、质量规格、价款和支付方式、违约条款等进行详细的约定。

首先,标的物必须合法化、明确化:标的物本身需合法,如果标的物是法律禁止流转的,例如枪支、毒品等,将会对合同效力产生影响,还有可能触犯法律,需要承担刑事责任。

其次,还要注意标的条款的明确化:(1)名称为其正式的通用名称,如果有编号要一并列明;并明确写明型号、品种、质量、规格和数量等;如是不动产,要写明其具体地点,包括楼号等。(2)质量:约定的质量标准,应尽可能具体、明确、可操作、可证明。除非有特别需要,通常应保持与下列质量标准之间的协调一致:①国家规定的强制性标准;②行业内通用标准;③在产品或者其包装上注明采用的产品标准;④以产品说明、实物样品等方式表明的质量状况。(3)数量:在签订合同时,当事人双方要明确约定计量单位和计量方法,而且应当符合法定的要求,避免因理解上的差异产生履行分歧。(4)履行期限、地点和方式条款:标的物的交付是采购合同中卖方最主要的义务,涉及货物风险的承担、所有权的转移、买方预期利益能否实现等诸多问题,所以应在合同中对交货方式、交货地点、交货时间、运输方式、运输费用、风险转移等事项约定明确。

律师简介

余志锋,北京市盈科(长沙)律师事务所股权高级合伙人律师,商事争议解决事务部副主任。现担任长沙市平江商会法律工作委员会主任、长沙市律师协会民商事委员会委员、中国民主促进会长沙市委会法律顾问团成员。执业以来办理重大民商事案件上千起,先后担任十七家公司法律顾问,为企业提供合同审查与纠纷处理、股权设计与纠纷处理、商事谈判与争议解决、商业特许经营风险防范、企业家刑事法律风险防范、常年法律顾问等法律服务。2017 年、2018 年被盈科律师事务所全球总部评为优秀律师。

签订预约合同后是否具有强制缔约义务

——李某等22人诉余某、杨某、LZ公司股权转让纠纷案

郝秀凤

案件简介

常州市某公司(以下简称标的公司)实际控制人余某、杨某接受李某等39名股东委托,将其持有的部分标的公司的股权转让给LZ公司。2017年11月26日,余某、杨某代表上述股东与LZ公司签订了合同编号为20171126的《股权合作意向书》,就全体股东持有的标的公司合计60%的股权转让给LZ公司达成初步合作意向。2017年12月4日,双方就剩余股权后续转让事宜签署《股权合作意向书补充协议》。2017年12月12日,标的公司将小股东的授权委托书邮寄给LZ公司,LZ公司按意向书约定支付了定金。后LZ公司在估值和净利润等方面提出重大变更,为促成本次收购,余某、杨某同意于2017年12月27日与LZ公司重新签订合同编号为20171226的《股权合作意向书》(以下简称意向书)。其后在签订正式股权转让协议的磋商过程中,标的公司股东与LZ公司就本约的部分关键交易条款未能达成一致意见。2018年2月2日LZ公司出具律师函,要求余某、杨某在收函后5日内签订本约;2018年2月10日余某、杨某提起仲裁要求解除意向书;2018年3月13日LZ公司披露了终止收购标的公司的事项,2018年3月21日标的公司亦公告披露了上述事项。后标的公司小股东李某等22人起诉余某、杨某、LZ公司,要求继续履行意向书,并要求余某、杨某赔偿李某等22人的损失。在本案的审理过程中,LZ公司亦在厦门市思明区人民法院提起诉讼,要求余某、杨某依据意向书双倍返还定金并承担相应的违约责任。

律师策略

代理律师接受标的公司实际控制人余某、杨某的委托后，通过梳理案件材料，认为本案双方未能缔结本约的原因在于LZ公司的恶意磋商行为，标的公司公告终止股权转让事宜并无不当。代理人在结合本案所有证据材料并查阅相关法律法规、梳理历年案例后，认为本案代理思路主要为以下几点：(1)余某、杨某在LZ公司恶意磋商的情况下发布公告终止收购的行为有效；(2)意向书无法继续履行，且意向书作为预约合同，并不具备强制缔结本约的义务；(3)LZ公司存在恶意磋商行为，依法应承担违约责任；(4)即使LZ公司不构成违约，未能签订正式的股权转让协议书的原因也系不可归责于当事人双方的原因。

针对上述情况，代理人重点采取了以下诉讼策略：(1)将标的公司实际控制人余某、杨某接受标的公司小股东委托后与LZ公司就股权转让事宜通过邮件、短信、微信等多种方式数次沟通所有事项列表并做成时间轴，通过磋商事项的进展进而证明余某、杨某在订立意向书直至谈判破裂的整个过程中均依据诚实信用原则积极履行磋商义务，且积极维护标的公司小股东的权益；(2)纵向对比三份《股权合作意向书》及八次邮件往来中正式股权转让协议的具体条款，将谈判过程中双方每次进行变更的条款逐一列明并绘制对比表；同时横向对比意向书与正式股权转让协议的差异，将对意向书内容作出实质性变更或超越意向书约定的条款逐一列明，并将差异内容整理到之前绘制的表格中，最终形成既能清晰地显示数次磋商过程又能对比出预约合同与本约合同内容变更的双向对比表格。

一审第一次庭审中，本案原告即标的公司小股东通过代理人在庭审中的答辩及举证认为，LZ公司提出的正式股权转让协议与意向书在责任的承担方式、过渡期损益归属、交易对价的支付对象及支付方式、竞业限制等多方面存在实质性的改变或超越意向书约定的内容，最终导致无法签订正式协议。故原审原告在第一次庭审中变更诉讼请求，要求解除意向书并没收LZ公司500万元定金。

二审中，LZ公司认为本案应为委托合同纠纷，原审法院将两个不同的案由合并审理违反法律规定。代理人提出委托书系意向书的附件，民事案件的案由应由诉争的基础性法律关系确定，本案原审原告围绕意向书的履行确定其诉讼请求,因此本案案由为股权转让纠纷并无不当。

律师文书

答辩状（节选）（综合一审、二审阶段）

一、余某、杨某依法积极履行与LZ公司的磋商义务,在LZ公司违法磋商的情况下发布公告行为合法有效。

（一）余某、杨某接受标的公司小股东委托后,与LZ公司磋商股权收购事宜,磋商过程中积极维护李某等小股东的合法权益。

在意向书签订后,余某、杨某依据意向书与LZ公司共同委托了评估机构和会计师事务所,积极配合LZ公司进行资产评估和净利润审计工作并支付了相关费用,同时于2018年1月通过邮件、短信、微信等各种渠道与LZ公司就正式股权转让协议进行多轮的磋商洽谈并在磋商过程中对超出意向书及意向书未约定条款提出修改和意见。上述行为足以证明余某、杨某作为善良被收购方已经尽到了合同义务。案涉股权交易最终未能完成,余某、杨某既没有违约行为,更没有过错,依法不应当承担法律责任。

（二）余某、杨某发布公告终止意向书是基于LZ公司在先的违约行为,同时也是维护包括原告在内的标的公司小股东的股东权益,该行为不违反法律也不具备无效要件。

LZ公司在本约中对多个实质性条款作出变更,且在2018年2月2日发律师函,要求余某、杨某在审计报告、评估报告均未出具的前提下,于收函后5日内签订尚未协商一致的本约,同时在意向书约定的6个月有效期尚未达到一半时间的情况下,在2018年3月13日发布公告称放弃本次收购。对此,证监会以LZ公司涉嫌虚假收购向余某、杨某调查,余某、杨某本着诚信和善意,告知调查人员不认为其存在虚假收购行为。但是,鉴于LZ公司已经先于余某、杨某发布公告且证监会对此事的关注,余某、杨某不得不披露《关于公司股票回复转让的公告》,一方面维护标的公司全体股东的合法权益,另一方面积极寻求妥善解决本次收购后续事宜的途径。

二、意向书是预约合同，其目的是签订本约，李某等22名股东要求余某、杨某继续履行的诉讼目的不能实现。

（一）意向书系预约合同，余某、杨某不具有强制缔约的义务。

余某、杨某与LZ公司签订的意向书属于预约合同，其法律约束力系确定余某、杨某与LZ公司自订立意向书开始，应当遵循诚实信用原则开展相应的磋商并在意向书范围内协商订立本约合同。而根据该意向书约定的内容，涉案的意向书是为实现余某、杨某与LZ公司正式签订股权转让协议之目的，不能作为交易双方完成案涉股权转让的最终执行依据，余某、杨某不负有就完成案涉股权转让事宜强制缔约的义务。

（二）该意向书因约定的履行期限届满而终止。

该意向书第5条约定："意向书及其内容和条件自签署之日起6个月内有效"，即自2017年12月27日起至2018年6月26日止，余某、杨某与LZ公司在此期限内就股权转让事宜充分磋商；另外，该意向书第12.2条约定："无论本意向书的其他条款如何规定，若在本意向书约定的期限到期时，双方未能签订正式的具有法律效力的股权转让协议或延期协议，则本意向书将被视为终止"，因余某、杨某与LZ公司未在2018年6月26日前就案涉股权交易达成一致，也未签订延长期限期协议，该意向书已因履行期限届满而终止。

三、LZ公司恶意磋商，故意提出多个对意向书约定作出实质性变更的条款，同时提出增加多个增加标的公司股东义务的条款，其行为已经构成违约，依法应承担违约责任。

（一）对意向书作出实质性变更的条款：（在此不进行一一列举）。

（二）增加了意向书未约定的条款：（在此不进行一一列举）。

四、本案不存在两个案由合并审理更不存在案由错误。

同一诉讼中涉及两个以上相互牵连的法律关系，应当依据原告主张的基础法律关系确定案由。本案中，原审原告起诉要求解除股权合作意向书且要求没收定金，一方面请求权基础为《合同法》第402条的规定，另一方面原审原告的诉讼请求实质上就是围绕股权转让合同提出，故原审法院确定案由为股权转让合同纠纷并审理此案符合法律规定。

案件结果

一审法院认为本案李某等22名股东的诉讼请求系围绕意向书的履行提出的，故本案案由为股权转让纠纷；诉讼中李某等22名股东明确系因为LZ公司的违约而终止履行意向书，故余某、杨某不应承担赔偿责任；意向书属于预约合同，双方未能缔结正式股权转让协议的原因系因不可归责于双方当事人的事由，故标的公司股东应返还500万元定金。

二审法院认为本案确实存在两种法律关系，一是委托合同纠纷，二是股权转让纠纷，这两种法律关系均因履行意向书而发生，且授权委托书为意向书的附件，应当依据原审原告主张的基础性法律关系确定案由，故本案应为股权转让纠纷；未能签订正式股权转让协议的原因在于部分关键条款未能协商一致，并未有一方有明显拒绝磋商的行为，因此未能订立本约是因不可归责于双方的事由造成的。

典型意义

本案系双方当事人就股权转让事宜订立预约合同后，在磋商确立正式的股权转让协议过程中谈判破裂而引发的纠纷。根据最高人民法院《关于审理买卖合同纠纷案件适用法律问题的解释》第2条规定，"当事人签订认购书、订购书、预订书、意向书、备忘录等预约合同，约定在将来一定期限内订立买卖合同，一方不履行订立买卖合同的义务，对方请求其承担预约合同违约责任或者要求解除预约合同并主张损害赔偿的，人民法院应予支持"。即违反预约合同约定的订立合同义务的，应承担相应的违约责任。

预约合同以签订本约为目的，但是并不意味着双方当事人具有强制缔结本约的义务。在签订本约过程中，一方拒绝签订本约，并不当然构成预约违约，需进一步判断拒绝签订本约一方是否违反预约合同的诚信磋商义务，即其磋商行为是否违反预约合同的明确约定，或在预约合同无明确约定的情况下，其磋商行为是否符合法律法规、行业惯例、交易习惯及公平原则等。

本案对于《民法典》实施后如何确定预约合同的违约责任及如何证明预约合同订立后一方当事人不履行订立本约之义务具有一定的借鉴意义。本案法官的审理思路也彰显了促进市场交易、维护公平正义和诚实信用原则的精神，对未来此类案件的审判具有重要的参考价值。

回顾思考

本案的争议焦点在于本案是否为股权转让纠纷，能否将两个不同的案由合并审理及未能签订正式股权转让协议是否存在违约的问题。

对于本案案由的确定问题，代理人提出委托合同实际上为意向书的附件，且与意向书一起发送至LZ公司。根据《合同法》第402条的规定，受托人以自己的名义，在委托人的授权范围内与第三人订立的合同，第三人在订立合同时知道受托人与委托人之间的代理关系的，该合同直接约束委托人和第三人。因此，意向书直接约束标的公司小股东和LZ公司。而同一诉讼中涉及两个以上相互牵连的法律关系，应当依据原告主张的基础法律关系确定案由。原审原告的诉讼请求实质上是围绕意向书提出的，因此其基础法律关系应为股权转让关系。

对于预约合同未能缔结本约时是否应承担违约责任的问题，如预约合同订立后，预约双方须依诚实信用原则进行磋商，若已尽诚信磋商义务，而仍就未决条款不能达成一致意见的，应认定为系因不可归责于双方当事人的原因致使本约不能签订，双方订立本约之义务即告消灭，均不负违约责任。

在本案的诉讼过程中，LZ公司亦在厦门市思明区人民法院提起诉讼，要求余某、杨某双倍返还定金并承担相应的违约责任。在本案终审判决结果作出后，终审法院认为未能订立本约是因不可归责于双方的事由造成的。目前，LZ公司已撤回起诉，厦门市思明区人民法院已作出撤诉裁定。

律师简介

郝秀凤，法律硕士，二级律师。江苏省律师协会常务理事、常州市第十六届人大代表、常州市律师协会副会长，获“常州市第二届十大优秀青年法学人才”“江苏省优秀律师”“最美常州人之最美法律服务人”，江苏省“公司法专业律师”“行政法专业律师”。

合同解除权争议背后的股权代持之争

——张某诉马某、初某、第三人朱某股权转让合同纠纷案

陶志超　王巍巍　王　雪

案件简介

2016 年 4 月 1 日，马某（甲方）、初某（乙方）、张某（丙方）及朱某签订《协议书》，约定马某自 2016 年 4 月 1 日起将 K 公司转让给张某，K 公司法定代表人初某应配合张某完成对 K 公司的接管，马某对 K 公司 2016 年 4 月 1 日前的经营行为所产生的所有者权益、风险、债务及或有负债承担责任，张某对 K 公司 2016 年 4 月 1 日后的经营行为所产生的所有者权益、风险、债务及或有负债承担责任，张某委托初某担任法定代表人，除基本月薪外，张某每年度按照 K 公司年度企业所得税前利润不低于 30% 的比例对初某进行奖励，马某自 2016 年 4 月 1 日起退出 K 公司的管理，张某应向马某支付 630 万元作为对马某在 K 公司的投资、收益、现有资产的经济补偿，采用分期方式付款并约定了每期需付金额。朱某对张某履行本协议承担连带保证责任。《协议书》第 10 条第 2 款还约定："甲方未能协调其他股东同意丙方接管 K 公司（包括并不限于其他股东退出 K 公司和配合丙方办理 K 公司股权并更手续），本协议自动失效。"

2016 年 4 月 5 日，K 公司原登记股东王某等四人分别与张某指定的股份代持人孙某签署《股权转让合同》，将各自名下 6.60 万元股份转让予孙某，初某则将其名下 303.60 万元中的 204.60 万元股权以 204.60 万元转让予孙某，此次股权变动登记后，初某以认缴出资额 99 万元持有 K 公司 30% 的股份，孙某则以认缴出资额 231 万元持有 K 公司 70% 的股份。张某按照《协议书》约定的付款

时间分次共向马某支付了1,575,000元。

2016年4月26日，张某委托朱某与马某办理了K公司交接手续，后实际控制了K公司。2018年12月10日，张某向马某、初某邮寄《履行股权转让及接管义务督促函》，内容为解除初某的法定代表人和总经理职务，要求马某、初某于2018年12月21日前将登记在初某名下K公司30%的股权变更至张某名下，并向张某交付K公司的法人章及财务章等各类印章、记账凭证等会计资料、客户信息经营资料等。马某、初某于2018年12月12日签收了上述文件，但是未按照该函要求履行。张某又于2018年12月27日给马某邮寄送达《关于合同解除及要求返还款项且赔偿损失的通知函》，马某于2018年12月28日签收了该函，但于2019年1月22日向本院另案提起民事诉讼，请求确认《协议书》未解除，判令张某、朱某继续履行协议并支付违约金等。与张某接收K公司时相比，现该公司的人员、业务均发生了巨大变化。

张某向一审法院起诉请求：(1)确认张某、马某、初某、朱某已于2018年12月29日解除了2016年4月1日签订的《协议书》；(2)判令马某、初某返还张某已支付款项1,575,000元，并赔偿经济损失537,250元；(3)本案诉讼费由马某、初某承担。马某认为自己不持有100%股权，目前登记在初某名下的30%股份系初某个人所有的，马某不负有协调初某将30%股权过户给张某的合同义务。初某认为登记在自己名下的30%系其个人所有。

一审法院认为，案涉《协议书》真实有效，张某主张对案涉《协议书》行使解除权依据的是该《协议书》条款中关于马某未能协调其他股东同意张某接管K公司则该协议自行失效的约定。该约定条件是否成就，应当结合《协议书》其他条款综合判断。案涉《协议书》中未约定K公司原股东履行股权转让登记的期限，但张某要求马某转让K公司股份，应当负有支付相应价款的义务。本案中根据K公司指定股份代持人与K公司原股东签订的《股权转让合同》，张某对已经取得的K公司70%股份，应当向马某支付对价231万元，但张某迄今为止实际仅向马某付款157.50万元，尚不足以结清其当前欠款，其此时主张马某、初某将剩余30%股份立即转移登记于自己名下没有合同及法律依据，其主张合同失效条件已经成就不能成立，张某诉讼请求不能成立。一审判决驳回原告张某的诉讼请求。

宣判后，张某不服，提起上诉。上诉人认为股权转让的合同性质马某100%实际股东地位是明确的，马某迄今没有协调初某退出，构成根本违约。上诉人有合同解除权，并依法解除。

二审法院认为，只有享有法定或者约定解除权的当事人才能以通知方式解除合同。不享有解除权的一方向另一方发出解除通知，另一方即便未在异议期内提起诉讼，也不发生合同解除的效果。张某不享有约定解除权，也不享有法定解除权，张某2018年12月29日发出的解除通知不产生合同解除的效力。二审法院判决驳回张某的上诉，维持原判。

张某向山东省高级人民法院申请再审，法院指令再审裁定认为：二审法院认定事实不当，应予再审做进一步认定，裁定指令原二审法院再审本案。

律师策略

盈科淄博分所陶志超律师团队接受一审被告、二审被上诉人、再审被申请人马某委托代理本案再审（其中，一审被告、二审被上诉人、再审被申请人初某在一审、二审及再审阶段均委托该团队律师代理），经仔细阅读一审、二审判决及指令再审的裁定发现，本案经过三级三次审理，指令再审裁定对于原一审、二审的裁判理由进行了全面否定。同时发现在三次审理过程中，原告对于发出单方通知合同解除法律根据，即对于其行使的是约定解除权还是法定解除权语焉不详。而一审判决虽然支持了委托人马某的观点，但是判决支持的事实依据是协议各方办理工商备案的股权转让合同。二审法院对此予以纠正，并认为本案存在同时履行抗辩权问题。省高级人民法院指令再审裁定认为案涉有关事实应进一步认定。省高级人民法院指令导致本案原一审、二审在认定事实方面存在极大的不确定性，律师建议应当慎重对待再审程序，并争取维持原一审、二审判决。

陶志超律师团队重新将原一审、二审涉及的事实及证据予以梳理，为马某确定了补充新证、强化说理逻辑，补强原有观点的代理思路。本案表面上是合同单方解除通知的效力之争，实际上对于原告是否享有合同解除权的争议，而据以做出判断的事实依据是：目前登记在初某名下的30%股权是属于初某所有，还是属于马某委托代持的股份？从解除权通知效力之争，到合同解除权之争，再到30%股权权属之争、是否代持之争，逻辑关系层层递进，为本案厘清事实和法律关系增加了不少难度。经讨论，确定了将证明该30%股权属于初某个人所有、不属于替马某代持股份，作为庭审举证、质证和辩论的重点。在马某提供的原有证据基础上，又补充一份录音证据，用于进一步证明原告张某、实际控制人朱某对于初某名下30%股权归属初某个人是明知的。同时，向再审法院补充说明了 K 公司的历史沿革,系从原国有单位改制而来,最初有 6 名股东,马某自始至终就不是持有 K 公司 100% 的股东,而早在 2008 年,即在案涉协议签订的 8 年以前,初某就已经成为 K 公司的股东,并延续至今。在此基础上,形成了 4000 多字的马某答辩状和 5000 多字的马某再审代理词,拟在庭审时提交法庭。

初某重点向法庭陈述清楚其成为 K 公司股东的经过,以及最终持有 K 公司的 30% 股权的来源,以及历次股权变更过程,特别是在本次协议签订后的历次变更中,曾经为再审申请人张某代持股份的事实,据此说明登记在其名下的 30% 的股权归其个人所有,马某、张某、朱某均是明知的。

律师文书

代理词(节选)

原一审及二审判决结果是正确的,再审申请人张某的再审理由不成立,应当依法驳回其再审请求,驳回其诉讼请求,维持原一审、二审判决。再审申请人张某不享有合同解除权,再审申请人张某于 2018 年 12 月 27 日发出的解除合同通知不发生合同解除的法律效力,2016 年 4 月 1 日签订的《协议书》没有解除。

法庭总结的本案诉讼争议焦点问题:2016 年 4 月 1 日《协议书》是否已经解除?围绕这一争议焦点,各方对案件事实的认识存在争议,争议核心内容是:马某是否持有 K 公司 100% 股权、是否委托初某代持 30% 的股权?初某名下的 30% 股权尚未过户给再审申请人张某,马某是否构成了根本性违约?再审申请人张某是否享有合同的解除权?解决上述争议问题就要准确理解 2016 年 4 月 1 日《协议书》的内容,分析相关当事人签订上述协议合同目的,并对初某名下股权的归属做出准确判断。

一、关于对 2016 年 4 月 1 日《协议书》约定内容的理解,应当严格审慎,不能做任意扩张性解释,该协议没有约定股权归属的内容,无法证实马某持有 100% 股权。再审申请人张某根据该协议分析认为,马某持有 K 公司 100% 股权，并为马某设定了不应当承担的义务（协调初某将其名下的30%股权过户给再审申请人张某），这种理解是错误的，曲解了合同的内容，也不符合当事人的真实意思表示。

2016年4月1日《协议书》中根本找不到马某持有K公司100%股权的约定，也找不到初某应当将名下30%股权过户给再审申请人张某的约定。再审申请人张某也没有提供能够证明这一事实的直接证据，只有自行分析得出的所谓"结论"。至于2018年12月27日再审申请人张某的解除通知中提到的再审申请人张某没有接管K公司的理由，更是与事实不符。从双方签署的交接明细表可以看出，协议中由X公司接管K公司的约定已经实现，已经实际履行。

二、关于初某名下30%股权归属的认识，应当尊重K公司的历史沿革和客观现实，不能凭空想象、任意推断初某名下30%股权系代马某持有，更不能抛开K公司历史沿革去推测马某持有K公司100%股权。马某只是K公司的控股股东，不是100%持股，初某名下30%的股权系其个人所有。

K公司原系国有单位，根据国务院国办发〔2000〕51号关于经济鉴证类社会中介机构与政府部门实行脱钩改制改革的文件，于2000年11月改制而来。改制开始由6名股东组成，马某持股90%，自始至终就不是K公司100%股东，仅仅是控股股东。同时，初某自2008年开始持有K公司的股权至今，其自有的股权比例从2%到最终的30%。初某提供的录音证明原审第三人朱某知道初某有30%股权，协议签订后历次股权变更中，初某的30%始终未变。可以认为，初某持有30%股权是再审申请人张某认可的，不违背其意愿。签订协议后，K公司的几次股权变更均是由再审申请人张某直接安排的，初某完全听从再审申请人张某的指示安排，并没有任何地反对。再审申请人张某完全有机会、有能力、有可能将初某名下30%变更到自己名下，但申请人自始没有主张权利。这一事实也能够证明：再审申请人张某对初某实际拥有30%股权是明知和认可的，无权要求马某协调将该部分股权过户给再审申请人张某。

三、关于本案的法律适用，再审申请人张某无论是主张约定解除权，还是主张法定解除权，再审申请人张某均不享有合同解除权。

1. 再审申请人张某的合同目的已经实现，其不享有法定解除权。根据协议书的表述内容，案涉《协议书》的合同目的为X公司和K公司实现深度合作，达到由X公司实际控制、管理、经营K公司的目的，并没有把股权作为协议的核心内容表述。协议签订后，协议双方进行了慎重、仔细的公司交接行为。再审申请人张某已经实现了合同目的或合同的主要目的，失去了主张法定解除权的事实基础。

2. 再审申请人张某不享有约定解除权。根据前述理由，初某持有的30%股权是自己所有，马某无权将该30%股权过户给再审申请人张某，马某不存在违约行为，再审申请人张某不具有约定解除权。退一步讲，根据《九民纪要》第47条关于合同约定解除条件的规定，合同解除条件成就时，也应当考察违约程度、是否影响实现合同目的，根据诚实信用原则，来判断是否应当解除合同。违约方违约程度显著轻微，不影响守约方实现合同目的的，不支持解除合同。本案中，再审申请人张某已经实现对公司管控的合同目的，也不再享有约定解除权。

3. 再审申请人张某及原审第三人朱某接管K公司后，对K公司的人员、业务、财务及管理架构均已经实施了重大调整，K公司原有的优质客户、核心业务人员均已经被合并到原审第三人朱某控制的其他公司名下，目前的K公司无法开展业务，已经成为一个空壳公司，公司股权及公司发展前景已经彻底失去了商业价值。原审第三人朱某利用关联关系将K公司变成空壳后，又利用与初某在公司管理中的争议提起本案诉讼，其诉讼目的明显违反诚实信用原则，不符合《九民纪要》规定的合同应当解除的情形。

综上，代理人认为，再审申请人张某的再审请求依法不能成立。应当依法驳回其再审请求，驳回其在原审的诉讼请求，维持原一审、二审判决。

答辩状（节选）

原一审、二审判决驳回再审申请人张某的诉讼请求，判决结果是正确的。再审申请人张某的再审理由不成立，请求二审法院依法维持原一审、二审判决。

一、答辩人持有K公司30%的股权，再审申请人张某及第三人朱某自始知情。

自2016年4月，再审申请人张某实际接管K公司后，K公司又进行了三次股权变更,在此过程中,初某持有的30%的股权一直存在,再审申请人张某从未提出任何异议,甚至一度代再审申请人张某持股60%,股权比例达90%,《协议书》约定由马某负责过户的是马某的股权,以及其他未在本协议中签字的股东持有的股权,初某本身即协议主体,变更后的工商登记记载初某本人持有K公司30%股权,再审申请人张某无权要求初某变更该30%股权,并据此主张解除合同。初某也无须另外提供其他证据予以证实该30%归属本人所有。

根据一审中答辩人提交的第一段录音证据第31分12秒第三人朱某称"你有30%的股份,你怕啥",以及第53分50秒第三人朱某说"正常理解是这样的,一年付给老马60万,给你30%股份,老马当时要的90万,我说把股份给初某就是了么!",都可以证明再审申请人张某及第三人朱某对初某持有30%的股权是明知的,该30%股权登记在初某名下,初某依法在公司履行股东职权,初某为该30%股权的合法所有权人。

另外特别强调一点,在2016年4月26日双方进行全部交接时,签订了情况说明,其中在第4条"风险提示"部分,列明了交接过程中的风险问题,其中连缺乏发票的小问题都提到过,却对尚有30%股权没有转让的问题只字未提,在再审申请人张某全面接管K公司后两年半以后,突然提出要求答辩人将30%股权转至其名下,很显然与正常交易习惯不符。

根据再审申请人张某的陈述,其在2016年4月26日进行了全部交接后,分多次共计向马某支付转让款157.5万元,在此过程中,再审申请人张某也没有对答辩人持有30%股权之事提出过异议,如果按照其主张,根据正常的交易习惯,在支付对价的时候,再审申请人张某应当要求马某及答辩人协助变更股权,通过以上可以证实,再审申请人张某对初某自有K公司股权是明知确认的。其为了达到解除合同的目的,要求答辩人将股权变更至其名下完全是利用法律,虚假诉讼。

二、答辩人管理公司公章、财务章、法人章等印章资料,是基于答辩人受再审申请人张某委托担任K公司法定代表人兼总经理,并代表再审申请人张某管理K公司的工作,再审申请人张某推定答辩人为马某代持股份,并推定自己未实际控制公司与事实不符,更无权以此要求解除合同。

再审申请人张某的合同目的已经实现，案涉《协议书》的合同目的为 X 公司和 K 公司实现深度合作，根据协议书第 1 条，由再审申请人张某开始接管和实际控制 K 公司，马某、初某积极配合再审申请人张某积极配合丙方的接管工作（包括但不限于人事管理、财务管理、对外经营等一切公司事务），其中的合同目的，根本不涉及股权的问题，根据一审查明的事实，自 2016 年 4 月 26 日全面交接后，再审申请人张某已经实际接管了 K 公司的人事、财务及对外经营业务等一切公司事务，再审申请人张某对此并无异议，一审、二审对此也已经予以认定，张某并未在再审申请书中提出异议。再审申请人张某主张未实际接管 K 公司，与客观事实不符。

三、再审申请人张某无权主张答辩人返还款项赔偿损失，张某支付给马某的款项与答辩人没有关系，张某无权要求答辩人进行返还并赔偿经济损失。

K 公司目前的人员、业务、财产等情况与 2016 年 4 月 1 日协议书签订时已经发生了重大的变化。2016 年 4 月 1 日，协议书签订时，K 公司固定资产价值为 440 余万元，作为轻资产型公司，重要的价值为人员、业务、市场，协议转让时公司估值为 630 万元。再审申请人张某接管 K 公司后，将 K 公司的业务骨干和主要业务转入张某控制的其他公司，目前 K 公司的业务和人员已经流失，资产已经寥寥无几，成为空壳，实际上已经无法恢复原状。张某的要求解除合同返还财产的这一请求事实已经无法履行。

综上所述，请法院依法维持原一审、二审判决。

案件结果

再审法院认为，本案系股权转让协议书履行中引发的纠纷，案由应当确定为股权转让纠纷，原审将案由确定为确认合同无效纠纷错误，本院予以纠正。本案争议的焦点系再审申请人张某与被申请人马某、初某、原审第三人朱某签订的协议书是否已经解除。再审法院认为，再审申请人张某不享有法定解除权，本案也不符合约定解除的条件。理由和分析如下：

1. 四方达成的协议书中载明被申请人马某系 K 公司的实际控制人、实际出资人及隐名股东，并不能以此推断签订协议书时被申请人马某对 K 公司系

100%持股。

2. 从原审中被申请人初某提供的录音资料证明，再审申请人张某对被申请人初某持有K公司30%的股份是明知和认可的。

3. 协议书约定的协议自动失效条件："甲方未能协调其他股东同意丙方接管K公司（包括并不限于其他股东退出K公司和配合丙方办理K公司股权变更手续）"，从股权变动情况看，签订协议后，原股东王某等四人均将名下股份转让给再审申请人张某指定的股份代持人孙某，被申请人初某将名下股份大部分转让给孙某，仅保留30%股份。再审申请人张某对股份转让情况没有提出过任何异议，双方也已经办理完毕交接手续，再审申请人张某任命初某为K公司经理从而对K公司实际控制并经营，故被申请人马某、初某均按照协议书的约定履行了自己的义务，被申请人马某并不存在未能协调其他股东配合再审申请人张某办理股权变更手续的情况。再审申请人张某主张被申请人初某持有的30%股份系为被申请人马某代持，没有充分证据证明，本院不予采信。从K公司后续几次股份变更看，初某一直配合再审申请人张某变更股份，并曾经替再审申请人张某代持股份，期间再审申请人张某从未要求初某将持有K公司30%股份过户给张某；被申请人初某提供的录音证明再审申请人张某一直同意和认可初某持有30%股份，以上事实足以证明被申请人初某持有K公司30%股份系基于再审申请人张某的意思表示，与被申请人马某无关。再审申请人张某与被申请人初某在经营过程中发生矛盾，系其内部管理问题，其无权要求被申请人马某协调被申请人初某将股份转给再审申请人张某。故本案不符合协议书约定的合同解除条件。再审申请人张某已经实际控制经营K公司，实现了合同目的，本案也不符合合同的法定解除条件。

综上，原审确定案由不准确，本院予以纠正。再审申请人张某的申请理由不能成立，原审判决认定事实清楚，适用法律正确，应当予以维持。判决维持本院（2019）鲁03民终4059号民事判决。

典型意义

在实践中，因单方通知对方解除合同引发的争议数量较多，属于高频纠纷案件。但是本案的合同具有一定的特殊性，案涉合同不是标准的民商事合同，而是包含有公司控制权转让、资产并购、债务承担、股权转让等系列行为的“一揽子”协议，而协议在整个交易框架的设计、合同内容的表述又存在一定的瑕疵，导致协议各方发生争议时无所适从，甚至一审法院、二审法院及再审法院对于局部事实和细节的认识也存在不一致，也显示出案件本身的复杂性。本案对于合同风险的实务研究具有一定的参考价值。

回顾思考

从本案争议的焦点问题看，本案表面上是对张某 2018 年 12 月 27 日向马某、初某发出的邮寄合同解除通知是否产生了合同解除效力产生争议，导致对 2016 年 4 月 1 日各方签订的合同是否已经解除存在争议，在案件审理过程中核心争议的问题是张某是否享有约定或法定的合同解除权。而判定张某是否享有合同解除权的事实依据是张某在《履行股权转让及接管义务督促函》中主张的事实，即目前登记在初某名下的 K 公司 30% 的股权是否系马某委托初某代持的。张某主张该 30% 股权系马某所有，委托初某代持，而初某则认为该 30% 登记在自己名下，属于自己所有，不是为马某代持。本案从单方解除合同通知的效力之争，到合同是否解除之争，再到 30% 股权归属之争，最终再落实到张某是否享有合同解除权之争，存在层层递进的逻辑关系，也给本案的解决带来一定的复杂性。从本案一审判决、二审判决、省高级人民法院指令再审裁定及再审判决归纳总结的争议焦点、理由论述及判决认定上，可以看出本案虽经历了三级法院四次审理，但局部事实认定存在不一致。当然，该种不一致对于解决本案核心争议不存在实质影响，反而说明该案所涉及的法律关系、待证事实、法律适用方面具有一定的复杂性。从争议解决角度出发，律师都需要具有足够的耐心去研究案情及解决争议的方案，但是从总结实务经验角度出发，我们需要更加关注该起纠纷复杂背后的成因，并借机总结本案对合同实务、合同风险管理的经验教训。

从本案涉及的合同内容看，案涉合同不是标准的民商事合同，而是包含有公司控制权转让、资产并购、债务承担、股权转让等系列行为的“一揽子”协议，而协议在整个交易框架的设计、合同内容的表述又存在一定的瑕疵，导致协议各方发生争议时无所适从。该合同最大的问题是:合同中核心法律关系不明晰。公司控制权、经营权、收益权的取得有多种方法,但需要围绕一个核心法律关系进行。从本案涉及合同内容分析,可能涉及的核心法律关系有经营权和股权两个可能方向。从事后争议焦点及生效判决确定案由看,股权转让或许更加能够实现协议当事人的真实意思,但是合同中没有对各方持有股权的现状进行确定,也没有对股权的具体处置进行明确约定,而是采用了模糊处理的方式。如协议中约定由马某协调其他股东将股权过户,其他股东是否包括初某?需要过户多少股权?在什么时间内完成过户?需要过户的股东都是谁,分别持有的股权比例多少等都是模糊的。合同内容表述的不明确,给予协议当事人处理实务纠纷造成了巨大的障碍,这是本案发生纠纷且争议较大的核心成因。非标合同在实务中较为常见,律师接受委托起草或者审核这类合同,首先,需要落实委托人起草合同的目的和实际需要;其次,要从委托人的需求归纳出合同的核心法律关系,还需要衡量核心法律关系与其他法律关系是否存在冲突,如果存在冲突应当如何解决;最后,还需要考虑合同的实际可行性和便利操作性,交易的便利是促进交易的核心要素。商事律师的作用是促进交易、控制风险。促进交易是首要目标,控制风险是为促进交易准备的。

律师简介

陶志超,北京市盈科(淄博)律师事务所党支部书记、管委会主任,山东大学法律硕士,从事专职律师工作30年,主要从事公司合规与风险管理、公司治理与公司诉讼业务,2007年获得"山东省十大杰出青年律师"等荣誉称号。

王巍巍,北京市盈科(淄博)律师事务所律师,黑龙江大学法律学士,从事专职律师工作7年,现担任淄博市律师协会公司清算与破产专委委员,主要从事政府及国有平台公司债券融资、重大商事诉讼等法律事务。

王雪,盈科淄博分所律师,山东大学法学学士,从事专职律师工作2年,主要从事企业合规及风险管理、非诉尽调、商事诉讼等法律事务。

发包方擅自解除总承包合同，承包方如何维权致胜？

——HW 公司与 HJ 公司建设工程施工合同纠纷案

何拥军　孟凡晓

案件简介

2017 年 9 月 15 日，HW 公司与 HJ 公司通过邀请招标程序签订了《HJ 公司集中供暖项目设计、采购、施工（EPC）总承包合同》。合同签订后，HW 公司按约进场，但由于 HJ 公司未办理施工许可证、未按约支付进度款、反复调整变更施工内容等原因，导致工程进展缓慢。2018 年 10 月 10 日，HJ 公司致函 HW 公司，以"擅自转分包、无正当理由延期"为借口单方终止合同。经过多次交涉，HW 公司向 HJ 公司邮寄了结算资料，但一直未予回复。HW 公司认为 HJ 公司已构成根本性违约，应承担支付工程价款、赔偿损失和可得利益损失等违约责任，于是委托北京市盈科（郑州）律师事务所何拥军律师、孟凡晓律师代理提起诉讼，请求一审法院：（1）判令 HJ 公司支付工程款等各项费用 25,166,136.89 元（详见清单）；（2）HW 公司对"利用工业余热和深层地热井集中供暖项目"享有建设工程价款优先受偿权；（3）本案诉讼费用由 HJ 公司承担。HJ 公司在诉讼中提出反诉，请求一审法院：（1）判令 HW 公司赔偿 HJ 公司延误损害赔偿 165,000 元及利息（按年利率 24% 计算利息，自 2018 年 10 月 11 日起计算至实际支付之日）；（2）判令 HW 公司赔偿 HJ 公司履约保证金 30 万元及其利息（按年利率 24% 计算利息，自 HJ 公司被某县住房和城乡建设局扣除履约保证金 30 万元次日起计算至实际支付之日）；（3）判令 HW 公司返还拆除的红绿灯 1 个、路灯 5 个；（4）判令 HW 公司支付 HJ 公司利用工业余热和深层地热井集中供暖项目及供热首站试验检测费用8800元；(5)判令HW公司承担律师费10万元；(6)判令HW公司承担本案全部诉讼费。

诉讼中，HW公司申请工程造价鉴定，2020年6月13日，ZQ公司出具《工程造价鉴定意见书》，该意见书写明：1. 确定性意见：(1)已完工工程造价为4,654,173.12元；(2)设计费用为917,000元；(3)总包管理费为250,702.79元；(4)企业管理持续增加费(有资料部分)2,055,447.69元。2. 推断性意见：(1)企业管理持续增加费(无有效资料部分)4,881,740.5元；(2)窝工人员及机械费用为969,550.83元；(3)中新某小区临时供暖设计费用为35,000元；(4)设计索赔费用为250,000元；(5)退场费用为356,000元；(6)工期延误索赔费用为820,000元；(7)现场遗留材料费及总包管理费为400,518.2元；(8)某小区临时供暖材料费及总包管理费为745,579.65元。3. 选择性意见：(1)某小区供暖设备采保费及总包管理费－设备费根据我方市场询价计算得出费用为19,432.56元；(2)某小区供暖设备采保费及总包管理费－设备费根据申请方提出39万元设备采购费计算得出费用为18,339.75元。4. 其他意见："承包方可得利益""其他损失等"未计入本次工程造价鉴定意见。

一审法院判决结果：1. HJ公司于本判决生效之日起15日内向HW公司支付工程款等各项费用3,195,761.2元，HW公司在3,195,761.2元范围内就其承建工程部分折价或者拍卖的价款优先受偿；

2. HJ公司于本判决生效之日起15日内向HW公司支付利息(计算方式为以3,195,761.2元为基数，自2018年12月1日起计算至款项付清之日止，2019年8月19日之前按照中国人民银行同期同类贷款利率上浮50%计算，2019年8月20日之后按照同期全国银行间同业拆借中心公布的贷款市场报价利率上浮50%计算，但利息总额不得超过599733.62元)；

3. HJ公司于本判决生效之日起15日内向HW公司赔偿940,800元；

4. HW公司于本判决生效之日起15日内向HJ公司支付检测费8800元；

5. 驳回HW公司的其他诉讼请求；

6. 驳回HJ公司的其他反诉请求。

律师策略

主办律师承办本案后，首先审查了案涉合同、签证资料、往来函件、会议纪要、采购合同、结算资料等基础证据材料，接着又到项目地实地查勘了施工现场，与项目经理、工程技术人员等进行沟通了解，制定了收集证据材料清单。根据HW公司提供的资料，主办律师认为案涉项目合同属于有效合同，HJ公司在履行中单方解除合同属于违约行为，HW公司可依据合同向HJ公司主张确认解除合同无效、继续履行、赔偿损失等；经征求HW公司意见，HW公司也不愿继续再和HJ公司合作，HW公司的诉求就集中在支付已完工程款、违约索赔、延误赔偿、利息损失、可得利益损失等。经过反复研究HW公司提供的证据材料，主办律师提出了协商谈判和诉讼准备同时进行的代理思路。

主办律师首先召集HW公司的项目管理人员开会，对人员进行分工，项目经理作为牵头人，负责表面上佯装和HJ公司对接沟通后续结算、人员机械退场交接事宜；造价工程师负责编制已完工程结算资料；项目资料员负责按照材料清单对项目资料进行梳理、归纳分类；财务人员负责核对往来账目，厘清预付款、设计费、材料款、人员机械管理费用等开支的明细。上述人员保持密切沟通，确保相互间信息对称，为项目经理与HJ公司协商谈判提供一手支撑资料，也为协商不成提起诉讼准备证据材料。做这些工作的目的只是迷惑HJ公司，让他们思想上放松警惕，摸不清HW公司的动向，为将要发起的诉讼做好充分准备。

同时，主办律师召集团队人员对案件进行研判，从拟提出的诉讼请求上找法律支撑、找最高人民法院类似指导案例、找理论支撑。并结合HW公司的证据材料换位思考，模拟HJ公司可能发生的反诉方向，进行全方位讨论，最后形成书面的诉讼代理思路。

在具体的诉讼策略上，根据造价工程师出具的工程结算报告，HJ公司应向HW公司支付5596.61万元，其中预期利益损失占了3280万元，考虑到可得利益损失在裁判标准上各地不统一的现状，加上案涉工程项目又是当地的一个民生工程项目，为了避免当地可能发生的地方保护和行政干预，主办律师和HW公司沟通后，决定把诉讼标的额确定在3016.61万元，刚好满足某中级人民法院一审级别管辖标的额在3000万元以上的要求，这样就可以避开当地基层法院的管辖，减少不必要的干预，实践证明此举是正确的。当一切准备停当，主办律师于2019年春节假期结束即到一审法院立案，并迅速申请保全了HJ公司的银行账户,为案件后续审理奠定了坚实基础。

在后来的庭前证据交换,工程造价司法鉴定,现场勘查,鉴定意见初稿反馈、法庭审理等环节,基本上是按照主办律师预判的目标逐个实现,一审法院对于主办律师充分的准备工作给予高度肯定,并采纳了主办律师的大部分观点。

律师文书

《HW公司诉HJ公司建设工程施工合同纠纷案一审代理词》摘录

一、关于合同效力

原告方认为,2017年9月15日,原被告通过招投标程序签订的《HJ公司集中供暖项目设计、采购、施工(EPC)总承包合同》(以下简称总包合同)意思表示真实、程序合法有效,双方应严格遵守。有2017年9月7日被告HJ公司签发的《中标通知书》(编号BKMS20170907)和总包合同为证,事实足以认定。被告方称总包合同未经招投标程序属于无效合同的理由不能成立,分明是为了逃避承担违约责任而找的借口。(见附件1《中标通知书》)

二、被告方于2018年10月10日发函单方解除属于违约行为,依法应当承担违约责任。原告的诉请依法应当予以支持

被告于2018年10月10日发函解除合同的理由是"原告擅自对工程进行转分包,无正当理由延误工期",原告方认为上述理由根本不能成立。

首先,根据被告方的函件显示,在原告方进场之前,ZD设计公司和LP公司已经对案涉项目落地做了大量的基础工作,原告与ZD公司签订设计服务合同,与LP公司签订专业分包和劳务分包合同均是根据被告方的指令进行,是对被告方前期工作的延续,并非擅自对工程进行转分包。

其次,所谓"无正当理由延误工期"也不存在。工期延误主要是发包人未履行合同约定的下列义务所致,与原告方无关:

1. 根据《总承包合同》通用条款2.1.1条规定:发包人负责办理项目的审批、核准或备案手续,取得项目用地的使用权,取得施工许可证,完成拆迁补偿

工作，使项目具备法律规定的及合同约定的开工条件，并提供立项文件。

2.《总承包合同》专用条款7.1.5条约定：发包人应该在开工日前，取得施工许可证。由于发包人未取得施工许可证，承包人受到处罚并导致工期延误的，发包人应当承担相应的责任并将工期顺延。

3.《总承包合同》通用条款4.2.2条约定：设计开工日期承包人在收到发包人按5.2.1条提供的项目基础资料、现场障碍资料，及14.3.2条的预付款后的第5个工作日，作为设计开工日期。（见合同第14页）

4.《总承包合同》通用条款4.2.3条约定：设计开工日期延误。

因发包人未能按5.2.1条的约定提供设计基础资料、现场障碍资料等相关资料或未按14.3.1条和14.3.2条约定的预付款金额和支付时间支付预付款，造成设计开工日期延误的，设计开工日期和工程竣工日期相应顺延；因承包人原因造成设计开工日期延误的，按4.1.2条的约定，自费赶上。因发包人原因给承包人造成经济损失的，应支付相应费用。（见合同第14页）

5.《总承包合同》通用条款5.2.1条约定：发包人的义务。

（1）提供项目基础资料。发包人按合同约定、法规或行业规定，向承包人提供设计需要的项目基础资料，对其真实性、准确性、齐全性和及时性负责。上述项目基础资料有不真实、不准确或不齐全时，发包人有义务按约定的时间向承包人提供进一步补充资料。提供项目基础资料的类别、内容、份数和时间在专用条款中约定。其中，工程场地的基准坐标资料（包括基准控制点、基准控制标高和基准坐标控制线），发包人应按约定的时间，有义务配合承包人在现场的实测复验。承包人因纠正坐标资料中的错误，造成费用增加和（或）工期延误，由发包人负责其相关费用增加，竣工日期给予合理延长。

发包人提供的项目基础资料中有专利商提供的技术或工艺包，或是第三方设计单位提供的建筑造型等，发包人应组织专利商或第三方设计单位与承包人进行数据、条件和资料的交换、协调和交接。

发包人未能按约定时间提供项目基础资料及其补充资料，或提供的资料不真实、不准确、不齐全，或发包人的计划变更，造成承包人的设计停工、返工或修改的，发包人按承包人额外增加的设计工作量赔偿其损失。造成工程关键路径延误的,竣工日期相应顺延。

(2)提供现场障碍资料。除专用条款另有约定外,发包人应按合同约定和适用法律规定,在设计开始前,提供与设计、施工有关的地上、地下已有的建筑物、构筑物等现场障碍资料,并对其真实性、准确性、齐全性和及时性负责。因提供的资料不真实、不准确、不齐全、不及时,造成承包人的设计停工、返工和修改的,发包人按承包人额外增加的设计工作量赔偿其损失。造成工程关键路径延误的,竣工日期相应顺延。(见合同第18页)

6.《总承包合同》通用条款7.1.5条约定:办理开工等批准手续,发包人应在开工日期前,取得开工批准文件或施工许可证、证件或批文,完成工程质量监督、安全监督等手续的办理。(见合同第25页)

7.《总承包合同》通用条款14.9.1条约定:因发包人的原因未能按14.8.3条约定的时间向承包人支付工程进度款的,应从发包人收到付款申请报告后的第26日开始,以中国人民银行颁布的同期同类贷款利率上浮10%向承包人支付延期付款的利息,作为延期付款的违约金额。(见合同第55页)

8.《总承包合同》通用条款18.2.1条第2项的规定,发包人实质上未能根据合同约定履行其义务,影响承包人实际工作停止30天以上的,承包人有权以书面形式通知发包人解除合同,但在发出解除合同通知15天前告知发包人。(见合同第62页)

根据被告方的上述合同义务,原告方于2018年1月8日、2月5日先后被告发送函件要求办理施工许可证、提供××县城基准坐标、施工区域地下供水、供气、供电、通讯等相关基础信息,但被告方迟迟未予提供,直接影响到原告的设计工作进展以及后续的施工进度;其中从2018年3~8月,被告方先后6次发工程联系单对工程施工内容进行调整和变更,给原告造成严重影响,具体如下:

2018年3月7日,被告方向原告发送联系单对项目工程规划进行调整,要求暂缓工程材料采购、施工计划安排等各项准备工作;

2018年4月25日,被告下发工程联系单(BEHP2018-002)要求供暖面积由340万平方米调整到200万平方米。

2018年5月9日，被告下发工程联系单（BEHP2018－003）要求供暖面积由200万平方米调整到230万平方米。

2018年7月20日，被告下发工程联系单（BEHP-HJ－2018－002）要求供暖面积由230万平方米调整到340万平方米。

2018年7月27日，被告下发工程联系单（BEHP-HJ－2018－005）要求供暖面积在340万平方米的基础上，供回水的管材均采用保温管并增加在线检测渗漏能功能。

2018年8月24日，被告发工程联系单要求供暖面积在340万平方米的基础上，供水的管材采用保温管但取消在线检测渗漏功能，回水管取消保温管和检测渗漏功能恢复为防腐管。

因被告项目规划多次调整，导致我方已完成的大量工作作废，项目投入的资源浪费，同时项目规划调整对工程整体进度造成重大影响。

原告已根据合同条款约定，执行被告方变更指令，同时将此次变更造成的影响上报给被告，具体如下：

第一，设计。根据合同通用条款5.2.1条，发包人未能按约定时间提供项目基础资料及其补充资料、或提供的资料不真实、不准确、不齐全、或发包人的计划变更，造成承包人的设计停工、返工或修改的，发包人按承包人额外增加的设计工作量赔偿其损失。造成工程关键路径延误的，竣工日期相应顺延。

第二，采购、施工进度计划。根据合同通用条款4.2.1条，因发包人原因造成承包人不能按时开工的我方前期已进行了大量的材料调研工作，开竣工日期相应顺延。给承包人造成经济损失的应支付相应费用，部分主材已经到货，并已经施工完成，考虑到整体规划调整、管道加设取消检漏装置、回水管增加、取消保温等要求所进行的设计调整，材料采购进度将进一步延误且导致部分已购材料无法使用。我方根据相应规划调整的设计文件编制的采购计划也被迫叫停，后续材料进场时间将被迫延期，进而对现场施工进度造成影响，预计因项目规划调整导致工期延误至少6个月，因此合同工期需进行适应性调整。

由于上述受项目整体规划的不断调整、施工许可证的办理、项目基础资料提供、合同约定年度预付款拨付严重滞后、已确认图纸及签证工程量费用审核严重滞后等非承包商原因的影响，致使××利用工业余热和深层地热井集中供暖项目无法大面积展开施工，造成人员窝工，管理成本持续增加，同时存在合同履行延期风险。根据合同通用条款5.2.1条、13.4条及16.2.2条，原告方已多次将变更造成的影响上报被告方，并提出了工期顺延、人员窝工、管理成本持续增加等索赔文件，最后一次是2018年9月6日，但被告方在收到原告方的索赔文件后未予答复，反而在2018年10月10日无理单方解除合同，应视为原告方的索赔已被认可。因此，被告方所谓原告方无条件延误工期是不存在的。

三、关于工程造价鉴定意见的质证意见

1. 关于确定性意见7,877,323.60元，认可鉴定机构的该项结论。

2. 关于推断性意见8,458,389.18元，代理人认为该部分费用客观存在，且有证据佐证，依法应予认定。具体意见如下：

（1）企业管理持续增加费4,881,740.50元，原告方提供有项目部的现场照片，室内物品清单等，能清晰地证明原告办公费用客观上确实发生，同时原告还提供了采购劳保用品的合同，差旅费报销单打印件、宣传策划投入费用清单等，能够证明企业管理持续增加的费用。（详见附件2：室内物品照片、劳保采购合同、差旅费报销审批表、宣传策划投入费用清单等）

（2）窝工人员及机械费用969,550.83元，有索赔通知和签收单，证明被告方在收到原告方索赔通知后未在30天内未予答复，按照合同通用条款16.2.2条的规定应视为该项索赔已被认可。（详见附件3：工程进度款支付申请、签收单）

（3）中新某小区临时供暖设计费用35,000元，有HJ公司2017年10月14日给HW公司发出的工程联系单，要求HW公司对某小区临时供暖项目组织该临时工程设计、采购、施工工作，经过和鉴定机构的现场勘验，某小区临时供暖工程客观存在，故临时供暖设计费用35,000元应尊重客观事实予以认定。（详见附件4：工程联系单）

（4）设计索赔费用25万元。有HJ公司出具的联系单，取消二级泵采用一级泵系统，致使设计成本增加，详见证据材料第195页《关于分布式能源站二次循环系统修改泵级的索赔通知》（发文号CNF-HJ-XH－0012，2018年9月4

日），该索赔通知已经通过邮件于2018年9月7日发送给HJ公司的时任总经理，但是HJ公司并未回复，依据合同通用条款16.2.2条的规定应视为该项索赔已被认可。（详见附件5：索赔通知、邮件发送截屏）

（5）进退场费用356,000元。HW公司依据HJ公司2017年9月15日签发的《施工进场通知书》和2018年11月6日《关于××集中供暖项目合同解除相关工作安排讨论会的会议纪要》《关于贵方另行安排队伍施工的函》可以证实HW公司进场和退场客观存在，产生费用也是必然，应按HW公司上报结算资料予以认定。（详见附件6：《施工进场通知书》《关于××项目合同解除相关工作安排讨论会的会议纪要》《关于贵方另行安排队伍施工的函》）

（6）工期延误索赔费用82万元。合同专用条款第4.4条【延误损害赔偿】第2款明确约定，因发包人原因使竣工日期延误，工期顺延，发包人给承包人造成经济损失的，应支付相应费用，同时每延误1天的误期赔偿金额为人民币金额5000元，累计最高赔偿金额为人民币：不超过承包合同总额的2‰。HJ公司在签订（EPC）总承包合同后一直未办妥施工许可证，且不断调整规划方案，导致工程至少延期在6个月以上，按照合同专用条款第4.4条约定，每延误1天需支付误期赔偿金5000元，按6个月计算下来，工期延误索赔费用已经近百万元，考虑到专用条款第4.4条有累计最高赔偿金额不超承包合同总额的2‰的约定，HW公司按照合同总额41,000万元，乘以2‰得出工期延误赔偿金为820,000元的结果，故工期延误索赔费用820,000元应予计入工程造价。（详见合同专用条款第4.4条约定）

（7）现场遗留材料费及总包管理费400,518.20元应予支持，HW公司撤场交接时向HJ公司提交遗留物品清单，但HJ公司拒不签字并强行安排其他施工队进场施工，有2018年11月6日《关于××项目合同解除相关工作安排讨论会的会议纪要》《关于贵方另行安排队伍施工的函》，现场勘查照片，进场时监理验收确认单、撤场时的照片以及撤场时移交清单可以佐证。（详见结算书进退场费用计算依据、现场照片）

（8）某小区临时供暖材料费及总包管理费744,479.65元应予认定。有HJ公司及监理签字认可进场材料清单、质量证明文件，竣工验收资料可以佐证。

(详见鉴定资料下册)

3. 关于供选择性意见。

(1)某小区供暖设备采保费及总包管理费19,432.56元应予认定,合同第75页第14.1.1(9)条有明确约定,甲方指定的设备材料及价格,乙方收取4.5%的设备材料采购及保管费用。

(2)2018年3月21日至2018年9月20日(根据函件,实际时间2018年10月20日拉走的)某小区临时供暖设备保管费客观存在。有HJ公司2018年7月24日确认的签证单(编号CNF-HJ-QTQZ－0008)可以证实HJ公司委托HW公司拆除某小区临时性供暖设施并进行保管的客观事实。按每天200元×180天=36,000元计取。(详见附件7:签证单)

4. 关于可得利益损失。

根据国家统计局发布的《2019年中国建筑信息化行业分析报告——市场竞争现状与发展趋势研究》公布的统计数字(2013~2016年建筑行业产值利润率分别为3.79%、3.63%、3.57%和2.9%)可知,双方2017年签订案涉合同之前,中国国内建筑行业的平均利润率为3.5%,因此,HW公司若正常履行完《HJ公司集中供暖项目设计、采购、施工(EPC)总承包合同》,以合同暂估价4.1亿元为基数,按利润率3.5%测算,HW公司的可得利益损失在14,350,000元左右,原告方考虑到被告方的履行能力,酌情主张可得利益损失700万元符合法律规定。(附网页打印件1份,"2019年我国建筑行业整体放缓",载中国报告网)①

鉴定机构未把可得利益计入鉴定意见属于漏项,请求法庭依法原告的可得利益损失予以认定。

四、关于反诉部分

代理人认为:反诉原告的反诉请求不能成立。具体理由如下:

1. 反诉原告要求延误损害赔偿165,000元及利息无事实根据。

通过反诉被告方举证,反诉原告施工许可证未办理、工程规划不断调整等

① 资料来源:http://market.chinabaogao.com/fangchan/043041YV2019.html。

多种原因，导致反诉被告前期设计、采购、施工准备工作报废、造成人员窝工、企业管理成本持续增加、工期延误等，责任全在反诉原告方，故其反诉要求损害赔偿不能成立，同时，如果工期延误是因反诉被告造成的，反诉原告应按合同约定在出现索赔事件后向反诉被告发出索赔通知，但反诉原告除了不断给反诉被告发函调整工程规划内容外，从来没有提过工期延误索赔的事。因此，反诉原告的该项反诉请求依法不能支持。

2. 反诉原告要求赔偿履约保证金30万元及利息没有事实根据。

根据反诉原告举证的××住建局2019年1月8日《关于对HJ公司的处理意见》显示，扣除30万元履约保证金是因为反诉原告"内部管理、资金不到位、多次更换项目负责人、企业法人和施工单位等问题造成工程严重滞后"。依据HJ公司向××政府的承诺，扣除30万元履约保证金。而且，该事实发生在反诉原告2018年10月10日解除合同之后，与反诉被告无关。

3. 反诉原告要求反诉被告返还金天化工－行政大街红绿灯1个、路灯5个无事实根据。

反诉原告在单方解除与反诉被告的总包合同之后，无视双方已经达成的解除合同后相关事宜的会议纪要的约定，强行安排其他施工队进场施工，拒不在移交材料清单上签字，其中现场就有拆除的红绿灯和路灯，反诉原告应自行承担所有风险。

4. 关于反诉原告要求支付首站试验检测费用8800元，是首站各种材料的试验检测费用，反诉被告只承担施工的正负零以下部分对应的费用；并计入施工工程总价中，同时计取总承包管理费4.5%。

5. 反诉原告要求赔偿律师费用10万元无事实和法律依据。

前面已述，本案纠纷是由反诉原告擅自解除合同引起的，而且解除合同没有事实根据，总包合同也无承担律师费的约定，故由此产生的所有损失都应由反诉原告承担。

6. 本案全部诉讼费用应由反诉原告承担。

通过举证，反诉原告单方解除合同构成违约是本案不争的事实。故所有诉讼费用都由反诉原告承担。

综上,被告方擅自解除合同无事实和法律根据,已经构成违约,原告的诉讼请求依法应予支持;被告的反诉无事实根据,依法不应支持,请求驳回其反诉请求。

案件结果

一审法院认为:本案围绕双方诉辩意见,归纳争议焦点,并分别评述如下:

1. 关于合同效力问题。案涉工程系利用工业余热和深层地热井集中供暖项目,属于新能源基础设施项目;根据国家发改委《必须招标的基础设施和公用事业项目范围规定》,案涉工程属于必须招标的工程范围。HJ公司在本院庭审中认为案涉工程应当公开招标而邀请招标,案涉合同应为无效合同。本院对此评判认为:案涉工程采用邀请招标方式不能当然成为案涉合同无效的理由,对于采取公开招标还是邀请招标,取决于招标人的主动作为,投标人只能被动响应,因此而产生的过错和责任也应当由招标人自行承担。此外,HJ公司在提交的答辩状及反诉状中均认可案涉合同有效,并认为其有权解除合同。综上,案涉合同应认定有效。

2. 关于HW公司本诉主张的应付工程款认定问题。按照HW公司的本诉主张,该部分分为工程费用和额外工程项目费用两部分。对于工程费用部分,鉴定意见中的确定性意见,本院予以认定。对于鉴定意见中的推断性意见,结合2018年11月6日会议纪要等本案证据,现场遗留材料及总包管理费予以支持;结合本院庭审陈述及其他证据,某小区临时供暖材料费及总包管理费亦予以支持。对于鉴定意见中的选择性意见,依据申请人提出的采购费进行计算更为适当。对于额外工程项目费用,对于中新某小区临时供暖设计费用35,000元,予以支持;对于设计索赔费用250,000元,依据不足,本院不予支持。

综上,应认定HW公司本诉主张的应付工程款为已完工工程造价4,654,173.12元+设计费用917,000元+总包管理费为250,702.79元+企业管理持续增加费(有资料部分)2,055,447.69元+现场遗留材料费及总包管理费400,518.2元+某小区临时供暖材料费及总包管理费745,579.65元+某小区供暖设备采保费及总包管理费-设备费根据申请方提出39万元设备采购费计算得出费用为18,339.75元+中新某小区临时供暖设计费用35,000元=9,076,761.2元。

3. 关于已付工程款认定问题。本案中，双方对已付工程款不持异议，本院予以认定，即已付工程款为5,881,000元。结合上文所述，HJ公司尚欠付HW公司工程款3,195,761.2元。

4. 关于HW公司本诉主张的优先受偿权问题。本案中，按照最高人民法院《关于审理建设工程施工合同纠纷案件适用法律问题的解释(二)》的相关规定，HW公司在HJ公司尚欠付的工程款3,195,761.2元范围内享有优先受偿权。

5. 关于HW公司本诉主张的赔偿损失问题。本案中，分析赔偿损失问题首先应查明何者违约问题。在未取得施工许可证的情况下，HJ公司向HW公司发出施工进场通知书，明显不符合合同约定的进场条件，结合本案其他证据和庭审情况，本院酌定由HJ公司承担80%的责任；HW公司在明知不符合进场条件的情况下进场，本院酌定其承担20%的责任。

结合鉴定意见，对于企业管理持续增加费(无有效资料部分)、窝工人员及机械费用，证据不足，不予认定；对于退场费用356,000元、工期延误索赔费用为820,000元，均按照上述分析的责任承担比例计算；对于可得利益损失，因工程是否盈利存在多种因素，故此项损失，不予认定；对于利息索赔问题，2018年11月6日会议纪要显示2018年12月1日前完成已确认资金的交付，故应付工程款利息应自2018年12月1日开始计算，但利息总额不得超过HW公司主张的599,733.62元。

综上，对于HW公司本诉主张的赔偿损失，认定数额如下：(356,000元+820,000元)×80%+利息(按合同约定计算)。

6. 关于HJ公司反诉主张的延误损失赔偿及利息问题。本案中，结合上述分析，工程延误原因主要在于HJ公司，且上文已就工期延误问题作出评价，在此不赘。

7. 关于HJ公司反诉主张的履约保证金及利息问题。本案中，2019年1月8日××建设局作出的处理意见所涉30万元保证金，系HJ公司与政府相关部门之间的关系，与本案关联性不足，亦缺乏充分依据，本院不予支持。

8. 关于HJ公司反诉主张的红绿灯、路灯返还问题。本案中，按照2018年11月6日会议纪要，双方会后一周内完成项目已完工程，及材料等现场确认和验收工作,并对已确认的内容进行价格确认,2018年12月1日前完成已确认资金的交付,确保HW公司安排现场施工人员按时撤场。现HJ公司提出该项上诉主张缺乏相应证据,本院不予支持。

9. 关于HJ公司反诉主张的检测费问题。本案中,HW公司自认该检测费应由其承担,本院予以支持。

10. 关于HJ公司反诉主张的律师费问题。本案中,HJ公司请求HW公司支付该笔费用缺乏依据,本院不予支持。

综上,依照《招标投标法》第10条、第17条,《合同法》第107条、第113条、第120条、第269条、第286条,《民事诉讼法》第64条,最高人民法院《关于审理建设工程施工合同纠纷案件适用法律问题的解释(二)》第19条、第20条、第21条之规定,判决如下:

1. HJ公司于本判决生效之日起15日内向HW公司支付工程款等各项费用3,195,761.2元,HW公司在3,195,761.2元范围内就其承建工程部分折价或者拍卖的价款优先受偿;

2. HJ公司于本判决生效之日起15日内向HW公司支付利息(计算方式为以3,195,761.2元为基数,自2018年12月1日起计算至款项付清之日止,2019年8月19日之前按照中国人民银行同期同类贷款利率上浮50%计算,2019年8月20日之后按照同期全国银行间同业拆借中心公布的贷款市场报价利率上浮50%计算,但利息总额不得超过599,733.62元);

3. HJ公司于本判决生效之日起15日内向HW公司赔偿940,800元;

4. HW公司于本判决生效之日起15日内向HJ公司支付检测费8800元;

5. 驳回HW公司的其他诉讼请求;

6. 驳回HJ公司的其他反诉请求。

一审判决送达后,HW公司和HJ公司均没有上诉,HJ公司主动履行了判决确定的付款义务,此案圆满结束。

典型意义

建设工程施工合同纠纷案通常标的巨大,双方分歧严重,发生纠纷后经过多审未必案结事了，但本案原被告通过法院一审判决就服判息诉并自动履行，在实践中比较典型少见，荣获2020年河南省律协十佳建工案例确实名至实归。主办律师专业精准的法律服务，一审法院客观公正、兼顾情理法和公平正义的温暖判决，对于定分止争具有重要导向作用。习近平总书记提出"努力让人民群众在每一个司法案件中感受到公平正义"，该案无疑是一次生动的司法实践。

回顾思考

本案一审判决裁判时适用了《招标投标法》第10条、第17条，《合同法》第107条、第113条、第120条、第269条、第286条，《民事诉讼法》第64条，最高人民法院《关于审理建设工程施工合同纠纷案件适用法律问题的解释(二)》第19条、第20条、第21条之规定，现根据本案情况，结合《民法典》生效实施前后建设工程施工合同纠纷领域的法律变化，对具体法律适用进行分析。

1. 案涉工程采用邀请招标程序签订EPC总承包合同，是否导致合同无效？

案涉工程系利用工业余热和深层地热井集中供暖项目，属于新能源基础设施项目；根据国家发改委《必须招标的基础设施和公用事业项目范围规定》，案涉工程属于必须招标的工程范围。

《招标投标法》第10条规定，招标分为公开招标和邀请招标。公开招标，是指招标人以招标公告的方式邀请不特定的法人或者其他组织投标。邀请招标，是指招标人以投标邀请书的方式邀请特定的法人或者其他组织投标。第17条规定，招标人采用邀请招标方式的，应当向三个以上具备承担招标项目的能力、资信良好的特定的法人或者其他组织发出投标邀请书。投标邀请书应当载明本法第16条第2款规定的事项。因此，案涉项目虽然属于必须招标的工程范围，但并没有限定招标的形式，本案中HJ公司采用邀请招标形式最终确定HW公司为案涉项目的中标人并与之签订总承包合同未违反招标投标法的规定，合同合法有效。

2. 发包人单方解除合同是否应当赔偿承包人可得利益损失？

《民法典》第584条(原《合同法》第113条)规定，当事人一方不履行合同义务或者履行合同义务不符合约定，造成对方损失的，损失赔偿额应当相当于因违约所造成的损失，包括合同履行后可以获得的利益，但是，不得超过违约一方订立合同时预见到或者应当预见到的因违约可能造成的损失。

违约损害赔偿责任方式有两种，即补偿性损害赔偿和惩罚性损害赔偿。上述规定确定了违约补偿性损害赔偿范围的原则：（1）赔偿实际损失原则：损失赔偿额应当相当于因违约所造成的损失，包括合同履行后可以获得的利益。（2）可预期损失规则：违约损害赔偿的最高限额不得超过违约一方订立合同时预见到或者应当预见到的因违约可能造成的损失。① 本案中，HJ公司单方解除合同属于违约行为，给HW公司造成的可得利益损失是客观存在的，但要举证证明可得利益损失的数额则比较困难，主办律师虽然提供了国家统计局公布的合同签订前3年建筑行业的平均利润率，但一审法院判决时并未支持HW公司该项诉讼请求，虽然该结果和法官的自由裁量存在关系，但最终原因还在于可得利益损失缺乏"违约一方订立合同时预见到或者应当预见到的因违约可能造成的损失"的证据，让法官不敢轻易支持客观存在但不好把握具体数额的"可得利益损失"。因此，如果承包人在编制投标文件、工程量清单、签订建设工程施工合同时，把工程项目的利润率写进合同条款，对于防范合同履行过程中发包人单方解除合同后无法主张预期利益损失的风险具有重要作用。

3. 建设工程价款优先受偿权的范围及行使期限如何确定？

《民法典》第807条（原《合同法》第286条）规定，发包人未按照约定支付价款的，承包人可以催告发包人在合理期限内支付价款。发包人逾期不支付的，除按照建设工程的性质不宜折价、拍卖的以外，承包人可以与发包人协议将该工程折价，也可以申请人民法院将该工程依法拍卖。建设工程的价款就该工程折价或者拍卖的价款优先受偿。

关于优先受偿权的范围。2021年1月1日起修改后实施的最高人民法院《关于审理建设工程施工合同纠纷案件适用法律问题的解释（一）》（以下简称"法释〔2020〕25号建工解释（一）"）第36条规定，承包人根据民法典第八百零七条规定享有的建设工程价款优先受偿权优于抵押权和其他债权。第40条规定，承包人建设工程价款优先受偿的范围依照国务院有关行政主管部门关于建

① 参见《中华人民共和国民法典》（实用版），中国法制出版社2020年版，第403~404页。

设工程价款范围的规定确定。承包人就逾期支付建设工程价款的利息、违约金、损害赔偿金等主张优先受偿的，人民法院不予支持。根据上述规定，建设工程价款优先受偿权的范围是“排除逾期支付建设工程价款的利息、违约金、损害赔偿金等”的。但具体范围是什么，最高人民法院并未进行明确，而是“依照国务院有关行政主管部门关于建设工程价款范围的规定确定”。

关于优先受偿权的行使期限。“法释〔2020〕25号建工解释（一）”第41条规定，承包人应当在合理期限内行使建设工程价款优先受偿权，但最长不得超过十八个月，自发包人应当给付建设工程价款之日起算。此前的“法释〔2018〕20号建设工程司法解释（二）”第22条规定：“承包人行使建设工程价款优先受偿权的期限为六个月，自发包人应当给付建设工程价款之日起算”。相比之下，新解释考虑到建设工程优先受偿权行使过程的复杂性，删掉了行使优先受偿权的6个月期限，改为“合理期限”，同时规定了行使优先受偿权的期限上限，即“最长不得超过十八个月，自发包人应当给付建设工程价款之日起算”。这些新规变化，提醒建筑施工企业虽然优先受偿权的行使期限延长了，但遇到建设工程施工合同纠纷还是要在合理期限内及时行使优先受偿权，避免因时过境迁丧失先机。

律师简介

何拥军，北京市盈科（郑州）律师事务所律师，建设工程法律事务部副主任，河南省律师协会建设工程法律专业委员会委员。曾在基层法院工作多年，2001年执业以来，先后承办过数十起省内外有影响的建设工程施工合同纠纷案件，并担任过多家建筑和房地产开发企业法律顾问，处理过大量疑难案件，积累了丰富的建筑房地产风险防控实践经验。

孟凡晓，北京市盈科（郑州）律师事务所股权高级合伙人、建设工程法律事务部主任、二级律师、河南省法学会会员、河南省律师协会房地产法律委员会执委、河南省律师协会直属分会建筑房地产法律业务委员会委员、郑州航空港区政府投资项目审计专家。曾于2007年被评为平顶山市十大优秀律师、2014年被评为平顶山市优秀律师、2015年被评河南省优秀律师。

执业二十多年以来，秉承没有做不到，只有想不到理念，成功办理近百起省内外具有重大影响的的建设工程施工合同纠纷案件，积累了丰富的实务经验和理论素养。

发包方以“不可抗力”为由解除合同，承包方如何绝地反击？

——HW 公司与 BK 公司建设工程施工合同纠纷案

何拥军

案件简介

2017 年 9 月 27 日，HW 公司与 BK 公司签订一份《河北 XX 县深层地热集中供暖项目设计、采购、施工（EPC）总承包合同》，约定自双方法人代表（或授权代表）签字，并加盖双方公章（或合同专用章），且承包人收到发包人工程预付款后该合同生效。HW 公司随后即根据 BK 公司的进场通知开始进场，并根据 BK 公司的指令与专业分包单位签署了分包合同，垫付了设计、勘探等费用。2017 年 10 月 18 日 BK 公司向 HW 公司支付 1112 万元预付款，合同开始生效。2018 年 10 月 12 日，项目公司 GP 公司突然无故给 HW 公司发送《解除合同通知函》，单方解除总承包合同，并要求 HW 公司撤走现场人员和物资。2019 年 2 月 27 日，HW 公司向 BK 公司寄送了河北 XX 县深层地热集中供暖项目结算书，但 BK 公司迟迟未予对 HW 公司报送结算价款进行审核确认。2019 年 5 月 28 日，BK 公司向河北 XX 县人民法院提起诉讼，要求 HW 公司返还预付工程款 8, 763, 796 元。HW 公司认为 BK 公司诉求并无事实根据，其行为构成根本性违约，应承担支付工程价款、赔偿损失和可得利益损失等违约责任，于是委托北京市盈科（郑州）律师事务所何拥军律师代理应诉并提出反诉，请求一审法院：（1）判令 BK 公司支付工程签证费用、垫资费用、违约索赔等等各项费用共计 17, 513, 878. 42 元（除预付款 11, 120, 000 元外，另赔偿 6, 393, 878. 42 元）；（2）HW 公司对“深层地热集中供暖项目”已完成部分享有建设工程价款优先受偿权；（3）本案诉讼费用由 BK 公司承担。

诉讼中，HW 公司申请工程造价鉴定，2020 年 7 月 29 日，ZZX 公司出具《工程造价鉴定意见书》，该意见书确定：(1) 已完工工程造价为 3, 130, 630. 13 元；(2) 勘探费及特许经营费为 7, 860, 000 元；(3) 垫资及垫付费用为 2, 471, 425 元；(4) 总包管理费（前 3 项 ×4.5%）= 605, 792. 48 元；(5) 项目管理损失费用为 178, 652 元；其他“工期延误索赔费用”“银行利率索赔”未计入本次工程造价鉴定意见。“可得利益损失”因发包方原因合同终止，承包方本应客观存在的可得利益导致无法实现。

一审法院判决结果：(1) 驳回原告 BK 公司的诉讼请求。(2) 反诉被告 BK 公司在本判决发生法律效力之日起 20 日内支付给反诉原告 HW 公司 1, 452, 870 元。(3) 驳回反诉原告 HW 公司的其他诉讼请求。案件受理费 73, 146 元，由原告 BK 公司承担。反诉费 28, 279 元，由 BK 公司承担 8938 元，由 HW 公司承担 19, 341 元。

律师策略

主办律师承办本案后，首先审查了案涉合同、签证资料、往来函件、会议纪要、采购合同、结算资料等基础证据材料，接着又到项目地实地勘查了施工现场，与项目经理、工程技术人员等进行了沟通了解，制定了收集证据材料清单。特别是重点调查了涉诉工程在当地的后续建设情况，当地政府出台的指导性文件是否确为“不可抗力”等因素，掌握了当地政府在收回原告特许经营权后，再次招标特许经营公司这一重大关键信息。根据 HW 公司提供的资料，主办律师认为案涉项目合同属于有效合同，不属于当地政府禁止采用的施工方式；根据情势判断，HW 公司已无继续与 BK 公司合作之可能，诉求集中在支付已完工程款、违约索赔、延误赔偿、利息损失、可得利益损失等。经反复论证研究，主办律师认为，原告 BK 公司以“不可抗力”为由单方面解除合同，属于违约行为，HW 公司可依据合同向 BK 公司主张确认解除合同无效、继续履行、赔偿损失等；由此，主办律师提出了在应诉中正面突破，推翻原告 BK 公司“不可抗力”的观点，同时借力打力，支持本方反诉请求的代理思路。主办律师召集团队人员对案件进行研判，重点研究“不可抗力”的相关法律规定，从法规条文、指导案例、专家观点中寻找法律支撑和理论支撑。针对原告方的诉讼请求和提交的证据逐条逐项进行推演，模拟 BK 公司可能使用的诉讼方向和抗辩理由，进行全方位的准备。

在随后庭审中,主办律师紧紧扣住“不可抗力”是否存在这一关键要点展开质证和法庭辩论。在本诉部分,主办律师精确阐明了HW公司利用地热的具体工艺方法与当地政府明确禁止地下水开采是两种不同的概念,不能混为一谈,更不能据此主张所谓的“不可抗力”存在;巧妙利用对方所提出的“政府收回特许经营权”的证据,结合政府将涉案项目重新招标的事实,有力驳斥了对方观点,进一步说明了工程无法继续进行是因为原告BK公司自身原因,证明了原告严重违约的事实。在反诉方面,主办律师此前进行的充分准备起到了决定性作用,各种往来文件清晰明了、费用核算准确清楚、签字手续齐全完备,不给对方留下任何可以回旋的余地,为本案最终取得理想效果奠定了坚实基础。一审法院对于主办律师充分的准备工作给予高度肯定,并基本采纳了主办律师的全部观点。

律师文书

一审代理词(摘录)

一、关于本诉部分

1.本案并不存在原告所称的不可抗力事件。

双方签订《河北××县深层地热集中供暖项目设计、采购、施工(EPC)总承包合同》之前,BK公司已经取得了河北××县城际西部新城利用地热集中供热项目的特许经营权。案涉项目属于“取热不耗水”的地热能开发利用项目,与BK公司所称的河北省人民政府《关于公布地下水超采区、禁止开采区和限制开采区范围的通知》精神不是一个概念。深层地热集中供暖采用“采灌均衡、间接换热”或“井下换热”的工艺技术。××县政府之所以授予BK公司特许经营权,说明该项目是符合产业发展规划的,而且该项目也属于该县政府的重点民生项目,不可能随便叫停。

2.原告之所以单方解除合同是因其不具有实施特许经营的经济实力,无力承担后期费用,不能实现××县政府答应给人民群众提供集中供暖的承诺。×

×县政府在解除与原告的特许经营权之后,已经通过招投标程序把涉案项目的特许经营权授予给 ZD 公司,足以说明本案并不存在不可抗力事件。

3. 案涉工程造价经 ZZX 工程造价咨询有限公司《工程造价鉴定书》(ZZX 价鉴〔2020〕第 004 号)显示的鉴定结果,在不可抗力不成立的情况下:(1)工程签证费用:3, 130, 630. 13 元;(2)地热水井勘探井费用和特许经营项目服务费 7, 860, 000 元;(3)垫资费用 1, 036, 925 元 + 134, 500 元 + TL 咨询费 1, 000, 000 元 + WY 公司(勘探费)300, 000 元,共计 2, 471, 425 元;(4)总包管理费(1 + 2 + 3 = 13, 462, 055. 13 元) × 4. 5% = 605, 792. 48 元;(5)项目管理损失:①筹建项目部费用 60, 000 元 + 48, 000 元 = 108, 000 元,②劳保费用 70, 652 元。以上共计:14, 246, 499. 61 元。暂且不说工期延误索赔费用、银行利率索赔、可得利益损失,上述数额已经超过了原告的预付款 1112 万元,故被告不存在返还多余工程款的问题。

综上,关于本诉部分,原告的诉请无事实根据,依法应予驳回其诉讼请求。

二、关于反诉部分

代理人认为,反诉被告以不可抗力为由单方解除合同不能成立,依法应当承担违约责任。结合反诉原告的举证,反诉被告除了鉴定意见所确定的工程款、垫资费用、总包管理费、项目管理损失 14, 246, 499. 61 元以外,还应支付反诉原告的下列损失:

工期延误赔偿 222, 400 元,理由如下:第一,工期延误赔偿有合同约定。根据通用条款第 4. 4. 2 条、4. 5 条和专用条款第 4. 4 条约定:因发包人原因使竣工日期延误,工期顺延,发包人给承包人造成经济损失的应支付相应费用,同时每延误 1 天的误期赔偿金额为人民币 5000 元,累计最高赔偿金额为人民币:不超过总承包合同总额的 2‰。第二,反诉原告已按照通用条款 16. 2. 2 条自 2018 年 3 ~ 6 月向反诉被告多次发出工期延误索赔函件,这些函件均已送达给反诉被告,有发文签收台账,邮寄存根、查询记录可以佐证反诉被告已经收到了工期延误索赔通知,但未按照通用条款 16. 2. 2 条第 4 项的规定,在收到承办人送交的有关索赔资料的报告后 30 日内与承包人协商解决,或给予答复,或要求承包人进一步补充索赔理由和证据;视为该项索赔已被发包人认可。第三,按照合同约定，延误赔偿费用为5000元/天×240天=1,200,000元，但合同约定赔偿总额不能超过2‰，故反诉原告主张222,400元延误赔偿，依法应予支持。

反诉原告的利息损失439,010.42元应予赔偿。

根据合同通用条款14.9.1条约定，因发包人的原因未能按14.8.3条约定的时间向承包人支付工程进度款的，应从发包人收到付款申请报告后的第26日开始，以中国人民银行颁布的同期同类贷款利率上浮10%向承包人支付延期付款的利息，作为延期付款的违约金额。按照《工程造价鉴定书》邯中正信价鉴〔2020〕第004号鉴定意见，在不可抗力不成立的情况下应以鉴定意见1～3项为基数，按照人民银行同期贷款利率4.35%上浮10%计算为439,010.42元。

反诉原告的可得利益损失应予赔偿。

根据国家统计局的统计数据，合同签订前的2013～2016年建筑行业平均利润率为3.5%，在反诉原告无过错的情况下，反诉被告单方面解除合同，无法继续履行合同义务，导致反诉原告可得利益无法实现，参照建筑行业平均利润率，结合总包合同价款，反诉原告若正常履行完毕案涉项目，可得利益为：111,200,000元×3.5%=3,892,000元，现主张可得利益损失2,605,968.39元。

综上，反诉被告应向反诉原告支付工程签证费用、垫资费用、违约索赔等费用共计17,513,878.42元，现反诉被告已经预付款11,120,000元，故反诉被告还应支付反诉原告剩余工程款、垫资费用、违约赔偿等各项费用6,393,878.42元。

案件结果

一审法院认为：本案围绕双方诉辩意见，归纳争议焦点，并分别评述如下：

本院认为，本案的争议焦点是原被告之间终止双方所签订的合同的原因是否属于不可抗力。不可抗力，指不能预见、不能避免、不能克服的客观情况。2017年12月20日，河北省人民政府发布《关于公布地下水超采区、禁止开采区和限制开采区范围的通知》，该通知自发布之日起实施。该通知规定，××县属于地下水禁采区，在该区内，不得开凿新的取水井，不得新增地下水取水量。本院认为双方的合同采用的供热源为地热水，地热水是水也是矿产，开采地热水需要办理取水许可及采矿证。而禁采区内不得开凿新的取水井、不得新增地下水取水井。但该合同所涉项目不全是新增取水，按照合同终止时的政策，是可采取回灌措施的，可以在取得采矿权的前提下继续使用原有的地热井，且在该文件下发后合同一直履行至 2018 年 10 月 31 日，因此原告（反诉被告）将该文件作为不可抗力的意见不能成立，双方终止合同的原因不是不可抗力。双方终止合同的原因在于原告（反诉被告），原告（反诉被告）应当支付被告（反诉原告）已进行的工程款和可得利益。

关于本案另一焦点，被告（反诉原告）已经完工的工程造价，因已委托有资质的鉴定机构进行了鉴定，本院采信鉴定意见。

原告（反诉被告）诉求被告（反诉原告）返还部分预付款的请求，因被告（反诉原告）已经完工的工程款超过了原告的预付款，对其请求无法支持。

反诉原告（被告）请求反诉被告（原告）支付款项的请求符合法律规定，本院予以支持，但其请求的数额过高，不符合法律事实，超过部分予以驳回。反诉原告（被告）应当得到款项共计 12, 572, 870 元，反诉被告（原告）之前已经支付 11, 120, 000 元，应再付 1, 452, 870 元。

综上所述，依照《民法总则》第 180 条、《合同法》第 97 条、第 98 条、第 107 条、第 109 条、第 117 条的规定，法院判决如下：（1）驳回原告 BK 公司的诉讼请求；（2）反诉被告 BK 公司在本判决发生法律效力之日起 20 日内支付给反诉原告 HW 公司 1, 452, 870 元（支付方式与预付款给付方式相同）；（3）驳回反诉原告 HW 公司的其他诉讼请求。

一审判决送达后，HW 公司和 BK 公司均没有上诉，BK 公司主动履行了判决确定的付款义务，此案圆满结束。

典型意义

不可抗力条款在建设工程施工合同中一般都会体现，但在合同履行中以“不可抗力”为由解除合同事由的情况比较常见，但最终获得法院支持的不是很多。本案中律师准确把握住了“不可抗力”的精神实质，找准关键节点、绝地反击并获得成功，不仅让违约方承担了应有责任，而且也成功维护了自身合法权益，法院裁判文书的公开，又给公众法律实践提供了权威引领作用,彰显了法律对契约保护,对违约失信进行惩治的立法精神。

回顾思考

本案一审判决裁判时适用了《民法总则》第180条,《合同法》第97条、第98条、第107条、第109条、第117条的规定,现根据本案情况,结合《民法典》生效实施前后的法律变化,具体对"不可抗力"的相关规定和理论进行分析。

1. 关于不可抗力的定义

《民法典》第180条第2款规定:"不可抗力是不能预见、不能避免且不能克服的客观情况。"对于该规定理解,《中华人民共和国民法典合同编理解与适用》一书中所载:"不能预见"应理解为根据现有的技术水平,一般对某事件的发生没有预知的能力。"不可避免并不能克服",是指当事人已经尽到最大努力和采取一切可以采取的措施,仍不能避免某种事件的发生或克服事件所造成的损害结果。[①] 这是目前我国民事立法和民法理论的主流观点,具体而言,"不能预见"为主观要件,采主观说观点,"不能避免且不能克服"为客观要件,采客观说观点。二者相辅相成,每个方面都不可偏废。在本案中,地方政府出台的禁止性规定看似符合"不能预见、不能避免且不能克服"的形式,但具体而言,其规定的内容与涉案项目有很大不同。因此在认定"不可抗力"是否存在时,应当进行谨慎判断,要保护契约精神,防止对"不可抗力"的擅自扩大化,为事实上的违约行为提供掩护。

2. 不可抗力约定条款

不可抗力约款区分为广义和狭义两种。广义的不可抗力约款,是指当事人就不可抗力事件进行约定并旨在产生免责法律效果的合同条款,而狭义的不可抗力约款,仅包含构成层面,即当事人通过约定对不可抗力事件进行范围上的扩张或者限缩。从司法实践中的裁判观点来看,如果不可抗力约款约定的不可抗力事件的范围大于法定不可抗力事件的范围,法院普遍对当事人合意予以尊

① 参见王胜明:《侵权责任法释义》,法律出版社2010年版,第147页。

重,认可该不可抗力约款的效力;但如果不可抗力约款约定的不可抗力事件的范围小于法定不可抗力事件的范围,多数法院倾向于否定该不可抗力约款的效力,仅有极个别法院持肯定态度。从司法实践对限缩型不可抗力约款的态度来看,法院的裁判观点过于保守,其实无论是扩张型不可抗力约款,还是限缩型不可抗力约款,只要该约定并未违反强制性规范,就应当对该不可抗力约款效力持肯定态度。如果当事人约定的不可抗力事项超出不可抗力事件范围,但仍属不可归责于当事人各方的客观原因,仍可类推适用《民法典》第 180 条第 1 款、第 590 条第 1 款的免责规定;但如果当事人约定的不可抗力事项超出不可抗力事件范围,而纳入了债务人的过错,便不得类推适用上述免责规定,债务人必须承担民事责任。也就是说,只要其中有关构成或法律效果的约定并未违反强制性规范,就应当对该不可抗力约款中的合同免责约定持肯定态度。换言之,无论是扩张型不可抗力约款,还是限缩型不可抗力约款,只要其中约定并未损害公共利益或者合同关系之外特定第三人应受法律保护的合法权益,就没有必要对当事人之间意思自治横加干涉。

3. 不可抗力的免责

《民法典》第 590 条规定:“当事人一方因不可抗力不能履行合同的,根据不可抗力的影响,部分或者全部免除责任,但是法律另有规定的除外。因不可抗力不能履行合同的,应当及时通知对方,以减轻可能给对方造成的损失,并应当在合理期限内提供证明。当事人迟延履行后发生不可抗力的,不免除其违约责任。”

简言之,一方当事人遭遇了不能预见、不能避免且不能克服的客观情况,导致合同目的无法实现,法定免除其全部或部分责任。

当事人主张不可抗力免责,应当符合以下条件:(1)当事人在订立合同时没有预见也不能预见到不可抗力的发生,未在合同中作出预先安排;(2)不可抗力发生在合同订立后、合同履行完毕前;(3)当事人不当履行合同与不可抗力发生具有因果关系;(4)导致当事人不当履行合同的客观事由不能避免、不能克服。

适用不可抗力制度免除全部或部分违约责任时,应当注意以下问题:

（1）根据“原因与责任相比例”的原则，不可抗力作为合同违约的免责事由，仅在其影响所及的范围内不发生责任。不可抗力只对合同部分义务的履行产生影响的，仅得免除违反该部分义务的违约责任，不得免除违反其他合同义务的违约责任；不可抗力仅导致合同一时不能履行的，仅得免除不可抗力影响期间的迟延履行义务，不得免除不可抗力事由消除后的迟延履行义务，更不得免除继续履行合同的义务；当事人损失系由不可抗力与债务人原因共同形成，主张当事人仅得根据不可抗力的原因力大小免除其相应责任。

（2）不可抗力系法定免责事由，除法律另有规定外，当事人关于不可抗力不予免责的约定应属无效，但当事人之间可就不可抗力发生后的损失分担进行约定。不可抗力发生后，合同就损失分担有明确约定的，一般按照合同约定处理；合同没有约定的，要推动当事人进行积极协商；协商不能时，依据公平原则、诚实信用原则和权利义务相一致原则在当事人之间进行合理分配。

（3）当事人一方因不可抗力不能履行合同的，应当根据《民法典》第590条的规定及时通知对方，以减轻可能给对方造成的损失，并应当在合理期限内提供证明。当事人一方未能及时通知导致对方当事人损失的，应当承担相应的赔偿责任；当事人一方履行了及时通知义务，相对方未能及时采取措施导致损失扩大的，由相对方就其扩大的损失自行承担责任。

4. 情势变更与不可抗力的联系与区别

情势变更制度与不可抗力制度具有相同之处：（1）二者均非商业风险，也都是当事人无法预见的情形；（2）二者的发生与影响均不可归责于当事人；（3）二者均可能对合同的履行和责任承担造成影响，并产生相应法律后果；（4）二者对合同的影响均发生于合同订立后履行完毕前。在法律实践中，情势变更与不可抗力时而发生混淆，也造成了一些商业活动中的分歧。因此，我们更应该重点关注二者的区别：（1）制度价值不同。不可抗力制度，主要是一种免责事由，体现的精神是法律不强人所难，不让无辜者承担意外之责。情势变更制度体现的精神是当事人之间的公平和合同权利义务的对等。（2）适用范围不同。不可抗力制度作为民事责任的一般免责事由，除法律作出的特殊规定外，适用于所有民事责任领域，特别是适用于侵权责任领域和合同领域。情势变更制度则仅为合同领域的一项特殊制度，不适用于其他民事领域。(3)对合同的影响方式和程度不同。不可抗力制度的适用前提是不可抗力造成当事人不能履行合同的后果。情势变更制度是合同基础条件与合同成立时相比出现了当事人无法预见且不可归责于当事人的重大变化，该重大变化对合同的履行也造成了重大影响，但是一般来说合同仍有继续履行的可能，只是继续履行合同对一方当事人明显不公平，例如履行成本显著上升、等价交换关系显著失衡。(4)法律效果不同。适用不可抗力制度体现为免责，对于因不可抗力造成的履行不能，免除全部或部分责任。但是，其不直接导致变更合同内容，合同部分不能履行的，其他部分继续履行，合同一时不能履行的，影响消除后继续履行。适用情势变更制度则体现为合同的解除或变更，不直接具有免责效果。在根据该制度进行调整前，当事人之间的权利义务关系不变，只有当根据该制度进行调整后，当事人的权利义务关系才按照调整后的内容继续履行。至于如何调整，是解除合同，还是变更合同，如何变更合同，需要双方当事人协商或者法院、仲裁机构在个案中根据具体情况判断。(5)当事人权利行使方式和程度不同。当不可抗力导致不能履行合同时，受不可抗力影响的一方应当及时向对方发出受不可抗力影响不能履行合同的通知，并在合理期限内提供证明。未发出通知导致对方损失扩大的，对于扩大的损失不能免责，对于迟延履行后发生不可抗力的也不能主张免除责任。对于情势变更制度，因情势变更导致合同履行对一方明显不公平时，受不利影响的当事人首先可以通过与对方协商调整失衡的利益，在合理期限协商不成的，当事人可以请求法院或仲裁机构变更或解除合同。①

律师简介

何拥军，北京市盈科(郑州)律师事务所律师，建设工程法律事务部副主任，河南省律师协会建设工程法律专业委员会委员。曾在基层法院工作多年，2001年执业以来，先后承办过数十起省内外有影响的建设工程施工合同纠纷案件，并担任过多家建筑和房地产开发企业法律顾问，处理过大量疑难案件，积累了丰富的建筑房地产风险防控实践经验。

---

① 参见李昊、刘磊：《〈民法典〉中不可抗力的体系构造》，载《财经法学》2020年第5期。

实际施工人与承包人约定仲裁的情况下不能起诉发包人

——丙公司与甲公司建设工程施工合同纠纷案

黄永超

案件简介

乙公司承包了甲公司发包的某中学建设工程，甲公司与乙公司签署的《建设工程施工合同》中约定的争议解决方式为提交××仲裁委员会仲裁。

乙公司将工程转包给了丙公司施工，丙公司与乙公司签署的《内部承包协议》中约定的争议解决为提交××仲裁委员会仲裁。

因乙公司和丙公司在施工过程中发生了争议，丙公司提前退场。退场后，双方对于结算金额存在争议，一直不能达成一致意见。

2020年6月，丙公司向Q市中级人民法院提起诉讼，以甲公司为被告，称其为实际施工人，要求甲公司在欠付乙公司工程款的范围内向丙公司支付工程进度款600余万元，工程造价款2000余万元及可得利益等损失700余万元，合计3400余万元。Q市中级人民法院受理后，丙公司于2020年8月申请追加乙公司为第三人参加诉讼，Q市中级人民法院通知乙公司参加诉讼。乙公司委托北京市盈科（青岛）律师事务所黄永超律师代理诉讼。

律师策略

黄永超律师经研究案情后认为，本案首先应当解决案件是否属于法院主管范围问题。实际施工人是最高人民法院《关于审理建设工程施工合同纠纷案件适用法律问题的解释（一）》所创设的制度，司法解释规定实际施工人可以突破合同相对性对发包人直接提起诉讼。但如果实际施工人和总承包人之间存在仲裁条款或总承包人与发包人之间存在仲裁条款,实际施工人的诉权是否受到影响?经查找案例和学说研究,发现实践中争议较大。

我们非常同意周利明法官在其著作《解构与重塑——建设工程合同纠纷审判思维与方法》一书中的观点:“仲裁仍然遵从有约从约、无约无束的原则。鉴于实际施工人要求非合同相对人承担责任系司法解释的特殊制度安排,当实际施工人以该条要求非合同相对人承担责任时,应当释明并要求其作出选择:或者接受上游主体的仲裁管辖约定,或放弃要求非合同相对人承担责任,否则,可以驳回起诉或者驳回仲裁申请,以避免滥诉或者不当突破仲裁约定管辖的情形。”

经过查找案例和分析案情,我们认为本案中原告直接起诉发包人甲公司,但发包人甲公司仅在欠付工程款的范围内承担责任,不可避免地要涉及发包人甲公司和承包人乙公司之间的纠纷审理,而发包人和承包人已经约定了仲裁;原告虽未对乙公司提出直接的诉讼请求,但案件的基础法律关系确是实际施工人丙公司和乙公司的施工合同纠纷,而乙公司和丙公司之间也约定了仲裁。故丙公司不能突破这两个合同中仲裁条款的约束,直接起诉发包人甲公司。该案件不属于法院主管,应当驳回原告丙公司的诉讼请求。故我们应当向法院陈述该案件不属于法院主管,并提供案例和相关最高人民法院法官文章作为依据,要求一审法院裁定驳回起诉。

我们将上述观点和委托人进行交流,委托人予以认可,并同意我方的代理方案。

律师文书

我们在开庭时向法院提交了第三人意见陈述,主要内容为:

1. 原告以 2018 年 5 月 15 日《内部承包协议》作为其实际施工人身份及主张涉案工程款的依据。该《内部承包协议》专用条款第 8 条第 2 款约定:“因本合同引起的或与本合同有关的任何争议,由当事人双方协调或调解解决,协商不成的,提请 × × 市仲裁委员会按照其仲裁规则进行仲裁,仲裁裁决是终局的,对双方具有约束力”。

原告与我公司就××中学项目签署了《建设安装劳务分包合同》(以下简称《劳务分包合同》)约定我公司将××中学项目教学实验楼、综合楼、风雨操场等施工图纸范围内的安装工程的劳务分包给原告。《劳务分包合同》第28条约定:“因履行本合同发生的一切争议,由当事人双方协商或者调解解决,若协商不成,双方依法向南通仲裁委员会提起仲裁”。

上述两个仲裁条款本身均为有效条款,且依照《合同法》第57条的规定:“合同无效、被撤销或者终止的,不影响合同中独立存在的有关解决争议方法的条款的效力”。故上述两个条款的效力,也不受上述两个合同本身的效力以及合同已经终止履行的影响。

2. 贵院应驳回原告的起诉。

(1)《民事诉讼法》第124条规定:“人民法院对下列起诉,分别情形,予以处理:……(二)依照法律规定,双方当事人达成书面仲裁协议申请仲裁、不得向人民法院起诉的,告知原告向仲裁机构申请仲裁”,即当事人之间的仲裁协议,排除法院对案件的主管权,此种情形下,人民法院应当驳回起诉。

(2)实际施工人与承包人之间存在仲裁协议,实际施工人无权按照最高人民法院《关于审理建设工程施工合同纠纷适用法律问题的解释》第26条第2款的规定起诉发包人。

经类案检索,最高人民法院在审理中交第二公路工程局有限公司、兰渝铁路有限责任公司与甘肃杰出建筑有限公司建设工程施工合同纠纷再审案中[案号(2014)民申字第1591号]认为:“本条司法解释(指上述司法解释第26条)第一款确立了实际施工人工程价款请求权的一般规则,即实际施工人可以依法起诉与其具有合同关系的转包人、违法分包人。第二款明确了实际施工人工程价款请求权的例外救济,即实际施工人可以要求发包人在欠付工程款的范围内对实际施工人承担责任。本案中,杰出建筑公司主张工程价款的基础法律关系是其与中交公路公司之间的合同关系,而双方在合同中约定了仲裁条款,排除了法院管辖权。”

故驳回了杰出建筑公司的再审申请,维持了甘肃省高级人民法院驳回杰出建筑公司起诉的裁定。

该案的主审法官汪治平法官就本案专门作出解析，并发表在《最高人民法院民事审判指导案例解析》一书中，题目为《实际施工人与承包人约定仲裁的情况下不能起诉发包人》，该案的法理提示为"实际施工人与转包人或者违法分包人之间约定了仲裁条款，实际施工人不得以司法解释为依据起诉发包人"。

该案与本案存在高度相似性，属于类案裁决。见表1：

表1 类案裁决

	1591号案	本案
发包人	兰渝铁路有限责任公司（被告）	青岛市××公司（被告甲公司）
承包人	中交第二公路工程局有限公司（被告）	××建设集团有限公司（第三人乙公司）
实际施工人	甘肃杰出建筑工程有限公司（原告）	××劳务公司（原告丙公司）
仲裁条款	中交公司与杰出公司之间存在仲裁协议	乙公司和丙公司之间存在仲裁协议
处理结果	实际施工人与承包人之间的仲裁条款排除法院管辖，驳回实际施工人的起诉	

该类案裁决来源于最高审判机关的再审裁定，经过了一审、二审和再审的全部的诉讼程序。主审法官对该案的解析文章，经过严格的编辑、遴选，发表于《最高人民法院民事审判指导案例解析》中，最高审判机关将其阐发的法理提示作为相类似案件指导的意思非常明确，在参考价值上，显然高于一般的类案，应当作为审理本案的参考。

(3)最高人民法院在熊某海与青海森科盐化产业集团有限公司、重庆建安建设（集团）有限公司建设工程施工合同纠纷二审民事裁定书[（2015）民一终字第170号]中认为："本案系建设工程施工合同纠纷。熊某海作为实际施工人，向发包人森科盐化公司和承包人建安建设公司主张支付工程款的权利，涉及熊某海与建安建设公司、建安建设公司与森科盐化公司之间的工程款结算问题。但是,建安建设公司与森科盐化公司签订的《建设工程施工合同》已经明确约定了仲裁条款,故双方之间的工程款结算和支付等争议,应提交由双方约定的仲裁委员会仲裁解决,不属于人民法院主管范围。一审法院受理熊某海对森科盐化公司的起诉不当,应予驳回。"

(4)从上引最高人民法院两个类案判决看,不管是实际施工人和承包人之间的仲裁协议,还是发包人和承包人之间的仲裁协议,均导致实际施工人起诉发包人的案件不属于人民法院的主管范围。人民法院已经受理的,应当予以驳回起诉。

故本案原告依据最高人民法院《关于审理建设工程施工合同纠纷案件适用法律问题的解释》第26条规定,突破合同相对性起诉发包人青岛市××公司,因原告据以主张权利的《内部承包协议》《劳务分包合同》存在仲裁条款,该案件不属于法院主管范围,不管我公司是被告还是第三人,均应当驳回原告起诉。

3.原告故意将被告列为第三人,意图突破仲裁条款约束。

原告主张其与我公司存在转包的合同关系,为实际施工人。原告要主张工程款,必然首先主张其对我公司有工程款债权,之后才能根据司法解释的要求发包人青岛市××公司在欠付工程款的范围内承担责任。故如本案不存在仲裁条款,属于法院主管,则原告必然列我公司为共同被告。但被告为了逃避仲裁条款的约束,故意将我公司申请为第三人参加诉讼,然而无论我公司为被告或第三人,法院审理本案,都必然依据《内部承包协议》《劳务分包合同》对原告主张的工程款债权进行审理,《内部承包协议》《劳务分包合同》才是本案的基础法律关系,而该两份合同中均约定了仲裁条款,根据《民事诉讼法》第124条第2款的规定和上引两个最高人民法院类案判例所确定的原则,本案不属于法院主管范围。原告的不诚信诉讼手段不应得到法院的支持和背书。

4.原告在诉状中称我公司拖欠其工程款等均与事实不符,但该等争议应当由仲裁解决,原告如认为我公司违约或应当支付其工程欠款,应当依法提起仲裁申请。

综上,请求贵院依法驳回原告的起诉。

××建设集团有限公司

2020 年 8 月 4 日

附件一:最高人民法院(2014)民申字第 1591 号;

附件二:汪治平撰:《实际施工人与承包人约定仲裁的情况下不能起诉发包人》,载《最高人民法院民事指导审判案例解析(下)》第 915 ~923 页;

附件三:最高人民法院(2015)民一终字第 170 号。

案件结果

Q 市中级人民法院经审理认为,甲公司和乙公司签订的《建设工程施工合同》及乙公司和丙公司签署的《内部承包协议》均约定有仲裁条款,甲乙丙公司均应受到仲裁条款约束,本案不应由人民法院进行审理。故裁决驳回原告丙公司的起诉。

丙公司不服,向 S 省高级人民法院提起上诉。S 省高级人民法院经审理认为,一审法院认定甲乙丙公司应受到仲裁条款约束,并无不当。丙公司向甲公司主张的欠付工程款的范围仍应以甲乙公司之间的《建设工程施工合同》为基础法律关系进行认定,而上述双方在合同中约定了仲裁条款,排除了法院管辖权,故一审法院驳回丙公司的起诉并无不当。故裁定驳回上诉,维持原裁定。

典型意义

本案厘清了实际施工人突破合同相对性对发包人行使诉权时,发包人与承包人之间的仲裁协议以及实际施工人与承包人之间的仲裁协议,均导致案件排除法院管辖。该案既有最高人民法院的类案支持,又最终得到 S 省高级人民法院的终审裁定,认为该等情形不属于法院主管范围,为该类案件的审判提供了裁判标准。

回顾思考

该案件从接受委托到一审裁定驳回原告丙公司起诉,只用了 10 余天的时间。但自接触案件的第一天起,代理律师就查阅了相关书籍和案例,并得到了盈科全国建工委各位主任的大力协助,检索到了有说服力的案例,形成了答辩思路和意见。该案开庭时,被告甲公司也提出了该案件不属于法院主管的意见,但没有提供相应案例。我方作为第三人陈述意见之后,法官即停止了庭审,表示要对案件的主管问题予以考虑。几天之后,法院即下达了驳回起诉的裁定。

回顾本案,笔者认为有以下几点值得总结:

1.律师要注意平时的积累。关于实际施工人能否突破仲裁条款约束,一直是审判实践中有争议的问题,作为建工领域的专业律师,我对该问题早有注意。所以在客户提出咨询的时候,能够马上指出本案的第一个关键问题就是案件的主管问题。

2.律师办理和分析案件,要抓案件的核心和本质问题,本案丙公司直接起诉发包人甲公司,似乎符合最高人民法院《关于审理建设工程施工合同纠纷案件适用法律问题的解释》(2004年)第26条第2款的规定。但是,案件的基础关系却是实际施工人和发包人之间的转包纠纷,不对该份合同进行审理,法院无从对案件事实作出认定,故我们指出本案的基础关系还是实际施工人和承包人之间的转包合同,而对于该基础关系,当事人已经约定仲裁,本案原告不能突破其关于案件主管的约定,这是民事诉讼禁止反言原则的要求,也是周利明法官前述"有约从约"原则的体现。

3.律师要善于检索,我们在提出主管问题之后,当天就检索到了最高人民法院的案例,增强了信心,并及时反馈客户,为客户最终委托打下了良好的基础。

4.要相信组织的力量,就该问题,我在盈科全国建工委主任群也提出了咨询,得到了各位律师的大力帮助,其中汪治平法官的文章是建工委的伙伴提供。

5.律师提供最高人民法院公开出版物的案例,能够具有更强的说服力,正如我们在《第三人陈述》中指出的"主审法官对该案的解析文章,经过严格的编辑、遴选,发表于《最高人民法院民事审判指导案例解析》中,最高审判机关将其阐发的法理提示作为相类似案件指导的意思非常明确,在参考价值上,显然高于一般的类案,应当作为审理本案的参考”。所以律师平时要多阅读最高人民法院出版物的文章,提高理论水平。

律师简介

黄永超, 北京市盈科(青岛)律师事务所高级合伙人,从事律师职业工作20多年。自执业以来,办理了大量诉讼和仲裁案件,在房地产、建设工程和公司诉讼领域成绩突出。担任荣成市党政一体法律顾问团成员。

发包人已使用未竣工验收工程，并不必然无法抗辩承包人的工程款诉请

——B公司与H公司建设工程施工合同纠纷案

秦尤佳

案件简介

2018年8月6日，B公司与H公司签订案涉工程《施工安装合同》，承建H公司某小区"加压供水设备供货及安装工程"，该合同约定：工程合同价款为778,000元，履约保证金38,900元，案涉工程禁止对外转包或分包。工程完工且通过供水公司验收付至90%工程进度款，办理完竣工结算才能付至结算总价的95%，余款5%作为质保金须待质保期(2年)满付清。B公司将案涉工程以420,000元转包W公司施工，且另案W公司诉B公司案件已判决生效，法院判决B公司支付W公司剩余工程款。

一审诉讼前，案涉工程仍未通过供水公司验收合格，H公司已付50%工程款389,000元。鉴于小区业主已陆续入住，H公司已先行投入使用案涉工程。B公司作为原告提起诉讼，诉请H公司支付其剩余389,000元工程款以及逾期付款违约金28,883.25元，并退还其履约保证金38,900元。

一审判决后，B公司不服提起上诉，二审期间因案涉工程始终无法通过整改修复验收合格，根据供水公司要求H公司已于2019年11月拆除重建案涉工程。

律师策略

H公司委托秦尤佳律师作为承办律师代理本案。承办律师经过对全案证据梳理后，认为本案争议焦点在于B公司主张支付剩余工程款是否具有合法依据。案涉合同约定竣工验收结算后支付95%工

程款,虽然案涉工程未通过验收,但 H 公司已经先行投入使用,这对于 H 公司而言非常不利,法院一般都会适用最高人民法院《关于审理建设工程施工合同纠纷案件适用法律问题的解释》第 13 条规定,认定案涉工程视为已竣工验收。另外 B 公司已举证其与 W 公司另案确认支付工程款的生效判决,因此,本案单从合同特别约定的竣工验收条件进行抗辩显然不够,还需要从其他几个方面综合举证论述。一方面应当对 B 公司举证的另案生效判决主文进行分析,说明该判决对本案不具有参照适用性;另一方面可以从该另案生效判决内容着手,抗辩本案 B 公司诉请的 389,000 元工程款属于非法转包利益,不应予以支持。

最终一审、二审法院分别采纳了上述全部及部分代理意见,生效判决仅支持 H 公司支付 B 公司 31,000 元工程款,并返还其 38,900 元履约保证金,驳回 B 公司的其他诉讼请求。

律师文书

一、案涉工程未竣工验收合格事实清楚,B 公司主张支付剩余工程款无合法依据

首先,案涉《施工安装合同》第 5.1 条工程质量要求条款特别约定:验收标准为工程质量需通过供水公司验收达到合格标准。B 公司承建的工程范围包含且不限于二次供水泵房、生活泵房强电及自控安防(见合同第 2 条承包范围),根据 H 公司一审提交的证据 3 ~ 5 可知,目前仅案涉工程 1 ~ 4 层直供水于 2019 年 2 月 20 日通过供水公司验收合格,二次供水因不符合市规范标准至今未能通过验收,2019 年 11 月该工程已拆除重建。

案涉合同第 5.1 条质量要求特别约定系双方真实意思表示,合法有效,对 B 公司与 H 公司双方均发生效力。且 B 公司另案庭审中自认案涉工程至今未全部竣工验收合格(见 B 公司一审证据 3 判决书二份),B 公司自认事实对其发生效力。案涉工程至今并未全部竣工验收合格,质保金未满且未开始计算,不符合合同约定的剩余 50% 工程进度款(含质保金)的付款条件。

其次,根据 B 公司一审提交的证据 3 另案生效民事判决书本院认为部分(第 7 页)内容,因 W 公司向 B 公司发出《验收申请函》,B 公司拖延未予组织

验收及提请供水公司验收，且未对工程提出具体质量问题及整改意见，法院因对其消极履约行为作出否定性评价，才结合小区部分交付使用情况视为工程款付款条件已成就。该判决书审理依据系针对B公司与W公司合同关系及履约行为，而本案系B公司与H公司之间的合同关系，且B公司与H公司双方履约情况与上述判决书中合同双方的履约情况并不相同。根据H公司一审提交的证据4可知，自2016年6月12日工程未完工前至2018年7月25日，H公司多次以工程联系函、短信通知等方式要求B公司在通知期限内对工程进行整改，并附现场图片告知其具体须整改的问题，而B公司始终怠于履行整改义务。由此可见，本案H公司一直积极履行合同义务并无消极履约行为，不适宜对其作出否定性评价，该判决书对本案不能同等适用即不具有参考依据。且双方在合同中对质量合格标准已进行了特别约定，B公司严重违约怠于履行整改义务，故本案不符合视为竣工验收合格的条件。

最后，基于供水工程的安全特性，未经供水部门验收不允许正常投入使用。案涉工程因B公司怠于整改等原因迟迟无法通过验收，H公司期间多次通知B公司予以整改均未果。据供水公司验收结果，案涉工程已无法通过整改修复合格需重新拆除改建。2019年11月，H公司已另行委托第三方将案涉工程全部拆除完毕（见H公司二审新证据），第三方已另行按验收标准重新施工结束。故H公司合同目的并未实现，未获取工程竣工正常使用的合同利益，B公司无权按工程验收合格标准主张剩余工程款。且最高人民法院《关于审理建设工程施工合同纠纷案件适用法律问题的解释》第13条规定："建设工程未经竣工验收，发包人擅自使用后，又以使用部分质量不符合约定为由主张权利的，不予支持；但是承包人应当在建设工程的合理使用寿命内对地基基础工程和主体结构质量承担民事责任。"结合该条第2款可知，该条款中"擅自使用"应理解为按照合同目的正常使用。基于发包人已经正常使用工程，享受了工程交付使用的合同利益，故根据公平原则将该正常使用的工程视为竣工验收工程，同时不免除施工人对工程基础及主体结构的后期质量责任。而本案案涉工程因施工质量问题无法通过验收，供水公司不允许H公司将该不合格工程投入正常使用，H公司也无法享受工程正常使用的合同利益。且2019年11月H公司已按照供水公司验收结果,将 B 公司施工的案涉工程予以拆除重建,既然工程已不存在,B 公司显然无法承担后续的工程质量责任,而 H 公司不仅无法正常使用工程,还额外承担了工程整改、拆除及重建的巨额费用,故本案显然不符合最高人民法院《关于审理建设工程施工合同纠纷案件适用法律问题的解释》第 13 条适用的条件,B 公司主张剩余工程款显然无合法依据,也不符合公平原则。故案涉工程未竣工验收合格事实清楚,且不符合视为竣工验收合格的条件,B 公司无权主张剩余工程款。

二、B 公司非法转包工程严重违约,其主张的剩余工程款属于非法利益不应支持

根据最高人民法院《关于审理建设工程施工合同纠纷案件适用法律问题的解释》第 4 条规定,"承包人非法转包、违法分包建设工程或者没有资质的实际施工人借用有资质的建筑施工企业名义与他人签订建设工程施工合同的行为无效。人民法院可以根据民法通则第一百三十四条规定,收缴当事人已经取得的非法所得"。案涉合同第 13 条约定:未经甲方同意,乙方不得将工程全部转包或部分分包。

根据 B 公司一审提交的证据 3 判决书二份可知,B 公司将案涉工程非法转包给案外人 W 公司承建,工程总造价为 420,000 元事实清楚,该判决书查明的 W 公司承建工程范围与本案原 H 公司签订的合同工程承包范围完全一致,而二份合同工程造价却相差 358,000 元(778,000 元 - 420,000 元),该部分工程造价差价为 B 公司非法转包获取的非法利益。本案 H 公司从未授权 B 公司对外转包或分包工程,故 B 公司未经 H 公司同意,私自将工程非法转包的行为不仅违法也显然严重违约,其转包行为无效,W 公司为案涉工程实际施工人即案涉工程款的权利人,其与 B 公司工程款已经结清。B 公司作为非法转包人并未实际承建工程,其主张的剩余工程款(二份合同工程造价差价 358,000 元)属于非法利益,无合法依据不应予以支持。

三、H 公司并无违约行为,B 公司无权主张违约金

如上所述,因案涉工程至今并未竣工验收合格,故 B 公司仅须支付前期 50% 工程进度款,无须支付剩余 50% 工程进度款。根据 B 公司诉状及一审庭

审自认,H公司已按合同约定支付其50%工程进度款389,000元,故H公司并无违约逾期付款行为,B公司无权主张H公司给付其违约金。且B公司非法转包等违约行为事实清楚,其作为违约方无权要求H公司给付违约金。

综上所述,B公司诉请理由与事实不符,且无合法依据,请求法院驳回其全部诉讼请求。

案件结果

一审法院经审理认为,案涉工程至诉讼时,经过第三人整改仍未能通过竣工验收。虽另案生效判决确认B公司应对W公司履行支付工程款义务,但系对B公司消极履行行为作出的否定性评价,且对于B公司与W公司间的合同关系不能适用本案履约情形。且本案合同明确禁止B公司对外转包或分包,B公司存在合同约定的禁止行为。故B公司主张的H公司支付剩余工程款以及履约保证金的条件尚未成就,关于违约金的主张无事实依据不予支持,综上,判决驳回B公司的诉讼请求。

二审法院认为,案涉工程H公司在拆除重建前已经实际投入使用视为竣工验收,故应自使用案涉工程之日向B公司支付剩余工程款。根据案涉工程《施工安装合同》约定,禁止将案涉工程对外转包或分包。B公司未履行合同义务,擅自将案涉工程转包W公司施工,因此获得的差价利益358,000元系非法所得,B公司对于该款项的主张无合法依据,不予支持;对于剩余质保金在内的工程款31,000元(合同总价款778,000元-已付工程款389,000元-非法所得358,000元)予以支持。基于已对B公司非法转包的行为作出了处理,对于其履约保证金38,900元的诉请予以支持。综上,判决撤销一审判决,H公司支付B公司31,000元工程款,并返还其38,900元履约保证金。

回顾思考

本案系建设工程未竣工验收合格交付使用情形下,承包人主张工程款未被支持的典型案例。实践中,一般该情形下发包人抗辩难度很大,法院通常都会直接适用最高人民法院《关于审理建设工程施工合同纠纷案件适用法律问题的解释》第13条规定，工程交付使用则视为竣工验收，支持承包人工程款诉请。本案代理律师通过从合同特殊质量约定对双方具有效力、另案生效判决消极否定性评价结果不能参照适用以及非法转包差价利益不应支持等多方面综合论述，B公司主张剩余工程款无合法依据，最终获得一审、二审法院支持。该案件多角度的分析方式及代理意见对实务中相关案例具有一定的参考意义。

律师简介

秦尤佳，中级律师职称，获评安徽省建筑房地产专业律师和安徽省金融证券保险专业律师。安徽省律协涉外专业委员会委员、安徽省法学会港澳台法律研究会理事，芜湖市律协金融与法律专业委员会主任、芜湖市律协民商事法律专业委员会委员，芜湖市律协青年与女律师工作委员会委员，芜湖市(民政局)社会组织专家库专家、常设中国建设工程法律论坛观察员。盈科全国青工委副秘书长、北京市盈科(芜湖)律师事务所股权高级合伙人、管委会副主任、青年律师工作委员会主任、金融法律事务部主任。专业领域:房地产、建设工程纠纷、合同纠纷、公司及金融法律事务为主的各类民商事案件诉讼代理以及企业法律风险防控。

雾里看花，借贷还是投资？

——陈某与刘某民间借贷纠纷案

侯立伟　王　楠

案件简介

委托人为本案被告，原告向黄岛区人民法院提起诉讼，要求委托人返还借款5万元，但该款项其实是原告对双方合伙经营饭店的投资，涉案5万元仅是原告多笔投资款中的第一笔。

合伙经营失败，双方发生争议，在没有书面合伙协议的情况下，原告起诉委托人返还借款5万元，实乃“投石问路”。所以法院对该笔转账款所做出的认定，关系到其他投资款的定性问题。

2019年6月，邢某与被告、高某三人共同投资合伙经营饭店，以邢某名义注册饭店营业执照名称为A，合作初始即产生问题，导致无法继续合作。此时原告取代邢某，继续与被告、高某合伙经营饭店，三人口头约定以被告名义重新注册该饭店，由原告主导饭店经营并承担邢某退伙费及今后对饭店追加的投资。很快饭店名称重新注册为B，但是原告不满意该名称，后又让被告重新注册了配餐公司名称为C。

从原告加入合伙开始四次给被告转账用于支付邢某的退伙费和饭店经营支出，具体为2019年7月5日转款5万元，2019年8月1日转款6万元，2019年8月13日转款3万元，2019年8月21日转款2万元，共计16万元。原告加入合伙后，三人仍然合作不睦，最后合伙以饭店亏损、投资失败告终。

2020年6月8日原告起诉被告称2019年7月5日转账给被告的5万元为借款，要求其偿还本金和利息。并提交银行打印的转账回单作为证据，回单载明了转款日期、付款方和收款方的信息、转账金额及附言内容"刘某开饭馆借款"。于是被告委托北京市盈科(青岛)律师事务所侯立伟律师、王楠律师代理该案。

在本案中,原告提交了银行转账回单,回单附言内容为"刘某开饭馆借款",但没有借条等借款凭证。被告陈述涉案转账为原告的投资,但是没有书面合伙协议、微信聊天记录等任何直接反映合伙关系、投资行为的直接证据。仅有邢某退出时,邢某、被告、高某三人签订的《转让协议》,也并未提及原告加入合伙的事宜。接受案件委托后,被告去银行打印了原告的四次转账明细,仅第一次即涉案转账的附言为借款,其余三次转账的附言均为投资。

律师策略

在本案中,律师形成了如下思路:(1)原告没有书面借款凭证,仅有转账记录。转账记录虽附言借款,但为原告单方行为,在被告接收款项时无从知晓附言内容。所以,原告、被告借贷关系不成立。(2)原告仅对第一笔转账提起诉讼,但该转账不是孤立存在的,必须结合原告系列投资行为的整体背景考虑。(3)在没有合伙协议等直接证据的前提下,梳理所有与原告参与经营、共担风险有关的痕迹,充分收集能够证明原告、被告在涉案转款发生时即存在合伙关系的所有证据,形成完整的证据链证明涉案转账的性质为投资。

根据如上思路,形成具体措施:首先,整理现有的邢某退伙时签订的《转让协议》、原告转款的《银行交易流水明细清单》、《个体工商户登记信息查询结果》、《营业执照》、饭店门头照片以及从原告第一次转款即涉案转款开始合伙经营中的所有支出明细和凭证。其次,申请全程参与合伙的案外人高某作为证人出庭作证,证明原告、被告为合伙关系,涉案转账为投资款。

最重要的,是向委托人即被告详细了解原告加入合伙、参与经营的过程,挖掘所有相关细节,收集能够证明有关原告投资的所有间接证据。包括原告、被告之间的手机短信记录,案外人高某与被告之间的手机短信记录,原告指派的饭店管理人员与被告的微信聊天记录,原告委托的协助办理营业执照的人员与被告的微信聊天记录,合伙过程中所建工作群的群聊天记录,原告、被告之间的手机通话录音,案外人高某与被告之间的手机通话录音。

以上证据除证人证言外,每个证据均无法直接证明案件事实,但是经相互印证却完全可以以时间为线索清晰地展现出案件情况：邢某、被告、高某合伙经营饭店；原告从第一次转款即涉案转款前即开始积极参与原合伙人邢某退出事宜；邢某退出时间与其涉案转款时间一致；涉案转款当天开始至第四次转款期间，原告均在主导合伙经营工作；原告所有投资款均用于合伙经营的支出，包括支付邢某的退伙费。

另外，向被告了解到在接受涉案转账之前不久，其接受过两个朋友数目不小的还款，于是我们将还款的银行流水明细作为证据，表明其并不存在起诉状所称因资金紧张需要借款5万元的问题。并且其中一笔借款是原告偿还的，原告不止一次向被告借过钱，被告还提供了原告亲笔书写的借条的照片，我们将此作为证据提交，证明原告向被告借款时能够书写规范的借条，却在借给被告款时不要求被告书写借条不合常理。

律师文书

一审民事代理词

尊敬的审判员：

北京市盈科（青岛）律师事务所接受本案被告刘某的委托，指派侯立伟律师、王楠律师担任其与原告陈某民间借贷纠纷一案一审程序的诉讼代理人。接受委托之后，诉讼代理人开展了阅卷、调查取证工作，并参加了庭审，对本案的事实有了清楚了解，现结合事实和法律发表如下代理意见：

原告、被告之间系合伙关系，而非借贷关系，涉案5万元是投资款。原告起诉被告借款没有法律依据和事实依据。

一、从法律方面

原告提供2019年7月5日的转账凭证，仅能证明转款事实。没有债权凭证，且转账凭证附言借款内容为原告单方签署，被告对附言内容不知情也不认可，因此不能证明形成借贷合意。被告抗辩涉案转款为投资并提供证据证明后，原告仍无法进一步证明借贷关系。原告应承担举证不能的不利后果。

法律依据为最高人民法院《关于审理民间借贷案件适用法律若干问题的

规定》第 17 条规定："原告仅依据金融机构的转账凭证提起民间借贷诉讼,被告抗辩转账系偿还双方之前借款或者其他债务的,被告应当对其主张提供证据证明。被告提供相应证据证明其主张后,原告仍应就借贷关系的成立承担举证责任。"

二、从事实方面

1. 原告起诉的"事实与理由"内容不实。原告在《起诉状》的事实与理由部分表述被告借款的原因为资金紧张,并称多次催要均被拒绝。但事实上被告经济状况良好,曾借钱给朋友及原告,有借条和还款记录为证。而且原告并未提供任何证明多次向原告催要过借款的证据。

2. 借款却不要求出具借条,与原告的社会经验不符。原告经营公司并多次涉诉(已提交与原告相关的涉诉法律文书),经常涉及民间借贷事务。且其向被告借款时曾出具的《借条》明确写明借款数额、周期、利息等信息,但是借给被告钱的时候却没有要求被告出具任何书面凭证,催要借款也没有留下任何证据。以上情况与原告应有的认知和社会经验不符。

3. 原告与被告之间是合伙关系,涉案的转账资金为投资款。

2019 年 6 月,邢某与被告、高某三人共同投资合伙经营饭店,以邢某名义注册饭店营业执照名称为 A,合作初始即产生问题,导致无法继续合作。此时原告取代邢某,继续与被告、高某合伙经营饭店,三人约定以被告名义重新注册该饭店,由原告主导饭店经营并承担邢某退伙费及今后对饭店追加的投资。很快饭店名称重新注册为 B,但是原告不满意该名称,后又让被告重新注册了配餐公司名称为 C。

原告在 2019 年的 7 月、8 月四次向被告转款如下:7 月 5 日转款 5 万元,8 月 1 日转款 6 万元,8 月 13 日转款 3 万元,8 月 21 日转款 2 万元,共计 16 万元。另外原告对于合伙经营垫付 0.6 万元,原告的总投资为 16.6 万元。

有充足的证据表明原告于 2019 年 7 月 5 日第一次转款前后已开始积极参与并主导合伙经营,具体事项如下:

(1)为了让邢某退出,原告于 2019 年 7 月 4 日(转账前)调查邢某有无违法犯罪等情况,以备邢某不愿意退出时以此威胁。有原告与被告的手机短信记录佐证。

(2)邢某签署的《转让协议》表明2019年7月5日之后邢某不再承担饭店的相关责任,实际退伙。同一天原告转款给被告5万元,作为原告取代原合伙人加入合伙的对价。有《转让协议》和银行转账记录佐证。

(3)7月5日原告将广告人员电话发给高某安排门头装修事宜,有原告和高某的手机短信佐证。

(4)7月10日原告将某客户电话发给高某安排联系客户事宜,有原告和高某的手机短信佐证。

(5)7月10日被告注册成功饭店B,但是原告对B名称不满,指派其自己公司兼职会计孙会计帮助被告重新注册执照,名称为《C食品有限公司》。有原告和被告的手机短信,被告和孙会计的微信聊天记录佐证。

(6)原告安排了饭店管理人员付某,由付某指导和管理饭店工作并听命于原告。有付某和高某的微信聊天记录,及饭店工作微信群聊天记录佐证。

(7)原告自认从第二次转款即2019年8月1日开始投资了《C食品有限公司》,之前并未参与合伙。但是原告当庭提交的被告向工商部门提供的关于该公司的材料,其中《股东委派执行董事、监事的决定》《执行董事兼任经理的决定》《章程》的落款日期均为2019年7月23日,《公司登记(备案)申请书》等其他材料落款日期为2019年7月30日。在原告自认的投资时间之前,投资款没有到位的情况下,被告按照原告的意愿放弃自己刚刚注册的B名称,转而按照原告意愿注册《C食品有限公司》的名称不合常理。

上述一系列具有投资者表现的行为均发生在涉案转款日前后,至原告自认的投资日之间。由此可见,2019年7月5日的第一次转款与后来的三次转款是不可分割的统一的整体,是原告对于三人合伙经营饭店的系列投资行为之一。

另外,提交的通话录音证据、证人证言、证人当庭提交的2019年8月2日证人计算合伙人投资比例的演草纸照片证据均可以佐证原告于涉案转款时即开始加入合伙、主导经营、共担风险,涉案的转账资金为投资款。

综上,请求法庭驳回原告的诉讼请求。

上述代理意见，供法庭参考采纳。

此致

×市×区人民法院

代理人：侯立伟律师、王楠律师

北京市盈科（青岛）律师事务所

2020 年 9 月 30 日

案件结果

本案经过诉前调解和庭前会议后，由院长开庭亲审。经审理，原告对于我方提交的证据的真实性没有异议，但对证明事项均作出其他解释，认为不能证明其从涉案转款时已开始加入合伙经营，但未再提交证据。法院认为当事人对自己提出的诉讼请求所依据的事实或者反驳对方诉讼请求所依据的事实，应当提供证据加以证明。本案原告主张双方存在借贷关系，原告在未能提交借条、借款协议的情况下，单凭转账记录不能证明双方存在借贷关系，原告还应进一步举证证明其与被告之间存在符合《合同法》第 196 条规定的借贷关系，否则应承担举证不能的法律后果。被告主张涉案 5 万元是原告投资款项并提交了大量证据，足以推翻原告的主张。综上，原告提起本案诉讼没有事实和法律依据，本院不予支持。

法院判决驳回原告的诉讼请求。

典型意义

随着我国市场经济的繁荣发展，民间投资、民间借贷行为已经十分普遍，但是很多当事人缺乏风险意识，尤其是小标的的款项，由于当事人文化素质、法律意识等能力较差，没有规范的书面凭证，未履行规范的出资程序，甚至口头约定都模糊不清，并且无从考证。一旦产生纠纷，双方各执一词，举证十分困难，造成了案件标的小，事实复杂难辨，调查取证困难，工作量大的情况。而且因为案件标的小，往往不能够引起诉讼代理人的足够重视，不能深入开展工作便草草了事，无法清晰地还原案件事实，根本维护委托人合法利益。本案的工作过程和结果对复杂小标的借贷、投资争议案件具有典型参考意义，也凸显了对于此类案件结果走向起决定作用的是律师的工作技能和用心程度。

回顾思考

本案工作的亮点之一是间接证据的挖掘和运用。

1. 原告称涉案转账为借款，虽然没有借条，但是有转账记录，并附言借款。被告称涉案转账为原告的投资，但是没有书面合伙协议、微信聊天记录等直接反映合伙关系、投资行为的直接证据，仅有证人证言作为直接证据，但是不足以证明案件事实。本案收集了大量的间接证据，每一个间接证据均不能直接证明案件事实，但是经整理后形成了完整、严密、清晰的证明体系，最终取得胜利。

2. 对于缺乏证据意识的当事人来说，尤其是在没有直接证据的情况下，当事人不清楚哪些痕迹可以有利于证明案件事实，再加上本身的表达能力问题，当事人很容易出现表达不清、啰唆、遗漏、没有重点，将与案件事实有关证据搁置的情况。案子没有大小之分，此时律师一定要思路清晰，耐心引导并倾听案件细节，才能全面获取相关有利证据。在此环节，作为诉讼代理人，我们的工作得到了委托人的极大认可，也赢得了其对律师后续工作的绝对信任。

本案工作的另一亮点是可视化展示复杂案情。

由于案情复杂，证明原告从涉案转款时即开始主导经营涉及的时间和事件较多，用文字无法直观地表述，必然需要法官付出较大的理解成本。对于小标的案件来说一定要考虑快速、立体地向法官展示案件事实，不要挑战法官的耐心。诉讼代理人以时间为顺序制作了能够体现原告主导经营的系列事件的思维导图提交给法官，对法官迅速、清晰、系统地了解案件情况起到了极大的作用，效果非常好。

本案结果对转账时附言“借款”能否证明形成借贷合意具有参考价值。

民间借贷纠纷，原告仅凭金融机构转账凭证起诉被驳回诉讼请求的案件很多，但是转账凭证的附言信息写明是借款的情况不多见。在本案调查取证过程中了解到，转款方在转款时虽然可以在系统上备注附言内容，但是收款方并不知情，包括银行的提示短信也仅有账户余额、转款时间、金额等基本信息，并不显示对方的附言内容，被告是在为准备诉讼材料去银行打印了流水明细后才看见了流水明细上的附言内容。所以被告对于转账的真实性认可，对于附言内容不知情也不认可，本案法官认定附言内容为转款方单方面书写，不能证明形成借贷合意。

律师简介

侯立伟，北京市盈科（青岛）律师事务所律师，国家二级婚姻家庭咨询师/NLP 执行师，青岛市律师协会婚姻家庭与财富传承委员会副主任，青岛市妇女维权先进个人，青岛市妇女代表/三八红旗手，青岛市中级人民法院调解员。

王楠，北京市盈科（青岛）律师事务所专职律师，专注于民商事诉讼领域争议解决及刑事辩护，中国海洋大学法律硕士，青岛理工大学工程管理专业毕业，获管理学学士学位，曾于青岛市公安局某公安分局从事人民警察职业 14 年，在公安工作期间荣立个人三等功，具有初级会计专业技术资格，心理咨询师，青岛市黄岛区三八红旗手。

分清借贷实质，抗诉成功终再审

——刘某与蒋某甲、蒋某乙民间借贷纠纷抗诉案

王玉清　张蓉荣

案件简介

刘某与蒋某乙原为夫妻关系，蒋某乙与蒋某甲为同胞姐妹关系。其中，刘某与蒋某乙两人为再婚，2007 年经婚姻介绍所介绍认识的，2008 年 1 月 2 日登记结婚，婚后感情一般，没有共同育有子女。两人在一起生活了 4 年多，2013 年因刘某父母长期生病需要照顾，刘某回家照顾老人，此后未再与蒋某乙共同生活。其间，由于双方性格不合，刘某曾与蒋某乙多次协商离婚，但均被拒绝。后刘某父母相继去世，刘某再次与蒋某乙商量离婚一事，蒋某乙表示同意，2018 年 4 月 24 日，两人在民政局办理了离婚登记并在《离婚协议》中明确约定："男女双方在婚姻关系存续期间无共同存款，也无共同债务，双方各自的债权债务由各自享有或偿还。"

2019 年 12 月，刘某银行账号被冻结，到一审法院查询时才知道早在 2015 年 4 月 15 日，蒋某甲就以民间借贷为由向一审人民法院起诉，要求蒋某乙与刘某共同承担还款责任。

根据蒋某甲所述：自 2013 年起，蒋某乙以经营需要为由，多次向蒋某甲借款共计 27 万元，期间还款 5 万元，后蒋某乙向蒋某甲出具借条一张，承认尚欠蒋某甲 22 万元。2015 年，蒋某甲向一审法院起诉，要求蒋某乙与刘某共同承担还款责任。由于刘某没有收到任何开庭通知，未能参加诉讼，被一审法院认定视为放弃抗辩权利，并最终判决：蒋某乙与刘某共同返还蒋某甲借款 22 万元。

2020 年 1 月 14 日，刘某向一审人民法院提出再审申请，2020 年 4 月 17 日，

一审人民法院作出裁定驳回了刘某的申请。抱着最后一线希望，刘某来到北京市盈科（淄博）律师事务所希望能够得到律师帮助。

北京市盈科（淄博）律师事务所监事会主任王玉清、律师张蓉荣接受委托后，对案件基本情况进行了详细的询问，并到一审法院申请全案阅卷。

通过阅卷，承办律师了解到：原审中蒋某甲向法院提交的证据有银行转账记录和蒋某乙出具的借条，而在庭审中，蒋某乙向法庭陈述："原告所诉不实，我没有借原告的钱，22万元借款不属实，我只借了原告2万元。"并自认："刘某不应该承担还款责任，我自己承担，借款也是转手放出去了，没有用于家庭生活。"

经过分析后，承办律师认为：该案虽然发生在夫妻共同生活期间，但该案所涉数额较大，明显超出了家庭日常生活需要所负债务，而且本案在刘某没有收到开庭传票的情况下缺席判决，本案存在事实不清的情形。但由于该案已经经过了法院再审，所以，唯一的选择只能申请检察院抗诉。

于是，在2020年6月5日，承办律师向区人民检察院提出监督申请，并由中级人民检察院向中级人民法院提出抗诉，2020年9月4日中级人民法院裁定：本案再审。

律师策略

承办律师在接受委托后，通过阅卷并对案件进行梳理后，认为：本案借款数额巨大，已经远远超过了一个家庭正常的生活支出，而刘某长期没有与蒋某乙共同生活，对蒋某乙借款一事并不知情，因此，双方没有借债的合意。同时，通过对蒋某乙、蒋某甲涉诉案件的查询，承办律师发现蒋某甲和蒋某乙尤其是蒋某乙有大量民间借贷纠纷的案件，而且这些借贷时间多集中在2014年至2017年，结合蒋某乙在庭审中的自认："约定月息一毛""原来我是工人，后来也从事过民间借贷"及蒋某乙在涉诉案件中都有约定月息的习惯，可以认定蒋某乙在短期内有多次进行民间借贷的行为，而且其行为具有反复性、经常性、营利性。同时，顺着以上线索，承办律师通过进一步的查询发现，在与蒋某乙有关联的放款或借款对象中也有多人自己就进行过民间借贷。因此，蒋某乙的身份有可能为职业放贷人。

同时，考虑到本案中蒋某甲与蒋某乙为同胞姐妹关系，且双方有过多次资金往来，因此，对其婚姻状况和借款用途应当是明知的。因此，以上证据足以认定蒋某乙所借钱款并没有用于夫妻共同生活或为家庭共同利益，一审法院认定为夫妻共同债务显然错误。

此外，虽然蒋某乙在法庭陈述中自认只借了2万元，但由于蒋某乙拒绝与律师沟通，借贷真实情况无法查明，因此，无法对借贷数额予以确定。

经过以上分析，承办律师认为，查明蒋某乙从蒋某甲处借款的去向成为本案的关键。于是，在递交了抗诉申请书并经受理后，承办律师即向检察院申请调取蒋某乙2013年至2014年的银行流水，结果发现：蒋某甲共分三次借给蒋某乙27万元中，而这三笔款项中有至少16万元在当天或第二天就转到了三个案外人的账户上，而且通过查询，这三个案外人中有一人自己在一审法院就有十几起民间借贷纠纷的案件。这就更进一步印证了蒋某乙将以上钱款用于放贷的事实。

最终，通过律师的不懈努力，检察院同意启动抗诉程序并最终抗诉成功。

律师文书

一审法院上述原审、再审判决均为错误，具体理由如下：

1. 法院认定蒋某甲个人借款为夫妻共同财产属于事实不清、显失公允，原因有三点：

第一，本案借款时间为2015年，借款数额为22万元，数额巨大，已经远远超过了一个家庭正常的生活支出，双方没有借贷的合意，蒋某乙也没有将借款用于夫妻共同生活或为家庭共同利益，因此，一审法院认定为夫妻共同债务错误。

第二，根据最高人民法院《关于审理涉及夫妻债务纠纷案件适用法律有关问题的解释》第3条的规定，“夫妻一方在婚姻关系存续期间以个人名义超出家庭日常生活需要所负的债务，债权人以属于夫妻共同债务为由主张权利的，人民法院不予支持，但债权人能够证明该债务用于夫妻共同生活、共同生产经营或者基于夫妻双方共同意思表示的除外”。而本案中，蒋某甲并未向法庭举证证明所出借的钱款用于夫妻共同生活或共同生产经营。

第三，从债务发生时间看，为双方分居时间，申请人对蒋某乙借款一事毫不知情。申请人自2012年父亲心脏衰竭住院开始，就开始多次回博山照顾老人，自2013年母亲突发脑溢血住院后，为照顾老人需要便长期在博山居住直至老人去世，后双方协议离婚。申请人与蒋某乙存在长期分居的事实，且夫妻感情已经破裂，日常生活各项支出也由双方各自承担，因此，蒋某乙所借钱款并未用于夫妻共同生活，由此产生的相应债务也应由个人承担。

2. 蒋某乙与蒋某甲的身份存疑，不能排除是否为职业放贷人的可能。

通过查询，申请人发现蒋某乙在一审法院有多达15件民事诉讼案件，13件为民间借贷纠纷案件，2件为金融合同借款纠纷，因此，依据最高人民法院《关于印发〈全国法院民商事审判工作会议纪要〉的通知》第53条"同一出借人在一定期间内多次反复从事有偿民间借贷行为的，一般可以认定为是职业放贷人"的规定，蒋某乙存在被认定为职业放贷人的可能。而蒋某甲作为蒋某乙的同胞姐妹，对于蒋某乙的借款目的应当是完全知道的，而对于职业放贷人的借贷行为，依据最高人民法院《关于印发〈全国法院民商事审判工作会议纪要〉的通知》第53条的规定，"未依法取得放贷资格的以民间借贷为业的法人，以及以民间借贷为业的非法人组织或者自然人从事的民间借贷行为，应当依法认定无效"。因此，即使蒋某乙向蒋某甲借款，也应认定为无效。

3. 蒋某甲存在向法庭作虚假陈述的可能，请求人民检察院要求法院对蒋某甲与蒋某乙之间是否存在真实借款关系予以查明。

根据蒋某乙本人陈述，其与蒋某甲之间22万元借款数额已经还清，而她给蒋某甲写欠条的原因是为了防止其女儿卖房而虚构的借款事实，因此，本案存在向法庭提供虚假陈述的可能。

同时，根据2015年最高人民法院《关于审理民间借贷案件适用法律若干问题的规定》第16条第2款之规定，"被告抗辩借贷行为尚未实际发生并能作出合理说明，人民法院应当结合借贷金额、款项交付、当事人的经济能力、当地或者当事人之间的交易方式、交易习惯、当事人财产变动情况以及证人证言等事实和因素，综合判断查证借贷事实是否发生"。第19条规定："人民法院审理民间借贷纠纷案件时发现有下列情形，应当严格审查借贷发生的原因、时间、地点、款项来源、交付方式、款项流向以及借贷双方的关系、经济状况等事实，综合判断是否属于虚假民事诉讼：……当事人双方在一定期间内多次参加民间借贷诉讼。”申请人请求贵院建议法院对双方是否存在借贷关系予以查清，若蒋某甲在审理过程中涉及虚假诉讼的，请求贵院依法移送有关部门立案处理。

4. 本案存在未能向申请人送达传票、通知申请人参与庭审的情形，剥夺了申请人抗辩权，属于程序性违法，应予撤销。

综上所述，根据《民事诉讼法》第208条第2款“地方各级人民检察院对同级人民法院已经发生法律效力的判决、裁定，发现有本法第二百条规定情形之一的，或者发现调解书损害国家利益、社会公共利益的，可以向同级人民法院提出检察建议，并报上级人民检察院备案；也可以提请上级人民检察院向同级人民法院提出抗诉”及第209条“有下列情形之一的，当事人可以向人民检察院申请检察建议或者抗诉：（一）人民法院驳回再审申请的”的规定，特申请周村区人民检察院提请淄博市人民检察院向淄博市中级人民法院对本案提出抗诉。

案件结果

2020年9月2日，检察院向市法院提交了《民事抗诉书》，认为：（1）案涉债务不是蒋某乙与刘某的夫妻共同债务，蒋某乙所借款项没有用于家庭生活和共同经营，且超出日常生活标准，原判决、裁定认定的基本事实缺乏证据证明。（2）原审程序违法，剥夺了申请人参与庭审的辩论权。

市法院经审理后裁定本案再审。

典型意义

现实生活中，由于民间借贷案件高发，配偶一方在另一方毫不知情的情况下超出家庭日常生活需要大额举债，造成另一方“被负债”的情况时有发生，最高人民法院《关于适用〈中华人民共和国婚姻法〉若干问题的解释（二）》（以下简称《婚姻法司法解释（二）》）第24条的规定虽有利于保护债权人的权益，但也造成了被负债一方沉重的负担。也正因如此，最高人民法院在2018年1月16日出台了《关于审理涉及夫妻债务纠纷案件适用法律有关问题的解释》，对第24条进行了补充和完善，对界定夫妻共同债务作出了更为明确的规定。

回顾思考

夫妻共同债务的认定始终是一个非常复杂的问题，而从法律角度对于夫妻共同债务进行逐步界定的发展过程也折射出每一个时代的社会背景和立法呼唤。

首先，在最高人民法院出台《婚姻法司法解释（二）》时，主要是为了解决夫妻间“假离婚、真逃债”的现象，以达到维护市场交易安全，保护善意债权人合法权益的目的。但随着社会的发展，又出现了夫妻一方串通第三人“坑”另一方的问题以及离婚后另一方在不知情的情况下“被负债”的情形，这在很大程度上又与法律的公平性相违背。针对以上情况，最高人民法院又出台了《关于审理涉及夫妻债务纠纷案件适用法律有关问题的解释》，对第 24 条进行了补充和完善，对界定夫妻共同债务进一步的细化。

同时，根据最高人民法院《关于“撤销婚姻法司法解释（二）第 24 条的建议”的答复》，“在债权人以夫妻一方为被告起诉的债务纠纷案件中，对于案涉债务是否属于夫妻共同债务，应当按照《最高人民法院关于适用〈中华人民共和国婚姻法〉若干问题的解释（二）》第二十四条规定认定。如果举债人的配偶举证证明所借债务并非用于夫妻共同生活，则其不承担偿还责任”。这也意味着国家已经开始对举证责任的校正。

而随着时代的发展，作为新中国的第一部民法典，《民法典》第 1064 条更是明确了“共债共签”原则，根据规定“夫妻双方共同签名或者夫妻一方事后追认等共同意思表示所负的债务，以及夫妻一方在婚姻关系存续期间以个人名义为家庭日常生活需要所负的债务，属于夫妻共同债务。夫妻一方在婚姻关系存续期间以个人名义超出家庭日常生活需要所负的债务，不属于夫妻共同债务；但是，债权人能够证明该债务用于夫妻共同生活、共同生产经营或者基于夫妻双方共同意思表示的除外”。这在立法上是一个重大的进步。一方面，《民法典》从夫妻人格独立的角度出发，保障了配偶一方的知情权和同意权，避免配偶一方无辜“被负债”的情形；另一方面，提倡共债共签又降低了债权人的法律风险，保护了债权人的合法权益。

因此，关于夫妻共同债务的认定思路应当为：首先，判断夫妻有无共同举债的意思表示，有共同举债意思表示的，应按共同意思表示认定；如果没有明确共同意思表示但符合家事代理范围内的，应当推定夫妻有共同意思表示；如果无法推定夫妻有共同意思表示的，应按借款用途、借款性质是否用于夫妻共同生活、共同生产经营来确定是否属于夫妻债务。

此外，考虑到《民法典》作为一部纲要性法典，其适用具有普遍性原则，但在现实生活中，由于各地实际经济发展水平并不相同，如何保证夫妻共同债务的认定与当地实际状况相适应，也需要各地法院在案件审理中不断进行探索，而作为一名律师，如何结合时代背景并在法律允许的范围内最大限度地维护委托人的合法权益，也是值得我们思考的问题。

律师简介

王玉清，山东省金融辅导专员、盈科全国风险投资与私募股权法律专业委员会副主任、北京市盈科（淄博）律师事务所监事会主任，股权高级合伙人。

张蓉荣，山东大学法学专业，山东师范大学文学学士，北京市盈科（淄博）律师事务所律师。

一起投资转借贷案件中保证人的一般保证与连带保证之争

——覃某与李某、熊某、鄢某民间借贷纠纷案

向海龙

案件简介

2014 年 3 月至 4 月，覃某与李某、熊某夫妇协商合作经营酒店事宜，由覃某出资共计 90 万元作为合作投资款。双方经过一年左右的合作，覃某发现该项投资存在较大的亏损风险，便与李某、熊某夫妇协商将前期投资款转化为借款。2015 年 6 月 1 日，由李某作为欠款人、鄢某作为保证人出具《欠条》一份，上载：欠款人李某因经营需要，于 2014 年 3 月 18 日至 2014 年 4 月 10 日向覃某借款人民币 90 万元整，出借人覃某通过其妻熊某的个人银行账户分别于 2014 年 3 月 18 日和 2014 年 4 月 8 日通过银行转账的方式向李某之妻熊某个人银行账户分两次转账共计人民币 80 万元整，另李某向覃某借现金 10 万元整，截至 2015 年 6 月 1 日，欠款人李某共欠覃某人民币 90 万元整。欠款人李某保证，自 2015 年 6 月 1 日起，采取逐月分期的方式向覃某偿还欠款人民币 90 万元整，分期还款方式为：李某于 2015 年 7 月 3 日、2015 年 8 月 3 日、2015 年 9 月 3 日、2015 年 10 月 3 日每月向覃某偿还人民币 10 万元整，自 2015 年 10 月 4 日起至 2016 年 6 月 3 日止每月 3 日向覃某偿还人民币 62, 500 元整，李某保证在 2016 年 6 月 3 日前偿还所欠覃某全部欠款。双方在本欠条签署之前所达成其他约定，与本欠条内容不一致的，以本欠条约定内容为准。保证人鄢某自愿为欠款人李某担保，并保证在指定还款日，欠款人李某未能按时还款，保证人鄢某负责向覃某按时还款。

2016 年 2 月 29 日，李某向覃某出具《补充协议》一份，约定若李某逾期未还

款累计达30日以上的，应向覃某支付违约金20万元，欠款人违约的，除违约金之外还应承担覃某因主张违约权利而支付的律师费、差旅费、鉴定及评估费、诉讼费等相关费用。

2016年6月4日，在上述由李某作为欠款人、鄢某作为保证人出具的《欠条》复印件上，熊某书写《保证》并捺手印，向覃某作出了承担偿还余款50万元及逾期偿还时以其鞋店抵账的书面保证。

后因李某、熊某夫妇并未依照上述《欠条》、《补充协议》及《保证》履行还款义务且屡次违约，覃某多次索要无果，鄢某作为保证人亦拒绝承担保证责任。

2017年年初，覃某委托律师代理诉讼，以李某、熊某、鄢某为被告诉至法院要求还款。案件经过多次开庭，一审法院依法判决：李某、熊某偿还覃某借款本金44万元、违约金20万元、律师费5万元，鄢某对借款本金部分承担一般保证责任。

覃某对一审法院判决鄢某承担一般保证责任不服，上诉至二审法院，经二审再次开庭审理，法院最终依法改判：鄢某就李某、熊某应偿还覃某的借款本金44万元承担连带保证责任。

律师策略

本案在进入诉讼程序之初就遇到了管辖障碍，历经三次立案以及代理律师的努力，代理人先通过在原告住所地法院立案受理后，因被告提出管辖权异议，后原告住所地法院将案件移送后，案件最终得以在被告住所地北京市某区法院受理。

代理律师在接受委托后，第一时间了解案情及当事人的具体要求，结合借贷双方出具欠条、补充协议等证据对案件诉讼策略和争议焦点进行梳理分析。

首先，借贷与投资是两种不同的法律关系，会产生不同的法律后果，如果投资人之间协商一致，可以将投资款项变更为借款。本案中覃某与李某、熊某夫妇前期协商合作经营酒店事宜，由覃某出资共计90万元作为合作投资款，后经双方协商，李某、熊某同意将覃某的投资款转为借款，致使所涉法律关系发生了转化，将投资行为转化为借贷行为。李某、熊某出具了欠条，鄢某作为保证人在欠条上签字，均系当事人的真实意思表示，且未违反法律、行政法规的强制性规定，依法成立并且有效，具有法律约束力，李某、熊某应当按照约定履行还款义务，按照当时的法律规定，鄢某应承担相应保证责任。

其次，本案最大的争议在于鄢某的保证责任问题。本案中，欠条所载“保证人鄢某自愿为欠款人李某担保，并保证在指定还款日，欠款人李某未能按时还款，保证人鄢某负责向覃某按时还款”，对此约定，我们认为，“不能还款”与“未能还款”是两个完全不同的概念，“不能还款”强调的是履行不能，债务人因客观原因不能履行还款义务，而“未能还款”是一种未履行债务的状态，并非说明债务人没有能力履行还款义务，因此应认定鄢某为连带保证人。

律师文书

向海龙律师接受委托和指派担任本案覃某一审、二审诉讼代理人。向海龙律师做了大量的案件调查与类案检索工作，寻找能够说服法官的最有利的证据材料，并代理一审原告发表如下上诉观点：

一、上诉请求

依法撤销一审民事判决书中关于被上诉人鄢某承担一般保证责任的判决，改判鄢某对原审被告李某、熊某偿还原审原告（上诉人）本金44万元的义务承担连带保证责任。

二、事实及理由

一审关于被上诉人鄢某为一般保证人的认定属于事实认定错误，也属于超出审判权限的错误认定；认定过程亦存在法律适用错误问题；判决对该事实的认定仅披露结果而未公布理由，违反了相关司法解释的规定；该判决认定且与裁判文书网上类似的判决结果截然不同，属于同案不同判，侵害了上诉人的合法权益，应予纠正。具体如下：

1.《欠条》对保证内容的约定为连带保证，一审中被上诉人鄢某也并未对其保证责任的性质提出过任何抗辩，但一审法院却主动、错误地将其认定成了一般保证，属于事实认定错误，也属于审判错误。

（1）被上诉人鄢某在一审中并未对其保证责任的性质提出过任何抗辩，实质上认可其连带保证责任，一审法院再主动干预认定为一般保证，存在审判错误。

本案一审阶段历时30个月以上，也历经多次庭审，被上诉人鄢某仅参加了其中的两次庭审,但其并未对其保证责任的性质(是一般保证还是连带保证)提出过任何抗辩。但本案一审法院却超越审判权限对保证责任作出错误认定(具体错误下文详述),存在审判错误。

(2)本案当事各方所约定的保证责任性质属于连带保证责任,而非一般保证责任,一审认定事实明显错误。

①按照《担保法》第17条第1款对一般保证的规定,“当事人在保证合同中约定,债务人不能履行债务时,由保证人承担保证责任的,为一般保证”。而涉案《欠条》对保证方式并不属于《担保法》第17条约定的内容,其约定内容为:“……保证人鄢某自愿为欠款人李某担保,并保证在指定还款日,欠款人李某未能按时还款,保证人鄢某负责向原告按时还款。”《欠条》对保证的约定与《担保法》对一般保证的规定至少存在两个方面的差异:

一是“不能履行债务”和“未能履行债务”的差别。前述法律所规定的“债务人不能履行债务”,强调的是债务人本身的客观原因导致的履行不能(实务中一般表现为通过诉讼、强制执行等方式仍然不足以清偿),非主观因素;但本案中“欠款人李某未能按时还款”强调的是未履行的状态(而对未履行的原因在所不问),是站在欠条签订的时点对未来可能出现的违约风险进行界定。即只要在债务到期的时点处于债务未清偿的状态,就足以触发保证人承担保证责任这一事件。

二是如果说仅通过上述这一点论证连带保证还不足够明显,那么《欠条》中明确约定的“在指定还款日”和两次出现的“按时还款”,则进一步使连带保证的意思表示凸现,因为一般保证不可能满足如此严格界定的时间点。这是更重要的一个方面。

②另外,具体从语言学的角度分析该语句:“……保证在指定还款日,欠款人李某未能按时还款,保证人鄢某负责向原告按时还款。”这句话的核心要素是“时点+条件+行为”。换言之,抽离该语句的核心要素,则这句话表达的意思是:在某个时间点(指定还款日),只要满足约定条件(未能按时还款),就要触发后面的行为(保证人负责按时还款)。

本案中“保证人负责按时还款”中的“按时”是按“指定还款日”这个时间。

也就是说,保证人承担的是“负责向原告在指定还款日还款”的保证责任,亦即,主债务人的债务何时到期(未还),保证日要承担当日还款的义务。

如果这种保证责任是一般保证责任,上诉人在通过一系列的维权方式向主债务人主张权利但不能清偿之后才能向保证人主张保证责任,是无论如何也无法实现“保证人鄢某负责向原告按时还款”的约定的。由此可见,本案中保证责任的性质绝非一般保证而确属连带保证。

2. 退一步讲,即使上诉人和被上诉人对约定的保证方式存在争议,也应按《担保法》第 19 条的规定认定为连带保证责任。一审法院未按前述法条认定,亦属于明显的法律适用错误。

3. 一审法院在保证责任的认定问题上,理应进行论证之后再进行认定,但是一审法院仅公布了判断的结果(不是连带责任),未公布判断的理由,违反最高人民法院《关于适用〈中华人民共和国民事诉讼法〉的解释》第 105 条“人民法院应当按照法定程序,全面、客观地审核证据,依照法律规定,运用逻辑推理和日常生活经验法则,对证据有无证明力和证明力大小进行判断,并公开判断的理由和结果”的规定,存在审判错误,应予纠正。

4. 一审判决对保证责任的认定与现已生效的诸多类案裁判结果相矛盾。经查询,中国裁判文书网上存在众多类似的关于保证责任认定的案例[如(2018)黑 12 民终 13 号民事判决书、(2018)甘 0724 民初 814 号民事判决书、(2016)苏 13 民终 1897 号民事判决书、(2016)苏 0311 民初 2490 号民事判决书等],在这些案例中,保证人均约定“若到期未能还清本息……(保证人)承担还清本息(的责任)……”在这些案例中法院均以约定不明而认定为连带保证责任。前述案例与本案并无二致——均是债务人不能按时还款时保证人承担还款责任,但是本案的判决结果却与上述案例截然不同,属于同案不同判的情形,应予纠正。

案件结果

一审法院认为,根据覃某提交的证据及双方庭审陈述,覃某与李某和熊某之间存在民间借贷关系,结合一审法院查明的事实,一审法院依法确认欠款本金为44万元。关于覃某主张的违约金,经一审法院核算,未超过法律规定,一审法院予以支持。关于覃某主张的律师费,经双方协议确定,且未超过法律规定,一审法院予以支持。关于鄢某的保证责任,因其系一般保证人,一般保证的保证人在主合同纠纷未经审判或者仲裁,并就债务人财产依法强制执行仍不能履行债务前,对债权人可以拒绝承担保证责任。另本案中,覃某与李某签署的《补充协议》并未经鄢某签名确认,故鄢某仅对《欠条》中的款项承担一般保证责任。

鄢某经一审法院合法传唤,无正当理由未出庭应诉,视为其放弃答辩和质证的权利,一审法院依法缺席判决。

综上,依照《合同法》第8条、第60条,《担保法》第25条,最高人民法院《关于审理民间借贷案件适用法律若干问题的规定》第30条,《民事诉讼法》第64条、第144条之规定,判决如下:

1. 李某、熊某于判决生效之日起7日内偿还覃某借款本金440,000元、违约金200,000元、律师费50,000元;

2. 如在李某、熊某财产依法强制执行后,李某、熊某仍不能履行上述440,000元借款本金,对于不足部分,由鄢某承担一般保证责任;

3. 鄢某承担一般保证责任后,有权向李某、熊某追偿;

4. 驳回覃某的其他诉讼请求。

覃某不服一审判决,上诉后,二审法院审理认为,综合当事人的诉辩主张和查明的事实,本案二审的主要争议焦点为鄢某是否应就李某、熊某对覃某的借款本金承担一般保证责任。

《担保法》第17条规定:"当事人在保证合同中约定,债务人不能履行债务时,由保证人承担保证责任的,为一般保证。一般保证的保证人在主合同纠纷未经审判或者仲裁,并就债务人财产依法强制执行仍不能履行债务前,对债权人可以拒绝承担保证责任。有下列情形之一的,保证人不得行使前款规定的权利:(一)债务人住所变更,致使债权人要求其履行债务发生重大困难的;(二)人民法院受理债务人破产案件,中止执行程序的;(三)保证人以书面形式放弃前款规定的权利的。"

本案中，李某与鄢某在《欠条》中约定："保证人鄢某自愿为欠款人李某担保，并保证在指定还款日，欠款人李某未能按时还款，保证人鄢某负责向覃某按时还款。"覃某主张该《欠条》中"未能按时还款"的表述即保证人承担连带保证责任。对此本院认为，区分一般保证与连带保证的关键在于如何界定"不能履行债务"。一般保证中的"不能履行"指的是确实无力偿还的客观能力，强调的是客观上不具备履行能力，而"未能按时"表明的是超出合同约定的履行期限不能偿还即产生保证责任，强调的是期限，二者在文义理解上明显不同。故据上述分析，本案中鄢某应就案涉欠款本金向覃某承担连带保证责任。一审法院认定鄢某承担一般保证责任有误，本院依法予以改判。

综上所述，覃某的上诉请求及理由成立，应予支持。一审认定不妥之处，本院依法予以改判。依照《民事诉讼法》第64条、第170条第1款第2项之规定，判决如下：

1. 维持一审法院民事判决第一项；

2. 撤销一审法院民事判决第二、三、四项；

3. 鄢某就李某、熊某应偿还覃某的借款本金440,000元承担连带保证责任；

4. 鄢某在承担连带保证责任后，有权向李某、熊某追偿；

5. 驳回覃某的其他诉讼请求。

典型意义

该案件反映出在担保活动中的纠纷越来越多，主要是人们对于经济担保中的两种保证方式不清楚。一般保证是指保证人与债权人约定，当债务人不能履行债务时，由保证人承担保证责任的行为。连带责任保证是指当事人在保证合同中约定保证人与债务人对债务承担连带责任的，为连带责任保证。根据《担保法》第19条的规定，"当事人对保证方式没有约定或者约定不明确的，按照连带责任保证承担保证责任"。

在民间借贷案件中，经常会出现保证人在借条上书写"若借款人到期未能还清本息，我愿意承担还清该借款的本息"等类似的保证条款。这种"到期未能还清本息"仅仅是一种未履行债务的状态，并不属于一般担保要求的客观原因不能履行，应属于对保证方式约定不明的情形,保证人对此应承担连带保证责任。

同时,我们应注意到,于2021年1月1日起施行的《民法典》对此已作出了不同的规定。《民法典》第686条规定,保证的方式包括一般保证和连带责任保证。当事人在保证合同中对保证方式没有约定或者约定不明确的,按照一般保证承担保证责任。因此,在《民法典》施行以后,出现类似"借款人到期未能还清本息"的担保条款将不再认定为连带保证,而是一般保证。在没有明确约定保证方式的情况下,《民法典》施行后,类似本案纠纷也将发生从"连带责任"变成"一般保证"的裁判结果的变化。

债权人要求保证人提供担保,目的是保障债权的实现。如为一般保证,保证人享有先诉抗辩权,显然对债权人不利。因此,债权人在要求保证人提供担保时,应当明确保证方式。如为连带保证,则应明确约定保证责任方式为连带保证,否则将因约定不明而被推定为一般保证。相对而言,作为保证人,在对外提供保证时也应注意区分一般保证与连带保证,尽量选择对自己有利的方式。

回顾思考

保证责任的认定,是涉及担保纠纷案件中常见的问题,《担保法》实际上已经作了较为细化的规定,但是法律规定难以穷尽所有情形,总有一些超出既有法律明确规定的情形,需要在司法裁判中通过代理人和审判人员的努力,以司法裁判的方式进行明确。

在本案的办理过程中,实际上存在程序和实体两个层面的问题,值得思考:

一是关于类似本案的立案管辖问题。虽然按照《民事诉讼法》的规定,民间借贷案件的原告可以在原告住所地法院立案管辖,但是目前部分法院在受理审查立案时会要求原告提供证明其在当地持续居住的证明材料,而原告又时常难以获取这些材料;如果原告在被告住所地法院起诉,也同样会遇到类似问题,法院会要求原告提供证明被告居住地的证明材料,而原告又难以获取。本案原告户籍地为湖北某县,经常居住地位于北京市A区,被告住所地位于北京市B区,代理律师在代理原告覃某起诉时即遇到前述问题,一度导致立案受阻。对此,覃某代理律师先行通过原告户籍地(湖北省某县)开具居住证明在该法院立案后,遇被告提出管辖权异议,认为本案应该由各被告住所地法院(北京市B区法院)管辖,在此情况下通过法院移送管辖的方式,确保了案件得以正常受理立案。

二是关于一般保证与连带保证的认定问题。本案一个重要的争议焦点是《欠条》上约定的债务人到期"未能"履行债务和《担保法》所规定的债务人到期"不能"履行债务的理解与认定。本案一审法院认为"未能"和"不能"的意义等同,故判决认定保证人鄢某承担一半保证责任;但是在代理人代理上诉过程中,通过从各个不同的角度仔细分析、对比"未能"和"不能"的差异,并结合法律规定、案例等综合论证后,使得二审法院采纳了上诉人的上诉理由,即认为一般保证中的"不能履行"指的是确实无力偿还的客观能力,强调的是客观上不具备履行能力,而"未能按时"表明的是超出合同约定的履行期限不能偿还即产生保证责任,强调的是期限,二者在文义理解上明显不同,最终改判鄢某承担连带保证责任。据此可见,在类似案件代理过程中,代理人通过理、律、例等多个维度对文字和语义的法律分析能力至关重要。

虽然目前《民法典》对保证责任的规定与《担保法》的规定存在本质的差别,但是由于语言、文字的表达因人而异、因事而异,可谓千变万化,故类似本案的文字理解分歧现象难免再有发生,因此本案的认定及处理对于今后类似案件的处理也存在较强的借鉴参考意义。

律师简介

向海龙,中级律师职称,北京盈科(宜昌)律师事务所股权高级合伙人,管委会副主任、知识产权法律事务部主任。现任宜昌市律师协会副秘书长,政协宜昌市第六届委员会委员,政协宜昌市猇亭区第五届委员会常务委员会委员。曾参与《电子商务法》立法研究,湖北省司法厅"湖北省涉外人才库成员"。专注知识产权法律事务。在《中国律师》等期刊上发表多篇论文。获湖北省司法厅等颁发的多项荣誉。担任多个政府部门及企事业单位常年法律顾问。

把握案件核心，巧用多元解决方案，实现调解

——某银行K支行与HC公司借款合同纠纷案

邬锦梅

案件简介

2015年至2016年，HC公司与某银行K支行（以下简称K支行）签订5份《流动资金借款合同》，借款金额共计30,690万元，且K支行根据合同约定向HC公司发放30,690万元。其中，有三笔借款已到期，其余两笔借款HC公司自2016年6月20日开始拖欠利息。经催要，HC公司偿还150万元本金，剩余借款本金30,540万元以及利息未清偿。

HC公司为保证债务履行，与K支行签订如下最高额担保合同：（1）K支行与HC公司签订《最高额抵押合同》约定，HC公司以房产及建设用地使用权，为其在债权确定期间内形成的全部债务提供最高额抵押担保，担保的最高债权限额为638万元；（2）ZC公司与K支行签订4份《最高额抵押合同》约定，ZC公司以其房产、土地为HC公司提供最高额抵押担保。其中，0751号、0749号、0768号《最高额抵押合同》担保最高债权限额为2.5亿元，0890号《最高额抵押合同》担保最高债权限额4200万元；（3）JG公司与K支行签订4份《最高额抵押合同》约定，JG公司以国有土地使用权证提供最高额抵押担保，担保最高债权限额7770万元；（4）王某与K支行签订9680号《最高额保证合同》，为HC公司债务承担连带责任保证，担保最高额债权限额为3亿元。上述担保合同均约定，担保范围包括借款本金、利息、复利、违约金、损害赔偿金、按《民事诉讼法》有关规定确定由借款人和担保人承担的迟延履行债务利息和迟延履行金以及贷款人实现债权的一切费用（包括但不限于律师费等）。

2018年3月23日，K支行与CC资产公司签订《不良资产批量转让协议》《分户债权转让协议》，并于2018年6月11日在报纸上发布《债权暨债务催收联合公告》。

后因HC公司未还款，且上述担保人均未履行担保义务，侵犯了CC资产公司的合法权益，故CC资产公司将HC公司及担保人ZC公司、HC公司、JG公司、王某诉至法院，K支行为案件第三人。CC资产公司诉讼请求如下：(1)HC公司偿还贷款本金30,540万元及利息xxx元（该利息暂计至2017年8月19日）；(2)HC公司给付律师代理费xxx万元；(3)王某对上述债务承担连带责任；(4)ZC公司、HC公司、JG公司承担抵押担保的责任，CC资产公司对《最高额抵押合同》项下抵押财产享有优先受偿权。其中，CC资产公司对《最高额抵押合同》(0751号、0768号、0749号)项下抵押财产在其各自最高债权限额2.5亿元内享有优先受偿权，CC资产公司对《最高额抵押合同》(0890号)项下抵押财产在其各自最高债权限额4200万元内享有优先受偿权；CC资产公司对《最高额抵押合同》(0101号)项下抵押财产在其各自最高债权限额638万元内享有优先受偿权；CC资产公司对JG公司提供的国有土地使用权在其最高债权限额7770万元内享有优先受偿权；(5)诉讼费由被告承担。

一审法院经审理判决为：(1)支持CC资产公司对HC公司《最高额抵押合同》(0101号)在638万元内享有担保权利；(2)仅支持王某在最高额债权限额1.7亿元内承担担保责任，而非依据《最高额保证合同》(9680号)在最高债权限额3亿元范围内承担担保责任；(3)仅支持ZC公司依据《最高额抵押合同》(0890号)项下抵押财产在4200万元内承担担保责任，未支持《最高额抵押合同》(0751号、0768号、0749号)项下抵押财产作为担保财产；(4)未支持CC资产公司对JG公司4份《最高额抵押合同》项下资产享有的担保权利。

后，CC资产公司不服一审判决，遂向最高人民法院提起上诉。北京市盈科律师事务所接受K支行委托，指派邬锦梅及其团队律师代理本案。

律师策略

1.综合分析案件，找到案件核心问题。

邬锦梅律师及团队接受委托后，通过分析一审法院民事判决书、查阅案件证据材料、与当事人沟通等方式，发现本案有一些不符合常理的情形，比如K支行最早是原告，在判决中却变为了第三人；通过查阅一审案件材料，K支行代理人针对对方对农行的不利陈述，几乎没有反驳；且在一审笔录中对案件事实的描述与我们跟农行了解的情况出入很大。后我们通过对一审25本卷宗进行认真梳理，列出详细的问题清单，向农行了解情况。通过进一步沟通，我们基本掌握真实原因。农行作为原告起诉后,因债权转让给长城公司,农行未再介入诉讼;原告一审提交的证据不能展示本案事实的全貌;庭审中对案件基本事实陈述的不清楚。在此过程中,长城公司没有与农行进行更多的沟通,导致一审中的关键法律问题,给予了错误的回应。农行虽然有代理人出庭,但代理人为长城公司委托,对案件情况不了解。一审法院根据原告的举证出具判决看似公平公正,却与客观事实完全不符,对原告及其不公平。却又因为各方貌似都没有过错的情形下,产生各种乌龙导致此结果。

通过综合分析本案,邬律师及团队认为如果要想胜诉,必须证明各方担保人需要承担担保责任的法律依据。通过反复与农行多次沟通,我们获得了农行所有与该案相关的所有借款合同、担保合同等相关的所有协议、放款凭证等,只要有的,我们都要求提供,然后再将所有材料逐一梳理。通过分析,我们初步拟定代理思路:(1)本案所涉债务性质是属于“借款展期”还是通过“借新还旧”产生的新债务?(2)本案所涉借款是否超出各担保人的担保范围及担保期限?(3)本案担保人用来担保的部分房产已经出售,CC资产公司的抵押权与房屋买受人的消费权益谁享有优先权?

首先,原告在一审时,仅针对K支行与HC公司部分借款合同进行举证,未充分举证证明案涉借款合同的债权债务性质,即要求担保人ZC公司、HC公司、JG公司、王某按照原担保合同承担保证责任;也没有充分举证证明本案所涉借款并没有超过担保人的担保范围及担保期限;其次,没有充分举证证明担保权为什么可以优先消费者权利;最后,一审法院仅针对原告主张的“新债权”进行审理,因新债权超出保证人原担保的范围或形成时间,一审法院未全部支持CC资产公司的诉讼请求。

2. 针对案件核心问题,制定应诉策略。

通过对本案债权发生事实及展期证据的梳理分析,我们发现:本案债权人与HC公司签订了4份《贸易融资展期协议》,实际是对原5份《流动资金借款合同》借款期间内形成12笔业务融资合同的展期。延长融资合同的履行期限,前后两债属于同一个债,通过展期,不仅不会增加原担保人ZC公司、HC公司、JG公司、王某的担保责任,反而使债务人HC公司增加还款可能性。且,针对本案新债权,原保证人在《贸易融资展期协议书》中均承诺愿意在展期后对原担保合同承担担保责任。故,我们认为本案新债权均未超出担保人 ZC 公司、HC 公司、JG 公司、王某的担保期间及担保范围,应当依据相关合同约定及法律规定,对原担保债务承担担保责任。而本案的应诉策略在于:如何通过举证将"债务展期"的案件事实全貌展现给法官,说服法官支持 CC 资产公司的上述请求。

同时根据案件的一些特殊情况,我们也给予当事人实时引导,为本案提供多元化解决方案。

律师文书

在二审开庭前,我方代 K 支行向法院提交图 1、图 2、表 1,以直观、简洁地向法院说明涉案债权发生事实及展期经过形成。

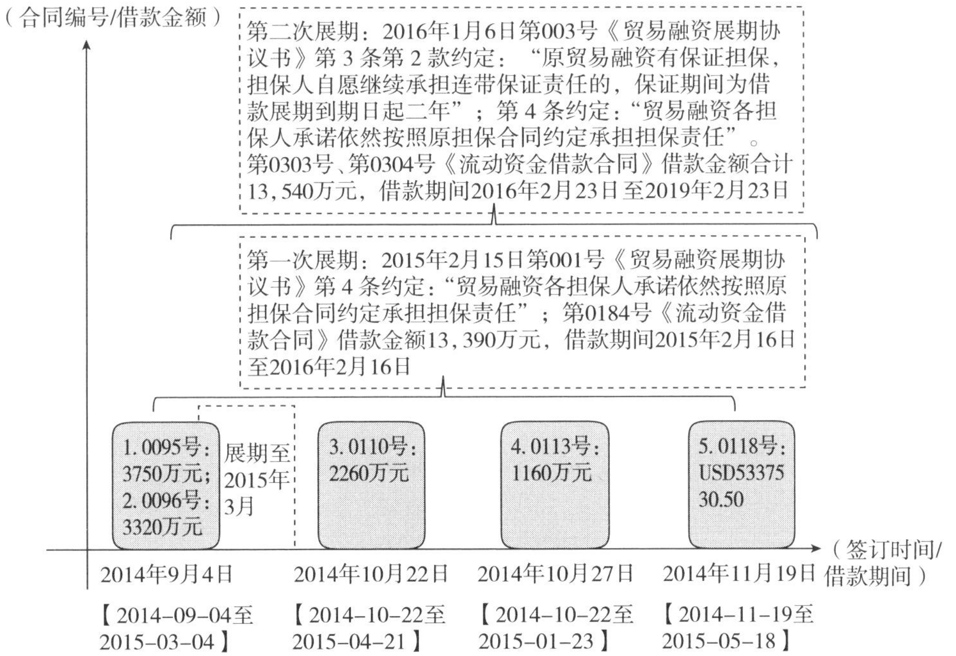

图 1　第一笔贷款 13,540 万元

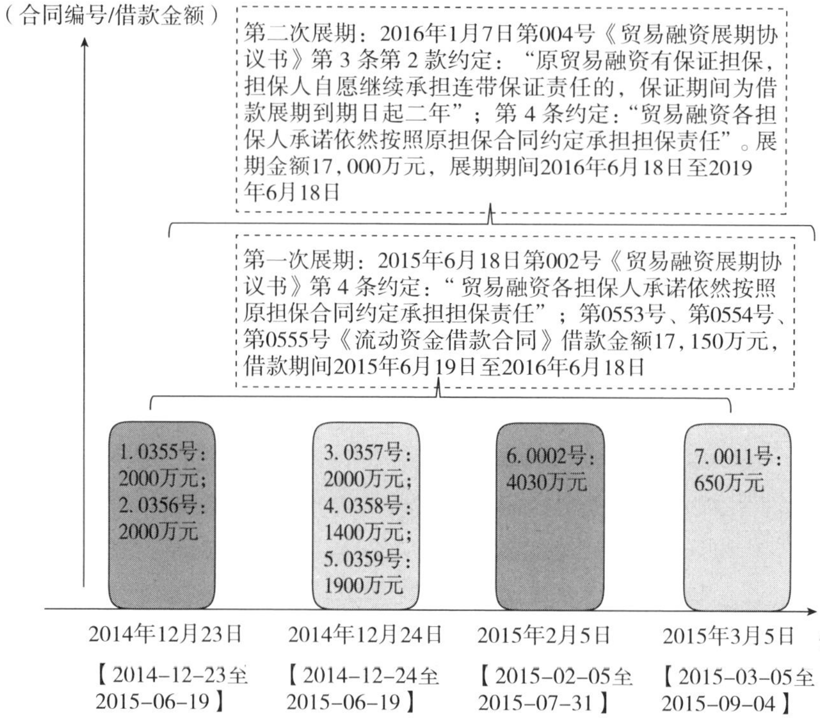

图2　第二笔贷款17,000万元

表1　担保情况

担保人	担保合同	债权确定期间	最高额担保金额（人民币）	担保期间内发生债务金额
王某	第9680号《最高额保证合同》	2014－10－20至2015－10－19	3亿元	30,540万元
JG公司	第0600号《最高额抵押担保》	2013－09－04至2014－09－04	7770万元	17,000万元
	第2014122401号《最高额抵押担保》	2014－12－24至2015－12－23	7700万元	

续表

担保人	担保合同	债权确定期间	最高额担保金额(人民币)	担保期间内发生债务金额
ZC 公司	第 0749 号《最高额抵押担保》	2014－09－29 至 2016－09－28	2.5 亿元	30,540 万元
	第 0751 号《最高额抵押担保》	2014－09－12 至 2015－09－12		
	第 0768 号《最高额抵押担保》	2014－10－23 至 2016－10－22		

在二审开庭前,我方代 K 支行向法院提交部分答辩意见如下:

第三人同意 CC 资产公司的上诉请求及意见,同时我方认为一审法院对部分案件事实认定错误,恳请二审法院查明案件事实,并对相应一审判项予以改判。具体如下:

1. 被上诉人王某应在其保证金额最高额人民币 3 亿元范围内,对主债权本金 30,540 万元及利息、复利等承担连带担保责任;一审判决第 2 项:"王某对 CC 资产公司在 HC 公司应支付给 CC 资产公司 1.7 亿元本金及利息、复利承担连带责任",属于部分事实认定错误。

一审法院未认定王某对 13,450 万元这笔款项承担保证责任,该事实认定及相应判项错误。理由如下:

(1)《最高额保证合同》第 1 条第 1 款约定:保证债权最高金额为人民币 3 亿元;债权确定期间为 2014 年 10 月 20 日至 2015 年 10 月 19 日;担保业务范围有人民币/外币贷款、国内保理、短期信贷业务;对合同编号 0095 号、0096 号《进口贸易融资合同》债务担保。根据该约定,王某应当对债权人自 2014 年 10 月 20 日至 2015 年 10 月 19 日与 HC 公司形成的所有债权提供担保,虽然一审起诉时主张 13,450 万元债权是以 2 份《流动资金借款合同》(合同编号为 0303 号、0304 号)为依据,但该 2 份合同实际由合同编号为 0095 号、0096 号、0110 号、0113 号、0118 号共 5 份《进口贸易融资合同》(以下简称原 5 份《进口贸易融资合同》,二审新证据)展期而来,原 5 份《进口贸易融资合同》的借款时间均在《最高额保证合同》约定的保证范围内(见表2)。

表2 原5份《进口贸易融资合同》的借款时间

《进口贸易融资合同》合同号	签订日期(放款日期)	借款期间及展期
0095	2014.09.04	2014.09.04至2015.03.04 (2014.12.01展期)
0096	2014.09.04	2014.09.04至2015.03.04 (2014.12.01展期)
0110	2014.10.22	2014.10.22至2015.04.21
0113	2014.10.27	2014.10.27至2015.01.23
0118	2014.11.19	2014.11.19至2015.05.18
0184	2015.02.16	2015.02.16至2016.02.16

(2)依据《最高额保证合同》第4条约定,只要债权人与债务人就主合同债务履行期限达成展期协议的,保证人就必须继续承担保证责任。本案中债务人与债权人就前述原5份《进口贸易融资合同》先后于2015年2月15日、2016年1月6日进行两次展期并分别达成2份《贸易融资展期协议书》(二审新证据),而13,540万元对应的0303号、0304号展期合同是对原5份《进口贸易融资合同》进行第二次展期而签订的,故依据该约定王某应当对展期后的所有债务在最高额3亿元范围内承担保证责任。综上,担保人王某应在人民币3亿元范围内,对主债权本金13,540万元及利息、复利等承担连带担保责任。

2. ZC公司应当在其担保债权最高额人民币2.5亿元范围内,对主债权本金30,540万元及利息、复利等承担连带担保责任,CC资产公司对ZC公司签订的所有担保合同项下的所有抵押物享有优先受偿权。

一审法院认定ZC公司签订合同编号为0751号、0768号、0749号的《最高额抵押合同》中担保业务类型中不包括人民币贷款业务,因而无须承担担保责任,属事实认定错误,理由如下:

(1)从HC公司与K支行签订的原5份《进口贸易融资合同》(第一笔贷款);0002号、0011号的2份《进口贸易融资合同》及0355号、0356号、0357号、0358号、0359号共5份《国内保理合同》(以下简称原7份合同)(第二笔贷款)

内容来看，虽然名称不同，但其实质均为贸易融资法律关系，而在几方签订的《贸易融资展期协议书》中明确约定：因HC公司申请展期而K支行不能直接对贸易融资进行展期，故双方决定以《流动资金借款合同》对先前的贸易融资进行展期，且明确说明双方就此并不形成新的法律关系，只是以流动资金借款合同对贸易融资的展期，双方关系依然是贸易融资。ZC公司继续按原担保合同的约定承担担保责任。ZC公司在该《贸易融资展期协议书》上签字、盖章确认的行为足以说明双方明知且认可本案中流动资金借款实际就是为了贸易融资，这期间总共发生12笔业务，合计产生债务22,660万元人民币、12,997,530.50美元。

（2）K支行作为抵押权人对合同编号为0749号、0751号、0768号、0890号抵押合同中的抵押财产享有法定的抵押优先受偿权，其抵押房产的购买人享有的优先权仅优先于“工程款”，而不是优先于本案的抵押权。

ZC公司在签订编号为0768号、0751号、0749号、0890号《最高额抵押合同》后，分别就抵押的不动产及国有土地使用权办理了抵押登记，抵押权登记生效后，抵押权人相对于其他债权人来说具有优先受偿的权利。本案一审过程中，ZC公司称2014年用×××项目在建工程、两宗土地抵押时已经建成房屋并已出售，2015年6月30日交付，事后才转移房屋所有权。由此可见，在办理抵押登记时，该房屋买受人尚未取得房产权属证，甚至没有网签，其享有的只是一般的债权，根据抵押权优先原则，此时的买受人不能对抗已于先前办理登记的抵押权。

最高人民法院《关于建设工程价款优先受偿权问题的批复》（以下简称《批复》）第2条中规定的“承包人就该商品房享有的工程价款优先受偿权不得对抗买受人”，其意指支付了大部分购房款的买受人仅在该批复特定的情形下享有优先的权利，而不是指购房人的权利可以高于任何情况下依法办理登记的抵押权。该《批复》中购房人优先的适用情形仅限开发商为了开发建筑工程以其在建工程向银行抵押贷款，事后又将该房产卖给购房人，而购房人支付了大部分购房款的情形。而本案中的情形是开发商是以自己的在建工程为第三人提供抵押担保，故该《批复》不适用于本案。同时依据《全国法院民商事审判工作会议纪要》的精神,该商品房消费者也同样仅限于特定情形,本案中的消费者相对于本案中的抵押权人来说只是一般的房屋买受人。如果一味地认定购房消费者权利优于抵押权将会动摇抵押权具有法定优先性的基本原则,严重破坏现行物权法律制度,破坏依法抵押登记的公信力。退一步讲,如果要兼顾买房人利益,在房屋上的抵押权尚未消灭,购房者要取得不动产权利证书的,其应当替抵押人清偿债务将抵押权灭失,才能依法取得房屋所有权证。而本案中在抵押权尚在,就以买受人权利优先于抵押权人,而主张抵押权人(CC资产公司)不能享受抵押权是明显错误的。故恳请二审法院判决CC资产公司同时对ZC公司提供的下列抵押物享有优先受偿权。

①0749号抵押合同中,ZC公司同意以呼伦贝尔新区的国有土地使用权设定抵押并于2014年9月29日办理了鄂他项2014第××××号综合用地他项权证、鄂他项2014第××××号他项权证。

②0751号抵押合同中,ZC公司同意以呼伦贝尔市××××园118处房产设定抵押并于2014年9月29日办理了6项他项权证。

③0768号抵押合同中,ZC公司同意以呼伦贝尔市××××园296处房产设定抵押并于2016年3月3日、4日办理了10项他项权证抵押登记。

(3)CC资产公司对ZC公司在编号为0751号、0768号、0749号《最高额抵押合同》项下的抵押财产折价、拍卖、变卖价款,以2.5亿元为限享有优先受偿权。

ZC公司与K支行签订的0768号《最高额抵押合同》确定的担保债权形成期间为2014年10月23日至2016年10月22日;0749号《最高额抵押合同》确定的担保债权形成期间为2014年9月29日至2016年9月28日;0751号《最高额抵押合同》确定的担保债权形成期间为2014年9月12日至2015年9月12日。

本案中的原5份《进口贸易融资合同》借款形成期间均在前述3份《最高额抵押合同》约定的债权确定期间之内。

此外,0095号、0096号《进口贸易融资合同》于2014年12月1日进行展期,到期日为2015年3月4日,担保人ZC公司在《借款展期申请书》(二审新证据）中已签章确认。且编号为（2015）贸展字第 001 号、第 003 号《贸易融资展期协议书》第 4 条均约定“乙方（HC 公司）承诺贸易融资的各担保人同意甲乙双方（HC 公司与 K 支行）以流动资金借款的形式对贸易融资展期，各担保人承诺依然按照原担保合同的约定承担担保责任”，故 ZC 公司签章确认表明：原 5 份《进口贸易融资合同》发生两次展期后，ZC 公司仍愿意在展期情况下继续承担担保责任。

经两次展期后，第一笔债务本金 13,540 万元借款期间为 2016 年 2 月 23 日至 2019 年 2 月 23 日，担保人 ZC 公司的担保期间为 2019 年 2 月 23 日至 2021 年 2 月 22 日。

合同编号为 0002 号、0011 号的 2 份《进口贸易融资合同》及 0355 号、0356 号、0357 号、0358 号、0359 号共 5 份《国内保理合同》的借款形成期间均在 0768 号、0749 号、0751 号《最高额抵押合同》约定的债权确定期间之内。根据（2015）贸展字第 002 号、第 004 号《贸易融资展期协议书》（二审新证据）第 4 条“乙方（HC 公司）承诺贸易融资的各担保人同意甲乙双方（HC 公司与 K 支行）以流动资金借款的形式对贸易融资展期，各担保人承诺依然按照原担保合同的约定承担担保责任”，且 ZC 公司已在上述两份《贸易融资展期协议书》中签章确认，即原 7 份合同发生两次展期后，ZC 公司愿意在债务展期情况下继续承担保证责任。经两次展期后，第二笔债务本金 17,000 万元借款期间为 2016 年 6 月 18 日至 2019 年 6 月 18 日，担保人 ZC 公司的担保期间为 2019 年 6 月 18 日至 2021 年 6 月 18 日。

因此，ZC 公司已在《贸易融资展期协议》中承诺对原债权继续承担担保责任，原债权实际为贸易融资，对此是否勾选“人民币业务”不影响其按照原担保合同对 CC 资产公司的债权承担担保责任。故 ZC 公司对该两笔债权总额 30,540 万元本金、利息、复利等，在 0751 号、0768 号、0749 号抵押合同项下的抵押财产折价、拍卖、变卖价款，CC 资产公司以 2.5 亿元为限享有优先受偿权。

3. 一审法院以本案起诉立案时的 5 份《流动资金借款合同》发生的债权发生时间不在 0600 号《最高额抵押合同》约定的担保范围内，且 2401 号《最高额抵押合同》未提供原件为由，未予支持 CC 资产公司“抵押人 JG 公司在人民币

7700万元范围内,对CC资产公司主债权本金17,000万元及利息、复利等承担连带担保责任,且CC资产公司对JG公司提供的抵押物享有优先受偿权”该项请求,属于事实认定错误。

2013年9月4日,抵押权人K支行与抵押人JG公司签订0600号《最高额抵押合同》,该合同第1条约定:抵押人自愿为抵押权人与HC公司形成的下列债权提供担保,担保的债权最高余额折合人民币7770万元;担保范围包括抵押权人自2013年9月4日至2014年9月4日与债务人HC公司办理约定的各类业务所形成的债权。2014年12月24日,JG公司与K支行再次签订合同编号为2014122401号《最高额抵押合同》,该合同第1条约定:(1)被担保的主债权及最高额担保债权最高额为人民币7700万元;(2)债权确定期间为2014年12月24日至2015年12月23日;(3)业务类型:人民币/外币贷款、其他业务:进口代付、参融通等贸易融资业务。

(1)根据前述《最高额抵押合同》,JG公司应当对债权人自2013年9月4日至2014年9月4日、2014年12月24日至2015年12月23日与HC公司形成的债权提供担保,且原7份合同的借款时间均在《最高额抵押合同》(2014122401号)约定的债权期间内,JG公司应当承担相应的担保责任,该原7份合同涉及的借款日期及借款金额如下:

表3 7份合同涉及的借款日期及借款金额

序号	合同名称	合同号	签订日期(借款日期)	借款金额
1	进口贸易融资合同	0002	2015.02.05	4030万元
2		0011	2015.03.05	650万元
3	国内保理合同	0355	2014.12.23	2000万元
4		0356	2014.12.23	2000万元
5		0357	2014.12.24	2000万元
6		0358	2014.12.24	1400万元
7		0359	2014.12.24	1900万元
				合计:13,980万元

（2）JG公司依据《最高额抵押合同》（0600号）第8条约定，对抵押物“通辽市科尔沁区育新镇哈拉呼村东侧的国有土地使用权”进行抵押登记，办理了《中华人民共和国在建工程抵押登记证明》（他项权力证明书号：通科他项2013第××××号），抵押期间为2013年9月12日至2014年9月12日。后因国土资源局迎接审计检查，无法及时为该地块办理续办他项权证明书，2014年9月11日，JG公司向K支行致《说明》（二审新证据），承诺继续以该地块为HC公司在K支行办理国际及国内贸易融资等短期贷款提供担保，JG公司虽未在（2015）贸展字第002号、第004号《贸易融资展期协议书》签章确认，但该《说明》可认定，JG公司愿意对展期后的债务承担担保责任。

此外，K支行向贵院递交的附件2《批量转让资产档案资料移交（接收）清单》及附件《满洲里恒超经贸有限公司借款合同、担保合同、他项权证对应情况表》（二审新证据）亦说明：2014年12月24日JG公司与K支行签订《最高额抵押合同》（合同编号：2014122401号）真实存在，JG公司愿意在人民币7700万元范围内就HC公司向K支行产生债务承担担保责任，且该份合同原件已移交CC资产公司。

（3）本案前述原7份合同的贷款展期并不产生新的债权债务关系，展期后的债权仍属于原《最高额抵押合同》约定的担保范围，K支行仍就抵押物享有优先受偿权。根据最高人民法院《关于适用〈中华人民共和国担保法〉若干问题的解释》第12条“当事人约定的或者登记部门要求登记的担保期间，对担保物权的存续不具有法律约束力。担保物权所担保的债权的诉讼时效结束后，担保权人在诉讼时效结束后的二年内行使担保物权的，人民法院应当予以支持”之规定，JG公司应当在其担保债权最高额7700万元范围内，就HC公司对K支行产生的债务17,000万元承担连带担保责任。

因此，综合本案事实，抵押人JG公司应在人民币7700万元范围内，对CC资产公司主债权本金17,000万元及利息、复利等承担连带担保责任，且CC资产公司对JG公司提供的抵押物享有优先受偿权。

案件结果

本案在二审开庭前夕，在各方交换意见及证据的情况下，本案被上诉人HC公司、ZC公司、JG公司、王某提出调解动议，后CC资产公司与各方达成如下调解协议：

1. 各方确认HC公司在本案的债务金额为30,540万元及利息为35,056,698.61元（利息暂计算至2017年8月19日），并确定分期还款的金额及期限。

2. HC公司同意并确认，按照编号为0101号的《最高额抵押担保合同》中约定的抵押担保方式承担抵押责任。

3. ZC公司同意HC公司与K支行后续签订的0002号、0011号的2份《进口贸易融资合同》及0355号、0356号、0357号、0358号、0359号共5份《国内保理合同》均属于展期过程中“借新还旧”的业务操作，且对此是知情并同意继续按照0749号《最高额抵押合同》在最高限额2.5亿元范围内承担抵押担保义务。

4. JG公司确认编号为0913号（2401）的《最高额抵押合同》系双方真实意思表示，合法有效，并同意在最高额7700万元范围内承担连带清偿责任。

5. 王某认可全部涉案债权的清偿均为借新还旧，并同意按照最高额保证合同约定对30,000万元范围内对涉案全部债权30,540万元及相应的利息、复利承担连带保证责任。

综上，经过律师对案件材料的细致梳理，提取关键证据，向法官还原借款展期、债务担保展期事实真相，并与客户、法官的及时有效沟通，最终达成二审通过调解解决纠纷的成果，且调解协议支持了CC资产公司的一审全部诉讼请求，免予我当事人，即K支行被事后追责的风险，实现了纠纷圆满解决的局面。

典型意义

在目前经济下行时期，作为银行金融机构在债务人贷款到期不能归还借款时，往往会通过“债务展期”或“借新还旧”方式，化解银行的不良贷款，降低银行的不良贷款率。虽然两种方式均能实现债务“展期”，但保证人是否对展期后的债权按照原约定承担担保责任，则存在巨大区别。针对“借新还旧”问题，最高人民法院民二庭编著的九民纪要理解与适用一书认为：贷款到期后，借款人与贷款人订立新的借款合同，将新贷用于归还旧贷，旧贷因清偿而消灭，为旧贷设立的担保物权也随之消灭。

本案债务是“展期”还是“借新还旧”，关系到是否有权要求保证人承担保证责任。本案一审时，CC 资产公司、K 支行均未就债务展期问题进行详细说明，是导致法院未支持 CC 资产公司全部诉讼请求的主要原因。故，律师在代理本案时，主要是从银行的视角出发，对“债务展期”的事实进行还原，且收集银行保证人对债务展期事实知道并进行确认的证据，并最终促使本案成功调解。

回顾思考

1. 无论是以何身份参与诉讼，都要认真对待案件并给予足够的重视。

作为第三人的 K 支行因已将涉案债权转让 CC 资产公司，故在案件一审时，并未直接委托律师参与诉讼，而是由 CC 资产公司代为委托律师。在一审结果不利时，才找到邬锦梅律师团队，提出的要求是配合 CC 资产公司进行诉讼。邬律师接受委托后，敏锐发现 K 支行诉讼地位虽为第三人，但如果不能积极应诉致使 CC 资产公司败诉，将引发 CC 资产公司向 K 支行追责的不利后果，故必须给予高度重视。团队律师在查阅、分析一审案件材料后，发现案件核心问题，并针对该问题搜集有利证据，最终促进调解，且通过维护 CC 资产公司合法权益，最终维护 K 支行的合法权益。因此，律师的强烈责任感及孜孜不倦的恒心是办理好案件的基本要素，案件无大小，只有从维护客户根本利益的角度出发，不怠慢，才能不负所托，最终取得理想的结果。

2. 把握案件核心问题，是推动案件完美解决的前提。

本案涉及的银行债务“展期”“借新还旧”，是实践中普遍存在的问题，针对同一案件事实如何制定应诉策略，将影响案件的走向及承担相应举证责任。

本案展期协议中各担保人均承诺“担保人愿意按照原担保合同承担担保责任”，而原担保函中约定“对贸易融资借款提供担保”，从展期协议的文件抬头及结合此文件的上下文内容，认定双方为展期协议更符合双方当时的真实意思表示。如果以“借新还旧”认定债权债务性质，则意味着原来的债权已经消灭,则担保人明确表示对新债权提供担保的真实意思表示,才能认定有效担保。而担保人表示按照原担保内容承担担保责任,因此,按照“债务展期”主张权利更符合双方的真实意思表示。因此,经过仔细研究、分析案件,并与当事人多次沟通后,我方认为本案债务属于“展期”而非“借新还旧”,并通过诉讼可视化方式将债务形成及展期过程呈现给法院,有利于请求保证人承担相关保证责任,并最终推动案件调解解决。

3. 温馨提示。

涉及巨额资产转让,债权转让人与接受人在处理与债务人纠纷之间的配合问题,需要引起足够重视,建议在债权转让协议中约定清楚各自的权利义务。互相配合,方能更好地解决与债务人之间的纠纷。

律师简介

邬锦梅,“八五”普法民法典讲师团成员,北京市律师协会财税法专业委员会副主任,北京市朝阳区律师协会民事业务研究会主任、盈科全国公司法专业委员会主任,2020年被授予“北京市劳动模范”荣誉称号。邬锦梅律师已执业20余年,具有深厚的法律功底、丰富的执业经验。为商讼团队负责人,团队拥有多名专家顾问、专职律师,业务范围:国际贸易纠纷、银行金融纠纷、票据纠纷、股权纠纷,涉税纠纷等商事诉讼、仲裁。

错判时隔十三载，再审改判不担责

——某商业银行与卢某某借款担保合同纠纷案

张洪刚

案件简介

2019 年 10 月 14 日某商业银行电话通知卢某某的存款已被法院划扣。卢某某到某区人民法院档案室调取(2007)×民初字第 36 × ×号民事判决书以及开庭笔录和《最高额保证合同》得知:某区人民法院于 2007 年 9 月 19 日判决卢某某对许某某向某商业银行的借款和利息,负连带清偿责任。卢某某陈述没有给许某某借款提供保证,对某区人民法院的诉讼情况一无所知。

2020 年 8 月 12 日向某区人民检察院提交《监督申请书》,请求监督某区人民法院撤销(2007)×民初字第 36 × ×号民事判决第三项"卢某某对上诉一、二项负连带清偿责任"。2020 年 8 月 26 日,委托某物证司法鉴定中心对"卢某某"的签名进行笔迹鉴定。鉴定证实,案涉 2005 年 1 月 25 日《最高额保证合同》上的"卢某某"的签名字迹,不是"卢某某"书写的。2020 年 9 月 18 日某区人民检察院决定受理"卢某某担保借款合同纠纷监督一案"。经检察机关调阅卷宗核实,某区人民法院于 2007 年 8 月 13 日立案受理诉被告许某某、王某某、卢某某借款担保合同纠纷一案,2007 年 9 月 6 日向被告卢某某送达了的起诉状副本、应诉通知书、开庭传票,送达回证上"受送达人签名或盖章"一栏为空白,在备考一栏注明"许某某书店代收"卷宗中也没有证据证实卢某某向某区人民法院指定由他人代收诉讼文书。

2020 年 10 月 15 日某市人民检察院向某市中级人民法院提出抗诉。2020 年 10 月 20 日某市中级人民法院作出《民事裁定书》指令某区人民法院再审。某区人民法院收到再审指令后，另行组成合议庭于2020年11月17日、12月4日两次公开开庭审理。2020年12月9日作出（2020）×××××民再8号民事判决，认定××司鉴（2020）物鉴字第131号笔迹司法鉴定书，为有效证据，认定卢某某对原审诉讼不知情。

某区人民法院再审认为，涉案2005年1月25日《最高额保证合同》担保人处“卢某某”的签名并非是申诉人卢某某本人所签，系他人伪造签名，卢某某并未作出对涉案借款本息提供连带保证责任的真实意思表示，其与被申诉人不存在真实保证合同关系。原审中无证据证实卢某某向本院指定由他人代收法律文书，原审送达程序存在重大瑕疵，缺席判决不符合法律规定。因此，原审判决申诉人卢某某对涉案借款本息承担连带清偿责任，缺乏事实及法律依据，本院依法予以纠正，抗诉机关的抗诉意见成立，本院予以采信。

依照《民事诉讼法》第207条，最高人民法院《关于适用〈中华人民共和国民事诉讼法〉的解释》第387条第1款、第391条第1款第3项、第407条第2款之规定，判决撤销某区人民法院（2007）X民初字第36××号民事判决第三项“被告卢某某对上述一、二项负连带清偿责任”。维持某区人民法院（2007）×民初字第36××号民事判决第一项、第二项及第三项“被告王某某对上述一、二项负连带清偿责任”。

律师策略

卢某某得知银行存款被划扣后，建议其到某区人民法院档案室调取档案材料。根据法院档案材料显示起诉书副本、应诉通知书、开庭传票并不是卢某某本人签收，主要证据《最高额保证合同》担保人处“卢某某”的签名不是本人所签。初步判断这是一个错误判决，法院应予以纠正。

接受委托后，通过两种途径解决：

首先，通过网络立案平台向某市中级人民法院提交《再审申请书》，案件审核通过，但迟迟没有立案。法院未在法律规定期限内作出是否再审裁定。

其次，根据《民事诉讼法》第209条规定又向某区人民检察院提交《监督申请书》，提请监督撤销（2007）×民初字第36××号民事判决第三项“卢某某对上述一、二项负连带清偿责任”。

主要理由有两点：一是原审主要证据《最高额保证合同》担保人签名不是卢某某本人所签；二是未送达诉讼文书以及开庭传票，缺席判决，不符合法律规定，剥夺了卢某某的辩论权利。

确定《最高额担保合同》不是卢某某本人签名，是非常重要的环节。2020年8月26日陪同卢某某到某物证司法鉴定中心委托笔迹鉴定，鉴定中心将JC与YB进行比对检验，两者的笔画结构、笔顺、起收笔、行笔、连笔等书写习惯特征存在足够数量的差异，这些差异特征的总体价值，充分反映了不同人的书写习惯。鉴定意见：2005年1月25日《最高额保证合同》上的"卢某某"签名字迹，不是"卢某某"书写的，证实了原审判决主要证据是伪造的，保证合同不是卢某某的真实意思表示。

根据2007年《民事诉讼法》第78条规定，案涉诉讼文书应直接送交给卢某某本人或者交给他同住的成年家属签收，有诉讼代理人的，可以送其代理人签收。从原审档案材料中可以看出卢某某没有诉讼代理人，诉讼文书不应当由"许某某"代收。原审法院的送达程序不符合法律规定。由于没有收到起诉状副本、开庭传票等诉讼文书，其没有参与法庭审理，没有行使辩论权利，法庭缺席判决不符合法律规定。

律师文书

接受卢某某委托后，即向某市中级人民法院申请再审，在法定期间内没有立案，立即调整思路：

一是致函某商业银行主要领导，协商处理。提出案涉保证合同不是卢某某签名，对其起诉不知情，该行涉嫌伪造证据、提起虚假诉讼，要求共同委托进行笔迹鉴定，确定真伪。通过多次协商，最后他们的意见还是走法律程序解决。该案虽然没有协商成功，但是引起了主要领导的高度重视。

二是向某区人民检察院提交《监督申请书》申请监督，主要内容包含：

1. 申请监督的原因：申请人卢某某因与某商业银行担保借款合同纠纷一案，不服某区人民法院于2007年9月19日作出的（2007）×民初字第36××号民事判决，现向贵院提请监督，依法纠正。

2. 申请监督请求事项：请求贵院监督某区人民法院撤销（2007）×民初字第36××号民事判决第三项"卢某某对上述一、二项负连带清偿责任"。

3. 事实和理由主要包含两点：

（1）申请人从未给许某某担保借款，对于许某某的借款情况不知情。在最高额保证合同上的"卢某某"签名不是申请人所签。

（2）申请人从未收到某区人民法院的诉讼文书以及开庭传票，对本案的诉讼情况一无所知。通过查阅涉案档案材料得知：起诉状副本、应诉通知书、开庭传票等都是借款人许某某代收。

综合以上两点，能够看出原判决认定事实的主要证据是伪造的，保证合同不是申请人卢某某的真实意思表示。卢某某没有按照法定程序收到起诉状副本、开庭传票等法律文书而原审法院缺席判决，严重违反了法定程序。

主要代理意见：

1.《司法鉴定意见书》能够证明原审判决认定事实的主要证据是伪造的，某商业银行在第一次开庭时坚持认为"卢某某"签名是本人所签，要求笔迹鉴定，但未提出申请并缴纳相关费用，第二次开庭对该证据无异议，法庭应认定该证据为有效证据。

2.原审案卷资料可以证实没有给卢某某送达起诉状副本，造成其没有行使法定的答辩权利。卢某某原审没有委托代理人代收开庭传票、判决书等法律文书，从案卷材料上显示均由他人代收，送达程序不符合法律规定，缺席判决严重违法。

综上，请求法庭依法撤销（2007）×民初字第36××号民事判决第三项"卢某某对上述一、二项负连带清偿责任"。

案件结果

检察机关根据我方提交的《监督申请书》和《司法鉴定意见书》，2020年10月15日某市人民检察院根据《民事诉讼法》第200条第1项、第3项、第9项、第10项及第208条第1款之规定向某市中级人民法院提出抗诉。2020年10月20日某市中级人民法院作出《民事裁定书》指令一审法院再审。一审法院2020年12月9日判决撤销（2007）×民初字第36××号民事判决第三项"卢某某对上述一、二项负连带清偿责任"。

典型意义

本案从原审判决到再审改判，历经13年，当卢某某知道自己的存款被划扣之后，心情非常着急，特别是因急需资金到银行贷款没有得到批准，更是不知所措。从当事人向检察机关提出监督申请到原审法院依法改判，支持当事人的再审请求，每一个环节都是严格按照法定程序向前推进。

检察院从受理监督申请，到提出抗诉，再到庭审过程派员全程监督，充分体现了人民检察院忠实履行法律监督职责。

再审改判彰显了人民法院审判监督职能，坚持以事实为根据，以法律为准绳的基本原则，充分保障当事人的辩论权利。

本案的再审向社会传递了一堂法治公开课，让人民群众体会到了法律的公平正义，取得了很好的社会效果和法律效果，为推进依法治国，建设具有中国特色的社会主义法治国家奠定了坚实的基础。

回顾思考

当卢某某找到我代理本案时，根据他陈述的案情，对照《民事诉讼法》第200条的相关规定，寻找申请再审的法律依据，该条规定当事人的申请符合下列情形之一的，人民法院应当再审：第3项原判决、裁定认定事实的主要证据是伪造的；按照卢某某叙述的案情《最高额保证合同》上不是他的签名，如果属实，很显然担保合同就是属于伪造的，属于应当再审的情形。第9项违反法律规定，剥夺当事人辩论权利的；第10项未经传票传唤，缺席判决的。

原审法院没有给卢某某送达起诉状副本和开庭传票属于剥夺了他的辩论权利和未经传票传唤，缺席判决的情形，应当再审。

在原审案卷材料中卢某某本人没有在送达回执上签名，也没有授权委托许某某代收法律诉讼文书，很明显符合第9项、第10项。但这只是程序方面的问题，要想得到实体方面的改判必须有证据证实保证合同不是当事人的本人签名，证明原判决的认定的事实主要证据是伪造的，只有这样才能达到申请再审的根本目的。

由于原审档案中的《最高额担保合同》是复印件，物证司法鉴定单位为了鉴定结果的真实性、客观性要求必须提供原件，我们和某商业银行多次交涉，他们拒不提供。通过和检察机关沟通,由检察机关从某商业银行调取了原件,根据物证鉴定单位的要求做了笔迹鉴定,结果不是卢某某本人签名,有力地证明了原审判决认定的主要证据是伪造的。符合《民事诉讼法》第200条第1项有新的证据,足以推翻原判决、裁定的,属于应当再审的情形。

接受委托后,向某市中级人民法院申请再审,根据《民事诉讼法》第204条规定人民法院应当自收到再审申请书之日起3个月内审查,符合本法规定的,裁定再审;不符合本法规定的,裁定驳回申请。在法律规定的期限内该院没有作出裁定。

根据《民事诉讼法》第209条第1款第2项人民法院逾期未对再审申请作出裁定的;当事人可以向人民检察院申请检察建议或者抗诉的法律规定向某区人民检察院提出了监督申请。最终检察机关提出抗诉,再审法院依法支持了卢某某再审请求。

通过办理本案,使我体会到了,案件接受委托后一定要努力维护当事人的利益,采取多种渠道解决问题,根据案件事实查找法律依据和搜集事实依据,以便达到当事人的委托目的。

律师简介

张洪刚,北京市盈科(淄博)律师事务所文体委员会副主任,山东理工大学法学专业,专职律师执业前从事法律服务工作18年,曾获得市级"十佳基层法律服务工作者"、市级"司法行政系统先进个人"等荣誉称号,主要从事企业法律顾问、刑事辩护、民商事纠纷代理等法律事务。

在出借人明知的情况下，名义借款人不承担责任

——A 小额贷款公司与 B 某、C 房产公司借款合同纠纷在出借人明知的情况下，名义借款人不承担责任

张晓岚　丁　璐

案件简介

2017 年 1 月 25 日，B 某与 A 小额贷款公司签订《农村小额贷款借款合同》，约定 B 某向 A 小额贷款公司借款 200 万元，借款期限为 2017 年 1 月 25 日至 2020 年 1 月 24 日，借款月利率为 1.08%，C 房产公司提供连带责任担保。同日，签订《农村小额贷款保证合同》，约定担保方式为连带责任保证，各保证人共同对债权人承担连带责任；保证期间为 2 年。2017 年 1 月 25 日，B 某向 A 小额贷款公司出具《授权委托书》，表明同意将贷款 200 万元转入 C 房产公司账户，如有经济纠纷，与 A 小额贷款公司无关。同日，B 某出具借款借据。2017 年 1 月 25 日，A 小额贷款公司同时发放了与本案类似的共 20 户贷款，贷款本金均为 200 万元，担保人均为 C 房产公司，全部贷款 4000 万元均转入 C 房产公司账户。另 A 小额贷款公司与 C 房产公司共同管理该公司印章（实际掌控 C 房产公司的印章）。2017 年 3 月 6 日，签订《利率调整补充协议》，载明借款合同的利率由 1.08% 上浮至 1.2%，从 2017 年 3 月 21 日起执行。

2017 年 3 月 2 日还款 280 万元，2017 年 3 月 2 日还款 30 万元，2017 年 3 月 9 日还款 32 万元，2017 年 3 月 29 日还款 70 万元，2017 年 8 月 8 日还款 290 万元（该还款冲抵了 20 户中的刘某户借款，故 A 小额贷款公司类似本案借款的剩余户数为 19 户），2017 年 12 月 8 日还款 4.52 万元，2017 年 12 月 28 日还款

3万元，以上还款合计709.52万元。

2019年3月A小额贷款公司向一审法院对B某等人及C房产公司提起诉讼，一审法院于2019年6月6日作出民事判决书，判决："一、被告B某等人偿付原告A小额贷款公司借款剩余本金1,838,620元及利息等。二、被告B某等人承担原告A小额贷款公司律师费20,000元。三、被告C房产公司对被告B某等人的上述义务负连带清偿责任。四、驳回原告A小额贷款公司的其他诉讼请求。案件受理费、保全费由被告B某等人、C房产公司负担。"2019年6月26日B某等人不服该判决提起上诉，后撤回上诉，二审法院作出裁定准许B某等人撤回上诉。

2020年3月27日一审法院裁定再审，2020年6月24日再审一审法院作出再审判决书，判决："一、撤销原一审判决书。二、确认原审被告C房产公司偿还原审原告A小额贷款公司偿还借款本金183.862元及利息等。三、原审被告C房产公司承担原审原告A小额贷款公司代理费20,000元。四、驳回原审原告A小额贷款公司其他诉讼请求。原审案件受理费、财产保全费由原审被告C房产公司承担。"2020年7月7日原审原告A小额贷款公司不服再审判决提起上诉。2020年9月18日再审二审法院作出终审判决，判决："驳回上诉，维持一审审判决。上诉案件受理费有上诉人A小额贷款公司承担。"

律师策略

1. 借款合同的借款主体如何认定？还款义务主体如何确定？

从本案所涉及系列案件查明的事实，是C房产公司需要借款4000万元，后与A小额贷款公司协商，由C房产公司提供20户自然人作为借款人签订借款合同等相关手续，B某等人并无用款需求，借款之前也未与A小额贷款公司达成借款协议；借款合同签订后，A小额贷款公司将款项汇给C房产公司，后亦是C房产公司偿还本息；同时某贷款公司要求C房产公司提供担保并通过网签房屋形式保证债务的履行等，故A小额贷款公司已明知C房产公司是实际借款人。各方的真实意思表示是A小额贷款公司向C房产公司提供借款，由B某等人名义借款人代C房产公司签订借款合同等手续，其与A小额贷款公司不存在借款合意，也不实际参与借款关系的履行，应认定由实际借款人即C房产公司是实际借款人，应由其承担偿还责任。

依据原《合同法》第402条(《民法典》第925条)规定，"受托人以自己的名义,在委托人的授权范围内与第三人订立合同,第三人在订立合同时知道受托人与委托人之间代理关系的,该合同直接约束委托人和第三人,但确有证据证明该合同只约束受托人和第三人的除外”。本案中,B某等人受C房产公司的委托,作为受托人与A小额贷款公司签订借款合同。据此,本案借款合同直接约束A小额贷款公司和C房产公司,应由C房产公司承担按约还本付息的义务。

2. 关于案涉借款合同、担保合同效力问题。

鉴于A小额贷款公司与C房产公司通过借名借款方式签订的担保合同系当事人虚假意思表示所实施的民事法律行为无效,故双方签订的担保合同无效。经查,A小额贷款公司的经营范围面向“三农”发放贷款,其向C房产公司出借款项,虽超出其经营范围,但并不违反法律行政法规强制性规定,应认定借款合同有效。

律师文书

答辩状（节选）

一、C房产公司是实际借款人,A小额贷款公司对C房产公司为实际借款人这一事实是明知。

本案是C房产公司需要借款4000万元,借款是C房产公司与A小额贷款公司直接商谈的,A小额贷款公司为了规避其放贷对象及放贷金额的限制,主动要求C房产公司提供20个自然人配合A小额贷款公司“合法化”借款手续。借款合同签订后,亦是C房产公司偿还借款本息,故C房产公司是实际借款人。

2018年12月5日A小额贷款公司在向某政府的回函中陈述“我司作为C房产公司最大债权人,该公司目前尚欠我公司贷款本金3800万元”“我司同意对C房产公司贷款月利率由原12‰降至10‰”“我司同意函件中意见,将C房产公司所欠贷款本金3800万元使用期限展期一年”,函件内容可以证明A小额贷款公司对C房产公司是实际借款人这一事实是明知的。

二、在表象借款关系中，B某等人与C房产公司是代理关系，法律后果应由委托人C房产公司承担。

2017年1月6日借款合同签订前，C房产公司即向自然人出具承诺函，函件载明“你夫妻二人代表我公司在A小额贷款公司贷款每人人民币200万元，合计400万元”，函件中C房产公司也承诺贷款本息由其承担。承诺函可以证明自然人是受C房产公司委托向A小额贷款公司借款，自然人与C房产公司之间是代理关系。A小额贷款公司对实际用款人是C房产公司又是明知的，所以最终的法律后果应由委托人C房产公司承担。

三、向自然人出借款项，是各方虚假意思表示，行为人与相对人以虚假的意思表示实施的民事法律行为无效，本案应按各方真实意思表示进行处理。

《保证合同》是各方以虚假意思表示所实施的行为，以虚假意思表示隐藏的民事法院行为的效力，应按各方真实意思表示进行处理。本案实质上是借名借款，出借人对于实际借款人是明知的，各方真实意思表示仅为借名义借款，名义借款人并不实际参与借款关系的履行活动，也不享受借款活动的利益，应由实际借款人承担偿还责任。

综上，再审法院的再审一审判决认定事实清楚，适用法律正确，请求驳回上诉人的再审上诉请求。

案件结果

关于A小额贷款公司与C房产公司、B某等人的借款合同纠纷系列案件，一审法院于2019年6月作出民事判决书，判决：“一、被告B某等人偿付原告A小额贷款公司借款剩余本金1,838,620元及利息等。二、被告B某等人承担原告A小额贷款公司律师费2000元。三、被告C房产公司对被告B某等人的上述义务负连带清偿责任。四、驳回原告A小额贷款公司的其他诉讼请求。案件受理费、保全费由被告B某等人、C房产公司负担。”B某等人不服一审判决提起上诉，后又撤回上诉。

2020年3月一审法院认为一审判决确有错误，裁定再审。2020年6月再审一审法院作出再审判决书，判决：“一、撤销原一审判决书。二、确认原审被告C房产公司偿还原审原告A小额贷款公司偿还借款本金183.862元及利息等。三、原审被告C房产公司承担原审原告A小额贷款公司代理费2万元。四、驳回原审原告A小额贷款公司其他诉讼请求。原审案件受理费、财产保全费由原审被告C房产公司承担。"2020年7月原审原告A小额贷款公司不服再审判决提起上诉,2020年9月再审二审法院作出终审判决,判决:"驳回上诉,维持再审判决。上诉案件受理费由上诉人A小额贷款公司承担。"

典型意义

1.透过表象,探究双方主体真实交易意图,剖析双方之间实际履行的真实法律关系,确实维护当事人的合法利益,实现司法公平正义。本案中A小额贷款公司为了规避政策性要求,C房产公司为了开发需要融通资金,经过协商采取了由自然人出面借款,由C房产公司提供担保的方式进行了融资。事实上,A小额贷款公司在实务操作中对该情况是主动要求的,是明知的。因为资金到账后由C房产公司实际支配使用,B某等人仅仅是履行相关手续办理。根据权利与义务相统一的原则,C房产公司应当承担还款责任。

2.有效地避免了诉累,最大限度地实现了情与法的平衡。本案涉及自然人众多,如果判决由名义借款人承担责任,加之实际借款人C房产公司已进入破产,一旦自然人履行清偿义务,则其债权将无法全部实现,势必使自然人都陷入巨额的负责。利益受损的自然人必然通过信访、诉讼等方式维权,进而引发社会动荡。

回顾思考

一、适用法律问题分析

《民法典》第146条(原《民法总则》第146条)规定:"行为人与相对人以虚假的意思表示实施的民事法律行为无效。以虚假的意思表示隐藏的民事法律行为的效力,依照有关法律规定处理。"所谓虚假民事法律行为,就是指行为人与相对人相互通谋虚伪,以虚假的意思表示所实施的民事法律行为。要构成虚假民事法律行为须具备以下三个要件:

1.行为人和相对人(通谋对象)。本案实际上是C房产公司向A小额贷款公司借款。

2. 有意思表示，是指向外部表明意欲发生一定私法上效果的意思的行为。因C房产公司不符合A小额贷款公司发放贷款的“三农”条件，故A小额贷款公司提出要求C房产公司找20个农户，以农户名义进行贷款。

3. 以虚假的意思表示实施通谋。A小额贷款公司与B某等人签订借款合同，实际上是A小额贷款公司向C房产公司出借款项，虽超出其经营范围，但并不违反法律行政法规强制性规定，应认定借款合同有效；C房产公司名义上为该笔贷款提供担保，系当事人虚假意思表示，以虚假的意思表示所实施的民事法律行为无效，故双方签订的担保合同无效。

二、法律风险防范建议

借名贷款，是实际需求借款人因各种原因不能按正常程序在金融机构获得贷款，从而采取借他人名义在金融机构获取的贷款。借名贷款的基本特征就是名义借款人和实际用款人不一致。

借名贷款的种类有顶名贷款、搭名贷款、垒大户贷款。顶名贷款是借款人以自己名义不符合条件的亲朋好友办理正常手续的贷款，最后贷款归其使用；搭名贷款是因自己无法贷款，而在他人贷款时要求其多贷出一部分，将多贷出的款项交由其自己使用；垒大户贷款是实际使用人无法按正常程序在金融机构获得贷款，采取借他人名义在金融机构获取贷款，形成多人贷款一人使用的情况。借名贷款最大的法律风险在于，实际借款人到期不偿还贷款，名义借款人不得不进行偿还。

对于“借名贷款”此类问题，所有人应当要提高防范意识，不能因为一些眼前利益或者抹不开人情面子，就草率地将“贷款名义”外借，应当充分考虑借名会给自己带来的风险和损失，如逾期贷款导致的不良记录、纳入银行失信名单等。身份证等重要证件原件及复印件不要随意丢弃，即使出借也需要备注用途，切记不要轻易地被他人利用自身名义对外借款，一旦发生应当及时寻求法律弥补措施，以避免和防范陷入“借名贷款”却要背负偿还实际借款的法律风险。

三、同类案件规律性要点

1. 借款合同效力：“借名贷款”案件并不当然导致借款合同无效。

借名贷款虽然违反了管理性强制性规定，但是没有违反效力性强制性规定，故“借名贷款”案件并不当然导致借款合同无效。

2. 名义借款人与实际借款人之间的关系：隐名委托代理关系。

名义借款人接受实际借款人的委托办理贷款相关手续，签订合同时出借人明知实际借款人是委托人，借款合同的真实意思表示是出借人向实际借款人提供借款，名义借款人是隐名代理人，故实际借款人与名义借款人双方构成隐名委托代理关系。

3. 还款主体：出借人应当选择实际借款人承担还款责任。

名义借款人受实际借款人的委托出借“名义”，各方的真实意思表示仅为借名义借款人的名义，名义借款人并不实际参与借款关系的履行活动，也不享受借款活动的利益的，款项的实际拥有者和支配者均为实际借款人，应认定实际使用人为实际借款人，由实际借款人承担偿还责任。

律师简介

张晓岚，北京市盈科（盐城）律师事务所管委会委员、破产清算与重整并购法律事务部主任，盐城仲裁委仲裁员，江苏省律协评定的江苏省建筑房地产专业律师，盐城市律协评定的建筑房地产专业律师，盐城市“十佳青年律师”，政府（企业）法律顾问，合规业务及财税法律业务委员会副主任，江苏省环境与资源保护法律业务委员会委员，全国毒品预防教育“627”工程优秀校外辅导员。

丁璐，北京市盈科（盐城）律师事务所破产清算与重整并购法律事务部副主任，2010年通过国家司法考试。2013年执业以来，长期担任江苏国丰建设集团有限公司、盐城市鑫恒置业有限公司、国鹏建设江苏有限公司、江苏嘉臣丰阳投资发展有限公司等公司的法律顾问，承办过大量刑事、民事、建设工程、金融保险等案件。

历经民事诉讼全流程，一波三折的让与担保民事案件

——蔡某与李甲、李乙、李丙借款合同纠纷案

张中文

案件简介

2012 年 6 月，蔡某与李甲签订“借款合同”，约定蔡某自李甲处借款 450 万元，以蔡某房产作为抵押，并办理了公证手续。同日，蔡某又与李甲长子李乙签订一份“房屋买卖协议”，约定将上述用于抵押的房产以 326 万元的价格售于李乙。亦于同日，蔡某与李甲次子李丙签订委托书，委托李丙代为办理房屋更名过户手续以及代取房产证等。李乙代蔡某偿还拖欠他人欠款 326 万元。由于蔡某未能按时还款，李丙代蔡某将案涉房产权属变更至李乙名下。后蔡某以确认其与李乙签订的“房屋买卖协议”无效为由将李乙、李丙诉至法院。一审法院判决确认蔡某与李乙间签订的“房屋买卖协议”无效。二审法院则认为“房屋买卖协议”有效，据此驳回蔡某的诉讼请求。

检察机关抗诉认为，蔡某与李甲签订的“借款合同”、蔡某与李乙签订的“房屋买卖协议”及蔡某为李丙出具的“授权委托书”，均签订于同日、同一地点。李甲、李乙、李丙三人为父子关系，且同为某贷款公司股东，李甲等三人行为的利益归属是某贷款公司。并且依据有关证据，蔡某与李乙买卖房屋非双方真实意思表示，订立房屋买卖协议的真实目的是为蔡某借款提供担保，以规避“禁止流押”规定。蔡某与李甲、李乙之间为民间借贷法律关系，原判认定蔡某与李乙之间属房屋买卖，“房屋买卖协议”有效等适用法律确有错误。

律师策略

本案存在的最大风险为房屋如果被李乙再次出售给善意第三人，则很难追回房屋。所以，为了能够确保房屋不被再次过户，笔者认为首先应当将房屋保全查封。但考虑到保全费用加上诉讼费用涉及的金额比较高，此时蔡某已经无力承担，只能另作诉讼策略。既想保住房子不被再次过户，又要规避高额的保全及担保费用，笔者选择了釜底抽薪的方式：向法院提起确认房屋买卖合同无效的民事诉讼，同时提起行政诉讼，请求判令房产机关撤销为第三人办理房屋产权转移登记的行政行为。这样一来，房产交易中心在房屋存在纠纷的情况下，不会变更房屋产权，既保住了房子不被过户也做到了低成本。确认之诉只需要缴纳 50 元诉讼费，为保全房产另案提起行政诉讼也仅需 50 元诉讼费，根据委托人实际情况，以最低的成本撬动巨额诉讼，将委托人利益最大化。

律师文书

抗诉申请书（节选）

申请人与被申请人因确认合同无效一案已向哈尔滨市中级人民法院申请再审现，现申请人不服哈尔滨市中级人民法院作出的（2017）黑 01 民中 × × 号民事裁定书，依据《民事诉讼法》第 208 条的规定提起抗诉。

抗诉请求：

1. 请求依法提起抗诉，撤销哈尔滨市中级人民法院（2016）黑 0 民终 × × 号民事判决书，再审改判确认申请人与被申请人之间签订的关于位于哈尔滨市 × × 号房产的《房屋买卖合同》无效。

2. 一审、二审诉讼费由被申请人承担。

事实与理由：

2015 年 5 月申请人与被申请人因确认房屋买卖合同无效一案诉至哈尔滨市香坊区人民法院，后申请人胜诉，被申请人不服提起上诉，经审理，哈尔滨市中级人民法院改判申请人败诉。申请人遂向哈尔滨市中级人民法院申请再审，哈尔滨市中级人民法院予以驳回。申请人认为二审法院存在以下错误。

一、二审法院认定基本事实错误

申请人与被申请人李乙之间实际上是借贷关系,二审法院错误认定为房屋买卖关系。李乙在一审、二审中对此事实均无法自圆其说,但申请人却有充分证据证明:申请人在2013年先后三次向李乙还款总计7万元;申请人丈夫与李乙十余次通话录音;李甲与申请人之间经过了公证的借款合同;申请人给李丙出具的经过公证的授权委托书。但二审法院并没有对申请人提供的证据认真审查,恣意做出了相反的认定。

二、二审法院适用法定错误

认定事实不清必然导致适用法律错误。

1. 被申请人李丙超越代理权。主要体现在如下三个方面:

(1)在房屋没有解除抵押的情况下,擅自于2013年4月8日签订房地产买卖合同。

(2)超越代理权限,擅自确定交易价格。并且明知在与李甲借款协议中房价确定为500万元,却在与李乙房屋买卖协议中擅自约定交易价格300万元,其行为都损害了申请人的利益。

(3)超越代理权限,用以房抵债的形式将房屋出售。

2. 李丙超越代理权限,对于房屋买卖合同是否有效,《合同法》及《民法通则》均有明确规定。《民法通则》第66条第1款规定:“没有代理权、超越代理权或者代理权终止后的行为,只有经过被代理人的追认,被代理人才承担民事责任。未经追认的行为,由行为人承担民事责任。”《合同法》第48条第1款规定:“行为人没有代理权、超越代理权或者代理权终止后以被代理人名义订立的合同,未经被代理人追认,对被代理人不发生效力,由行为人承担责任。”所以在申请人没有追认的情况下,李丙所作的超越代理权的行为应当无效。

3. 实质上李乙与李丙于2013年签订的房屋买卖合同是恶意串通、损害申请人合法利益的民事行为,应当认定为无效。《民法通则》第66条第3款规定:“代理人和第三人串通,损害被代理人的利益的,由代理人和第三人负连带责任。”《合同法》第52条第2项规定,恶意串通,损害国家、集体或者第三人利益的,合同无效。由申请人在庭审中提供的证据二可以查明,在2012年6月4

日，申请人与案外人李甲签订借款协议房屋评估价格为500元，而李乙与李丙于2013年签订房屋买卖合同时，李丙自定价房为300元，李丙又以以房抵债的形式，以300万元低廉的价格将房屋出售给李乙；另外由申请人在庭审中提供的证据四可知，被告李丙没有获得申请人对房屋定价及以房抵债这两项事项的授权；另一方面，李乙与李丙系亲兄弟。通过以上事实，李乙与李丙的行为完全符合《民法通则》第66条第1款及《合同法》第52条第2项的规定，二人签订的房屋买卖合同应当认定为无效。

4. 申请人与李乙之间实为借贷关系，房屋买卖合同是作为借款合同的担保。依据最高人民法院《关于审理民间借贷案件适用法律若干问题的规定》第24条第1款规定，“当事人以签订买卖合同作为民间借贷合同的担保，借款到期后借款人不能还款，出借人请求履买卖合同的，人民法院应当按照民间借贷法律关系审理，并向当事人释明变更诉讼请求。当事人拒绝变更的，人民法院裁定驳回起诉”。本案完全符合该条规定的情形，所以人民法院应当以民间借贷法律关系审理本案。

综上，通过庭审中的证据，可以认定这样的事实：申请人夫妻二人急需用款，被申请人及李甲均为贷款公司股东。2012年6月4日申请人夫妻与李甲签订了借款合同，给李丙签署了委托书，并给李乙留下了6张签好字的空白纸。之后的6月7日将房屋他项权登记在李甲名下。李乙代李甲付款326万元，到期后申请人先后还款7万元，后李乙多次打电话催促申请人丈夫还款，并威胁将其房子过户。后被申请人二兄弟背着申请人私下过户房屋。从一系列的事实看，李乙与申请人夫妻之间是借贷关系，并且为了资金安全双方签订了抵押合同并进行了他项权登记。在贷款屡屡逾期的情况下，李乙见有机可乘，利用空白纸张伪造了房屋买卖协议。

本案原告的诉讼请求有法可据，有事可依。但二审法院并没有运用全案证据对客观事实进行认定，更没有对申请人的诉请作出公证的裁决，相反却无视申请人提供的证据，偏信被申请人，错误判决，让法律成为民事欺诈的工具！故申请人依据《民事诉讼法》相关规定提出再审申请，希望法院能给申请人一个公平正义的判决！

案件结果

黑龙江省高级人民法院再审认为,蔡某与李乙签订并履行的“房屋买卖协议”实为对案涉借款所提供的担保,依据最高人民法院《关于审理民间借贷案件适用法律若干问题的规定》第24条第1款关于“当事人以签订买卖合同作为民间借贷合同的担保,借款到期后借款人不能还款,出借人请求履行买卖合同的,人民法院应当按照民间借贷法律关系审理,并向当事人释明变更诉讼请求”的规定,本案当事人之间的基础法律关系性质应为民间借贷。蔡某与李乙签订并履行的“房屋买卖协议”系为案涉借款所提供的担保,协议表面形式为“买卖”,内容实质系“担保”。案涉协议形式上虚伪的买卖意思表示和实质上真实的担保意思表示均不存在违反法律、法规强制性规定的无效情形,均应认定合法有效。但在借款期满、借款未得受偿或足额受偿的情形下,应以担保房屋协商作价变卖拍卖,以所得价款偿还借款。当事人不能以房屋权属已经变更等为由,拒不清理债权债务而直接取得并一直保留房屋所有权。鉴于原审未向当事人释明有关协议性质及效力,并说明各方当事人依法所享有的权利及义务,故撤销一审、二审判决,发回一审法院重审。

典型意义

该案被黑龙江省高级人民法院评为2019年度民事抗诉再审十大经典案例之一,并编辑出版。

随着经济的活跃与发展,以让渡财产或权利作为借款的担保逐渐产生。因对其担保形态、法律性质、合同效力等法律尚无明文规定,司法实践中存在模糊认识。本案是较为特殊的让与担保纠纷,为借款人诉请确认据以担保的房屋买卖协议无效。再审裁定虽系发回一审法院重审,但对裁判此类案件则明确了让与担保原则为有效,在借款期满后,如借款得以足额受偿,借款人有权请求房屋受让人将房屋权属登记恢复至借款人自身名下;如借款未得受偿或未足额受偿,则出借人、借款人均有权主张以案涉房屋协商作价、变卖拍卖,以所得价款清偿债务。并且,款项出借人、房屋买受人不能仅据曾经签订合法有效的房屋买卖协议及房屋权属已经变更登记等为由,拒不清理债权债务,并在不予协商作价、变卖拍卖担保财产等依法应予进行的程序的前提下,直接取得并拥有案涉房屋所有权。

回顾思考

首先,裁判尺度不统一。民间借贷同时签订房屋买卖合同,按何种法律关系审理,当年让与担保还仅仅是一个法学理论概念,很多法官并不熟悉。对于此类案件,最高人民法院也曾经作出过截然相反的两种裁判。

其次,多份合同主体不一致,纠纷严格恪守合同相对性,还是透过现象看本质?此为难中之难,考量法官业务能力和对法律原则的把控能力。

从全案来看,该案诉讼过程几乎囊括了民事案件的所有阶段,历经一审胜诉、二审败诉、再审驳回、申请抗诉、报请抗诉、提起抗诉、省院再审,至今七个阶段;历经两级检察院三级法院。正是由于委托人坚持相信律师,律师与委托人共同坚守,才有了最后的反转。

律师简介

张中文,毕业于黑龙江大学法律系,在职取得中国政法大学法律硕士学位。现为北京市盈科(哈尔滨)律师事务所战略发展委员会主任、业务指导委员会主任、法律顾问事务部主任。迄今从事律师工作25年,承办的案件曾入选最高人民法院指导性案例(第七号)。担任哈尔滨市政协委员、哈尔滨仲裁委员会仲裁员、牡丹江仲裁委仲裁员、哈尔滨市中级人民法院监督员、黑龙江省政府法律专家、黑龙江省营商环境局法律顾问、中共哈尔滨市委专家组成员、哈尔滨市监察委法律专家委员、哈尔滨市人大内司委法律顾问、哈尔滨市理工大学研究生硕士导师等职。曾获评为黑龙江省杰出法律工作者、哈尔滨市优秀政协委员、哈尔滨市优秀律师。

同意离婚后又反悔，法院会判离吗?

——孔某诉刘某离婚纠纷案

杜　芹　朱楚欣

案件简介

2011 年 6 月，孔某(原告)与刘某(被告)因朋友介绍相识，后发展为恋爱关系;2014 年 5 月 2 日，双方在中国某某市某某区登记结婚，后一同赴美国工作生活;同年 11 月，双胞胎孔甲、孔乙出生;婚姻期间，刘某发现孔某与前妻一直联系密切，双方逐渐因此争吵矛盾不断，在美居住期间，孔某多次对刘某进行语言恐吓，双方爆发数次肢体冲突。

2020 年 1 月，经当地家事法庭审理，最终法庭裁决出具针对双方为期 3 个月的分居令。同年 4 月，分居令期限届满，双方决定带孩子回国生活。2020 年 4 月 18 日，双方回国。之后，孔某长期以加班为由深夜不归，双方沟通越发减少;2020 年 5 月 8 日，双方再次因琐事发生口角，孔某殴打刘某，致使刘某头部、肩部、腿部受伤，经司法鉴定达轻微伤，最后双方达成和解。但双方关系因此事进一步僵化，孔某随即搬离家中。

2020 年 5 月 15 日，孔某起诉至深圳市龙岗区人民法院，诉请解除双方关系、判决两名婚生子女均由孔某抚养、分割双方夫妻共同财产。

2020 年 5 月 31 日，刘某与笔者团队建立委托，希望妥善处理本案。2020 年 6 月，刘某数次与孔某沟通，希望和好，但孔某一直不予正面回应。2020 年 6 月 10 日，本案第一次开庭，刘某答辩同意离婚，要求两名婚生子女由刘某直接抚养，并分割孔某名下位于某某市某某小区房产、从任职公司分得的年度奖金、股份分红、内部股股值、被孔某转移的现金存款等财产，并共同承担分居期间刘某因生活周转的对外借款等债务。

2020 年 6 月至 11 月，孔某搬回家中生活，双方关系有所回暖，一同庆生、出游、接送孩子上下学。2020 年 11 月 25 日，本案第二次开庭，刘某当庭答辩不同意离婚，并提交多项证明双方感情并未破裂、修复向好的证据。

律师策略

本案亮点在于，在一方已答辩同意离婚后，基于双方出现感情修复向好的实际情况，二次答辩又改为不同意离婚，法院最终作出不准予离婚的判决。

关于本案策略，重点聚焦于对当事人心态的深度剖析，了解其真实需求以及希望达到的目标。接触本案之初，笔者团队已经敏锐察觉到刘某内心的犹豫、波动，因此对于本案的处理，团队一致达成共识，应当同时做好当事人答辩“同意离婚”和“不同意离婚”的两手准备。

第一步：确定诉讼策略，接受委托后，笔者第一时间将同意离婚所需材料清单及不同意离婚所需材料清单同时发给刘某，并一一指导刘某，在诉讼过程中不断补充完善有关材料，提前做好准备。

第二步：无论离婚与否，孩子们的快乐健康成长都是我方当事人在乎的重点，但由于刘某自结婚后未再工作，是全职主妇，如果之后没有稳定的收入来源，对于争取抚养权可能会有所不利，因此笔者建议当事人重新开始工作，为抚养权的争夺添加优势；经济独立也能为自己为孩子的未来做好铺垫。

第三步：同步申请调查取证及财产保全，调查、查封对方名下的各类财产。据与刘某沟通得知，一方面，婚姻期间经济大权由孔某掌控，孔某却从未向刘某透露其实际收入；另一方面，刘某发现孔某与前妻在经济上有密切来往，这亦是双方多次矛盾争执中的爆发点。为了保障刘某对于婚内财产的知情权，笔者团队建议刘某第一时间同时申请调查取证及财产保全措施，以免对方进行财产转移，也为自己在协商谈判时争取主动权。

第四步：以真情打动人心，积极挽回家庭。在开庭前一周，笔者与刘某面谈过程中，刘某表示：她不想离婚，不希望这个家就这样散了。刘某认为，双方有感情基础且都是再婚，均经过慎重的考虑才决定组建家庭；但也正因再婚家庭的复杂背景以及性格差异，双方往往容易产生猜疑，缺少坦诚沟通，长此以往心生间隙。经此诉讼，刘某重新审视了双方的相处状态，也看到感情修复向好的曙光。

刘某的心态变化意味着诉讼策略和答辩主张的改变，一方面，笔者团队立即检索关于变更答辩意见的相关法律规定及公开判决；另一方面，让当事人马上补充提供诉讼期间双方感情修复和好的照片、视频作为证据，并以此为基础，与当事人商议敲定不同意离婚答辩状，开庭前提交法院，并同步与法官沟通，让法官提前了解情况的特殊性。

律师文书

民事答辩状主文内容

一、被答辩人起诉状所述不实，双方之间并不存在法定可以判决离婚的情形。

答辩人与被答辩人于结婚至今，已经共同走过6年，感情基础牢固。婚后两人相互扶持，为家庭的美好生活奋斗。婚姻期间，答辩人毅然辞去工作随被答辩人一同远赴美国，在异国他乡携手同行。答辩人全心全意地支持着被答辩人的工作，日常家中大小事务都是答辩人操持打理，悉心照顾被答辩人的生活起居和抚养培育年幼的孩子们健康成长。

双方结婚多年，且都是再婚，答辩人非常珍惜这段感情。答辩人认为，双方偶尔因为家庭琐事有意见分歧，也是一般夫妻生活的常见情形。日常小事出现摩擦时，答辩人总是主动积极沟通，在发现被答辩人与其前妻频繁联系时也都是晓之以理劝慰其适可而止，反而是被答辩人脾气容易急躁，但均并未实质影响夫妻感情，被答辩人诉状所述根本不属实。

被答辩人在本案起诉后，已搬回家中共同生活至今，双方相处融洽，一起商量家中大小事，与孩子们一起欢乐生活，特别是节假日还一起带孩子们外出共度节日，由此可知被答辩人并没有坚定离婚的决心，双方也不满足法定判决离婚的情节。

二、婚生子孔甲、婚生女孔乙年纪尚小，需要父母双方共同抚养教育成才。

2014年11月10日，两人婚生双胞胎子女孔甲、孔乙出生，子女成双，家庭美满。两个孩子今年尚不满6岁，正处于身心成长、性格培育和兴趣建立的重要时期，非常需要父母双方共同的爱护、抚养、引导和教育。新冠疫情期间，双方和孩子们相处时间更多了，孩子们情绪明显更积极，更开心。可见在现阶段，父母双方的关爱对孩子的成长都至关重要、不可或缺，孩子最需要的是一个温馨完整的家。

三、被答辩人之所以提起诉讼，是受他人怂恿，并非真实本意。

双方都是在结束前段婚姻后相识相知再婚的，被答辩人的前妻一直心存不甘，经常制造事端，对于离婚协议中的财产问题也故意不做厘清，从而借口不断与被答辩人沟通，一直试图破坏双方的婚姻和家庭。

而被答辩人因为性格优柔寡断，所以不断被前妻利用，才影响了双方的感情。对于这个情况，双方现在均已认清，相信通过真诚沟通交流，可以妥善解决。

四、诉讼期间，答辩人与被答辩人夫妻双方感情逐渐修复回暖。

新冠疫情使得双方有了更多的相处机会和时间。双方共同生活，一起过节，一同抚养孩子，家中大小事项一起商议解决，答辩人与被答辩人之间的感情，也随着双方的沟通和努力逐步修复；家庭成员互相更加体谅、关怀、有爱，联系越发紧密，家庭关系恢复和睦。

综上，答辩人认为，婚姻的经营是个学问，双方携手走过多年，感情一直不错，只要双方今后能多点沟通和理解，给彼此多一些耐心和关怀，答辩人有信心能与被答辩人继续携手营造和谐的家庭。至今，双方关系明显缓和，和正常夫妻家庭生活完全一样。答辩人之前的说法，只是一时冲动，未经深思熟虑，现经过慎重考虑和深刻反思，答辩人不同意离婚，这才是发自内心的声音。恳请法院支持我方答辩请求，驳回对方的全部诉讼请求，给双方化解矛盾的机会，给双方给孩子们一个温暖的家庭。

案件结果

法院认为：原告、被告结婚后，生育了双胞胎儿女，有一定的感情基础。虽然双方婚后确实因生活矛盾发生过冲突，但已经相关部门调解和好。根据被告提交的证据显示，自2020年6月以来，双方关系确有好转。鉴于原告、被告均系再婚，更应珍惜婚姻来之不易，而且双方的婚生子女尚且年幼，需要原被告双方的共同关爱。原告、被告应珍惜家庭，加强沟通，互敬互爱，互谅互让，增进彼此之间的理解与信任，消除误会与偏见，共同经营婚姻，维系良好的家庭关系。原告的离婚理由不成立，且没有其他的法定离婚情形，判决不准予原告、被告离婚。

典型意义

本案系一起非典型的离婚纠纷案例，也是一起充分体现法院人文关怀的案例。本案中，当事人一开始同意离婚，后由于双方感情状况的回暖改为答辩不同意离婚，而法院对于双方感情是否彻底破裂的认定，既以法律为基准，又融情于理。最终法院判决不同意双方离婚，更多地考虑到双方当事人状态的改变及子女抚养的情感需求，积极维护婚姻家庭稳定，体现我国婚姻家庭法律大力弘扬家庭文明建设，夫妻相互尊重、关爱的立法宗旨。

回顾思考

此案中，双方特别是女方，对于是否离婚态度并不坚定。基于这种心理状态，当事人的情绪和答辩思路也一直反复不定，最终作出了两次完全不同的答辩意见。

当前，我国虽暂无禁止诉中变更答辩意见的法律规定，但当事人的陈述构成自认，诉中变更答辩意见，存在不被法院采纳的风险；而且法院裁量是否判决双方离婚，是基于双方是否存在法定判决准予离婚的情形，因此，本案刘某诉中变更答辩意见，能否得到法院支持，是存在较大诉讼风险的。

笔者通过公开裁判文书平台进行检索，确有检索到一些诉中变更答辩意见，从同意离婚变更为不同意离婚的案例，但法院最终判决不同意离婚的理由，因个案情况不一而有所不同。可以归纳得出的是，这些判例中，原告方提交的证据并不能证明双方夫妻感情已经彻底破裂。

从立法原意推测，离婚纠纷中情感、伦理、道德诸多因素相互之间产生影响，这种复杂性、特殊性，注定了离婚纠纷与其他民事纠纷以及商事纠纷在处理原则及裁判考量均有所不同。

回顾本案，法院最终未判决离婚的原因，据笔者分析推断，一方面，是因为原告孔某提交的证据并不足以证明双方感情彻底破裂；另一方面，在于诉讼过程中，双方的确有修复向好的倾向，从男方搬回家中生活、共同出游、给双方、给孩子庆生等细节中均可见一斑，这也是笔者团队判断可以为刘某争取判决不准予离婚结果的最重要原因，也是我方证据搜集的主要方向。

身为专业的婚姻家事律师，应当具备把控案件走向的大局观。由于家事案件的特殊性，当事人的心理状态与案件诉讼策略的制定息息相关，因此在诉讼过程中，除了为当事人提供法律专业上的帮助外，对当事人的情感、心理层面的鼓励与支持也非常重要，因为诉讼对于大部分当事人而言都是一次身心层面的巨大挑战，直面诉讼，更需要莫大的勇气。专业的家事律师，善于从情理法多角度相结合，挖掘当事人内心的真实需求，基于此，综合运用诉讼、协议等方式解决争议，实现对当事人的权益保护。

律师简介

杜芹，股权高级合伙人律师，盈科全国婚姻家事法律专业委员会主任，盈科深圳家族法律事务中心主任。专研家企财富管理十余载，擅长处理重大、特大、疑难、涉外家事、投资、股权诉讼，办案风格刚柔并济、情理法交融，诉讼方案筹划与实施独具匠心；同时擅长对家族（企业）财富管理与传承架构的系统设计和落地实操，是多家家族办公室、私人银行的顾问律师，为多家上市公司家族提供财富规划法律服务。主编书籍《婚姻律师，这么做才专业》《非凡家事 | 盈科婚姻家事经典案例》《拒绝危险关系 | 婚外情的法律应对》；参与编著《并购为王：法律的策略与智慧》《律师密码》等，是《家族企业》《南方都市报》《广东律师》等报刊杂志特约撰稿律师。

朱楚欣，北京市盈科（深圳）律师事务所律师，盈科深圳家族法律事务中心律师。擅长对家族企业治理和法律风险防控进行筹划建设，综合运用信托、保险、协议等法律工具，结合专业法律素养和实操经验，减少高端客户在企业传承、家族财富传承中的风险，为家族企业传承提供平稳高效的过渡方案；参与编著《婚姻律师，这么做才专业》《非凡家事 | 盈科婚姻家事经典案例》《拒绝危险关系 | 婚外情的法律应对》，是《中国律师》《中国妇女》等报刊杂志特约撰稿人。

登记离婚时约定无财产纠纷，次日起诉要彩礼，法院应否支持

——男方诉请返还彩礼的婚约财产纠纷案

李　丽

案件简介

刘某(男方)与李某(女方)于2017年年底经媒人介绍相识，订婚时刘某依当地习俗给付李某彩礼146,000元，2019年1月双方在X县民政局登记结婚。婚后不久刘某前往山西务工，2019年3月，李某怀孕，但2个月后的产检显示胚胎已停止发育，无奈李某于2019年5月行引产手术。术后，李某前往山西与刘某共同生活，但在一起生活时双方多次因生活琐事发生矛盾。2019年8月6日，经最终协商双方一致同意离婚并口头约定彩礼不再返还。2019年8月7日，双方到X县民政局登记离婚，离婚协议载明"双方无财产纠纷、无债权、债务纠纷"。离婚后李某外出打工，突然有一天李某收到法院电话，到法院领取材料后，李某才知道离婚次日刘某与其父亲刘某某就向法院提起了诉讼，要求李某及其父母返还婚前给付的192,800元彩礼中的10万元。一审法院酌情判决李某及其父母返还彩礼5万元。李某不服，提起上诉。

二审及发回重审的一审均由李丽律师代理李某。接受委托后，代理人认真研究了案情，认为本案的焦点问题有二：第一，本案是否存在最高人民法院《关于适用〈中华人民共和国婚姻法〉若干问题的解释(二)》(以下简称《婚姻法司法解释二》)第10条第3项的规定的可以要求返还彩礼的情形；第二，离婚协议载明的"双方无财产纠纷、无债权、债务纠纷"是否包含了彩礼无纠纷的意思表达。

律师策略

针对焦点问题,代理人明确了代理思路:

1. 对刘某方拟证明家庭贫困的证据进行有效质证,否认其证据效力,通过向双方发问等方式向法庭展示刘某殷实的家境,结合一审庭审中刘某的证人在庭上否认刘某家庭贫困的陈述,解决第一个焦点问题。依据《婚姻法司法解释二》第 10 条的规定,只要对方不能举出确实、充分的证据证明自己因支付彩礼导致生活困难,彩礼便无须返还。

2. 用文义解释的方法结合常理充分论证离婚协议上载明的“双方无财产纠纷、无债权、债务纠纷”包含了彩礼无纠纷的真实意思,解决第二个焦点。既然已经在离婚时对彩礼无须返还达成了合意,应对双方具有法律约束力,刘某再诉请返还彩礼不应支持。

3. 提交高级别法院的类案判决书,对法官形成利我影响。

在上述思路的引领下,二审庭审时,针对男方提交的村委会的证明,代理人提出该证明不符合最高人民法院《关于适用〈中华人民共和国民事诉讼法〉的解释》(以下简称《民事诉讼法司法解释》)第 115 条的形式要求,真实性存疑,不应被采信。同时,将一审庭审笔录中证人否认刘某家庭困难的陈述作为证据提交,并充分论证了离婚协议的约定包含了彩礼不再返还的内容。最终二审以一审未查明刘某是否存在生活困难的基本事实为由撤销原判发回重审。发回重审的一审代理思路同二审,另通过庭审时对刘某方的新证人有技巧的发问,向法庭再次证实了刘某家境殷实,不存在生活困难的客观事实,并在辩论环节的最后,将个案正义升华,呼吁法院利用裁判引导社会大众维护诚信风气,提升法官对本案裁判的重视程度。

律师文书

二审代理词（节选）

一、被上诉人是否存在因给付彩礼导致自身生活困难

根据最高人民法院《婚姻法司法解释二》第 10 条的规定,登记结婚后又共

同生活的,没有特殊情况,彩礼不予返还。唯一的特殊情况就是《婚姻法司法解释二》第10条第3项规定的"婚前给付并导致给付人生活困难"。此种情形下,即使结了婚,离婚时也应当返还部分彩礼。理论上讲,生活困难有相对困难和绝对困难之分。相对困难,是指与给付彩礼之前相比,由于给付了彩礼导致生活条件变得差了;而绝对困难,是指给付人靠自己的力量已经无法维持当地最基本的生活水平,通常要达到贫困的程度。虽然法律及司法解释都未对《婚姻法司法解释二》第10条第3项规定的"生活困难"的程度作出具体规定,但代理人认为司法解释的本意一定是要求达到绝对困难的程度。因为双方已经缔结婚姻关系,给付彩礼的目的已经实现,如果以相对生活困难作为退还彩礼的标准来体现法律及审判实践对给付人的帮助,显然意味着退还彩礼没有任何门槛,这无疑是对接受彩礼一方极不公平的。

此外,也可以参考以下推理来确定上述司法解释的立法原意。《婚姻法》第42条规定:"离婚时,如一方生活困难,另一方应从其住房等个人财产中给予适当帮助。"最高人民法院《关于适用〈中华人民共和国婚姻法〉若干问题的解释(一)》(以下简称《婚姻法司法解释一》)第27条第1款对"生活困难"就作出了解释:"婚姻法第四十二条所称'一方生活困难',是指依靠个人财产和离婚时分得的财产无法维持当地基本生活水平。"因此,我们对《婚姻法司法解释二》第10条第3项中的"生活困难"的理解应该与《婚姻法司法解释一》对"生活困难"作出的解释的指导思想一致,即应达到靠自己的力量已经无法维持当地的最基本的生活水平这种绝对困难的客观化标准。

本案两名被上诉人提交的村委会出具的贫困证明上没有村委会负责人和证明制作人的签名和联系方式,不符合《民事诉讼法司法解释》第115条规定的法定形式,真实性存疑,不应予以采信。而且代理人发问时,被上诉人自认家中有两套房子,一套在老家,一套是2010年被上诉人刘某在×县县城上学时就购买的县城学区房。2016年家中购置速腾轿车一部,可以看出原告家境殷实。且在一审时被上诉人申请出庭作证的三名证人中有两名面对上诉人代理人"原告家是否贫困户"的询问时,均回答被上诉人不是贫困户。

综上,无论是从被上诉人的资产状况还是现有证据,被上诉人家庭不存在因给付彩礼而导致生活困难的情形,不符合《婚姻法司法解释二》第 10 条的规定,彩礼无须返还。

二、双方是否已经在离婚协议中约定了不再返还彩礼

根据 2019 年 8 月 7 日上诉人李某和被上诉人刘某所签离婚协议,内容明确记载“双方无财产纠纷、无债权、债务纠纷”。运用文义理解的解释方法,彩礼纠纷当然属于财产纠纷。加之签订离婚协议时,双方均是完全民事行为能力人,能够预测自己行为的法律后果,被上诉人也无法证明离婚协议签订时存在欺诈、胁迫等情形,故此,离婚协议是二人真实意思的表达,也不违反法律强制性规定,应具有法律约束力,不得再要求返还彩礼。

此外,被上诉人虽辩称双方离婚时并未对彩礼是否返还作出约定,但依照常理,如果双方就彩礼问题存在争议,通常无法达成离婚的一致意见,往往会形成诉讼,由法院进行裁判。不太可能会出现本案这种头天去民政局离婚,第二天到法院起诉返还彩礼的情形。

故此,离婚协议中已然对彩礼是否返还作出了约定,被上诉人便不能对约定置若罔闻,丢掉诚信诉请彩礼返还,既加剧了双方的对立冲突,也浪费了宝贵的司法资源。如果法院支持其主张,无疑不仅帮助被上诉人达成了一己之私,也以判决鼓励了社会不诚信习气。正如英国哲学家培根所说,“一次不公正的裁判,其恶果甚至超过十次犯罪。因为犯罪虽是无视法律好比污染了水流,而不公正的审判则毁坏法律好比污染了水源”。

因此本案中,被上诉人既然不存在因给付彩礼导致其生活困难,双方离婚时也已在离婚协议中约定不再返还彩礼,原告主张返还彩礼的主张没有实施和法律依据,应予以驳回。

案件结果

二审法院经审理认为一审法院对是否属于“婚前给付并导致给付人生活困难的”问题没有查明,属基本事实认定不清,裁定撤销一审判决,发回重审。案件发回重审后,一审法院另行组成合议庭,公开进行审理,认为离婚协议中约定无财产纠纷的内容有效,刘某违背离婚时的财产约定再行主张彩礼返还,有

违协议约定及诚信原则,认为“被告方的辩解意见,合理有据,本院予以采信”,判决驳回刘某的诉讼请求。判决生效后双方均未再上诉。

典型意义

不能否认,在我国很多地区,特别是一些经济不发达地区,娶媳妇给彩礼已经成了约定俗成的规矩,而且给付的数额往往较大。当事人为了支付彩礼甚至不得不全家举债。如果男女双方最终未缔结婚姻,给付人往往会要求返还彩礼,协商不成,婚约财产纠纷便会形成诉讼。法院如何正确适用法律妥善处理此类纠纷对于定分止争、促进社会和谐至关重要。本案代理人积极促成法院严格遵守法律规定公正裁判,未为了一味的和谐“和稀泥”,维护了法律的权威。既以判决实现了个案的正义,又以判决引导了诚信风气的建立和维护。

回顾思考

本案涉及的请求权基础规范为《婚姻法司法解释二》第9条(现《民法典》第70条)和第10条(现最高人民法院《关于适用〈中华人民共和国民法典〉婚姻家庭编的解释(一)》第5条)。

第9条是针对男女双方离婚后一年内就财产分割问题反悔起诉请求撤销财产分割协议的情况,规定人民法院对这类案件是否受理以及审理中所应遵循的原则。该条司法解释包括三层含义:(1)男女双方自愿在婚姻登记机关办理了离婚登记手续,离婚一年以内,一方或者双方就财产分割问题反悔,向人民法院起诉,请求撤销财产分割协议的,人民法院应当受理。(2)人民法院经过审理未发现订立财产分割协议时存在欺诈胁迫等情形的,对于当事人的诉讼请求依法予以驳回。也就是说,只有发现了本条司法解释中规定的欺诈、胁迫等特定情形时才可以作出支持当事人诉讼请求的判决。(3)第2款中使用了“等”字说明,欺诈,胁迫的情形不是人民法院支持当事人诉讼请求的唯一条件,司法解释中留有余地,使得人民法院在审理中发现协议内容违反《合同法》第54条第1款、第2款中规定的乘人之危、显失公平的情况下,仍然可以根据当事人的请求变更或者撤销该协议。本案案涉离婚协议虽未明确约定彩礼无须返还,但载明“双方无财产纠纷、无债权、债务纠纷”，用文义解释的方式可知已经包含了双方对彩礼无须返还的意思表示。男方也未提供证据证明签订离婚协议时存在欺诈、胁迫、乘人之危等情形，可以看出离婚协议是双方的真实意思表达，又不违背法律强制性规定，具有法律效力，双方应予履行。

第10条是关于人民法院对于彩礼纠纷问题如何处理的规定。总的指导思想，是将彩礼的给付分成两大类情况：一是对于双方没有结婚的，应当返还彩礼；二是已经结婚又离婚的，原则上彩礼不再返还。但如果有两种特殊情形，即使已经结婚了，离婚后彩礼也应当返还。一种特殊情况是双方结婚后并未共同生活，另一种是因为给付彩礼导致给付人生活困难。本案的焦点之一便是男方是否存在《婚姻法司法解释二》第10条第3项规定的因支付彩礼导致生活困难的情形。二审也正是认为一审未查清这一基本事实，故而将案件发回重审。这里的“生活困难”在司法审判中一般从严掌握，需要达到绝对困难，即依靠自己的能力无法维持当地一般生活水平。在证据呈现上，一般需要当地民政部门或者村委会出具给付人给付彩礼后家庭贫困的证明材料。如果证据确实充分，彩礼一般会判决部分返还。反之，无须返还。

针对此类案件，律师建议做好如下风险防范：

1. 如果双方离婚时已经就彩礼是否返达成了一致意见，一定要在离婚协议中明确约定，或者单就彩礼问题达成协议。

2. 如果男方确实因给付彩礼导致生活困难，想要提交相关部门的证明作为证据，要严格依照《民事诉讼法司法解释》第115条的形式要求加盖证明单位的公章，并要求单位负责人及材料制作人签字。如果能在证明上附上证明单位负责人及材料制作人的电话，更有利于法院对其真实性的认定。

3. 如果离婚协议或者彩礼协议签订时存在欺诈、胁迫等违背当事人真实意思表示的情形，一定要留存证据。

4. 已办理结婚登记且共同生活的，返还彩礼的前提条件是当事人离婚，给付方可以在离婚诉讼中提起，也可以在离婚后提起。在离婚后提起的，应当在3年的诉讼时效期间内行使权利。

虽然《婚姻法司法解释二》第10条对彩礼返还作出了规定，但相对于复杂的社会生活，法律规定还是相对简单，无法罗列可能发生的全部情形。在审判实践中，对婚约财产纠纷进行裁判时，法院除了依照《婚姻法司法解释二》第10条进行裁判，很多情况下还会考虑公平原则。比如，虽然男女双方领取了结婚证且短期共同生活的，男方也未因支付彩礼导致生活困难，但法院已然判决女方适当返还一些彩礼。再如，男女双方未领取结婚证的情况下，法院如果查明双方已有共同生活，或者怀过孕，生育了子女，一般也不会裁判全部返还彩礼。《民法典》及其婚姻家庭编司法解释出台后，对彩礼的返还依然未有更详细的规定，各省份的高级人民法院可以制定本地区的婚约财产纠纷审判细则来统一审判尺度，减少类案异判。

律师简介

李丽，北京市盈科（郑州）律师事务所律师、盈科郑州财富传承与婚姻家庭法律事务部主任，河南省律师协会婚姻家事法律专业委员会副主任，盈科全国婚姻家事法律业务委员会副主任；首届盈科百名大律师；中央电视台《律师来了》特邀律师。中国人民大学民商法硕士。大学任教6年，现专注于婚姻家庭案件和财富传承。

“假离婚”购房，房子如何分割?

——刘某某与王某某同居析产纠纷案

刘亚娟

案件简介

刘某某(男方)与王某某(女方)于2010年6月X日结婚。2013年2月X日,王某某与案外人签订了房屋买卖合同约定购买某某园房产,购买价款185万元,购房首付款130万元,抵押贷款55万元。首付款中的5万元定金王某某于2013年2月X日支付。双方为了节省税费,故于2013年3月X日办理了离婚登记,剩余首付款125万元被告在离婚后第二天交付银行进行资金托管备付给售房人。2013年4月X日,某某园房产登记在王某某一人名下。

双方签订的《离婚协议书》约定:“双方名下现有银行存款共10万元归女方所有,其他财产各归各所有,双方名下的债权债务由各自享有和承担。男方给予女方5万元的补偿金……”

2015年4月×日,双方以王某某名义竞得深圳市车牌,并于2015年5月购买了某某牌汽车一辆,总购买价为343,300元,贷款为19万元。刘某某分别于2015年5月X日、2015年7月X日向汽车销售商支付5000元及143,300元。该车辆登记在王某某名下,主要由刘某某使用。

刘某某与王某某办理离婚登记后,依旧以夫妻名义共同生活在刘某某生前购买的房产内,直至2017年刘某某发现王某某存在出轨行为后,双方发生争执,刘某某让王某某出具了一份认错书,但双方经过此事后已无法继续共同生活,王某某于2017年5月搬离共同居住的房产。

而后,刘某某起诉王某某要求分割离婚后同居期间登记在王某某名下的房产和车辆。

律师策略

刘某某与王某某为了购房省税费而办理了离婚登记，离婚后依旧共同生活，本案的重点在于证明双方在办理离婚登记后依旧以夫妻名义共同生活以及双方共同购置了房产及车辆，而其中重中之重是证明购房款的性质及来源。

律师从各个角度思考，指导刘某某收集人证、书证及录音证据材料。如同事、朋友、小区邻居、物业工作人员等人的证明，快递收件单，社交软件聊天记录及动态，双方讨论生活开支的录音，搬家视频等，证明双方在离婚后依旧以夫妻名义共同生活。

本案最重要的是证明双方共同购置了涉案房产及车辆，而难点在于购房款及购车款的性质及来源。刘某某与王某某离婚的第二天，王某某将首付款剩余的125万元转至买卖双方指定的资金监管账户，而《离婚协议书》里约定的是“双方名下现有银行存款共10万元归女方所有”，那么该首付款是属于女方个人财产还是双方共同财产？如果能证明双方是为了购房避税而假意签署《离婚协议书》办理离婚登记，则可以证明双方在办理离婚后夫妻共同财产依旧属于共有状态尚未分割。此外，刘某某与王某某之间的资金往来频繁，除了转账用于购房购车外，还有其他生活开支掺杂其中，所转的金额也并非一一对应。这就需要整理出购房购车的资金来源及流向。

为此，刘亚娟律师团队一一梳理了刘某某的银行流水等材料，整理出刘某某与王某某之间转账记录、为购房购车的借款记录，每月还贷款来源，因为数据较多，为了让法官能够直观快速的了解，制成图表形式，让法官可以对各款项来源一目了然，证明了双方系共同购房购车。

律师文书

《上诉状》事实与理由：

1. 一审法院认定“双方对同居期间的收入和购置的财产归个人所有”做出

了约定，该事实认定错误。

一审判决称："原被告在离婚协议中，约定离婚前双方各自的财产归各自所有，个人名下的债权和债务，离婚后由个人各自享有和承担；在涉案房产及涉案车辆的产权归属上，双方均主张登记在自己名下的房产属自己个人财产，均主张向对方的转账系出借款，均主张出资款项或出借款项来源是个人财产。可见双方对离婚后同居期间的各自的收入和购置的财产均主张个人所有，可视为双方对此已经作出约定。"

而离婚协议中的原文为："双方确认在婚姻关系存续期间，无共同的债权和债务，个人名下的债权和债务，离婚后由个人各自享有和承担。"该表述的意思是双方在离婚前，婚姻关系存续期间各人名下的债权和债务归各自承担，是对两人在离婚节点以前的债权债务做出的概括性描述，是对过去的总结而不是对将来的承诺，而一审判决中却将其曲解成双方对离婚后同居期间的财产关系做出了约定。并且一审审理中原告并未主张给被告的转账是借款，原告一直主张这些款项是购房出资，一审法院认定"均主张向对方的转账系出借款"是错误的。一审法院认定双方"同居期间的各自的收入和购置的财产均主张个人所有"，而原告在审理期间一直主张原告的收入由被告支配，从银行流水也可以看到原告收入在同居期间持续的转入被告账户。

一审法院根据曲解的离婚协议条款和没有根据的"当事人合意"认定双方对同居期间的收入和购置的财产做出了约定。原告认为即使要考究当事人的合意，也应当从当事人的行为出发去推断在涉案的购房行为发生的当时是何种合意，而不应当以当事人事后对自己的意图的陈述来认定。而从证据看，购房的定金于婚内缴纳，原告的取现时间与定金缴纳时间对应；流水清楚显示原告偿还 34 万元购房借款；并且银行流水也清楚地显示了从婚姻关系存续期间到同居期间原告的收入均大量的转入被告账户；以上足以说明双方在同居期间共同生活、共同置业，但一审判决仅根据被告的单方陈述就认定双方约定了同居期间个人财产归各人所有，把事后陈述当作当事人的"意思表示"完全忽略证据链条，导致事实认定错误。

2. 一审判决对购房款的支付事实认定不清。

一审判决中认定了双方离婚后的同居关系，认定了购房定金于婚内、离婚前支付，但对定金来源没有做出认定，证据显示在定金支付前原告有大额的取现，而被告没有提交流水证明其有取现行为，一审法院没有查明该笔定金是原告还是被告支出的。

一审判决中认定了购房首付款中有34万元案外人借款由原告偿还，但认为该借款关系不属于本案审理范围，该认定是错误的，虽然原告与案外人的借款关系不属于本案审理范围，但是银行流水已经清晰地显示了原告偿还了该34万元因购房产生的借款，所以应当根据已有证据对原告、被告之间该笔款项的出资人做出认定，显然该笔购房款属于原告的出资。

一审判决中没有查明其他购房款的来源，其他购房款中主要有2013年3月×日，即首期款监管当日，原告转账给被告的20万元，该笔资金显然来自原告，一审判决中对原被告就该笔资金的陈述做了叙述，但是没有进行事实认定。其他购房款总计71万元虽然是经由被告的账户支付，但是原告、被告于2013年3月×日登记离婚，随后第二天即支付了首期款，如果被告没有其他证据证明，显然这71万元是来自婚姻关系存续期间的共同收入。被告在整个审理过程中一直拒绝提交这些款项来历的银行流水等证据，只是陈述是自己的婚前财产。原告认为，被告拒绝提交十分容易提交的银行流水，应当承担举证不能的后果，合理的推断这些购房款来自原告、被告双方的婚内共同收入。

3. 一审判决认定“购买某某园的房产并非共同投资”，该事实认定错误。

但是一审判决书在说理时简单的一句“经审查本案已提交的其他证据（含录音），被告并无与原告分享某某园房产权利的意思表示，原告不能证明购买某某园房产系共同决定，也不能证明双方之间转账系为了共同投资”就认定购买某某园的房产并非共同投资。也就是说一审认定了同居的事实；认定了婚内共同支付定金的事实；认定了原告偿还34万元购房首付借款的事实；没有查清购房款的支付情况，只是根据被告口头表示不愿和原告分享权利，就认定并非共同投资行为。如前所述，以当事人的事后陈述追溯当事人在行为发生时的意思表示，忽略所有的证据，这种裁判逻辑是不符合“以事实为依据，以法律为准绳”的原则的。

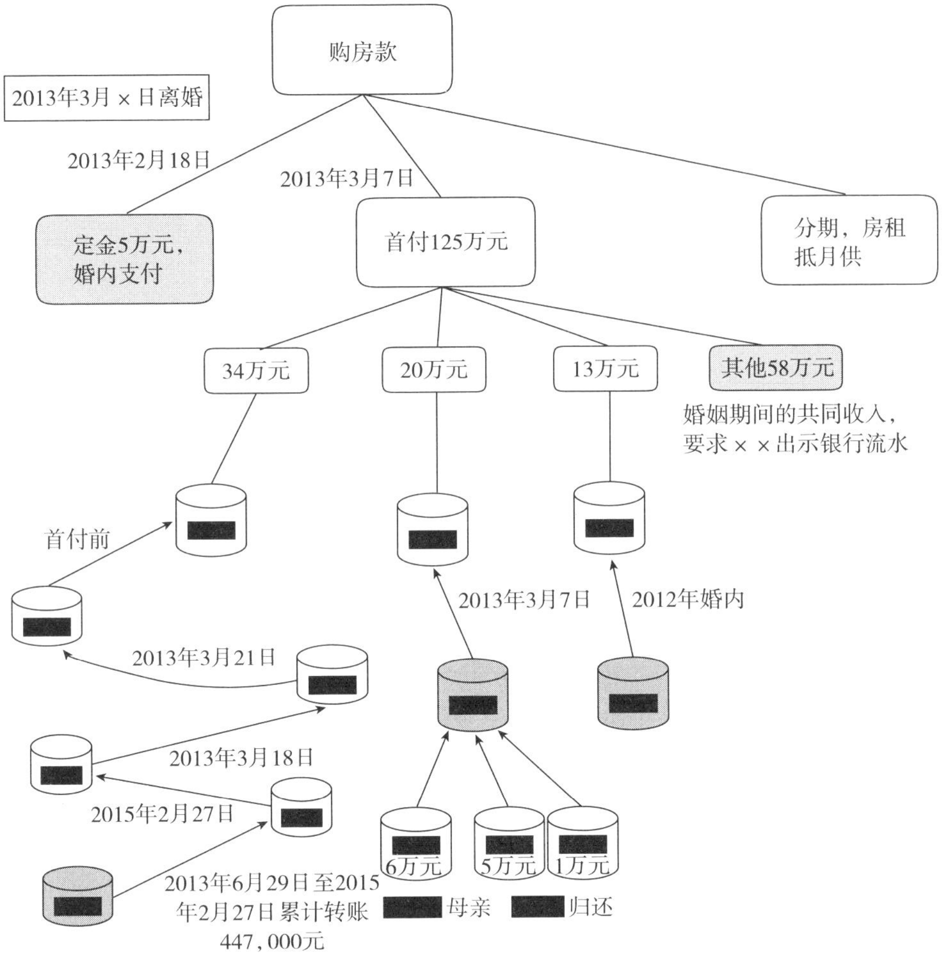

图1　××房产购房资金来源

案件结果

一审法院驳回了刘某某的诉讼请求。

二审法院认为王某某与刘某某在离婚后的生活状态，符合未办结婚登记而以夫妻名义同居生活的事实，存在经济混同的事实。根据最高人民法院《关于人民法院审理未办结婚登记而以夫妻名义同居生活案件的若干意见》第10条的规定,刘某某要求分割涉案某某园房产、车辆有事实和法律依据,以上财产属于一般共有财产,应作为双方共同共有财产予以平均分割。

典型意义

本案系一起典型的为购房避税离婚而引发纠纷的案例,经历了一审、二审、重审一审、重审二审,一波三折,对想要假离婚购房的人们敲响警钟。在房产、车辆登记所有人对案件事实的陈述反复变更且不配合提供证据的情况下,律师协助当事人收集证据以及对证据材料抽丝剥茧,运用可视化工具,对案件事实进行梳理,整理出足以证明当事人双方在离婚后依旧以夫妻名义共同生活以及财产存在混同的情况,体现了律师的专业化水平。

回顾思考

夫妻双方为了购房避税假意签署《离婚协议书》登记离婚,即便离婚后依旧以夫妻名义共同生活,离婚手续一经办理,婚姻关系即终结,产生真离婚的法律效力。

本案中,涉案房产及车辆在离婚后均登记在王某某名下。根据最高人民法院《关于适用〈中华人民共和国物权法〉若干问题的解释(一)》第2条(也即最高人民法院《关于适用〈中华人民共和国民法典〉物权编的解释(一)》第2条)规定,"当事人有证据证明不动产登记簿的记载与真实权利状态不符、其为该不动产物权的真实权利人,请求确认其享有物权的,应予支持"。此外,公安部《关于确定机动车所有权人问题的复函》(公交管〔2000〕98号)指出:"公安机关办理的机动车登记,是准予或者不予准予上道路行驶的登记,不是机动车所有权的登记。……公安机关登记的车主,不宜作为判别机动车所有权的依据。"故不动产权登记及机动车登记并非确认物权归属的唯一有效标准,刘某某依旧可以向法院起诉要求涉案房产及车辆享有物权。

本案中双方为了买房而离婚,离婚后还是维持离婚前的生活,但此时双方已属于同居关系而非夫妻关系。故本案适用最高人民法院《关于人民法院审理未办结婚登记而以夫妻名义同居生活案件的若干意见》第10条的规定,"同居生活期间双方共同所得的收入和购置的财产，按一般共有财产处理"。该通知已于2021年1月1日被废止，期待后续最高人民法院发布相关司法解释对此作出补充。

不过除了以上法律依据外，根据现行的《民法典》第308条规定，"共有人对共有的不动产或者动产没有约定为按份共有或者共同共有，或者约定不明确的，除共有人具有家庭关系等外，视为按份共有"，以及第309条规定，"按份共有人对共有的不动产或者动产享有的份额，没有约定或者约定不明确的，按照出资额确定；不能确定出资额的，视为等额享有"，也可以明确双方在不具有家庭关系的情况下，对共有物的共有性质约定不明的，视为按份共有，各自的共有份额按照各自的出资份额确定，双方若无法确定出资额，则视为等额享有。当然了，同居析产纠纷案件一般除了会着重考虑出资外，同时也会兼顾考虑双方同居期间对共同生活的贡献度。

王某某在本案中完全否认涉案房产及车辆系双方合意购买，主张购买房产及车辆的款项构成系自己的个人财产及向他人的借款。故该类案件的风险就在于，双方当事人感情破裂后，产权登记一方可能完全否认双方购买的合意，主张属于个人财产。而该类案件的难点就在于证明双方的出资份额，故应注意保留购置房产、车辆相关出资证据，转账给他人购置大额财产时每一笔转账最好是能够做好备注，明确款项的用途。

律师简介

刘亚娟，先后从事警察、律师职业，现有12年律师执业经验，一直专注于婚姻家事与房产领域。现为北京市盈科（深圳）律师事务所律师、管委会委员、家族法律事务中心副主任。

古稀老人诉离婚，经济适用房如何分?

——张某诉周某某离婚纠纷案

吴晓洁　吴　甜

案件简介

周某某此前曾在张某户籍所在地服役数年,在此期间,双方因多次一同参加篮球比赛而结识。双方相识之初,周某某早已结束了第一段婚姻,独自一人抚养照顾婚生女儿周小某,而那时张某与第一任配偶共同生育一儿一女,且尚处于第一段婚姻关系存续期间。后张某与第一任配偶解除第一次婚姻关系,并对周某某展开猛烈的追求,双方于 x 年 x 月 x 日在杭州市某区人民政府婚姻登记处办理了正式的结婚登记手续。

婚后的 x 年 x 月 x 日,双方共同购买位于杭州市某区某公寓住房一套(含附属设施设备),该房屋系周某某以军人身份购入的具有福利性质的经济适用房,产权登记在夫妻双方名下。案涉房屋的首付款人民币 118, 401 元,张某仅支付了 1 万元,剩余首付款均系周某某支付,周某某系该房屋的主贷人,每月按揭贷款也均通过周某某的银行卡进行划扣。房屋交付后的装修费用,购买家具家电的费用以及整个家庭的日常开支包括水、电、煤气费等均是周某某一人承担并支付。

x 年 x 月,张某以周某某再婚前的婚生女儿一直居住在其与周某某共同所有的房屋内,不仅严重影响其正常生活,而且对夫妻感情造成了极其不利的影响为由,向杭州市 x 区人民法院提起离婚诉讼,要求分割案涉房屋,提出房屋归周某某所有,同时明确周某某需以房屋单价约人民币 45, 000 元/平方米的标准,向其支付房屋一半的折价款,约人民币 250 万元。

在周某某看来，再婚后的 18 年期间，张某早已忘却结婚时的种种承诺，婚姻关系存续期间，张某一直游手好闲，对于家庭事务不管不顾，家中大大小小的生活开支均是周某某一人在承担，张某不仅未在经济层面替周某某分担过压力，也从未在精神层面给予周某某任何慰藉，就算周某某生病住院，张某也从未去医院照顾过一天，让周某某十分心寒。由于周某某身体状况越来越差，而张某又对其不闻不问，在不得已的情况下，周某某为了得到女儿的细致照顾，便让女儿过来同住，但女儿却遭到张某的冷眼相待。在周某某看来，张某婚后的种种言行早已让周某某对这一段婚姻关系彻底丧失了信心。周某某接到法院通知后，当即咨询了律师，并坦言其同意离婚，也希望尽早解除这一段名存实亡的婚姻关系，但是案涉经济适用房是周某某一辈子的心血，周某某实在无法接受张某提出的分割比例，便委托律师积极应诉。

律师策略

本案焦点在于以周某某军人身份购买的具有福利性质的经济适用房，在周某某的资格贡献与经济贡献都显著高于张某的情况下，登记在双方名下的经济适用房该如何分割，以及婚内周某某对家庭承担了更多的义务，在《民法典》已经颁布但尚未施行的情况下，是否可以参考《民法典》婚姻家庭编第 1088 条的规定，主张相应的经济补偿。

1. 本案的第一个争议焦点是案涉经济适用房该如何分割。

房屋分割问题，首先需要考虑的是如何确定该房屋的价值，其次需要考虑的是房屋的分割比例。原告张某起诉称案涉房屋的单价为 45, 000 元/平方米，但据我们了解，原告所提的单价实际上是同一地段商品房的价格。众所周知，经济适用房的单价与商品房的单价显然无法相提并论，并且案涉经济适用房的土地出让金尚未缴纳，扣除土地出让金之后的房屋净值就更低了。经代理律师与杭州市发改委、杭州市房管局、杭州市财政局等相关部门核实后了解到：在杭州市范围内，针对允许上市交易的经济适用房，杭州市发改委同杭州市财政局会委托具有相应资质的房地产评估机构对经济适用住房的市场价格进行评估并公布评估价格。经查询，杭州市政府信息公开网上公布的 2019 年 9 月 12 日至 2020 年 9 月 11 日杭州市区经济适用住房市场评估价格表中并没有案涉房屋所在小区的评估价格，由此可知，案涉房屋目前根本无法上市交易，更不清楚其客观价值。故在案涉房屋目前的市场价值根本无法确定的情况下,代理律师首要的诉讼策略是主张按照当初的购房价格进行分割。但通过大量的案例检索并结合代理律师实际办案经验可知,离婚纠纷中以购房价格来分割房屋的案例少之又少,因此,首要的诉讼策略无法作为本案唯一的诉讼策略,还需另辟蹊径。

在该房屋具体的市场价值根本无法确定的情况下,为了尽可能准确地估算该房屋目前的实际价值,代理律师只能参照杭州市政府信息公开网上公布的2019年9月12日至2020年9月11日杭州市区经济适用住房市场评估价格表中与案涉房屋同地段、仅一街之隔的经济适用房小区房屋的市场评估价格来确定案涉房屋大致的市场价格,并以该价格为标准,结合杭州市人民政府办公厅《关于规范杭州市区经济适用住房上市交易和回购管理的实施意见(试行)》(杭政办〔2013〕3号)的规定,计算出需补交的土地收益等价款[具体计算公式为:需补交的土地收益等价款=(届时的评估单价-经济适用住房购买时单价)×按经济适用住房价格购买的面积×55%-购买时缴交的税费],争取在周某某确定要案涉房屋所有权的情况下,以期达到在合理范围内尽可能降低该房屋的市场净值,从而少支付房屋折价款的目的。

另,关于案涉经济适用房的分割比例,被告张某认为案涉房屋是在双方登记结婚后购买,并且房屋登记在夫妻双方名下,因此张某自始至终均主张应该按照各50%的比例进行分割,即在案涉房屋归周某某一人所有的情况下,周某某需向其支付房屋目前价值50%的折价款。结合本案客观事实,因张某对案涉房屋的经济贡献几乎可以忽略不计,张某仅在购房时支付过定金中的1万元,而剩余的房屋首付款及购房后每个月的按揭贷款均是周某某一人支付,就连房屋装修款、家具家电费用等也均来源于周某某一人。虽然登记结婚后,双方的工资收入都属于夫妻共同财产,但从出资来源看,周某某对该房屋的经济贡献远大于张某。基于此,为了让承办法官能够更直观地了解到案涉房屋的出资情况,代理律师除了提交周某某支付房屋首付款以及房屋按揭贷款的还款记录之外,还将双方出资的情况通过表格形式进行梳理与对比,凸显周某某对于案涉房屋的经济贡献显著高于张某这一重点,并要求法院切勿机械地对半分割，而是要考虑双方不同的贡献程度。

此外，本案协商过程中，张某曾明确案涉房屋的经济贡献几乎均来源于周某某一人，张某曾自认该房屋应按照张某 20%，周某某 80% 的比例进行分割，对于张某自认的过程，周某某保留了相应的录音，我们也将该录音证据进行文字整理后一并提交给法院。

2. 本案的第二个争议焦点是周某某可否主张经济补偿。

离婚纠纷案件中，经济补偿案件数量之所以比较少，主要原因在于原《婚姻法》第 40 条明确将“夫妻分别财产制”作为请求离婚经济补偿的前提条件，也就是说，只有在夫妻双方书面约定财产归各自所有的情况下，一方对于家庭付出较多才可以主张经济补偿。但是在现实中，绝大部分的家庭没有采用夫妻分别财产制，而是法定的夫妻共同财产制。也正因如此，很多离婚纠纷案件中的离婚经济补偿的相关诉讼请求都会因为不满足前提条件而被驳回。

本案在审理过程中，《民法典》已经颁布但尚未生效施行，《民法典》第 1088 条将离婚经济补偿的前提条件，即“夫妻分别财产制”的条件删除，扩大了离婚经济补偿的适用范围。《民法典》的新规定对于本案周某某而言，在一定程度上肯定是有利的。因此，代理律师结合本案的实际情况，整理汇总了周某某对于家庭的付出，不仅让周某某以第一口吻的形式给法官拟写了一封关于家庭生活细节的信件，同时将周某某对于家庭的付出，包括承担家庭大大小小的开支相关的记录进行梳理，一并提交给法官，并主张案涉房屋应按照周某某至少 90%，张某至多 10% 的比例进行分割。

本案最终调解结案，通过调解过程当中承办法官与双方沟通的内容可知，针对周某某对案涉房屋的资格贡献与资金贡献，以及周某某对于家庭生活的付出，均得到了肯定性评价。在共有房产的分割上，最终周某某只需要向张某支付经济适用房扣除土地出让价款后净值 25% 的房屋折价款，有力地维护了委托人的合法权益。

律师文书

答辩意见

杭州市西湖区人民法院:

原告张某诉被告周某某离婚纠纷一案,案号为(20××)浙0106民初××××号,现被告周某某针对原告张某的诉讼请求以及事实理由,作如下答辩,供法庭参考:

一、答辩人周某某对原告张某提出的第一项诉请"判令原告与被告离婚",表示认可,答辩人同意离婚,并认为原告、被告双方的夫妻感情确已破裂,无任何和好的可能。

答辩人认为双方均系再婚,缺乏牢固的感情基础,原告之所以与答辩人缔结婚姻关系纯粹是着眼于答辩人可以为其带来的经济利益,婚后也并未建立起真正的夫妻感情,加上再婚后家庭的矛盾陡然产生,感情确已破裂且完全没有任何和好可能。故答辩人同意解除早已名存实亡的婚姻关系,尽快恢复平静和谐的老年生活。

二、答辩人周某某对原告张某提出的第二项诉请"分割位于杭州市某区某公寓某室房屋归被告所有,被告补偿原告贰佰伍拾万元"中房屋的分割方式表示同意,但不认可原告提出的房屋补偿款金额。案涉房屋目前根本不允许上市交易,无法确定其客观的市场价值,故答辩人认为只能按照当初的购房价格进行分割。即便案涉房屋后续可以上市交易,答辩人认为本案在分割案涉房屋价值比例的过程中,也应充分考虑案涉房屋的经济贡献几乎均来自答辩人一人;案涉房屋作为经济适用房,若上市交易应向政府交纳高额土地收益等价款;答辩人身体健康状况极度欠佳且答辩人名下无其他住房这四个关键因素,判决案涉房屋归答辩人一人所有,并由答辩人至多向原告支付房屋净值10%的折价款。

婚后双方共同购买位于杭州市某区某公寓某室房屋(含附属设施设备)一套,权证号为杭房权证×移字第×××××号,房屋土地性质为划拨,房屋建筑面积为112.02平方米,房屋总价合计人民币378,401元。答辩人已于2007年2月15日之前支付首付款,剩余房款则是以房屋为抵押,由答辩人作为主贷人和中国工商银行签署《个人房屋担保借款合同》。后答辩人又于2007年4月5

日分别缴纳印花税和契税。自 2007 年 4 月 15 日至 2018 年 3 月 15 日，共计 132 个贷款期限，每月贷款本息均系答辩人一人归还。答辩人于 2018 年 3 月 15 日将最后一笔房屋贷款本金与利息归还后，中国工商银行向答辩人出具了《个人住房按揭贷款结清证明》，答辩人依此办理了不动产抵押权注销登记手续，案涉房屋目前无任何限制财产权利的情形存在。

根据杭州市经济适用住房的相关规定，针对允许上市交易的经济适用房，杭州市发改委同杭州市财政局会委托具有相应资质的房地产评估机构对经济适用住房的市场价格进行评估并公布评估价格。经查询，杭州市政府信息公开网上公布的 2019 年 9 月 12 日至 2020 年 9 月 11 日杭州市区经济适用住房市场评估价格表中并没有案涉房屋所在小区的评估价格，由此可知，案涉房屋目前根本无法上市交易，更不清楚其客观价值。故答辩人认为，就案涉房屋的分割事宜不应考虑房屋目前的市场价值，而只能按照当初的购房价格进行分割。

退一万步讲，即便案涉房屋后续允许进行上市交易，关于案涉房屋的分割，《杭州市区经济适用住房管理办法》（杭政〔2007〕9 号）第 31 条明确规定，需按照届时的销售价与当时购买经济适用住房（包括超过享受面积部分的经济适用商品房）差价的 55% 向政府缴纳土地收益等价款。根据杭州市人民政府办公厅《关于规范杭州市区经济适用住房上市交易和回购管理的实施意见（试行）》（杭政办〔2013〕3 号）之规定，在 2004 年 9 月 1 日后签订购房合同（含预售合同）的经济适用住房的所有权人通过补交土地收益等价款取得完全产权的，需补交的土地收益等价款的具体计算公式为：需补交的土地收益等价款 =（届时的评估单价 - 经济适用住房购买时单价）× 按经济适用住房价格购买的面积 ×55% - 购买时缴交的税费。参照案涉房屋同地段仅一街之隔小区当前的市场评估价格为 35,500 元，案涉房屋如果能上市交易，则需要向政府缴纳的土地收益等价款便高达 1,782,184.78 元。

如上所述，本案所涉房屋相关的几乎所有款项均系答辩人一人支付，故案涉房屋的经济贡献几乎均来源于答辩人一人！另，案涉房屋系答辩人单位的福利分房，是答辩人自 15 岁开始服役一辈子才享受到的购房资格，换言之，原告对案涉房屋既没有资格贡献也没有任何经济贡献！此外，答辩人年近古稀，身体健康状况极度欠佳,不仅脑血管功能受损,同时患有冠心病、高血压、糖尿病、脂肪肝等疾病,一直服用药物治疗,根据《婚姻法》的规定,原告作为配偶一方需要对身体状况不佳的答辩人履行扶助照顾义务,也即在夫妻共同财产的分割上应给予答辩人适当照顾和经济上的帮助。另,答辩人名下除案涉房屋之外并无其他住房,随着答辩人的身体健康状况越来越不容乐观,答辩人更需要稳定的住所养老,故答辩人主张将案涉房屋判归答辩人一人所有,由答辩人至多向原告支付案涉房屋净值10%的折价款。

三、综上,因夫妻双方感情确已破裂,无任何和好可能,又鉴于双方无法就婚内财产的分割事宜协商达成一致的意见,故根据《婚姻法》等相关法律法规的规定,恳请法院从双方各自对夫妻共同财产贡献程度大小的角度,并结合考虑答辩人目前的身体状况以及照顾妇女的原则,依法作出公正判决!并且判令本案诉讼费用,由原告自行承担。

案件结果

本案最终调解结案,经法院主持调解,当事人自愿达成如下协议:(1)张某与周某某自愿离婚;(2)位于杭州市某区某公寓某室房屋及房屋内附属设施设备、家具、家电归周某某所有,周某某于2020年12月31日前支付张某房屋补偿款430,000元;(3)张某在收到房屋补偿款430,000元之日起30日内配合周某某办理杭州市某区某公寓某室房屋产权过户登记手续,并从杭州市某区某公寓某室房屋搬离及将户口迁出;(4)如张某因为个人原因未按上述期限办理房屋过户登记手续及将户口迁出和搬离房屋,则张某需另行支付周某某100,000元;(5)双方名下其他财产及各自经手的债权债务由各自处理和承担。

典型意义

本案亮点主要体现在代理人强调当事人周某某在婚后申请并购买的经济适用房不仅具有强烈的人身性质和福利性质,而且当事人周某某对该房屋的出资显著高于张某,从而借此说服法院在房屋分割上更多地考量周某某的资格贡献和经济贡献;此外,基于案涉经济适用房因政策原因无法上市交易使得其市场价值难以确定的客观事实,代理人主张依照购房价格进行分割，并主张需考虑缴纳的土地出让金及税费成本，从而最大限度维护当事人合法权益；最后，婚内周某某对家庭承担了更多的义务，在《民法典》已经颁布但尚未生效的情况下，代理人认为可以参考《民法典》婚姻家庭编第1088条的规定主张相应的经济补偿，在房屋的分割比例上得到一定程度的倾斜，这不仅是对当事人多年来付出的一种肯定，也同时保障了当事人的财产利益，体现公平正义。

回顾思考

本案与一般的离婚纠纷分割房屋的案件相比，存在三个特殊情况：

1. 案涉房屋登记在周某某和张某二人名下，登记为共同共有，但案涉房屋是部队集体建造的经济适用房，周某某从15岁开始服役一辈子方才享有购房资格。加之该房屋的首付款、房屋上的按揭贷款本息、房屋的装修款，房屋内的家具家电等费用均是被告周某某一人支付，甚至家中的水、电、物业、煤气、电视等费用以及家庭日常开销也均是周某某一人负担，被告周某某对房屋及家庭的经济贡献显著高于张某。关于周某某对案涉房屋及家庭的经济贡献，周某某已提交充分的证据予以证明，同时张某对该些事实也均认可。故代理人主张在案涉房屋的分割过程中，应充分考虑双方对案涉房屋的贡献程度大小，从而在分割比例上予以贡献大者适当的倾斜以示公平。

2. 通过与杭州市房管局、杭州市经济适用房管理部门、杭州市发改委、财政局等部门的核实与确认，本案所涉房屋系杭州市政府专项经济适用房，无法上市交易，因此该房屋的市场价值根本无法确定。在市场价值无法确定的情况下，代理人主张应根据该房屋的购房成本进行分割。即便案涉房屋后续可以上市交易，根据《杭州市区经济适用住房管理办法》与杭州市人民政府办公厅《关于规范杭州市区经济适用住房上市交易和回购管理的实施意见（试行）》的规定，经济适用房需要补交土地收益等价款才能取得完全产权，需补交的土地收益等价款的具体计算公式为：需补交的土地收益等价款＝（届时的评估单价－经济适用住房购买时单价）×按经济适用住房价格购买的面积×55%－购买时缴交的税费，扣除需缴纳的土地收益价款后，房屋的实际净值已经所剩无几，显然无法以张某提出的西湖区商品房的价值来确定本案房屋的实际价值。

3. 周某某身体健康状况极度欠佳，不仅脑血管功能受损，同时患有冠心病、高血压、糖尿病、脂肪肝等疾病，一直服用药物治疗。张某作为配偶一方需要对身体状况不佳的周某某履行扶助照顾义务，也即在夫妻共同财产的分割上应给予周某某适当照顾和经济上的帮助。另，被告周某某名下除案涉房屋之外并无其他住房，这也是需要一并强调的重点，凸显周某某身体状况差且支付能力薄弱，以求法院能够对周某某作为妇女及弱者进行适当的照顾。此外，周某某在这一段婚姻关系中，对于家庭的付出以及所承担的义务显然高于张某，因此，在《民法典》婚姻家庭编已经明确可以主张经济补偿的情况下，提出该项诉请，恳请法院综合考虑以上因素最终慎重决定案涉房屋的分割比例。

鉴于本案的特殊性，代理人围绕上述三个方面搭建答辩思路：案涉房屋带有人身属性的特点是当事人主张房屋所有权的坚实基础；当事人对案涉房屋的经济贡献是主张房屋所有权的关键辅助，也是影响房屋份额比例的重要因素；当事人一直以来的身体状况以及对家庭的巨大付出是在房产分割中践行经济补偿的大胆尝试。对于涉及经济适用房分割的同类型离婚案件，可以从经济适用房本身的人身属性、对经济适用房的经济贡献以及其他有利于当事人的客观情况为当事人尽可能争取合法利益。

律师简介

吴晓洁，北京市盈科（杭州）律师事务所管委会副主任、浙江省律师协会第十届理事会理事及道纪委委员、浙江省律师协会婚姻与家庭专业委员会主任、浙江省律师协会法律援助与社会公益委员会（未保委）副主任、浙江财经大学法学院硕士研究生导师。曾获2017年度杭州律师新星奖、2018年度杭州市优秀律师调解员、2017～2020年度因贡献突出每年获省律协、市律协通报表扬。

吴甜，北京市盈科（杭州）律师事务所律师，现任北京盈科（杭州）律师事务所青工委副主任，专注于婚姻家庭纠纷中的财产分割以及抚养权归属等方面的研究，办理过大量离婚、抚养、继承、婚姻财产纠纷案件。擅长婚姻继承家事纠纷的调解、相关文书协议的拟定以及各项法律风险的评估。

婚前购买房产婚内共同还贷，深圳法院计算有新公式

——吴某与冯某离婚纠纷案

张彩容

案件简介

女方吴某系知名房企的设计师，远离家乡来到深圳工作生活，通过自己多年的努力和父母的资助，终于在2013年通过按揭方式购买了位于梅林的房产一套，房产购买价格为111.8万元，登记在女方吴某个人名下。吴某有了自己的房子，在这个诺大的城市找到了自己的归属感，也是时候解决自己的终身大事了，吴某通过朋友介绍认识了冯某，双方很快确立了恋爱关系，并于2015年3月30日办理结婚登记手续，开始了婚姻生活。

双方刚开始感情尚可，但婚姻不仅仅是两个人的事，还关系到两个家庭，柴米油盐的日常，以及生育孩子后教育观念的分歧，致使两家人没能磨合好，矛盾长期无法调和，一次剧烈的争吵过后，吴某被冯某父母赶出家门，吴某也心灰意冷。双方2018年开始分居，吴某很快于2019年年初收到了冯某的一纸诉状，诉请离婚并分割吴某婚前购买的梅林房产。

吴某委托代理诉讼案件，应诉答辩。吴某从分居后带着孩子自己生活，也冷静地思考了很长时间。委托之际，吴某认为婚姻已无法继续，双方感情确已破裂，无和好的可能性，同意离婚。关于孩子的抚养问题，代理人了解的情况是孩子自分居后便跟随吴某及吴某父母共同生活，并已入读幼儿园。另外，男女双方及家庭的情况都差不多，为了不改变孩子的生活环境，孩子跟随吴某生活是更好的选择。因此，吴某对于争取孩子跟随吴某继续共同生活是比较有把握的。

那么关键问题就是吴某婚前辛苦攒钱购置的房产如何处理，涉案房产在婚

前于2013年签署《二手房买卖合同》购买，吴某个人出资支付了首期款，并一直由吴某的账户偿还梅林房产的房贷至诉讼发生时。显然，该房产在性质上属于吴某婚前出资购买的个人房产。但根据《婚姻法》的相关规定，除另有约定外，婚内的收入属于夫妻共同财产，婚内收入用于还贷，则属于夫妻共同还贷，那么婚内还贷及其相应的增值部分属于夫妻共同财产，离婚时，不持有房产的一方有权要求分割该部分房产价值。

对于个人婚前购买的房产，婚后还贷及其相应的增值部分，深圳市中级人民法院对此在《关于审理婚姻家庭纠纷案件的裁判指引》（2014年5月21日）作出明确的规定，给出计算公式。具体规定如下：

二十九、最高人民法院关于适用《中华人民共和国婚姻法》若干问题的解释（三）第10条第2款规定中的"双方婚后共同还贷支付的款项及其相对应财产增值部分"一般可以按照如下公式计算：夫妻婚后共同还贷部分（含婚后偿还的本金和利息）÷实际购房款（房屋购买价＋离婚时已还全部利息）×离婚时房屋市场价。

开庭前，作为代理人为吴某详细说明了法院既有的计算方法，但在开庭时，法官的一句询问，因为代理人的巧妙回答，让案件出现了一个巨大的转机。

法院启动房产价格的评估，除了评估房产的现价值外，还评估了涉案房产在双方结婚时该房产的价值。法院的这一举动，将导致计算方法发生改变，也更大限度地保护了吴某的婚前财产利益。

法院最终以新的计算公式计算了涉案房产的婚内还贷及其相应的增值部分，具体计算方法为：

$$\frac{\text{夫妻婚后共同还贷部分（含婚后偿还的本金和利息）}}{\text{（房屋结婚时价格＋婚内偿还的利息）}}\times\text{离婚时房屋市场价}$$

新旧两种计算公式，涉案房产吴某需要补偿给冯某的金额相差180余万元。

律师策略

正常情况下，吴某在婚前购买的房产价格在婚前及婚后增值是均匀的。但本案中，律师特别注意到吴某与冯某结婚的时间点为2015年3月30日，这一时间点对于深圳房产市场而言，有着非同寻常的意义。众所周知，《关于个人住房贷款政策有关问题的通知》公布后，房产价格几乎翻番，也因此在2015年引起了一大波的违约潮。因此，吴某的房产在婚前是存在非常巨大的增值的，甚至可能在该时间点房产价格已翻番。但是涉案房产婚前的增值与冯某并没有任何关系，冯某对此并没有任何的贡献，如果按原有的计算公式计算吴某房产的婚内还贷及其增值部分，并以此为依据计算吴某应当支付给冯某的补偿款，明显是显失公平的。因此，我方极力主张吴某的房产在婚前存在巨大的增值，要求法院对此特殊情况予以考虑。

虽然，《关于个人住房贷款政策有关问题的通知》公布后房产价格几乎翻番是众所周知的事情，但需要让法官充分予以考虑这一特殊案件因素，对结婚时涉案房产的价格进行评估是至关重要的。所幸法官在开庭询问时，律师进行了充分的论述，法院当庭决定评估涉案房产的现价值与结婚时的价值，案件取得较大的突破。

律师文书

答辩人与被答辩人经人介绍认识，于 2015 年 3 月 31 日在深圳市民政局登记结婚，婚后于 2015 年 10 月 9 日育有一子冯某凝。

婚后，双方感情尚可，孩子出生后，与原告父母共同居住，因为家长对双方婚姻生活、孩子的教育教养问题的过多介入，导致家庭矛盾愈演愈烈，才发生 2018 年 6 月原告家人将答辩人无情地赶出家门的事件。答辩人在此之前从未与原告长期分开居住，原告诉称 2017 年 6 月双方分居，并不属实，也无证据予以证明。事实上，2017 年 6 月答辩人仅仅系因工作需要临时调往天津。

原告主张答辩人不承担家庭责任、拒绝抚养孩子，均不属实。相反，女方对家庭贡献大，婚后答辩人承担了家庭大部分支出，为家庭提供了答辩人婚前购买的房产作为家庭住房。对孩子的抚养教育尽心尽力，孩子也是女方亲自抚养长大的。

答辩人认为在认清婚姻存在的问题后，减少家长的过度介入，双方的婚姻还是能够继续重修于好，共同抚养孩子，经营好婚姻生活的。然而，若原告决意离婚，答辩人在原告同意孩子抚养权归女方并支付抚养费的情况下，可以同意离婚，但希望法院查明夫妻共同财产状况，作出公平合理的财产分割，以保障妇女儿童在离婚后的生活。

孩子由答辩人抚养更为合适，理由如下：

首先,孩子出生后,答辩人精心抚养照顾,为了更好地照顾孩子,多次调动工作,始终把孩子放在第一位。答辩人与孩子感情深厚,孩子年纪尚小,现阶段对母爱的需求要大于父爱,对母亲也更为依赖。另外,孩子出生后,答辩人的父母及其他亲人频繁与答辩人一同照顾,孩子现在也跟答辩人及答辩人的父母共同生活,因此孩子对答辩人父母也极为依赖。根据最高人民法院《关于人民法院审理离婚案件处理子女抚养问题的若干具体意见》的规定,子女随其生活时间较长,改变生活环境对子女健康成长明显不利,应当优先予以考虑。

其次,孩子的外祖父母现已退休,身体健康,有时间也有精力,愿意与答辩人一同抚养照顾孩子,可作为孩子随母生活的优先条件予以考虑。

最后,答辩人产后患过腰椎间盘突出及骨头偏位,现年龄已35岁,已达到高龄产妇的年龄,作为高龄女性再次受孕生子比男方困难太多,同时高龄产妇生育子女也属于更为高风险的事情,为了切实保护妇女群体的权益,孩子应当判归答辩人抚养。恳请法院依法将孩子抚养权判归答辩人,原告每月向答辩人支付孩子抚养费8000元,答辩人一定保障原告的探视权利,为孩子营造更好的成长环境。

夫妻共同财产情况如下:

1. 华润城润府(二期)5号楼3B房产。

2015年1月21日购买位于深圳市南山区华润城润府(二期)5号楼3B的房产作为双方的婚房,现登记在男方名下,现该房产处于抵押状态。

2. 车辆。

婚后于2018年8月3日购买宝马牌小汽车一辆,车牌号为粤B687AE,登记在原告名下,该车辆属于夫妻共同财产。根据车辆查询信息显示,该车辆抵押给原告父亲。

3. 深圳前海汇盛睿泰投资管理有限公司40%的股权。

2015年6月10日,原告与其好友胡某共同设立深圳前海汇盛睿泰投资管理有限公司,答辩人应原告要求,代原告持有该公司40%代股权。

然而,答辩人仅仅系一名建筑设计师,并不了解公司的业务,因此也从未参与该公司的经营管理,更未收取该公司的任何收益,在对公司毫不知情的情况下，如原告、被告离婚，答辩人认为原告应当向答辩人公开公司相关数据，在对该公司进行清算后再处理该公司，由此产生的清算费用应当由原告承担。如公司存在债务并资不抵债的情况，该笔债务应当由公司的实际经营及利益的享有者，即原告独自承担。

4. 存款。

婚内存款属于夫妻共同财产，恳请法院查清后依法予以分割。

5. 股票、基金等其他投资。

原告长期有炒股的习惯，也曾与答辩人聊到购买了基金产品，收入可保障答辩人与孩子的生活，恳请法院查清后依法予以分割。

综上所述，原告同意将孩子抚养权给答辩人的情况下，答辩人同意解除双方的婚姻关系，但恳请法院依法对夫妻共同财产予以分割，并考虑女方在婚后对家庭贡献大，根据照顾子女和女方的权益的原则，对答辩人多分，夫妻共同财产按照女方 60% 的比例分割，支持答辩人的答辩请求。

案件结果

案件判决主文"××房产。该房产在 2015 年 3 月 31 日的价值为 2,417,400 元，截至 2019 年 6 月 17 日，双方婚内归还利息 176,397.38 元（64,646.61 元 + 111,750.77 元），双方婚内偿还的贷款本息合计 1,014,545.42 元（61,496.17 元 + 64,646.61 元 + 776,651.87 元 + 111,750.77 元），该房产现价值为 4,713,930 元，故双方婚后共同还贷支付的款项及其增值部分为 1,843,820.23 元［1,014,545.42 元/（2,417,400 元 + 176,397.38 元）× 4,713,930 元］，被告应向原告补偿 921,910.12 元（1,843,820.23 元 × 50%）"。

根据法院的判决可知，法院依法评估了涉案房产现价值以及房产于 2015 年 3 月 31 日的价值，并依据两个价值计算房产的婚内还贷及其相应的增值部分。

具体计算公式为：

夫妻婚后共同还贷部分（含婚后偿还的本金和利息）÷ 实际购房款（房屋结婚时的价值 + 离婚时已还全部利息）× 离婚时房屋市场价

对比深圳市中级人民法院原有的计算公式：

夫妻婚后共同还贷部分(含婚后偿还的本金和利息)÷实际购房款(房屋购买价+离婚时已还全部利息)×离婚时房屋市场价

那么,综合对比上面的两种计算方法,计算结果的差距有多大呢?

我们初步计算了一下,过程如下:

房产购买价格:1,118,209元;

结婚时价格:2,417,400元;

房产现价值:4,713,930元;

婚内还贷本金:776,651.87+61,496.17=838,148.04元;

婚内还贷利息:176,397.38元;

婚内还贷本息:838,148.04+176,397.38=1,014,545.42元;

全部利息:184,654.32元;

以前的算法:

1,014,545.42/(1,118,209+184,654.32=1,302,863.32)×4,713,930=3,670,759.11元。

现在的算法:

1,014,545.42/(2,417,400+176,397.38=2,204,654.32)×4,713,930=1,843,820.23元。

计算差距:3,670,759.10-1,843,820.23=1,826,938.87元。

典型意义

本案的典型意义在于,法院根据案件的具体情况,突破深圳市中级人民法院2014年《关于审理婚姻家庭纠纷案件的裁判指引》中给出的计算公式,更公平合理地计算婚内还贷及其相应的增值部分,充分考虑了房产增值在婚前婚后并非增长速度一致,结合本案吴某与冯某结婚时间点为极特殊的《关于个人住房贷款政策有关问题的通知》颁布实施的当天,案件存在极大的特殊性,法院的处理办法也存在特殊性与典型性,可以为类似的案件提供参考。

回顾思考

在吴某与冯某的离婚诉讼一案中,关于涉案房产的婚后还贷及其相应的增值部分应该如何计算如何分割的问题,本无任何争议,因为无论是最高人民法院《关于适用〈中华人民共和国婚姻法〉若干问题的解释(三)》第10条的规定,夫妻一方婚前签订不动产买卖合同,以个人财产支付首付款并在银行贷款,婚后用夫妻共同财产还贷,不动产登记于首付款支付方名下的,离婚时该不动产由双方协议处理。依前款规定不能达成协议的,人民法院可以判决该不动产归产权登记一方,尚未归还的贷款为产权登记一方的个人债务。双方婚后共同还贷支付的款项及其相对应财产增值部分,离婚时应根据婚姻法第三十九条第一款规定的原则,由产权登记一方对另一方进行补偿。

还是深圳市中级人民法院《关于审理婚姻家庭纠纷案件的裁判指引》(2014年5月21日)作出明确的规定,给出计算公式。具体规定如下:二十九、最高人民法院关于适用《中华人民共和国婚姻法》若干问题的解释(三)第10条第2款规定中的“双方婚后共同还贷支付的款项及其相对应财产增值部分”一般可以按照如下公式计算:夫妻婚后共同还贷部分(含婚后偿还的本金和利息)÷实际购房款(房屋购买价+离婚时已还全部利息)×离婚时房屋市场价。对于案件前期的办理而言,仿佛案件已经定性,没有为当事人多争取利益的空间,但天下没有完全一样的案件,很多案件的细节需要代理律师沉下心来去挖掘,去思考,同时为当事人提供最大限度的利益博弈方案。就本案而言,要求法院考虑涉案房产结婚前存在巨大的增值,希望法院考虑案件的特殊情况,对涉案房产婚内还贷及其相应增值部分计算重新作出考量,评估结婚时的房产价值便成为案件的一个转折点,也让摸索中前行的代理人看到了希望的曙光。从提出到启动评估到法院根据本案调整深圳市中级人民法院给定的计算公式,启用新的计算公式计算涉案房产婚内还贷及其增值部分,无疑是本案中最大的突破,也是让当事人最喜出望外的地方。

通过办理本案,也让代理人重燃斗志,相信法律是公平正义的,通过一个一个细小的努力,也可以为法治的进步贡献自己的一点点力量。同时,也期待司法实践中,对于婚前购房婚内还贷及其相应的增值部分的计算,不再“一刀切”

处理,而是充分考虑案件的特殊性,适时作出调整。

律师简介

张彩容,北京市盈科(深圳)律师事务所律师,中国政法大学在读研究生,2015年开始进入律师行业,主要办理民商事案件,尤其在婚姻家事、房产、合同、借贷领域有较为丰富的诉讼和非诉讼项目经验。

限制交易是否构成不正当竞争

——杭州格凯公司诉广西玉柴公司不正当竞争纠纷案

钱 航 陈 梦

案件简介

2018 年，本案原告杭州格凯公司中标了案外人发布汽车配件零库存采购项目，投标产品涉及我方委托人广西玉柴公司的多款配件，但中标价与招标最高限价差距悬殊，涉及广西玉柴公司品牌的产品存在大量投标价仅占最高限价 10% 或 20%。对此，作为国内知名机组配件生产商的广西玉柴公司为了维护专卖配件的市场秩序，2018 年 8 月 10 日向名下多家经销单位发送通报称杭州格凯公司在经营中存在跨区域采购、恶意低价竞争的行为，要求体系成员不得向其提供该产品正品配件。

杭州格凯公司知悉该通告后认为广西玉柴公司的行为损害了其商誉，有悖于商业交易中的“自愿、平等”原则及商业道德，且利用市场优势地位限制其经销体系成员提供正品配件，违反了《反不正当竞争法》第 2 条的规定，遂起诉至杭州铁路运输法院要求广西玉柴公司停止限制交易行为、赔礼道歉消除影响并且赔偿其损失 4, 976, 168.7 元。

2019 年收到杭州铁路运输法院的诉讼材料后，广西玉柴公司委托钱航律师、陈梦律师应诉答辩。

律师策略

北京盈科（杭州）律师事务所钱航律师、陈梦律师经广西玉柴公司委托处理相关诉讼事宜。就本案的处理，在听取了委托人的陈述并进行了全面的调查后,经律师团队讨论,本案中杭州格凯公司起诉的法律依据主要是《反不正当竞争法》第2条,而该条是兜底条款,根据最高人民法院的相关判例单独适用该条款有严格的条件限制,一是法律对该种竞争行为未作出特别规定;二是其他经营者的合法权益确因该竞争行为而受到了实际损害;三是该种竞争行为因确属违反诚实信用原则和公认的商业道德而具有不正当性或者说可责性。

经律师团队多番论证认为,本案最为本质的法律问题可总结为:只有具有市场支配地位的经营者限制交易的行为才可能会违反《反垄断法》的相关规定,不具有市场支配地位的经营者限制交易的行为一般不会违反《反垄断法》的规定,那么是否会违反《反不正当竞争法》的相关规定?为此我方查询比较了《反不正当竞争法》多次修改的送审稿、修改草案以及相关理论界和实务界观点,最终认定不具有市场支配地位的经营者限制交易的行为系正当的商业竞争行为。

律师文书

本案针对杭州格凯公司的起诉,作为被告广西玉柴公司的代理律师,发表了如下的代理意见(该意见大部分内容被一审法院和二审法院采纳),具体文书如下:

代理意见

尊敬的审判长、审判员:

北京盈科(杭州)律师事务所钱航律师、陈梦律师接受广西玉柴公司(下称被告)委托,就贵院受理的杭州格凯公司(下称原告)与被告不正当竞争纠纷一案[案号:(2019)浙8601民初9号],发表如下代理意见,供合议庭参考:

一、对比《反不正当竞争法》的修订草案送审稿、修订草案和现行生效版本及相关学界观点,《反不正当竞争法》并不禁止不具有市场支配地位的经营者限制/拒绝交易的行为,该行为系正当的商业竞争行为

2016年2月25日国务院法制办公室发布的《反不正当竞争法修订草案送

审稿》第 6 条"经营者不得利用相对优势地位,实施下列不公平交易行为:(一)没有正当理由,限定交易相对方的交易对象……本法所称的相对优势地位,是指在具体交易过程中,交易一方在资金、技术、市场准入、销售渠道、原材料采购等方面处于优势地位,交易相对方相对该经营者具有依赖性,难以转向其他经营者"。

2017 年 2 月 26 日全国人大常委会发布的《中华人民共和国反不正当竞争法(修订草案)》没有保留上述的第 6 条,其中第 11 条为"经营者销售商品,不得违背购买者的意愿搭售商品,不得附加其他不合理的条件"。

2017 年 8 月 28 日全国人民代表大会法律委员会关于《中华人民共和国反不正当竞争法(修订草案)》修改情况的汇报中称"修订草案第十一条规定,经营者销售商品,不得违背购买者的意愿搭售商品,不得附加其他不合理的条件。有的常委会组成人员和地方、部门、企业、单位提出,对搭售行为的规范,应以经营者具有市场支配地位为前提,反垄断法对此已经作了明确规定,本法可不必再作重复规定;对于不具有市场支配地位的经营者,应允许其自主设置交易条件,购买者如不愿接受该条件,可以选择与其他经营者进行交易,这属于正常的市场交易活动,不宜予以干预。法律委员会经研究,建议删除这一条"。

最终无论是在 2018 年生效的《反不正当竞争法》还是在 2019 年修改的《反不正当竞争法》中均未设置相关"经营者利用相对优势地位限制交易对象"等的类似条款。

而且对于送审稿的第 6 条所谓的利用相对优势地位限制交易对象的条款,理论界和实务界对此也持否定态度。例如,孔祥俊在《新修订反不正当竞争法释评(上)》写道:"反不正当竞争法本质上仍以维护竞争自由为目的,但它是通过制止不公平行为的方式实现市场竞争的自由。它首先体现为对于公平的维护,而深层价值取向则是竞争自由。这恰是反不正当竞争法与反垄断法既有共性又有差异的原因所在,而差异是通过规制行为的界限体现出来的。例如,'修订草案送审稿'曾规定禁止滥用相对优势地位的行为,'修订草案'第 11 条仍保留搭售的规定,但因为模糊了自由竞争与公平竞争的界限,降低了反垄断门槛和架空了反垄断法相应规定,其结果会不适当妨碍竞争自由,而最终被删除。反垄断法旨在维护竞争自由,禁止消除或者限制竞争自由的行为,如只限制具有市场支配地位的经营者的滥用行为,即同样的行为可以由普通的经营者实施,这属于自由竞争的范畴,但具有市场支配定位的经营者却不能实施。反不正当竞争法与反垄断法应当保持适当的距离,给竞争自由留下相应的空间。”最高人民法院法官朱理认为:在现代反垄断法项下,相对优势地位和绝对优势地位有融合的趋势,《反垄断法》的滥用市场支配条款包含“利用相对优势地位限制交易”的大部分行为,即使没有被《反垄断法》包含,即在经营者仅有相对市场优势的情况下,即使“滥用”了,也很难对竞争造成损害或者扭曲,经营者在其交易中运用优势地位并不具有可责性,且法律介入的强势规制并不能实现预期目标。①

二、原告主张单独适用《反不正当竞争法》第2条规定,但本案并不属于能够单独适用该条的情形

根据最高人民法院公报案例关于《反不正当竞争法》第2条作为一般条款予以适用应当同时具备以下条件:“一是法律对该种竞争行为未作出特别规定;二是其他经营者的合法权益确因该竞争行为而受到了实际损害;三是该种竞争行为因确属违反诚实信用原则和公认的商业道德而具有不正当性或者说可责性,这也是问题的关键和判断的重点。”②具体到本案中:

(一)《反垄断法》和《反不正当竞争法》其他条款已经对原告主张的涉嫌不正当竞争行为进行了明确的规定

1. 根据《反垄断法》第17条第1款第3项规定,“禁止具有市场支配地位的经营者从事下列滥用市场支配地位的行为:……(三)没有正当理由,拒绝与交易相对人进行交易”,即《反垄断法》对“限制其专卖体系成员向原告提供玉柴正品配件的行为”作出了明确规定。

《反不正当竞争法》本身是一个兜底性质法条,最高人民法院在该法的第2

① 朱理在2016“知识产权南湖论坛互联网分论坛——‘互联网内容产业十年回顾与未来展望’”专题研讨会上的发言,主题为《相对优势地位滥用:虚幻的敌人和真实的危险》。

② 山东省食品进出口公司、山东山孚集团有限公司、山东山孚日水有限公司与马达庆、青岛圣克达诚贸易有限公司不正当竞争纠纷案,案号:(2009)民申字第1065号。

条的原则性条款进行单独适用的时候第1项要求是“法律并未对该行为作出特别规定”，其中“法律”指广泛的现行有效的法条，并不单指《反不正当竞争法》，包括上述的《反垄断法》，因此，原告主张的涉案行为《反垄断法》已经作出了相应明确规定。

2. 根据《反不正当竞争法》第11条规定，“经营者不得编造、传播虚假信息或者误导性信息，损害竞争对手的商业信誉、商品声誉”，对于原告主张被告捏造事实、诋毁其商誉的行为，该条已经对该行为作出了明确规定，因此，原告主张单独适用《反不正当竞争法》第2条在本案中并不符合上述三个条件。

（二）被告作出的《通报》并未损害原告的合法权益

1. 虽然《通报》中被告限制其专卖体系成员向原告提供玉柴正品配件，但根据被告提供的证据及原告庭审所述，其在《通报》之后仍能从其他地区购得玉柴配件。原告在庭审中亦承认被告在市场不具有支配地位，被告发出的《通报》并不会损害原告的合法权益，原告仍能通过各种方式购买到玉柴配件，例如在网上购买、通过他人购买等方式。

2. 针对《通报》中的“跨区域销售、低价竞争”，根据被告提供的证据以及原告庭审陈述，上述行为属实，因此该《通报》并非是捏造事实，且仅在公司内部发布并不会导致原告的商誉减损，不侵害其名誉权。

因此，被告作出的《通报》并未损害原告的合法权益。原告也未提供相关方面的证据，其所称的与恒风公司的采购合同无法履行系其自身原因，未有证据显示与本案有直接关联关系。

（三）被告作出的《通报》系被告行使自己的经营自主权，并未违反诚实信用原则和公认的商业道德而具有不正当性或者说可责性

如前所述，原告认可被告并未在市场具有支配地位，原告也在庭审中陈述在恒风公司投标项目中相关的配件品牌有五六种，根据原告提供的其与恒风公司的采购合同，并未限制只能用某品牌的配件，因此原告大可以购买其他品牌的配件或者通过其他渠道购买玉柴配件，并不存在原告所说的因为该《通报》导致其在市场是买不到玉柴配件和履行不了与恒风公司的采购合同。

而被告之所以作出《通报》系原告的低价竞争行为给被告带来了损失，给

被告及其经销商在市场上带来负面的影响，如客户会认为被告的产品价格不合理，欺骗客户等情况，也有单位要求被告产品降价等事实发生。

因此，被告系因原告的违反商业道德的行为而作出的《通报》，是被告行使自己的经营自主权而做出的正常的内部商业行为，并未违反诚实信用原则和公认的商业道德而具有不正当性或者说可责性。

综上所述，恳请贵院在依法查明事实的基础上，依照相关法律，依法驳回原告的全部诉求。

代理律师：钱航　陈梦

日期：2019年8月8日

案件结果

杭州铁路运输法院认为被诉行为系被告广西玉柴公司合同自由、经营自主的行为，并无违反法律法规之情形，亦难认定其违反诚实信用原则和商业道德，不具备《反不正当竞争法》意义上的不正当性。对于原告杭州格凯公司主张被告构成不正当竞争及承担相应民事责任的诉请，不予支持，判决驳回原告的全部诉讼请求。

后原告杭州格凯公司不服该判决向杭州市中级人民法院提起上诉，杭州市中级人民法院于2020年8月24日作出“驳回上诉，维持原判”的终审判决。

典型意义

这是一个涉及《反不正当竞争法》中旧法存在但新法删掉的条文的相关案件。1993年生效的《反不正当竞争法》第6条规定，“公用企业或者其他依法具有独占地位的经营者，不得限定他人购买其指定的经营者的商品，以排挤其他经营者的公平竞争”，第12条规定，“经营者销售商品，不得违背购买者的意愿搭售商品或者附加其他不合理的条件”，根据上述规定，本案中被告广西玉柴公司发布通告要求名下经销售不得向原告销售其品牌配件的行为涉嫌构成不正当竞争。但是综观2019年现行有效的《反不正当竞争法》全文是没有相关条款的，最终立法者删掉该条款是出于什么考虑则需要我们比较相应的修改草案、送审稿、修改汇报等相关文件。最终我们发现针对该条的修改引起过比较大的争议,2016 年的修订草案送审稿将该条修改为“经营者不得利用相对优势地位,实施下列不公平交易的行为:(一)没有正当理由,限定交易相对方的交易对象;(二)没有正当理由,限定交易相对方购买其指定的商品;(三)没有正当理由,限定交易相对方与其他经营者的交易条件;(四)滥收费用或者不合理地要求交易相对方提供其他经济利益;(五)附加其他不合理的交易条件”。而该条的修改引起了理论界和实务界强烈的讨论。最终立法者认为《反不正当竞争法》不应该限制竞争,应当保障市场的公平竞争和市场正常的交易自由,不具有市场支配地位的经营者限制交易的行为不会破坏市场的竞争秩序,从而最终决定删除了该条款。

本案判决后得到了杭州铁路运输法院官方公众号的报道(详见 2019 年 12 月 19 日“杭州互联网法院”公众号发布的《低价竞标反告对方限制交易? 法院判驳,保障企业经营自主权!》)。

回顾思考

本案的案由系不正当竞争纠纷,原告广西玉柴公司起诉时并未明确主张相关的法条,我们在案件开庭前推测原告大概率会适用《反不正当竞争法》第 11 条商业诋毁条款和第 2 条兜底条款。但具体在案件第一次开庭和第二次开庭的过程中,原告一直坚持仅适用第 2 条兜底条款,为此我们通过查询最高人民法院单独适用《反不正当竞争法》第 2 条的相关指导案例,最终明确单独适用该条需要严格满足三个限制条件,一是未有法律明确规定,二是实际受到损害,三是行为具有不正当性或者可责性。原告的情况对于适用该三点都是有争议的(详见《代理意见》),加之我方通过各种证据和说理论证被告发布通告限制经销商向原告销售配件的行为并不具有不正当性,且也不会实际损害到原告的权益,最终一审法院驳回了原告的起诉。二审中,广西玉柴公司除了坚持一审中的观点,还提出了我方的行为构成商业诋毁,但由于我方发布通告的范围仅限于公司内部,也不满足商业诋毁的构成条件,最终二审法院驳回了其上诉,维持原判。

综观案件的整个过程,本案与一般案例的主要区别点是本案的争议焦点主要是一个法律问题,几乎没有在先的类似案例可以参考。为了论证这个法律问题,代理律师先期检索大量相关案例但发现几乎没有类似案例可以参考,转而去思考在学术界有无对相关问题的探讨，从而发现本案的实质性问题是一个《反不正当竞争法》条文修改删减引起的争议问题，再综合行业知名学者、法官的观点，从而给法院出具了一个有理有据的代理意见，而且使法院最终也大部分采取了我们的代理意见。

律师简介

钱航，北京盈科（杭州）律师事务所知识产权与信息技术法律事务部执行主任，2002年毕业于兰州大学法律系，INTA及AIPPI会员，曾任浙江省贸促会（浙江省国际商会）商法处副处长，浙江大学法学院实务导师。从事国际贸易及知识产权法律的工作，拥有丰富的国外访问及工作的经验。2018年入选司法部“全国千名涉外律师人才名单”。

陈梦，北京盈科（杭州）律师事务所律师，毕业于华东政法大学知识产权专业，获法学学士学位。擅长专业领域：商标诉讼、著作权诉讼和不正当竞争诉讼。专注于知识产权法律和一般的民商事问题的研究，为多家企业提供法律服务。

相同的现有设计，不同的裁判结果

——上海某智能遮阳科技公司诉常州某科技公司侵害外观设计专利权纠纷案

邱　影

案件简介

本案为原告上海某智能遮阳科技公司(以下简称上海遮阳公司)诉被告常州某科技公司(以下简称常州科技公司)侵害外观设计专利权纠纷案,我方代理被告常州科技公司应诉。案件基本事实如下:

2019年,上海遮阳公司在展会上发现常州科技公司许诺销售及销售的"百叶窗"产品与其所拥有的专利号为:ZL201730104992.7的外观设计专利相同,落入了其外观设计专利权的保护范围,侵害了其专利权,故诉致展会所在地法院——上海知识产权法院。诉请判令常州科技公司停止生产、销售被控侵权产品,并赔偿其经济损失15万元及合理支出12,468元。

我方代理被告常州科技公司应诉,提出现有设计抗辩,但未能被法院采纳,一审判决常州科技公司停止侵害涉案专利的专利权,并赔偿50,000元。我们在代理一审案件的同时针对涉案专利向国家知识产权局申请了专利无效宣告,但是在一审判决前因疫情影响,未能正常开庭。在二审期间,涉案专利被国家知识产权局以不符合《专利法》第23条第2款宣告无效,鉴于此,上海遮阳公司撤回起诉。而我方在一审程序中使用的现有设计证据与在无效宣告程序中使用的现有设计证据完全相同,并未作任何替换。

律师策略

承接到本案已经临近开庭时间,超出指定的答辩期。我方立即开展了专利无效宣告工作,期以最高人民法院《关于审理专利纠纷案件适用法律问题的若干规定》第6条来中止本案的审理,为无效宣告赢得时间,但是中止案件审理请求因超出答辩期提出,未能被允许。

此后,在无效宣告的检索过程中发现,案涉专利系“百叶窗”产品,其形状为长条状,在其表面设有花纹。而此类外观设计的对比文件检索相较于形状的比对更为烦琐。其一,因为表面图案使用“以图搜图”的智能检索方式,在现有数据库及图片识别技术上,检出率极低;其二,表面图案需以肉眼逐个观察,无法使用其他特征词进行检索。随即,我们构造检索式,在案涉专利申请日之前,选择与案涉专利同一分类,附加“百叶窗片”等关键词进行了第一轮的检索。面对庞大的检索结果,逐一核对后,并未能检索到近似的外观设计。

随即,我们更换了检索思路,既然百叶窗叶片上的图案系使用带有花纹的花辊压制而成,则可能该图案来源于其他产品的现有设计或现有素材库的可能性很大,需要扩大检索范围。我们将与百叶窗叶片压纹生产工艺近似的墙纸及皮革或其制品纳入了检索范围,经检索,发现授权公告日早于案涉专利申请日的一合成革上载有的图案与涉案专利表面的图形非常近似,此番也印证了我们的检索思路。

我们一方面将该合成革证据用以诉讼中作为现有设计抗辩使用,另一方面将该合成革证据与现有的百叶窗片形状进行组合提起专利无效宣告请求。在专利无效宣告开庭前,上海知识产权法院即作出一审判决,法院认为:经比对,现有设计与被控侵权百叶窗叶片花纹均为大、小米字星型、圆点不规则分布,但是现有设计与被控侵权产品不属于相同或相近种类产品,且图案分布具体方式亦有差异,故被告的现有设计抗辩不能成立。

鉴于此,本案的成败几乎只能靠无效宣告的结果来认定了,在收到判决书后,我们立即向上海市高级人民法院提起上诉,同时与国家知识产权局专利局联系,希望能通过互联网在线对本案进行审理,以防在二审开庭前专利无效仍未能出结果,专利局同意了此申请。

律师文书

无效宣告请求书（节选）

涉案专利与证据1和证据2的组合相比，不符合《专利法》第23条第2款的规定，具体表现为：

涉案专利涉及的产品是百叶窗片，根据其产品用途的描述是用于百叶窗上组成百叶窗帘的叶片；证据1公开了一种百叶窗片，其用途是一种遮蔽、装饰窗户用的百叶窗片，与涉案专利的产品用途相同；证据2公开了一种合成革，用于制作皮革产品，日常也常作为家装装饰使用，比如沙发、背景墙等。

涉案专利由主视图构成，省略了其他视图。如涉案专利所示，涉案专利为一矩形图案，其上不规则的排列有若干星状图案；该星状图案由具有八个顶点的大星状图案组成。在部分大星状图案上布置有面积较小的小星状图案，在该星状图案周围或其上不规则的布置有若干圆点。

将涉案专利与证据1对比，其都为矩形形状设置，且百叶片采用矩形形状设置是本领域中最常见的方式。涉案专利与证据1的主要区别：表面的图案不同。涉案专利与证据2相比，相同点为都是呈矩形设置，主要区别：星状图案的组合或者排列位置具有一定区别。

相对于第一个区别，在证据1中的表面图案与涉案专利不同，但是证据2的外观设计中，其表面图案与涉案专利无实质性差异。相对于第二个区别，请求人认为，其组合或者排列的区别为一般消费者不易观察到的细微差别，消费者对整体图案的认知还是为八个顶点的星状图案周围分布了若干圆点。

请求人认为：对于百叶窗片这种产品而言，其结构造型一般都为矩形，表面图案有多种设计可能，不用拘泥于相似的一种图案。而涉案专利中的两个区别相对于证据1和证据2的设计特征的组合无任何明显的区别，是将产品现有的形状设计与现有的图案通过直接拼合或替换得到的，且该拼合并未产生独特视觉效果。所以涉案专利相对于证据1和证据2的结合相比，不符合《专利法》第23条第2款的规定，即授予专利权的外观设计与现有设计或者现有设计特征的组合相比，应当具有明显区别。

案件结果

一审上海知识产权法院判决：被告常州科技公司于本判决生效之日起立即停止对原告上海遮阳公司享有的外观设计专利权的侵害；被告常州科技公司于本判决生效之日起10日内赔偿原告上海遮阳公司经济损失及合理费用共计人民币5万元。在随后的无效宣告中，国家知识产权采纳了我们的无效宣告请求，宣告涉案专利全部无效。上海遮阳公司收到无效宣告决定后，即申请撤回本案的起诉，本案得以结案。

典型意义

本案的典型意义之一在于：无论是在专利侵权民事诉讼案件还是专利无效宣告程序中，对现有技术或设计的检索，如在与案涉专利或被控侵权产品相同或近似的类别中无法检索到合适的对比文件，应根据涉案专利或被控侵权产品的特点，寻找拥有与该特点相同或近似的元素的专利类别进而扩大检索范围。

再者，合理的利用在诉讼程序及无效程序中对现有设计的不同的认定方法和证明标准，选择适当的程序以取得良好的办案效果。

回顾思考

最高人民法院《关于审理侵犯专利权纠纷案件应用法律若干问题的解释》第14条第2款规定，被诉侵权设计与一个现有设计相同或者无实质性差异的，人民法院应当认定被诉侵权人实施的设计属于《专利法》第62条规定的现有设计。这里着重地表述了一一对比原则，即被控侵权设计应与一项现有设计对比，而不能与现有设计的组合进行对比。此项规定限制了我们在民事侵权诉讼中所能援引的现有设计，所带来的问题是：很多外观设计专利仅是现有设计的一种组合或者拼合，其专利权基础并不稳定，但是一旦启动专利侵权诉讼将会给被告带来诉扰，尤其对即将上市的公司或者被采取财产保全措施的公司。

而根据《专利法》第23条第2款的规定，授予专利权的外观设计与现有设计或者现有设计特征的组合相比，应当具有明显区别。而《审查指南》进一步规定，涉案专利与现有设计或者现有设计特征的组合相比不具有明显区别是指如下几种情形:(1)涉案专利与相同或者相近种类产品现有设计相比不具有明显区别;(2)涉案专利是由现有设计转用得到的,二者的设计特征相同或者仅有细微差别,且该具体的转用手法在相同或者相近种类产品的现有设计中存在启示;(3)涉案专利是由现有设计或者现有设计特征组合得到的,所述现有设计与涉案专利的相应设计部分相同或者仅有细微差别,且该具体的组合手法在相同或者相近种类产品的现有设计中存在启示。

由此可见,在专利侵权案件的审理中和专利授权程序中对于现有设计的对比有着不同的标准。在侵权案件中限制了被告的现有设计抗辩的范围,仅就被控侵权产品与一项现有设计进行对比,而且对比的结果采用的较高的相同或者实质性相同标准。

而在专利授权程序中,对于现有技术的对比有着较为宽松的规定,不仅可以组合对比,而且对于这种组合方式只要在现有设计中存在一定的启示即可,并且对比后判断的结果也更为宽松,即两者之间应具有明显区别。这种结果的判断标准要远远低于侵权诉讼中的相同或者实质相同的判断标准。

回想此次办案过程,甚是心有余悸,关键是时间节点上的担忧。首先,当事人委托到我们时,距离开庭尚有 20 天左右,远远超出答辩期之外,甚至没能给出我们充分的检索时间。再者,因为疫情的影响,无效宣告迟迟不能启动,也导致本案需要在二审中解决,增加了诉讼风险。

在此,建议当事人,在遇到专利侵权案件时,第一时间委托专业律师积极应诉,不要拖到临近开庭才进行委托,在知识产权案件中,时间是最能影响案件结果的因素之一。再者,对于我们代理类似案件时,进行专利检索时,应穷尽一切检索手段及检索范围,针对不同案件的不同特点,规划检索范围、检索式和检索方法。

律师简介

邱影,北京市盈科(常州)律师事务所股权高级合伙人,专利代理师,经济师,拥有丰富的专利、商标、著作权及不正当竞争纠纷案件处理法律相关实务经验,曾代理多起知识产权案件。获得盈科 2020 年优秀知识产权律师荣誉,著作曾发表在《中国知识产权报》等国家级报刊中。

区域代理商的“后悔药”

——孙某某诉某食品开发有限公司解除特许经营合同纠纷案

曲　艺

案件简介

2019 年年底，孙某某通过某食品开发有限公司发布的广告得知“某甲”品牌商标正在招收区域代理商，孙某某通过与相关工作人员沟通了解到品牌相关情况，工作人员称公司可帮助代理商进行店铺选址，孙某某将自己的选址意向与该工作人员沟通后，工作人员表示公司会帮忙联系，同时工作人员还向孙某某表示：“代理有一个免费开店名额，代理区域开店的所有物料你有 10 个点返点，你自己店也是 9 折进货，区域旗下的加盟费你跟公司对半收益”，孙某某心动之下当即决定加盟该品牌进行店铺经营。

2019 年 12 月 10 日，孙某某与某食品开发有限公司签订了《区域代理合作协议》，约定某食品开发有限公司授权孙某某在河北省秦皇岛市内使用“某甲”品牌商标开展经营业务，期限为 2019 年 12 月 10 日至 2024 年 12 月 9 日，合同签订后，孙某某依约向某食品开发有限公司支付了相应费用 200，000 元。双方签订合同后，食品开发公司安排工作人员带领孙某某到“某甲”品牌店铺内进行了参观，并进行了简要的培训，对店铺基本情况进行了简单介绍。

然而就在合同签署后不久，孙某某很快发现合同中对物料返点的约定为：“代理商享受所辖区域内门店原料中核心物料的进货返款”，对此孙某某认为自己受到欺骗，遂产生了不再加盟的念头，经与相对方公司联系，公司表示，依照规定，此时解除合同费用全都不予退还，孙某某无奈之下只得选择继续加盟，不料，

2020 年春节期间爆发了新冠疫情，受疫情影响，孙某某一直未正式开店经营，也一直未使用“某甲”品牌，某食品开发有限公司也未向孙某某提供确切的店铺选址，孙某某于 2020 年 3 月 13 日向某食品开发有限公司工作人员提出解除合同，双方交涉后公司坚持不同意解除合同，也不同意退还孙某某向其支付的费用，孙某某遂委托了律师，希望通过起诉某食品开发有限公司，解除双方签订的《区域代理合作协议》并由公司向其退还区域代理费 200, 000 元。

经分析，双方签署的《区域代理合作协议》授权孙某某在河北省秦皇岛市内使用“某甲”品牌进行连锁经营拓展业务，并约定了加盟店要在某食品开发有限公司规定的统一经营模式下运营，孙某某亦向该食品公司支付了相应的费用，从上述内容来看，该《区域代理合作协议》符合商业特许经营的各项特性，该协议应属特许经营合同，而根据法律规定，特许经营合同应当约定相应的冷静期，允许被特许人在冷静期内“反悔”而解除协议。案件经两次庭审，最终法院认定双方签署的《区域代理合作协议》属于特许经营合同，依据冷静期的规定判决该合同于 2020 年 3 月 13 日解除，并结合某食品开发有限公司机会成本的损失，酌定由某食品开发有限公司向孙某某返还 190, 000 元。

律师策略

本案焦点有三：一是双方所签署的《区域代理合作协议》的性质；二是该协议是否应当解除及解除方式；三是某食品开发有限公司是否应当返还孙某某支付的费用及返还的数额。

首先，《商业特许经营管理条例》第 3 条第 1 款明确规定：“本条例所称商业特许经营（以下简称特许经营），是指拥有注册商标、企业标志、专利、专有技术等经营资源的企业（以下称特许人），以合同形式将其拥有的经营资源许可其他经营者（以下称被特许人）使用，被特许人按照合同约定在统一的经营模式下开展经营，并向特许人支付特许经营费用的经营活动。”从涉案协议内容上看，合同性质符合特许经营合同的各项特征，但在合同中亦存在合作性质的约定，例如，孙某某需在涉案区域内发展其他加盟商，并可获得加盟商带来的物料返点及收益分成，故该协议内可能包含不同性质的合同，在要求公司返还特许经营费用时可能无法获得全额退还。

关于合同的解除，《商业特许经营管理条例》第 12 条虽然规定了被特许人在特许经营合同订立后一定期限内，可以单方解除合同。但对“一定期限”并未作出明确,孙某某虽称于合同签订后4天即提出解除合同,却无具体证据证明该说法,且最终是在2020年3月13日才以微信方式确切通知对方要求解除,已是双方签订合同的4个月后,是否属于《商业特许经营管理条例》规定的"一定期限",法院具有相应的自由裁量权,但因2020年爆发新冠疫情的特殊性,我们认为孙某提出解除的时间并未超出合理范畴。

关于款项的返还,虽然合同中明确约定无论因何种原因解除合同,孙某某均无权要求公司退还加盟费,但该条款明显排除了孙某某的主要权利,本案中孙某某亦未以任何形式使用"某甲"品牌,也未因该品牌获取任何收益,如公司不退还加盟费显然也有悖合同的公平原则,因此该条款应属合同的无效条款,最终退还款项应结合双方义务履行情况及损失情况确定,结合本案情况来看,退还款项不应过低。

律师文书

起诉状事实及理由

原被告于2019年12月10日签订《区域代理合作协议》,约定被告授权原告在河北省秦皇岛市内使用甲方"老城街"品牌商标开展经营业务,期限为2019年12月10日至2024年12月9日,并由原告向被告支付相应费用200,000元。合同签订后,因受疫情原因影响,店铺开设等经营工作一直未能启动,原告也未实际使用老城街品牌。

原告认为,原被告之间协议名为《区域代理合作协议》,实为特许经营协议,《商业特许经营管理条例》第3条第1款规定:"本条例所称商业特许经营(以下简称特许经营),是指拥有注册商标、企业标志、专利、专有技术等经营资源的企业(以下称特许人),以合同形式将其拥有的经营资源许可其他经营者(以下称被特许人)使用,被特许人按照合同约定在统一的经营模式下开展经营,并向特许人支付特许经营费用的经营活动。"根据上述规定可知,特许经营具有如下特点:一是特许人拥有商标、企业标志、专利、专有技术等经营资源,并通过合同方式授权被特许人使用;二是被特许人在使用特许人的经营资源开展经营活动的过程中,需要按照合同约定的统一的经营模式来进行;三是被特许人需要按照合同约定向特许人缴纳特许经营费用。而从原被告签订的协议中可看出,被告授权原告在河北省秦皇岛市使用其“老城街”品牌,并为保障品牌形象及经营体系统一性,要求原告在经营活动中遵照被告指定的统一风格装修店铺,员工穿着被告指定的统一服装,原告也支付了200,000元的对价,符合特许经营的特性。

同时《商业特许经营管理条例》第12条还规定:“特许人和被特许人应当在特许经营合同中约定,被特许人在特许经营合同订立后一定期限内,可以单方解除合同。”而在原被告签订的合同中缺乏这一约定,现因疫情造成客观情况发生变动,且原告自签署合同至今未使用“老城街”商标,也未就该品牌获取任何利益,现原告希望解除与被告之间的协议,并由被告返还已支付的费用,望准。

代理词主文

一、原被告之间的协议虽名为《区域代理合作协议》,但其性质实为特许经营合同

根据《商业特许经营管理条例》(以下简称《条例》)第3条第1款规定,“本条例所称商业特许经营(以下简称特许经营),是指拥有注册商标、企业标志、专利、专有技术等经营资源的企业(以下称特许人),以合同形式将其拥有的经营资源许可其他经营者(以下称被特许人)使用,被特许人按照合同约定在统一的经营模式下开展经营,并向特许人支付特许经营费用的经营活动”。

根据上述规定可知,特许经营具有如下特点:一是特许人拥有商标、企业标志、专利、专有技术等经营资源,并通过合同方式授权被特许人使用;二是被特许人在使用特许人的经营资源开展经营活动的过程中,需要按照合同约定的统一的经营模式来进行;三是被特许人需要按照合同约定向特许人缴纳特许经营费用。

在原被告签订的协议中第1条合作范围中约定:授权乙方在合作期限内使用该品牌标识及其相关文字开展连锁经营拓展业务;甲方授权乙方的区域为河

北省秦皇岛市内全部区县。协议第9条统一配置中约定:为保障终端客户利益和甲方授权的品牌形象及连锁经营体系的统一性、完整性,乙方同意其直营店及其开拓的店面内的厨房设备、桌椅、餐具、员工服装、财务软件、原材料及其他开业物品等向甲方指定之厂商采购,其他设备之采购必须取得甲方同意且符合标准。未经甲方同意,乙方及其加盟店不得任意更改店内销售商品种类及价格,亦不得随意增减其店内设备、设施,否则视同违约。

由此可看出,被告授权原告在河北省秦皇岛市使用其"老城街"品牌,并为保障品牌形象及经营体系统一性,要求原告在经营活动中遵照被告指定的统一风格装修店铺(桌椅、物料等均统一),员工穿着被告指定的统一服装,原告也支付了200,000元的对价,符合特许经营的特性。

二、原告有权要求解除涉案合同

(一)根据《条例》的规定,被特许人在特许经营合同订立后一定期限内,可以单方解除合同

1.原告享有法定的单方解除权

《条例》第12条规定:"特许人和被特许人应当在特许经营合同中约定,被特许人在特许经营合同订立后一定期限内,可以单方解除合同。"该条规定实质是为了保护被特许人,以缓冲被特许人的投资冲动,赋予被特许人可以反悔的权利,因此在合同签订后的合理期限内,即使双方当事人未约定此条款,被特许人仍可以单方解除合同,即就本案而言,即使涉案合同未约定类似上述的条款,亦不妨碍原告行使上述权利。

2.原告并未实际使用被告的经营资源

原被告于2019年12月10日签订涉案协议,当时距离春节仅剩一个月的时间,而自春节前夕开始,因受疫情原因影响,原告响应国家号召,一直居家抗疫,店铺开设等经营工作一直未能着手启动,原告也未实际使用"老城街"这一品牌,更未办理营业执照、税务登记等,不具备使用经营资源的主体条件。

3.原告行使单方解除权并未超出合理期限

根据立法的一般精神,《条例》第12条规定的"一定期限"在合同中有约定的应从其约定,没有约定的,应结合行业特点、商业惯例等确定,该期限一般应

掌握在特许人的经营资源尚未被被特许人实际利用前为宜,结合前述内容可知,原告至今为止一直未实际使用经营资源;同时结合《合同法》第 95 条第 2 款“法律没有规定或者当事人没有约定解除权行使期限,经对方催告后在合理期限内不行使的,该权利消灭”的规定,本案中双方未对解除期限做出约定,被告也未就解除合同事宜向原告做出催告,且原告在 2020 年年初开始一直向被告协商希望解除合同,并于 2020 年 4 月初起诉,故原告行使单方解除权并未超出合理期限。

(二)被告在推广活动中,存在误导、夸大宣传的行为

被告公司前期提供的宣传单、宣传册及工作人员对原告的介绍中均表示开店的所有物料均有 10% 的返利权,而被告提供的格式合同中却写为折扣仅限原料中核心物料,与前期宣传不符,且在签署合同时,被告方也未针对该条款的变动向原告做出提示,存在误导性的宣传。

被告的宣传手册等宣传内容中还提及在天津有多达 113 家“老城街”小面店,而实际的店铺数量尚不足一半,存在大量夸大成分。

《条例》第 17 条第 2 款规定:“特许人在推广、宣传活动中,不得有欺骗、误导的行为”,被告的宣传行为中存在违反该条例的情形,致使原告做出错误判断进而签署了涉案协议,故原告有权提出解除该合同。

三、被告应当返还原告支付的区域代理费 200,000 元

(一)原告并未实际使用被告的经营资源,返还特许经营费用符合公平原则

根据《合同法》第 97 条的规定,“合同解除后,尚未履行的,终止履行;已经履行的,根据履行情况和合同性质,当事人可以要求恢复原状、采取其他补救措施,并有权要求赔偿损失”。如前所述,原告并未实际使用被告的任何经营资源,未因此获取任何利益,被告亦未履行相关义务,未遭受任何损失,因此合同解除后,根据实际履行情况,被告应当全额退还原告所支付的特许经营费用。

(二)合同中双方签约后乙方无权要求甲方退还加盟费的约定属于无效条款

如前所述,《条例》中赋予了特许经营的被特许人单方解除权,而被告提供的格式合同中所载签约后乙方无权要求甲方退还加盟费的条款与法律的规定

相违背,也不符合合同法诚信、公平的原则,故该条款应当属于无效条款,被告应当退还原告所支付的特许经营费用200,000元。

案件结果

法院认为,案涉经营体系是以“某甲”品牌注册商标作为经营资源,在其统一的经营模式下开展经营,并进行品牌拓展的一种区域特许经营模式,属于特许经营的种类。

原告、被告虽然在磋商过程中提到过全部物料返款,但是最终的合同内容应以双方签字确认的合同为准,原告作为完全民事行为能力人对其签字确认的合同内容应当明知并承担相应的法律责任,而店铺选址及技术培训不足的问题不足以导致原告不能实现涉案合同目的,但被告作为具有特许经营资格的特许人,理应根据上述法律规定在合同中载明上述法定条款,但其未履行该义务,使得被特许人难以知悉其应有的合法权益,且原告在支付涉案费用后并未实际经营,且并未实际利用被告的经营资源。在合同中未约定冷静期限的前提下,被特许人因“冷静期”条款单方提出解除合同的期限一般以其未实际使用特许人经营资源为限,故此原告提出解除涉案协议中特许经营合同的部分内容的相关请求,符合上述法律规定,本院依法予以照准。

原告依照法定解除权解除涉案合同,其理应赔偿被告履行涉案合同所造成的实际利益损失,该损失包括实际支出的损失及机会成本损失。实际支出的损失在本案中体现为培训支出的费用,但被告未能提交任何证据,故此本院根据原告的自认200元,认定被告履行培训义务所支出的损失额。对于原告未在涉案授权区域内发展其他加盟商,对此给被告造成了相关机会成本的损失,对该损失原告、被告均未提交相关证据予以证明,对此本院考虑到原被告签订合同至解除涉案合同期间,该行业市场的经营状况,对此予以酌定。综上认定涉案机会成本及被告培训支出费用损失共计为10,000元。

综上所述,判决如下:(1)原告与被告签订的《区域代理合同协议》于2020年3月13日解除;(2)被告于本判决生效之日起10日内向原告返还190,000元;(3)驳回原告的其他诉讼请求。

典型意义

特许经营关系是一种具有人身信任属性的关系,受特许人是基于对特许人的经营模式、方法等的信赖而与特许人订立特许经营合同,并加入特许经营关系的,因此在特许经营合同订立之后,如果一方当事人,对于对方当事人信赖的基础不复存在,那么该合同只能受法律规范的调整,以保护当事人的利益,因此法律赋予当事人单方面的解除权,从立法精神来看,其目的在于保护受许可人的利益,弥补在双方达成合作前,因为信息不对称而造成的不公平问题。

回顾思考

本案中,双方当事人所签订的《区域代理合作协议》是何种性质的合同,决定了本案的具体法律适用。据我方所提交的证据,对于该合同的性质,法院认定如下:

根据《商业特许经营管理条例》的相关规定,商业特许经营,是指拥有注册商标、企业标志、专利、专有技术等经营资源的企业,以合同形式将其拥有的经营资源许可其他经营者使用,被特许人按照合同的约定在统一的经营模式下开展经营,并向特许人支付特许经营费用的经营活动。对此,根据原告、被告双方签订的涉案协议内容及其当庭陈述表明,天津格朗合公司为涉案品牌"老城街"的注册商标注册人,并在商务部业务系统统一平台进行商业特许经营信息备案。天津市格朗合公司授权其股东,即被告可以以自己名义再对外授权其他单位或个人,合作开展与该品牌相关的连锁经营拓展业务。根据该授权,被告与原告签订了涉案合同,授权原告在河北省秦皇岛室内使用"老城街"品牌进行连锁经营拓展业务,并约定了原告、被告之间如何对拓展的加盟店在统一经营模式下运营的相关权利义务。本案中原告作为区域特许代理的被特许人,经特许人授权,为特许人招募加盟商,根据涉案合同的约定,在签订次加盟合同时,由特许人直接与原告招募的加盟商提供指导、培训、监督、咨询等服务。同时,原告作为区域特许代理人,应开设不少于一家加盟直营店。该经营体系是以"老城街"品牌为经营资源,在其统一的经营模式下开展经营,并进行品牌拓展的一种区域特许经营模式,属于特许经营的种类,故此,双方之间的协议性质为特许经营合同法律关系。

特许经营合同不属于《合同法》列明的常见十五类合同。目前规范特许经营合同的行政法规主要是国务院于2007年2月6日发布的《商业特许经营管理条例》以及与其相配套的《商业特许经营备案管理办法》、《商业特许经营信息披露管理办法》。根据上述规定,商业特许经营,是指拥有注册商标、企业标志、专利、专有技术等经营资源的企业,以合同形式将其拥有的经营资源许可其他经营者使用,被特许人按照合同约定在统一的经营模式下开展经营,并向特许人支付特许经营费用的经营活动。

通过本次案件的办理,使我了解到在签订特许经营合同时所需要注意的法律风险,总结如下。首先,特许人的主体资格不合格是商业特许合同的第一风险,如果特许人不能拥有注册商标、企业标志、专利、专有技术等经营资源,很有可能直接导致被特许人的经济损失。其次,商业特许经营合同中,普遍存在一定的格式条款,例如,本案中协议约定的"无论合同期满、中途解约或其他原因终止,乙方均无权要求甲方退还加盟费",而被特许人在合同签订过程中始终处于弱势地位,很大程度上受制于特许人。签署合同后,被特许人无论是否因为过错解除合同,前期加盟费用均无法收回。最后,在合同的缔约阶段,多数商业特许经营的信息披露存在不真实、不准确、不完整的现象,导致被特许人误解宣传内容就是合同条款,在合同签订后,才发现与宣传不一致,顿感上当受骗。在这里也提醒各位想要成为被特许人的商家,签订合同时一定仔细审查合同条款是否与特许人所允诺的条件一致,莫要等到纠纷成诉才追悔莫及。

律师简介

曲艺, 北京市盈科(天津)律师事务所律师、经济刑事法律事务部执行主任、女律师工作委员会副主任。执业10余年,致力于房产合同、经济纠纷等多类型案件的研究,代理数百起案件,获得当事人的广泛赞誉。在中央电视台CCTV-12一档大型法律服务类节目《律师来了》中担任案件点评律师,为前来求助的当事人辨析权益及责任,凭借清晰专业的讲解,荣获2017~2018年度CCTV-12社会与法频道《律师来了》优秀法律顾问奖。

钓鱼式打假后的拨乱反正

——郭某与小米科技有限责任公司侵害商标权纠纷案

王珊珊

案件简介

小米科技有限责任公司(以下简称小米公司)于2018年12月25日在郭某的店铺购得注有"MI"字样的电源适配器,并通过徐州市徐州公证处进行保全证据公证,于2019年4月7日以该涉案电源适配器侵犯小米公司"小米""MI""MIUI"等商标诉至法院,要求郭某停止侵权并承担赔偿责任。

一审判决小米公司胜诉,要求郭某停止销售并赔偿小米公司经济损失及合理费用2万元,以及承担一审案件诉讼费。郭某因不服一审判决向二审法院提起上诉。郭某找到王珊珊律师,向王珊珊律师陈述了事情经过并承诺绝对没有侵害商标权,该涉案商品系正品,希望我们能为他讨回公道。经过多次讨论、沟通,王珊珊律师接受当事人委托。

本案二审争议的焦点:郭某个体工商户销售的充电器是否系侵犯小米公司涉案注册商标专用权的商品。二审法院为了查清案件事实,多次与王珊珊律师庭前沟通,当事人在王珊珊律师的指导下多次取证并对证据公证,通过开庭与被上诉人比对、辩论,最终二审法院认定郭某不存在侵害小米公司商标权,撤销一审判决。

律师策略

根据当事人陈述,本案一审败诉原因有两点:(1)本案属于大概率性结果,类似案件大概率都是个体工商户败诉。本案一审期间,类似案件9起,并案审理,结果都是小米公司胜诉或调解结案;(2)当事人一审期间没有提供充分的证据证明自己观点,双方辩论也不够充分。以上两个原因导致郭某一审败诉。因此,在接受当事人二审阶段委托后,王珊珊律师向当事人提出代理思路并要求其开始准备所需要证明的证据材料。

本案一审认定涉案商品为假货的原因是存在小米公司所述的四点差异,于是王珊珊律师要求当事人准备多个与涉案商品同年代同批次且通过小米公司售后予以鉴定,经小米公司认可其为正品的商品,如果经小米公司认可为正品的商品四点差异均和涉案商品一致,那么我们的涉案商品也就是正品。

王珊珊律师与当事人确定了该代理思路后,当事人在王珊珊律师的指导下开始取证,并通过公证处进行保全证据公证。因为当事人处于一个被动的地位,商品的鉴定只能由小米公司进行鉴定、认可,没有第三方机构可以鉴定,同时工商行政管理机关也认可商标注册人对涉嫌假冒注册商标商品及商标标识进行鉴定,因此,取证的过程困难重重,为了保证每一个比对商品是经过小米公司鉴定认可的,我们在取证的每一步骤都保存好每一样证据并通过公证处公证,形成一个完整的证据链。

律师文书

代　理　词

尊敬的审判长、审判员:

北京市盈科(徐州)律师事务所依法接受上诉人的委托,指派王珊珊律师担任上诉人与小米公司侵害商标权纠纷一案的二审阶段代理人。根据法庭归纳的争议焦点,针对本案的事实与适用法律发表如下代理意见,请审判长审判时予以采纳。

一、被上诉人至今未向法庭提交任何认定涉案商品为假货的直接依据,更没有提供充足的证据证明涉案商品存在侵权行为,因此,根据谁举证谁证明的原则,应承担举证不利的法律后果

首先,被上诉人在一审庭审过程中认定涉案商品为假货的直接证据为小米

公司单方制作的“鉴别证明”，代理人认为该“鉴别证明”不能作为书证使用，只是被上诉人的单方陈述。

1. 封存的涉案商品于一审庭审时才当庭拆封，公证书也未记载将该涉案充电器交由小米公司进行鉴别后二次封存的事实，意味着小米公司并未将所购买的涉案充电器交到公司由专门的技术人员进行鉴别。小米公司仅仅通过公证书内一张只有涉案充电器侧面、没有拍到任何商品标识的照片进行鉴别，并声称鉴定出商品为假货，其行为过于草率、不客观，不符合法律规定。

2. 鉴别过程没有公证，其鉴别方式、鉴别方法、鉴别时间、鉴别人员等均未作出详细说明。既没有指出具体的鉴别点，也未列明得出鉴定结果的依据，该“鉴别证明”的内容不符合法律规定鉴别报告应列明的内容，因此该“鉴别证明”不能证明其观点。

3. 该鉴别证明只加盖了小米公司的公章，却没有具体鉴定人员的签字，根据相关法律规定，该“鉴别证明”形式不符合法律规定。

其次，被上诉人在一审法院的要求下，分别提供了两个充电器，两个充电器之间与被上诉人代理人提出认定商品真伪的鉴别点是相互矛盾的，被上诉人于是将提供的白色充电器不作为证据举证，但最后作为法院认定涉案商品为假货的充电器，也依然不具有参照性。

1. 一审法院仅仅依照被上诉人提交的一份不同年代不同批次，不具有参照性的充电器，就直接认定涉案商品为假货是不符合常理也不符合客观规律的。工业品因不同年代、不同批次生产存在微小差别是客观存在的，根据生活习惯，生活经验，按照诚实信用原则，被上诉人小米公司作为生产厂家，完全有能力提交多份具有参照性的比对产品，却提交一份与涉案商品不同生产批次不同年代的商品，且不能说出具体的鉴别真伪的依据。

2. 上诉人向二审法庭提交了 7 个充电器，以及相对应的通过小米商城官网申请售后维修下单的操作过程、检测报告单、小米售后服务记录单、与小米售后通话录音、通话记录、公证书等证据，形成证据链，每个证据相互呼应，证明被小米公司认可为正品的充电器与涉案充电器相一致，进一步证明涉案充电器应为正品。也通过不同角度充分证明一审法院认定涉案商品为假货的四处鉴别点并非鉴定该商品真伪的鉴别点。

3. 涉案充电器产品型号为 MDY-03-EC,同款充电器被上诉人一共生产了2753万多个。每一个同型号的充电器都会有一个独立的S/N码,其中前四位代表生产的年份与月份。例如,涉案充电器的编码:S/N140901095095,代表生产的时间为2014年9月。小米公司提交的充电器编码:S/N150902003063,代表生产的时间为2015年9月。在二审庭审中,法官多次询问被上诉人代理人"小米公司2014年和2015年生产的同款充电器之间外观上是否可能存在区别的问题,是否向小米公司确认过",小米公司代理人一直不予正确回答法庭的询问。按常识,不同年代,不同批次,不同生产模具,大量生产的工业品在产品外观上,不可能完全一模一样。包括上诉人在第一次开庭后向法院邮寄的两张人民币比对图片,人民币属于非常高精密的工业品,都无法避免地出现不同批次的偏差,更何况涉案商品大量生产的一般工业品,出现微小差别是正常的,而且该偏差是肉眼都很难辨别出来的差别,如果这点偏差就是鉴别商品真伪的鉴别点,岂不是市场上大量商品都为假货。

二、上诉人所销售的商品为正品,没有侵权行为,且该销售商品为二手充电器,有合法的来源,没有大量销售,无须承担任何赔偿经济损失和合理费用的责任

一审中被上诉人提交的证据有"购买的票据",但是到二审期间,代理人未看到从一审法院移交到二审法院"购买的票据"这个证据,根据上诉人所述,由于充电器外观比较陈旧,于是跟购买人员强调了是二手产品,并在购买的票据中明确标注"二手"两字。被上诉人以"钓鱼"的方法办理案件牟利,侵害正当销售者的合法权益。

综上,鉴于上诉人举证困难的前提下,艰难取证,各相关证据相互印证,而被上诉人作为生产厂商,却不能向法院提交具有参照性的多份同批次同年代的比对品,且无论出"鉴定证明"时没有专门的技术人员直接对涉案商品进行直接鉴定以及一审、二审两阶段庭审六次开庭,被上诉人均没有技术专家出庭接受法庭询问,提出科学、合理、统一的鉴别依据,法庭多次询问鉴别依据,被上诉人代理人含糊其词,甚至通过论坛查询,因此,若被上诉人仍坚持涉案商品为假

货，被上诉人应提交合理、充分的证据来证明自己的观点，否则应承担举证不利法律后果。

被上诉人滥用诉权，违反诚实信用原则，不能如实回答法庭的提问，不能如实提出鉴别的依据，不能如实作出一个公开、公证的鉴别证明，希望法院能支持上诉人的诉讼请求，还合法销售者一个公道。

案件结果

二审法院认定郭某不存在侵害小米公司商标权，判决如下：(1)撤销一审判决；(2)驳回小米公司的诉讼请求；一审、二审案件受理费均由小米公司承担。

典型意义

国家工商行政管理总局商标局《关于假冒注册商标商品及标识鉴定有关问题的批复》已经明确在查处商标违法行为过程中，工商行政管理机关可以委托商标注册人对涉嫌假冒注册商标商品及商标标识进行鉴定，出具书面鉴定意见，并承担相应的法律责任。

这就意味着此类案件当事人取证比较困难，客观事实难以证明。很多类似案件法院依据商标注册人自行出具的《鉴别证明》予以认定并作出判决，但事实上很多商标注册人并没有做到对每一涉案商品进行鉴别，而是大批量地打包给中介公司或律所从事打假服务，对相应的涉案商品没有接触直接出具证明。而应诉当事人大多是个体工商户，由于涉案标的比较小、取证困难、庭审周期长、诉讼成本高等原因，面对这些困难他们大多选择自认倒霉。这也造成更多的商标注册人没有真实地对商品进行鉴别，而是通过打假的行为获利，为了打假而打假。

打假是对知识产权的保护，但是作为商标注册人没有通过合理的方式进行维权，这就会扰乱正常的市场秩序。通过本案判决，遏制了小米公司通过钓鱼的方式打假，小米公司作为比较有知名度的公司，没有实际鉴别真伪就直接出具《鉴别证明》的行为明显违反诚实信用原则和公认商业道德，且类似的案例相当缺乏，因此，本案推动了相关案例的补充，也能促使更多个体小商户更好地维护自己的权益。

回顾思考

根据《商标法》第57条第1项规定,未经商标注册人的许可,在同一种商品或者类似商品上使用与其注册商标相同或者近似的商标的,构成侵犯注册商标专用权。

《商标法》第57条规定的侵犯注册商标专用权行为主要有以下几类:(1)未经商标注册人的许可,在同一种商品上使用与其注册商标相同的商标的;(2)未经商标注册人的许可,在同一种商品上使用与其注册商标近似的商标,或者在类似商品上使用与其注册商标相同或者近似的商标,容易导致混淆的行为;(3)销售侵犯注册商标专用权的商品的行为;(4)伪造、擅自制造他人注册商标标识或者销售伪造、擅自制造的注册商标标识的行为;(5)未经商标注册人同意,更换其注册商标并将该更换商标的商品又投入市场的行为;(6)故意为侵犯他人商标专用权行为提供便利条件,帮助他人实施侵犯商标专用权行为的行为。《商标法》第64条第2款规定,销售不知道是侵犯注册商标专用权的商品,能证明该商品是自己合法取得的并说明提供者的,不承担赔偿责任。

对于本案销售商户首先不要销售假货,其次一定保存好进货发票等证明自己合法取得的证明,最后积极争取自己的合法权益。

律师简介

王珊珊,北京大学法学学士,北京市盈科(徐州)律师事务所专职律师。曾担任大型民企法务经理,熟悉公司内部管理、商事等相关业务,具有多年的法律工作经验。服务于多家企业,作为企业法律顾问,参与高层会议、企业策划、对公司业务是否存在漏洞,提供一些建议以及规避方案。在民商事诉讼与仲裁方面也有丰富经验,成功办理过交通事故、婚姻、侵权等民事诉讼以及刑事诉讼。主要研究方向:企业法律顾问服务,企业用工专项法律服务,合同法律风险防控服务,民商事诉讼以及非诉等。

专利被宣告无效，法院终审裁定驳回起诉

——江苏鱼跃医疗设备股份有限公司专利侵权案

闫东伟

案件简介

江苏鱼跃医疗设备股份有限公司(以下简称鱼跃公司)为中国A股上市公司,自1998年创立以来,曾获中国医药行业百强、国家火炬计划重点高新技术企业、国家认定企业技术中心、A股最佳上市公司等多项荣誉,2019年11月13日,鱼跃医疗上榜单项冠军产品(第四批)名单。2020年3月18日,曾以350亿元人民币市值列为《2020胡润中国百强大健康民营企业》第37名。

鱼跃公司是国内医疗设备领域的龙头企业,制氧机是鱼跃公司的拳头产品,年销量最高时达到10亿元,市场占有率达到60%以上。鱼跃公司的制氧机产品曾于2010年和2014年被认定为高新技术产品,2011年和2018年获得中国外观设计金奖,2012年、2016年和2018年获得中国优秀工业设计奖,并于2020年12月成为全国唯一入选2020年度首批企业标准"领跑者"名单的制氧机产品。

2019年5月,鱼跃公司的制氧机产品被竞争对手重庆鬼谷子医疗器械科技有限公司(以下简称鬼谷子公司)起诉侵犯专利权。一审中,鱼跃公司虽然向国家知识产权局专利局复审和无效审理部提出了无效宣告请求,但是其重心还是放在诉讼上,然而诉讼中证据存在瑕疵,专利无效也未能成功,因此一审法院判决鱼跃公司立即停止生产、销售侵权的制氧机产品,赔偿鬼谷子公司50万元经济损失及合理费用。50万元赔偿额对于鱼跃公司而言,无非九牛一毛。然而,停止生产、销售侵权制氧机产品,对于鱼跃公司则是致命打击。一旦一审判决生

效，不仅是涉案型号制氧机会受到影响，其他型号制氧机也可能因鬼谷子公司日后提起侵权诉讼而受到波及。

我方联合北京市盈科律师事务所的专利律师组成了律师团队，代理鱼跃公司进行二审，对案情进行了深入分析，最终确定了二审策略——同时开展专利无效和二审诉讼的工作。

由于一审中现有技术抗辩的证据被法院认定为存在瑕疵，且经过对涉案专利分析之后，我方发现其被无效的可能性较大，因此二审中我方将主要火力集中在专利无效上。我方对全球范围内的专利、论文、网页、产品等现有技术进行了大量检索，最终确定了10个现有技术作为无效的证据。其中，我方采用1988年公开的实用新型专利来评述新颖性，通过精心设计证据组合，采用八组证据组合来评述创造性，并且为了引出专利权人的不利陈述而技巧性地设计了其他无效理由，充分利用禁止反悔原则限制专利权人（一旦无效决定中认为限流阀是创新点，那么我方在二审诉讼中就可以此认为侵权产品中的节流孔与涉案专利中的限流阀不等同）。在口头审理之前，我方还组织团队律师进行了模拟口头审理，将口头审理中可能遇到的问题想清楚，并做好应对措施。口头审理过程中，由于我方的充分准备，使得整个过程非常顺畅。最终，国家知识产权局专利局复审和无效审理部于2020年11月6日作出了无效宣告请求审查决定书，宣告涉案专利权利要求1~7无效（其中权利要求1~6是一审中认定侵权的权利要求）。

虽然专利无效最终获得了满意的结果，但是在结果出来之前，我方基于"双保险"的考量，还是对二审诉讼的证据进行了充分准备，并且二审诉讼与专利无效是同步进行的，争分夺秒。二审诉讼的证据主要从鱼跃公司的规模、地位、荣誉、实力、现有技术抗辩以及不侵权抗辩的角度来组织，其中，现有技术抗辩和不侵权抗辩是重点。鱼跃公司的多种型号制氧机产品在涉案专利申请之前既已销售，我方先后赴金华、无锡、盐城、丹阳多地对四种型号的在先销售制氧机进行了公证，挑选出最优的两种型号制氧机作为现有技术抗辩证据提交给最高人民法院。并且，为克服一审中的证据瑕疵问题，我方结合丰田管理模式中关于设计产品使用通用部件的记载以及涉案型号制氧机工艺文件中亦存在通用部件借用的情形，充分论述产品设计中借用通用部件是惯常做法，不能仅因产品中存在型号与产品型号不一致的部件，即认定产品中的相应部件可能被更换过。此外，我方提交了专利无效程序中专利权人对于限流阀比节流孔效果好的意见陈述，以利用禁止反悔原则得出侵权产品中节流孔与涉案专利中限流阀不等同的结论，从而进行不侵权抗辩。

最终，由于无效决定先作出，最高人民法院取消了开庭审理的计划，直接作出了撤销一审判决、驳回鬼谷子公司起诉的裁定。

律师策略

代理思路与具体措施：

1. 二审诉讼和专利无效统筹策划，利用禁止反悔原则制衡专利权人；

2. 二审诉讼和专利无效“同步走”，“两手抓，两手都要硬”，确保万无一失；

3. 克服导致一审败诉的证据瑕疵问题。

律师文书

专利无效宣告请求书（节选）

一、请求宣告无效的证据

证据1：对比文件1（简称D1），制氧机，实用新型专利申请说明书CN87200721 U，公开日为1988年2月3日，申请日为1987年1月23日；

证据2：对比文件2（简称D2），一种变压吸附分子筛制氧装置，发明专利申请公开说明书CN 1522788 A，公开日为2004年8月25日，申请日为2003年9月12日；

证据3：行业标准（简称D3），《医用呼吸道湿化器呼吸湿化系统的专用要求》，编号为YY 0786－2010/IS0 8185：2007，公开日为2010年12月27日；

证据4：对比文件4（简称D4），带有排氮功能与分体供氧仪的制氧机，实用新型专利说明书CN 201049886 Y，公开日为2008年4月23日，申请日为2007年3月26日；

证据5：对比文件5（简称D5），一种新型制氧机，实用新型专利CN 202116303U，公开日为2012年1月18日，申请日为2011年7月2日；

证据6：对比文件6（简称D6），高效节能变压吸附制氧设备及制氧工艺，发明专利申请公布说明书CN 1951540A，公开日为2007年4月25日，申请日为2006年11月17日；

证据7：教科书（简称D7），《缺氧环境制氧供氧技术》，2010年11月出版；

证据8：对比文件8（简称DB8），二级吸附式制氧系统，发明专利申请公布说明书CN 101293164A，公开日为2008年10月29日，申请日为2008年1月

16 日；

证据 9：对比文件 9（简称 D9），具有氧浓度检测功能的医用小型制氧机实用新型专利说明书 CN 2540188 y，公开日为 2003 年 3 月 19 日，申请日为 2002 年 4 月 17 日；

证据 10：对比文件 10（简称 D10），一种对称式二位五通阀，发明专利申请 CN 103016785A，公开日为 2013 年 4 月 3 日，申请日为 2012 年 11 月 29 日。

上述所有证据的公开日均在本专利的申请日之前，构成了本专利的现有技术，可以评价本专利的新颖性和创造性。

二、请求宣告无效的具体理由

（一）权利要求 1 不符合《专利法实施细则》第 20 条第 2 款规定的“独立权利要求应当从整体上反映发明或者实用新型的技术方案，记载解决技术问题的必要技术特征”

根据说明书 10003 段、10004 段记载的内容可知，现有技术中存在的技术问题有两个：一是出氧不稳定，二是无法实现出氧浓度大小的实时反馈和调节。说明书 10005 段记载的“它可以稳定提供高浓度氧气，且可以实现氧气浓度和氧气流量的实时调控”这部分内容也印证了本专利要解决的是上述两个技术问题。说明书 10029 段记载了以下内容：“通过单片机对电磁气体分配阀的控制，实现对第一分子筛塔和第二分子筛塔吸附周期控制以及分配进气和排气流动方向，从而完成第一分子筛塔和第二分子筛塔交替连续制氧，它有效地消除了压缩空气输出的死点，对压缩机起到了很好的保护作用，同时，减少了阀门突然打开后，压缩空气对分子筛塔的冲击，提高了制氧效果和氧气输出的稳定性：本制氧系统可以对氧气浓度和氧气流量进行实时调控，提高制氧效率和使用安全性。”并且，说明书中关于方法的技术方案也记载了通过单片机来进行控制（例如，说明书 10043 段记载了“氧浓度传感器将所检测到的氧气浓度信息上传至单片机”，10004 段记载了“氧气流量调节装置将所测量的氧气流量信息上传至单片机”，10053 段记载了“调节指令上传至单片机，单片机分析计算后，向氧气流量调节装置器发出控制指令，对氧气流量进行调控，并将所调控的氧气实时流量信息上传至单片机，同时氧气浓度传感器将检测到的实时氧气浓度信息上传至单片机，单片机将所接收到的氧气浓度和氧气流量信息分别转换为相应的数字信号，并发送至触控屏幕"），可见，无论是解决"出氧不稳定"的技术问题，还是解决"实时反馈和调节"的技术问题，"单片机"都是必要技术特征，而权利要求1并未记载"单片机"这一必要技术特征。因此，权利要求1缺少解决技术问题的必要技术特征，不符合《专利法实施细则》第20条第2款的规定。

（二）权利要求1～4、6、7不符合《专利法》第26条第4款规定的"权利要求书应当以说明书为依据，清楚、简要地限定要求专利保护的范围"

权利要求1中记载了"第一限流阀和第二限流阀"，权利要求1中并未限定第一限流阀和第二限流阀为打开还是关闭状态。并且整个说明书也没有对第一限流阀和第二限流阀的具体结构和工作原理做出任何说明，导致本领域技术人员不能清楚地确定权利要求1的保护范围。并且因说明书没有具体陈述第一限流阀和第二限流阀的具体结构和工作原理，导致权利要求1实质上得不到说明书的支持。

权利要求24.6为权利要求1的从属权利要求，没有解决上述问题，因而也不符合《专利法》第26条第4款的规定。

权利要求7引用的是权利要求16中任意一项，且权利要求7中记载了"散热装置"和"氧气浓度传感器"，然而"散热装置"仅记载在权利要求3中，"氧气浓度传感器"仅记载在权利要求2中，且权利要求3没有引用权利要求2，因此权利要求7缺乏引用基础，也即权利要求7不清楚，不符合《专利法》第26条第4款的规定。

因此，权利要求14、6、7不符合《专利法》第26条第4款的规定。

（三）说明书不符合《专利法》第26条第3款规定的"说明书应当对发明或者实用新型作出清楚、完整的说明"

本专利说明书没有对第一限流阀和第二限流阀的具体结构和工作原理做出任何说明，导致本领域技术人员无法准确的实施技术方案。因此，说明书不清楚，不符合《专利法》第26条第3款的规定。

案件结果

最高人民法院认为,鬼谷子公司据以主张权利的基础即涉案专利权利要求1~6均已被国家知识产权局宣告无效,故依据最高人民法院《关于审理侵犯专利权纠纷案件应用法律若干问题的解释(二)》第2条的规定,作出如下裁定:

1. 撤销一审民事判决;

2. 驳回原告鬼谷子公司的起诉。

典型意义

本案需要在二审中提出无效宣告请求,并在二审裁定作出前收到无效宣告请求审查决定书,因此时间非常紧迫,容不得半点迟疑。并且,本案关乎鱼跃公司的拳头产品,只许胜,不许败,因此我方在办案过程中承受了巨大的压力。然而,我方顶着压力,迎难而上,将二审诉讼和专利无效统筹策划,通过精细化的专业代理,最终获得了圆满的结果。综上所述,本案时间之紧、难度之大、影响之深,是我方执业多年来鲜有遇到的。我方倾注了巨大的心血和汗水,不畏艰险,攻坚克难,通过精细化的代理和极致专业的服务,在圆满获得二审胜诉的同时,亦获得了鱼跃公司的高度认可。

回顾思考

1. 经过深入分析侵权产品与涉案专利,我方发现侵权产品中是节流孔,而涉案专利中则是限流阀。对此,一审法院认定两者构成等同。为了在二审诉讼中利用禁止反悔原则制衡专利权人,我方技巧性地设计了权利要求书没有以说明书为依据的无效请求理由,布下陷阱,一旦专利权人作出限流阀不同于节流孔的陈述,我方在二审诉讼中即可通过禁止反悔原则得出侵权产品中节流孔与涉案专利中限流阀不等同的结论,从而进行不侵权抗辩。结果,专利权人不出意外地落入了我方的陷阱,作出了限流阀不同于节流孔的不利陈述。

2. 一审中,由于过度寄望于诉讼,忽视专利无效,而导致了败诉。二审中,面对一场输不起的战役,我方明确了二审诉讼和专利无效“同步走”,“两手抓,两手都要硬”的策略,以确保万无一失。因此,我方自接受委托之日起,立即全身心投入,在争分夺秒准备无效宣告请求的同时,亦奋力开展二审诉讼证据的准备工作,无论哪一方面都不懈怠,最终才获得了圆满的结果。

3.一审中,鱼跃公司提供了在先销售的制氧机作为现有技术抗辩证据。然而,由于制氧机内部若干部件型号与制氧机型号不一致,引发对方对于制氧机是否被拆装过的怀疑,从而导致了败诉。二审中,我方充分吸取一审败诉教训,对如何克服证据瑕疵进行了深入研究。一方面,我方挑选出不存在内部部件型号与制氧机型号不一致的在先销售制氧机产品,作为现有技术抗辩证据。另一方面,我方从涉案型号制氧机的角度出发,通过提供其在先销售的证据证明其构成现有技术,并通过结合其工艺文件及丰田管理模式的记载,证明借用通用部件是产品设计中的惯常做法。由此,充分克服了导致一审败诉的证据瑕疵问题。

律师简介

闫东伟,北京市盈科(南京)律师事务所管委会副主任、知识产权与互联网法律事务部主任,盈科全国信息网络与高新技术法律专业委员会主任。闫东伟律师研究生毕业于吉林大学法学院,具有复合的专业背景,本科阶段取得法学和工学双学位,曾执业于江苏致邦律师事务所、北京大成(南京)律师事务所。闫律师拥有丰富的知识产权法律案件(诉讼与非诉)实务方面的经验,对于企业前期的知识产权法律风险防控,企业知识产权布局、申请、后期的维权,知识产权无效,知识产权评估,知识产权转让等方面具有丰富的实战经历。

专利实施许可被授权方是否有权单方解除合同

——北京某化工公司与西南某工业公司专利实施许可和专有技术转让合同纠纷案

张群力

案件简介

2011 年 11 月 23 日，西南某工业公司与北京某化工公司签订《许可转让合同》。主要约定北京某化工公司以普通实施许可方式向西南某工业公司提供 65 万吨/年醋酸装置成套技术工艺包。2012 年 5 月 22 日，北京某化工公司向西南某工业公司提交最终版的工艺包资料。

2013 年 8 月 12 日，西南某工业公司向北京某化工公司发出《合同解除通知》称："由于国家产业政策调整等不可抗力原因，西南某工业公司依法决定与北京某化工公司解除涉案合同，请北京某化工公司即日起终止涉案合同的履行，其他事宜依法另行协商。"

2013 年 8 月 19 日，西南某市召开一体化项目第二十四次会议，2013 年 8 月 27 日印发《第二十四次会议纪要》，其中关于西南某市政府的产业调整政策发生了重大变化。

2013 年 8 月 27 日，北京某化工公司向西南某工业公司发出《异议通知书》，认为西南某工业公司所述"国家产业政策调整"不属于不可抗力，西南某工业公司无权单方解除合同，应当在双方未就解除合同达成一致前，继续履行原合同。

2014 年 2 月 14 日，西南某市政府召开第八次会议，其形成的《第八次会议纪要》载明："由于产品价格持续下滑，且设备未进行采购，醋酸及醋酸乙烯聚乙烯醇装置停建。"

2014 年 5 月 21 日，北京某化工公司向西南某工业公司发出传真，要求西南某工业公司尽快支付专利实施许可及专利技术转让费及工艺包编制费剩余款项。

北京某化工公司于 2014 年 6 月 27 日和 2015 年 2 月 16 日，分别向西南某工业公司发出律师函，催促西南某工业公司尽快处理双方之间存在的争议，支付合同款项和逾期利息。

一审法院审理过程中，北京某化工公司提交多份会议纪要、航空运输电子客票行程单、醋酸装置工程设计采购施工试车等进度表，用以证明北京某化工公司已向西南某工业公司交付了纸版的审查工艺包资料，供西南某工业公司审查工艺包资料的可靠性、完整性，提出审查意见；北京某化工公司指派技术人员参加会议，提供相关服务。

一审法院判决西南某工业公司向北京某化工公司支付合同剩余价款，赔偿北京某化工公司违约金。西南某工业公司不服一审判决，向北京市高级人民法院提起上诉，要求驳回西南某工业公司的诉讼请求。二审法院撤销一审关于西南某工业公司支付合同价款及违约金的判决，改判西南某工业公司向北京某化工公司支付的合同剩余价款及违约金仅数十万元。

本案双方争议主要集中在，西南某工业公司是否存在违约行为、北京某化工公司要求西南某工业公司支付合同余款和违约金是否有法律依据、西南某工业公司向北京某化工公司发出《合同解除通知》是否导致涉案合同被解除、应该如何确定西南某工业公司应支付的合同价款及应承担的违约责任。

律师策略

经北京律师界朋友推荐，2017 年 12 月北京某化工公司的负责人到盈科北京总部委托张群力律师团队参与本案的申请再审代理工作，担任北京某化工公司在最高人民法院申请再案的代理人。

接受申请人委托后，张群力律师通过对一审、二审案卷材料的反复阅读，认为：(1)二审判决严重错误理解《专利实施许可和专有技术转让合同》第 9.5 条的约定，错误理解“由于买方原因(包括不可抗力)造成的合同提前终止，买方已支付给卖方的款项，卖方不予退还”。(2)二审判决错误认定“西南某工业公司的行为已构成合同约定的终止情形”，错误认定西南某工业公司不构成违约。(3)二审判决错误认定“合同权利义务终止后基于合同产生的权利义务全部归于消灭”，并进而错误认定西南某工业公司不构成违约，无须支付合同余款和违约金，二审判决错误认定北京某化工公司并没有开展合同余款 1712 万元对应的工作。

本案的突破口是证明西南某工业公司单方解除合同并不属于合同约定的终止情形,西南某工业公司没有单方解除权。为了获得法院的支持,张群力律师从双方合同条款、《合同法》有关法定解除条款、政府行为是否构成不可抗力或者情势变更情形、北京某化工公司的合同义务已经履行以及知识产权的基本特点等多方面论证了西南某工业公司单方解除合同构成违约。

律师文书

本案代理词(一)(节选)

一、西南某工业公司有关其依据地方政府关于涉案项目停建的会议纪要精神解除涉案合同属于不可抗力、其不应承担违约责任的主张是不是成立?是否还需要支付剩余的款项?

(一)西南某工业公司主张的事实不属于不可抗力,西南某工业公司主张因不可抗力而解除合同没有事实和法律依据

1. 合同法及双方合同对不可抗力的界定

《中华人民共和国合同法》(以下简称合同法)第117条第2款对不可抗力进行了立法界定。即"本法所称不可抗力,是指不能预见、不能避免并不能克服的客观情况"。即构成不可抗力必须同时满足不能预见、不能避免、不能克服和客观情况四个条件。其中,不能预见是指当事人在签订合同时,按照通常的社会认知能力是不可能预测到会发生某种事件;不能避免是指当事人已经尽了最大的努力,但仍然无法避免某种事件的发生;不能克服是指当事人已经尽了最大的努力,但仍然不能克服事件所造成的损害后果,致使合同不能履行。不可抗力通常包括两种情况:一种是自然灾害,如水灾、地震等;另一种是社会非正常事件,如战争、罢工、国家政府行为等。

北京某化工公司与西南某工业公司签订的《专利实施许可和专有技术转让合同》(以下称转让合同或双方合同)第18条第24款也对不可抗力作了界定。即不可抗力是指超出本合同双方控制范围、无法预见、无法避免或无法克

服、使得本合同一方部分或全部不能履行本合同的事件。这类事件包括政府行为或国家公权力的行为。

显然,转让合同对不可抗力的界定和合同法对不可抗力的规定是一致的。事实上,退一步说,即使转让合同对不可抗力的表述和合同法的表述不完全一致,对转让合同中不可抗力的理解,也应当遵循合同法关于不可抗力的规定,任何不可抗力的构成都必须同时具备不能预见、不能避免、不能克服和客观情况这四个条件。

2. 2014 年 2 月的政府会议纪要不属于政府的行政行为,西南某工业公司至今没有提供任何证据证明是政府的行政行为导致了西南某工业公司的项目停建

2013 年 8 月 12 月,西南某工业公司单方解除合同时,西南某工业公司没有提供任何材料证明由于政府的原因导致西南某工业公司的项目停建。2014 年 1 月双方协商时,西南某工业公司也没有提供任何书面的材料。其后,西南某工业公司只提供了一份 2014 年 2 月 14 日的《第八次会议纪要》(以下称 2014 年 2 月会议纪要),除此份会议纪要外,西南某工业公司再没有提供过任何其他证明材料。显然,单凭这一份会议纪要,不能证明是政府的行政行为导致了西南某工业公司的项目停建;更不能证明,早在 2013 年 8 月,政府的行政行为就导致了西南某工业公司的项目停建。

因为,政府作为行使公权力的行政机关,只能依法行政。政府对外作出行政行为的方式只可能是通知、命令、决定等法定方式,而不能是不对外公开且对外不具有法律约束力的内部会议纪要。《国家行政机关公文处理办法》就明确规定,会议纪要是指记载、传达会议情况和议定事项的内部公文,对外不产生法律效力。

因此,2014 年 2 月的政府会议纪要不属于政府的行政行为,西南某工业公司至今没有提供任何证据证明是政府的行政行为导致了西南某工业公司的项目停建。

3. 即使 2014 年 2 月的会议纪要属于某市政府的行政行为,会议纪要中的产品价格下滑也属于正常的商业风险,并不属于不可抗力

退一步说,即使 2014 年 2 月的会议纪要属于政府的行政行为,2014 年 2 月

会议纪要中所述的产品价格下滑也属于正常的商业风险,根本不属于不可抗力。而且这种商业风险很常见,很典型。对常见的商业风险西南某工业公司在签订合同时理应能够预见。商业风险所带来的不利后果理应由参加市场经济活动的西南某工业公司来承担,西南某工业公司不能以规避商业风险为由不履行合同并要求免责。

4. 即使2014年2月的会议纪要属于某市政府的行政行为,某市政府的具体行政行为也不构成不可抗力

另外,再退一步讲,即使2014年2月的会议纪要属于某市政府的行政行为,这也只是某市政府具体的行政行为,而具体的行政行为并不构成不可抗力。政府的行政行为包括抽象的行政行为和具体的行政行为。抽象的行政行为,如立法或政策的重大变化,可以构成不可抗力,而具体的行政行为并不构成不可抗力。因为,如果将具体的行政行为归为不可抗力,容易导致不可抗力的滥用,从而影响经济秩序,损害市场经济中基本的契约精神。事实上,从立法上考量,如果合同的一方遭遇到具体的行政行为而不能履行合同,从而蒙受损失,该方完全可以通过行政赔偿或行政补偿等方式得到救济。立法上和司法实践中完全不应当将这种具体的行政行为归为不可抗力。

5. 即使西南某工业公司项目的停建来源于某市政府的决定,某市政府履行国有企业国有资产出资人职能的行为,也不属于不可抗力

对企业来说,政府可能履行两方面的职能。第一,政府履行公共管理职能,这方面的行政行为有可能构成不可抗力。第二,政府或政府有关机关和部门对国有企业履行国有资产出资管理人职能。政府履行国有资产出资管理人职能的行为显然不构成不可抗力。因为,如果政府履行国有资产出资管理职能的行为能够构成不可抗力,将直接导致国有企业和非国有企业的不平等,直接背离市场经济的基本公平原则。

事实上,《国有企业国有资产法》第6条规定,国务院和地方人民政府应当按照政企分开、社会公共管理职能与国有资产出资人职能分开、不干预企业依法自主经营的原则,依法履行出资人的职责。

本案中,退一步说,即使西南某工业公司项目的停建来源于某市政府的决

定。某市政府的这一决定也完全是履行国有资产出资人管理职能的行为，显然不属于不可抗力。无论是某市政府所属国有企业，还是其他企业，作为市场主体，在参与民事活动中，都必须遵循民事活动的基本原则，积极、合法、善意地履行合同的义务。

6. 即使存在政府行为导致西南某工业公司项目停建等所谓不可抗力，这些所谓不可抗力也没有使本案双方的义务不能履行

本案中，北京某化工公司的主要义务是办理专利许可和技术转让。合同签订后，北京某化工公司的专利许可义务就已经完成。工艺包的交付，专有技术转让工作也已经完成。因此，本案不存在所谓不可抗力导致北京某化工公司不能履行合同的情形。

本案中，西南某工业公司的主要义务是支付合同款。无论西南某工业公司的项目是否停建，西南某工业公司都不可能存在无法支付合同款的情形，都不存在西南某工业公司因不可抗力无法履行合同的情形。

因此，即使存在政府行为导致西南某工业公司项目停建等所谓不可抗力，这些所谓不可抗力也没有使本案双方的义务不能履行。

综上，本案所谓的产品价格下滑属于正常的商业风险，不属于不可抗力。2014 年 2 月的会议纪要不是政府对外的行政行为。即使因某市政府的行政行为导致西南某工业公司项目停建，某市政府的具体行政行为及履行国有资产出资人职能的行为也不构成不可抗力。本案不存在所谓不可抗力，更不存在所谓不可抗力导致西南某工业公司不能履行支付合同款的义务。

（二）涉案项目并不存在国家产业政策调整的情形

1. 西南某工业公司 2013 年 8 月解除合同时所述的国家产业政策调整不属实

西南某工业公司 2013 年 8 月 12 日向北京某化工公司发出的解除合同通知中提到，由于国家产业政策调整原因，导致西南某工业公司解除合同。但解除合同时，西南某工业公司没有提供任何这方面的证明文件。事实上，西南某工业公司解除合同时所述的国家产业政策调整根本不属实。

2. 2014年2月的会议纪要也不能证明国家产业政策的调整

2014年2月的会议纪要，虽然提到了产品价格持续下滑及项目设备没有采购从而想停建西南某工业公司的项目，但很显然，会议纪要中所述的这种情况根本不属于国家的产业政策调整。

3. 退一步说，即使西南某工业公司所述的国家产业政策调整属实，产业政策的调整也不属于不可抗力，也不能成为西南某工业公司单方解除合同的理由

综上，本案不存在因国家产业政策调整而解除合同的情况，西南某工业公司更不会因国家产业政策调整而免于承担单方解除合同的违约责任。

（三）本案不存在情势变更的情形，而且，即使本案存在情势变更的情形，贵院也不应当主动适用情势变更原则

1. 本案属于正常的商业风险，而非情势变更

第一，从正常商业风险角度来分析，本案不存在情势变更。

商业风险属于从事商业活动的固有风险，尚未达到异常变动程度的供求关系的变更、价格的涨跌等属于商业风险。而情势变更是作为合同成立基础的环境发生了异常变动，是当事人在缔约时无法预见到非市场系统固有的风险。本案中，西南某工业公司没有提供证明价格异常变化的任何证据，而且2014年2月会议纪要中表述的也只是"价格持续下滑"。因此从正常商业风险角度来分析，本案不存在价格方面的情势变更。

第二，从可预性的角度来分析，本案也不存在情势变更。

商业风险当事人可以预见，而情势变更当事人未预见到，也不能预见。本案中，涉案项目中相关产品的价格涨跌属于正常的市场价格波动，作为正常的市场主体，西南某工业公司是能够预见到产品价格会出现波动的，尤其是石油、活泼重金属、化工产品，价格存在波动是非常正常的现象。因此，从可预性的角度来分析，本案产品价格下滑也是能够预见的商业风险，不构成情势变更。

第三，从是否构成双方重大利益失衡来分析，本案也不存在情势变更。

在买卖合同中，价格超出市场风险的暴涨或暴跌，会导致一方超出市场正常范围的获利，而使另一方蒙受超出市场正常范围的损失，从而导致合同双方的利益出现重大失衡。因此需要本着公平原则，需要用情势变更来重新调整和

平衡双方的利益。

本案中并不存在任何导致双方利益重大失衡的情况。产品价格是否下滑，均不会增加北京某化工公司任何利益，更不会使北京某化工公司因此而获取暴利。产品价格是否下滑，甚至项目是否停建，也不会使西南某工业公司额外增加合同款和履约成本。因此，产品价格是否下滑，甚至项目是否停建，均不会造成北京某化工公司和西南某工业公司出现重大利益失衡，使一方获取暴利，而使另一方额外蒙受重大损失。所以，从是否构成双方重大利益失衡来分析，本案也不存在情势变更。

2. 退一步说，即使本案存在情势变更的情形，贵院也不宜依职权主动适用情势变更原则

情势变更原则的意义在于通过司法权力的介入，强行改变合同已确定的条款或撤销合同，在合同双方当事人订约意志之外，重新分配双方在交易中应当获得的利益和风险。虽然情势变更原则是对合同自由的一种修正，但这与合同法的立法精神存在冲突。合同法的立法精神是体现当事人自治的当事人主义，如果允许法官依职权对合同的内容作出变更，这显然是对合同自治的干涉。因此，对于情势变更，法院只能依照当事人的请求进行确认，而不能依职权直接认定。

另外，2010 年 4 月 8 日，《最高人民法院关于袁林伯与陈恒坤企业租赁经营合同纠纷案适用法律问题审核意见的答复》(〔2010〕民二他字第 6 号)中明确说明：情势变更原则的适用应当由当事人明确提出，人民法院不宜依职权主动适用。

本案一审和二审中，西南某工业公司提出解除合同的依据是转让合同的第 9.5 条和第 18 条，西南某工业公司在一审和二审中从未主张本案属于情势变更，从未因情势变更而请求人民法院对合同的相关条款进行调整。因此，本案的再审中，贵院不宜依职权主动适用情势变更原则。

二、再审申请人北京某化工公司有关西南某工业公司单方解除涉案合同构成违约、应支付合同余款 1764 万元和违约金 377 万元的主张能否成立？

(一)本案中西南某工业公司的违约行为表现为西南某工业公司单方解除合同

合同法第 8 条第 1 款规定："依法成立的合同，对当事人具有法律约束力。

当事人应当按照约定履行自己的义务,不得擅自变更或者解除合同。”

在西南某工业公司主张的事项不属于不可抗力的情况下,西南某工业公司于2013年8月12日单方发出合同解除通知,单方要求解除合同,西南某工业公司的行为即构成违约。事实上,在接到西南某工业公司的解约通知后,2013年8月27日,北京某化工公司向西南某工业公司发出了书面的异议通知。北京某化工公司明确指出了西南某工业公司的违约行为,明确告知,西南某工业公司所述事实不属于不可抗力,西南某工业公司无权单方解除合同。

(二)西南某工业公司应赔偿北京某化工公司可得利益损失,北京某化工公司的可得利益损失并不等同于西南某工业公司未支付的合同款

合同法第113条第1款规定:“当事人一方不履行合同义务或者履行合同义务不符合约定,给对方造成损失的,损失赔偿额应当相当于因违约所造成的损失,包括合同履行后可以获得的利益。”

依据上述规定,北京某化工公司的损失包括直接损失和间接损失。直接损失包括因西南某工业公司解除合同北京某化工公司而增加的成本。如北京某化工公司催促西南某工业公司过程中或北京某化工公司参与协商过程中发生的差旅费等。间接损失,即可得利益损失,即如果不解除合同,北京某化工公司可以得到的收益。当然,本案中北京某化工公司的损失主要是可得利益损失。

代理人想说明的是,本案中北京某化工公司的可得利益损失主要表现为西南某工业公司未支付的合同余款,但北京某化工公司的可得利益损失并不等同于西南某工业公司未支付的合同余款。因为:

第一,从资金的时间属性来分析,可得收益损失不仅包括未支付的合同余款本金,还包括未及时支付合同余款本金而产生的孳息、逾期付款违约金或利息损失;

第二,从履行合同的成本来分析,可得收益损失应扣合同正常履行情况下,守约方履约而发生的成本。

因此,本案中北京某化工公司的可得利益损失应当包括:未支付的合同余款,加上未及时支付合同款而产生的逾期付款违约金,减去合同继续履行过程中北京某化工公司需要发生的成本。

（五）合同可以不再继续履行，但西南某工业公司应赔偿北京某化工公司的可得利益损失

合同解除后，合同不再履行。

北京某化工公司已交付了工艺包，已完成了技术转让和许可，开展了少量的技术服务，培训工作没有进行。合同解除后，余下的技术服务工作和培训工作不再开展。

西南某工业公司已支付合同款3888万元，合同余款2592万元未付。但合同解除后西南某工业公司应赔偿北京某化工公司可得利益损失。到一审判决之日，北京某化工公司的可得利益损失至少为2356.3081万元，北京某化工公司主张其中的2133.5714万元，应当全部得到支持。

本案代理词（二）（节选）

一、在某一体化项目第二十四次会议纪要中，某一体化项目组和西南某工业公司都承认了西南某工业公司单方解除合同构成违约

第二十四次会议纪要是西南某工业公司在本案一审中提交的证据。在本案二审中，西南某工业公司再次确认提交了这一份证据。二审开庭笔录第8页和第9页记载：审判人员问，“西南某工业公司一审判决书第9页提到了某市政府第二十四次会议纪要，这是你们一审提交的证据吗？”；上诉人西南某工业公司回答：“对。”

而西南某工业公司一审提交的该份会议纪要载明：“会议认为，目前某一体化项目正处于技术方案调整、人事调整的敏感时期……在人事调整过渡时期，周某同志负责开展合同清理工作，力争把违约损失降到最低。”（详见一审判决书第9页）

可见，在该份会议纪要中，某一体化项目组和西南某工业公司都已经承认，西南某工业公司等单位因项目调整单方解除合同的行为已经构成违约。会议确认，西南某工业公司等单位清理上述合同违约问题的基本原则是将违约损失降到最低。

本案代理词（三）（节选）

一、本案一审和二审过程中,西南某工业公司对北京某化工公司违约金或利息损失的计算期限和计算标准均表示认可

本案2017年6月12日的二审开庭笔录中,二审法院要求北京某化工公司详细阐述了违约金具体的计算方式。对合同款的违约金或利息损失,北京某化工公司均表示是按照年利率6% ×1.2的标准计算的。二审法院询问西南某工业公司是否认可该违约金或利息损失的计算方式时,西南某工业公司明确回答认可。(详见附件一:二审庭审笔录第5页,二审卷宗第69页)

因此,本案中,北京某化工公司主张按年利率6% ×1.2的标准计算违约金或利息损失,已经得到西南某工业公司的认可。

二、北京某化工公司主张1712万元合同款对应的370万元违约金或利息损失,低于依法可以主张的金额,应当全部得到支持

(一)违约金或利息损失计算的期间

计算的起始时间为:西南某工业公司拒绝履行合同并书面通知解除合同之日,即2013年8月12日。

计算的截止时间为:西南某工业公司实际付清该部分款项之日。(暂计至一审判决作出之日,即暂计算到2016年12月30日)

计算时间段为1237天,合计3年5个月。

(二)同期银行贷款利率

详见附件二:中国人民银行发布的《金融机构人民币贷款基准利率表》

(三)可计算的逾期付款利率标准

依据中国人民银行《关于人民币贷款利率有关问题的通知》(银发〔2003〕251号,详见附件三),对逾期付款的,可以按基准利率的150%确定逾期利率。

(四)依据逾期贷款利率计算的违约金或利息损失数额大于370万元

计算基数为1712万元。依据计算期间的利率变化分段计算违约金或利息损失。最终计算的违约金或利息损失合计485.391233万元。计算明细表详见附件四。

该金额高于北京某化工公司主张的370万元。因此,北京某化工公司主张的1712万元合同款对应的370万元违约金或利息损失应全额得到支持。

案件结果

最高人民法院认为:西南某工业公司发出的《合同解除通知》不能导致涉案合同被解除,西南某工业公司关于其通知解除涉案合同的原因为"不可抗力"的主张不能成立,西南某工业公司单方停止继续履行合同并发出《合同解除通知》构成违约,该通知不能产生解除涉案合同的后果。西南某工业公司应当依照法律规定和涉案合同约定承担违约责任。最高人民法院最终判决西南某工业公司向北京某化工公司支付剩余合同款项及违约金共计700余万元。

典型意义

无论是政府主体本身还是有政府背景的企业都必须严格履行合同约定的义务,没有合同约定和法律明确规定的合同解除条件,任何一方都不得单方解除合同。政府主体在参与民事活动中也应遵循民事活动的基本原则和规则,履行已经成立并生效的民事合同。

最高人民法院的判决不仅依法维护了民营企业的合法权益,更维护了法律的尊严和公平正义。

回顾思考

我国1999年《合同法》颁布后,确立了严格的合同责任,严格限制了合同解除的条件。《合同法》第8条规定:"依法成立的合同,对当事人具有法律约束力。当事人应当按照约定履行自己的义务,不得擅自变更或解除合同。"依据《合同法》的上述基本原则,当事人应当全面履行自己的合同义务,除《合同法》规定的协商解除、单方约定解除、单方法定解除三种解除合同的情况外,任何一方擅自单方解除合同,均构成违约。

本案中,西南某工业公司主张其无法继续履行涉案合同是由于某市政府对涉案合同项目作出停建决定,属于涉案合同中约定的"政府行为或国家公权力”情形,故系由于不可抗力不能继续履行涉案合同,有权单方解除涉案合同。

而根据《合同法》第125条第1款的规定,“当事人对合同条款的理解有争议的,应当按照合同所使用的词句、合同的有关条款、合同的目的、交易习惯以及诚实信用原则,确定该条款的真实意思”。涉案合同中的“政府行为或国家公权力的行为”的理解,应当与涉案合同第18条第24项约定的内容相适应,即应限于超出本合同双方控制范围或无法预见或无法避免或无法克服的情形,而不是所有的政府行为或国家公权力的行为均可构成涉案合同约定的合同解除条件。而且,西南某工业公司提供的证据也表明因“产品价格持续下滑,且设备未进行采购”等原因决定停止项目建设,而这均属于正常的商业风险。因此,西南某工业公司不能继续履行涉案合同的原因不属于“不可抗力”,在不构成不可抗力的基础上,西南某工业公司单方发出《合同解除通知》并停止履行涉案合同,显然构成违约。

二审法院判决虽然认为西南某工业公司解除合同的原因不属于不可抗力情形,却认为合同第9.5条“由于买方原因(包括不可抗力)造成的合同提前终止,买方已支付给卖方的款项,卖方不予退还”属于合同约定的终止情形。认为西南某工业公司的行为属于终止合同的情形,西南某工业公司对于合同终止不承担任何责任。

但是,二审法院对涉案合同第9.5条的理解严重错误。涉案合同第9.5条表达的含义并非是西南某工业公司在不要求退还已付款的情况下,西南某工业公司都可以任意单方解除合同。无论是从合同第9.5条的文字表述来看,还是从合同的整体条款结构来看,抑或从许可转让合同第13条和第16条的约定来看,合同第9.5条都不能被理解为西南某工业公司可以单方解除合同。

从再审判决“法院认为”部分来看,再审法院显然完全采纳了代理人的再审申请意见,没有将合同第9.5条理解为合同约定解除的条款。从而准确认定西南某工业公司没有单方解除合同的权利,西南某工业公司单方解除合同的行为构成违约,应承担违约责任。

律师简介

张群力，北京市盈科律师事务所全球总部合伙人、盈科中国区董事会副主任、盈科北京管委会主任、盈科北京商事诉讼与仲裁法律事务部主任；担任全国20多家仲裁机构仲裁员或专家咨询委员会委员。张群力律师1995年取得律师资格，1996年专职从事律师执业，20多年来一直从事诉讼仲裁法律业务。长期的工作实践积累了丰富的执业经验。

工程爆破作业导致农户房屋受损应纳入建筑工程一切险赔偿范围

——某公路桥梁公司与某保险公司保险合同纠纷案

徐　正

案件简介

2015 年 1 月 11 日，某公路桥梁公司中标建设该高速公路项目 A4 标段，2015 年 3 月 30 日该公路桥梁公司为该工程向该保险公司投保了建设工程一切险，其中第三者责任累计责任限额为 10,000,000 元，第三者责任每次事故财产损失免赔额为 5000 元，保险期间自 2015 年 3 月 31 日至 2016 年 8 月 28 日。同年 4 月 3 日该公路桥梁公司与江西该爆破公司签订《爆破服务协议》，按该公司出具的《高速公路 A4 标段爆破工程爆破技术与施工方案设计》，由具有爆破作业许可证的爆破员进行爆破施工。2015 年 5 月开始，因爆破施工陆续导致多村农户房屋墙体、楼面开裂，造成财产损失，引发当地农户上访、阻工维权。该公路桥梁公司多次向保险报险，但保险公司以事故不属于保险责任为由拒绝赔付。因受损农户高达 800 多户，故当地镇政府出面协调，并委托鉴定机构对受损房屋进行鉴定，鉴定费用由该公路桥梁公司垫付。该公路桥梁公司按鉴定意见先垫付了 5 户农户的损失，取得债权后向法院提起诉讼，要求保险公司理赔，历经一审、二审，最终生效判决认定保险公司应当理赔。然保险公司仍拒绝赔付其他 700 多户农户的损失，该公路桥梁公司多次委派律师进行洽谈，均无果。后该公路桥梁公司垫付了 700 多户农户的损失，再次向法院提起诉讼，历经一审、二审、再审，最终法院均维持了保险公司应当理赔的判决。

律师策略

因本案涉及800多户农户房屋损失赔偿问题,本律师在接案初期对材料进行分析后,确定以下思路:(1)该公路桥梁公司已向该保险公司投保建筑工程一切险,因工程爆破导致农户的房屋损失应当纳入建筑工程一切险的赔偿范围,进而由该保险公司进行赔偿;(2)稳定农户情绪,确保会合法合理进行赔偿;(3)向保险公司报险,要求保险公司进行赔偿;(4)保险公司拒赔时,多次与保险公司协商洽谈;(5)保险公司仍拒赔的情况下,向法院提起诉讼,由法院进行裁判。

具体措施:(1)研究建筑工程一切险条款以及《保险法》,同时检索案例及裁判观点,最终确定工程爆破导致农户的房屋损失应当纳入《建设工程一切险》约定的意外事故导致的损失,属于保险合同中约定的保险责任;(2)因涉及农户数量较多,该保险公司拒绝理赔的情况下,为避免发生群体事件,维护施工稳定顺利推进,在政府的主持下,由鉴定机构进行损失鉴定,确定损失后由该公路桥梁公司先行进行赔付,再由该公路桥梁公司按照保险合同约定要求该保险公司承担保险责任;(3)在依据建筑工程一切险保险合同提起诉讼阶段,先以其中有代表性的5户农户的损失进行诉讼,一审、二审法院支持该公路桥梁公司诉请;(4)在法院支持该公路桥梁公司的诉请后,该公路桥梁公司与该保险公司进行谈判,确定后续700多户房屋损失赔偿问题,因谈判未成功,为维护该公路桥梁公司合法权益,该公路桥梁公司再次向法院提起诉讼,且一审法院支持该公路桥梁公司诉请后,保险公司上诉到二审法院,二审法院裁定驳回上诉维持原判,保险公司申请再审,再审法院裁定驳回再审申请。最终该公路桥梁公司获得相应的赔偿金。

律师文书

代 理 词

一、本案属于我公司购买的《建设工程一切险》约定的意外事故导致的损失,属于保险合同中约定的保险责任。

1. 本案发生在保险期间且属于保险责任范围。本案是由我公司委托的爆破公司实施火药爆破作业,进而导致周边村民房屋受损的意外事件,属于保险公司的保险责任范围。我公司投保的《建设工程一切险》包含第三者责任险,根据该保险公司官网的第三者责任险条款第18条明确约定"在保险期间内,因发生与本保险合同所承保工程直接相关的意外事故引起的工地内及邻近区域的第三者人身伤亡、疾病或财产损失,依法应当由被保险人承担的解决不赔偿责任,保险人按照本保险合同约定负责赔偿"。保险公司关于意外事故的释义"指不可预料的以及被保险人无法控制并造成物质损失或人身伤亡的突发性事件,包括火灾和爆炸","爆炸分物理爆炸和化学爆炸,化学爆炸如火药爆炸等"。鉴于此,爆破公司依据其专业资质及知识设计方案实施爆破产生的损失,对我公司而言,显然是"不可预料及无法控制的",理当属于保险合同约定的意外事故保险责任,保险公司应予理赔。

2. 我公司委托的江西该爆破公司是经过工商行政部门依法登记批准成立的合法企业,具有爆破作业的等级资质,其施工作业合法合规。

①本案中爆破公司依法就涉案标段采用的爆破设计方案及相关材料报公安局备案并得到批准,不存在违规爆破,且经过三次庭审,该保险公司均没有提供爆破公司违规爆破的相关有效证据。

②我公司在前期五个案子中提交的爆破方案材料与该保险公司举证并称证据来源于该公路桥梁公司的爆破设计方案在材料封面及实质内容均不一致。对于该保险公司举证材料我公司也是2017年9月1日庭审中第一次见到,且该保险公司不能提供其证据的合法来源,故该保险公司提供的爆破方案不能作为有效证据采信。

③退一步而言,即使该保险公司举证的爆破设计方案来源合法,但上述材料明确记载爆破方式为"微插中深孔排接松动爆破"与"微插浅孔排接松动爆破",并不是国家明令禁止的药壶爆破。药壶爆破与本案施工的爆破最本质区别在于:药壶爆破至少要放置两次炸药进行爆破,本案只装一次炸药进行爆破,二者存在本质区别。爆破公司采用的方法和设计方案也没有两次爆破这个本质特点,故不能主观臆断是药壶爆破。综上,该保险公司没有任何证据证明本案是药壶爆破,反而牵强附会地将本案爆破归为药壶爆破。

④再退一步而言,爆破公司作为有资质的公司,其爆破方案又经过公安机关登记备案并批准,我公司出于对国家公权力机关的信任和管理,选任爆破公司实施爆破作业,进而发生了周边村民房屋受损的后果。这种后果完全是我公司基于信赖所不能预见,也无法控制的,于我公司而言这就是意外事件。即使爆破公司在作业操作过程中可能存在瑕疵,但都不属于我公司的预见和控制范围,保险公司应当依保险合同对我公司理赔。至于爆破公司,涉及保险公司是否有权追偿的问题,但该问题与本案不应混为一谈。

二、本案中江西该司法鉴定中心负责勘察评估的农户损失范围在第一次受托时就已经确定损失范围,最终鉴定报告也没有超出第一次的损失范围,不存在扩大损失。

江西该司法鉴定中心的鉴定人已经在庭审中对委托鉴定事项进行了详细背景介绍及情况说明。本案爆破导致的村民房屋受损,行为、结果及因果关系在庭审查明与举证质证中已经非常明确。神州公司 2015 年 10 月 18 日第一次接受政府的委托,对村民房屋进行鉴定,鉴定范围为 719 户,鉴定公司本着科学严谨的工作态度,就其中 156 户受损房屋情况的原因力确定为炮损导致,其余 563 户村民房屋的损害不能确定与炮损有直接关系,故没有做出鉴定意见。爆破是本次工程施工不可避免的一道施工工序,故爆破作业也在继续进行,我公司在爆破作业周边都安装了防护措施并采取扩音喇叭循环播放警示语的方式预防及减少可能造成的损失。在爆破作业完成后,政府又委托江西该司法鉴定中心进行补勘,江西该司法鉴定中心通过与第一次的房屋损失情况进行鉴别区分,最终做出 719 户村民房屋受爆破损害的事实及修复费用。

该保险公司在本案中偷换了扩大损失的概念,就司法鉴定中心的鉴定情况而言,第一次接受委托时司法鉴定中心确定可能产生损害影响的范围就是 719 户,只是由于严谨的工作作风,仅对其中 156 户作出了受损修复鉴定。但爆破工程还在继续,这是修建高速公路无法避免的工序,且我公司也积极采取了防护措施。两次鉴定都已经确定受损房屋为 719 户,只是司法鉴定中心在鉴定方法上存在第一次无法判定的问题,才有了第二次补勘鉴定。因此整个损失范围在第一次就已经完全固定了,保险公司把固定的损失范围偷换成具体的修复金额,把修复金额的增加归咎为我公司扩大损失是错误的。

三、炮损事故发生后,保险公司在县政府委托鉴定机构之前已经勘查现场但对鉴定事宜未做任何积极回应,视为保险公司自身权利的放弃,由此产生的鉴定费及赔偿费用应由保险公司承担。

该保险公司提供的录音证据中已经明确记录,在2015年5月22日保险公司就已经勘查现场及了解现场情况,在此时,还没有鉴定机构介入,保险公司仅在对话中表示自己也有鉴定机构,但无任何积极的行动予以回应。为了避免群体性事件发生,政府才委托博渊鉴定机构先行鉴定。

该保险公司勘查现场的行为也使其认为该公路桥梁公司扩大损失及保险标的危险增加该公路桥梁公司未尽告知义务的论点不攻自破。第一,该保险公司勘查现场,就已经知晓工程施工造成了村民房屋损失,但保险公司既不积极理赔,也不积极配合制定有效方案选择鉴定机构定损,而是消极的不作为。该公路桥梁公司及当地政府为了避免群体性事件,只能在政府委托下选择鉴定机构对损失进行固定。保险公司怠于履行合同义务导致鉴定费属于保险公司自身扩大的损失,应由其自身承担。第二,在承保前和爆破事故后保险公司都已经勘查现场,对工地的施工环境、危险程度以及危险程度是否增加,均由专业人员确定或评估;在此前提下,保险公司在勘查完现场后,对保险标的危险增加的事只字未提,说明保险公司认为根本不存在保险标的危险增加的情形,保险公司的免责事由也不成立。

综上,本应由保险公司选择鉴定机构支付鉴定费用固定损失,因保险公司怠于履行合同义务并放弃自身权利,导致我公司替保险公司垫付鉴定费用,保险公司理应予以返还。

案件结果

法院认定本案发生的房屋损失在保险条款约定赔偿范围内,该保险公司应当按照合同约定进行赔偿。基于此,一审法院判决该保险公司向该公路桥梁公司支付赔偿金和鉴定费。该保险公司上诉后,二审法院判决驳回上诉,维持原判。之后,该保险公司申请再审,再审法院经审查后,裁定驳回该保险公司的再审申请。该公路桥梁公司最终获得了相应的赔偿金。

典型意义

本案所涉及的该高速公路工程项目是省重大交通基础设施,建设好该项目促进全省经济发展具有重要意义。在施工过程中因工程爆破导致附近农户房屋受损,该公路桥梁公司会同当地政府及时、足额将补偿款项支付到房屋受损群众,维护社会稳定,保障施工环境,未出现群体事件和阻工现象。该公路桥梁公司严格履行合同,维护企业信誉,切实处理好因爆破施工所造成的相关遗留问题。此外,该公路桥梁公司通过诉讼途径成功要求保险公司承担保险责任,挽回了相应损失。

回顾思考

一、法律分析

1. 本案爆破作业导致农户房屋受损产生的损失属于建筑工程一切险保险合同约定的赔偿范围。

保险合同由保险条款、投保单、保险单以及批单组成,本案所涉的保险条款系一切险条款。一切险条款中第三者责任保险部分约定“在保险期间内,因发生与本保险合同所承保工程直接相关的意外事故引起工地内及邻近区域的第三者人身伤亡、疾病或财产损失,依法应由被保险人承担的经济赔偿责任,保险人按照本保险合同约定负责赔偿”;一切险条款释义部分对意外事故作出了说明,并列明了意外事故种类包含火灾和爆炸,且对爆炸作出了解释,本案所涉爆破属于一切险条款范围之内,故该保险公司应按保险合同约定负责赔偿。

2. 本案事故不在一切险条款第三者责任保险的责任免除范围内。

本案中的一切险条款符合《合同法》第39条中格式条款的定义。依据《合同法》第39条、第40条的规定,采用格式条款订立合同的,提供格式条款的一方应当采取合理的方式提请对方注意免除或者限制其责任的条款,并按照对方的要求对条款说明;提供格式条款一方免除其责任、加重对方责任、排除对方主要权利的,该条款无效;再依据《保险法》第17条第2款规定,对保险合同中免除保险人责任的条款,保险人在订立合同时应当在投保单、保险单或者其他保险凭证上作出足以引起投保人注意的提示，并对该条款的内容以书面或者口头形式向投保人作出明确说明；未作提示或者明确说明的，该条款不产生效力；最高人民法院《关于适用〈中华人民共和国保险法〉若干问题的解释（二）》第9条规定，保险人提供的格式合同文本中的责任免除条款、免赔额、免赔率、比例赔付或者给付等免除或者减轻保险人责任的条款，可以认定为《保险法》第17条第2款规定的“免除保险人责任的条款”；另该保险公司提交的证据未能证明其已经就一切险条款中第三者责任保险的责任免除条款尽了明确告知及说明的义务，且在投保单、保险单、一切险条款或其他保险凭证上没有作出足以引起投保人注意的提示。故保险合同中第三者责任保险部分的责任免除条款不产生效力，本案事故不属一切险条款第三者责任保险的责任免除范围内。

二、风险防范建议

1. 对于投保人及被保险人而言，在进行施工作业时，使用专业人员进行操作且应注意做好防护措施，并及时提醒附近村民做好安全管理，避免出现因自身过失而导致群众受损的情况出现。此外，在进行投保时，应着重查看保险合同条款中是否存在免除保险公司的条款，避免合法权益不能得到保障。

2. 对于保险人来说，保险合同格式条款、免除责任条款应履行提醒、告知义务，相关文字应用加粗形式着重强调，否则相关格式条款有被认定无效的风险。

律师简介

徐正，北京市盈科（南昌）律师事务所管委会副主任、盈科南昌建设工程法律事务部主任。专业领域：建设工程及重大疑难民商事诉讼。

抓住一审法院的法律适用错误问题，通过法律检索最终实现诉讼逆转

——林某某诉基地公司劳动合同纠纷案

胡巡焕

案件简介

林某某(原告)于1994年7月入职某公司,1999年4月因工作调动被安排到基地公司(被告)工作。

基地公司因企业改制于2019年开始启动职工安置工作,制定了《职工安置方案》及附件《经济补偿金计算表》等文件,林某某和其他几名员工同意了公司的安置方案。在改制的过程中,其他员工与基地公司就补偿的标准和年限达成了一致,而林某某未同意基地公司的补偿数额。2019年8月29日,基地公司出具《劳动合同解除协议》,与基地公司就解除事项没有争议的员工签署了该协议,接受基地公司给予的经济补偿。但林某某因不同意基地公司的补偿而未签署该协议。2019年8月30日,基地公司在向林某某支付了部分经济补偿金之后发出《告知书》,解除了与林某某的劳动关系。

2019年12月11日,林某某向珠海市劳动人事争议仲裁院申请仲裁,要求基地公司支付违法解除劳动关系赔偿金差额。

律师策略

本案是典型的一起劳资双方对是否协商一致劳动解除合同有争议而发生的纠纷。我们在劳动仲裁阶段介入后,认为情况较为复杂(很可能是一场持久战),于是与当事人一起确定了以下代理思路:

1. 我们认为劳动关系协商一致解除在法律上不仅只是双方对解

除劳动关系达成合意,还应当包含双方对解除劳动关系的补偿事宜达成一致,否则劳动者在未与用人单位就补偿事宜达成一致的情况下自然也不会同意与用人单位解除劳动关系的。所以,我们主张林某某虽然当初同意基地公司的安置方案,但仅是表达了愿意解除劳动关系的意思表示,并不等于双方就解除劳动关系的补偿标准及补偿年限等具体事宜达成一致,而基地公司在如此的情况下解除与林某某的劳动关系是违法解除。基于此,我们提出基地公司须支付违法解除劳动关系赔偿金差额的请求。

2. 我们预判该案因为有《职工安置方案》《全体职工大会决议》(林某某等员工有签名)等证据,很可能法院认定双方之间协商一致解除劳动合同。若法院认定基地公司解除与林某某的劳动关系是合法的,那么是无法支持赔偿金的。即便如此,我们根据法律法规、会议纪要及判例,认为基地公司核算并发放的经济补偿金也是不符合法律规定的,计算年限错误,数额过低,因此,我们建议向法院说明该问题,争取法院支持我们的经济补偿金差额部分,也能为林某某争取到有关权益。

在仲裁及一审中,我们均代理林某某提出了基地公司须支付违法解除劳动合同赔偿金差额的请求。在一审中,我们向法院提交了《类案检索报告》,大量的案例明确,如果是用人单位违法解除劳动合同的,在计算赔偿金时,应包括劳动者在《劳动合同法》实施前即2008年1月1日之前的实际用工年限;经济补偿金的计算年限应遵循《劳动合同法》实施前后的有关规定分段计算。

很显然,基地公司支付的经济补偿金计算年限错误,是不符合法律规定的。而劳动仲裁及一审均认为基地公司支付经济补偿金没有违反法律规定。根据广东省高级人民法院、广东省劳动人事争议仲裁委员会《关于劳动人事争议仲裁与诉讼衔接若干意见》第12条规定,“劳动者申请仲裁或起诉时请求违法解除或违法终止劳动合同的赔偿金,但仲裁机构或人民法院经过审理后认为应支持劳动者解除或终止劳动合同的经济补偿的,可直接裁判用人单位向劳动者支付经济补偿”。因此,我们判断二审法院有改判的空间,在二审阶段,我们将重点转入基地公司应当支付经济补偿金差额的问题上,以二审法院以往判例为样本,重新提交了《类案检索报告》,以及向法院呈现《民事审判指导与参考》中的观点。

律师文书

民事上诉状（节选）

一、上诉人与被上诉人就解除劳动合同的具体事宜经协商未达成一致,被上诉人2019年8月30日单方解除上诉人劳动合同不符合《劳动合同法》的规定,系违法解除,依法应当支付赔偿金。

(一)被上诉人提交的《全体职工大会决议》并不能证明林容娣等员工确认了《职工安置方案》所记载的经济补偿金,经济补偿金的计算标准和计算年限等与解除劳动合同的相关事宜还需双方进一步协商,最终双方对经济补偿的计算年限未达成一致。2019年8月30日,被上诉人强行辞退上诉人的行为系违法解除劳动合同。

首先,被上诉人提供的《职工安置方案》第7页记载"本次改制需进行经济补偿对象8人,合计经济补偿金为1,625,635.3元,暂定以2019年1月30日作为计算职工经济补偿金的计算基准日"。而被上诉人制作的《珠海基地职工安置经济补偿金计算表》(原告证据24)计算的有意向离职的8名员工的经济补偿金合计为1,691,847.8元,备注第2点显示计算基准日同样是2019年1月30日。很显然,来源于被上诉人的两份证据所计算的经济补偿金数额相互矛盾,足以证实经济补偿金的计算方式及数额处于不确定的过程中。一方面,《职工安置方案》并无有关经济补偿金计算方式(每个员工的计算基数、计算年限等)的内容;另一方面,计算表上也没有员工签字。本案现有证据无法证明所有员工在职工大会上对经济补偿金的补偿年限等进行确认,被上诉人答辩主张所有员工对安置费用的计算方式进行了确认毫无依据。

其次,上诉人等员工在会议上的签名仅表明参与了对安置方案的审议,仅有解除劳动合同的意向,不等于就解除劳动合同事宜与被上诉人达成了一致。根据《劳动合同法》第46条第2项规定,由用人单位提出解除劳动合同的情形下,双方劳动合同的解除最终应以劳动者同意解除并就相关事宜达成一致为标准。在本案中,被上诉人一直认为应按12年的标准计算上诉人的经济补偿金,但上诉人对此不认可,该问题一直处于协商之中。2019年8月29日,上诉人对被上诉人制作的《劳动合同解除协议》经济补偿金的计算年限表示异议并进行修改(详见上诉人证据28),因被上诉人不确认而导致双方均未签署。所以,在职工安置方案通过后,双方对解除劳动合同有关的补偿事宜并未达成一致。据此,双方的劳动关系仍然存续,被上诉人在没有法定理由的情况下于2019年8月30日通知上诉人解除劳动合同,明显违法。

(二)根据《劳动合同法实施条例》及广东省高级人民法院、广东省劳动人事争议仲裁委员会《关于审理劳动人事争议案件若干问题的座谈会纪要》的相关规定,赔偿金的计算年限自用工之日起计算。

根据《劳动合同法实施条例》第25条及广东省高级人民法院、广东省劳动人事争议仲裁委员会《关于审理劳动人事争议案件若干问题的座谈会纪要》第33条的规定,用人单位违法解除劳动合同,赔偿金的计算年限自用工之日起计算,包括劳动者在《劳动合同法》实施前的工作年限。上诉人自1994年7月入职,后因工作调动的非本人原因到被上诉人处上班,至2019年8月30日共计工作年限为25年零1个月,离职前12个月平均工资为24,879元[(应发工资168,871.27元+年休假补偿6675.84元+奖金123,000元)÷12],被上诉人应支付给上诉人的赔偿金计算如下:24,879元/月×25.5个月×2=1,268,829元,扣减被上诉人已付的261,108元,被上诉人应当支付赔偿金差额1,007,721元。

二、退一步而言,即便二审法院认为被上诉人仅需支付经济补偿金,但被上诉人计算的经济补偿金与法律规定不符,也须向上诉人补足差额335,988元。

双方劳动关系建立于1994年7月,《劳动合同法》于2008年1月1日实施,根据《劳动合同法》第97条第3款"本法施行之日存续的劳动合同在本法施行后解除或终止,依照本法第四十六条规定应当支付经济补偿的,经济补偿年限自本法施行之日起计算;本法施行前按照当时的有关规定,用人单位应当向劳动者支付经济补偿的,按照当时有关规定执行"的规定,上诉人经济补偿金的计算年限应遵循《劳动合同法》实施前后的有关规定分段计算。《劳动合同法》实施前，经济补偿计算应遵循《违反和解除劳动合同的经济补偿办法》的规定，该法第5条规定："经劳动合同当事人协商一致，由用人单位解除劳动合同的，用人单位应根据劳动者在本单位工作年限，每满一年发给相当于一个月工资的经济补偿金，最多不超过十二个月，工作时间不满一年的按一年的标准发给经济补偿金"，故上诉人在《劳动合同法》实施以前计发经济补偿的工作年限按12年计算。

另，上诉人离职前12个月平均工资低于珠海市2019年职工月平均工资8407元的三倍，因此，《劳动合同法》实施后经济补偿金的计算年限按实际工作年限计算，不受12年的限制。上诉人的经济补偿金须按工作年限24年计算为597,096元(24,879元/月×24个月)，扣减被上诉人已付的261,108元，被上诉人也应补足经济补偿金差额335,988元。

综上，一审法院认定事实不清，适用法律错误，请二审法院予以支持上诉人的请求。

案件结果

在劳动仲裁及一审均未支持的情况下，二审迎来了逆转，支持了我们的观点，改判基地公司向林某某支付经济补偿金差额108,826.6元。

典型意义

1. 法律检索思维和技能对于诉讼律师尤为重要，尤其作为青年律师的我们，办的案件数量还不够多，经验相对不足，那么在办理案件过程中通过提炼关键词并检索到支持自己观点的类案和其他依据，将之呈现给裁判者，能起到事半功倍的效果，这是每一位诉讼律师应具备的思维。

2. 对于跨越《劳动合同法》实施之日的劳动者，其经济补偿金的补偿年限应以2008年1月1日为分界点分段计算。本案诠释了《劳动合同法》第97条在司法实践中是如何运用的。

回顾思考

经济补偿金的计算往往成为劳动争议案件的争议焦点。针对该问题,1995年1月1日施行的《违反和解除劳动合同的经济补偿办法》对经济补偿金的支付情形及补偿标准和基数进行了规定。在《劳动合同法》实施之前,该问题适用的是该办法的规定。

但《劳动合同法》对经济补偿金的支付情形和标准进行了重新规定,以上办法已废止,《劳动合同法》第47条第2款明确了计算基数和年限双封顶(3倍+12月)的情形。基地公司代理律师以此认为林某某的经济补偿金计算年限为12年,不认可林某某在《劳动合同法》实施前工作期间需计算经济补偿金。

如果仅从《劳动合同法》第47条第2款来看,确实是双封顶计算经济补偿金。但任何一个法律条文应放在整部法律中去理解,须结合上下文进行思考。从《劳动合同法》第97条第3款来看,并未否定劳动者在本法实施前工作获得经济补偿金,并不因以上办法的废止而不能获得经济补偿金。《劳动合同法》比较特殊,通过第97条明确了具有溯及力,对生效前的行为能予以适用。最高人民法院2011年《民事审判指导与参考》也明确了当劳动关系跨越新旧法时,经济补偿金的计算方法是:以2008年1月1日为分界线,2008年1月1日之前的工作年限按照旧法规定计算,这里主要指原劳动部《违反和解除劳动合同的经济补偿办法》的有关规定;2008年1月1日之后按照《劳动合同法》的规定计算。两项分别计算,再合并相加。

简言之,《劳动合同法》实施之前的工作年限是否要计算经济补偿金取决于当时的规定即《违反和解除劳动合同的经济补偿办法》,如按该办法,用人单位无须支付经济补偿的,劳动者工作年限自《劳动合同法》实施之日起计算。广东省高级人民法院、广东省劳动人事争议仲裁委员会《关于审理劳动人事争议案件若干问题的座谈会纪要》(粤高法发〔2012〕284号)与《民事审判指导与参考》的观点一致。

解除劳动合同的经济补偿金一直是劳资双方关注的问题,尤其是《劳动合同法》实施之后,经济补偿金的分段计算比较复杂,原因在于《劳动合同法》与以上办法中的相关规定不同。在本案中,基地公司代理律师及一审法院就是对规定的理解与适用出现错误,作出了与法律规定不符的判断和认定。基于此问题的特殊性和复杂性,律师在处理时,首先应准确分析解除劳动关系的原因,这对判断劳动合同法实施之前是否需要支付经济补偿金至关重要。其次工资构成的事实在实践中也经常出现分歧,这时候就需要仔细梳理事实,固定证据,以便确定劳动者离职前的月均工资数额,因为劳动者的月均工资数额会影响《劳动合同法》实施之后的补偿年限。

律师简介

胡巡焕，北京市盈科(珠海)律师事务所律师,珠海市律师协会法律顾问工作委员会委员,从业以来专注民商事争议解决、法律顾问服务(含劳动用工合规),业务类型涵盖商事交易、建设工程、公司股东纠纷等。

政府机关法律顾问如何结合行业领域特点为其止损？

——某公路事业发展中心与吕某损害赔偿纠纷案

王明芝　李伟平

案件简介

2017 年 9 月 30 日 6 时左右，原告吕某驾驶机动摩托在经过某路段前立柱段时，因公路上有前车不慎遗撒的沥青位于摩托车正常行驶方向，致使车辆撞上路面沥青摔倒造成胸椎、腰椎、颈椎、颅骨、面骨等多处骨折。经司法鉴定，吕某伤情构成九级伤残一处，十级伤残一处。原告吕某向一审法院提起诉讼，请求法院判令被告某公路事业发展中心（律师注：因机构改革，该公路中心已经并入交通局，但系独立法人）赔偿原告医疗费、误工费、护理费、住院伙食补助、伤残赔偿金、鉴定费、交通费、精神损害抚慰金等损失共计 325，463.73 元，诉讼费由被告负担。

一审法院审理认为，被告 A 市 B 区公路事业发展中心应承担 60% 的法律责任，即医疗费、护理费、伤残赔偿金、被扶养人生活费、交通费、鉴定费、精神损害抚慰金等共计约 27 万元。

王明芝律师团队作为交通局法律顾问因未参与一审，应顾问单位要求对二审提出法律参考意见，在充分告知顾问单位“律师不承诺案件结果”的前提下代理了二审。

律师策略

北京市盈科（青岛）律师事务所王明芝律师接受了顾问单位下属的某公路事业发展中心的委托，通过深入了解案情，认为本案一审法院判决从案由选择、诉讼主体认定、责任分担、责任比例分配方面均存在偏差,一审判决存在较大错误,应依法上诉并依法提出上诉主张。王明芝律师从法律顾问方面提出,二审的诉讼策略上应从以下几点进行开展:

1. 本案一审的案由错误,应当为"公共道路妨碍通行损害责任纠纷",非为一审中的"违反安全保障义务责任纠纷"案由。

2011年《民事案件案由规定》将违反安全保障义务责任纠纷设为三级案由,并依照违反安全保障义务的主体不同,下设公共场所管理人责任纠纷、群众性活动组织者责任纠纷两个四级案由。本案上诉人所养护的公路,不属于该条所指的公共场所,在公路上通行的事实亦不属于群众性活动,因而一审法院适用"违反安全保障义务责任纠纷"这一案由是错误的。

本案应当适用"公共道路妨碍通行损害责任纠纷",即在公共道路上堆放、倾倒、遗撒妨碍通行的物品造成他人损害的,有关责任人应当承担的侵权责任。本案被上诉人吕某因为道路上他人遗撒的沥青致害,属于该案由所指称的"在公共道路上堆放、倾倒、遗撒妨碍通行的物品造成他人损害",故在《民事案件案由规定》规定了应适用的四级案由时,不应适用其他的三级案由。故本案应当适用"公共道路妨碍通行损害责任纠纷"作为本案的案由。

2. 本案一审遗漏了必要共同诉讼人。

本案属于侵权责任法中的无意思联络共同侵权,而在本案中的道路管理者,因为政府公开招投标法律关系,实际实行道路巡查、养护职责的是甲公司,故应当追加在道路上遗撒沥青的行为人以及甲公司为必要共同诉讼人。作为在道路上遗撒、倾倒沥青的行为人应为本案的第一责任人,原告在案件发生后本应查明在道路上遗撒、倾倒沥青的行为人,将其一并起诉。原告并没有这样做,应视为放弃主张侵权人责任,这部分责任不应由道路管理者承担。

3. 本案一审责任认定有偏差。

本案被上诉人吕某系单方事故,未投保交强险径行上路行驶,且因为自身疏忽未能尽到安全注意义务撞上沥青,自身存在重大过错,其过错程度显然要高于道路管理者,因而应承担事故主要责任。王明芝律师通过检索A市B区法院对于类似案件的裁判结果,发现一般认定受害人承担主要责任(70% ~85%),对道路管理主体仅负担15%～30%的次要补充责任。本案中A市B区法院判令上诉人承担60%的责任比例过高。

4. 上诉人某公路事业发展中心已经尽到了管理道路职责及安全保障义务，不存在过错，不应承担侵权责任。

依据《公路法》第35条、《公路安全保护条例》第44条的规定，公路管理者仅负有保障公路处于良好技术状态的义务，不等同于对公路使用者无限的安全保障义务。交通运输部《公路养护技术规范》4.1.1和4.2.4要求每日上下午各巡查、清扫一次，根据《公路养护巡查记录》，涉案道路清扫作业频率高于法定标准，尽到了巡查、清理职责。其次，“及时清除”不等于“随时清除”，道路管理者不可能对杂物做到一出现就清除。

5. 根据本案的行业特点，一审法律适用错误。

一审适用《道路交通安全法》第105条错误，该条适用的前提是道路施工作业或者道路出现损毁，而本案不属于道路施工或道路固有缺陷毁损的情形，而应属于道路上堆放、倾倒、遗撒物品等妨碍通行的行为引发的侵权。适用最高人民法院《关于审理道路交通事故损害赔偿案件适用法律若干问题的解释》第10条是正确的，但是适用该规定，应该得出的结论是上诉人不承担赔偿责任。

律师文书

二审民事代理词

尊敬的审判长、审判员：

北京市盈科（青岛）律师事务所接受本案上诉人（原审被告）某公路事业发展中心的委托，指派王明芝律师、李伟平实习律师担任其与被上诉人（原审原告）违反安全保障义务责任纠纷一案二审程序的诉讼代理人。代理人接受委托后，认真查阅了证据材料，对本案情况有深入的了解，现依法发表如下代理意见：

一、案由方面:本案案由应当为“公共道路妨碍通行损害责任纠纷”,非为一审中的本案中的“违反安全保障义务责任纠纷”案由。

违反安全保障义务责任是指宾馆、商场、银行、车站、娱乐场所等公共场所的管理人或者群众性活动的组织者,未尽到安全保障义务致人损害时,所应当承担的侵权责任。根据《侵权责任法》第37条的规定,违反安全保障义务责任是特定的两类主体(公共场所的管理人或者群众性活动的组织者)负有的积极保障与其具有一定关系的当事人的人身和财产安全的义务。2011年《民事案件案由规定》将违反安全保障义务责任纠纷设为三级案由,并依照违反安全保障义务的主体不同,下设公共场所管理人责任纠纷、群众性活动组织者责任纠纷两个四级案由。本案上诉人所养护的公路,不属于该条所指的公共场所,在公路上通行的事实亦不属于群众性活动,因而一审法院适用“违反安全保障义务责任纠纷”这一案由是错误的。

本案应当适用“公共道路妨碍通行损害责任纠纷”,即在公共道路上堆放、倾倒、遗撒妨碍通行的物品造成他人损害的,有关责任人应当承担的侵权责任。本案被上诉人吕某因为道路上他人遗撒的沥青致害,属于该案由所指称的“在公共道路上堆放、倾倒、遗撒妨碍通行的物品造成他人损害”,故在《民事案件案由规定》规定了应适用的四级案由时,不应适用其他的三级案由。故本案应当适用“公共道路妨碍通行损害责任纠纷”作为本案的案由。

二、诉讼主体方面:本案适格被告应有多个主体。一审法院在判决书中列明的上诉人(原审被告)主体不适格,且一审诉讼遗漏了必要共同诉讼参与人,是错误的。

(一)一审法院未依法查明案件中上诉人的主体资格,导致判决书中列明的被告主体错误,二审应发回重审,依法进行纠正。

一审未依法严格查明:A市B区公路事业发展中心、A市C区公路事业发展中心,到底哪一个是本案的适格主体。

一审未依法严格审查社会信用代码证,错误地将A市C区公路事业发展中心信用代码证用在了上诉人上面。

根据《中华人民共和国事业单位法人证书》上面所载,统一社会信用代码:

12370211MB28671429所对应的主体名称应为“A市C区公路事业发展中心”。根据我国《民事诉讼法》的要求，当事人提起诉讼应有准确确定的原告和被告，而所谓“准确”即应以法定的登记证书（如《事业单位法人证书》、企业的《营业执照》）为准。因此，原审列明的被告为A市B区公路事业发展中心，并非法定的登记证书所载明的称谓，因而被告身份名称不准确、作为诉讼主体不适格，原审对此事实认定不清，在此情况下作出的判决缺乏基本的事实依据。

（二）本案原审遗漏了必要共同诉讼人。

本案属于侵权法中的无意思联络共同侵权，存在多个侵权主体，而原审被告仅有上诉人一方，显然程序错误。

《侵权责任法》第89条规定：“在公共道路上堆放、倾倒、遗撒妨碍通行的物品造成他人损害的，有关单位或者个人应当承担侵权责任。”最高人民法院《关于审理道路交通事故损害赔偿案件适用法律若干问题的解释》（法释〔2012〕19号）第10条规定：“因在道路上堆放、倾倒、遗撒物品等妨碍通行的行为，导致交通事故造成损害，当事人请求行为人承担赔偿责任的，人民法院应予支持。道路管理者不能证明已按照法律、法规、规章、国家标准、行业标准或者地方标准尽到清理、防护、警示等义务的，应当承担相应的赔偿责任。”因此，本案的侵权责任主体应为在公共道路上堆放、倾倒、遗撒妨碍通行物品的单位或者个人（本案遗撒沥青的单位或个人）以及道路管理者，并且道路管理者承担的是过错推定责任。而在本案中的道路管理者，除本案的上诉人外，还有实际承包行使道路巡查、养护职责的甲公司。

根据最高人民法院《关于审理人身损害赔偿案件适用法律若干问题的解释》（法释〔2003〕20号）第5条第1款之规定，“赔偿权利人起诉部分共同侵权人的，人民法院应当追加其他共同侵权人作为共同被告。赔偿权利人在诉讼中放弃对部分共同侵权人的诉讼请求的，其他共同侵权人对被放弃诉讼请求的被告应当承担的赔偿分额不承担连带责任。责任范围难以确定的，推定各共同侵权人承担同等责任”。因此，本案为必要的共同诉讼，一审法院应当追加另外两方（本案遗撒沥青的行为人与甲公司）为被告，一审法院仅将上诉人列为本案被告，未将另外的两方侵权主体列为被告，是错误的。根据最高人民法院

《关于适用〈中华人民共和国民事诉讼法〉的解释》第327条之规定，“必须参加诉讼的当事人或者有独立请求权的第三人，在第一审程序中未参加诉讼，第二审人民法院可以根据当事人自愿的原则予以调解；调解不成的，发回重审”。

因此，本案为必要的共同诉讼，一审法院应当追加另外两方（本案遗撒沥青的行为人与甲公司）为被告，一审法院仅将上诉人列为本案被告，未将另外的两方侵权主体列为被告，是错误的，依法应当予以纠正。

三、责任承担方面：应分清首要责任和次要责任，主要责任和补充责任。本案受害人因其重大过错应负事故的主要责任，本案次要责任的责任人应为在道路上遗撒沥青的侵权行为人与甲公司。上诉人承担的是过错推定的补充责任，并且上诉人已尽到道路养护巡查职责，不具有过错，不应承担责任。甲公司作为承包公路养护管理职责的主体，在公路养护中具有一定过错，应作为“道路管理者”承担一定的损害赔偿责任。

（一）被上诉人吕某未尽到合理范围内的自身安全注意义务，自身存在重大过错，应承担主要责任，一审判决对此事实认定有错误。

第一，原告事发时驾驶的车辆，在上诉期间内，经上诉人问询交警队，交警队称是机动车，而被上诉人作为摩托车驾驶员，行驶过程中未按照相关交通法规、投保机动车交通事故责任强制保险，径行上路行驶，是为事故发生的主要过错。

第二，被上诉人在事发当天的驾驶构成中，未安全驾驶、谨慎操作，合理观察路面情况提前规避可能的风险并及时避让，是事故发生的主要原因。

根据一般生活常理，9月的早上6时左右天已大亮，根据一般人应有的注意义务，在路上骑车能够看清路面的大块沥青并及时采取避让措施绕行，未安全驾驶，从而使得在行驶途中未仔细观察前方路况，未能及早发现险情，及时采取减速、避让等有效措施规避险情，是为过错之二。

本案一审的判决是在案件事实不清晰的基础上作出的，有很多案件事实是不清楚的、存疑的，如关于案发时间问题，系原告单方诉讼中陈述，一审法院是如何认定案发的准确时间的？原告诉称车辆撞上路面沥青，原告摔倒造成胸椎、腰椎、颈椎、颅骨、面骨多处骨折，令人不解的是，沥青通常是明确的有别于路面的黑色，原告为何未进行避让撞上？当时有无接打电话，注意力不集中、疲劳驾驶，前天晚上有无醉酒等情况？车辆行驶是否超速？车辆是机动车是否正常进行年审？原告的两处伤残鉴定程序是否合法？鉴定检材是否合法？鉴定意见是否正确？未投保交强险的机动车是严禁上路行驶的，一审法院是否查明？一审在如此复杂的一个案件中运用简易程序，一人独任审判，未有合议庭合议，导致事实不清，认定主要事实的证据不足，法律适用错误。

（二）本案事故的发生由在道路上遗撒、倾倒沥青的行为人造成，作为直接侵权行为人，应是第一位的侵权责任主体。一审判决对此认定有错误。

根据《侵权责任法》第89条规定，“在公共道路上堆放、倾倒、遗撒妨碍通行的物品造成他人损害的，有关单位或者个人应当承担侵权责任”。最高人民法院《关于审理道路交通事故损害赔偿案件适用法律若干问题的解释》（法释〔2012〕19号）第10条规定：“因在道路上堆放、倾倒、遗撒物品等妨碍通行的行为，导致交通事故造成损害，当事人请求行为人承担赔偿责任的，人民法院应予支持。道路管理者不能证明已按照法律、法规、规章、国家标准、行业标准或者地方标准尽到清理、防护、警示等义务的，应当承担相应的赔偿责任。”作为在道路上遗撒、倾倒沥青的行为人，应为本案的第一责任人，道路管理者仅负担过错推定的补充责任。一审原告本应调取案发路段的交警部门的卷宗、监控，查明在道路上遗撒、倾倒沥青的行为人，将其一并起诉。而一审原告并没有这样做，甚至都没有去交警部门查阅卷宗、调取录像监控，找到真实的直接侵权行为人。因而应视为原告对自身权利、对侵权人侵权责任主张的放弃，这部分侵权责任本不应该由上诉人承担，更不能因此转嫁到上诉人身上。一审判决对此事实认定亦是错误的。

（三）上诉人作为法定的公路管理部门，在实际操作中，合理行使了法律、法规、国家和行业规范规定的养护职责，对事故发生无过错，不应当承担损害赔偿责任。一审判决对此认定有错误。

《公路法》第35条规定，公路管理机构应当按照国务院交通主管部门规定的技术规范和操作规程对公路进行养护，保证公路经常处于良好的技术状态。《公路安全保护条例》第44条规定，公路管理机构、公路经营企业应当加强公路养护,保证公路经常处于良好技术状态。前款所称良好技术状态,是指公路自身的物理状态符合有关技术标准的要求,包括路面平整,路肩、边坡平顺,有关设施完好。明确说明公路管理者仅负有保障公路处于良好技术状态的义务,这种义务不等同于对公路使用者无限的安全保障义务。

依据中华人民共和国交通运输部《公路养护技术规范》4.1.1 之规定,"路面养护应符合下列要求:经常清扫路面,及时清除杂物、清理积雪积冰,保持路面整洁,做好路面排水"。此处规定是"经常",而非"时时刻刻",按目前的中国国情也做不到时时刻刻。举例来说,交警查违章,也是在法定的 8 小时工作时间,8 小时工作时间外,出现交通事故可以报警,而不能推定为其 24 小时时时刻刻站在马路上履行职责。

首先,关于"经常"清扫路面的理解。

中华人民共和国交通运输部《公路养护技术规范》4.2.4 之 2:2):(3)对这里的"经常"进行了解释,即"二级及二级以上公路路面的清扫作业频率宜不少于 1 次/d,其他等级公路可根据路面污染程度、交通量大小及其组成、气候及环境等因素而定,但不宜少于 1 次/周,中央分隔带内的杂物清理宜不少于 1 次/月。长隧道内和大型桥梁的清扫频率应适当增加"。此外,《山东省干线公路日常养护管理单位管理办法》第 15 条亦规定:"日常巡查频率为 1 次/天……"案发道路属于二级及二级以上公路路面,上诉人按照交通运输部《公路养护技术规范》的要求,每日上下午在案发道路各巡查、清扫一次,上诉人提供的《公路养护巡查记录》证明上诉人清扫作业频率为 2 次/天,多于法定的 1 次/天,尽到了法定的巡查、清理职责,符合法定的巡查、清理的频率要求。

其次,关于"及时"清除的理解。

中华人民共和国交通运输部《公路养护技术规范》规定的"及时清除"不等于"随时清除",二者的重点应在于"及时"和"随时"的区别上,而不是一审判决书所说"但其重点应在于'清除'二字"。因为公路处于全天候的使用状态,即使按照公路行业管理规范的巡查清扫频率的要求进行管理,也只能在巡查中将发现在路上的杂物及时予以清理,但无法预料公路上的险情何时出现,也不可能对公路上的杂物做到一出现就清除。按照规定,日常的巡查清扫应在工作时间内进行,发生事故或恶劣气象条件除外。本案发生在早上5时55分,该时段并不在公路站巡查清扫的时间范围内,且公路站不可能在辖区内高频率地、同时且全面地对公路进行巡查清扫。

公路是线形构筑物,且经营管理人员分配数量有限不可能对其任何一点实行全天候的人墙式管理,不可能做到实时清扫,实时清除路面杂物,不可能时时保证杂物在遗落当时即刻得以清除,法律也不应对经营管理者予以严苛。对于巡查间隙期间路面上随时可能出现的散落物,上诉人既无法预见,也无法避免,更不可能做到随时清除。我国法律、法规、规章、相关规范,都没有要求公路经营管理单位做到随时清除路面散落物、抛洒物等杂物。

依据2001年6月,交通部关于对《关于请求明确〈公路养护技术规范〉有关条款含义的紧急请示》的答复(交公便字〔2001〕66号):《公路养护技术规范》(JTJ 073—96)3.1.4规定,"各种路面应定期清扫,及时清除杂物,以保持路面和环境的清洁。"该条款是对公路日常养护工作的总体要求,其具体含义是:公路养护单位,要对公路进行定期清扫,定期清扫时的作业标准是清除杂物,做到路面清洁。定期清扫的频率应根据各地关于公路小修保养工作的相关规定执行。另外,该条规定中的"及时"并不等于"随时",《公路养护技术规范》没有也不可能要求公路养护单位对路面杂物做到随时清除。因此,上诉人作为法定的公路养护单位按照规定的频率或有关工作要求做到了定期清扫,即不能认为其"疏于管理和养护"。最高人民法院《关于审理道路交通事故损害赔偿案件适用法律若干问题的解释》(法释〔2012〕19号)第10条规定,公路管理者仅负过错推定责任,上诉人能证明自己在公路养护的过程中无过错,因而不应承担任何的损害赔偿责任。

(四)上诉人有权将公路的养护职责发包给其他部门(甲公司)养护管理,发包程序合法,甲公司承担实际养护职责,按照权责一致原则,甲公司应是对外承担责任的主体,上诉人不应当承担责任。一审判决对此认定有错误。

上诉人虽为事故路段的法定养护部门,但根据有关法律、法规、规章的规定,上诉人有权将公路的养护工作依法发包给具有公路养护管理资质的养护管理机构,上诉人与甲公司于2017年签订的《合同协议书》,系通过招投标程序产生的,合法有效,故本案事故路段的实际负责公路养护职责的主体应该是甲公司,而非本案上诉人,被上诉人要求上诉人承担法律责任是缺乏事实和法律依据的。

对于甲公司来说,作为承接 2017 年普通干线公路日常保养作业项目的合同主体,依据合同约定,应承担相应的公路日常保养作业职责与义务。A 市公路管理局 B 区分局(上诉人的前身)《A 市公路局 B 区分局日常保养考核管理办法》对其的要求是"应经常巡路,对路面上出现的堆积物、砂土、石块等中标单位应立即组织人员清理……路面漏撒物、堆积物、积雪、积冰等因乙方清理不及时而发生的交通安全事故,由乙方承担全部责任"。由此可见,据此约定,因乙方清理不及时而发生的交通安全事故的,对外承担责任的主体应为甲公司,而非本案的上诉人。

其次,甲公司具有一定的过错。(1)根据《合同协议书》与《A 市公路局 B 区分局日常保养考核管理办法》之规定,甲公司负有"及时"清扫路面泥土、杂物;"经常"巡路等义务,并应按时向公路事业发展中心提供公路巡查记录、公路养护生产日记、养护机械使用记录表、保洁人员出勤记录表、工资发放表等材料。甲公司作为公路养护单位,不能按照要求提供公路巡查记录、养护机械使用记录表、保洁人员出勤记录表,未忠实履行合同义务,道路巡查、养护管理中存在瑕疵。(2)甲公司所承担的"经常"巡路等义务,应是多次、经常性的巡路,而非 1 天/次;且应在高频率巡路过程中及时发现倾倒物并"立即"清理,显然甲公司没有尽到这一职责,具有一定过错。因而,应该与在道路上遗撒、倾倒沥青的行为人共同承担本案的次要责任。

综上,应认为被上诉人吕某未尽到合理范围内的自身安全注意义务,自身存在重大过错,应承担主要责任;在道路上遗撒、倾倒沥青的行为人为直接侵权人,应当承担侵权损害赔偿责任;上诉人虽为法定的公路管理部门,但在实际操作中,上诉人有权并合法发包给其他部门(甲公司)养护管理,且发包程序合法,上诉人不应当实际养护职责,上诉人不应当承担责任;本案实际承担养护责任的主体——甲公司未按照约定尽到法律、法规、行业标准规定的公路养护管理职责,具有一定过错,应由其负担道路管理者的损害赔偿责任。

对此，一审判决对此认定有错误，应当依法予以纠正。因此，本案承担责任的主体应为对事故发生具有重大过错的被上诉人吕某与在道路上遗撒、倾倒沥青的行为人、对道路养护负有一定过错的甲公司三者。

四、责任分配比例上：道路管理者基于对道路的养护职责最多承担20%的责任，且应由甲公司承担。

关于责任比例问题，上诉人在中国裁判文书网上检索某人民法院已生效的案例，其中“张某诉某镇人民政府生命权、健康权、身体权纠纷案”［某人民法院（2013）某民初字第5472号民事判决书］与本案具有很大的相似性，该案驾驶三轮车的原告“与遗落在路面上的石头相撞，致三轮摩托车侧翻，造成原告受伤”，某法院在判决书中载明：“原告受伤结果的发生，至少存在以下两个原因：一是受害人张某在夜晚经过事发路段，未尽必要的注意义务，自身存在过错（上诉人注：本案被上诉人亦是未尽必要注意义务，具有重大过错）；二是侵权人某镇人民政府对涉案路段未尽必要的维护、管理、警示义务，亦存在过错。但侵权人某镇人民政府的不作为行为，并非直接或必然导致受害人损害后果的发生，它只是为张某未尽注意义务导致自身损害结果的发生创造了条件，原因力较弱，综合考虑双方的过错程度等具体因素，因此，被告承担赔偿责任的比例以20%为宜。”同样的该人民法院作出的类似案例，如“山东省A市B区（2016）鲁0211民初4045号民事判决书”中，B区人民法院认为“受害人郭某无驾驶证驾驶无号牌车辆、未戴安全头盔上道路行驶，在本次事故中未尽仔细观察前方路况、谨慎驾驶义务，未能及早发现险情，及时采取减速等有效措施规避险情，违反交通法律法规。从车辆倒地后路面留有较长的划痕看其当时行驶速度并不慢。因此，应认定郭某自身存有明显过错。……驾驶员的过错程度显然要高于道路管理者。综合全案，本院认为由被告承担30%的事故责任较为适宜”。在另一个案件［山东省A市B区（2015）鲁0211民初字第9138号民事判决书］中，法院酌定负有道路管理职责的某公路管理局某分局承担15%的人身损害赔偿责任。

通过列举该人民法院之前的类似案例来看，该法院一般认定受害人未尽必要的注意义务，承担主要的责任（70%～85%），对道路负有管理职责的主体仅负担15% ~30%的次要补充责任。根据法院同案同判的要求(类案判决),在本案中一审法院判令上诉人承担60%的责任显然是比例过高,使得同一法院出现"同案不同判"的不合理情况。因此,对道路负有养护管理职责的主体应最多承担不超过20%的次要责任,剩余的80%的责任应由对事故发生具有重大过错的被上诉人与致害加害人在道路上遗撒、倾倒沥青的行为人共同承担。被上诉人在一审中应将在道路上遗撒、倾倒沥青的行为人起诉、请求向其赔偿,被上诉人没有应当视为其对权利之放弃,该部分损失不应转嫁给对道路负有养护管理职责的主体。最后,应当明确的是,即使对道路负有养护管理职责的主体承担一定的赔偿责任,那么负赔偿责任的主体应为甲公司,而非本案不实际承担公路养护职责亦无过错的上诉人。

五、结合案涉交通行业领域的特点,一审适用法律错误。

(一)适用《道路交通安全法》第105条错误。

《道路交通安全法》第105条规定:"道路施工作业或者道路出现损毁,未及时设置警示标志、未采取防护措施,或者应当设置交通信号灯、交通标志、交通标线而没有设置或者应当及时变更交通信号灯、交通标志、交通标线而没有及时变更,致使通行的人员、车辆及其他财产遭受损失的,负有相关职责的单位应当依法承担赔偿责任。"该条适用的前提是道路施工作业或者道路出现损毁,而本案不属于道路施工或道路固有缺陷毁损的情形,而应属于道路上堆放、倾倒、遗撒物品等妨碍通行的行为引发的侵权,因而适用最高人民法院《关于审理道路交通事故损害赔偿案件适用法律若干问题的解释》第10条是正确的,但为何此处将《道路交通安全法》第105条与最高人民法院《关于审理道路交通事故损害赔偿案件适用法律若干问题的解释》第10条这两个明显适用前提与情形不同的法律规范一体适用,我们不得而知。因而明显是错误的。

(二)适用最高人民法院《关于审理道路交通事故损害赔偿案件适用法律若干问题的解释》第10条错误。

本案虽然适用了最高人民法院《关于审理道路交通事故损害赔偿案件适用法律若干问题的解释》第10条,在法律依据的选取上是正确的,但是依据本条,恰恰应该得出的结论是上诉人不承担赔偿责任。因为依据该条,道路管理者承担的是过错推定责任，仅在不能证明自己无过错时方须承担责任，而本案上诉人尽到了法定的巡查、清理义务，不存在过错，依法不应该承担责任。对此，一审判决对此认定有错误，应当依法予以纠正。

综上所述，本案被上诉人具有重大过错，应对损害的发生负主要责任，根据之前的判决来看，应至少承担60%的责任比例。沥青的遗撒人应与对道路负养护职责人负事故的次要责任，道路管理者基于对道路的养护职责最多承担20%的责任，上诉人承担责任的份额应由甲公司承担。

一审判决认定事实错误，程序违法，适用法律不当，请求二审法院依法查明事实，为上诉人主持公道，依法纠正一审错误且极其不公正的判决，以维护法律的尊严，维护上诉人的合法权益，还法律以公正、公平，还上诉人以公道！

案件结果

本案二审在查清事实的基础上，完全采纳了律师代理意见，纠正了一审错误案由，认为本案案由系公共道路妨碍通行损害责任纠纷，撤销一审判决，依法改判为20%责任，为顾问单位某交通局挽回了国有资产损失。

首先，关于"案由"问题，二审法院认为本案系公共道路妨碍通行损害责任纠纷，采纳了王明芝律师的代理意见，一审认定案由有误，二审法院予以纠正。

其次，关于上诉人是否应当承担责任以及责任比例。二审法院同样采纳了交通局顾问律师王明芝的代理意见，认为上诉人作为道路维护者未尽合理注意义务，未能及时清除障碍物系消极的不作为，而倾倒、遗撒沥青的行为直接导致妨碍通行的危险，系积极的作为，两者相比上诉人的过错较小，应承担次要责任，因而判决上诉人按照20%的比例承担损失。

再次，二审支持了王明芝律师代理意见，不支持被上诉人吕某的精神损害抚慰金，对关于此的一审判决内容进行了改判。

最后，在法律适用方面，二审法院同样采纳了王明芝律师的代理意见，认为本案不属于道路施工或道路固有缺陷毁损的情形，属于道路上堆放、倾倒、遗撒物品等妨碍通行的行为引发的人身损害侵权，应当适用《侵权责任法》第189条、最高人民法院《关于审理道路交通事故损害赔偿案件适用法律若干问题的解释》第10条的规定，一审判决适用《道路交通安全法》第105条错误，本院予以纠正。

典型意义

本案系公共道路妨碍通行损害责任纠纷，主要争议点在于案由的认定以及责任承担主体和承担比例。本案的办案过程具有以下典型意义：

1. 律师代理案件的案由的选择是关键，一定要根据案情准确定位，否则将影响到法律的适用，进而影响案件处理结果。如果法院对案由的认定不准确，代理律师应从一审做起，应积极争取让法院改正。

2. 无意思联络的共同侵权在原告只起诉一个被告的时候，作为被告要及时捋清己方责任及责任比例问题。

3. 作为代理律师，应逻辑严谨，深入了解案情，全面分析，不放过任何有利于己方的事实与证据。

4. 作为政府部门法律顾问，平时要注意行业经验、法律法规及规范的积累，在处理上诉、信息公开、代理案件时做到“厚积薄发”。

回顾思考

王明芝律师作为交通局的常年法律顾问，在一审未参与案件且一审顾问单位惨败的情况下，不畏惧困难，带领团队积极工作，从法律适用、案由选择、比例承担等多方面提出有力有据的“上诉请求”和代理思路。二审法院最终认可并采纳了王明芝团队的上诉代理观点，撤销了一审判决，判决上诉人承担仅20%的赔偿责任，并采纳律师观点修改了“案由”，这在二审判决中是十分可贵和难得的。二审的改判维护了顾问单位的合法权益，取得了极好的法律效果。根据本案的处理过程，代理律师总结了以下几个方面的法律问题进行探讨分析：

1. 正确选取立案时的案由是诉讼获取胜利的关键。

打官司时，一定要把案由确定正确，案由的不同经常关涉到举证责任、归责原则等方面的不同，直接关涉案子是胜诉还是败诉。案由写错了、诉讼写错了，也相当于委托人一方的诉讼请求将可能得不到法院的支持。再者，案由的准确认定，也体现律师的严谨与专业化态度。

违反安全保障义务责任是指宾馆、商场、银行、车站、娱乐场所等公共场所的管理人或者群众性活动的组织者,未尽到安全保障义务致人损害时,所应当承担的侵权责任。根据《侵权责任法》第37条的规定,违反安全保障义务责任是特定的两类主体(公共场所的管理人或者群众性活动的组织者)负有的积极保障与其具有一定关系的当事人的人身和财产安全的义务。2011年《民事案件案由规定》将违反安全保障义务责任纠纷设为三级案由,并依照违反安全保障义务的主体不同,下设公共场所管理人责任纠纷、群众性活动组织者责任纠纷两个四级案由。本案上诉人所养护的公路,不属于该条所指的公共场所,在公路上通行的事实亦不属于群众性活动,因而一审法院适用"违反安全保障义务责任纠纷"这一案由是错误的。本案被上诉人是因为道路上他人遗撒的沥青致害,本案应当适用"公共道路妨碍通行损害责任纠纷",即在公共道路上堆放、倾倒、遗撒妨碍通行的物品造成他人损害的,有关责任人应当承担的侵权责任。故在《民事案件案由规定》规定了应适用的四级案由时,不应适用其他的三级案由。

2. 顾问单位无小事,担任政府机关的顾问律师更要合法合规、全力以赴。在接受疑难复杂案件时,一定要团队研究,提炼出准确的诉讼主体,不能缺失主体,尤其是委托人作为被告时,有无其他适格被告,将关系到委托人是否可以与他人分担责任或将涉及责任承担比例分配问题。

本案被上诉人(一审原告)在一审、二审中,仅起诉了作为道路管理者的上诉人,未起诉在道路上堆放、倾倒、遗撒物品等妨碍通行的行为人,这可能是因为在道路上堆放、倾倒、遗撒物品等妨碍通行的行为人不易查明等原因,而欲让查明找到的道路管理者承担全部的赔偿责任。根据最高人民法院《关于审理人身损害赔偿案件适用法律若干问题的解释》(法释〔2003〕20号)第5条之规定,"赔偿权利人起诉部分共同侵权人的,人民法院应当追加其他共同侵权人作为共同被告。赔偿权利人在诉讼中放弃对部分共同侵权人的诉讼请求的,其他共同侵权人对被放弃诉讼请求的被告应当承担的赔偿份额不承担连带责任……"本案受害人放弃对遗撒沥青的行为人的责任主张,该份遗撒沥青的行为人应当承担的责任,是不应由A市B区公路事业发展中心承担的。代理律师准确、及时地提出该点代理意见,最终为二审法院所采纳,减轻了上诉人一方的责任承担。

3. 律师作为政府机关的法律顾问,应注重该行业特点,注意专业知识的积累。在代理二审案件时,应关注一审案件中未被关注的其他事实焦点,特别是与该行业相关的专业问题。注意积累,仔细研究,厚积薄发,相信一定可以打开新的案件突破口。

本案是交通行业方面的案例,作为顾问单位交通局的常年顾问律师,我们认为二审代理应贴近行业特点,并从民事基本理论中找出焦点,以法律的养分来为顾问单位合法合规的止损。

本案被上诉人(受害人)是有明显过错的,比如未投保机动车交通事故责任强制保险,径行上路行驶;未安全驾驶、谨慎操作,合理观察路面情况提前规避可能的风险并及时避让。这都表明受害人存在过错,根据民法理论过失相抵原则,应减轻其他责任人的赔偿责任。

此外,本案一审的判决是在案件事实不清晰的基础上作出的,有很多案件事实是不清楚的、存疑的,如关于案发时间问题,系受害人单方诉讼中陈述,一审法院是如何认定案发的准确时间?受害人诉称车辆撞上路面沥青,受害人摔倒造成胸椎、腰椎、颈椎、颅骨、面骨多处骨折,令人不解的是,沥青通常是明显的有别于路面的黑色,受害人为何未进行避让撞上?当时有无接打电话,注意力不集中、疲劳驾驶,前天晚上有无醉酒等情况?车辆行驶是否超速?车辆是机动车,是否正常进行年审?原告的两处伤残鉴定程序是否合法?鉴定检材是否合法?鉴定意见是否正确?未投保交强险的机动车是严禁上路行驶的,一审法院是否查明?代理律师积极地就以上该点提出质疑,积极为委托人争取,供二审法院参酌、评判。

4. 作为政府部门法律顾问,立足行业特性,充分运用法律解释学,对不确定法律概念进行合理解释,“把行业的专业术语,一一展现和剖析,让整个法庭都听得进、听得懂”,有法可依、有规必依,维护委托人的合法权益。

法律概念分为确定性法律概念和不确定法律概念。后者是指概念的内涵和外延不是完全性的概念。本案就涉及多个不确定法律概念的解释。依据中华人民共和国交通运输部《公路养护技术规范》4.1.1之规定,“路面养护应符合下列要求:经常清扫路面,及时清除杂物、清理积雪积冰,保持路面整洁,做好路面排水”。关于“经常”“及时”两概念的解释,直接关涉上诉人是否尽到了道路管理和养护职责,进而可以决定是否可以通过举证自己没有过错而免除责任承担的问题。

5. 善于动用大数据,综合分析归纳相关判例判决中有利于己方的要点。让合议庭听进去律师所讲的内容,犀利地抓住案件核心焦点。本案的改判与检索的“类案判决”得到二审认可在一定程度上密不可分。

6. 律师认知的铁律:顾问单位无小事。无论是标的过亿的建设工程案件,还是标的不足百万的小案,均应认真对待,勿以案小而敷衍了事。案件标的虽小,但政府部门的“行政含义”绝对不容小觑,其包含的“社会公示”所带来的后果,亦应是顾问律师急领导之所急,思领导之所想的重要工作。在代理过程中进行类案检索和对比讨论,组织模拟法庭演练,吃透相关行业中各个类别、各个层级的细节规范,手握大量的有效规范依据,充分利用法律解释方法剖析规范含义,均有助于律师找到案件的突破口,提炼争议焦点,厘清代理思路,更有利于律师增强信心,提升代理水平,充实自我,不断提高为政府机关担任法律顾问的能力。

律师简介

王明芝,盈科中国区董事会副主任,盈科全国青年律师工作委员会主任,盈科全国刑民交叉法律专业委员会副主任。中国犯罪学学会会员,2020年度山东省优秀仲裁员,西北政法大学、山东政法学院、安徽师范大学、云南财经大学、中国海洋大学、山东理工大学、青岛大学等十余所高校兼职(客座)教授、硕士研究生导师,担任多家电视台、新闻媒体法制、民生节目特约嘉宾及法律顾问。王明芝律师从事律师执业至今十余年,业务领域主要为诉讼和非诉讼,在房产及建设工程、政府及公司事务、刑事辩护方面积累了丰富的司法经验,成果颇丰。

李伟平,法学博士,中共党员,青岛大学法学院讲师,法学院第二党支部书记,北京市盈科(青岛)律师事务所兼职律师。

并非所有与公司有关的诉讼都由公司住所地人民法院管辖

——某某建设有限公司诉两被告出资纠纷管辖权异议案

陈　娜　胡　波

案件简介

原告某某建设有限公司(以下简称某某建设)与被告某某新能源有限公司(以下简称新能源公司)及被告某某城市建设发展有限公司(以下简称城建公司)于2018年签署《合作协议》,并于2018年10月8日共同成立某某基础设施投资有限公司(以下简称某某基础),某某基础注册资本15,000万元人民币,被告1新能源公司持股比例35%应缴纳出资5250万元,被告2城建公司持股比例25%应缴纳出资3750万元,原告持股比例40%应缴纳出资6000万元。后某某基础2019年5月14日召开股东会并形成《股东会决议》:"本次各股东实缴注册资本伍仟贰佰万元(52,000,000元,股东某某建设有限公司按比例实缴贰仟零捌拾万元,股东某某新能源有限公司按比例实缴出资壹仟捌佰贰拾万元,股东某某城市建设发展有限公司按照股权比例实缴壹仟叁佰万元)。各股东应于2019年5月21日前将应缴的注册资本转入某某基础设施投资有限公司指定的账户后出资的两名股东应向第一个出资的股东支付延迟缴纳注册资本金利息,利息计算以第一个出资的股东支付的资本金额为基数,计息年利率为9.64%,计息期限为第一个出资股东的缴款日起,至最后一名股东的缴款日止。后出资的两名股东根据各自的实际出资时间,将向第一名实际出资人支付的利息进行分摊。"原告已于2019年5月14日投入注册资本2080万元,两被告仍未按照《股东会决议》缴纳对应比例的出资款项。另外,依据原告、被告三方签署的《合作协议》第11条第2款"对因本合作协议的解释或执行而产生的任何争议,协商未果后均可向甲方所在地人民法院起诉"。本协议中甲方注册登记地为乙省乙市乙区,并且该案标的为1000万元以上,依据该协议约定以及有关诉讼标的管辖法院的相关法律规定,向乙市中级人民法院提起诉讼。

后新能源公司提起管辖权异议,请求乙市中级人民法院将本案移交至甲市中级人民法院管辖,事实和理由:(1)本案实质为股东出资纠纷诉讼,而不是合同纠纷。(2)本案纠纷是因股东会决议引起,而不是依据《合作协议》引起本案原告、被告各方签订的《合作协议》是为公司设立所签订的。综上,本案纠纷不是因为《合作协议》引起的,而是依据股东会决议引起的,即出资纠纷与《合作协议》无关,而与股东会决议有关,因此,原告依据《合作协议》约定的管辖权来适用股东纠纷管辖权法院是错误的。(3)《合作协议》已经履行完毕。

律师策略

律师认为,本案的核心为:

1. 原告某某建设与被告新能源公司、城建公司之间纠纷应当如何法律定性?

某某建设诉两被告一案中,新能源公司和城建公司没有及时出资,应认定为逾期出资纠纷的情形,即股东出资纠纷,而不属于公司组织法上的纠纷范畴。《民事诉讼法》第26条规定的公司住所地管辖,主要是指有关公司设立、确认股东资格、分配利润、公司解散等公司组织行为的诉讼。并非所有与公司有关的诉讼都属于公司诉讼,也并非所有与公司有关的诉讼都适用《民事诉讼法》第26条和最高人民法院《关于适用〈中华人民共和国民事诉讼法〉的解释》第22条之规定,由公司住所地人民法院管辖。

2. 原告某某建设与被告新能源公司、城建公司之间纠纷处理应由哪一人民法院受理管辖?

因本案认定为股东出资纠纷,不应按照《民事诉讼法》第26条之规定,由公司住所地人民法院管辖。应当根据《民事诉讼法》第34条规定,由约定管辖法院管辖。依照双方《合作协议》中第11条第2款规定:"对因本合作协议的解释或执行而产生的任何争议,协商未果后均可向甲方所在地人民法院起诉"。该约定不违反法律级别管辖及专属管辖的相关规定,具有合法效力。

综上所述,股东出资纠纷不属于《民事诉讼法》第26条规定的公司纠纷,股东出资纠纷不具有公司组织法上纠纷的性质,该法条规定的由公司住所地人民法院管辖在本案并不能适用,根据《民事诉讼法》第34条的规定,只要不违反级别管辖和专属管辖的规定,当事人就可以约定。在本案中,三方约定甲方所在地为管辖地,结合有关诉讼标的管辖法院的相关法律规定,乙市中级人民法院对本案有管辖权。

律师文书

民事起诉状

原告:某某建设有限公司。法定代表人:李某某。

被告1:某某新能源有限公司。法定代表人:贾某某。

被告2:某某城市建设发展有限公司。法定代表人:何某。

诉讼请求:

1.判令被告1新能源有限公司履行出资义务,按比例出资1820万元(大写:壹仟捌佰贰拾万元)。

2.判令被告2城市建设发展有限公司履行出资义务,按比例出资1300万元(大写:壹仟叁佰万元)。

3.判令两被告新能源公司和城建公司共同承担延迟缴纳注册资本金的利息1,175,604.6元;(利息计算以原告支付的资本金额2080万元为基数,计息年利率为9.64%,计息期限为自2019年5月14日起至2019年12月13日时止),之后至最后一名股东的缴款日止的利息根据法院判决另行计算。

以上1、2、3项费用共计32,375,604.6元。

4.判令由两被告承担全部诉讼费用。

事实和理由:

原告某某建设有限公司(以下简称某某建设)与被告某某新能源有限公司(以下简称新能源公司)及被告某某城市建设发展有限公司(以下简称某某城建)于2018年签署《合作协议》,并于2018年10月8日共同成立某某基础设施投资有限公司(以下简称某某基础),某某基础注册资本15,000万元人民币,被告1新能源公司持股比例35%应缴纳出资5250万元,被告2某某城建持股比例25%应缴纳出资3750万元,原告持股比例40%应缴纳出资6000万元。后某某基础2019年5月14日召开股东会并形成《股东会决议》:"本次各股东实缴注册资本伍仟贰佰万元(52,000,000元,股东某某建设有限公司按比例实缴贰仟零捌拾万元,股东某某新能源有限公司按比例实缴出资壹仟捌佰贰拾万元,股东某某城市建设发展有限公司按照股权比例实缴壹仟叁佰万元)。各股东应于2019年5月21日前将应缴的注册资本转入某某基础设施投资有限公司指定的账户后出资的两名股东应向第一个出资的股东支付延迟缴纳注册资本金利息,利息计算以第一个出资的股东支付的资本金额为基数,计息年利率为9.64%,计息期限为第一个出资股东的缴款日起,至最后一名股东的缴款日止。后出资的两名股东根据各自的实际出资时间,将向第一名实际出资人支付的利息进行分摊。"原告已于2019年5月14日投入注册资本2080万元,两被告仍未按照《股东会决议》缴纳对应比例的出资款项。

根据《公司法》第28条规定,"股东应当按期足额缴纳公司章程中规定的各自所认缴的出资额。股东以货币出资的,应当将货币出资足额存入有限责任公司在银行开设的账户;以非货币财产出资的,应当依法办理其财产权的转移手续。股东不按照前款规定缴纳出资的,除应当向公司足额缴纳外,还应当向已按期足额缴纳出资的股东承担违约责任"。依照该规定,股东按章程规定向公司缴纳出资属于法定义务,两被告应于2019年5月21日之前分别交足1820万元和1300万元出资,现该期的出资款仍未缴纳,依照最高人民法院《关于适用〈中华人民共和国公司法〉若干问题的规定(三)》第13条第1款关于"股东未履行或者未全面履行出资义务,公司或者其他股东请求其向公司依法全面履行出资义务的,人民法院应予支持"之规定,原告有权要求被告新能源公司和城建公司履行出资义务并要求两被告按照《股东会决议》要求支付延迟缴纳注册资本金的利息。

另外,依据原被告三方签署的《合作协议》第11条第2款"对因本合作协议的解释或执行而产生的任何争议,协商未果后均可向甲方所在地人民法院起诉"。本协议中甲方为原告某某建设,注册登记地为乙省乙市,并且该案标的为1000万元以上,依据该协议约定以及有关诉讼标的管辖法院的相关法律规定,特向乙市中级人民法院提起诉讼。

综上,原告根据《合同法》《民事诉讼法》等相关法律法规的规定,向贵院提起诉讼,请求依法支持原告的诉讼请求。

此致

乙市中级人民法院

具状人:某某建设有限公司

时间:2019 年 12 月 13 日

管辖权异议上诉状

上诉人(原审原告):某某建设有限公司,法定代表人:李某某。

被上诉人(原审被告):某某新能源有限公司,法定代表人:贾某某。

原告某某建设有限公司(以下简称某某建设)诉被告某某新能源有限公司(以下简称某某公司)及被告某某城市建设发展有限公司(以下简称城建公司)股东出资纠纷一案,被上诉人提出管辖异议后,上诉人不服乙省乙市中级人民法院于 2020 年 3 月 26 日作出的民事裁定书,现提出上诉。

上诉请求:

1. 请求依法裁定撤销乙市中级人民法院作出民事裁定书。

2. 请求由乙市中级人民法院继续审理本案。

事实和理由:

被上诉人新能源公司就某某建设诉被告新能源公司及被告城建公司出资纠纷案提出管辖异议,认为甲市中级人民法院没有管辖权,该案应移送甲省甲市中级人民法院管辖,乙市中级人民法院于 2020 年 3 月 26 日作出民事裁定书,裁定本案移送甲省甲市中级人民法院处理。上诉人认为裁定书认定事实以及适用法律错误,应予以撤销,并依法由乙市中级人民人民法院继续审理。具体理由如下:

一、原审适用法律错误,该案不适用于《民事诉讼法》第 26 条以及最高人民法院《关于适用〈中华人民共和国民事诉讼法〉的解释》第 22 条之规定。

该案为股东出资纠纷,股东出资纠纷不属于《民事诉讼法》第 26 条规定的公司纠纷,股东出资纠纷不具有公司组织法上纠纷的性质,该法条规定的由公司住所地人民法院管辖在本案并不能适用,应适用一般地域管辖规定确认管辖法院。

首先,依据我国《民事诉讼法》第26条规定,因公司设立、确认股东资格、分配利润、解散等纠纷提起的诉讼,由公司住所地人民法院管辖。该条规定的公司诉讼管辖,主要是指有关公司设立、确认股东资格、分配利润、公司解散等公司组织行为的诉讼,并非所有与公司有关的诉讼都属于公司诉讼,也并非所有与公司有关的诉讼都适用《民事诉讼法》第26条和最高人民法院《关于适用〈中华人民共和国民事诉讼法〉的解释》第22条之规定,由公司住所地人民法院管辖。参考最高人民法院判例:唐山宝业实业集团有限公司、刘某股东出资纠纷二审民事裁定书[最高人民法院(2017)最高法民辖终414号],《民事诉讼法》第26条以及最高人民法院《关于适用〈中华人民共和国民事诉讼法〉的解释》第22条系针对公司诉讼案件的管辖所作出的特别规定。公司诉讼是指涉及公司组织法性质上的诉讼,存在与公司组织相关的多数利害关系人,涉及多数利害关系人的多项法律关系的变动,且胜诉判决往往产生对世效力。股东出资纠纷虽与公司有关,但不具有公司组织法上纠纷的性质,也不涉及多项法律关系,判决仅对公司出资双方和其他股东发生法律效力。因此,股东出资纠纷诉讼不应适用公司住所地管辖规定确定管辖法院,应适用一般地域管辖规定确认管辖法院。

其次,参考最高人民法院判例:国民信托有限公司、西安市新里程投资有限公司股东出资纠纷二审民事裁定书[最高人民法院(2018)最高法民辖终140号],《民事诉讼法》第26条和最高人民法院《关于适用〈中华人民共和国民事诉讼法〉的解释》第22条是关于公司诉讼的规定。这样规定的理论依据是,在公司作为被告的情况下,当然由公司住所地人民法院管辖,这与原告就被告的一般管辖规定并无特别之处,否则《民事诉讼法》也就没有专门规定第26条之必要。《民事诉讼法》第26条规定的特别之处就在于,在公司作为原告,被告是公司的股东、董事、监事、高级管理人员等的情况下,如果案件由被告住所地的人民法院管辖,人民法院在审理案件时,需要到公司住所地调阅有关资料,可能不便利,因此,为了方便诉讼、提高诉讼效率,《民事诉讼法》第26条作了上述规定。从以上分析可知,适用前述两条的前提条件之一:公司要么是被告,要么是原告。本案中原告、被告为股东方,除非是根据《公司法》第151条提起的股东代表诉讼，否则不具有适用《民事诉讼法》第26条的前提。

最后，股东与股东之间的出资纠纷属于具有给付之诉性质的诉讼，该类诉讼虽然牵涉公司，但不具有公司组织法上纠纷的性质，判决也仅对公司出资双方和其他股东发生法律效力，属于传统的民事纠纷范畴，因此，可以适用一般的民事诉讼程序进行受理和裁判。参考判例：上海市第二中级人民法院在(2017)沪02民辖终1385号包某、王某等与西安某有限公司、上海某有限公司西安分公司等股东出资纠纷二审民事裁定书，(2018)沪02民辖终362号周某与上海某有限公司、周某某股东出资纠纷二审民事裁定书中均认为《民事诉讼法》第26条、最高人民法院《关于适用〈中华人民共和国民事诉讼法〉的解释》第22条关于公司诉讼案件特殊地域管辖的规定与《民事诉讼法》第21条一般地域管辖的规定两者实质上存在竞合关系，特殊地域管辖的适用并不排斥一般地域管辖的适用。在(2017)沪02民辖终1385号股东出资纠纷案中该院按照一般地域管辖的规定判定被告住所地人民法院对该案具有管辖权，在(2018)沪02民辖终362号股东出资纠纷案中该院按照公司诉讼特殊地域管辖的规定判定该案可以由公司住所地人民法院管辖。对照上述(2019)沪02民辖终77号股东出资纠纷案，上海市第二中级人民法院在该案中认定股东出资纠纷案件不适用公司诉讼管辖。结合上海市第二中级人民法院对于股东出资纠纷案件的管辖权裁判口径发生的变化及最高人民法院两个相关判例上看，可见在最高人民法院及各级地方法院均由2019年以前认为公司诉讼特殊地域管辖的适用并不排斥一般地域管辖的适用，认定股东出资纠纷案件既可以由公司住所地人民法院管辖，又可以由被告住所地人民法院管辖，转变为如今判定股东出资纠纷属于给付之诉不适用公司诉讼特殊地域管辖的规定而应由适用一般地域管辖规定，否则，难以解释该院对于股东出资纠纷案件在上述案件中作出的两种自相矛盾的裁判结论，因此，本案为股东出资纠纷诉讼不应适用公司住所地管辖规定确定管辖法院，应适用一般地域管辖规定确认管辖法院，原审法院不应将该案移送至甲省甲市中级人民法院。

二、原审认为该案不适用约定管辖，上诉人认为原审法院认定的事实和法律适用错误。

第一，针对《合作协议》和《股东会决议》之间的关系，《合作协议》中除了约定设立公司还约定了各方出资比例,在第5条约定出资人的权利和义务,明确出资人有权对不履行、不完全履行出资义务的出资人提起诉讼,要求其承担相应法律责任,之后某某基础2019年5月14日召开股东会并形成《股东会决议》:"本次各股东实缴注册资本5200万元,股东某某建设按比例实缴2080万元,股东新能源公司按比例实缴出资1820万元,股东城建公司城市建设发展有限公司按比例实缴1300万元。"该出资比例等均依据《合作协议》约定,本案中上诉人依据《合作协议》中第5条出资人的权利和义务,明确出资人有权对不履行、不完全履行出资义务的出资人提起诉讼,要求其承担相应法律责任的约定提起的本案诉讼,股东会决议是本《合作协议》的延续、细化和执行,《合作协议》是各方股东合作的原则和基础,同时《合作协议》第11条约定管辖地为甲方所在地人民法院,也体现出协议各方即本案中的原被告自愿达成一致在合作中发生争议时诉讼管辖地为甲方即原告某某建设所在地人民法院,之后无任何文件确认该约定注册登记地为乙省乙市丙区丁路285号,并且该案标的为1000万元以上,依据该协议约定以及有关诉讼标的管辖法院的相关法律规定,上诉人认为乙市中级人民法院对本案有管辖权。

第二,针对法律适用的问题,回答这一问题的前提是,本案的股东出资纠纷当事人能否约定管辖。上诉人认为,股东出资纠纷不属于《民事诉讼法》第26条规定的公司纠纷,不由公司住所地法院管辖,并且根据《民事诉讼法》第34条的规定,只要不违反级别管辖和专属管辖的规定,当事人就可以约定。《民事诉讼法》第33条明确规定了专属管辖的三种情形,并不包括本案的股东出资纠纷。因此,本案《合作协议》第11条约定管辖地为甲方所在地人民法院的条款有效。

综上所述,股东出资纠纷不属于《民事诉讼法》第26条规定的公司纠纷,股东出资纠纷不具有公司组织法上纠纷的性质,该法条规定的由公司住所地人民法院管辖在本案并不能适用,根据《民事诉讼法》第34条的规定,只要不违反级别管辖和专属管辖的规定,当事人就可以约定,在本案中原被告三方约定甲方所在地为管辖地,结合有关诉讼标的管辖法院的相关法律规定,上诉人认为原审法院认定事实和适用法律错误,乙市中级人民法院对本案有管辖权,无须另行移送其他任何法院,应当由乙市中级人民法院继续审理本案,故上诉人依法提起上诉,望裁如所请。

此致

乙省高级人民法院

上诉人:某某建设有限公司

代理人:陈娜、胡波

2020 年 4 月 24 日

案件结果

一审裁定本案移送甲市中级人民法院处理,原告不服向乙省高级人民法院提起上诉,乙省高级人民法院裁定对于股东与股东之间的出资违约责任诉讼,属于具有给付之诉性质的诉讼,该类诉讼虽然或多或少牵涉公司,但或者属于传统的民事纠纷范畴,或者虽涉及公司法上的权利义务关系,但并不具有组织法上纠纷的性质,也不涉及多项法律关系。依据《民事诉讼法》第 34 条认定约定管辖有效,撤销一审民事裁定,本案由乙市中级人民法院审理。

典型意义

虽然《民事诉讼法》第 26 条规定:"因公司设立、确认股东资格、分配利润、解散等纠纷提起的诉讼,由公司住所地人民法院管辖。"最高人民法院《关于适用〈中华人民共和国民事诉讼法〉的解释》第 22 条规定:"因股东名册记载、请求变更公司登记、股东知情权、公司决议、公司合并、公司分立、公司减资、公司增资等纠纷提起的诉讼,依照民事诉讼法第二十六条规定确定管辖。"但并非与公司有关的诉讼,都由公司住所地人民法院管辖。并非所有与公司有关的诉讼都属于公司诉讼。本案案由为股东出资纠纷,对于股东与股东之间的出资违约责任诉讼,属于具有给付之诉性质的诉讼,该类诉讼虽然或多或少牵涉公司,但或者属于传统的民事纠纷范畴,或者虽涉及公司法上的权利义务关系,但并不具有组织法上纠纷的性质,也不涉及多项法律关系,因此,可以适用一般的民事诉讼程序进行受理和裁判。《民事诉讼法》第 34 条规定:"合同或者其他财产权益纠纷的当事人可以书面协议选择被告住所地、合同履行地、合同签订地、原告住所地、标的物所在地等与争议有实际联系的地点的人民法院管辖,但不得违反本法对级别管辖和专属管辖的规定。"本案中,在某某建设、新能源公司、城建公司三方于 2018 年 9 月签订的《合作协议》中第 11 条约定:

"……(二)对因本合作协议的解释或执行而产生的任何争议,协商未果后均可向甲方(某某建设)所在地人民法院起诉。"该约定并未违反级别管辖和专属管辖的规定,应当认定有效。

回顾思考

1. 结合本案,在认定时,尽管该诉讼涉及公司法上的权利义务关系,但仍属于传统意义上的民事纠纷范畴,不具有公司组织法上纠纷的性质,也并未涉及多项法律关系。

2. 该案为股东出资纠纷,股东出资纠纷不属于《民事诉讼法》第26条规定的公司纠纷,股东出资纠纷不具有公司组织法上纠纷的性质,该法条规定的由公司住所地人民法院管辖在本案并不能适用,应适用一般地域管辖规定确认管辖法院。股东出资纠纷虽与公司有关,但判决仅对公司出资双方和其他股东发生法律效力。因此,股东出资纠纷诉讼不应适用公司住所地管辖规定确定管辖法院,应适用一般地域管辖规定确认管辖法院。

3. 约定管辖有效的前提,必须满足:(1)约定管辖应当以书面的形式;(2)约定管辖仅限在几方当事人住所地、合同履行地、合同签订地、标的物所在地范围内进行选择;(3)约定管辖仅适用第一审民事案件中因合同纠纷提起的诉讼;(4)约定管辖仅改变一审地域管辖,但不能改变级别管辖和专属管辖。

律师简介

陈娜,北京市盈科(昆明)律师事务所党总支书记,中国区股权高级合伙人,盈科中国区董事会董事,规章制度委员会副主任,云南省国资委省属企业投资项目评审专家库成员,盈科青年律师导师,全国中小企业协会投融资服务平台合伙人,盈科第三届全国银行法律专业委员会秘书长,盈科昆明分所股权高级合伙人,盈科昆明投行与并购法律事务部主任。

胡波,北京市盈科(昆明)律师事务所专职律师,投行与并购法律事务部部门成员。自2005年毕业后,一直从事法律相关工作,曾于2005年至2015年在盘龙区环境保护局从事行政法律事务工作,2015至今任北京盈科(昆明)律师事务所专职律师,从业以来即专注于环境保护与发展等方向的法律研究,同时擅长环境保护行政诉讼、民事经济类诉讼。参与团队办理过多起诉前保全、债权债务纠纷及环境违法等重大经济类案件。

债务人租赁保证金不属于其可供执行的财产

——珠海某支队与包某某、C 公司执行异议纠纷案

李　莎　陈云红

案件简介

2008 年珠海某支队(异议人)与 C 公司(被执行人)签订租赁合同,将珠海某大厦出租给 C 公司用作酒店经营,租赁期限自 2008 年 4 月起至 2028 年 3 月止。C 公司向珠海某支队支付 100 万元租赁保证金。租赁合同约定租赁期满后珠海某支队将租赁保证金扣除 C 公司欠付的租金及其他费用后退还给 C 公司(不计利息)。

2015 年 C 公司因与包某某产生借款合同纠纷,2017 年被列为强制执行程序的被执行人。强制执行期间,因查询不到 C 公司有可供执行的财产,执行法院作出了终结本次执行的裁定。

2019 年珠海某支队与 C 公司及 D 酒店签订租赁合同补充协议,确认 D 酒店作为承租场地新的承租主体及承租方。

包某某(申请执行人)得知上述情况,遂向执行法院申请恢复执行。法院立案后经审查认为该 100 万元租赁保证金属于 C 公司财产,作出恢复执行的裁定,并于 2020 年 1 月向珠海某支队发出《协助执行通知书》,要求珠海某支队将该 100 万元租赁保证金汇入法院账户。

珠海某支队遂委托承办律师提起执行异议申请,要求法院裁定中止执行"恢复执行裁定书"并撤销《协助执行通知书》。

律师策略

本案属于执行异议纠纷,案件争议的焦点在于C公司基于租赁合同关系向珠海某支队支付的100万元租赁保证金是否属于C公司的财产。

包某某作为执行案件的申请执行人及本执行异议案件的被申请人,认为涉案100万元租赁保证金为C公司财产,理由如下:(1)涉案100万元保证金作为履约保证金,是C公司履行租赁合同项下租金支付义务及其他费用的一个保证,而非租赁补充协议三方项下的保证金。(2)2019年珠海某支队与C公司及D酒店签订租赁合同补充协议,确认D酒店作为承租场地新的承租主体及承租方,D酒店已成为新的承租主体及承租方,应由D酒店承担支付租金、其他费用、如约履行合同义务,C公司不再承担相应的合同义务。(3)涉案100万元保证金只是暂存在珠海某支队账户,物权归属于C公司。

承办律师经分析后认为,就涉案保证金来说,C公司与珠海某支队仅存在债的法律关系,而"珠海某支队退还保证金给C公司"之债是否到期尚未有生效法律文书予以认定。本案是执行异议纠纷,根据执行异议案件审查的重点,本案的诉讼策略不宜针对包某某的主张和观点作过多纠缠,而应集中在向法院阐明"执行法院向珠海某支队发出协助执行通知书违反法律规定"这一观点。

为此,承办律师向法院提交了书面意见并在庭审时强调:(1)根据最高人民法院《关于适用〈中华人民共和国民事诉讼法〉的解释》第501条的规定,"人民法院执行被执行人对他人的到期债权,可以作出冻结债权的裁定,并通知该他人向申请执行人履行。该他人对到期债权有异议,申请执行人请求对异议部分强制执行的,人民法院不予支持。利害关系人对到期债权有异议的,人民法院应当按照民事诉讼法第二百二十七条规定处理。对生效法律文书确定的到期债权,该他人予以否认的,人民法院不予支持"。本案中,并没有任何生效法律文书对C公司与珠海某支队之间有无债务、是否到期、债务金额等问题作出确认,珠海某支队已提起本执行异议。(2)在到期债权未经生效法律文书确定的情况下,对该到期债权的债务人发出履行债务的通知并不具有强制效力。本案中执行法院向珠海某支队发出《协助执行通知书》,性质并非前述司法解释规定的履行通知,也非禁止珠海某支队向C公司清偿到期债权的冻结行为,而是强制珠海某支队向包某某清偿债务的执行通知。此与司法解释规定的执行方式不符,违反法律规定,应当撤销。

最终,法院采纳了我方观点,以执行法院作出《协助执行通知书》缺乏法律依据为由裁定撤销该《协助执行通知书》。

律师文书

执行异议申请书(节选)

C公司根据租赁合同向珠海某支队支付保证金,双方因财产租赁合同关系存在债的法律关系。保证金是金钱,属于特殊动产,根据《物权法》的规定,占有即所有,因此在C公司向珠海某支队交付金钱后出现了所有权转移。在租赁合同期满前,珠海某支队不负有退还保证金的义务,C公司仅享有100万元未到期的债权,涉案保证金不属于《民事诉讼法》第242条规定的被执行人可供执行的的存款、债券、股票、基金份额等财产。

《代理词》(节选)

根据最高人民法院《关于适用〈中华人民共和国民事诉讼法〉的解释》第501条的规定,人民法院执行被执行人对他人的到期债权,可以作出冻结债权的裁定,并通知该他人向申请执行人履行。该他人对到期债权有异议,申请执行人请求对异议部分强制执行的,人民法院不予支持。利害关系人对到期债权有异议的,人民法院应当按照《民事诉讼法》第227条之规定处理。对生效法律文书确定的到期债权,该他人予以否认的,人民法院不予支持。本案中,没有任何生效法律文件对保证金100万元进行定性,更没有确认C公司与珠海某支队之间有无债务、是否到期、债务金额等问题。现珠海某支队已经提出异议,应当依法中止执行。

执行法院作出《协助执行通知书》并通知珠海某支队将租赁保证金划付到执行法院,该协助执行通知的性质并非前述司法解释规定的履行通知,也非禁止珠海某支队向C公司清偿到期债权的冻结行为,而是强制珠海某支队向包某某清偿债务的执行通知。此与司法解释规定的执行方式不符,程序违法,应当撤销。

案件结果

裁定撤销协助执行通知书。

典型意义

代理案件时"换位思考",是每一位律师都应当具备的思维。本案没有被对方"牵着鼻子走",对于对方的主要观点不作回应,而是抓住法院审查执行异议纠纷时关注的"协助执行通知书的作出是否符合法律规定"的问题,想法官之所想,集中火力重点攻击,获得了事半功倍的效果。

回顾思考

最高人民法院《关于人民法院办理执行异议和复议案件若干问题的规定》确立了"以形式审查为主,实质审查为辅"的案外人异议程序审查原则,以强调案外人异议程序侧重效率的价值取向。故在代理此类案件时应着重研究程序问题,而非陷于实体问题的纠缠。

本案中如我方将重点放在保证金的物权归属、珠海某支队是否尚欠C公司保证金、租赁合同补充协议签署后珠海某支队是否应退还C公司保证金、保证金数额多少等问题,则局面比较被动;且由于涉及事实较多,我方将承担较重的举证责任。

最高人民法院《关于人民法院执行工作若干问题的规定(试行)》第61条第1款规定,被执行人不能清偿债务,但对本案以外的第三人享有到期债权的,人民法院可以依申请执行人或被执行人的申请,向第三人发出履行到期债务的通知。

最高人民法院《关于适用〈中华人民共和国民事诉讼法〉的解释》第501条第1款规定,人民法院执行被执行人对他人的到期债权,可以作出冻结债权的裁定,并通知该他人向申请执行人履行。该条第2款规定,该他人对到期债权有异议,申请执行人请求对异议部分强制执行的,人民法院不予支持;对生效法律文书确定的到期债权,该他人予以否认的,人民法院不予支持。依照上述司法解释,人民法院可以依法冻结被执行人的到期债权。

但因被执行人与次债务人之间债的法律关系涉及实体问题,根据债的相对性原则,在申请执行人与被执行人金钱债务的执行案件中,不能直接审查判断被执行人与次债务人之间有无债务、是否到期、债务金额等实体问题,故司法解释对到期债权的强制执行进行严格限制:一是申请执行人申请执行到期债权,执行法院应当先行裁定冻结债权,并作出《履行债务通知书》,通知次债务人向申请执行人履行债务;二是次债务人一旦提出异议的,人民法院一律不对次债务人强制执行,除非到期债权已经生效法律文书确定。

由此可见,冻结被执行人债权和通知次债务人履行到期债务的通知,仅产生禁止次债务人向被执行人清偿债务的冻结效力,并不具有确认被执行人与次债务人之间有无债务、是否到期、债务金额的决断效力。而《协助执行通知书》与《履行债务通知书》不同,是人民法院通知协助执行义务人履行协助义务,协助执行义务人虽可以提出异议,但未被撤销、变更前具有强制执行的效力。

具体到本案,珠海某支队因与本案被执行人C公司因财产租赁合同关系存在债的法律关系。执行法院可以依前述司法解释的规定,对C公司的债权发出《履行债务通知书》,通知珠海某支队向申请执行人包某某履行债务;一旦珠海某支队对债务提出异议,依前述司法不予强制执行,除非珠海某支队的债务已经生效法律文书确定。执行法院所作的《协助执行通知书》,通知珠海某支队将租赁保证金划付到执行法院,该协助执行通知的性质并非前述司法解释规定的履行债务通知,也不是禁止珠海某支队向被执行人C公司清偿的债权冻结行为,而是强制珠海某支队向申请执行人包某某清偿债务的执行通知。该通知未被撤销、变更之前,具有强制珠海某支队协助执行的效力,与前述司法解释规定的对被执行人到期债权的执行方式并不相符。

正是基于承办律师对制胜点的正确把握,保障了珠海某支队的合法权益,对方对此结果也未再提起复议或执行异议之诉。

律师简介

李莎，北京市盈科(珠海)律师事务所高级合伙人，港澳台法律事务部副主任，珠海市律师协会会员违规行为调查委员会秘书长，从业十年来主攻企业法律顾问及民商事诉讼和仲裁，对涉澳法律事务有丰富经验。

陈云红，北京市盈科(珠海)律师事务所股权高级合伙人，暨南大学法律硕士，广东省律师协会破产与清算委员会委员，珠海律师协会破产与清算委员会副主任，盈科珠海港澳台法律事务部主任，从事律师执业十余年，业务领域主要涵盖民事合同纠纷、公司股权纠纷、强制清算与破产事务等经济纠纷、经济领域刑事犯罪辩护。

如何界定非因买受人自身原因未办理过户登记情形

——甲、乙诉丙、第三人丁和戊案外人执行异议之诉

穆伟亮

案件简介

2011年6月10日甲、乙购买丁、戊商业用房两套，但未办理过户手续。2016年8月23日大河区人民法院作出执行裁定书，裁定追加第三人戊为丁与丙民间借贷纠纷执行案件的被执行人，并查封了甲、乙购买的登记在戊名下的商业用房一套。甲、乙提出执行异议后，2017年9月5日大河区人民法院驳回案外人甲、乙的异议申请，甲、乙二人遂提起执行异议之诉。因戊的不配合，法院以戊信息不详，不能送达诉讼文书为由，一审法院驳回甲、乙的起诉。上诉后二审法院发回一审法院重审，一审法院重审认为双方签订买卖合同后数年未办理产权变更手续，导致房屋所有权没有转移到原告名下，不能排除原告自身原因，异议不能成立，经一审法院审委会讨论，判决驳回甲、乙的诉讼请求。甲、乙再次上诉，二审法院以案件程序违法为由再次发回重审，一审法院二次重审该案，最终法院认为在本案的金钱债权执行中，买受人对登记在被执行人名下的不动产提出异议，符合下列情形：(1)在人民法院查封之前已签订合法有效的书面买卖合同；(2)在人民法院查封之前已合法占有该不动产；(3)已支付全部价款；(4)非因买受人自身原因未办理过户登记，且享有的权利能够排除执行，一审法院再次经审委会讨论决定判决不得执行涉案商业用房，支持了代理人的观点。

此案件目前唯一可以作为裁判实务依据的只有2019年11月8日《全国法院民商事审判工作会议纪要》，但该纪要也仅是就本案类型作出可参照适用最高

人民法院《关于人民法院办理执行异议和复议案件若干问题的规定》第28条的规定。但该规定仅可作为对案情进行形式审查的裁判依据，而执行异议之诉的审理需结合全案案情，就异议人是否享有足以排除强制执行的民事权益进行实质审查，不能仅依据该条规定认定权利人。所以《全国法院民商事审判工作会议纪要》提出参照该规定的同时，又对该条款第四个条件"非因买受人自身原因未办理过户登记"进行了宽泛性解释，如买受人只要有向房屋登记机构递交过户登记材料，或向出卖人提出了办理过户登记的请求等积极行为的，可以认为符合该条件。买受人无上述积极行为，其未办理过户登记有合理的客观理由的，亦可认定符合该条件等。

律师策略

代理人在接受委托时，发现法院在执行程序中直接裁定追加第三人戊，该追加行为没有法律依据，存在程序违法的行为，但又需举证证明甲、乙确实对执行标的享有足以排除强制执行的民事权益。基于上述情况，拟定采取两种维权方式：(1)就驳回异议裁定向上一级法院申请复议；(2)就驳回异议提起执行异议之诉。

在第一种方案中，执行法院在执行过程中追加第三人戊明显违反了最高人民法院《关于依法妥善审理涉及夫妻债务案件有关问题的通知》规定的"未经审判程序，不得要求未举债的夫妻一方承担民事责任"，同时甲、乙也对执行标的享有足以排除强制执行的民事权益。但考虑到该复议程序多为形式审查，一旦复议被驳回，再无其他救济途径，所以就放弃了该方案。

在第二种方案中，执行异议之诉主要审理甲、乙是否对执行标的享有足以排除强制执行的民事权益。对于执行法院在执行过程中追加第三人戊明显违法的行为不在执行异议审理范围，事实上在第一次发回重审时，主审法官也当庭释明了这一点。代理人经过检索案例发现，执行异议之诉案件的裁判依据多为最高人民法院《关于人民法院办理执行异议和复议案件若干问题的规定》中的相关条款，但最高人民法院在(2018)最高法民申6156号案件中又提出，人民法院在办理执行异议和复议案件时，该规定是对案情进行形式审查的裁判依据。对执行异议之诉，审理案件时需结合全案案情，就当事人是否享有足以排除强制执行的民事权益进行实质审查，不能仅依据该规定认定权利人，审理法院以该规定为依据作出裁判，适用法律确有不妥。这足以说明执行异议之诉没有明确的裁判法律依据，2019 年 11 月 29 日最高人民法院《关于审理执行异议之诉案件适用法律问题的解释（一）》（向社会公开征求意见稿）的发布也印证了代理人的判断，结合代理人从法律逻辑与社会公平角度的理解，认为最高人民法院《关于人民法院办理执行异议和复议案件若干问题的规定》部分条款将转变为审判依据。2019 年 11 月 8 日《全国法院民商事审判工作会议纪要》第 127 条的变通规定也印证了代理人当时的判断。

结合当事人意见，最后采取了执行异议之诉的方案，程序违法也要同时提出。2019 年 7 月 29 日大河市中级人民法院二次发回重审的裁定依据就是程序违法，这也为当事人最终可以适用 2019 年 11 月 8 日《全国法院民商事审判工作会议纪要》第 127 条的变通规定争取了条件，为最后的胜诉争取了宝贵的机会。

律师文书

在二次发回重审的一审庭审后，承办律师根据本案事实及相关法律规定和最高人民法院对执行异议的相关审判规定，提出以下代理意见：

代理人认为本案虽因执行过程中追加第三人戊而起，但原告提起本案执行异议之诉的诉求为排除执行行为和确认享有合同权利。

一、我们认为执行部门在执行程序中追加第三人戊，存在程序违法的行为，该追加行为没有法律依据

（一）夫妻共同债务的认定只能在审判阶段而不能在执行阶段

2016 年 3 月 3 日，最高人民法院审判委员会副部级专职委员杜万华法官接受记者采访，就以夫妻一方名义所负债务是否及如何认定为夫妻共同债务问题作出最新解答。[①]

记者：有的法院甚至在执行阶段适用该条［最高人民法院《关于适用〈中华人民共和国婚姻法〉若干问题的解释（二）》（以下简称《婚姻法解释（二）》）第

① 《人民法院报》2016 年 3 月 3 日，第 1 版。

24 条],未经判决直接将女方作为被执行人。请您介绍一下最高人民法院对此问题的意见。

杜万华大法官:目前,最高人民法院已经通过司法解释、答复、会议纪要、发布指导性案例以及培训等多种形式对此问题进行处理。为什么社会对《婚姻法解释(二)》第 24 条反响这么大? 一个原因是,在执行阶段直接认定夫妻共同债务。实践中确实出现过这样的情况,债权人拿到法院判决直接向法院申请强制执行,有的基层法院直接引用《婚姻法解释(二)》第 24 条,把未参加诉讼的配偶另一方直接追加为被执行人,这显然不合适。我们当时制定这个司法解释本身就是司法审判的裁判标准,夫妻共同债务的认定只能在审判阶段不能在执行阶段。在 2015 年 12 月召开的第八次全国法院民事商事审判工作会议上,我们专门强调,夫妻共同债务应当通过审判程序来认定,不能由执行程序认定。因为如果夫妻共同债务可以通过执行程序认定,那没有参加诉讼的配偶一方就失去了利用一审、二审和审判监督程序维护自己合法权益的机会,这是不公平的。

(二)最高人民法院 2017 年 2 月 28 日发布生效的《关于依法妥善审理涉及夫妻债务案件有关问题的通知》(法〔2017〕48 号)

上述通知第 2 条保障未具名举债夫妻一方的诉讼权利。在审理以夫妻一方名义举债的案件中,原则上应当传唤夫妻双方本人和案件其他当事人本人到庭;需要证人出庭作证的,除法定事由外,应当通知证人出庭作证。在庭审中,应当按照最高人民法院《关于适用〈中华人民共和国民事诉讼法〉的解释》的规定,要求有关当事人和证人签署保证书,以保证当事人陈述和证人证言的真实性。未具名举债一方不能提供证据,但能够提供证据线索的,人民法院应当根据当事人的申请进行调查取证;对伪造、隐藏、毁灭证据的要依法予以惩处。未经审判程序,不得要求未举债的夫妻一方承担民事责任。

(三)类案检索

中国裁判文书网 2016 年 4 月 6 日发布的上海瑞新恒捷投资有限公司与保定市满城振兴化工厂、王某某合同纠纷、申请承认与执行法院判决、仲裁裁决案件执行案件中,最高人民法院(2015)执申字第 111 号执行裁定书中,明确认为

"执行程序中追加被执行人，意味着直接通过执行程序确定由生效法律文书列明的被执行人以外的人承担实体责任，对各方当事人的实体和程序权利将产生极大影响。因此，追加被执行人必须遵循法定主义原则，即应当限于法律和司法解释明确规定的追加范围，既不能超出法定情形进行追加，也不能直接引用有关实体裁判规则进行追加。从现行法律和司法解释的规定看，并无关于在执行程序中可以追加被执行人的配偶或原配偶为共同被执行人的规定"。

二、我们认为原告对该执行标的享有实体权益，足以排除强制执行，也可对提出确认享有的合同权利在执行异议之诉中一并判决

（一）本案发生的房屋买卖行为，完全符合最高人民法院《关于人民法院办理执行异议和复议案件若干问题的规定》第 28 条之规定情形

1. 本案中，被告申请执行的依据为贵院 2015 年 12 月 23 日作出的（2015）大河民初字第 2341 号民事判决书。该案的案由为民间借贷纠纷，借款时间从 2013 年 11 月 18 日到 2014 年 9 月 23 日共四笔，是典型的金钱债权。

2. 本案房屋买卖协议签订于 2011 年 6 月 10 日，且发生在第三人丁与戊夫妻关系存续期间，2011 年 6 月 21 日丁向上诉人出具购房款 282 万元的收据。

（1）2011 年 5 月 27 日至 2011 年 6 月 21 日乙存入丁江家集信用社账户 622991156400281251，存单九张共计 190 万元。

（2）2011 年 9 月 7 日乙替戊信用社贷款 26.12 万元（本金 25 万元）。

（3）2011 年 5 月 18 日甲取现金 31.5 万元、2011 年 6 月 7 日甲取现金 5 万元、2011 年 6 月 10 日甲取现金 9.5 万元，现金取款单三张共计 46 万元，共支付现金 66 万元。

上述证据在 2018 年度豫 1502 民初 3062 号民事一审卷宗第 78～93 页。

大河市大河区人民法院 2015 年 12 月 23 日作出（2015）大河民初字第 2341 号民事判决书，查明丁向丙借款情况为：①2013 年 11 月 18 日借款现金 60 万元；②2014 年 1 月 17 日借款现金 50 万元；③2014 年 7 月 18 日借款现金 50 万元；④2014 年 9 月 23 日借款现金 70 万元，四笔现金共计 230 元。

3. 本案涉案房屋买卖协议签订后，双方就办理了款项支付和房屋交接，原告就开始合法占有该房屋。

(1)陈某租房协议一份,2013年9月至2017年9月房租收条四张在2018年度豫1502民初3062号民事一审卷宗第29~33页、陈某证明第35页。

(2)2012年6月26日大河市住房和城乡建设局对甲因在涉案房屋加盖六层未经规划许可建设,作出的大住建限拆字〔2012〕第203号限期拆除决定书。(二审提交,本案新增证据)

(3)2013年5月1日涉案房屋加盖六层的建房协议在2018年度豫1502民初3062号民事一审卷宗第34页。

综上,本案房屋买卖行为发生在2011年,款项支付和房屋交接也于当年完成,不仅早于大河市大河区人民法院2016年8月23日作出(2016)豫1502执868-1号执行裁定书,查封涉案房屋时间,更早于丁与丙第一笔借贷关系形成时间即2013年11月18日。(2016)豫1502执异25号执行裁定书与(2018)豫1502民初3062号民事判决书对该事实也予认定查明。

(二)最高人民法院《关于印发〈全国法院民商事审判工作会议纪要〉的通知》(法〔2019〕254号)第127条,对本案法律的适用已有明确的规定,这也是法律制度健全完善的大势所趋。本案房屋未办理房产证,非甲、乙自身原因,也存在公摊及房产本身手续不全的客观原因

1.就此问题原告提交了2018年5月29日大河市房地产管理中心(交易中心)出具的《关于甲、乙夫妇购买戊、丁房屋未办理交易过户情况说明》(原件在2018年度豫1502民初3062号民事一审卷宗第58页)、不动产登记中心工作人员夏某2017年9月19日出具的《情况说明》(原件在2018年度豫1502民初3062号民事一审卷宗第105~107页)、大河市房地产管理所工作人员秋某出具的《情况说明》(原件在2018年度豫1502民初3062号民事一审卷宗第109~110页)、2018年5月29日大河市房地产管理中心(交易中心)2019年1月28日出具的《甲、乙信访答复意见》。

2.2018年5月29日大河市房地产管理中心(交易中心)出具的《关于甲、乙夫妇购买戊、丁房屋未办理交易过户情况说明》,对本案房屋未能过户的原因进行了说明,除提到房产需要重新测绘,分摊共用楼梯面积及需要全体业主的签字外,还提到提供房屋来源和土地来源手续不完备(其中少一间房屋的土

地使用证)(大河市于2016年8月20日起实施不动产统一登记制度并启用不动产登记簿证),这些说明足以证明原告从第三人丁、戊手中购买了本案房屋,但房屋过户手续遗留历史问题颇多,加之第三人丁、戊的不配合,最终导致房产无法过户。

3.2019年元月28日大河市房地产管理中心(交易转移中心)在《甲、乙信访事项答复意见》中写道:"2011年8月后,你们夫妇几次来我中心申请办理购买丁、戊房屋过户事宜,该房屋地处红沙路中段红沙大厦北侧两间五层,一楼为门面房,二楼以上与其他业主按各自的房屋面积联合整体出租,红苏大厦设共用楼梯一处,是由各业主按面积均摊。当时正值我中心微机升级,按照测绘规范,原早期办理的房产证需对红沙大厦进行重新测量,绘制新的楼盘,分摊公用楼梯面积,要全体大厦业主共同签字认可放弃记载分摊的面积方可办理房屋过户登记。我中心两名工作人员实地测量,并绘制了大厦各楼层及各房屋的平面草图。后因红沙大厦业主就公用楼梯分摊的问题一直没有达成统一的意见,并且你们不能提供完整的过户资料,我中心工作人员按照房屋转移登记的要求,不能为你们办理房屋过户登记。"

4.本案房屋在买卖交易完成后,上诉人一直督促第三人夫妇办理房产过户手续,第三人丁、戊总以种种借口推脱,其间为了让第三人丁办理房产过户,还被迫借给丁人民币30万元。恰恰又赶上房产登记制度改革,按照新的登记要求,楼梯面积要从每个业主房产面积中划出,这就需要本案房屋所在红沙大厦全体业主共同签字,部分业主是按以前登记的面积收取房租的,且考虑以后拆迁会因房屋面积的缩小、公摊面积的增大而减少补偿,所以红沙大厦全体业主到现在都未达成一致意见,最终导致上诉人所购房屋无法过户。本案第三人丁长期外出逃债,案外人多次主动要求办理房屋过户未果。这对一个普通家庭来说,已付出了巨额的真金白银和心酸泪水,穷尽了个人手段,但毕竟太多的现实不是个人意志能左右的,所以即便原告穷尽了手段,竭尽了全力,也未办理变更登记。因此,代理人认为法院应认定案外人不具有过错。

5.2019年11月29日公告的最高人民法院《关于审理执行异议之诉案件适用法律问题的解释(一)》(向社会公开征求意见稿)第9条【一般不动产买受

人提起的执行异议之诉的处理】

金钱债权执行中，人民法院对登记在被执行人名下的不动产实施强制执行，案外人以其系该不动产买受人为由，提起执行异议之诉，请求排除强制执行，同时符合下列条件的，人民法院应予支持：

(1)在人民法院查封之前，案外人已与被执行人签订合法有效的书面买卖合同；

(2)在人民法院查封之前已合法占有该不动产；

(3)已支付全部价款，或者已按照合同约定支付部分价款且将剩余价款按照人民法院的要求交付执行；

(4)非因案外人自身原因未办理不动产权属转移登记。

案外人具有向房屋登记机构递交过户登记材料，或者向出卖人提出办理过户登记请求等积极行为；或者虽无上述积极行为，但未办理过户登记有合理客观理由的，可以认定为"非因案外人自身原因"。

(三)《民事诉讼法》第227条、最高人民法院《关于适用〈中华人民共和国民事诉讼法〉的解释》第305条、第312条就是法律依据。在人民法院出版社2015年出版的《最高人民法院民事诉讼司法解释理解与适用》(下册)第839页案外人同时提出确认其权利的诉讼请求的，人民法院可以在判决中并作出裁判

根据传统大陆法系的理论，案外人执行异议之诉只解决能否排除执行的问题，不解决权利归属的问题，对于权属争议第三人可以另诉。在起草本解释的过程中，另有观点认为，权属问题是认定能否阻却执行的前提，诉讼应将当事人之间实体法律关系及阻止执行的问题一并解决，否则既浪费司法资源，造成案外人讼累，难以避免判决的冲突，也不符合普通民众的法律观念，这种观点更符合我国审判实际和国情。无论案外人是否提出了确认其权利的诉讼请求，人民法院都需要对执行标的的权属作出认定，才能就能否支持案外人排除对该执行标的执行的诉讼请求作出判断。因此，执行标的的"真实权属"和"能否阻止执行"两项内容都应纳入执行异议之诉的审查范围。不过，毕竟本诉的直接目的在于解决执行问题，对于权属的判决受限于当事人的诉讼请求，所以最高人民法院《关于审理执行异议之诉案件适用法律问题的解释(一)》(向社会公开征

求意见稿)第19条规定应该根据案外人的诉讼请求作出相应的裁判。本解释也坚持了这一原则,规定如果案外人同时提出确认其权利的诉讼请求的,人民法院可以在判决中一并作出裁判。

三、甲、乙与丙对丁的权利均属债权请求权,但我们认为甲、乙享有的给付权利优于丙的给付权利

甲、乙和丙均系丁的债权人,二者的法律地位平等,但各自的债权内容有别。具体而言,丙作为债权人,有权要求丁以其全部财产承担清偿责任,其债权指向的责任财产范围,是丁的全部个人财产,包括丁在案涉房屋中的权利。而甲、乙作为债权人,在涉案《房屋买卖协议》签订后,已经依约支付了全部房屋价款,并实际占有了涉案房屋,虽然并未办理过户登记,但甲、乙作为合法占有人,有权要求出卖人丁、戊为其办理案涉房屋的过户登记手续。

由此可见,丙作为债权人的权利内容,指向的是丁的一般责任财产,并非指向涉案房屋这一特定财产;而甲、乙作为债权人的权利内容,则以案涉房屋这一特定财产为唯一客体。

本案中,丁、戊将案涉房屋出售给甲、乙并取得房屋价款的行为,虽然在客观上导致了其责任财产中的一部分从实物形态转化为货币形态,但其责任财产的范围并未因此而不当减损,丙作为债权人的权利并未因此而受到损害。相反,在案涉《房屋买卖协议》合法成立且已经实际履行的情况下,查封案涉房屋并将其作为丙债权执行标的的结果,不仅在客观上不当扩张了丁的责任财产范围,亦直接损害了甲、乙的合法权利。类案检索,最高人民法院2018年4月28日作出的(2017)最高法民再355号民事判决书(刘某生与杜某清案外人执行异议之诉案)。综上,应当支持原告的诉讼请求。

案件结果

大河区人民法院最终确认未办理涉案房屋过户手续,非原告甲、乙自身原因,原告甲、乙对涉案房屋享有所有权,具有足以排除强制执行的权益,其执行异议理由成立,本院予以支持。判决:不得执行位于大河市城关镇花果山社区红沙路中段西侧房屋(大河市房权证城关镇字第12345690、1234567891、

1234567892号)。

典型意义

该案经过两上一审审委会两次发回重审,两次审委会讨论决定完全相反,该案中既有执行过程中追加第三人为被执行人,剥夺当事人的诉讼权利的执行程序问题;又有"非因案外人自身原因未办理不动产权属转移登记"无明确法律及实务界定的执行权利异议。该问题也有望在将来的《关于审理执行异议之诉案件适用法律问题的解释(一)》中得以明确界定。就目前来讲,该案填补了部分界定的空白,该代理意见的价值在于解决了事实认定及法律适用中的理论和实践问题,对案件裁判具有积极影响,具有一定的学术价值和应用价值。

回顾思考

在办理过程中,从执行程序的违法到实务法律依据的欠缺,都在考验和挑战代理人的能力。代理人不仅需要穷尽手段地寻找支持依据,还要疏导当事人心理,更要给予当事人坚持下去的信心。这些都在考验着代理人对公平合理信念的追求和对法律法规审判实务趋势的判断。正所谓大道不孤,当事人对代理人的信任与托付,代理人对自己内心确信的执着,都凝聚为坚持的信心和力量,这也是办理此案件最大的收获。

本案纠纷既是民事审判前沿的热点,也是难点。在金钱债权执行中,关于案外人救济案件的审理依据,囿于我国法律规范规范内并无物权期待权的明确表述。在诉讼程序中,相应的权益对抗规范缺失。目前唯一可以作为裁判实务依据的只有2019年11月8日《全国法院民商事审判工作会议纪要》,但该纪要也仅是就本案类型作出可参照适用最高人民法院《关于人民法院办理执行异议和复议案件若干问题的规定》第28条的规定。该参照规定是对近年来类案审判经验的总结,也是保持司法解释一致性和梳理近似解释解决前沿问题的权宜之计,但最高人民法院《关于人民法院办理执行异议和复议案件若干问题的规定》仅可作为对案情进行形式审查的裁判依据,而执行异议之诉的审理需结合全案案情,就异议人是否享有足以排除强制执行的民事权益进行实质审查,不能仅依据该条规定认定权利人。所以《全国法院民商事审判工作会议纪要》提出参照该规定的同时,又对该条款第四个条件"非因买受人自身原因未办理过户登记"进行了宽泛性解释,如买受人只要有向房屋登记机构递交过户登记材料,或向出卖人提出了办理过户登记的请求等积极行为的,可以认为符合该条件。买受人无上述积极行为,其未办理过户登记有合理的客观理由的,亦可认定符合该条件等。但终究不是明确的法律依据,实务中对该解释的理解和操作存在偏差,加之未经审理执行中追加第三人为被执行人形成执行程序违法,最终导致本案维权诉讼程序异常艰难。

如何避免此类纠纷发生,交易主体首先要做到遵守交易规则和法律规定,看似一些节省眼前交易成本的行为,或许会造成以后面临钱财两空的巨大风险,所以应及时到相关产权部门及时办理登记手续。即便不能办理,也要及时留存证据以证明不能办理的客观原因。对于遗留问题应积极办理过户手续,以防患于未然。

其次,立法机关或者司法审判机关应当进一步完善法律法规及司法解释,对如何界定非因案外人自身原因未办理不动产权属转移登记进行明确的规定,诸如案外人具有向房屋登记机构递交过户登记材料,或者向出卖人提出办理过户登记请求等积极行为。或者虽无上述积极行为,但未办理过户登记有合理客观理由的,可以认定为"非因案外人自身原因"。

律师简介

穆伟亮,2010 年 5 月律师执业至今,现为北京市盈科(郑州)律师事务所律师,中国法学会会员,三级律师。专业荣誉:2018 ~2019 年度河南省律师协会直属分会"法律文书二等奖(民商类)"、盈科全国青工委 2020 ~2021 年度盈科全国青工委代理词大赛"优秀盈科青年诉讼律师奖"、河南省法学会律师学研究会 2020 年年会论文评选中获"二等奖"、2020 年度河南省律师协会经济犯罪法律专业委员会法律文书"优秀奖"。

已冻结债权能否被抵销需查看执行中执行异议是否得到妥善处置

——深圳某某集团与某某传媒公司、浙江某某公司执行异议复议案

王承恩　李　超

案件简介

2012 年 8 月深圳某某集团与浙江某某公司就投资合作电视连续剧而签署合同，在合同履行过程中浙江某某公司未向深圳某某集团返还投资款，深圳某某集团也未向浙江某某公司支付节目版权费。2016 年双方分别发起诉讼来主张各自权利，在此过程中，浙江某某公司的债权人某某传媒公司基于另案的生效仲裁裁决向金华市中级人民法院申请执行，金华市中级人民法院于 2017 年 11 月 28 日立案执行。执行过程中，金华市中级人民法院基于某某传媒公司的申请在 2017 年 12 月 21 日作出执行裁定书并向深圳某某集团进行送达，主要执行内容为就浙江某某公司对深圳某某集团享有的到期债权 630 万元进行冻结，同时金华市中级人民法院还告知深圳某某集团可以申请执行异议。但深圳某某集团提交了执行异议书后金华市中级人民法院未作出任何处理。浙江某某公司起诉深圳某某集团的案件经过二审终审，2018 年广东省高级人民法院作出（2017）粤民终 223X 号生效判决，该判决确认深圳某某集团需要向浙江某某公司支付 630 万元。而深圳某某集团诉浙江某某公司的案件在 2019 年 1 月由广东省深圳市中级人民法院作出（2016）粤 03 民初 97X 号一审判决并生效，该判决确认浙江某某公司需要向深圳某某集团支付 566 万元。后深圳某某集团向深圳市中级人民法院申请执行，执行过程中，2019 年 5 月 30 日，深圳某某集团向浙江某某公司通过公证邮寄送达债务抵销的方式，行使了 566 万元的债务抵销权。2019 年 11

月 11 日,金华市中级人民法院作出新的执行裁定并向深圳某某集团进行送达,要求深圳某某集团将其对浙江某某公司的到期债务 630 万元支付至法院执行账户,但深圳某某集团认为债务抵销后仅剩余 60 万元左右的债务,遂将 60 万元左右汇入到金华市中级人民法院的执行账户。对于剩余的 560 万元部分,金华市中级人民法院再次作出执行裁定,直接划拨了深圳某某集团账户内的款项 560 万元。

此后,深圳某某集团在划扣款项后的 15 日向金华市中级人民法院申请执行异议,后经过审查,金华市中级人民法院于 2020 年 3 月 11 日作出了驳回深圳某某集团执行异议的请求。深圳某某集团在复议期限内向浙江省高级人民法院申请了复议,经过复议浙江省高级人民法院支持了深圳某某集团的复议请求,撤销了金华市中级人民法院作出的相关执行裁定,后金华市中级人民法院将划扣的 560 万元退还给深圳某某集团。

律师策略

北京市盈科(深圳)律师事务所王承恩律师、李超律师接受深圳某某集团委托,担任其执行异议阶段的委托代理人。在接受委托前后,王承恩律师、李超律师充分研判执行及执行异议相关的程序及判例,统筹安排,提出如下代理方案:

1. 提前安排公证债权文书送达,主张因债务抵销而使部分债务归于消灭,无论这种抵销执行法院是否认可,但至少可以起到一定的阻碍执行进展的效果。

2. 本案执行法院强制划扣银行存款的行为存在严重程序错误,就之前执行法院发出的多份执行裁定书,深圳某某集团已经多次提出了执行异议但执行法院却未作出任何处理,显属不当。基于执行法院强行划扣银行存款的行为,深圳某某集团应该立即提出执行异议,即便执行异议被驳回,还应该向上一级法院申请复议。

3. 就债务抵销的问题进行全面的实体分析,无论是从债务形成时间还是从债务性质属于主动债务或是被动债务等问题进行论述,深圳某某集团的债务抵销应该被认定为合法有效。

此外,为了能够说服承办法官,王承恩律师和李超律师充分发挥大数据检索的作用,从法律及判例两个层面寻找有利论点,最终查找到的最高人民法院司法判例支持了深圳某某集团的债务抵销权的论点，进而形成了完整的异议方案。

律师文书

执行异议复议申请书

异议案号：(2020)浙07执异X号

异议申请人：深圳某某集团

住所地：深圳市某某区某某路某某大院

法定代表人：岳某某　职务：总裁

复议请求：

深圳某某集团(或称复议申请人)于2020年3月17日收到金华市中级人民法院寄来的(2020)浙07执异X号执行裁定书(以下简称异议裁定书)，现复议申请人对该执行裁定书不服，特提出复议申请，申请撤销前述裁定，并将划扣的5,663,544元返还给复议申请人。

事实与理由：

金华市中级人民法院(以下简称金华中院)将浙江某某公司对复议申请人享有的到期债权5,663,544元采取了强制执行措施，即划拨了复议申请人银行账户中的5,663,544元。深圳某某集团认为金华中院的执行划扣行为损害了复议申请人的权益。在深圳某某集团已主动支付其与浙江某某公司之间债权债务抵销后的636,456元差额的情况下，金华中院不应再对深圳某某集团采取任何执行措施。

一、本案异议程序存在重大的程序性错误，认定事实不清，适用法律错误，应予以纠正。

在事实认定方面，根据异议裁定书本院查明部分第11页至第12页记载，金华中院在2017年12月21日作出(2017)浙07执28X号之五裁定书并送达相关文书时，深圳某某集团已经提交了执行异议书，但金华中院未按照执行异议规定对该异议进行审查，而是对该异议束之高阁而不予理会。金华中院在

2019年11月12日作出(2017)浙07执28X号之十一裁定书,根据该裁定书记载,金华中院要采取划拨深圳某某集团630万元等执行措施。深圳某某集团再次提交了执行异议书和相关材料,但金华中院又一次未按照执行异议规定对该异议进行审查,而是对该异议束之高阁而不予理会。

以上事实有异议裁定书和深圳某某集团的多次异议申请文件可以佐证,如果该案在深圳某某集团第一次提出执行异议申请时就能够按照规定处理,深圳某某集团也不至于陷入当今这么被动的局面。基于此,深圳某某集团认为,本案异议程序存在重大的程序性错误。应予以纠正。

二、在不考虑执行异议程序性错误的情况下,复议申请人依然坚持认为复议申请人的抵销权行为有效。

(一)本案复议申请人主张的抵销权不属于法律规定不得抵销的情形。

一般认为不得抵销的债务包括依照法律规定不得抵销的。比如,《民事诉讼法》第243条第1款规定:“被执行人未按执行通知履行法律文书确定的义务,人民法院有权扣留、提取被执行人应当履行义务部分的收入。但应当保留被执行人及其所扶养家属的生活必需费用。”根据这一规定,当事人不得将债务人的生活必需费用用以抵销债务。按照合同的性质不得抵销。比如必须履行的债务不得抵销,比如应当支付给下岗工人的生活保障金,不得用以抵销工人欠企业的债务。换言之,具有特定人身性质或者依赖特定技能完成的债务不得抵销。还有就是以不作为债务抵销不作为债务,就达不到合同目的,不允许抵销。

而本案复议申请人主张的是抵销是金钱债务,且种类、性质均相同,应该允许复议申请人抵销。

(二)在现有情况下,深圳某某集团仅是收到金华中院通知的协助执行人,对某某传媒公司并无任何直接债务,反而本身早就对浙江某某公司享有债权,应当深圳某某集团抵销。

因本案是浙江某某公司对深圳某某集团的债权被采取保全措施,如果本案是浙江某某公司主张抵销,因保全的效力导致浙江某某公司对债权的处置效力受到限制,而行使抵销权实质上系对债权的处置,也应受到限制。因此,在保全措施解除前，浙江某某公司对于其被保全的债权不能主张抵销，如果行使抵销权的，依法不应产生债务抵销的法律后果。在此意义上，我们的理解是没有异议。但本案却是没有被保全的深圳某某集团对浙江某某公司的债权并由深圳某某集团行使抵销权，应该允许该债权抵销。

（三）深圳某某集团对浙江某某公司的债权形成时间远远早于某某传媒公司对浙江某某公司的债权形成时间，也远远早于金华中院采取查封保全措施的时间，应当允许复议申请人抵销。

复议申请人深圳某某集团对被执行人浙江某某公司享有的用于抵销的主动债权是基于双方2012年8月签署的合同，于2013年已届履行期的债权，只是后来经过了法院的生效判决文书［深圳中院一审：（2016）粤03民初97X号］予以确认，而金华法院的查封保全措施是2017年12月，远远晚于深圳某某集团的债权形成时间。

此外，抵销制度本身具有担保债务履行的功能，复议申请人的债权基于抵销制度的存在而获得了更为确实的保障。如果不允许复议申请人主张抵销，复议申请人作为单纯的协助执行人，将会因为履行协助义务而导致债权实现的担保落空，自身利益受损，这与协助义务的主旨不符，对于协助义务人也有失公允。保全债权所限制的是债权人的财产权益，作为债务人仅仅是履行协助义务，防止债权人的财产权益流失。如果不允许债务人主张抵销，将会使债务人的信赖和期待落空，债务人将会因为履行协助义务导致其固有权利受到损害。因此，请求贵院充分衡量各方利益并基于相关法理，采纳复议申请人的意见，认定复议申请人的抵销已经产生法律效力。

（四）支持复议申请人作为主动债权的债权人行使抵销权，是符合法之利益判断准则的，也是在权衡各方利益后的当然结果。

诚然，在本案中确实存在这某某传媒公司和深圳某某集团的法之利益的冲突，而在法之利益存在冲突情况下，需要查看哪一方的利益符合更底层更宏观层面的法律原则。

首先，在本案中，某某传媒公司的诉求基础为财产代位权，而深圳某某集团的诉求基础是自身财产权的抵销权，从关系上讲深圳某某集团与浙江某某公司之间存在可以抵销的债权债务关系,相比某某传媒公司透过浙江某某公司代位执行深圳某某集团的法律关系更近。支持复议申请人深圳某某集团作为主动债权的债权人行使抵销权,这就好比中国古代就有的“亲亲相为隐”制度的落实和延续。即便在刑事法律领域,当查明案件事实背后的国家利益、社会秩序或其他人的生命财产利益和“亲亲相为隐”相冲突时,也应该为该制度让路,具体体现为《刑事诉讼法》第 193 条第 1 款“经人民法院通知,证人没有正当理由不出庭作证的,人民法院可以强制其到庭,但是被告人的配偶、父母、子女除外”。如果不允许复议申请人行使法定抵销权,就相当于限制复议申请人自身财产权的行使,让复议申请人将本身享有的债权便利行使的权利拱手让出,等待他人行使完权利后再寻其他途径解决,这无疑损害了更高位阶的复议申请人的法定权利。换言之,债务人履行协助义务的一个基本前提和原则就是,其自身利益和固有权利不应受到损害。

(五)复议申请人享有主动债权并行使抵销权,是符合立法精神和通行司法惯例的。

与本案相关的法理,在我国立法中多有体现。例如,《合同法》第 83 条明确规定,债权转让后,债务人对让与人享有的债权仍可向受让人主张抵销。显然,对于债权尚未转让而仅仅是受到处分限制情形,允许抵销符合举重明轻之民法解释原则。又如,《企业破产法》第 40 条第 1 款规定,债权人在破产申请受理前对债务人负有债务的,可以向管理人主张抵销。

类似于债权保全后的抵销问题,对于债权质押后,被质押债权的债务人能否行使抵销权的学理通说也认为,如果债务人对被质押的债权的权利人享有债权的,债务人可以主张抵销。而作为与债权质押较为类似的债权保全,也自然应采取相同的思路和原则。

(六)双方提到的最高人民法院两个司法判例均支持复议申请人行使抵销权。

1. 最高人民法院作出的(2017)最高法民申 139X 号支持了被采取保全措施的被动债权也可以抵销的观点。

通观全篇内容,我们不难发现该案例对被保全债务是否可以抵销做了详细论述,并得出了“保全属于程序上的措施,不影响债务的真实存在。故神龙峡公司对铭嘉公司的债务适于抵销”的结论,该结论显然与本案情况相符。

此外,该裁判案例也符合了如前所述的被动债权被采取保全措施不妨碍主动债权行使抵销权。在该裁判案例中,铭嘉公司对神龙峡公司享有的债权被采取保全措施,而后神龙峡公司将《债务抵销通知书》送达给铭嘉公司并产生抵销后果。本案完全符合该案的裁判文书的情形,贵院应支持复议申请人的抵销行为已经发生法律效力。

2. 最高人民法院作出的(2016)最高法执监15X号裁定书记载的案情与本案不符,不能参照适用该裁定书的观点。

该裁定书记载的是对于被执行人受让债权后主张抵销的情形,该案中的抵销权人行使抵销权之所以未获得执行法院认可,有两个与本案非常明显的不一样的条件,第一是被执行人享有的债权是在被要求不得履行债务之后受让债权,该债权本身也未经生效法律文书所确认,因此其债权本身是否有瑕疵有争议,当然不得抵销。第二是该案的被执行人是自然人,对于自然人我国有多个债权人参与分配的制度,抵销的行使相当于破坏了这种参与分配的制度。而本案复议申请人深圳某某集团享有的债权并非是受让所得,而是基于复议申请人深圳某某集团与被执行人浙江某某公司于2012年8月签署的合同,于2013年已届履行期的债权,远远早于法院保全浙江某某公司对深圳某某集团债权的时间。且本案复议申请人不是被执行人,也不是以被执行人身份主张抵销。最后,本案的被执行人为法人,除了在破产程序之外,复议申请人不能对被执行人的财产进行分配,这是法律赋予复议申请人的救济权利。

三、结论。

综上所述,复议申请人对浙江某某公司现负有的到期债务不超过636,456元,且已经实际支付完毕,其余债务已经抵销且发生法律效力,请贵院依法查明相关事实并支持异议的异议请求。

此致

浙江省高级人民法院

深圳某某集团

二〇二〇年三月二十日

案件结果

浙江省高级人民法院法院经审查后认为,本案的争议焦点在于,在金华中院冻结了被执行人浙江某某公司对深圳某某集团的到期债权后,深圳某某集团能否对该债权主张抵销。

首先,根据《民事诉讼法》及相关司法解释的规定,人民法院可以执行被执行人对他人的到期债权,但需以该到期债权经生效法律文书确认或该他人无实质异议为前提。本案中,深圳某某集团在异议期内以其"对浙江某某公司不负任何到期债务"等为由,对金华中院作出的(2017)浙07执28X号之五执行裁定及协助执行通知书提出执行异议,金华中院应依照最高人民法院《关于适用〈中华人民共和国民事诉讼法〉的解释》第501条及最高人民法院《关于人民法院执行工作若干问题的规定(试行)》对"被执行人到期债权的执行"的相关规定,对该执行异议进行审查并作出处理,但金华中院未作审查,致使(2017)浙07执28X号之五执行裁定的效力一直持续,显属不当。

其次,《合同法》第99条第1款规定,当事人互负到期债务,该债务的标的物种类、品质相同的,任何一方可以将自己的债务与对方的债务抵销,但依照法律规定或者按照合同性质不得抵销的除外。结合最高人民法院《关于人民法院办理执行异议和复议案件若干问题的规定》第19条之规定,被执行人请求抵销需满足两个条件,即已经生效法律文书确定或者经申请执行人认可,及与被执行人所负债务的标的物种类、品质相同。本案中,浙江某某公司与深圳某某集团之间的债权债务均已经生效法律文书确定,且均属金钱债务,性质上亦不属于不得抵销的债务,深圳某某集团主张抵销,符合法律规定,应予支持。因金华中院在深圳某某集团提出执行异议后未经审查就作出处理,致使该裁定冻结案涉到期债权的效力一直延续,但冻结仅是程序上的保全措施,不影响债权债务的真实、有效存在。在两份生效裁判确定深圳某某集团和浙江某某公司互负债务及深圳某某集团主张抵销的情况下,金华中院仍强制执行浙江某某公司对深圳某某集团的全部到期债权并采取扣划措施,缺乏事实和法律依据,应予纠正。

综上,浙江省高级人民法院于2020年6月15日作出裁定:撤销浙江省金华市中级人民法院(2020)浙07执异X号执行裁定和(2017)浙07执28X号之十四、十五执行裁定。

典型意义

人民法院可以对被执行人对第三人的债权进行强制执行,执行措施表现为通过执行裁定的方式对债权进行冻结等,但这里的执行效果因债权是否经过生效法律文书确认而有所区别。如果是经过生效法律文书确认的债权,则即便第三人提出执行异议也无法抗衡该执行措施,但如果未经过生效法律文书确认的,则第三人提出执行异议后则可以起到抗衡该执行措施的效果。基于此,对于未经过生效法律文书确认的债务,第三人行使债务抵销权就不存在障碍。该案的裁判理念对于冻结债权在执行过程中的抵销具有一定的指导和启发意义。

回顾思考

本案最核心的问题在于“被冻结”的债权是否能够被抵销,看似没有解决方案的问题却因程序和实体两方面的原因而产生不一样的后果。

从程序上讲,最关键的是就执行法院采取的执行措施提出执行异议后,执行法院应该作出何种相关处理。根据最高人民法院《关于人民法院办理执行异议和复议案件若干问题的规定》第5条规定,“有下列情形之一的,当事人以外的自然人、法人和其他组织,可以作为利害关系人提出执行行为异议:……(四)认为人民法院要求协助执行的事项超出其协助范围或者违反法律规定的”。根据《民事诉讼法》第225条规定,“当事人、利害关系人认为执行行为违反法律规定的,可以向负责执行的人民法院提出书面异议。当事人、利害关系人提出书面异议的,人民法院应当自收到书面异议之日起十五日内审查,理由成立的,裁定撤销或者改正;理由不成立的,裁定驳回……”根据最高人民法院《关于适用〈中华人民共和国民事诉讼法〉的解释》第501条规定,“人民法院执行被执行人对他人的到期债权,可以作出冻结债权的裁定,并通知该他人向申请执行人履行。该他人对到期债权有异议,申请执行人请求对异议部分强制执行的,人民法院不予支持”。

从实体方面讲，执行法院应该就到期债权的性质不同而作出不同的执行判断。根据最高人民法院《关于人民法院办理执行异议和复议案件若干问题的规定》第19条的规定，“当事人互负到期债务，被执行人请求抵销，请求抵销的债务符合下列情形的，除依照法律规定或者按照债务性质不得抵销的以外，人民法院应予支持：（一）已经生效法律文书确定或者经申请执行人认可；（二）与被执行人所负债务的标的物种类、品质相同”。本案深圳某某集团的债权和浙江某某公司的债权均有生效的法律文书予以确认，基于此应该支持债务抵销，否则缺一不可。

综上所述，在本执行异议及执行异议复议案件中，王承恩律师和李超律师通过多种方式去争取，在实体上和程序上均提出了有效的代理意见，最终较好地维护了委托人的合法权益。

律师简介

王承恩，西南政法大学法学学士、中山大学民商法硕士，原创维集团知识产权负责人。现任盈科律师事务所第四届全国知识产权法律专业委员会主任、北京市盈科（深圳）律师事务所第四届管委会委员、知识产权法律事务中心主任、高级合伙人。入选工信部工业和信息化领域知识产权专家库、深圳市市场监督管理局知识产权专业委员会专家、长沙市知识产权局维权援助专家库专家、中南财经政法大学知识产权研究中心兼职研究员。王承恩律师从事法律实务工作十多年，主要业务领域为知识产权和民商事诉讼。

李超，西南政法大学法学学士，原创维集团法务部副经理，现为北京市盈科（深圳）律师事务所合伙人。担任专职律师后在民商事诉讼、公司股权设计以及税务筹划方面有着丰富的经验，期间担任过大型国有企业、上市公司的法律顾问，处理过多宗有影响力和代表性的民商事诉讼。

货币资金转移后的债权与所有权之争

——案外人执行异议之诉

朱文雷

案件简介

2012年4月23日，尤某某与湖南张家界某投资担保有限公司（以下简称担保公司）、黄某某（担保公司法定代表人）签订《借款协议》，约定尤某某向两者出借人民币2000万元，借款期限自2012年4月23日起至2012年4月24日止，借款用途为为担保公司提供资信证明，三方约定该笔款项汇入担保公司银行账户，第二天即转回尤某某账户，亦明确约定该款项不得挪作他用。

2012年4月23日，尤某某委托公司财务人员王某某前往张家界办理借款转账事宜，王某某通过农业银行转账的方式，以每笔400万元，共5笔将人民币2000万元款项转入担保公司账户。2012年4月24日，当王某某再次去银行准备将款项转回尤某某账户时，被银行告知该2000万元款项已经于当日一早被江苏省无锡市中级人民法院（以下简称无锡中院）冻结，申请保全人为李某，申请依据为李某诉黄某某债务纠纷，并在2014年将上述2000万元扣划至无锡中院账户。

尤某某向无锡中院提起案外人执行异议之诉，请求确认无锡中院扣划的担保公司账户中的2000万元系其个人财产，要求停止对该笔款项的执行。无锡中院经审理认为：（1）根据金钱占有即所有的规定，尤某某已将涉案款项转入担保公司账户，该款项的所有权即归担保公司所有，作为出借人，尤某某仅享有债权请求权，故尤某某对该款项不具有所有权；（2）由于存在李某与黄某某、担保公司借款纠纷的生效判决，因此根据李某的申请对黄某某、担保公司的财产进行保全不存在程序违法。遂于2016年9月28日作出(2015)锡民初字第0086号民事判决书，判决驳回尤某某的全部诉讼请求。

尤某某不服无锡中院的一审判决，于2016年10月21日向江苏省高级人民法院(以下简称江苏省高院)提起上诉。江苏省高院经审理认为：(1)根据尤某某提交的其掌握担保公司及黄某某的一系列材料，尤某某在与担保公司实际发生2000万元借贷行为时已实际控制了该公司账户，进而控制了该笔款项，因此尤某某才是该笔款项的实际控制人；(2)李某与黄某某、担保公司的借贷纠纷已被本院再审判决推翻，因此李某的保全请求丧失了事实基础，诉讼保全措施不具有正当性，且李某对此知情非善意。江苏省高院遂于2020年12月23日作出(2016)苏民终1441号民事判决书，判决撤销无锡中院一审判决，并要求无锡中院将扣划的2000万元本金及利息于判决生效后10日内返还给尤某某。至此，本案终结。

本案经过漫长的审理过程，案件事实水落石出，尤某某的合法权益得以维护，公平正义得到伸张。

律师策略

本案系案外人执行异议之诉，所谓案外人执行异议之诉，顾名思义就是案外人就执行标的享有足以排除申请人申请强制执行的权利，请求人民法院不得执行该标的的诉讼。

由于案外人执行异议可能导致执行的中断，妨碍执行程序的进行，损害申请人的利益，因此，案外人执行异议之诉中，案外人就享有权利和该权利足以排除强制执行所要达到的证明标准要远远高于一般的民事权益证明标准。本案的代理思路和策略，就是要以充分的事实依据和法律依据，来证明尤某某就是该2000万元款项的实际所有权人，进而证明一审法院的诉讼保全措施是错误的，从而阻却法院的强制执行。具体到本案，要想达到上述目的，有两个途径：

一方面，证明尤某某是涉案2000万元的实际所有人。从尤某某与担保公司、黄某某的《借款协议》及交易习惯不难看出，虽然该2000万元的款项于2012年4月23日转至担保公司账户，但该公司只是款项的名义占有人，真正实际控制人是尤某某，而且黄某某与李某存在虚构债权债务恶意串通的情形。

另一方面，证明一审法院的保全程序存在错误。2012年4月23日，李某人在张家界，但当日却同时在无锡中院完成了立案、申请保全、审查通过、出具文书、出差、执行保全全过程，在手续上存在严重瑕疵，保全程序存在错误。

律师文书

1. 上诉人对涉案款项拥有所有权，故有权阻却执行。一审法院以“一般等价物适用占有即所有的规则”为由，认为上诉人对涉案款项不享有所有权，存在多层次的错误。

(1)根据《合同法》，当事人可以通过协商约定标的物所有权的转移时间。

《合同法》第133条规定：“标的物的所有权自标的物交付时起转移，但法律另有规定或者当事人另有约定的除外。”该条款并未说特定物可以协商，种类物不可协商。据此规定，合同当事人双方可以协商约定涉案金钱的所有权转移时间，而非简单的“占有即所有”。

(2)即使按照一审法院的理由，认可“占有即所有”的规则，法律上的“占有”，指的也是实际占有而非形式占有，而本案实际占有款项的是尤某某。

最高人民法院《关于审理民间借贷案件适用法律若干问题的规定》第9条规定：“具有下列情形之一，可以视为具备合同法第二百一十条关于自然人之间借款合同的生效要件：(一)以现金支付的，自借款人收到借款时；(二)以银行转账、网上电子汇款或者通过网络贷款平台等形式支付的，自资金到达借款人账户时；(三)以票据交付的，自借款人依法取得票据权利时；(四)出借人将特定资金账户支配权授权给借款人的，自借款人取得对该账户实际支配权时；(五)出借人以与借款人约定的其他方式提供借款并实际履行完成时。”以上五种形式其实内容是一致的，即不是看表面上款项归谁，而是看实际上谁能真正支配款项。款项虽然在出借人账户里，但借款人已经实际支配账户的，视为已经交付即由借款人实际占有，那么款项虽然在借款人账户里，但出借人实际支配账户的，就应该视为尚未交付即由出借人实际占有。举个例子就是钱在钱包里，算谁占有？不是看钱包是谁的，而是看钱包在谁手里。本案的涉案款项汇入账户，而账户的支配权属于上诉人这一点，任何一方均无异议，因此涉案款项所有权属于尤某某所有。

2. 被上诉人李某和第三人黄某某构成恶意串通。

恶意串通是一种主观上的共同故意,除非双方共同承认,客观上不可能有直接证据证明恶意串通的存在,只能从当事人双方行为配合的默契程度上予以分析判断,最后得出结论。李某和黄某某的行为足以证明双方存在串通,并且这种串通事实上造成了上诉人的财产损失,构成恶意串通。

(1)2012 年 4 月 19 日,担保公司与李某签订了 5000 多万元的巨额债务还款计划,然后在 4 月 23 日和尤某某签订借款合同,且在《借款协议》第 2 条中明确承诺:"4. 本公司及及其法人、股东个人不存在债权债务纠纷。"说明黄某某故意隐瞒债务欺骗尤某某。

(2)担保公司需要向尤某某借款的理由是银行需要出具资信证明,但现已证明并无此事,担保公司当时唯一需要用款之处就是偿还李某的债务,说明黄某某想利用尤某某的款项偿还李某的债务。

(3)2012 年 4 月 22 日晚上,李某到张家界,是黄某某到机场接她,并且告知其尤某某的财务人员已经到达。如果没有串通,为什么要和自己的债权人提到这笔款项,并且告知具体行程?

(4)2012 年 4 月 23 日,尤某某的财务人员王某某和担保公司的财务人员陈某某一起去银行办理将 2000 万元转入担保公司的手续,中途还专程去接了李某同去银行。明知李某是自己的债权人,还故意接上一起去转款进账,这是财务人员的个人行为吗?当王某某询问陈某某,李某是什么身份时,陈某某称是本公司财务,这也是财务人员的个人行为?对此陈某某的解释都是"顺便接的","随口说的",这也算是解释吗?王某某也直接询问了李某的身份,李某自称是担保公司财务,这已经是赤裸裸的合伙欺诈行为。

(5)就在达成借款协议的同一天即 2012 年 4 月 23 日,李某向无锡中院起诉担保公司,并申请了财产保全,无锡中院于当天完成了全部法律程序,法官当天赶到张家界,并于次日银行上班前就等候在银行门口,一开门即查封了账户。同时,李某和黄某某、陈某某全都关机无法联系,这是巧合吗?

3. 一审法院对李某诉黄某某一案的立案和诉讼保全程序存在严重问题，证据充分确凿。

(1)是谁，在什么时间具体办理的起诉及财产保全申请事项？

现有材料均体现是李某在2012年4月23日亲自办理的申请立案和申请财产保全的手续，但李某实际上在前一天即2012年4月22日就到了张家界，因此一审法院对立案手续审查不严。

(2)是谁，在什么时间审查的财产保全担保手续？

江苏法院系统对于财产保全的担保手续历来审查严格，而对于一个5350万元的高额财产纠纷案件的担保手续却几乎没有审查。担保人之一江阴永利典当有限公司经营范围没有担保内容，且营业执照显示当天才成立，必须具备的股东会或者董事会同意担保的决议都没有；担保人之二六安永翔投资担保有限公司注册资金12,800万元，根据江苏省高级人民法院《关于财产保全担保审查、处置若干问题的暂行规定》第6条第3款规定，“担保公司为申请人提供资信担保的，财产保全标的不得超过担保公司注册资金的百分之十”，也只能在1280万元的范围内提供担保。更为严重的是，该公司在一审诉讼中出具了《说明书》，明确表示未在该案中提供担保，因此一审法院对担保手续审查不严。

(3)是谁，在什么时间批准了冻结存款？

协助冻结存款通知书是2012年4月24日签发的，此时承办法官已经在张家界，并于4月24日银行一开门即完成了保全措施。但协助冻结存款通知书必须交协助执行单位即银行一份，说明这份协助冻结存款通知书必须在4月24日上午9时前送到张家界银行现场，而这是不可能完成的任务，因此一审法院制作的保全文书存在瑕疵。

案件结果

二审法院终审判决：尤某某的上诉请求成立，一审法院认定事实及适用法律错误，判决撤销一审判决；不得执行一审法院于2012年4月23日作出的(2012)锡民初字第0034号民事裁定书中涉及的2000万元本金及利息；案涉2000万元本金及利息归尤某某所有。并判令一审法院于本判决生效之日起10

日内将2000万元及其利息支付给尤某某,李某承担一审、二审案件受理费。

典型意义

本案案涉2000万元自2012年4月24日被一审法院冻结后,又被扣划至无锡中院账户,终于在8年零8个月后的2020年12月23日获得终审判决,确认尤某某对案涉2000万元的所有权。本案作为案外人执行异议之诉,审理重点在于尤某某对担保公司账上的2000万元是否享有足以排除强制执行的民事权益。一审及二审对尤某某是否享有担保公司账户资金的所有权作出了不同认定,本案对借款合同中约定的保留特定账户所有权能否认定出借人具有支配权,从而对抗第三人具有重要的典型意义。

回顾思考

针对尤某某对案涉款项是否享有足以排除强制执行的民事权益。一审法院依据以下两点作出了认定:一是尤某某对案涉款项不享有所有权。尤某某将涉案款项转入担保公司账户时,即完成了货币的所有权公示,应认定货币的所有权归担保公司所有,双方形成债权债务关系,尤某某仅享有债权请求权。二是尤某某对案涉款项不享有金钱质权。三方未订立质权合同,虽在借据中约定了尤某某对账户有支配权,但并无《物权法》规定的书面质权合同的其他要素,担保公司的账户并未完成金钱的特定化,即使认定尤某某取得账户的支配权,该支配权亦未公示。二审法院根据以下三点对该争议作出了认定:首先,根据尤某某掌握的对该账户内资金实际控制的证据,结合双方的交易习惯,认定尤某某系实质控制人,担保公司仅是名义占有人;其次,根据该账户的交易情况,作出该账户上的2000万元实际上已经特定化的认定;最后,李某申请财产保全的依据,即《还款协议书》中欠款的真实性,在经历了一审、二审发回重审、再次一审、二审、再审后,最终认定欠款并不真实存在,并驳回李某的诉讼请求,一审法院冻结案涉款项的行为丧失了事实基础,且结合案情分析,李某显然不是善意第三人。

一审与二审法院认定的不同,其实质是金钱债权与所有权如何进行区分的问题。一审及二审法院均依照了《物权法》第23条"动产物权的设立和转让,自交付时发生效力,但法律另有规定的除外”以及最高人民法院《关于适用〈中华人民共和国担保法〉若干问题的解释》第85条“债务人或者第三人将其金钱以特户、封金、保证金等形式特定化后,移交债权人占有作为债权的担保,债务人不履行债务时,债权人可以以该金钱优先受偿。”尤某某将特定款项转移至担保公司账户的行为,即包含两种法律问题的认定,一是金钱“占有及所有”的特性,是否在转至对方账户中即发生动产交付的效力;二是特有账户与案涉账户的“特定化”是否等同。首先,金钱债权与所有权的区分,应当以区分尤某某与担保公司形成的“借据”性质为前提。若双方形成的是合法有效的借款合意,即双方成立债权债务关系,尤某某在转账至担保公司账户时,即完成了动产交付,符合金钱“占有即所有”的特征,尤某某仅对担保公司享有债权,即使其拥有对该公司账户的支配权,亦不能对抗善意第三人。但本案不符合上述情形,根据双方提供的证据及法院对当事人及相关人员的调查,尤某某与担保公司形成的是“过桥”合意,即为了该公司的资信证明而进行为期一天的走账行为,与借款存在本质区别,并且李某因其特殊身份,亦不属于善意第三人。其次,对“特定化”的认定不应仅仅看账户的所有者,而是要分析谁对该账户享有实质的支配权,该账户内的资金与账户的支配者能否区分。本案中,虽然担保公司是案涉账户的所有者,其在信用社的账户并非特户,但在接受尤某某转账后,即将对账户的控制权交予尤某某,尤某某掌握了涉及该账户转账所必需的介质,如公司印章、密码等,未经尤某某的许可,该笔款项并不能实现金钱的转移,故尤某某实质上对该笔款项掌握所有权,实质上已经进行了款项的“特定化”。

综合对上述案情的分析,对以后同类案件的处理上,应注意以下两点:(1)注意双方真实的合意是区分“借据”性质的前提。一些合同虽以“借据”为名,但实质上双方的真实合意并非借贷关系。不能仅仅依据双方签署了类似“借据”的行为,即认定双方之间的转账系履行借贷合同,从而直接认定金钱的转移属于金钱债权。(2)账户的所有者并不等同账户的控制者。对“特定化”账户的认定,需要从账户的设立目的,近期流水查证,结合双方的交易习惯、交易目的,当事人的证词、账户的实际控制权,对账户内的资金作出特定化分析,进而分析是否对该金钱享有所有权。

律师简介

朱文雷，北京市盈科律师事务所中国区股权高级合伙人、中国区董事会董事、盈科南京政府与行政法律事务部主任。四川大学法学学士、南京大学金融工程硕士。从事法律实务工作30年，擅长政府法律事务处理（包括但不限于立法规划与审查、行政复议与诉讼等）、民商事诉讼代理、刑事辩护。

商　　事

欠缺价款约定的股权转让框架协议不同于股权转让协议

——蒋某某与某投资公司股权转让纠纷案

黄志伟　蔡　妮

案件简介

蒋某某、李某某、甘某、韦某为某进出口公司股东，因某进出口公司持有危险化学品经营等资质，某投资公司拟受让蒋某某、李某某、甘某、韦某所持的某进出口公司全部股权。

2017 年 8 月 31 日，某投资公司与蒋某某、甘某、韦某签署了《股权转让框架协议》（以下简称《框架协议》），李某某也作为《框架协议》所列的乙方（出让方）之一，但李某某未签署该协议。《框架协议》的主要条款为：

第 3 条：经对某进出口公司进行全面核实资产和财务情况后，依据清查得出的某进出口公司财务状况下，甲方有权决定本次股权收购项目的实施。若甲方对乙方或者某进出口公司债权人支付义务超过 3000 万元，包括但不限于支付股权收购款、某进出口公司应履行债务或者因股权收购而对甲方不利的其他债务，股权收购项目终止；如甲方对乙方或者某进出口公司支付义务不超过 3000 万元的，则甲方应当自提交财务尽调报告之日起 10 日内，对收购某进出口股权事宜作出决议，收购某进出口公司股权；如甲方对乙方或者某进出口公司支付义务不超过 3000 万元，且甲方作出不予收购某进出口公司股权决议的，甲方需向乙方支付 100 万元的违约金。具体股权收购内容由甲、乙双方另行签订股权转让协议确定。

第 9 条：本框架协议约定事宜未经甲、乙双方一致同意，不得变更。本框架协议未尽事宜由甲、乙双方在正式股权转让合同中予以确定。

第10条：本框架协议一式陆份，甲方执贰份，乙方执肆份，自双方签字盖章起生效。

签署《框架协议》后，某投资公司按约定，聘请某会计师事务所对某进出口公司进行了尽职调查。某会计师事务所于2017年12月20日出具的《某进出口公司财务尽职调查报告》之结论为："某进出口公司账务混乱，账实不符；实物资产账存实无；实收资本虚假，存在用大额公司资金借予股东进行增资的情形，股东退股不做减资账务处理，公司总体财务状况无法核实。""某进出口公司会计基础工作较差，存在入账无依据、入账不及时等现象，也未建立有书面的内部控制制度。建议：对某进出口公司债权债务及股东出资进行全面清理。"

某投资公司收到尽职调查报告后，认为进出口公司债权债务未能查清，收购股权风险较高，遂决定放弃该股权收购计划。2019年1月8日，蒋某某、甘某、韦某共同向某投资公司邮寄送达了《关于收购股权的催告函》，认为其三方已在合同要求的期限内根据某投资公司指示将某进出口公司所有资产调查和财务清查所需文件提供给某会计师事务所并提供了充分的协助。同时，某投资公司应根据《框架协议》第3条约定，最晚不迟于2017年10月20日前作出收购某进出口公司股权的决议。但经多次催促，某投资公司仍未给予任何书面的明确答复，已致使其经济损失不可估量；现望某投资公司收悉函件后3日内就收购股权一事给予明确书面答复，并回函。某投资公司收到该催告函后，未作任何回复。

律师策略

办案律师接受某投资公司的委托，代理了本案的一审和二审阶段。接受委托并查阅案件相关材料后，律师认为：

首先，《框架协议》列明李某某是乙方（出让人）之一，且协议第2点也列明了李某某持股比例为2.1175%。蒋某某主张李某某已经退股，不再是某进出口公司的股东。但法律上不存在退股的说法，只有转让股权或者公司依法减资，但显然李某某所持的股权并未转让，某进出口公司亦从未依法减资。故李某某未签署《框架协议》，导致协议第10条约定的生效条件未能满足。

因此，办案律师认为本案应首先主张该协议未生效，未生效的合同不存在履行的基础。因此原告蒋某某要求支付100万元违约金无法律及事实依据。

其次，李某某作为某进出口公司股东，在原告蒋某某等其他股东转让股权时，其依法享有优先购买权，且《框架协议》已明确被告拟收购某进出口公司100%股权，因此，没有李某某明确放弃行使优先购买权并同意出让其本人持有的2. 1175%股权,《框架协议》的目的将无法实现。从这一角度看,李某某的签署也应是《框架协议》生效的实质要件。

最后也是最重要的,从《框架协议》的相关条文看,其不具备股权转让合同的必要条款。《合同法》第12条第1款规定:"合同的内容由当事人约定,一般包括以下条款:(一)当事人的名称或者姓名和住所;(二)标的;(三)数量;(四)质量;(五)价款或者报酬;(六)履行期限、地点和方式;(七)违约责任;(八)解决争议的方法。"对于股权转让合同而言,价款以及履行期限、地点和方式(履行期限、地点和方式又包括价款支付、股权交割两个方面)的确定,应属于合同必备条款。蒋某某一直强调《框架协议》第3条是对股权价款的约定,但股权价款应当有明确的金额或计算方式,这在股权转让合同中具有非常重要的意义:根据《公司法》第71条规定,"股东向股东以外的人转让股权,应当经其他股东过半数同意""经股东同意转让的股权,在同等条件下,其他股东有优先购买权",有限责任公司股权对外转让价款如无法确定、没有明确的金额,其他股东行使优先购买权将无从谈起。尤其是在某进出口公司股东之一李某某至今未签署《框架协议》,根据《框架协议》也无法确定具体股权收购款的情况下,李某某将无法对是否履行优先购买权发表意见。

而从《框架协议》第3条约定的内容看,"甲方对乙方或者某进出口公司债权人支付义务超过3000万元,包括但不限于支付股权收购款、某进出口公司应履行债务或者因股权收购而对甲方不利的其他债务,股权收购项目终止……"可见,系要求甲方向乙方支付的股权收购款以及某进出口公司的对外负债两项合计不超过3000万元。对于前者,在作为乙方之一的李某某并未签署《框架协议》的情况下,其是否行使优先购买权、是否同意出让2. 1175%股权、2. 1175%股权的具体转让价格,根本无法确定,甲方对乙方应支付的股权收购款自然也无法确定。至于后者,根据尽职调查报告的结论,由于某进出口公司账务混乱,公司的债务也没有确定的金额。因此,也不符合甲方必须收购股权的约定条件。

办案律师遂按照上述思路进行了答辩、举证和质证以及辩论。

律师文书

一审代理词（节选）

一、《框架协议》未生效,不具有合同效力

(一)《框架协议》第10条规定的生效条件未满足

《框架协议》首部内容列明李某某是乙方之一,且协议第2点也列明了李某某持股比例为2.1175%。蒋某某主张李某某已经退股,不再是某进出口公司的股东,某投资公司已经知道该情况,但是蒋某某没有证据证实。因为法律上不存在退股的说法,只有转让股权或者公司依法减资。但根据全国企业信用信息系统查询结果,李某某仍然是某进出口公司的股东,李某某仍是某进出口公司的股东,是协议的乙方之一。根据《框架协议》第10条"本框架协议一式陆份,甲方执贰份,乙方执肆份,自双方签字盖章起生效"的约定,缺少协议乙方之一李某某的签字,导致该协议未生效,未生效的合同不存在履行的基础。因此蒋某某要求支付100万元违约金无法律及事实依据。

(二)李某某不签署也将导致股权转让无法实施

李某某作为某进出口公司股东,在原告蒋某某等其他股东转让股权时,其依法享有优先购买权,且《框架协议》本身明确被告拟收购某进出口公司100%股权,因此,没有李某某明确放弃行使优先购买权并同意出让其本人持有的2.1175%股权,《框架协议》的目的无法实现。从这一角度看,李某某的签署也应是《框架协议》生效的实质要件。

二、《框架协议》不属于股权转让合同

庭审中,蒋某某也认可了该协议不属于股权转让合同。从《框架协议》的相关条文看,其不具备股权转让合同的必要条款,仅是双方磋商的阶段性记录。

(一)协议欠缺明确价款等股权转让合同必备条款

《合同法》第12条第1款规定:"合同的内容由当事人约定,一般包括以下条款:(一)当事人的名称或者姓名和住所;(二)标的;(三)数量;(四)质量;(五)价款或者报酬;(六)履行期限、地点和方式;(七)违约责任;(八)解决争议的方法。"

对于股权转让合同而言，价款以及履行期限、地点和方式（履行期限、地点和方式又包括价款支付、股权交割两个方面）的确定，应属于合同必备条款。

蒋某某一直强调协议第3条是对股权价款的模糊规定。但该“模糊规定”并不代表是对股权价款的约定，股权价款应当具备明确的金额。有明确金额，在股权转让合同中具有非常重要的意义：根据《公司法》第71条“股东向股东以外的人转让股权，应当经其他股东过半数同意”“经股东同意转让的股权，在同等条件下，其他股东有优先购买权”。有限责任公司股权对外转让价款如无法确定、没有明确的金额，其他股东行使优先购买权将无从谈起。尤其是在某进出口公司股东之一李某某至今未签署《框架协议》，根据《框架协议》也无法确定具体的股权收购款的情况下，李某某将无法对是否履行优先购买权发表意见。

（二）从《框架协议》第3条、第9条相关表述看，各方明确需另行签署“正式股权转让合同”，这也表明《框架协议》只是双方磋商的阶段性记录，不属于股权转让合同

《框架协议》仅约定了被告拟收购的标的股权、股权收购的前期财务调查工作、股权收购下一步磋商要求等内容；就股权转让合同应具备的核心条款如股权转让对价、股权转让价款支付方式及时间、股权交割及资产交接、过渡期管理等均未有任何约定，且《框架协议》第3条最后一句也明确约定了“具体股权收购内容由甲乙双方另行签订股权转让协议确定”；第9条更是明确：《框架协议》未尽事宜由双方在正式股权转让合同中予以确定。可见，《框架协议》相关表述也表明了其不是股权转让合同。

三、没有证据证实甲方对乙方或者某进出口公司债权人支付义务不超过3000万元

（一）甲方对乙方的支付义务

甲方对乙方的支付义务，应理解为股权收购价款，尚有赖于双方继续磋商，尤其是在作为乙方之一的李某某并未签署《框架协议》的情况下，其是否行使优先购买权、是否同意出让2.1175%股权、2.1175%股权的具体转让价格，根

本无法确定。

(二)甲方对某进出口公司债权人的支付义务

甲方对某进出口公司债权人支付义务,则有赖于对某进出口公司进行尽职调查,核实其资产、负债以及股东出资情况后,才能进行确定。而根据某会计师事务所出具的《某进出口公司财务尽职调查报告》的结论,“某进出口公司会计基础工作较差,存在入账无依据、入账不及时等现象,也未建立有书面的内部控制制度。建议:对某进出口公司债权债务及股东出资进行全面清理”。这就说明,根本无法确认某进出口公司的债权债务。

因此,无论是甲方对乙方的支付义务,还是甲方对某进出口公司债权人的支付义务都无法确定,更无法确定支付义务不超过3000万元。

四、蒋某某要求100万元违约金没有事实和法律的依据

原告主张的100万元违约金,是一种违约责任,其成立的前提是《框架协议》合法有效。而正如前文所述,《框架协议》并未生效,违约责任也就无从谈起。

在磋商缔约阶段,即使原告有权要求被告赔偿,也应属缔约过失责任问题。《合同法》第42条规定:“当事人在订立合同过程中有下列情形之一,给对方造成损失的,应当承担损害赔偿责任:(一)假借订立合同,恶意进行磋商;(二)故意隐瞒与订立合同有关的重要事实或者提供虚假情况;(三)有其他违背诚实信用原则的行为。”

可见,缔约过失责任系一种侵权法意义上的损害赔偿责任,而非合同法意义上的违约责任。损害赔偿责任的认定应主要考虑两个问题:双方的过错责任、损失的大小。

(一)过错责任

从本案情况看,之所以导致双方无法正式缔结股权转让合同,系因为:

一是乙方之一李某某至今未签署《框架协议》,这首先导致《框架协议》未生效;其次导致被告根本无法判断其收购某进出口公司100%股权的目的能否实现;再次由于股东优先购买权制度的存在,被告连能否收购已签署协议的蒋某某等三人所持股权甚至都无法确认;最后李某某未参与磋商,也导致“价款”

之中的"甲方对乙方的支付义务"根本无从协商确定。

二是根据《某进出口公司财务尽职调查报告》的结论,"某进出口公司会计基础工作较差,存在入账无依据、入账不及时等现象,也未建立有书面的内部控制制度。建议:对某进出口公司债权债务及股东出资进行全面清理"。这就说明,双方如需要继续缔约磋商,则需要原告蒋某某等对某进出口公司债权债务及股东出资进行全面清理。而原告等根本就没有着手开展此项工作。

综上,双方无法继续就股权转让合同进行缔约磋商的过错责任,应由原告及第三人自行承担。

(二)关于损失金额

如果说原告主张100万元赔偿属于要求被告承担缔约过失责任,则原告应证明其遭受了100万元的实际损失,且这一损失与被告的过错行为有关。显然,原告既不能证明100万元损失的实际发生,也不能证明被告存在过错行为并导致了原告损失的发生。故原告要求答辩人赔偿100万元,无法律及事实依据。

综上所述,应驳回原告蒋某某的全部诉讼请求。

案件结果

法院认为,《框架协议》系当事人为将来在一定条件下签订股权转让协议而订立的预约合同。协议约定,某投资公司对某进出口公司进行资产调查和财务清查后,有权在不符合《框架协议》约定的收购条件的情况下,作出不予收购的决定。根据某会计师事务所出具的尽职调查报告,某进出口公司资产总计为44,899,832.57元,负债合计17,632,666.41元,所有者权益合计27,267,166.16元;某会计师事务还所指出某进出口公司存在账务混乱,账实不符的情况,总体财务状况无法核实,并建议对某进出口公司债权债务及股东出资进行全面清理。鉴于此,某投资公司作出不予收购股权的决定,符合《框架协议》的约定,不构成违约。蒋某某要求某投资公司支付违约金100万元的诉讼请求缺乏事实和法律依据。

典型意义

由于股权的特殊性，往往需要首先对目标公司进行审计、评估或尽职调查，据此确定股权价值后，再经由双方就转让价款、支付方式、股权交割方式、目标公司后续公司治理、职工安置等协商一致后，双方才正式签署和履行《股权转让协议》。达成意向的双方往往又通过签订《框架协议》或《意向书》等，约定开展审计、评估、尽职调查的具体方式、步骤、费用承担以及保密义务、排他收购权等。双方就此类《框架协议》或《意向书》的效力、履行、违约责任等产生纠纷，并不罕见，本案具有典型意义。

回顾思考

本案涉及了合同订立（欠缺某一合同当事方的签署行为）、合同效力、合同必备条款、合同可履行性以及股权优先购买权、违约责任与缔约过失责任的区别等诸多法律问题。

首先，就合同订立方面，虽然欠缺了某一合同当事人的签署，但是各方均已按照合同内容履行，不宜认定合同未订立或未生效。这也是一审法院、二审法院回避这一问题的原因。

其次，合同必备条款、合同可履行性是相互关联的两个问题，在合同缺乏必备条款的情况下，自然就不具备可履行性，一方要求继续履行合同或者要求对方承担违约责任，都缺乏合同基础和法律基础。

最后，在合同未订立、未生效或因缺乏必备条款而不具有可履行性，难以要求继续履行或追究违约责任的情况下，则缔约各方仍可能承担缔约过失责任。而缔约过失责任属于侵权责任的一种，其归责原则应当满足三个要件：侵权行为、损害后果、侵权行为与损害后果之间具有法律上的因果关系。

股权转让实践中，双方就股权转让事宜已达成初步意向，但转让价款等主要条款需要经过对目标公司开展审计、评估或尽职调查调查后方可协商确定，此时双方所签署的《框架协议》或《意向书》如果约定了具体的权利义务内容，不违反法律、法规强制性效力性规定，自然就应当具有法律效力，各方应遵照执行。收购意向方最终没有收购股权，是否构成对出让意向方的违约？出让意向方是否可以要求继续履行收购义务及/或承担违约责任？这些问题，则需要审查《框架协议》或《意向书》是否具备了股权转让协议应当具备的主要条款。尤其是对于股权转让价款,是否有明确的约定。所谓明确约定,可以是明确的金额,也可以是明确的计算方式。

如本案的情况,不少《框架协议》或《意向书》会约定双方共同聘请会计师事务所等中介机构对目标公司进行审计、评估、尽职调查,如果中介机构得出结论所认定的股权价值不超过某个金额,则收购意向方依约进行股权收购;如果超过某个金额,则收购意向方不予收购。这本不应该引发双方争议。

但如果《框架协议》或《意向书》有关价款的约定不明确,或者双方在审计、评估或尽职调查结论出具后,对于后续股权收购的推进工作沟通不足导致某一方理解偏差,则容易引发纠纷。

为了避免出现此类纠纷,或者出现纠纷后能够维护自身合法权益,建议:

首先,双方应当明确,仅是达成了收购意向,是否进行实际收购,需要取决于审计、评估、尽职调查的结论。

其次,出让意向方(原股东)、目标公司应当积极配合中介机构开展审计、评估、尽职调查,促使中介机构得出准确、公允的结论,以作为双方就价款及其他交易条款进行协商的基础。

再次,如果中介机构开展审计、评估、尽职调查后得出的结论不明确,例如建议目标公司进行债权债务清理,或者无法得出结论,则双方应当就是否继续推进相关工作达成一致意见,尤其是收购意向方应当明确是否放弃收购,避免处于不确定状态。

最后,由于审计、评估、尽职调查的过程往往需要较长时间,在此过程中双方的收购、出让意向可能有所变化,且中介机构的结论只具有参考意义,应当避免在《框架协议》或《意向书》采用“如中介机构出具的结果不低于××万元,则收购方需进行收购”这样的表述。而应当仅把中介机构的结论作为下一步磋商的基础。当然,双方应当对中介机构收取费用的分摊方式、保密义务、收购方是否具有阶段性的排他权利等进行合理安排。

律师简介

黄志伟，北京市盈科(南宁)律师事务所高级合伙人、商事法律事务部主任。曾任某市中级人民法院法官。为广西注册会计师协会非执业会员。主要执业领域为商事诉讼、企业常年法律顾问、公司解散与破产清算。

蔡妮，北京市盈科(南宁)律师事务所专职律师。主要执业领域为企业常年法律顾问、投资并购、私募基金、民商事诉讼。

让与担保股权转让与并购公司股权转让法律性质之争，当事人真实意思表示之争

——冯某某诉梁某某股权转让纠纷案

彭金光

案件简介

2019年7月原告冯某某起诉被告梁某某(本所代理的当事人)股权转让纠纷案,经过两次一审、两次二审,最终我方赢得正义,赢得诉讼。

本案原告与被告签署《股权转让协议》将所有股权转让给被告,并在工商局办理了股权变更登记,之后原告以《股权转让协议》为核心证据起诉被告,且主张已经收到6万元股权转让款(此后,经过11万元、10万元等多次变更)。从一般角度看,这是原告必赢被告必输的案件。

经过分析《股权转让协议》签署背景,调取新的证据。我方的抗辩点为:其一,原告、被告之间实施股权转让不具有并购公司股权转让的常识性特征,其法律性质为股权让与担保;其二,我方没有支付任何的股权转让款;其三,股权转让协议中的300万元价款仅仅为完成股权变更而虚设,并非双方的真实意思表示。

本案第一次一审山西省Y县人民法院判决被告败诉,向原告支付294万元股权转让款。被告上诉后XX中级人民法院第一次二审结果撤销原判发回重审。第二次一审山西省Y县人民法院判决被告败诉,支付289万元股权转让款,被告再次上诉,XX中级人民法院第二次二审改判撤销原审判决,驳回原告的全部诉讼请求。

具体案情如下:

某某农业开发有限公司原股东为冯某某、宋某,货币出资额分别为300万元、50万元。2016年6月23日,原告冯某某与被告梁某某签订《借款合同》,并

于同日签订《抵押合同》,约定抵押物为该农业开发有限公司名下位于某县的养鸡场。2016年7月8日,原告冯某某与被告梁某某签订《股权转让协议》,该协议约定冯某某同意将持有该农业开发有限公司85.71%的股份共300万元出资额,以300万元价款转让给梁某某,梁某某同意在协议签订后3日内以现金方式一次性支付其股权转让金。另一股东宋某于2016年7月3日发表声明同意股权转让事项,后该公司经股东会决议,变更梁某某为该公司股东并在县工商质量监督管理局进行了股东变更登记。

冯某某向一审法院起诉请求梁某某向其支付股权转让款及利息,一审法院判决支持该诉讼请求。一审法院认为,案件争议焦点是原告、被告签订的《股权转让协议》的真实意思是为原借款设定的担保还是就股权的转让。原告、被告作为完全民事行为能力的人在签订《股权转让协议》时应该能够完全理解协议所载内容。该协议从第三方角度来看,是原告冯某某将自己持有的某某农业开发有限公司85.71%的股份以300万元转让给被告梁某某,协议中并未涉及借款担保的内容、担保责任以及原告冯某某按期还款或违约后所涉股权的处理,且双方就之前的借款已经签订了一份《抵押合同》,现在再签订《股权转让协议》与常理不符,再结合证人陈述,确认《股权转让协议》非股权让与担保,而是双方就某某农业开发有限公司85.71%的股权的转让。原告已按约将股权变更登记在被告名下,被告未按约定支付股权转让款,应承担违约责任。故原告冯某某向一审法院提出依法判令被告支付原告289万元股权转让款(已支付11万元)及利息的诉讼请求,予以支持。一审法院判决被告梁某某支付原告冯某某股权转让款及利息。

冯某某和梁某某不服该判决均提起上诉,二审争议焦点:一是冯某某与梁某某于2016年7月8日签订的《股权转让协议》的性质;二是冯某某依据案涉《股权转让协议》诉请梁某某支付股东转让价款是否应予支持。关于争议焦点一,冯某某依据案涉《股权转让协议》诉请梁某某支付股权转让价款,而梁某某主张该协议的真实意思并非股权转让,而是为其与冯某某2016年6月23日签订的《借款合同》设定的担保。对于案涉《股权转让协议》的真实意思表示,二审法院结合在案证据,分别从案涉《股权转让协议》的订立过程、案涉《股权转让协议》的履行情况以及已生效裁判文书确认的事实分析,认定该协议是股权转让还是股权让与担保,不能仅看合同的形式或名称,而是要探究当事人的真实意思表示,综合案涉合同订立、履行过程中双方当事人的行为,可以认定冯某某与梁某某签订的《股权转让协议》真实意思表示并非转让股权,其性质应当为股权让与担保,即为了担保债务的履行,债务人或第三人与债权人订立合同,约定以其所享有的股权在形式上转让至债权人名下,债务人到期清偿债务,债权人将该股权返还给债务人或第三人,否则可以将该股权拍卖、变卖、折价偿还债权。

根据关于争议焦点一的分析，冯某某与梁某某签订的案涉《股权转让协议》实质上是为《借款合同》履行而设定的担保，故关于股权转让价款为 300 万元的条款实质上基于股权转让协议在形式上的普遍要求而虚设的，并非当事人的真实意思表示，应当认定属于通谋虚伪表示，因意思表示不真实而无效，冯某某依据该条款约定诉请梁某某支付股权转让价款于法无据，二审法院予以支持。最终二审法院驳回冯某某的上诉请求，支持梁某某的上诉请求。

律师策略

本案需要明确的是，认定《股权转让协议》的法律性质和签订人双方真实意思表示，需要全面分析股权让与担保的常识特征与股权买卖的常识特征，再将本案主要事实与《股权转让协议》可能存在的两种法律性质的特征进行综合比对分析，最后根据《民法总则》第 146 条之规定全面分析本案证据和事实，进而判断本案中《股权转让协议》的法律性质。

本案主要事实如下：

第一，2016 年 6 月 23 日双方签署《借款合同》《抵押合同》，2016 年 7 月 8 日双方签署《股权转让协议》，2016 年 7 月 15 日双方进行股权变更登记。首先三份合同或协议在时间顺序上是前后衔接的，其次《抵押合同》中抵押签字人是公司的大股东冯某某而不是公司，最后冯某某签署《抵押合同》的本意应为将自己有权处分的对象进行抵押，事实却是冯某某对养鸡场系无权处分，有权处分的是其自己所拥有的公司股权。《抵押合同》中抵押物——养鸡场，属于双方用词不严谨，表意不清，双方真正想表达的意思是“冯某某抵押养鸡场公司的股权”。因此我们有理由认定《抵押合同》与《股权转让协议》在内容上存在关联性，《股权转让协议》是为了履行《抵押合同》而签署。

第二，案涉某某农业开发有限公司作为传统的农业养鸡项目在股权转让之前存在不盈利，严重亏损现象。况且该公司对于养鸡场土地和经营场所均为承包，所有权归属养鸡场所在地的村集体。在此前提下以一个常人的思维梁某某不可能还要执意购得公司股权。

第三，在整个过程中，梁某某从来没有支付过股权转让款，冯某某也从未对梁某某所欠的借款中的全部或者部分,与她认为的梁某某欠冯某某的股权转让款,主张过债务抵销。该行为不符合双方之间互负债务的处理常识。

综合以上主要事实,根据《民法总则》第146条第2款"以虚假的意思表示隐藏的民事法律行为的效力,依照有关法律规定处理";第142条第1款"有相对人的意思表示的解释,应当按照所使用的词句,结合相关条款、行为的性质和目的、习惯以及诚信原则,确定意思表示的含义";以及《民事诉讼法》中"全面地、客观地审查核实证据"的规定。本案中,《股权转让协议》的法律性质为让与担保,冯某某将其股权变更给梁某某占有和签署《抵押合同》行为中,双方的真实意思为"冯某某向梁某某提供其所有的公司股权作为担保,获取梁某某的借款"。

律师文书

代理词(节选)

全面分析股权让与担保担保的常识特征与股权买卖的常识特征,根据《民法总则》第146条之规定全面分析本案证据和事实,是判断本案《股权转让协议》法律性质和双方真实意思表达的前提。

1.股权让与担保的常识特征:

(1)工商行政机关备案的《股权转让协议》仅仅是办理股权变更登记的工具,不是孤立存在的,之前往往有借款、担保(质押、抵押)性质的协议或者担保的意思表达;(2)当事人不关注公司是否具有利润、发展前景等股权投资价值;(3)股权受让人不关注公司股权变更之前的债务承担,不会对债务风险的处理进行约定;(4)股权变更后,受让人不支付股权转让款,转让人不会督促受让人支付股权转让款;(5)股权变更后,股权受让人不参与公司的经营管理,不实际控制公司,即对公司的人、财、物、事、公章不实际控制;(6)股权变更后,原股东不移交公司公章等各种印章,和财务档案、合同档案、人事档案等各种档案。

2.股权买卖(公司并购)的常识特征为:

(1)工商行政机关备案的《股权转让协议》是孤立的,在此之前没有与之直接或间接关联的有关担保性质的约定；(2)股权受让人关注公司所处的行业及发展前景、是否有盈利等方面的投资价值；(3)股权受让人非常关注公司股权变更之前的债务(旧债务)承担，通常要求原股东对旧债务承担连带责任，股权受让人通常对公司的资产是否存在瑕疵、是否存在巨大债务等方面的投资风险进行详细的调查，甚至请专业会计师和律师尽职调查；(4)股权变更后，受让人支付部分或者全部股权转让款，转让人督促受让人支付股权转让款；(5)股权变更后，股权受让人主导或参与公司的经营管理，就主营业务问题、公司发展问题行使股东权利；(6)股权变更后，原股东完整移交公司公章等各种印章，和财务档案、合同档案、人事档案等各种档案。

3. 判断本案《股权转让协议》的法律性质和真实意思表达，需要根据《民法总则》第142条、第146条之规定，综合调查分析《股权转让协议》签订时的背景，梁某某是否支付了股权转让款，梁某某是否具有履约能力，《股权转让协议》签署后的梁某某、冯某某的行为特征和性质等方面做出判断。原告冯某某主张的《股权转让协议》中是否存在"担保的内容、担保的责任"的合同条款并不构成判断《股权转让协议》法律性质的主要依据，更不是唯一依据。

将本案主要事实与《股权转让协议》可能存在的两种法律性质的特征进行综合比对分析，进而判断本案中《股权转让协议》的法律性质。

根据《民法总则》第146条第2款"以虚假的意思表示隐藏的民事法律行为的效力，依照有关法律规定处理"；第142条第1款"有相对人的意思表示的解释，应当按照所使用的词句，结合相关条款、行为的性质和目的、习惯以及诚信原则，确定意思表示的含义"；以及《民事诉讼法》中"全面地、客观地审查核实证据"的规定。本案中，《股权转让协议》的法律性质为让与担保，冯某某将其股权变更给梁某某占有和签署《抵押合同》行为中，冯某某、梁某某的真实意思为"冯某某向梁某某提供其所有的公司股权作为担保，获取梁某某的借款"。

尽管本案《股权转让协议》中没有"担保的内容、担保的责任"的合同条款，但是判断当事人行为法律性质和真实意思表达的标准，主要为合同签订背景、合同目的、合同签订后的当事人行为、股权变更中行政机关和当事人的行为习惯、合同条款。合同条款仅仅是判断《股权转让协议》法律性质的依据之一，绝不是唯一依据。并且当合同条款与当事人客观行为不一致的情况下，应当以当事人的行为所表达出的意思为准。因此，原告冯某某以《股权转让协议》中没有“担保的内容、担保的责任”抗辩《股权转让协议》法律性质的抗辩理由不成立。

答辩状（节选）

冯某某在上诉状中向被告主张300万元，而非一审判决书中的289万元。该上诉表达出的意思是，冯某某将其在第二次一审中主张的11万元股权转让履行款变更为“零元”。

合同的履行对于合同的成立和效力的认定极为重要，根据《合同法》第37条、《民法典》第490条，即使合同没有签署，只要履行了主要义务合同，对方接受，合同依然成立。对于已经签署的合同，合同的履行，即使履行数额很小，能够证实或者强化合同的效力。

冯某某基于对合同履行重要意义的认识，反复主张《股权转让协议》已经履行。

冯某某对收到股权转让款从6万元、82万元、10万元到第二次一审的11万元（详见上诉人梁某某上诉状第13条），现在又通过提起上诉主张收到的股权转让款为“零元”，要求梁某某支付300万元股权转让款。这再次说明《股权转让协议》是否履行了，履行了多少，原告根本不清楚，《股权转让协议》的履行并非客观事实。冯某某前述无常的陈述严重违反了诚信原则，同时也构成本案股权转让纠纷在客观上根本不存在的证据。

“以《股权转让协议》被履行而确认其效力并以此否认股权让与担保的性质”是第一次一审和第二次一审的裁判思路。不同的是，第一次一审判决在本院认为部分进行了阐述，第二次一审判决没有在本院认为部分没有阐述履行情况，直接在判决结果中予以确认。现在冯某某的上诉状否定了自行主张的和第二次一审中认定的《股权转让协议》履行11万元，那么《股权转让协议》有效的基础便丧失，该基础的丧失对应的是“冯某某无权主张整体的股权转让款300万元，更无权主张其中的289万元和11万元的股权转让款”。

原告在梁某某起诉冯某某民间借贷纠纷案件中，以梁某某提供的借款为股权转让款抗辩梁某某的偿还借款诉讼请求。抗辩失败后，立即提起本案股权转让纠纷，其真正的目的显然是不想偿还借款。

梁某某在此强调：冯某某提起的上诉不能改变第二次一审判决认定 11 万元股权转让款已经支付的事实错误，和对《股权转让协议》法律性质及其签署目的的认定错误。

案件结果

二审撤销一审判决，驳回冯某某的全部诉讼请求。判决认为，冯某某与梁某某签订的《股权转让协议》真实意思表示并非是转让股权，其性质实为股权让与担保，即对冯某某主张的案涉《股权转让协议》真实意思表示为梁某某以 300 万元价款受让其所有的某某农业开发有限公司 85.71% 的股权不予采纳，对梁某某主张该协议实质目的系为担保债务履行的说法予以认定。双方《股权转让协议》中的 300 万元股权转让价款无效，原告冯某某不能基于《股权转让协议》行使请求权。

典型意义

本案审理过程中正值《全国法院民商事审判工作会议纪要》（以下简称《九民会议纪要》）颁布，本案裁判结果认定了特殊担保方式——让与担保的效力，是对《九民会议纪要》有关让与担保规定的适用。实践中，不能仅凭借合同的形式或者名称就认定合同的性质，需要综合各个方面，包括但不限于合同签订背景、合同签订目的，归根结底就是研究当事人的真是意思表示，透过合同形式发现合同本质，这样更有利于查清案件事实，最大限度地还原客观事实，切实维护当事人的合法权益，维护公平和正义。

回顾思考

《民法总则》和《民法典》第 142 条第 1 款规定，有相对人的意思表示的解释，应当按照所使用的词句，结合相关条款、行为的性质和目的、习惯以及诚信原则，确定意思表示的含义。即认定《股权转让协议》是股权转让还是股权让与担保,不仅仅看合同的形式或名称,还要探究当事人的真实意思表示。

根据《民法总则》和《民法典》第146条第2款“以虚假的意思表示隐藏的民事法律行为的效力,依照有关法律规定处理”;第142条第1款“有相对人的意思表示的解释,应当按照所使用的词句,结合相关条款、行为的性质和目的、习惯以及诚信原则,确定意思表示的含义”;以及《民事诉讼法》中“全面地、客观地审查核实证据”的规定。尽管本案《股权转让协议》中没有“担保的内容、担保的责任”的合同条款,但是判断当事人行为法律性质和真实意思表达的标准,主要为合同签订背景、合同目的、合同签订后的当事人行为、股权变更中行政机关和当事人的行为习惯、合同条款。合同条款仅仅是判断《股权转让协议》法律性质的依据之一,绝不是唯一依据。并且当合同条款与当事人客观行为不一致的情况下,应当以当事人的行为所表达出的意思为准。本案中,即使《股权转让协议》中没有提及“担保的内容、担保的责任”,但是并不影响《股权转让协议》法律性质是一种担保协议。

综合合同订立、履行过程中双方当事人的行为,可以认定冯某某与梁某某签订的《股权转让协议》真实意思表示并非转让股权,其性质应当为股权让与担保,即为了担保债务的履行,债务人或第三人与债权人订立合同,约定以其所享有的股权在形式上转让至债权人名下,债务人到期清偿债务,债权人将该股权返还给债务人或第三人,否则可以将该股权拍卖、变卖、折价偿还债权。

实践中合同名称与实质内容甚至当事人真实意思表示不一致的现象并不鲜见,股权转让纠纷更是复杂,在分析案件中要结合合同实际情况认定合同的性质,经过法律程序展现的是事实,应当无限接近于生活事实。这就要求当事人在实施外在表现形式与真实意思表示不一致的行为时,应当尽可能地保留能够显示真实意思表示的证据,当发生法律纠纷时,能够通过展示一系列证据以推翻签订的形式合同,尽可能地还原事实真相。

不仅如此,这样的案子更能够体现一个律师的执业能力,律师应当从整体出发把握案件,以事实为依据,即使有形式合同的存在,律师通过梳理案情顺序,结合双方当事人的行为,综合合同签订时的目的、习惯,从细枝末节中发现不合理的部分，形成完整的证据链，就能推翻原有看似真实却又与事实不符的证据。

律师简介

彭金光，北京市盈科(青岛)律师事务所律师，北京大学 EMBA 股权讲师，山东科技厅特聘海尔创客实验室导师，青岛创业大学风控导师，青岛市市北区劳动仲裁员，青岛市中级人民法院再审调解员。彭金光律师从事律师执业十几年，擅长业务领域主要包括重组并购、股权纠纷、公司治理体系设计、行政诉讼、高端法律顾问等。

股权转让未办变更登记公司被注销受让方是否应付价款

——侯某诉王某、谢某等股权转让纠纷案

向海龙

案件简介

2015年9月23日，RY公司及其股东刘某、侯某、彭某、易某与双立木公司、王某、谢某签订《专卖店股权转让协议书》，该协议约定：侯某将其在RY公司中的23.1%的股份以270,000元人民币的价款转让给双立木公司，侯某、彭某、易某一致同意双立木公司的受让。转让价款以分期付款方式偿付。双立木公司向侯某分三次支付：2016年1月31日前，支付50,000元；2016年6月30日前，支付100,000元；2017年1月31日前，支付120,000元。其间，侯某仍留在公司工作（薪酬另计，不参与股东决策），监督还款进度，直至款项按期还清后，可选择去留。上述协议还约定：本协议项下转让的股权和其所附的权利，自RY公司全体股东（原股东）表决通过之日起转让予受让方，同时获得RY公司股东身份，相应地，自RY公司全体股东表决通过本协议项下股权转让之日起，转让方丧失其根据公司的股权而享有的权利，受让方将作为公司的新股东承担相应的责任。另约定，由转让方在协议签署之日起5个工作日内向公司所在地的工商管理机关申请办理此次股权转让的变更登记，转让方、受让方应积极及时提供办理变更登记所需要的一起文件资料，并相互给予积极配合或协助。还约定，本协议生效后，无论何种原因导致公司终止、解散或被破产清算，不影响双立木公司对侯某的还款约定。上述各方当事人在该协议书上签字或盖章。

2015年10月12日，上述当事人另签订《股权转让补充协议书》一份，约定：侯某的股权转让及付款方式依据《专卖店股权转让协议书》约定的相关条款不

变。其他股东的股权重新划分。前述合同签订后,双方当事人未办理股权转让变更登记,受让方亦未向侯某支付相应股权转让款。

2016 年 8 月 15 日,RY 公司办理了注销登记。办理注销登记的三份《股东会决议》《RY 公司清算报告》《公司注销登记申请书》中,均仅有刘某、侯某的签字。嗣后,侯某与王某、谢某、双立木公司因股权转让问题发生纠纷,王某、谢某、双立木公司拒绝向侯某支付股权转让款。

2017 年,侯某委托律师代理诉讼,以双立木公司、王某、谢某为被告诉至法院要求还款。案件经过开庭审理,一审法院依法判决:驳回原告侯某的全部诉讼请求。

侯某对一审法院判决不服,上诉至二审法院,申请对 RY 公司的工商注销登记资料中的签名进行鉴定。经二审法院审理,裁定撤销一审判决,发回原一审法院重审。

重审一审法院审理期间,侯某申请对 RY 公司的工商注销登记资料中的签名进行鉴定。经鉴定,上述办理注销登记的资料中"侯某"签名笔迹与供对比侯某样本笔记不是同一人所写。重审一审法院依法改判:(1)被告王某、谢某于本判决生效之日起 10 日内向侯某支付股权转让款 270,000 元,并以 50,000 元为本金基数,自 2016 年 2 月 1 日起至实际支付之日止;以 100,000 元为本金基数,自 2016 年 7 月 1 日起至实际支付之日止;以 120,000 元为本金基数,自 2017 年 2 月 1 日起至实际支付之日止,以不超过年利率 4.75%为限按照中国人民银行同期贷款利率的标准向侯某支付利息;(2)王某、谢某于本判决生效之日起 10 日内向原告侯某支付鉴定费 7200 元;(3)驳回侯某的其他诉讼请求。

王某、谢某对重审一审判决不服,向重审二审法院提起上诉。经重审二审法院开庭审理,法院最终依法判决:驳回上诉,维持原判。

律师策略

向海龙律师接受本案当事人侯某的委托,经了解案情,对现有证据进行分析后,综合认为应当采取如下策略来维护委托人的合法权益:

1. 证明侯某在 RY 公司注销一事中不存在过错,申请对 RY 公司工商注销登记资料中"侯某"的签名进行笔迹鉴定。鉴定意见倾向性认为 RY 公司办理注销登记的资料中"侯某"签名笔迹与供对比侯某样本笔迹不是同一人所写。侯某未参与注销 RY 公司导致股权转让协议无法履行。

2. 证明《专卖店股权转让协议书》《股权转让补充协议书》合法有效。股权变更登记不是股权转让产生效力的法定要件，且受让方王某、谢某自身在协议生效后近1年内怠于办理变更登记，未办理工商变更登记不影响股权转让协议的效力。

3. 证明王某、谢某存在违反《专卖店股权转让协议书》《股权转让补充协议书》的违约行为。通过举证王某、谢某自股权转让协议签订后，被告王某即全面介入公司管理，包括职工工资发放、对外合同款的支付结算、业务经营活动的控制、在股东增资扩大经营协议上签字，证实王某、谢某已实际行使股东权利，但未依照协议约定履行支付对价的义务，构成违约。

律师文书

向海龙律师受托担任侯某诉讼代理人后，做了大量的案件调查与类案检索工作，寻找能够说服法官的最有利的证据材料，并代理重审一审原告和重审二审被上诉人侯某发表如下代理观点：

1. 股权转让协议及补充协议，系各方当事人真实意思表示，协议已生效且内容不违反法律强制性规定，协议约定了受让方取得股权的条件，受让方已实际行使了股东权利，应当继续履行支付价款的合同义务。

股权转让协议属于民事主体作出的民事行为，各方当事人均具备独立民事行为能力的前提下，当事人意思表示真实，且协议不违反法律强制性规定，则协议有效。本案股权转让协议及补充协议属于已生效的合同。依据《合同法》规定，有效合同，当事人应当履行。

本案在认定股权转让合同属于生效合同的情况下，应当同步认定合同当事人履行合同义务的责任，本案侯某的合同义务即转让股权，王某、谢某的义务则为依照合同约定支付股权转让款，侯某主张股权转让款的请求有事实和法律依据。

2. 股权变更登记不是股权转让产生效力的法定要件，且王某、谢某自身在协议生效后近1年内怠于办理变更登记，未办理工商变更登记不得作为王某、谢某拒绝其履行合同义务的理由。

第一，在法律规定层面，本案系有限责任公司之间的股权转让纠纷，依据如下法律规定：

(1)《公司法》第35条第1款规定：股东之间可以相互转让其全部出资或者部分出资。

(2)《公司法》第33条第3款规定：公司应当将股东的姓名或者名称及其出资额向公司登记机关登记；登记事项发生变更的，应当办理变更登记。未经登记或者变更登记的，不得对抗第三人。

(3)《合同法》第44条规定：依法成立的合同，自成立时生效。法律、行政法规规定应当办理批准、登记等手续后才生效的，依照其规定。

(4)最高人民法院《关于适用〈中华人民共和国合同法〉若干问题的解释(一)》第9条规定：依照《合同法》第四十四条第二款的规定，法律、行政法规规定合同应当办理批准手续，或者办理批准、登记等手续才生效，在一审法庭辩论终结前当事人仍未办理批准手续的，或者仍未办理批准、登记等手续的，人民法院应当认定该合同未生效；法律、行政法规规定合同应当办理登记手续，但未规定登记后生效的，当事人未办理登记手续不影响合同的效力。

综合以上法律规定，可以得出，我国现有法律并未规定有限公司的股东转让股权必须办理变更登记后才生效。因而，本案双方当事人之间转让股权未办理工商变更登记的，不影响其转让的效力，最高人民法院及其他高级人民法院司法裁判案例均已明确该规则。

第二，由于股权转让协议系民事行为，充分遵循当事人的意思自治原则，故股权转让协议关于股权转让、受让、效力等事项的约定应当对当事人产生直接法律效力。

在股权转让协议层面，各方在协议第3条明确约定，王某、谢某作为受让方股东身份的取得，自转让方全体股东表决通过之日起，而本案目标公司股东原仅有侯某、刘某二人，二人均在股权转让协议书上签字即等同于全体股东表决通过，故依据协议，王某、谢某自协议签署之日即获得股东身份，侯某同时丧失股东身份。同时，协议第7条又明确约定，协议生效后不论因何种原因导致公司终止、解散等均不影响受让方王某、谢某、双立木公司向侯某支付转让款的义务，可见受让方对受让股权后的各种情形、风险均已考虑充分，更进一步证明了其签署协议的意思表示真实性,确定了协议的效力和受让方的协议义务。

第三,有关股权变更登记,如前所述,并非股权转让的生效要件,而股权登记效力目的仅在于对抗第三人。本案中股权转让协议当事人约定了变更登记的内容,但众所周知,股权变更登记需要提供公司原股东签字的股东会决议、股权受让方身份信息等资料,需要转让方、受让方相互配合、共同办理,任何一方均无法办理。本案股权转让协议签署于2015年9月23日,经查公司注销登记时间是2016年8月15日,期间相隔近1年时间,在此期间双方股权转让协议、补充协议均已生效,而王某、谢某作为受让方既未按约定支付价款,也未积极主张股权变更登记权利。现RY公司解散并办理了注销登记,该公司注销过程中,公司注销登记资料中虽有"侯某"签字,但根据湖北东湖司法鉴定所于2018年11月16日作出司法鉴定意见书,倾向性认为RY公司办理注销登记的资料中"侯某"签名笔迹与供对比侯某样本笔迹不是同一人所写。因此不能确定侯某同意办理公司注销登记,亦不能认定导致公司注销后合同不能履行的责任在于侯某。

第四,王某、谢某已实际取得股东身份并履行股权。2015年9月23日股权转让协议签订后,王某即全面介入公司管理,包括职工工资发放、对外合同款的支付结算、业务经营活动的控制等,尤其是2015年10月12日,原协议当事人又签署补充协议,主要内容为受让人王某、谢某与刘某等作为新的股东成员共同约定对公司进行增资,加大投入促进发展,这是行使股东权利的直接表现形式。本案目标公司为有限责任公司,股东行使股权的方式无非对公司经营中的人、财、事进行控制以行使权利,侯某已经充分举证证明王某、谢某行使股东的事实,应当依法认定其举证的效力。

需要特别予以明确的是,RY公司所从事的经营为双立木公司在宜昌的专营店,即双立木公司的宜昌代理合作单位,而谢某是双立木公司(住所地为武汉)法定代表人,王某是该公司委派在宜昌地区负责宜昌专营店经营的代表人,本案股权转让的实质是双立木公司以股权收购的方式接管原由侯某、刘某经营的宜昌专卖店,王某自己既是股权受让方,同时也是代表双立木公司及谢某在行使股东权利和管理人权利。况且谢某本人也在两份股权转让的协议上签字,其在补充协议书上的签字认可作为新股东增资扩大经营的行为为行使股东权利的行为。

综合以上,本案股权转让已经产生法律效力,未变更登记不影响其效力,王某、谢某均已实际取得股东身份、行使股东权利,当然应当履行其受让人义务。

3. 王某、谢某作为股权转让当事人应当承担对应的商业风险,公司注销非侯某所造成,且不能作为拒不支付股权转让款的理由。

股权转让与受让行为,属于商事行为,交易当事人均应承担各自的商业风险。本案王某、谢某作为股权受让方,应当承担其股权变更登记、股权受让后公司经营亏损的相应风险,而且,双方在协议中已经明确,"协议生效后不论何种原因导致公司终止、解散等均不影响受让方向转让方侯某支付转让款的义务"(《专卖店股权转让协议书》第 7 条),由此可见,王某、谢某在签署协议时已经预见到并自愿承担公司解散、终止的风险,并明确表示愿意继续履行支付股权转让款的义务,此为明确、真实的意思表示。故公司注销不能作为王某、谢某拒不支付股权转让款的理由,况且该公司注销非侯某所为,至于王某、谢某办理股权变更登记的目的不能实现,既需要自己承担商业风险,也可以通过向转让后的公司新股东刘某主张赔偿责任来实现权利。

4. 王某、谢某的主张严重违反民商事行为诚实信用原则,破坏了交易秩序、造成了交易不稳定,司法裁判应当维护正常市场交易秩序。

民商事行为须严格遵循诚实信用原则,本案股权转让协议先后签署两次,均认可了股权转让的事项,且侯某作为转让方实际已经充分履行了其义务。反观王某、谢某,其实质上是采取极不诚信的手段,先诱使侯某出让股权,而后又故意(近 1 年期间)怠于变更股权登记,却同时以新股东身份行使股东权利、掌管公司经营,如此进展一段时间后在发现公司并无利益可图时便以未变更登记为由拒不履行支付股权转让款的义务,此为典型的商业欺诈行为,严重破坏了市场交易秩序、违反了诚信原则,给侯某造成了严重损失,其行为应当杜绝,应当承担其违约、违法的责任。

案件结果

案件经过两级法院四次审理之后,重审二审法院认为,《专卖店股权转让协议书》《股权转让补充协议书》约定侯某将其在RY公司的股权转让给王某、谢某，从双方陈述签署合同的过程来看，侯某转让股权已征得其他股东的同意，该股权转让合法有效，王某、谢某已实际取得股权，应当按照约定给付股权转让款。股权转让需要办理的相关手续虽然不完善，但并非是侯某单方的责任，RY公司现已注销，但《专卖店股权转让协议书》已经专门约定“本协议生效后，无论何种原因导致公司终止、解散或被破产清算，不影响乙方对甲方的还款约定”。该公司注销并非侯某的责任，故不能免除王某、谢某给付股权转让款的义务。

综上所述，重审二审法院判决驳回王某、谢某的上诉请求，维持原判。

典型意义

本案是股权转让引发的纠纷，办理过程中具有以下典型意义：

股东对外转让股权时，只要股东与受让人就股权转让达成真实意思表示一致，且该协议没有违反《民法典》关于合同无效规定的情形，转让合意即发生法律效力，未完成外部工商变更登记，不影响股权转让协议的效力，转让方和受让人均可以要求对方履行合同义务。

回顾思考

本案是一起因公司股权转让后未办理股权转让登记而遇公司注销，受让方拒绝支付转让款引起的股权纠纷案件。向海龙律师作为本案股权转让方的委托代理人，在代理过程中全面分析研究案情，调查取证，认为股权转让协议真实有效，且经过专业机构鉴定后认为转让方对公司注销行为无过错，因此受让方拒不支付转让款系单方违约，应依法承担付款义务及违约责任。本案经两级法院四次审理，最终法院肯定了股权转让协议的效力，判决由受让方向转让方支付股权转让款并承担违约责任，本案取得了案件胜诉的良好代理效果。

根据本案的处理过程，代理律师总结了以下两个方面的法律问题进行探讨分析：

一是未办理工商变更登记的股权对外转让协议的效力认定。

我国《公司法》第32条和《公司登记管理条例》第34条并没有规定工商登

记具有促使协议生效的效力,工商登记是便于行政机关管理,向社会公众披露信息的宣示性登记,而不是赋予公司或股东资格的涉权性登记,仅具有对抗协议以外的第三人就同股权主张权利的效力。本案中王某、谢某与侯某的股权转让协议在签订并生效后,未履行工商变更登记并不影响该协议的效力。

二是未形成公司股东会决议,但其他股东均在股权对外转让协议上签字的股权转让行为的效力认定。

《公司法》第 71 条第 2 款规定股东向股东以外的人转让股权,应当经其他股东过半数同意。其中“其他股东过半数同意”不能等同于“股东会过半数同意”,在公司章程没有另行规定的情形下,股东会会议中股东表决权是按照出资比例而非人数多寡行使的,因此未形成公司股东会决议不影响股权对外转让的效力。同时基于有限责任公司人合性的特点,其他股东在股权对外转让协议上签字即应视为其同意股东对外转让股权。

律师简介

向海龙,北京盈科(宜昌)律师事务所股权高级合伙人,盈科宜昌管委会副主任、知识产权法律事务部主任。现任宜昌市律师协会副秘书长,政协宜昌市第六届委员会委员,政协宜昌市猇亭区第五届委员会常务委员会委员。曾参与《电子商务法》立法研究,湖北省司法厅“湖北省涉外人才库成员”。专注知识产权法律事务。在《中国律师》等期刊上发表多篇论文。获湖北省司法厅等颁发的多项荣誉。担任多个政府部门及企事业单位常年法律顾问。

如何确定对赌协议条款中的回购主体

——江苏某环境科技公司与北京某投资合伙企业、北京某咨询公司涉外股权转让纠纷案

张群力

案件简介

蒋某某是美籍华人，是北京某投资合伙企业（有限合伙）的实际控制人，也是目标公司的实际控制人。2015 年 11 月 15 日，委托人江苏某环境科技公司（以下简称某环境公司）与蒋某某、北京某投资合伙企业（以下简称某投资企业）签订了《股权转让协议》（以下简称协议）。协议约定，某环境公司受让某投资企业在目标公司的股份。如果目标公司在 2017 年 12 月 31 日未能成功实现挂牌上市的目标，或者目标公司在 2015 年、2016 年、2017 年扣除非经常性损益后净利润总和低于 12,000 万元人民币时，则某环境公司可以将其持有的目标公司股份转让给某投资企业或蒋某某指定的其实际控制的第三人。某投资企业或蒋某某指定的其实际控制的第三人以某环境公司支付的股权转让款本金加上 10% 的利息作为回购款。

2015 年 11 月 16 日与 12 月 31 日，在协议签订后，某环境公司在分两次向某投资企业支付了股权转让款 2000 万元。

2019 年 5 月 30 日，因目标公司未能实现协议约定的目标，某环境公司向某投资企业邮寄送达了《回购通知书》，要求某投资企业或蒋某某指定其实际控制的第三方履行回购义务并支付回购款，但对方均未履行回购义务。

2019 年 9 月，某环境公司正式委托张群力律师团队律师参与本案的代理工作。

律师策略

本案的难点是如何确定回购主体，实现委托人能够收回股权回购款的目的。协议中股权回购条款约定蒋某某或蒋某某指定其实际控制的企业要履行回购义务。但是，除某投资企业和目标公司是合同主体外，并无其他蒋某某实际控制企业对合同内容进行确认。

其中蒋某某承诺目标公司为其100%实际控制企业，但目标公司实际上是股份公司。根据《公司法》第142条规定以下情形可以要求公司回购股份：(1)减少公司注册资本；(2)与持有本公司股份的其他公司合并；(3)将股份用于员工持股计划或者股权激励；(4)股东因对股东大会作出的公司合并、分立决议持异议，要求公司收购其股份的。显然，本案中要求目标公司回购某环境公司持有的股权不符合《公司法》第142条规定，如果要求目标公司回购某环境公司持有的其股权，法院支持的可能性极小。

虽然某投资企业负有明确的回购义务，但是该企业没有实际经营业务，即使判决其承担回购义务，该企业最终的偿付能力也较差。

但是律师团队注意到，某投资企业有两个合伙人，其中一个合伙人为北京某咨询公司，该公司具有一定的履行能力，而且还是某投资企业的普通合伙人。因此，我们建议将北京某咨询公司一并作为被告，对金钱给付义务承担连带责任。

同时，基于蒋某某是某投资企业等系列法人的实际控制人，为便于诉讼过程中的协商沟通，律师团队建议将美籍华人蒋某某一并作为被告。

律师文书

代理词（节选）

一、被告北京某咨询公司应对某投资企业支付股权回购款的给付义务承担连带责任

被告北京某咨询公司是被告某投资企业的普通合伙人，应当对被告某投资企业的债务承担无限连带责任。因此，被告北京某咨询公司和被告某投资企业

应当连带回购原告持有的目标公司2.24%的股权,向原告支付股权回购款2000万元及利息(以2000万元为基数,自2015年11月16日起至实际付清之日止,按照年利率10%的标准计算)。

退一步讲,即使贵院认为被告北京某咨询公司不应承担股权回购义务,依据《合伙企业法》第2条第3款"有限合伙企业由普通合伙人和有限合伙人组成,普通合伙人对合伙企业债务承担无限连带责任,有限合伙人以其认缴的出资额为限对合伙企业债务承担责任"的规定,被告北京某咨询公司也应对某投资企业的前述金钱给付义务即向原告支付股权回购款2000万元及利息承担连带责任。

二、蒋某某在没有指定第三方办理回购并支付回购款的情况下,蒋某某已经构成违约,基于合同第6.1条约定,蒋某某应承担支付回购款及利息的违约责任

根据本案的股权转让合同第3.1条、第3.2条、第3.3条的约定,蒋某某有义务指定其实际控制的企业履行回购义务,支付回购款。蒋某某如果没有指定回购方,则蒋某某违反了合同约定,应当承担违约责任。

依据合同第6.1条"任何一方不履行其在本协议项下的主要义务即构成违约。发生违约时,守约方有权要求就其遭受的由违约方之违约行为而引起的所有损害和损失获得赔偿"。

本合同项下,因蒋某某没有指定第三方办理回购支付回购款,则原告因蒋某某的该违约行为所遭受的所有损害包括回购款本金2000万元及相应的利息、诉讼费。因此,依据合同第6.1条约定,蒋某某应承担支付原告回购款本金及利息的违约责任。

三、依据《合同法》第62条第5项,蒋某某应支付回购款本金及利息

本案合同签订的背景是:金州系企业拥有较多环保类资质,该类资质在当前能获得较好的收益,而蒋某某又是金州系企业的实际控制人,原告据此信任蒋某某拥有履行回购义务的能力。

本案合同签订的目的是:蒋某某实际控制的企业获得融资,原告获得收益,并且通过蒋某某履行义务的方式来实现原告的收益。

至于蒋某某履行义务的方式,蒋某某可以指定第三方企业来支付回购款。但事实上,蒋某某才是本案合同的当事人,蒋某某指定的第三方支付回购款的实质也是代蒋某某履行回购义务,为蒋某某履行回购义务承担担保。如果蒋某某没有指定第三方企业履行回购义务,则原告的合同目的便没有实现。

《合同法》第62条第5项规定:"履行方式不明确的,按照有利于实现合同目的的方式履行。"

因此,结合合同目的及《合同法》第62条规定,从有利于实现合同目的来解释,蒋某某也应承担回购义务,支付回购款。

四、根据合同整体解释规则和诚实信用原则,蒋某某也应承担回购义务

本案合同签订的过程是:在原告签订本合同之前、签订时、签订后的履行沟通,原告都是充分与蒋某某联系沟通的。

《合同法》第6条规定:"当事人行使权利、履行义务应当遵循诚实信用原则。"第125条第1款规定:"当事人对合同条款的理解有争议的,应当按照合同所使用的词句、合同的有关条款、合同的目的、交易习惯以及诚实信用原则,确定该条款的真实意思。"

合同法解释原则是既要理解单个的合同条款,又必须以对合同文本整体的理解为基础。当合同没有规定某些内容或虽有规定但规定不清时,除应理解合同内容外,还应结合双方当事人的书面材料和缔约履约过程中的行为,如双方的往来书信文件、初步谈判、要约邀请、要约、承诺等。

显然,结合合同签订前的联系沟通、合同签字盖章、合同后期的履行情况以及合同的约定综合分析和解释,本案中蒋某某承担回购义务的责任也是清楚明确的。

案件结果

2019年12月6日,北京市第四中级人民法院公开开庭审理了本案。并最终判决某投资企业履行回购义务并支付回购款,判决北京某咨询公司对某投资企业的股份回购款的支付义务承担连带给付义务。

典型意义

当有限合伙企业作为债务人时，将其普通合伙人作为被告一并提起诉讼，要求普通合伙人对债务人的给付义务承担连带责任。如此，在执行阶段可以直接执行普通合伙人，无须再另行追加；更为重要的是，可以在诉讼阶段对其普通合伙人的财产进行保全，为执行阶段添加保障，以实现委托人收回股权回购款的最终目的。

回顾思考

本案是属于因对赌协议引发的纠纷。所谓对赌协议，2019 年 9 月的《全国法院民商事审判工作会议纪要》中又称估值调整协议，是指投资方与融资方在达成股权性融资协议时，为解决交易双方对目标公司未来发展的不确定性、信息不对称以及代理成本而设计的包含了股权回购、金钱补偿等对未来目标公司的估值进行调整的协议。

人民法院在审理该类案件时，如投资人约定的是目标公司股东或实际控制人回购股份，在法律适用上相对比较明确。但是约定目标公司回购或补偿，就涉及《合同法》和《公司法》第 35 条和第 142 条。《全国法院民商事审判工作会议纪要》第 5 条规定：投资方与目标公司订立的“对赌协议”在不存在法定无效事由的情况下，目标公司仅以存在股权回购或者金钱补偿约定为由，主张“对赌协议”无效的，人民法院不予支持，但投资方主张实际履行的，人民法院应当审查是否符合公司法关于“股东不得抽逃出资”及股份回购的强制性规定，判决是否支持其诉讼请求。投资方请求目标公司回购股权的，人民法院应当依据《公司法》第 35 条关于“股东不得抽逃出资”或者第 142 条关于股份回购的强制性规定进行审查。经审查，目标公司未完成减资程序的，人民法院应当驳回其诉讼请求。

即只有当目标公司完成了减资程序，投资方请求目标公司回购股权的才会得到人民法院的支持。但事实上，目标公司减少注册资本，涉及资本维持和债权人的利益，还需要经过“制定减资方案，股东会作出减资决议，公司编制资产负债表及财产清单，通知债权人并公告，债权人有权要求公司清偿债务或提供担保，办理工商变更”等系列较为烦琐的程序。同时，能够达成减资方案，也说明各方就对赌协议没有异议且具备一定的履行能力。

在现阶段的案件中，投资方要求回购，大部分是基于目标公司没有达到约定的业绩，且目标公司的经营业绩下滑甚至是目标公司没有清偿债务的能力，各方能达成减资方案的可能性较低。即使能达成减资方案，减资程序又极为烦琐和冗长；如不经过烦琐的程序，得到法院支持的可能性又不太大。

因此，我们建议在签订对赌协议时，不仅应做好目标公司的尽职调查，还应当对目标公司的股东、目标公司的实际控制人，甚至是对担保人做好尽职调查。尽量约定由目标公司的股东履行回购义务，同时要求回购股东提供有履行能力的自然人或法人提供担保，以降低投资风险。如果回购人是普通合伙企业，还建议选择普通合伙人之外的第三方作为担保人。

律师简介

张群力，北京市盈科律师事务所全球总部合伙人、盈科中国区董事会副主任、盈科北京管委会主任、盈科北京商事诉讼与仲裁法律事务部主任；担任全国 20 多家仲裁机构仲裁员或专家咨询委员会委员。张群力律师 1995 年取得律师资格，1996 年专职从事律师执业，20 多年来一直从事诉讼仲裁法律业务。长期的工作实践积累了丰富的执业经验。

显失公平规则在股权转让纠纷中的具体适用

——魏某诉王某某、SI 公司股权转让纠纷案

张　永

案件简介

SI 公司原系国有企业,2004 年企业改制为全员持股的有限责任公司,魏某在公司的身份是副总经理,王某某担任公司的总经理职务也是公司的法定代表人。

2017 年 3 月 15 日,魏某本人从 SI 公司退休。

2017 年 5 月 18 日,魏某作为出让方与王某某签订《股权转让协议》一份,协议约定魏某将其持有的公司股权作价 341 万元转让给王某某。

2018 年 6 月 25 日,YQ 公司以 9000 万元收购 SI 公司 100% 的股份。

魏某得知这个消息后认为,王某某等在职股东将公司的股份全部转让给了 YQ 公司,股权单价为 102 万元,同时还保留了 3 亿元的应收账款权益未包含在出让给 YQ 公司的范围,王某某等出售公司的股权价值高出收购自己股权价值的 10 倍左右。

魏某认为造成双方利益严重失衡的原因是王某某作为公司的法定代表人对公司进行全面管理,但在自己将股权转让给他时其未将公司资产完整、全面、客观真实地告知自己,从而对公司资产价值产生重大误解,致使双方签订的股权转让合同价款远低于股权的客观价值,该合同显失公平。

2018 年 10 月魏某向一审法院提起诉讼:要求撤销双方于 2017 年 5 月签订的股权转让协议,并判令王某某赔偿损失。

SI 公司被 YQ 公司整体收购以后,SI 公司原股东之间因股权转让共引发了

十多起案件,本案是系列案件之一。

律师策略

律师在听了被告王某某对案情的介绍后分析认为:本案既要看双方签订《股权转让协议》时的《公司法》依据,也要看是否符合《合同法》关于显失公平的相关依据,也就是说首先要看SI公司《公司章程》中股东退出机制的相关规定是否符合法律规定,双方办理股权转让是否是按照章程规定办理的;其次再看双方所签股权转让协议是否存在显失公平构成要件,在双方签订《股权转让协议》时,YQ公司是否已经在和SI公司洽谈收购相关事宜?王某某有没有利用职务上的便利,刻意隐瞒公司发生或将要发生的事情?

律师得到的答复是:公司章程有离职或退休要将股权转让给在职股东的内容条款,魏某将股权转让给王某某的价格是按照会计师事务所出具的魏某离职上一年度财务审计报告中的资产负债表所有者权益值结合魏某的持股数额得出的;SI公司和YQ公司洽谈收购事宜是发生在魏某股权转让之后。

律师认为:魏某和王某某的转让行为是依据公司章程的规定作出,公司章程的规定符合法律的规定,魏某作为公司的股东和副总参与了公司的经营和管理,王某某虽是公司的法定代表人只要不存在故意隐瞒的情形,没有主动将公司所有信息向每个股东告知的义务,况且SI公司被收购发生在魏某离职转股之后,其起诉不符合我国法律规定的显失公平合同撤销权的构成要件。

律师文书

一审代理词(节选)

首先,魏某作为SI公司副总参与了公司的经营管理,对公司的情况是知悉的,其主张“王某某作为公司的法定代表人未真实客观披露公司资产”无事实和法律依据。

原告代理人为了达到证明“王某某隐瞒准备出售企业的观点”,引用了被告第四组证据,该组证据内容恰恰是SI公司从2014年开始寻求被收购,公司很多员工均直接参与了此事，例如，本系列案件原告之一的彭某某和公司的周某等人成立调研小组，参与了对南京、苏州等六家公司调研谈访；公司赵部长参与了同葛洲坝控股集团以及中交上海××勘察设计院有限公司之间的收购谈判，SI公司很多人都直接参与了这件事，故不存在王某某隐瞒的问题。

本此系列案件的原告，有的是公司的监事如王某辉，有的是寻求出售或并购行为的直接参与者如彭某某，有的是企业的中层干部如刘某某，在经营会议上直接针对应收账款问题发言等情形可以看出，SI公司是一家有分工协助各司其职的现代化企业，原告没有证据证明王某某利用担任法定代表人职务故意隐瞒公司资产状况。原、被告同为SI公司股东，均具有从事相应经济活动的经验，在交易前也有充分的空间和时间对交易相关信息进行了解，应能知晓公司的经营状况。王某某虽然是公司的法定代表人，但也没有向魏某等股东披露公司所有事务的法定义务。徐州市中级人民法院在(2017)苏03民终4137号"林某生与李某斌股权转让纠纷"二审一案中持有上述观点。

其次，原、被告之间的转让行为合法有效应予保护，从以下七个方面论述：

一、2011年股东会通过的公司章程(以下简称2011年公司章程)及股权管理办法合法有效，体现了全体股东的意志，对全体股东均有约束力

(一)2011年公司章程及股权管理办法制定通过符合法律规定

2011年5月召开股东会时，在对公司章程、股权管理办法表决中同意人数占比为98.14%，符合《公司法》第43条第2款"三分之二以上表决权的股东通过"的规定。其中，原、被告在表决时均投赞成票。制定的过程充分体现了当事人协商一致的原则，是全体股东协商一致、意思自治的结果，对内约束公司及全体股东。

(二)2011年公司章程及股权管理办法中关于股权转让的限制性规定及转让价格的规定并未违反法律和行政法规的禁止性规定，应为合法有效

公司章程及股权管理办法是公司法律人格的集中体现，体现了全体股东的共同意志，是公司法律人格的发生根据，是公司、股东的行为准则，属于公司自治的范畴，不违反法律和行政法规禁止性规定的，应为有效。

二、本案应当适用2011年公司章程及股权管理办法

虽然备案的公司章程具有对外的公示效力,但是在股权转让纠纷仅涉及公司内部法律关系时,应当以公司内部当事人的约定为准,即实际履行的公司章程为准。本案中,虽然公司备案的章程修正案与实际履行的公司章程存在不一致的情形,但对于股东之间的内部法律关系及相应的权利义务的认定应当以实际履行的2011年公司章程及股权管理办法的内部约定为准。股权管理办法经过全体股东的表决程序而上升为公司的自治规范,具有与章程同等的效力。

三、原告的股东资格在其离职或者退休之日已经丧失

本案中公司的股东仅限于和公司建立劳动关系的员工。2011年公司章程第13条第2款"股东向股东以外的人(限本公司合同期限内正式职工)转让股权,应当经其他股东过半数股权同意……";股权管理办法第3条"下列人员可以成为本公司股东:SI公司实际出资的在册在职在岗职工";第18条第2款"股东向股东以外的人(限本公司合同期限内正式在册在岗职工)转让股权,应当经其他股东过半数同意……"通过以上三个条款,可以看出2011年公司章程及股权管理办法对股东资格作出了限制性规定,股东必须是公司的内部职工,股权仅限于职工之间转让,禁止向公司外的第三人进行转让。原告之所以能够成为股东,其原因在于与公司之间具有劳动合同关系,如果原告离职或者退休,原告则没有成为股东的可能性。

《公司法》第71条第4款规定,公司章程对股权转让另有规定的,从其规定。在公司章程就股权处分权利已经作出事先安排时,只要该规定不违反法律法规的禁止性规定,章程的约定对全体股东均有约束力。

本案中,2011年公司章程第13条第1款"岗在股在,岗变股变,在职持股,离职转股";第4款"离职的股东自离开公司之日、股东无民事能力之日起,其必须在离开本公司三个月之内转让其股权……";股权管理办法第13条"岗在股在,岗变股变,在职持股,离职转股,在岗持股分红,不在岗不分红";"离职、退休、丧失行为能力、受到刑事处理或者死亡的股东必须在离开本公司一个月之内转让其股权,若没有指定受让人时,其股权由公司执行董事决定受让人"。根据以上约定可以看出,2011年公司章程及股权管理办法将是否与公司具备

劳动关系作为取得股东资格的依据继而作出了“岗在股在,岗变股变,在职持股,离职转股”的规定,符合有限责任公司封闭性和人合性的特点,是公司自治原则的体现,不违反《公司法》的禁止性规定。原告离职或者退休后,其股东资格即失去了存续的基础。

原告未按照2011年公司章程和股权管理办法的约定办理转让手续,并不影响其股东资格丧失。股东权利的取得与丧失并非必须发生在股权转让手续办理完毕之后。本系列案件的原告分别于2015年、2016年、2017年离职或退休,按照2011年公司章程及股权管理办法的约定因转让股权的条件成就,已经丧失了股东资格,及时办理股权转让手续,仅是履行2011年公司章程和股权管理办法中所约定的义务。

最高人民法院2018年发布第96号指导案例“宋某军诉西安市大华餐饮有限公司股东资格确认纠纷案”中对该问题也持有同样的观点。

四、股权转让的价格应当按照2011年公司章程及股权管理办法的约定结合原告离职或者退休的上一年度的审计报告确定,而不是根据评估报告确定

2011年公司章程第6款规定“股权转让的股权价格,按公司上年度财务审计报告中的资产负债表所有者权益标准执行”。股权管理办法第18条第5款规定“股权转让价格,应根据本人离职、退休、丧失行为能力、受到刑事处理或死亡之日为准的公司上年度财务审计报告结果确定”。上述条款均是全体股东协商一致的结果,根据意思自治原则,股权转让双方协商一致确定的转让价格,只要不违反法律、行政法规强制性规定的情形,均应合法有效,约束双方当事人。本案中,股权转让价格的计算标准在制定公司章程及股权管理办法时已经确定,即按照离职或退休的上一年度财务审计报告中的资产负债表所有者权益标准确定。无论公司日后的经营状况如何,是亏损还是盈利,股东内部之间股权转让价格均应当按照约定确定,与何时签署股权转让协议无关,否则有违诚实信用原则。

五、本案不存在显失公平的情形

(一)是否存在显失公平的问题,首先需要考虑的是交易双方主体的问题

本案原告的身份不仅是公司的股东还是公司的员工,在离职前具有股东地

位以及从事相应经济活动的经验,应能知晓公司经营状况和被告应处于信息对称的地位,有充分的机会和理由了解公司的经营状况和盈利状况,同时《公司法》第33条、第97条以及公司章程第15条都赋予了股东了解公司经营状况的权利,因此不存在原告没有经验,不了解公司的资产状况,原告也不会对公司的资产价值产生重大误解。本案的被告虽然为公司原法定代表人,但是并没有向原告披露资产的法定义务,况且双方股权的转让价格是按照公司章程和股权管理办法的内容确定的,也不存在被告利用优势地位的问题,通过证据表明,前面已经论述收购或并购行为均是按照公开透明原则进行,不存在隐瞒问题。

(二)应当考虑到股权转让价格是否当事人协商一致的结果

协商一致的结果只要不违反法律法规的禁止性规定,不能认定为违反公平、等价有偿原则。虽然实践中,影响股权转让价格的因素很多,但是在交易双方就股权转让价格有约定的情况,应当按照约定价格进行交易。本案中,原、被告双方签订的《股权转让书》中的股权转让价格就是依照2011年公司章程及股权管理办法的约定确定的,这也充分证明了股权转让时原、被告双方均知晓股权转让价格的确定标准,不存在隐瞒或者显失公平的情形。

原告在之前提起的变更之诉中,申请法院调取的YQ公司收购SI公司时委托深圳××会计师事务所出具的审计报告(第47页)与原、被告双方确认股权转让价格所依据的江苏××会计师事务所出具的审计报告中资产负债表所有者权益一栏的数据相差很小,从该点也可以看出不同的审计机构对第三人公司资产的状况审计结果基本一致,原、被告的股权转让价格不存在显失公平的情形。

以评估报告作为基础判定显失公平缺乏依据。原告认为根据深圳×曼公司的评估报告显示"公司资产"9000万元,而原告转让股权时所依据的审计报告中的"公司资产"显示仅为2300万元,双方股权转让价格显失公平。但审计报告和评估报告用途不同,所依据的财务标准也完全不一样,两者对于"企业资产"的含义、评判标准、指示对象均不一致。原告所提出的审计报告中28,049,801.68元是审计报告中资产负债表中所有者权益年末数,而评估报告中的9000万元是评估值,两者根本不是一回事,无法进行比较。因此不能用评估报告和审计报告做对比来判定股权转让价格显失公平。况且公司章程和股权管理办法均规定是依据上年度财务审计报告作为双方股权转让价格的依据。

SI公司从2004年改制以来均是委托江苏××会计师事务所进行审计并出具审计报告,历年来的审计报告均是在股东会上对全体股东进行披露的,包括原告在内的所有职工均未提出过异议,不存在原告认为的无资格查看审计报告以及不知情的情形。根据证据交换被告方提交证据显示原告作为公司股东和中层领导,直接参与了公司的经营,作为显名股东其本人曾经历代持李×生的股权和又将李×生股权转让变更到其他股东名下的经历,结合被告第五组2011~2013年部分转股人员股权转让等证据,足以说明原告魏某对公司股东退出机制内容是清楚的。该退出机制是经股东依法表决通过载入公司章程和股权管理办法并实施,并不违反《公司法》禁止性规定,是公司自治的体现。

YQ公司收购价不能作为衡量股权转让价格是否显失公平的依据。

股权价值与收购价格除以股份数额所得价值非等值,不能以收购价格作为确定股权转让价格的标准。YQ公司对本案第三人SI公司是整体收购,收购价格既包括公司的整体资产的价值,也包括YQ公司对第三人SI公司未来收入预期的溢价判断。在原告提交的YQ公司官网刊登的新闻发布内容中对此也有描述:"补充公司于××工程设计方面的资质和经验","公司未来亦能对外承接×务相关的设计业务,创造性的利润增长点"。

徐州市中级人民法院在(2017)苏03民终4137号"林某生与李某斌股权转让纠纷"二审一案中,对于是否隐瞒公司资产和盈利且是否造成股权转让价格显失公平的问题,持有同样的观点。

原、被告之间进行股权转让是基于原告魏某退休离职按照章程规定"在职持股,离职转股"魏某必须将股权转让给其他股东,按照章程规定条件价格转让股权不存在对公司股权价值重大误解之情形;也不存在魏某处于危困状态、缺乏判断能力等情形,魏某与王某某签订股权转让协议时,没有人知道SI公司会在什么时间以什么价格被收购,能否被收购,在当时SI公司股权评估价格与双方股权转让价格相一致,因此不构成显失公平。

最高人民法院在(2016)最高法民终234号"青海昆玉实业投资集团有限

公司与青海福果典当有限公司合同纠纷”二审一案中对于《玉石冲抵借款费用协议书》是否构成显失公平而应当予以撤销的问题,持相同观点。

六、本案股权转让行为不存在可撤销的情形

1.《合同法》第 8 条第 1 款规定,依法成立的合同,对当事人具有法律约束力。当事人应当按照约定履行自己的义务,不得擅自变更或者解除合同。本案中,原、被告双方完全按照 2011 年公司章程及股权管理办法的约定,签订《股权转让书》,不违反法律法规的规定,且双方已经履行完毕,不存在可撤销的情形。

2. 目前案涉股权已经合法程序转让给了 YQ 公司,YQ 公司作为善意第三人,其合理信赖利益应当得到保护,原、被告之间的股权转让行为不具备可撤销的可能性。

七、原告的权益并未受到实质性损害,原告要求赔偿损失的请求不能成立

(一)原告要求赔偿损失的前提应该是原告的权益受到了侵害

本案中股权转让的价格计算方法是全体股东协商一致的结果,对原、被告双方均具有约束力。双方的股权转让价格符合之前的约定,并未侵害原告的权益。

(二)退一步,即便原告要求撤销股权转让协议能够成立,其股权转让价格也不会发生变化

在 2011 年公司章程及股权管理办法对股权转让价格有约定的情况下,如果原告不同意签订股权转让协议,最后通过司法途径要求强制要求原告退股,仍然应当按照约定确定股权转让价格。因此,原告离职或者退休时其股权转让价格已经确定,无论股权转让手续是否办理、何时办理均不影响该股权转让价格,股权转让协议撤销与否,并不影响原告的实质性权益。

综上,2011 年公司章程及股权管理办法中股权转让的内容,不违反法律、行政法规的强制性内容,应为合法有效。原、被告双方根据 2011 年公司章程及股权管理办法的规定,确定股权转让价格,并不存在显失公平的情形,且案涉股权已经合法程序转让给了善意第三人 YQ 公司,原告要求撤销《股权转让协议》并赔偿损失的请求不能成立,请法院依法驳回原告的诉讼请求。

案件结果

一审法院认为：案涉股权转让价款是原、被告按照公司章程、股权管理办法而达成的合意，且已完成了工商变更登记，原告主张股权转让价款显失公平而要求撤销涉案股权转让协议，缺乏法律依据，本院不予支持。综上，依照《合同法》第60条，《公司法》第11条、第71条第1款、第4款之规定，并经本院审判委员会讨论决定，判决如下：驳回原告魏某的诉讼请求。

二审法院驳回上诉，维持原判。

典型意义

股权转让有别于一般商品买卖，诸多商业因素影响股价的评估，因股权交易属于商事行为，判断股权转让合同是否构成显失公平，主要综合考虑以下因素：一方面要有一方行为人处于危困状态、缺乏判断能力等情形，同时另一方行为人充分利用了对方的这种劣势，从而导致双方利益重大失衡情况；另一方面双方利益的重大失衡是在双方民事法律行为成立时造成的，如果法律行为成立生效之后因情事变更导致双方对待给付显失公平的，显然不符合显失公平构成要件。

回顾思考

作为本案被告方代理律师，有以下三点思考：

1. 股权转让纠纷案件中基于显失公平理由行使撤销权的案件，因横跨公司和合同两大民商领域，首先从公司法方面查找股东双方股权内部转让的法律和事实依据，采取抽丝剥茧的方式层层递进从而分析得出股东内部转让和股东对外转让的差别和考虑因素不同。

2. 把案件中涉及的几个焦点问题提炼出来，利用互联网大数据搜索将最高人民法院、涉案上级法院依据涉案法院本院对焦点问题的处理意见检索出来，利用案例观点说服承办法官。

3. 在不会对当事人造成不利影响的情况下，不拘泥于法律规定的举证义务，可以适当地多举一些证据印证、充实己方主张。

律师简介

张永，北京市盈科(徐州)律师事务所股权高级合伙人，中小企业法律事务部主任，徐州仲裁委员会仲裁员；自1999年开始执业，先后为中国矿业大学、协鑫(集团)控股有限公司、徐州矿源科技有限公司等100多家高校、企业提供专项或综合法律服务，尤其擅长公司治理和知识产权领域律师业务。

从山重水复到柳暗花明

——甲公司与乙公司增资扩股合同撤销权纠纷案

孙伏龙　任　远

案件简介

原告甲公司向法院提起诉讼，被告为乙公司，案由为合同撤销权纠纷。2016年年初起诉，2020年12月结案，历时5年，以原告申请撤诉，法院裁定准允，双方和解而结案。

原告起诉状摘要：

诉讼请求：(1)撤销双方之《丙药业公司增资扩股合同》；(2)被告向原告返还其非法占有的丙公司67%的股权，并配合原告和丙公司办理变更股权、法定代表人等工商登记信息，工商登记信息恢复到签约之前登记状态；(3)被告返还因原告履行《增资扩股合同》而由被告占有的丙公司所有财物，包括公章、财务专用章、合同专用章以及会计账簿、政府及主管部门颁发的证照、证书、产品技术文件、档案材料等；(4)被告所有人员立即将丙公司生产及经营场所腾退交还原告；(5)被告承担本案诉讼费用。其中，诉请(1)为主诉请。

事实与理由：

2014年某月，在原告、被告就原告全资控股的丙公司增资扩股事宜缔约过程中，被告向原告提供了：(1)《企业法人营业执照》，该营业执照显示被告注册资本为5000万元。(2)编号为"×××"的《国有土地使用权证》，该使用权证显示位于某经济开发区约合100多亩土地使用权人为被告；盖有"某市政府土地登记专用章"，落款时间为2014年7月。

基于对被告资产状况的信赖，双方于2014年6月签订作为备案使用的《增资扩股合同》，约定被告以100亩国有土地使用权（折价1亿余元）及现金3000万元人民币作为出资，从而拥有丙公司67%的股权。合同签订后，丙公司在某市某区商委会进行审批并在工商部门办理工商变更登记，原告拥有100%丙公司股权变更为被告与原告分别拥有丙公司67%及33%股权；丙公司法定代表人变更为被告法定代表人某某之后，被告控制了丙公司的公章、财务章等所有重要材料，从而实际控制了丙公司。

丙公司变更工商登记后，原告多次催促被告履行合同义务，而被告拒不履行合同义务。此时原告通过对被告资产进行调查才发现被告签约时提供的《企业法人营业执照》与《国有土地使用权证》皆为伪造。经查，双方签约时被告注册资本仅为50万元人民币；国土资源部门出具证明，称未办理过“×××号土地证”。

被告通过伪造企业营业执照及土地证，隐瞒事实真相，采用欺诈手段诱骗原告与其签订增资扩股合同，原告在违背自身真实意思的情况下与被告签订了合同。依据《合同法》第54条、第56条及第58条的规定，被告构成欺诈，合同当予撤销。

原告在2016年起诉前，已经采取了如下行动：

1. 对某市某区商务委及市工商局提起行政诉讼，撤销被告在丙公司的股权登记，经一审、二审，取得了胜诉生效判决。

2. 向某区公安经侦提起被告及法定代表人涉嫌特别巨额诈骗犯罪刑事控告，侦查工作正在进行中。

3. 原告申请了诉讼保全，法院裁定并保全查封了被告亿元财产权益。

被告在行政诉讼败诉后，又面临刑事被羁押极大风险，再加上亿元被保全查封，可谓四面楚歌、八面埋伏。若被告法定代表人某某再被刑事羁押，商事诉讼委托人失去自由，届时局面之坏，不堪设想。孙伏龙、张增超及律师团队临危代理，接受了被告的委托。

律师策略

在做好案内应诉答辩的同时，全面权衡刑、行、商三路进攻各自要点难点，权衡全局精研战略，因地制宜地分别施策，精准有力地战术推进。5年漫长的代理过程中，我们帮助被告从刑、行、商三路围剿的极端危急中，先转化为相对被动，再过渡到角力相持，又通过被告另诉反攻，加之原告关键人员变动，终于实现了到2020年年底的撤诉结案。

历防卫、相持、反攻、决战、和解，步步向前，环环紧扣，终臻相对理想代理效果得以实现。代理策略略述。

一、刑事战场,扼其攻势

及时向公检提交举报系经济纠纷不构成犯罪专业精准有力的律师意见,争取虽立案但依法不拘不捕,让被告董事长在商事诉讼中保住自由之身,为化解极端被动的局面初步稳住了阵脚。

二、行政诉讼,以专业精准代理意见化解其对商诉的负面影响

败诉行政诉讼判决书对本案显然极其不利,生效判决认定的事实及具体判项,一般而言,对后诉会产生一定不利影响。针对这一难点,从商事审判的理念出发,结合本案事实、适用法律基础上的焦点和争点,分析行诉与商诉审理的不同和分野,详细阐明行诉判决书不构成支持原告诉请成立的事由,得到了法庭的支持。

三、商事诉讼,究尽证据、法律、案例和学理,澄清事实,精析法律,辅之案例学理,让原告诉请及事由无法立足,令其构陷被告之非法意图无处藏身

在案件关键证据上,以有力的质证,充分的反证,严密的推理,拆除原告构筑事实之块块基石,反驳精准有力,刀刀见血,立论全面得当。在法律上,紧紧扣住欺诈这一诉请法律要点,从主观意思表示,到客观行为,再到欺诈目的获益在本案中根本不存在,又到以充分证据证明被告给原告及目标公司带来了巨大增值,而非损害。一切为了让欺诈之主张,烟消云灭。乘胜追击,在开庭最后陈述阶段,从案件全面事实,推断原告构陷被告入局达到目的后过河拆桥之恶劣行径。

律师文书

答辩意见(节选)

一、答辩人于本案不存在任何欺诈行为

原告以答辩人在增资丙公司时向其提交了将50万元注册资金伪造成5000万元的营业执照,以及不存在的“×××号《国有土地使用权证》”为由,认为其遭受了所谓的欺诈。答辩人认为,原告该陈述与事实不符,答辩人在增资丙公司时不存在任何欺诈行为,理由如下。

(一)所谓的答辩人注册资金为5000万元的营业执照并非出自答辩人

答辩人从未向原告或丙公司提交过注册资金为5000万元的营业执照。该不实的营业执照是由丙公司提交工商行政管理等部门,答辩人对该营业执照情况不知情。至于原告当时控股的丙公司提交该貌似具有巨大资金实力的答辩人营业执照的动机,是否为方便主管机关审批,答辩人现在不掌握证据,不便进行推测。

(二)原告凭一张营业执照就主张遭受欺诈显然不符合常理

原告在引入投资方增资丙公司时,主要表现在放弃数千万价值的丙公司控股权。进行如此重要的交易,进行必要的尽职调查是任何正常的市场主体都必须进行的工作。而答辩人作为公开的市场主体,注册资金等工商注册信息唾手可得。原告称凭借一张营业执照就相信了答辩人的5000万元注册资金,于情于理都不成立。所以原告对答辩人的注册资金不但应当知道,而且是明知的,在此问题上,不存在任何谁欺诈谁的问题。

(三)原告称答辩人用虚假的土地证件骗取其签订丙公司增资扩股合同既不是事实,也不合逻辑

增资扩股合同签订于2014年6月,而原告出示的虚假的土地证发证日期为2014年7月。时间先后证实,签订增资合同时,原告对答辩人不持有该土地证是明知的,该土地证并非双方签订增资合同的交易前提。

其余二至四答辩意见为行文略,详见以下代理词相应部分内容。

代理词一(法庭辩论第一轮代理意见节选)

一、本案系典型法商不对称情形下的股权骗局之诉,行政诉讼,刑事报案,都是原告构筑骗局的必要链条,其非法目的绝不应得逞

在案证据完全可以证明如下事实:丙公司因其系外资控制背景等原因而不能取得关乎公司存亡的《进口药品注册证》处于停产状态,经营连年亏损,为寻求经营突破,希望引进有资金实力且有人力资源优势的中资股东入股增强经营实力,改变外资投股影响医药企业发展的实质困难。此时,被告经二中间人等人撮合,最终达成对丙公司的增资扩股协议。因被告过于相信中间人,导致出

现增资合同中约定以100多亩土地出资的情况。对此情况原告是完全明知的，在增资合同签订后办理增资审批过程中，原告多次要求被告落实100多亩土地的情况，因该土地没有使用手续，最终经协商一致，约定将被告由土地出资变更为收购另一公司资产（包括厂房设备等），以解决不能将丙公司搬迁到100多亩上述协议约定的土地的问题，原、被告原约定的出资不变。但在此过程中，原告因丙公司已经取得至关重要的《进口药品注册证》，且丙公司经营状况因被告一年来的经营投入而减少千万元以上，亏损明显好转，便寻机将被告踢出局。其先是对某商务委及市工商局提起行政诉讼，撤销被告在丙公司的股权登记，胜诉后在本案中要求撤销增资合同，试图独享丙公司的公司资源，其甚至已向公安局报案，要求追究被告相关人员的责任。原告在明知被告资金实力及100多亩土地真实情况的前提下与被告签约，其5年都没有取得的《进口药品注册证》在被告入股后顺利取得，整个过程，其过河拆桥的动机昭然若揭，卸磨杀驴的意图不言自明。

原告以受害者的身份出现并非事件的真相。本案系近年来外资公司及其控制人对中国法律意识不强的企业和个人进行股权欺诈的典型一例。恳请特别警惕并审慎全面审理。

二、原告对100多亩土地的真实情况是明知的，不存在被告以此进行欺诈

（一）原告在增资合同签订过程中对土地的客观认知

1. 该土地的状态没有取得证件，并且处于“资金”的状态。

证明该事实的证据为提交主管机关审批的所谓土地证注明出证日期为2014年7月，而增资合同签订于2014年6月，且2015年4月20日的丙公司《会议纪要》派驻丙公司董事仍称该土地为土地费，土地费显然不是土地使用权。

2. 该土地尚未进行规划，尚未确定供水供电情况、尚未进行测绘（见2014年6月20日原告方人员邮件）。

3. 该土地尚未进行竞拍，且未缴纳土地出让金（见2014年6月27日、30日原告人员邮件）。

在上述证据完全可以证明原告对该土地状态明知的情况下，原告诉称其在

签约时受到了欺诈,显然不能成立。

最高人民法院《关于贯彻执行〈中华人民共和国民法通则〉若干问题的意见(试行)》第68条规定:"一方当事人故意告知对方虚假情况,或者故意隐瞒真实情况,诱使对方当事人作出错误意思表示的,可以认定为欺诈行为。"据该规定,欺诈最重要的构成要件就是被告隐瞒真实情况诱使原告做出错误意思表示。而本案中,完全可以证明被告根本没有隐瞒该土地的真实情况,原告在明知该土地真实情况的前提下,自主决定了增资事宜。所以,原告诉称其受到欺诈要求撤销合同,于法无据,应予驳回。

(二)对我方提交的原告人员邮件真实性的异议根本不能成立

1. 其邮件已经公证处公证,在无其他证据否认该公证书的情况下,原告否认邮件真实性的质证意见不能成立。

2. 邮件发送人系原告方某某,这一身份是原告自认的事实。

(三)原告公司董事明知的事实即为原告明知

根据原告提交的增资合同附件可以证明,邮件发出二人中一个是增资之前丙公司总经理,增资之后原告派驻丙公司的董事,另一个是增资之前丙公司的董事长法定代表人,增资之后原告派驻丙公司董事。两人身份具有双重性,其不但代表丙公司,而且代表原告。两人对事件的认知即可视为原告对事件的认知。

三、被告5000万元注册资金的营业执照,并非双方签订增资合同交易前提

答辩已言及,进一步而言,在公司如此亿元多标的增资收购过程中,了解对手的基本情况是市场主体交易过程的基本要求,更重要的是被告的工商注册情况,任何人都可以不受限制的查阅,甚至只要查阅网上公开的工商信息即可查明,原告以此事由称其受到欺诈显不能成立。

四、原告诉请撤销合同不符合法律规定

公司增资作为典型的商事行为,其与普通民事行为相比具有特殊性,其法律适用也有特殊的要求。根据特别法优于一般法的司法原则,本案应优先适用规范商事行为的《公司法》及配套法律法规,当其他法律与《公司法》规定不一致时,应排除非商事法律的适用。

关于增资不实的问题,《公司法》规定出资(包括增资)不实的,法律后果是充实出资,而非撤销增资合同。《公司法》第28条规定:股东应当按期足额缴纳公司章程中规定的各自所认缴的出资额。股东以货币出资的,应当将货币出资足额存入有限责任公司在银行开设的账户;以非货币财产出资的,应当依法办理其财产权的转移手续。股东不按照前款规定缴纳出资的,除应当向公司足额缴纳外,还应当向已按期足额缴纳出资的股东承担违约责任。第30条规定:有限责任公司成立后,发现作为设立公司出资的非货币财产的实际价额显著低于公司章程所定价额的,应当由交付该出资的股东补足其差额;公司设立时的其他股东承担连带责任。第178条第1款规定:有限责任公司增加注册资本时,股东认缴新增资本的出资,依照本法设立有限责任公司缴纳出资的有关规定执行。

根据上述规定,公司股东增资时出资不实的法律后果在公司层面是补足出资,在其他股东层面是要求出资不实股东承担违约责任。而非本案原告诉请的撤销合同。根据特别法优于一般法的基本原则,本案应优先适用公司法关于出资不实的规定,且排除《合同法》关于撤销权在股东出资不实情形下的适用。故原告在本案中主张撤销增资扩股合同没有法律依据。

最高人民法院《关于适用〈中华人民共和国公司法〉若干问题的规定(三)》对于有限公司股东出资不实,相关各方维权的法定程序进行了设定。其第17条第1款规定:有限责任公司的股东未履行出资义务或者抽逃全部出资,经公司催告缴纳或者返还,其在合理期间内仍未缴纳或者返还出资,公司以股东会决议解除该股东的股东资格,该股东请求确认该解除行为无效的,人民法院不予支持。据此,股东出资不实的,目标公司应向其催缴,催缴不成的,应通过召开股东会的形式维护自身权益。

需要指出的是,《公司法》规定的程序与合同法规定的撤销程序并不相同且相互排斥,当事人只能适用《公司法》规定的催缴程序,不可能一方面对欠缴出资股东进行催缴出资,另一方面又对该股东要求撤销增资合同。

五、原告申请撤销合同已经超过法定期限

退一步讲,假设本案增资合同可以撤销,根据《合同法》规定,原告的申请也已经超过法定期限。被告提交的证据证实,原告对5000万元营业执照和100多亩土地的事实是明知的,其知情的最晚期限也是在2014年的6月。根据《合同法》第55条规定,“有下列情形之一的,撤销权消灭:(一)具有撤销权的当事人自知道或者应当知道撤销事由之日起一年内没有行使撤销权……”

六、原告无权要求被告返还丙公司的财物,其对丙公司的财产权益不具有诉讼主体资格

《民事诉讼法》第119条规定:“起诉必须符合下列条件:(一)原告是与本案有直接利害关系的公民、法人和其他组织……”据此规定,原告该项起诉应驳回。

代理词二(法庭辩论第二轮节选)

一、原告称被告对其进行欺诈不符合常理,被告没有任何欺诈的动机,更没有获利分文。反之,被告在协议签订后,投入近亿元巨额资金用于履行双方协议,根本不符合欺诈的任何外在行为表征

丙公司因为被告的入股,反而取得了5年都没有取得且马上失去申请资格的正式的《进口药品注册证》,被告入股丙公司后,经过努力生产经营,购置设备,丙公司当年就相比上年减少了亏损超过1000万元。

原告方人员给被告发送的邮件可以证实,在被告入股丙公司之前,因为没有《进口药品注册证》,丙公司已经停产停业,150名员工待岗。如此严峻的经营形势,是被告入股丙公司后帮丙公司取得《进口药品注册证》后才得以实质缓解。这是丙公司(也可以视为原告)因被告增资而获利。

另一方面,被告增资丙公司后,非但没有对原告进行所谓的欺诈而获利,反而投入了超过7000万元的资金(直接汇入丙公司账户的资金就有1800多万元,购置设备200多万元,为履行双方约定的搬迁至某市另一公司而建设厂房等投资7000多万元),帮助丙公司开展经营。

投资一年后,丙公司虽然减少了亏损1000万元,但仍然处于亏损状态,被告不可能因此而获利。

二、原告提交的两份行政诉讼判决并不成就撤销合同条件

该两份行政诉讼判决只是判定某商务委和某市工商局的股权变更登记已

经撤销。但被告根据《公司法》规定，是丙公司的股东。《公司法》第32条规定："有限责任公司应当置备股东名册，记载下列事项：(一)股东的姓名或者名称及住所；(二)股东的出资额；(三)出资证明书编号。记载于股东名册的股东，可以依股东名册主张行使股东权利。公司应当将股东的姓名或者名称向公司登记机关登记；登记事项发生变更的，应当办理变更登记。未经登记或者变更登记的，不得对抗第三人。"根据上述规定，确定公司股东身份的依据是股东名册，而登记事项的变更仅仅是使其具备对抗第三人的效力，登记事项的取消，并不影响被告的股东身份。

在被告仍然具有丙公司股东身份的情况下，如原告对被告出资有异议，则应依法申请召开股东会对被告的出资进行催缴，而非诉请撤销增资合同。故原告提交的该两份行政判决并不能作为其诉请撤销合同的依据。

另外需要指出的是，行政诉讼的审理程序不同于民事诉讼。在行政诉讼中，行政审判庭没有审查也不需审查被告出资不实的法律后果是根据《公司法》应进行补缴而不应撤销登记的内容，只是重点对行政机关作为具体行政行为所依据的营业执照和土地证的真实性进行了审查，且基于此就撤销了商务委和工商局的登记。对于此情况，被告将保留对该两判决进行申诉的权利。

三、原告称没有对被告进行尽职调查而出现误判的说法因不合商事交易习惯和逻辑推理而不能成立

进行如此重大的商务交易，进行必要的尽职调查是参与主体的必要功课。原告称自己没有进行尽职调查，答案只有一个，其明知被告的经营情况和土地情况，其看中的是被告系中资企业，引其控股是为了丙公司在被告控股后，凭借中方控股的中国主权、被告的人脉优势和资金实力以取得进口药品注册证。其他实无合理解释。

综上，原告对被告的资信情况是明知的，被告没有对其进行欺诈的前提，更没有因为入股丙公司而获利，原告才是这次丙公司增资的获利者，其取得了梦寐以求的《进口药品注册证》，被告还帮其理顺了经营关系从而减少了亏损。如今原告却要撤销合同将被告踢出局，其过河拆桥的意图路人皆知。

案件结果

开庭一年后,法院作出中止裁定:经本院审查,由于某市公安局某分局立案侦查的原告被合同诈骗一案与本案审理存在关联,本案相关事实的认定需以刑事案件的侦查结果为依据。故本案应依法中止民事诉讼程序。依照《民事诉讼法》第 150 条第 1 款第 5 项、第 154 条第 1 款第 6 项、第 259 条,裁定中止诉讼。

中止裁定后,代理不能停滞。

一方面,继续推进刑事代理,进一步收集并形成诈骗犯罪无事实和法律依据,明显系经济纠纷的辩护意见,争取刑事案件结案,彻底化解刑事风险。刑案在立案后最长法定限期届满后已实际终结。

另一方面,针对被告系实际损失方,原告方反常离奇,利用歪曲事实,曲解法律提起商诉恶劣行径,为化被动为主动,在刑事风险得到实质化解,法院裁定中止审理后,推进被告适时在其公司所在地法院提起对原告和丙公司的诉讼,诉请巨额损失赔偿,并申请保全,反攻为守,案件终于由相持角力期转入了我方反攻的新阶段。

中止审理 3 年后的 2020 年 12 月,目标公司法定代表人和实际控制人发生了变更后,法治营商环境有了一定的改善,法院一直在推进结案。原告终提交了撤诉申请,并在此之前,与被告法定代表人充分交流,取得一定的相互理解和谅解。

2020 年 11 月底,法院裁定:针对原告在本案审理期间提出撤回起诉的请求,系其正当行使诉讼权利,且不违反法律规定,予以准许。

典型意义

一、商事审理思维的精准运用

(一)关于增资不实的问题

公司法规定出资(包括增资)不实的,法律后果是充实出资,而非如本案原告诉请之撤销增资合同的救济手段。具体内容上述代理词一中已详述,不再重复。

(二)公司增资作为典型的商事行为,与普通民事行为相比具有特殊性,相应地,其法律适用有特殊要求

根据特别法优于一般法的司法原则,本案应优先适用规范商事行为的《公司法》及配套法律法规,当其他法律与《公司法》规定不一致时,应排除非商事法律的适用。

(三)《公司法》规定的程序与《合同法》规定的撤销程序并不相同且相互排斥,当事人只能适用《公司法》规定的催缴程序,对该股东要求撤销增资合同是错误适用《合同法》的无据诉请

二、行政诉讼的审理程序和范围不同于商事诉讼,进而以商事法律适用对生效行诉判决书有力否认

在行政诉讼中,没有审查也不需审查被告出资不实根据公司法应进行补缴而不应撤销登记的内容,只是重点对行政机关作为具体行政行为所依据的营业执照和土地证的真实性进行了审查,且基于此撤销了商务委和工商局的登记。行政诉讼生效判决不能成为影响本商事案件驳回原告诉请的事由。

行政判决只是判定某商务委和某市工商局的股权变更登记已经撤销。但被告根据《公司法》规定,是丙公司的股东。确定公司股东身份的依据是股东名册,而登记事项的变更仅仅是使其具备对抗第三人的效力,登记事项的取消,并不影响被告的股东身份。在被告仍然具有丙公司股东身份的情况下,如原告对被告出资有异议,则应依法申请召开股东会对被告的出资进行催缴,而非诉请撤销增资合同。故原告提交的该两份行政判决并不能作为其诉请撤销合同的依据。

回顾思考

刑、行、商对症施治,5年复合诉战中,代理被告从被动防御至相持角力,再到中止审理,适时提起另诉反攻,加之对手重大情势变化,终云开日出。

刑事扼其锋芒,经过努力,检察院未对公安诈骗犯罪报捕批准,并在相当长时间内,未对被告法定代表人采取刑事强制羁押措施,刑事案件风险得到极其珍贵的暂时化解。这在相当程度上削减了案件对商诉高压态势的负面影响。

通过对行政判决在商事法律的充分质证,有力地化解了行诉被告败诉对本案商诉的负面影响。

在原告刑事强势进攻的势头受阻了一定期间,珍惜商诉开庭,全面澄清事

实,精准明晰法律,澄清是非曲直,终在开庭一年后,获得法院中止审理裁定。

相持了一段时间后,适时提起另诉发动反攻保全关键财产权益。

之后,在对方关键高管变更时,适时接受和解,终获柳暗花明准允撤诉裁定。

书短言长,其间艰辛,非当事人和代理律师难真切感受。关乎公司存亡和一位近 70 岁老人的法定代表人自由和财富安全的恶诉,终臻和结。

硝烟散尽,殊为不易。

律师简介

孙伏龙，中国区股权高级合伙人,盈科中国董事会副主任、盈科石家庄管委会主任,河北省律师协会副会长、省诉讼法学会、互联网法律学会副会长,全国优秀仲裁员、天津、石家庄等仲裁委员会仲裁员、多所大学特聘教授、硕导,省政府参事室特邀研究员,在民事、商事、刑事、行政、非诉多元及复合业务领域具有精湛的专业素养、丰富的实务经验和最高法、高法、中法相当数量胜诉、十多件无罪辩护成功的优良业绩。担任多个司法、政府、人大、科研院校、企业家等常年法律顾问。主要专业领域为争议解决(重大疑难复合)、资本市场、刑事辩护(经济犯罪、职务犯罪)、知产(著作权、反垄断)等。

任远，北京盈科(石家庄)律师事务所律师,争议解决团队核心成员,擅长处理重大疑难复杂商事民事争议领域内诉讼、仲裁纠纷,以及大型保险类案件的诉讼策略构筑,为客户提供全面务实的争议解决方案。

股东知情权与股东知情权之诉

——吴某某诉某机械公司股东知情权纠纷案

肖学科

案件简介

2011 年 6 月，某机械公司原股东将所持股权转让于孙甲，孙甲受让股权，并与吴某某商议合作经营该公司。在办理股东、股权变更登记时，孙甲、吴某某均作为股东进行了工商登记，其中孙甲持股 60%，吴某某持股 40%。

2018 年 1 月 17 日，公司召开股东会并形成决议：原股东孙甲、吴某某变更为孙乙；法定代表人由孙甲变更为孙乙；执行董事由孙甲变更为孙乙；公司类型变更为一人有限责任公司。本次股东、股权等事项的变更未办理相应的工商登记。

2018 年 12 月 19 日，吴某某向公司提出要求查账的书面申请，公司拒绝。吴某某随即提起股东知情权纠纷之诉，请求查阅、复制自 2011 年 6 月 10 日以来的公司章程、股东会会议记录和财务会计报告、会计账簿和会计凭证。

一审法院裁定驳回吴某某的起诉。主要理由：吴某某以其具有公司股东身份为由提起股东知情权的诉讼，公司提交了 2018 年 1 月 17 日由吴某某、孙甲、孙乙签名的股东会决议等证据证明吴某某已不具有股东身份，双方对吴某某是否具有股东身份存在争议，吴某某的起诉不符合法律规定，故予以驳回。

二审法院维持了原判，主要理由与一审一致。

2020 年 5 月 18 日，吴某某再次向公司提出查账的书面申请，要求查阅、复制自 2011 年 6 月 10 日以来的公司章程、股东会会议记录和财务会计报告、会计账簿和会计凭证。公司再次拒绝，吴某某再次提起股东知情权纠纷之诉，诉请查阅上述资料。

一审法院裁定驳回吴某某的起诉。主要理由:(1)吴某某行使股东知情权的前提条件是其起诉时具有公司股东资格或者有初步证据证明在持股期间其合法权益受到损害。(2)吴某某以其具有公司股东身份为由提起股东知情权诉讼,公司提交了《2018年第一次临时股东会决议》、公司章程、股东名册等证据证明吴某某已不具有股东身份。(3)生效的民事判决书中已认定《2018年第一次临时股东会决议》合法有效,该股东会决议中有"原股东吴某某将所持有的公司40%的股份20万元转让给新股东孙乙"的内容,故吴某某应先解决股东资格问题,在股东身份没有争议的情况下再行使股东知情权。因此,在吴某某股东身份存在争议的情况下,其不具备诉讼条件,且吴某某未提交证据证明其在持股期间合法权益受到损害,故吴某某的起诉应予驳回。

二审中,吴某某主动申请撤诉,二审法院作出准许其撤诉的裁定。

律师策略

本案案由为股东知情权纠纷。吴某某的请求权基础主要有:《公司法》第32条第2款、最高人民法院《关于适用〈中华人民共和国公司法〉若干问题的规定(四)》第7条和第9条等。

在梳理吴某某请求权基础后,结合案件事实及法律依据,梳理被告的答辩方向。依据《公司法》及其司法解释的规定,公司对抗吴某某请求的情形有两种:一种是证明吴某某不具有股东资格;另一种是证明吴某某的申请有不正当目的。其中,"不正当目的"的法定情形包含:股东存在自营或者为他人经营与公司主营业务有实质性竞争关系业务的、股东为了向他人通报有关信息查阅公司会计账簿,可能损害公司合法利益的、股东在向公司提出查阅请求之日前的3年内,曾通过查阅公司会计账簿,向他人通报有关信息损害公司合法利益的。

在对双方的利益诉求、权利基础、基础规范等进行分析后,我们看到,本案不存在能够证明原告申请查账有不正当目的的证据。同时,作出股东会决议前,吴某某与孙甲合作初期对公司的投资,已由孙甲退回,在投资退回的基础上,召开了股东会,形成了股东会决议。

因此,吴某某的股东资格存在已经丧失但未办理工商变更登记的情况,故我们着重从吴某某的股东资格问题制定应诉方案。在应诉方案中,我们主要收集或补强以下证据证明吴某某不具有股东资格:股东会决议、新公司章程、登报公示股东变更事项、股东名册等。

律师文书

一审答辩状(节选)

一、公司不认可吴某某股东身份,其无权向公司行使知情权

根据《公司法》第32条规定,股东与公司之间证明股东身份的文件应当是股东名册或者公司登记机关的登记。本案吴某某不属于第三人,其股东资格是否成立不能以对外的工商登记为准,应当以公司内部文件为准。

公司于2018年1月17日召开股东会,并就股东、法定代表人、执行董事、监事等事项的变更形成一致决议,后公司按照股东会决议依法置备股东名册、启用新公司章程。在吴某某拒绝协助公司办理工商登记时,公司通过登报将公司变更事项予以公告,以对外公示。

因此,现公司系仅有孙乙一位股东的一人有限责任公司,但因吴某某拒绝协助公司办理工商登记,公司的变更事项至今未完成工商登记,吴某某实质上不具有公司股东身份,无权行使知情权。

二、法院生效文书已经确认吴某某股东身份存在争议,且该争议至今未解决

吴某某提交的证据与公司股东名册不一致,且公司不予认可,说明股东身份有争议,吴某某应先解决股东身份问题。吴某某曾于2019年1月对公司提起知情权诉讼,经一审、二审审理,均因吴某某股东身份问题驳回其起诉。

关于吴某某述称的生效民事判决认定吴某某与孙乙之间系股权转让合同法律关系,公司及案外人孙乙均不予认可。吴某某诉称内容仅是判决书中的说理部分,并非是生效判决查明的事实,也未在判决主文中出现,其诉讼请求也未获支持,故不能作为证据使用。

同时,吴某某诉称已向案外人孙乙发送了解除通知等,也无任何法律效力。首先,其与案外人孙乙之间无合同关系,故不存在产生合同解除权的基础;其

次，根据最高人民法院《关于适用〈中华人民共和国合同法〉若干问题的解释（二）》第24条规定，在解除合同通知到达之日起，相对方有3个月的异议期，吴某某发出解除通知的日期是2020年5月12日，结合案外人孙乙的《声明》，不能排除孙乙在异议期内主张权利的可能。同时，股东会决议系公司作为企业法人集体意志的表现，吴某某仅摘取其中的某句话将企业法人的组织行为混淆为合同关系，直接架空了《公司法》，违背了特别法优先于普通法的法律适用原则，吴某某对股东会决议内容如有异议，应当按照《公司法》规定提起相应诉讼，而非打乱法律适用秩序，任意提起股东知情权之诉。

故，吴某某股东身份的争议、吴某某与案外人孙乙是否具有股权转让合同关系等均未形成明确的事实，吴某某提起本次诉讼缺乏事实根据和法律依据。

案件结果

吴某某先后提起的两次股东知情权纠纷之诉，均经过一审、二审审理程序，法院审理后因其存在的股东身份问题驳回起诉。

典型意义

《公司法》赋予了股东法定的知情权，但在股东纠纷情形下，不宜仅从工商登记公示的信息判断股东资格，应结合股东名册、公司章程等资料作实质判断。同时，《公司法》未限制股东行使知情权的次数，这几乎赋予了股东“无限开火权”，但股东提起股东知情权之诉的诉权与股东知情权不同，在股东身份争议等基础问题未有效解决的前提下，不宜盲目提起股东知情权纠纷之诉。

回顾思考

本案涉及的股东知情权与股东知情权之诉、股东资格的识别判断、股东会决议的性质等问题，值得我们思考。

一、股东知情权与股东知情权之诉

现行《公司法》规定了多项股东权利，如资产收益权、参与重大决策权、知情权等。其中，知情权的特殊性在于其法定性，即不能通过章程或协议的约定而排除或改变。

值得注意的是,股东行使知情权的先决条件为具有股东资格。

如股东资格存在问题,股东应先解决该问题,在无直接有效的证据证明股东身份股东身份情形下,更宜先行提起股东资格确认之诉解决股东资格问题,待其股东资格明确后,再行使股东知情权。

二、股东资格的识别判断

通常情况下,是否具备股东资格,从以下方面判断:工商登记信息、公司章程、出资证明书、股东名册等。

根据《公司法》第32条第2款规定,记载于股东名册的股东,可以依股东名册主张行使股东权利,公司股东发生变更的,应办理变更登记,未经登记,不得对抗第三人。

因此,对于公司外部而言,工商登记的公示信息是判断股东资格的首要依据,也是衔接善意保护制度的端口。但是,对于公司内部而言,股东资格纠纷多属于内部纠纷,股东之间不构成法律意义上的"第三人",故对股东身份的判断不宜简单以工商登记公示的信息为依据,需结合股东名册、公司章程、出资证明书等公司资料作实质判断。

三、股东会决议的性质

本案中,吴某某主张股东会决议中"吴某某将股权转让给孙乙"的条款,使双方形成股权转让合同关系,并向孙乙发送解除函,声明"解除该条款",即解除后不发生股权转让的效力,进而说明股东资格无争议。

我们认为,股东会决议的形成过程,与民事主体之间合同关系的建立过程完全不同,从合同法的角度解读股东会决议,实则混同了合同法与公司法,也违反法律的适用原则。

股东会决议的内容,并非民事主体间建立合同关系的行为本身,民事主体间合同关系是否成立有效,应从《合同法》关于"合同的订立"规范中判断。如对股东会决议的内容有异议,应从股东会决议无效、不成立、可撤销的法定情形中寻求司法救济。

四、风险防范建议

股东和股权是公司经营发展的两条生命线。近年来,全国法院审理的股东纠纷案件数量不断增多,一方面反映经济生活中法律意识的提高,另一方面也反映出商业行为中规范与规则的缺失。

正如本案,股东纠纷的类型多样,却有共同的诱因:在合作中,对章程的意义、作用和法律效果认识不足,双方的合作均建立在口头约定的基础上,缺乏规范性合同的约束。

股东权利被保护的前提是合法正当的行使股东权利。股东之间的合伙、合作应在前期做好布局,切忌碍于情面,将双方商量好的事项规范地落实到纸面上,是预防法律风险的最小成本和有效方式。

律师简介

肖学科,北京市盈科(郑州)律师事务所律师,中国政法大学(在读)研究生,专注于股东纠纷预防与争议解决,自媒体“公司控制权研究”负责人,已持续发表股权类原创文章百余篇。

让与担保债权人单独进行转让通知的法律效果

——某投资管理中心与某建工公司融资借款纠纷案

刘　铁　张谨星

案件简介

2017年年初，青岛某地产公司将为其直接或者间接控制的三家项目公司[某文化产业园有限公司（以下简称产业园）、生态城有限公司（以下简称生态城）、置业公司（以下简称置业公司）]进行工程施工的某建工公司推荐给某投资管理中心（以下简称原告），解决其融资问题。

2017年9月7日、11月13日、11月17日，原告与某商业银行分别签订三份《委托贷款委托合同》，编号分别为263、400及422，委托某商业银行向某建工公司发放贷款4500万元。

2017年9月7日、11月13日、11月17日，原告与某建工公司分别签订三份《债权融资综合协议》，编号分别为047、064及065，某建工公司向原告申请融资合计4500万元。

2017年9月7日、11月13日、11月17日，某商业银行与某建工公司分别签订三份《委托贷款借款合同》，编号分别为263、400及422，约定某商业银行受原告委托向某建工公司发放贷款4500万元。

2017年9月7日、11月13日、11月17日，原告与某建工公司分别签订编号为047、064及065的《质押合同》及《应收账款质押登记协议》，约定根据有关《债权融资综合协议》，某建工公司将其对产业园应收工程款42,473,638.14元、生态城应收工程款39,210,574.57元及置业公司应收工程款39,432,760.12元质押给原告并办理了质押登记。

前述相关协议签订后,原告按约定向某建工公司发放了 4500 万元融资款。

2018 年 5 月 18 日,编号为 065 的《债权融资综合协议》到期,某建工公司未按约付款,构成逾期。后原告与某建工公司经协商,就 065 号《债权融资综合协议》延期还款及另两份《债权融资综合协议》的回款统一进行汇总安排,并另签订一份编号为 065 -1 的《债权融资综合协议》,在协议第 5 条保障措施中约定:"某建工公司将持有的基础交易合同项下的全部应收账款转让给原告并办妥相关的质权设立/债权转让登记,为其在本协议项下的全部债务提供担保。有关该等质押担保的具体事宜,由双方签订《应收账款转让登记协议》进行具体约定。"同日,双方签订了《应收账款转让登记协议》,协议约定某建工公司将对产业园签订的《某项目五期(C 地块)施工总承包补充合同》项下已产生及未来产生的全部应收账款不低于 43,070,639.62 元,对生态城签订的《某项目 C2 地块(地上)施工总承包补充合同》项下已产生及未来产生的全部应收账款不低于 34,313,013.72 元、《某项目 C2 地块(地下)施工总承包补充合同》项下已产生及未来产生的全部应收账款不低于 13,042,718.50 元,对置业公司签订的《某项目 B2 地块施工总承包补充合同》项下已产生及未来产生的全部应收账款不低于 44,617,793.68 元转让给原告。2019 年 3 月,原告在中国人民银行动产融资统一登记系统办理了应收账款转让登记。

由于在施工过程中,某建工公司与三家项目公司发生矛盾,停止施工。为了沟通协调复工复产事宜,青岛某地产公司高管及原告公司相关人员建立了微信沟通群,共同协商协调某建工公司复工问题。2018 年 6 月 29 日,原告员工马某在微信群中发送《通知函》,告知青岛某地产公司《质押合同》《应收账款转让登记协议》的签订情况及应收账款相关信息,要求产业园、生态城及置业公司与应收账款到期日将上述应收账款支付到指定账户。

2018 年 9 月,原告、某建工公司与产业园、生态城、置业公司签订《付款协议书》四份,产业园、生态城及置业公司向原告偿对应编号 065 的《债权融资综合协议》项下融资款 1500 万元。

另,产业园自 2018 年 6 月 29 日至 2019 年 1 月 29 日累计向某建工公司付款 22,128,900.00 元,生态城自 2018 年 6 月 29 日至 2019 年 2 月 3 日累计向某建工公司付款 33,308,197.49 元,置业公司自 2018 年 6 月 29 日至 2019 年 1 月 28 日累计向某建工公司付款 15,687,101.95 元。某建工公司并未偿还原告剩余融资本金 3000 万元。为此,原告遂起诉某建工公司要求其偿还融资贷款本金 3000 万元及利息,并要求产业园、生态城及置业公司分别就确定的应收账款范围内向原告履行付款义务。

律师策略

北京市盈科(珠海)律师事务所刘铁律师、北京市盈科(深圳)律师事务所张谨星律师,接受原告委托后,担任本案的代理人,并对案情开展了细致分析研究。

原告对某建工公司的诉讼请求比较容易确定,胜诉基本没有争议,但其基本丧失了偿债能力,回款重心还应当放在三个项目公司(产业园、生态城、置业公司)。因此,本案需要思考的几个问题:

1. 对三个项目公司的权利应当如何主张?在放款时,原告与三个项目公司签订了三份《质押合同》;在签订065-1号协议时,原告与三个项目公司又签订了《应收账款转让登记协议》,质押是担保,原告对质押应收账款享有优先受偿权;而在转让应收账款的情况下,原告享有的是所有权,两种不同法律属性的应收账款如何切割?能否在同一请求中主张?如果能够主张,三个项目公司作为债务人,需要承担什么责任?应收账款转让后,是否抵消了原债权?

2. 原告作为受让人在微信群中仅发送《通知函》,并没有附有任何凭证,是否对债务人产生通知的法律效果?

3. 质押合同项下的应收账款是否还有剩余?原告在微信群通知后,三个项目公司未按照要求支付的款项,如何处理?

针对前述问题,刘铁律师与张谨星律师多次进行研讨,反复推敲,最终一致设计出案件的诉讼思路:

对于第一个问题,我们经过研究认为,如果某建工公司将对三个项目公司的应收账款转让给原告,通常的目的是抵偿此前的债权。但是,签约时的债权仅有4500万元,但转让的应收账款高达1.3亿余元,作为某建工公司,绝不会多支付近9000万元的款项,其出发点应当不是为了抵偿债权。

带着这个疑问,代理律师又仔细查阅065-1号的每一处条款及应收账款转让登记协议,065-1号协议第5条保障措施中约定:“某建工公司将持有的基础交易合同项下的全部应收账款转让给原告并办妥相关的质权设立/债权转让登记,为其在本协议项下的全部债务提供担保。有关该等质押担保的具体事宜,由双方签订《应收账款转让登记协议》进行具体约定。”

由此可见,《应收账款转让登记协议》中转让的应收账款实质为一种担保措施，即《全国法院民商事审判工作会议纪要》中所述的“让与担保”。解决了让与担保问题，很多矛盾的思路便豁然开朗，我们可以在主张某建工公司偿还借款的同时，要求三个项目公司作为担保人，承担担保责任，对其应收账款享有质权。

在诉讼初期，我们针对三个项目公司的诉讼请求也是请求法院判决原告对其应收账款享有优先受偿权，在拍卖、变卖价款中优先受偿。在此后的一段时间内，代理律师及原告公司法务经常对本案进行反复的推敲。在一次讨论中，大家偶然提出一个观点，判决对应收账款享有优先权在执行时太麻烦了，能否判决三个项目公司直接向原告支付呢？

顺着这个思路，代理律师进行了详细的分析和论证，并对国内法学专家的著作、文章，国内司法判例进行检索发现，有些学者对质权人要求债务人直接向其付款的观点是持积极赞同态度的，国内司法判例中，我们检索到最高人民法院指导案例 53 号“福建海峡银行股份有限公司福州五一支行诉长乐亚新污水处理有限公司、福州市政工程有限公司金融借款合同纠纷案”，在该案中，法院论述：“我国担保法和物权法均未具体规定权利质权的具体实现方式，仅就质权的实现作出一般性的规定，即质权人在行使质权时，可与出质人协议以质押财产折价，或就拍卖、变卖质押财产所得的价款优先受偿。但污水处理项目收益权属于将来金钱债权，质权人可请求法院判令其直接向出质人的债务人收取金钱并对该金钱行使优先受偿权，故无须采取折价或拍卖、变卖之方式。”

代理律师寻找到具体依据后，及时向法院变更诉讼请求，请求判决被告三个项目公司以质押、让与担保的应收账款为限直接向原告支付。

针对第二个问题：原告作为受让人在微信群中仅发送《通知函》，并没有附有任何凭证，是否对债务人产生通知的法律效果？

首先，虽然《应收账款转让登记协议》的转让应收账款行为被定性为“让与担保”，但对其外观履行行为的要求，还应当按照法律所规定的“转让”来认定，而不是要求行为人按照“担保”来进行质押登记。

其次，在前期与三个项目公司沟通中，其均辩称没有收到债权转让通知，同时，他们还辩称，即便收到了原告发送的债权转让通知书，原告也不是通知的权利主体，该通知也是无效的。虽然当时还没有出台《民法典》，但最高人民法院相应的批复及判例,也均认为受让人作为通知主体,应当足以使债务人确信真实性为基础。在两次开庭过程中,全国人大常委会颁布了《民法典》,虽然尚未发生法律效力,但其作出的规定,也可以代表立法的倾向性意见。三家项目公司也反复引用《民法典》第764条的规定,"保理人向应收账款债务人发出应收账款转让通知的,应当表明保理人身份并附有必要凭证"。《民法典》的出台,对正处于鏖战中的我们,显然是非常不利的。

但是,我们在此前一直专注在商业保理业务中,对于债权转让及其相应的法律逻辑,有着非常完整和深刻的认识。在通常情况下,债权人转让权利的,债权人直接向债务人发出转让通知,债务人出于对债权人的熟知和了解,能够立即判断该转让的真实性。受让人作为一个陌生人,从来没有跟债务人有过交易,其直接向债务人发出通知,在没有必要凭证的情况下,债务人很难判断该转让通知的真实性,法律也不能将这一判断责任和风险转嫁给债务人。因此,最高人民法院作出的一些判例及《民法典》第764条,均对受让人作为通知权利人市,要求其附有必要凭证或者使债务人能够判断真伪,在债务人能够确认转让真实性的前提下,该通知才有效。而本案中,原告作为受让人,仅在微信群里面发了债权转让的通知书,并没有附有任何凭证,显然处于非常不利的地位。

通过仔细分析前述法律逻辑及原理,代理律师认为,在本案中,原告即应收账款转让的受让人是三家项目公司的关联公司推荐与被告某建工公司开展业务合作的,且三家项目公司与其关联公司的法定代表人是同一个人,还有共同的高管,他们能够对应收账款转让事实的真实性作出明确的判断,对原告与某建工企业的合作模式、债权债务关系是完全知晓的。也就是说,本案的通知主体与法律所规定的其他情况有着本质的区别。这一观点,应当能够获得法院的支持与认可。

最后,虽然是以在微信群里面发布的方式进行了通知,但该群是原告与三家项目公司未来解决某建工公司停工后复工复产的重大事项沟通群。三家项目公司应当能够注意到该群的文件消息。同时,考虑到三家项目公司可能会否认微信与其关联性问题。在诉讼过程中,两位代理律师先将微信聊天记录予以公证,并立即向法院申请调查令,前往腾讯公司调取微信群成员身份信息,包括姓名、身份证号、手机号等，在调查出该成员的手机号码后，代理律师又让原告去手机营业厅为其手机号码缴纳 10 元电话费，手机运营商出具的缴费收据显示了手机号码及机主，能够与腾讯公司出具的身份信息互相印证。最终结合国家信用网站查询的三家项目公司及其关联公司的登记信息，能够印证其法定代表人及高管存在重叠的事实。从而使证据链得以组建完整，完成对债务人履行通知义务，从而对其享有权利。

关于第三个问题，质押合同项下的应收账款是否还有剩余？原告在微信群通知后，三个项目公司未按照要求支付的款项，如何处理？

在案件事实方面，案件还需要解决一个问题，就是三个项目公司目前尚有多少未付款项，如果未付款项不足以弥补原告的各项费用，那么差额部分从哪里寻找突破口，三个项目公司此前的付款，其有效性的节点在哪里？带着这些疑问，我们结合《合同法》第 80 条第 1 款的规定，"债权人转让权利的，应当通知债务人。未经通知，该转让对债务人不发生效力"。代理律师认为，原告在微信群通知三个项目公司后，应收账款转让的事实就通知了三个项目公司，转让行为就对其发生法律效力，其就应当受该转让行为的制约。也就是说，三个项目公司在接到应收账款转让通知后的付款行为，对受让人来说，就属于非债清偿，其支付行为对受让人不发生法律效力。

综合本案来看，案件的难点在于案件事实本身信息量较大，且类案较少。让与担保作为一种新型非典型担保制度法律尚未有明确的规范指引。若想达到诉讼预期，首先需要梳理案件各个重要节点，让法官迅速了解、代入案件事实。其次需要对争议焦点进行总结梳理，帮助法官在纷繁复杂的案件事实中拨开迷雾，抽丝剥茧，最终起到引导法官支持我方诉求的良好诉讼效果。

律师文书

民事起诉状（节选）

诉讼请求：

1. 判令被告某建工公司立即偿还 047 号、064 号两份合同项下融资本金

3000 万元，并支付利息 170, 833. 33 元，逾期利息 2, 880, 000 元；并自 2019 年 3 月 7 日起至实际给付之日止，以 3000 万元为基数，按照年利率 24% 计算逾期利息；同时支付 065 号合同项下罚息、逾期付款违约金共计 1, 384, 767. 12 元。

2. 判令原告在被告某建工公司对被告产业园应收工程款 43, 070, 639. 62 元价款内享有优先受偿权，并判决被告产业园在被告某建工公司的本案债务范围内直接向原告支付应付款项，以清偿被告某建工公司的本案债务。

3. 判令原告在被告某建工公司对被告生态城应收工程款 47, 355, 732. 22 元价款享有优先受偿权，并判决被告生态城在被告某建工公司的本案债务范围内直接向原告支付应付款项，以清偿被告某建工公司的本案债务。

4. 判令原告在被告某建工公司对被告置业公司应收工程款 44, 617, 793. 68 元价款享有优先受偿权，并判决被告置业公司在被告某建工公司的本案债务范围内直接向原告支付应付款项，以清偿被告某建工公司的本案债务。

5. 判令被告承担律师费 25 万元。

6. 判令被告承担案件受理费、财产保全费 5000 元、财产保全担保费 24, 326. 63 元等全部费用。

事实及理由：

2017 年 9 月 7 日、11 月 13 日、11 月 17 日，某建工公司与原告分别签订《债权融资综合协议》各一份，合同编号分别为：047、064、065，分别向原告申请融资 1500 万元，合计 4500 万元。合同均约定，融资期限内年利率为 10%，逾期利率上浮 50%，即年利率 15%，融资到期日分别为 2018 年 9 月 8 日、2018 年 11 月 13 日、2018 年 5 月 17 日。协议还约定，发生争议由原告住所地人民法院管辖。

协议签订后，原告委托某商业银行向某建工公司发放融资款 3 次，每次 1500 万元整。

2018 年 5 月 17 日，编号 065 的《债权融资综合协议》到期，某建工公司没有按时付款，构成逾期。故 2018 年 5 月 18 日，原告与某建工公司又签订一份《债权融资综合协议》，编号为 065 - 1，对此笔款项的付款期限进行了延长，并约定分期偿还。同日，原告与某建工公司签订一份《应收账款转让登记协议》，某建工公司将对产业园签订的《某项目五期（C 地块）施工总承包补充合同》项下已经产生及未来产生的全部应收账款不低于43,070,639.62元;对生态城签订的《某项目C2地块(地上)施工总承包补充合同》项下已经产生及未来产生的全部应收账款不低于34,313,013.72元、签订的《某项目C2地块(地下)施工总承包补充合同》项下已经产生及未来产生的全部应收账款不低于13,042,718.50元;对置业公司签订的《某某项目B2地块施工总承包补充合同》项下已经产生及未来产生的全部应收账款不低于44,617,793.68元转让给原告,上述应收账款所从属的一切从权利和权益也转让给了原告,并在中国人民银行征信中心办理了应收账款转让登记。因此,原告认为,上述应收账款转让实质为应收账款的质押,即"让与担保",原告对前述《应收账款转让登记协议》项下的应收账款享有质权。

2018年9月,原告与某建工公司、置业公司签订《付款协议书》,约定置业公司代某建工公司偿还600万元;原告与某建工公司、生态城签订《付款协议书》,约定生态城代某建工公司偿还600万元;原告与某建工公司、产业园签订《付款协议书》,约定产业园代某建工公司偿还300万元。

原告在签署《应收账款转让登记协议》后,通过多种方式将上述事实通知了置业公司、生态城及产业园。

综上所述,原告认为,某建工公司因补充生产经营流动资金,向原告融资,原告按照约定向其足额发放了融资款,被告在融资期限届满并未偿还,应当承担付款义务,并按照协议约定承担利息及逾期利息;某建工公司将对产业园、生态城、置业公司的应收工程款质押给原告,原告依法享有优受偿先权。本案的质押物为金钱债权,没有必要通过拍卖、变卖等方式变现。置业公司、生态城、产业园作为某建工公司的债务方,目前仍然拖欠几千万元工程款没有支付,原告多次找其协商支付工程款项,但是,其始终以各种理由推诿;为此,原告向人民法院提起诉讼,请人民法院明察秋毫,依法予以支持。

案件结果

珠海市××新区人民法院经审查后认为,案涉4份《债权融资综合协议》及关联的3份《委托贷款借款合同》、3份《委托贷款委托合同》、3份《质押合同》、《应收账款转让登记协议》是双方当事人真实意思表示，内容没有违反法律、行政法规的强制性规定，应为有效，双方均应依约履行。原告要求某建工公司承担偿还融资贷款本息、律师费、财产保全担保费，要求产业园、生态城、置业公司分别就确定的应收账款范围内向原告履行付款义务的诉请，理据充分，本院予以支持；超过部分，于理无据，不予支持。依据《合同法》第8条第2款、第60条第1款、第80条第1款、第107条，《物权法》第223条，《民事诉讼法》第144条之规定，判决如下：

1. 被告某建工公司于本判决生效之日起10日内向原告偿还贷款本金3000万元、利息170,833.33元、逾期利息1,384,767.12元及后续逾期利息（两项均以1500万元为基数，分别自2018年9月9日、2018年11月14日起按照年利率24%的标准计付至实际清偿之日止）；

2. 被告某建工公司于本判决生效之日起10日内向原告支付律师费25万元、财产保全担保费用24,326.63元；

3. 原告就被告某建工公司对被告产业园应收账款15,953,414.26元享有优先受偿权，被告产业园于本判决生效之日起10日内就应收账款15,953,414.26元在上述第1项、第2项债务范围内向原告履行付款义务；

4. 原告就被告某建工公司对被告生态城应收账款28,552,274.84元享有优先受偿权，被告生态城于本判决生效之日起10日内就应收账款28,552,274.84元在上述第1项、第2项债务范围内向原告履行付款义务；

5. 原告就被告某建工公司对被告置业公司应收账款6,813,607.76元享有优先受偿权，被告置业公司于本判决生效之日起10日内就应收账款6,813,607.76元在上述第1项、第2项债务范围内向原告履行付款义务；

6. 驳回原告的其他诉讼请求。

2020年9月，产业园、生态城及置业公司不服一审判决，共同向珠海市中级人民法院提起上诉。珠海市中级人民法院经审理后驳回三上诉人全部诉讼请求，维持原判。

典型意义

在融资业务中，除保证、抵押、质押等传统担保方式外，让与担保也越来越多地被采用。特别在项目融资中，常见出借人要求借款人将借款人所持有的项目相关合同权益全部转让给出借人。2019 年 11 月 8 日，最高人民法院发布《全国法院民商事审判工作会议纪要》（以下简称《九民会议纪要》）统一明确了让与担保的法律后果及让与担保权利人优先受偿的权利。《九民会议纪要》第 71 条规定："债务人或者第三人与债权人订立合同，约定将财产形式上转让至债权人名下，债务人到期清偿债务，债权人将该财产返还给债务人或第三人，债务人到期没有清偿债务，债权人可以对财产拍卖、变卖、折价偿还债权的，人民法院应当认定合同有效。合同如果约定债务人到期没有清偿债务，财产归债权人所有的，人民法院应当认定该部分约定无效，但不影响合同其他部分的效力。当事人根据上述合同约定，已经完成财产权利变动的公示方式转让至债权人名下，债务人到期没有清偿债务，债权人请求确认财产归其所有的，人民法院不予支持，但债权人请求参照法律关于担保物权的规定对财产拍卖、变卖、折价优先偿还其债权的，人民法院依法予以支持。债务人因到期没有清偿债务，请求对该财产拍卖、变卖、折价偿还所欠债权人合同项下债务的，人民法院亦应依法予以支持。"自此，让与担保作为一种非典型的担保形式，其优先性首次在法律上得到确认，但《九民会议纪要》并未详细规定让与担保的操作细节，导致实际操作中，对于债权转让的通知并未有形式上统一的标准，从而引发争议。

随着经济的高速发展，应收账款作为企业的一种资产，越来越多的被转让，以获取相应的融资或者抵销债务。有关债权（应收账款）转让的通知主体问题，一直广受关注，业内争议较大。最高人民法院作出几个判例及《民法典》的出台，确立了受让人作为通知权利人的地位，但同时要求附有必要的凭证。本案是罕见的受让人在未付任何凭证的情况下，作为应收账款转让通知的权利主体被法院认定的案例。同时，也揭开了《民法典》作出前述规定背后的逻辑所在。

回顾思考

一、《应收账款转让登记协议》的法律性质

对于债权转让、债权让与担保二者的区分，实践中通常容易混淆。虽二者在外观上均是将所有权进行转让，但让与担保实际上是一种担保行为，是为了保证主合同中的债权实现而设立。

具体到本案，一审、二审法官都重点针对《应收账款转让登记协议》的性质作出评析。首先，《应收账款转让登记协议》中约定的转让金额远超实际应收账款金额，与常理不符。其次，从各方履行的情况来看，均为某建工公司“委托”产业园、生态城及置业公司代为向债权人付款。如系债权转让，前述三家公司应当直接向债权人偿还债务。最后，在一审庭审中，原告主张《应收账款转让登记协议》为让与担保，被告均表示尊重该意见，即各方当事人都认可让与担保的法律性质。故而，即便《应收账款转让登记协议》名称为“应收账款转让”，也不能仅凭外观而直接认定为债权转让。虽外观上让与担保作为非典型性担保，须将担保物的所有权或其他财产权利移转至债权人，待债务人履行债务后，所移转的权利才返还于让与担保设定人，但法律性质的认定不应拘泥于协议名称，应当综合交易背景，站在一般理性人的角度综合分析。《应收账款转让登记协议》的作用本就是为本案融资款提供担保，法律性质上应认定为让与担保。

二、债权转让的通知形式

《民法典》第546条第1款规定：“债权人转让债权，未通知债务人的，该转让对债务人不发生效力。”

对于债权转让的通知形式，法律上并未规定在何时、何地、以何种形式通知债务人，才算完成“通知”的法律行为，实践中常见的通知方式包括：债务人签字确认，债权人、债务人、受让人签订三方协议，邮寄送达、发票备注、微信信息、约定的电子邮箱送达等多种方式。法无禁止则自由，亦即对于次债务人而言，只需要实际知晓债权转让的事实，即可构成法律意义上的通知。

本案中，产业园、生态城及置业公司，正是利用了法律对债权转让通知形式的空白，抗辩未收到债权转让的通知，从而恶意逃避承担法律责任。在诉讼过程中，我方通过多个角度，如微信群成员的身份实际系三家公司高管、三家公司法人代表均为同一人、三家公司部分高管成员相同、三家公司均由关联公司推荐、三家公司在庭审中提交文件抬头LOGO一致、微信群系用于处理三家公司农民工上访事宜、微信群中其中一名公司高管曾在《通知函》发出前后进行语言附和等，进而证明三家公司实际为关联公司，均知悉债权转让的事实。

原告作为债权人，在微信聊天群中向产业园、生态城及置业公司三家公司的高管发送《通知函》，即已产生向次债务人明确传达债权转让的效果。综上，只要原告已经履行了通知的义务，且按照一般常理推定该通知能够到达次债务人，即可以认定次债务人已经知晓债权转让的事实，质权自通知到达起设立，次债务人应当直接在担保范围向原告履行付款义务。

三、实践中采取让与担保的注意要点

首先，让与担保合同应为有效合同。双方当事人订立时须确保：(1)行为人具有相应的民事行为能力；(2)意思表示真实；(3)不违反法律、行政法规的强制性规定，不违背公序良俗。同时，不得有法律上关于合同无效之情形，方能实现让与担保的目的。

其次，拟采用让与担保应当注意拟让与的债权应具备可转让性，系合法有效，没有权利负担的债权。如该债权本身设立了质押等其他权益，则转让时将会带来不必要的麻烦。

最后，债权让与担保应履行必要完善手续。法律并明文规定让与担保中对于次债务人的通知形式，却规定了未通知到次债务人，债权转让对次债务人不产生约束力。故为了确保未让与担保能够顺利实现，在通知形式上，尽可能采取书面通知的形式，并尽量争取到次债务人对债权转让的确认。

律师简介

刘铁，北京市盈科(珠海)律师事务所股权高级合伙人、盈科珠海监事会主任，盈科珠海投融资与并购重组法律事务部主任，珠海律师协会理事，办理过大量重组并购、房地产、公司治理、土地行政诉讼、征地拆迁等业务。

张谨星，北京市盈科(深圳)律师事务所高级合伙人，盈科深圳管委会副主任，盈科深圳争议解决法律事务中心主任，深圳市商业保理协会副秘书长、监事，法律专委会常务副执行主任，广东省商业保理协会监事。专注商业保理、融资租赁等供应链金融、商事诉讼等法律业务。

找准切入点，精准办案

——G 公司诉 K 公司、D 公司供用热力合同纠纷再审案

刘　艳　张媛媛

案件简介

从 20 世纪 90 年代起，我方当事人供热公司 K 公司开始使用发电厂 G 公司的高温水作为热源向用户供热，双方以设在 G 公司电厂出口的计量表计量、结算热费。2000 年，在区政府协调下，另一供热公司 D 公司将管网接入 K 公司的供热主管网末端，G 公司通过 K 公司的供热主管网同时向 K 公司和 D 公司供应高温水。每个供暖期 G 公司分别与 D 公司和 K 公司签订供用热力合同，约定 D 公司的用热量以其接入点处的计量表数值确定，K 公司的用热量按照 G 公司电厂出口计量表数值减去 D 公司接入点计量表数值确定。

2011 ~2012 年供暖期开始前，K 公司发现在前述合同约定的结算方式下，D 公司使用的高温水在 K 公司主管网内产生的热损由 K 公司承担，遂向 G 公司提出要求变更结算方式，K 公司不再承担 D 公司用热产生的热损。但各方未就 2011 ~2012 年、2012 ~2013 年两个供暖期的热损分摊问题达成一致。

2013 年 5 月，区政府协调各方召开政府协调会，与会各方一致同意由城管局牵头聘请专家对热损问题进行论证，与会各方按专家意见执行，并作为区域今后类似问题解决的依据，G 公司、D 公司及 K 公司均在会议纪要上签字确认。随后城管局组织召开专家会，专家意见确认了热损的存在以及 D 公司应当与 K 公司分担共用管网的热损，并就双方应承担的热损计算提供意见，G 公司和 K 公司均在专家出具的意见上签字确认，但 D 公司未签字。

2013 年 7 月，因 G 公司退出该区域发电市场，H 电厂代替 G 公司成为新的供热方，区政府主管部门再次召开会议，会上确定新增支线计量表计算共用管网热损总量、并由 K 公司与 D 公司根据各自高温水流量分摊热损费用。随后，H 电厂与 K 公司和 D 公司分别按照该会议内容签订了供用热力合同，按照新的供用热力合同结算方式，K 公司与 D 公司对共用管网的热损根据各自的用热量分担。

由于各方未能就 2011 ~2012 年、2012 ~2013 年供暖期热费结算达成一致，2016 年 K 公司与 G 公司进行历史热费最终结算时扣除了争议年度内 D 公司用热对应的热损，因而与 G 公司计算的结算金额产生差异。双方同意将该差异部分争议提交仲裁委裁决，并由 G 公司提请仲裁。仲裁委历经近三年审理，认定案件缺少必要的当事人即 D 公司，因而驳回 G 公司的仲裁申请。

随后 G 公司向法院起诉 D 公司和 K 公司，要求 D 公司和 K 公司支付热费。一审、二审法院（以下统称原审法院）认为，因各方未达成新的结算意见，争议年度的热费结算应当比照上一年度合同的约定进行，并判决 K 公司承担该部分热费。

代理律师认为，鉴于 K 公司使用 G 公司高温水系用于供热公共事业服务，在对热费结算存在异议的情况下只能继续使用 G 公司的高温水，合同不能予以终止，K 公司继续使用高温水不应视为对先前合同的延续，原合同结算条款不应适用。K 公司遂申请再审，再审法院经审查认为原审法院适用法律错误，符合再审条件，裁定提审，并经审理后将本案发回一审法院重审。

律师策略

本案原审法院虽已查明案件事实，但对本案争议焦点并未准确归纳，导致原审判决适用法律错误并作出对 K 公司不利的错误判决。因此，如何在再审中取得法官对争议焦点的充分理解显得尤为重要。代理律师在再审中重点围绕案件事实对法律适用问题进行阐释，在原审查明事实的基础上，找准切入点，对所涉供热领域的术语、概念进行阐述，并通过画图、列算式等方式，将抽象概念具体化，以使合议庭跳出原审裁判思维。诉讼策略具体如下：

1. 对管网热损在本案中的内涵与外延进行阐述，论证原审判决将热损承担认定为 K 公司与 D 公司之间的问题，而应另行解决错误，系事实认定错误。

2. 通过计算公式推导，说明管网热损属于供热量的构成部分，应由用热方承担,以往计量方式下K公司多承担了本应由D公司承担的热损对应热费。

3. 从事实和法律适用角度论证原供热合同的结算条款不应适用于涉争供暖年度,并从法条本身的逻辑结构出发,指出本案应当适用的法律规定。具体而言,强调G公司与K公司在涉争年度的合同签订情况,即双方未签订合同。但K公司已明确提出不同意适用原合同结算条款;在此情况下,双方的热费结算应当依照《合同法》第61条、第62条之规则予以确定。K公司之所以在争议期内没有停止用热,是由于K公司用热系向公众供热,无法擅自停止供热,故不应视为对原合同的延续。

律师文书

再审申请书(节选)

一、管网热损的承担问题决定了供热量的计算,与本案热费承担直接相关

管网热损的承担问题属于供热方与用热方的供热量计量问题,关系到供热方G公司向用热方计算供热量和计取热费,而非两个用热方K公司与D公司之间的问题。K公司、D公司系分别与G公司成立供用热力合同关系,G公司有权依据供热量向用热方收取热费。而K公司与D公司之间并无法律关系。管网热损是供热方向用热方供热过程中管网散热对应的热损失,该部分也属于供热方向用热方供热的构成部分。G公司作为供热单位,应当按照供热量向用热单位计收热费,因此管网热损的承担问题对G公司计算热费有直接关系。二审判决认为热损承担问题是两个用热方K公司和D公司之间的问题应当另行解决,没有厘清各方之间的法律关系。

二、管网热损属于供热量的构成部分,应当由实际用热方承担,G公司以往与K公司约定的计量方式多计算了供热量

管网热损是在供热过程中因管网散热而损失的热量,对应热费应当谁用热、谁承担。G公司向K公司供热应当依照供热量收取热费,管网热损是供热量的构成部分,G公司有且仅有权向K公司收取K公司用热对应的管网热损热费,无权就超出部分向K公司收取热费。

按照G公司与K公司原先合同约定的计量方式,G公司向K公司计算供热量的方式为:

G公司向K公司供热量=电厂出口计量表热量数值-D公司计量表热量数值

因D公司计量表位置在共用管网端口末端,因此D公司计量表计量的数据未能包含D公司用热在共用管网上发生的热损,因而按照上述公式计算:

G公司向K公司供热量=K公司热使用量+共用管网K公司热损+共用管网D公司热损

显然,原合同计算G公司向K公司的供热量时把"共用管网D公司热损"热量纳入了K公司之中,造成K公司多支付了该部分热费。

三、原合同结算条款不应适用于涉争供暖期的热费结算

(一)G公司与K公司在涉争供暖期未有关于计量的约定

在2011~2012年度供热期开始前,K公司已经因以往合同约定的计量方式显失公平、多计算了上诉人的用热量而向G公司明确提出变更计量方式的要求,G公司亦因而向D公司提出变更计量方式的要求,但计量方式一直到2013年7月都未能达成一致意见,因此各方在争议期内没能签订供用热力合同,争议期内各方没有关于计量问题的合同约定。

(二)争议期内的计量方式应当依照《合同法》第61条、第62条之规则确定

鉴于各方在争议期内未有关于计量方式的约定,依照《合同法》第61条规定,"合同生效后,当事人就质量、价款或者报酬、履行地点等内容没有约定或者约定不明确的,可以协议补充;不能达成补充协议的,按照合同有关条款或者交易习惯确定"。本案中,争议期内G公司与K公司之间系事实上的供用热力合同关系,没能达成书面合同对价款结算问题作出约定,也没有可以适用的交易习惯,K公司在争议期间开始用热前即已经明确向G公司提出不再使用以前的计量结算方式,因此应当依照《合同法》第62条第2项"价款或者报酬不明确的,按照订立合同时履行地的市场价格履行;依法应当执行政府定价或者政府指导价的,按照规定履行"之方式确定。

根据G公司出示的收费依据,政府规定的指导价为"出厂价40元/吉焦",因此G公司向各用热方供热的供热量均应当从电厂出口开始计算。如前所述,依照G公司与K公司以往合同的约定,供热量中多计算了"共用管网D公司热损"的热量,从而导致G公司将多收取K公司的热费,有违等价有偿原则。因此不应再沿用以往合同的约定。

(三)K公司在争议期间因公共供热服务原因无法停止用热,争议期间用热不应视为对以往合同的延续

由于K公司使用G公司供热系用于向供暖用户提供公共供热服务,具有公共服务属性,如K公司直接与G公司终止合同关系,将无法向用户提供公共供热服务,导致区域内公共供暖停止,因此K公司只能在提出异议的同时继续用热,但K公司已经明确向G公司提出要求不再承担D公司的共用管网热损,K公司继续用热并非同意沿用原合同。对K公司的热费,在未能达成一致意见的情况下,应当依照《合同法》第62条之规定及公平原则,按照K公司和D公司各自的实际用热量分别计算。

因此,二审判决认定涉争供暖年度的合同结算条款没有变更,属于适用法律错误。

四、K公司已经足额支付了争议年度的热费,本案所涉热费不应再由K公司承担

K公司在与G公司就历史往来账进行最终对账后,已经足额支付了全部热费(包含争议年度共用管网热损中K公司应当承担的热损热费),本案争议热费系D公司用热产生的管网热损热费,G公司无权要求K公司承担该部分热费。

综上,一审、二审判决在事实认定和法律适用上存在严重错误,该错误裁判将造成数百万元的国有资产流失。为维护公平正义,恳请贵院依法对本案进行再审,保护申请人的合法权益。

再审申请人K公司庭后代理意见（节选）

一、热损亦为供用热力合同关系中用热方的用热量，对应热费应当由用热方自行承担

首先，本案中热损系指在高温水传输过程中因管网散热等损失的热量，由于G公司计取热费的标准是"出厂价"，因此该热量也是G公司供热的一部分，应当由用热人支付对应热费。正如G公司和D公司在诉讼中提交的政府指导价文件所载，政府供热指导价均明确载明系为"出厂价"，也就是说该价格已经考虑了从出厂口到用热点之间管网的热损，并将之纳入单价，最终由用热方承担，用热方应当承担其用热过程中发生的热损热费。本案中，K公司和D公司均为共用管网的用热人，因此两公司均应承担共用管网的热损。

其次，K公司与D公司同为用热单位，各自的热费（含热损）应当各自承担。D公司已经缴纳的2011～2012年度、2012～2013年度热费系按照管网末端计量表所示热量计费，并未包含其应当承担的共用管网热损热费，该节事实已十分清楚，换言之，D公司并未足额缴纳2011～2012年度、2012～2013年度热费。D公司未缴足热费，原审却判决由K公司承担，显然与事实相悖。且K公司与D公司之间并无任何供热用热关系，K公司不是D公司的供热方，不应由K公司向D公司主张热费。

原审认定K公司向G公司支付D公司应负担的热费缺乏事实和法律依据。而且K公司与D公司之间不存在供用热关系，原审认定由K公司先行承担该部分热费、随后另行向D公司主张共用管网热损，显然没有厘清各方的法律关系。

二、供用热力合同各方在争议年度开始前已经就合同主要条款即热费结算问题发生争议，并因而未能订立书面合同，各方的结算不应沿用以往年份书面合同的约定

（一）合同结算不应继续沿用以往合同的约定

在2011～2012年供热期开始前，各方就已经提出热损问题，就合同结算明确提出异议，不同意继续按照上一年度合同约定的结算方式结算热费，并因而

未能签订书面合同。G公司在历次与K公司的往来函件中对该节事实亦予认可。该情形下,不应继续沿用以往年度合同约定的结算方式。一审、二审法院仍按照以往年度合同进行结算错误。

由于K公司与G公司签订供用热力合同系用于提供公共供热服务,具有公共服务属性,如与G公司终止合同,将影响K公司向用户提供公共供热服务,因此K公司只能在提出异议的同时继续用热,但K公司已经明确向G公司提出调整结算方式的要求,K公司继续用热并不构成对合同结算方式的同意。G公司的热费结算,应当依照K公司和D公司各自的实际用热量分别进行计算。

(二)政府会议纪要及专家意见经签字对G公司和K公司具有约束力,争议年度热费结算时双方应当遵照执行

2013年在政府协调下K公司与G公司已经对争议年度双方的热量结算标准问题达成一致意见,并在会议纪要、专家意见上签字确认。在双方已经形成明确的结算意见后,热费结算方式不应比照上一年度合同约定结算方式继续履行。

2013年5月23日纪要载明关于网损问题,与会各方一致同意由城管局牵头聘请专家对网损等问题进行论证,与会各方按专家论证意见执行,并作为新区今后类似问题解决的依据。G公司、K公司及D公司均在会议纪要上签字确认。依照专家意见,共用管网的热损应当按照流量分担,而非由K公司单方承担。G公司和K公司均在会议纪要和专家意见上签字,构成双方对结算方式达成的一致同意,该会议纪要和专家意见对双方具有约束力,双方应当遵照执行。

三、K公司已经足额支付了争议年度的热费,本案所涉热费是D公司应当承担的热费,不应再由K公司承担

K公司在与G公司就历史往来账进行最终对账后,已经足额支付了全部热费(包含争议年度共用管网热损中K公司应当承担的热损热费),G公司在本案中主张的热费系D公司用热产生的管网热损热费,应当由其D公司自行承担,G公司无权要求K公司承担该部分热费。

K 公司计算争议年度共用管网热损时，采用的计算方式为：

共用管网热损 = 总流量（K 公司流量 + D 公司流量）× 管损比

其中，管损比系按照 2013 ~ 2014 年度、2014 ~ 2015 年度的管损比平均值计算，该管损比因受管网改造影响，数值明显小于争议年度的管损比。换言之，K 公司对争议年度的管损计算数值较实际偏低，该计算方式计算得出的热损数值低于实际热损，按两公司各自流量分摊计算后不应由 K 公司承担的管损热量数值也较实际偏低，K 公司承担的管损热费已经超过了其应当承担的数额。换言之，K 公司在与 G 公司结算热费时已经较实际情况多承担了部分热损对应的热费，G 公司无权向 K 公司主张热费。

案件结果

经过详细梳理案件事实、厘清焦点问题，在充分理解并准确归纳案件争议焦点的前提下，再审法院认为，在 K 公司明确表示不同意按照原合同继续履行的情况下，原审法院认定各方仍按照原合同进行结算不妥，应当依照《合同法》第 62 条之规定及公平原则，由 K 公司和 D 公司共同分摊共用管网热损。原审法院对于 K 公司和 D 公司各自应承担的实际用热量及管网热损未予审理不妥，对此应当进一步查清，并裁定撤销一审、二审判决，将本案发回一审法院重审。至此，本案取得阶段性胜利，K 公司避免了数百万元的国有资产流失。

典型意义

本案对于涉及特定行业领域专业问题的纠纷处理具有借鉴作用。在本案代理中，代理律师根据法院对案件的了解程度，找准切入点，通过将专业晦涩的问题抽象化，并通过作图、列算式等通俗易懂的方式将焦点问题所涉复杂事实予以简化呈现，取得法官对案件事实的理解，从而导向对法律适用问题的研究。对案件实现再审胜诉起到了至关重要的作用。

本案对于当地供热企业处理历史遗留问题也具有借鉴作用。供热企业因各式原因存在诸多历史遗留问题。而通过转换视角、引入第三方等方式找准切入点，问题的解决可能达到意想不到的效果。

回顾思考

本案争议发生于2013年前,各方之间对热费结算问题一直未能达成一致,并先后经历仲裁、诉讼,各方当事人对于本案所涉的争议热费各有主张。回顾案件争议始末,原审法院之所以未支持K公司的主张,究其原因在于对本案的基本事实缺乏足够了解。本案原审判决虽然适用法律错误,但再审纠正其错误的法律适用也需要在查明案件事实的基础上才得以实现。代理律师在代理过程中,反复对案件争议的焦点问题进行归纳,以热损的内涵与外延作为切入点,围绕将抽象的事实具体化,将案件事实以简明的方式呈现给法庭。回顾本案代理过程,案件最终能够取得再审阶段的胜诉,得益于以下方法。

(一)概念阐释

在仲裁阶段,仲裁庭对于K公司提出的"热损"这一概念起初是不理解和不接受的,为使仲裁庭直观理解何谓"热损"以及其客观存在,代理人通过类比说明、画图示例的方式,并结合专家论证意见,阐释了"热损"概念,使得仲裁庭对我方提出的观点逐步理解和接受。

(二)图表加公式

在诉讼阶段,原审法院以K公司、D公司未签订书面供用热力合同的情况下继续用热形成事实上的供用热力法律关系、各方未达成新的结算意见,因此结算标准未发生改变为由,认定K公司仍应按照原合同结算热费。其作出该等认定的根本原因在于,在没有新增计量表的情况下,热损无法定量,在各方对热损不能达成一致的情况下,法院对热损数值的认定有困难。为避免再审法院因同样的原因作出同样的有违事实认定的裁判结果,代理律师在再审阶段将当事人提供的计算方式和计算逻辑进行了重新推演,并以条形图的方式展示热损热费在本案中的地位及承担问题,并通过额外制作数据汇总表的方式,将争议年度及其后各个年度的数据做一汇总,以各方达成新的结算方式后的数据,反推争议年度内的数据,并辅以其他证据证明该反推数据低于D公司实际应当承担的热损热费,从而取得法院对该数据的认可。

以上诉讼工具的运用,为协助法庭查明事实上带来了极大的便利。代理律师根据法院对本案所涉事实的理解程度,适时适用不同的呈现方式,在传统文字代理意见的基础上，综合运用类比、图表、画图示例等方式，令合议庭直观地理解争议焦点问题的实质，从而简化审理中的焦点事实。

本案能够实现诉讼目标的另一重要因素，是代理律师对法律公平正义的始终坚持，在此信念坚持之下，最终才能够实现案件的代理目标。虽然案件历经仲裁、一审、二审均未取得理想结果，但代理律师始终坚信在阐明案件事实的情况下，法院可以查明事实并正确适用法律，案件能够取得公正裁判，并不断向当事人灌输法治公平理念。最终通过坚持不懈的努力，保护了当事人的合法权益。

律师简介

刘艳，盈科中国区董事会副主任、盈科律师事务所全球合伙人、盈科大连分所管委会主任、辽宁省国资委专家顾问、大连市营商环境建设专家咨询员。目前主要从事重大商事诉讼及政府、企业顾问服务，致力于通过前瞻性法律服务促进企业发展。

张媛媛，盈科大连股权高级合伙人、盈科大连法律顾问与企业发展法律事务部副主任、盈科大连女工委副主任、大连市级检察机关人民监督员、大连市律师协会法律顾问专业委员会副主任、权益保障委员会副秘书长。目前主要从事商事诉讼、政府及国有企业法律顾问服务。

买卖合同纠纷中法人人格混同的适用

——A 公司与 B 公司、C 公司买卖合同纠纷案

罗嫚纳

案件简介

2015 年、2017 年，A 公司与 B 公司分别签订了《买卖合同》，供货期从 2016 年至 2018 年。2018 年 7 月、11 月，A 公司与 B 公司分别签订了两份《对账单》，B 公司确认拖欠 A 公司货款合计为人民币 1610 万元左右未付。

B 公司法定代表人为李某，股东为李某、何某、王某等人，经营范围：批发、零售：建材（沙、石除外）；普通货物道路运输活动。经营地址：佛山市南海区某某综合楼首层 2 室。B 公司的股东李某、何某、王某等自然人在自行经营 B 公司的同时，在 2013 年 5 月至 2019 年 9 月还同时租赁承包经营 C 公司。C 公司与 B 公司的股东不存在重合，但是办公地址与 B 公司相邻。

鉴于 B 公司没有按时向 A 公司支付上述确认的人民币 1610 万元左右的货款，A 公司在 2019 年 10 月 22 日向一审法院以买卖合同纠纷起诉 B 公司、C 公司，诉讼请求要求判令被告 B 公司支付货款 1610 万元及利息，要求判令被告 C 公司对被告 B 公司的上述付款义务承担连带清偿责任。

A 公司要求 C 公司对 B 公司债务承担连带责任的理由为：B 公司与 C 公司系关联公司，在营业范围、注册地址、组成人员上均存在关联性，且原告所供货物用于被告 C 公司经营生产，两被告已丧失独立的法人资格，被告 C 公司应对被告 B 公司的债务承担连带清偿责任。

律师策略

本律师代理C公司，本案案由虽然是买卖合同纠纷，但是A公司起诉要求C公司对B公司的债务承担连带责任的事由是基于B公司、C公司丧失独立的法人资格，B公司、C公司构成法人混同，作为C公司的代理律师，需要运用到公司法中关于法人混同方面的知识与理论进行应诉。B公司、C公司是否构成法人混同是本案代理的重点，也是法院审查C公司是否需要对B公司债务承担连带责任的焦点。因此本律师承接案件后，针对本案的证据以及案件的争议焦点，制定了以下诉讼策略：

1. 从原告提供的证据上反驳不符合法人人格混同的表象特征，从B公司股东李某等人承包C公司的经营权的背景分析，B公司与C公司少部分人员交叉的原因，但小部分的人员关联或者交叉不构成人员混同。

2. 根据最高人民法院《关于印发〈全国法院民商事审判工作会议纪要〉的通知》第4大点规定：在审判实践中，要准确把握《公司法》第20条第3款规定的精神。只有在股东实施了滥用公司法人独立地位及股东有限责任的行为，且该行为严重损害了公司债权人利益的情况下，才能适用。损害债权人利益，主要是指股东滥用权利使公司财产不足以清偿公司债权人的债权。本案B公司并非C公司的股东，不符合《公司法》第20条对于法人人格混同的规定。

3. 提供相关证据材料证明，B公司与C公司从公司组织架构、业务、财务不混同。

4. 根据买卖合同相对性，C公司并未从A公司采购过任何的货物，至于B公司是否将购买的货物交付给C公司使用，这是B公司与C公司之间的交易，属于另一个买卖合同关系。

律师文书

代理词（节选）

一、原告提交的证据材料均不能证明被告B公司与被告C公司构成法人混同

原告举证的部分证据，只是存在一些表象特征，小部分的人员关联或者交

叉,但是由于B公司的股东李某承包经营C公司,因此业务上部分人员的交叉是属于合理的,但是并不导致两公司的财产混同、组织机构混同。

结合本案,原告举证的证据外在表征尚不足以证实B公司与C公司两公司在财产、组织机构、业务等方面存在持续的重叠情形,更不足以证实上述外在表征与公司丧失独立承担民事责任资格的后果具有因果关系的,不应认定公司人格混同,不应适用公司法人人格否认制度。

二、B公司与C公司是属于完全独立的两家公司,两家公司从组织机构、业务、财产方面都是相互独立的,不存在法人人格混同的情况

根据最高人民法院公布的指导案例:《中国长城资产管理公司沈阳办事处与新东北电气(沈阳)高压隔离开关有限公司、沈阳北富机械制造有限公司、沈阳新泰仓储物流有限公司等金融不良债权追偿纠纷二审民事判决书》[(合议庭成员:王东敏、李相波、梅芳),载中国裁判文书网,2014年3月17日发布]最高人民法院(2013)民二终字第66号民事判决的裁判要旨:适用公司法人人格否认制度的前提是公司与其股东或其他公司构成人格混同。判断公司与其他公司是否构成人格混同,应当从公司之间是否存在财产混同、组织机构混同以及业务混同等方面进行综合分析判断。虽然公司之间在经营场所、经营范围、高管任职等方面存在时间或者空间上交叉的情形,存在公司人格混同的若干外在表征,但上述外在表征尚不足以证实上述公司在财产、组织机构、业务等方面存在持续的重叠情形,更不足以证实上述外在表征与公司丧失独立承担民事责任资格的后果具有因果关系的,不应认定公司人格混同,不应适用公司法人人格否认制度。

因此,判断公司与其他公司是否构成人格混同,应当从公司之间是否存在财产混同、组织机构混同以及业务混同等方面进行综合分析判断。

根据以上指导案例的裁判规则,结合本案,从现有证据来看,B公司与C公司不存在公司组织架构混同、公司业务混同、公司财务混同的情形,不符合法人人格混同的情形。理由如下:

1.两公司之间的组织机构不混同,两公司的意志完全独立,两公司的股权变更、经营决策都是完全独立的公司意志及决策,不存在任何相互控制与影响:

根据最高人民法院的裁判规则,公司组织机构混同的外在表征主要有,公司的股东、董事、经理、负责人与其他公司的同类人员相混同,其本质则是组织机构混同情形导致公司不能形成独立的完全基于本公司利益而产生的意志,致使公司的独立性丧失,独立承担责任的基础丧失。本案中的B公司与C公司的股东没有任何交叉,组织机构不存在任何混同。而且两公司的股东之间的利益是相互对立的。C公司通过租赁方式将公司发包给李某等自然人承包经营,同时具有收回经营权的权利。而是否发包或者收回经营权,是C公司的股东决策的,与B公司的股东没有任何关系,B公司的股东也完全不能左右C公司的任何决策。C公司在2019年办理了股权转让手续,股东发生了变更,在股权转让方面,C公司的公司意志是完全独立的,不受B公司及B公司的任何股东影响。C公司的股东变更后,C公司解除了与承包人李某签订的《租赁合同》,由此可以证明C公司的股东以及决策是完全独立的,与B公司在组织机构、公司意志完全独立。而B公司后期也进行了多次的股东变更,但是与C公司没有任何关系,说明两公司的意志也是独立的。

2. B公司与C公司的财产不混同。财产混同是公司人格混同的重要考察要素。而在本案中,C公司只对自己发包的财产主张权利,对于B公司投资建设的财产,C公司没有对B公司的财产主张过任何权利。B公司的资产是属于B公司,与C公司的资产也不会发生混同,C公司也没有主张过B公司的资产属于C公司。而且承包租赁关系是李某等个人承包的,并非B公司与C公司之间存在承包关系,因此两者之间不会存在财务混同的关系。解除《租赁合同》协议书中,合同中关于财产交接方面的交接,也可以证明承包者与发包者之间的资产独立。

3. B公司与C公司的公司业务不混同。公司业务混同的外在表征主要有,公司之间的经营业务、经营行为、交易方式、价格确定等持续混同,其本质则是业务混同情形导致公司失去了经营自主权和独立人格。而本案中,C公司的业务与B公司的业务是完全独立的。C公司的经营范围是生产销售商品混凝土;普通货物运输;从事生产销售商品混凝土,应取得建筑业企业资质方可从事;而B公司只是一家建筑材料的贸易公司,经营范围是批发零售建材;普通货物道路运输活动。两公司对外的业务完全是独立的。两公司也不存在对外共同经营业务、导致债权人无法区分的情形。因此两公司在业务上不存在混同。

B公司只是承包人自己成立的用于自主开展业务的公司,B公司具有独立的业务,B公司主要从事水泥、运输等建筑材料贸易及服务业务,这些经营业务是建筑材料的贸易,与C公司没有任何关系。本案中,B公司以自己名义购进材料、对外销售建设材料、进行运输业务、建设设备、拥有产权,都是独立的经营行为,更加说明两公司的业务是不会混同的。建筑材料贸易是B公司的主业,与C公司的混凝土业务是独立的。B公司如果将建筑材料水泥供应给C公司,或者为C公司提供运输业务,并非是无偿的,C公司与B公司之间是正常的购销合同或者运输服务合同关系,C公司是需要按照市场价向B公司支付货款或者运输服务费的,两者之间属于货物供应、运输服务关系,属于商业交易关系。C公司提供的证据:B公司开具给C公司的购销发票、C公司转账给B公司的转账凭证,都可以证明C公司与B公司之间的业务是独立的,双方属于正常的商业关系。

4. C公司并不存在滥用股东权利损害债权人的利益的行为。根据《公司法》第20条第3款规定,“公司股东滥用公司法人独立地位和股东有限责任,逃避债务,严重损害公司债权人利益的,应当对公司债务承担连带责任”。根据最高人民法院《关于印发〈全国法院民商事审判工作会议纪要〉的通知》第4大点规定:在审判实践中,要准确把握《公司法》第20条第3款规定的精神。只有在股东实施了滥用公司法人独立地位及股东有限责任的行为,且该行为严重损害了公司债权人利益的情况下,才能适用。损害债权人利益,主要是指股东滥用权利使公司财产不足以清偿公司债权人的债权。根据本案事实,C公司并非是B公司的股东,适用法人混同的主体资格不正确的。C公司也没有滥用法人独立地位损害债权人的利益。相反,B公司的资产都是独立,C公司没有主张B公司的资产属于C公司,导致B公司的财产不足以清偿债权人债务。B公司拥有独立的资产与人格对外承担法律责任。

三、本案的债务是原告A公司与B公司之间的买卖合同关系而产生,原告并没有与C公司发生任何交易

根据合同相对性,原告无权要求C公司承担法律责任。根据C公司与李某等人签订的《租赁合同》,如果是承包人李某等人利用C公司的名义对外开展经营活动,则C公司是需要对外承担直接责任的。但是本案的业务也并非承包人李某等人以C公司名义对外进行的经营活动,而是B公司独立对外的经营活动,显然也不适用因承包关系导致对外承担责任的情形。自然人自行成立经营的B公司,与自然人承包经营的C公司,是属于两个独立的主体,并不构成法人混同。

综上,B公司、C公司具有独立的法人人格,原告无权以两公司构成法人混同主张C公司对B公司的债务承担责任,请法院依法驳回原告要求C公司承担责任的诉讼请求。

案件结果

一审法院采纳了律师的代理意见,认为:其一,B公司与C公司均为依法核准登记的有限责任公司,股东人员没有重叠;其二,订立和履行上述买卖合同为B公司,原告的交易对象明确,B公司并未借用C公司名义与原告交易;其三,没有证据证明B公司与C公司存在严重的财务混同;其四,B公司与C公司之间存在经济往来,并不足以推定两公司之间存在公司人格混同;其五,即使两个公司之间存在个别人员重叠或者业务交叉或者财务联系,也不必然认定该两个公司存在人格混同。故根据现有证据,不宜认定B公司与C公司存在公司人格混同。一审法院判决本案债务由B公司承担,驳回原告要求C公司承担本案债务的诉讼请求。

二审法院主要审查要点是C公司是否应对B公司在本案的债务承担连带清偿责任。二审法院认为:判断B公司与C公司是否构成人格混同,应从公司之间是否存在财务混同、组织机构混同以及业务混同等方面进行综合分析判决。经审查,A公司举证的本证可以反映李某等人以自身名义合作承租C公司,B公司与C公司经营场所邻近、少数工作人员相同等事实,但并未能进一

步提供证明两家公司在财务、组织机构、业务经营等其他方面高度混同的证据，不足以证明其上诉主张。首先，A公司虽称C公司将该司公章及账户出借给B公司，B公司亦将应收账款转移给C公司，构成财产混同且损害债权人利益，但其在一审、二审诉讼中并未就此事实主张提供充分证据证实。相反，C公司所举证的反证可以反映该公司仅曾依据《租赁合同》将相应经营资质及生产设备出借予李某等自然人使用，且该公司与李某等承租人在租赁关系结束后进行了对账结算，双方不构成财产混同。其次，A公司以李某、何某在C公司和B公司同时任职为由，主张两家公司组织机构及人员混同，但是C公司与B公司的股东、董事、经理等人员并无重叠，李某、何某同时在两家公司任职存在多种法律行为性质的可能性，故仅以前述行为事实不能唯一指向或高度盖然性地推论B公司与C公司组织机构及人员混同且丧失独立性。最后，B公司在案涉交易中从未借用C公司的名义与A公司签订合同、交付货物、收取货款，案涉合同交易双方主体明确，不符合公司经营业务混同的外在表征。因此，综合比较当事人围绕本案系争事实所举证据的证明力，A公司举示的本证不能形成认定待证事实存在的高度盖然性优势。二审法院判决：驳回上诉，维持原判。

典型意义

本案的案由虽然是买卖合同纠纷，但是涉及公司法中关于法人人格混同的法律知识点的运用，承包人同时经营的两家公司之间是否构成法人人格混同的问题，对于企业家同时经营多家企业的，由于公司之间难免存在关联交易或人员关联，对公司之间如何规避被认定为法人人格混同的法律风险具有一定的指导意义。

回顾思考

本案具体适用的法律问题主要是法人人格混同。

一、法人人格混同的适用问题

根据《公司法》第20条第3款规定，“公司股东滥用公司法人独立地位和股东有限责任，逃避债务，严重损害公司债权人利益的，应当对公司债务承担连带责任”。最高人民法院《关于印发〈全国法院民商事审判工作会议纪要〉的通知》第4大点规定:在审判实践中,要准确把握《公司法》第20条第3款规定的精神。只有在股东实施了滥用公司法人独立地位及股东有限责任的行为,且该行为严重损害了公司债权人利益的情况下,才能适用。损害债权人利益,主要是指股东滥用权利使公司财产不足以清偿公司债权人的债权。根据以上会议纪要第4大点第10小点规定:认定公司人格与股东人格是否存在混同,最根本的判断标准是公司是否具有独立意思和独立财产,最主要的表现是公司的财产与股东的财产是否混同且无法区分。

本案是属于将C公司的经营权发包给承包人李某等人后,承包人李某等人同时自行成立新的公司即B公司,B公司与C公司之间存在交易。而本案承包人李某并非为发包公司C公司的股东,承包人李某自行成立的B公司更不是发包公司C公司的股东,B公司与C公司是没有法律上的关联及承包关系的,且本案的债务也非因B公司的股东滥用权利使B公司财产不足以清偿B公司债权人的债权,故本案不适用法人人格混同的规定。

本案的B公司与C公司虽然有少量人员的交叉,但是从组织架构、公司业务、公司财务上都不构成混同,故被法院认定不属于混同。

法律风险防范建议:公司经营者同时经营多家公司的情况是普遍存在的,经营的公司之间也存在各种关联交易以及银行转账记录、人员的交叉使用以及股东与公司之间财务不分等情况,若不注意公司之间的组织架构、业务、财务上的区分,会存在被认定为法人人格混同的法律风险。故,在股东同时经营多家公司的过程中,注意区分公司之间的组织机构、业务及财务,按照独立法人之间正常交易程序签订相关的交易合同及支付款项。

二、关于同类案件的规律性要点

公司之间是否构成法人混同,主要从公司组织架构、公司业务、公司财务是否混同综合判断。

1. 公司组织架构混同:根据最高人民法院的裁判规则,公司组织机构混同的外在表征主要有,公司的股东、董事、经理、负责人与其他公司的同类人员相混同,其本质则是组织机构混同情形导致公司不能形成独立的完全基于本公司利益的意志,致使公司的独立性丧失,独立承担责任的基础丧失。

2. 公司业务混同:外在表征主要有,公司之间的经营业务、经营行为、交易方式、价格确定等持续混同,其本质则是业务混同情形导致公司失去了经营自主权和独立人格。

3. 公司财产混同是公司人格混同的重要考察要素。公司财产与股东财产混同,使公司缺乏独立的财产,也就失去了独立人格存在的基础。主要表现在:公司的营业场所与股东的营业场所相同;公司与股东的资本或者其他财产混合;公司与股东的账簿合一,账目不清;股东随意调配公司的财产,或者转为股东个人财产等,都导致财产混同。

若公司之间在经营场所、经营范围、高管任职等方面存在时间或者空间上交叉的情形,存在公司人格混同的若干外在表征,只要上述外在表征尚不足以证实上述公司在财产、组织机构、业务等方面存在持续的重叠情形,更不足以证实上述外在表征与公司丧失独立承担民事责任资格的后果具有因果关系的,则不应认定公司人格混同,不应适用公司法人人格否认制度。

律师简介

罗嫚纳,北京市盈科(佛山)律师事务所律师。毕业于华南理工大学、中山大学。盈科全国优秀律师、粤港澳大湾区智能法治研究中心专家顾问、佛山市律师协会第九届公司法律专业委员会委员、广东省法学会律师学研究会理事。

合同解除的认定

——江苏某家居公司与江苏省某科学院租赁合同纠纷案

王向光

案件简介

江苏某家居公司(以下简称某家居公司)系2008年4月成立的专门从事家居建材行业的企业,2008年8月12日,某家居公司与江苏省级事业单位某科学院(以下简称某科学院)签订《农产品研发中心办公楼委托代建协议书》(以下简称《委托代建协议》),约定某科学院提供建设用地,某家居公司提供建设资金并承担建设和装修成本,建成后房屋产权归某科学院所有,某家居公司享有建成后50%房屋面积40年使用权收益权,以冲抵房屋建设资金以及可得利益;同日双方又签署《租赁合作协议书》,约定另外50%面积的40年使用权出租给某家居公司统一使用,租期40年,双方同意自市规划局下达建设规划方案批准通知之日后的第541天开始,某家居公司支付租金,每半年付一次,租金标准略,如某家居公司未如期足额支付租金的,每逾期一天,向某科学院按未付租金每日万分之五支付违约金,还约定某家居公司自主经营,某科学院不干涉家居公司的经营及日常管理。

建设过程中,某科学院通过公开招投标方式确定由其他三家单位分别作为施工单位、设计单位、监理单位而中标,完成了研发中心办公楼设计、建设和监理工作,某家居公司也按约履行了全部合同义务:提供了全部建设资金,并承担了建设和装修成本,并帮涉案房屋于2014年4月30日通过竣工验收,某科学院于2015年7月30日取得房屋所有权证,涉案房屋1~3层总建筑面积为13,338.93

平方米，建设工程规划许可用途是办公、科研，但整体按家居超市商业设计，4 ~5 层部分总建筑面积为 8454.88 平方米，规划用途为办公。房屋建成后 1 ~3 层未通过商业经营功能的消防验收，某家居公司未能经营使用，仅出租 4 ~5 层中的小部分获益。2015 年 8 月 27 日，某科学院向某家居公司发函，明确表示其因国家政策变化原因，无法继续执行租赁协议而特此通知某家居公司，并建议双方积极磋商解决。某家居公司收函后表示"请科学院给出调整的方案，退还已缴年度房屋租金，结算代垫建筑基础相关费用"。

此后，某科学院与某家居公司就租赁合同相关事宜多次协商，并于 2016 年 4 月 15 日由双方代表共同签署了"研发中心办公楼委托代建办公楼项目评估方案"，但最终未能完成评估并达成一致意见，2016 年 8 月 16 日，某科学院以某家居公司使用房屋欠付租金为由，起诉某家居公司，请求判令支付房屋租金 11, 059, 638 元，逾期违约金 5, 274, 651 元（自 2011 年 10 月 10 日至 2015 年 8 月 27 日），某家居公司提出反诉要求退还预付的 285 万元租金，该案一审法院判决某家居公司支付 3, 830, 792 元租金，某家居公司不服提起二审，二审改判某家居公司支付租金 98 万元（扣除已预付的 285 万元），并按 98 万元租金标准支付违约金。

2017 年 11 月 17 日，某科学院再次向一审法院起诉，主张 2014 年 6 月 18 日至 2018 年 10 月 5 日某家居公司支付 2015 年 8 月 27 日至 2018 年 4 月 30 日的租金共计 7, 572, 509 元，违约金仍以未付租金的万分之五/日计算，到实际付款之日止；某家居公司提出反诉，要求确认双方租赁合同 2015 年 8 月 27 日已事实解除，并要求某科学院偿还某家居公司为房屋管养维护所垫付的各项费用 517, 762.56 元。一审法院 2020 年 6 月 24 日作出一审判决，某科学院不服提起上诉，二审法院维持原判。

律师策略

某家居公司投巨资帮某科学院建成了研发中心办公楼，通过竣工验收并帮其拿到了房产证，但因为当时政策收紧，实际用途和规划用途不符经营用房消防验收无法通过，导致涉案物业大面积闲置，某家居公司无法经营使用。然而某科学院换了新领导后，不愿协商解决纷争，而依据双方签署的《租赁合作协议书》，于 2016 年 8 月 16 日向一审法院起诉某家居公司欠缴租金 1600 多万元，该案历经一审、二审，尽管二审法院的生效判决部分改判且最终支持诉求比某科学院原起诉金额减少了 1500 多万元，但是该判决对某家居公司很不利：在涉案房产大面积无法使用某家居公司无法经营获益的情况下，某家居公司仍须按照原合同缴纳租金和违约金。

2018 年 10 月,某科学院第二次起诉某家居公司,此案被一审法院作为重大疑难复杂案件,因某家居公司 2018 年 7 月向省高级人民法院对第一次诉讼提起再审,该案先中止审理,等省高级人民法院下驳回再审申请裁定时,恢复审理。为了让某家居公司从此摆脱高额租金和违约金的诉累,王向光律师作为某家居公司代理人,对本案案情进行深入分析后认为,2015 年 8 月 27 日某科学院发通知函内容表示"租赁合作协议"已无法继续执行,某家居公司同日收函后在通知上书面表示,要求退还预付租金,结算代垫建筑基础相关费用,应视为双方达成解除合意,且后续该租赁协议一直没有实际履行,处于事实解除状态,某家居公司一直代某科学院垫付涉案房屋、设备及配套工程的管护费,尽管原租赁协议书约定租赁期间房产管养费用承租方承担,但解除后某家居公司没有此义务,构成无因管理。

基于上述分析,王向光律师确定了代理方案,代理某家居公司对某科学院提出反诉,要求确认双方租赁协议自 2015 年 8 月 27 日已解除,并返还某家居公司垫付的管护费等。

律师文书

民事反诉状

反诉原告(本诉被告):江苏某家居有限公司。

反诉被告(本诉原告):江苏省某科学院。

诉讼请求:

1. 判令确认反诉原、被告之间签署的《租赁合作协议书》自 2015 年 8 月 27 日已事实解除;

2. 判令反诉被告偿还反诉原告垫付的房产管护费用(暂计自 2014 年 6 月 18 日 ~2018 年 10 月 5 日各项费用 417,655.46 元);

3. 判令反诉被告承担本案诉讼费用。

事实和理由：

2008年8月12日，反诉被告江苏省某科学院（以下简称某科学院）与反诉原告江苏某家居有限公司（以下简称某公司）签订《农产品研发中心办公楼委托代建协议书》（以下简称《委托代建协议》）和《租赁合作协议书》，约定由反诉被告某科学院提供建设用地，反诉原告某公司提供建设资金并承担建设和装修成本，房屋建成后产权归反诉被告，反诉原告某公司享有建成后50%房屋面积40年使用权和收益权，以冲抵房屋建设资金以及反诉原告的可得利益，另外50%面积的40年使用权出租给反诉原告统一使用，期限40年。

整个工程建设过程中，反诉原告是出资方，在2008年至2015年2月，某公司累计向某科学院账户转汇资金计人民币28,016,445.8元，在建设过程中，反诉被告通过公开招投标方式确定由江苏某市政建设集团有限公司、南京某建筑工程监理事务所中标，分别作为整个建设工程的施工和工程质量监理单位完成了研发中心办公楼建设，并确定由南京市某建筑设计研究院有限公司完成了研发中心办公楼设计，某公司后续提供了全部建设项目的融资金额，整个建设总投资近亿元，忠实地履行了双方签署的《委托代建协议》的出资义务。涉案楼宇于2014年4月30日通过南京市“初装饰公共建筑工程”竣工验收，反诉被告于2015年7月30日取得房屋所有权证。因该建筑是毛坯房状态验收，按《建筑法》《消防法》等法律相关规定，反诉被告还应在工程用途确定后向南京市建筑安装工程质量监督站（以下简称质监站）及南京市消防局等建设主管部门申请符合经营功能的二次装饰的报建等工作，方可交付使用。由于反诉被告的单方面原因没有进行报建，二次装饰装修工程始终也未能进行，故该租赁物一直未达到交付条件，反诉被告也一直未与某公司办理建筑物使用权移交手续。

反诉被告曾于2016年8月向一审法院对某公司提起租金诉讼，索要其2015年8月27日发函前的租金11,059,638.98元，违约金5,274,651.44元，该案上述重要客观事实，一审、二审法院审理均未能查明，错误地认定涉案房屋竣工验收后，一直由某公司占有和控制，作出了某公司应给付反诉被告房屋租金和违约金的错误判决，对此反诉原告某公司已向江苏省高级人民法院提起再审申诉。

2015 年 8 月 27 日，反诉被告某科学院向某公司发函，明确表示其因国家政策变化等不可抗力原因，已无法继续执行租赁协议而特此通知。

反诉原告认为某科学院 2015 年 8 月 27 日发通知函，已明确表示其非原告方原因，不再执行《租赁合作协议书》，达到《合同法》第 94 条的法定解除条件，某科学院后续也一直未再向质监站申请二次装饰之前的报备工作，不为交付租赁物做任何准备，后续又数次委派法律顾问和分管领导和某公司负责人对租赁协议终止执行后如何使用涉案房屋多次讨论协商，达成初步解决方案。上述种种事项表明，反诉被告某科学院已经以实际行为解除了双方之间签署的《租赁合作协议书》，该《租赁合作协议书》一直没有实际履行，处于事实解除的状态。

涉案房屋竣工验收后，反诉原告一直代被告垫付涉案房屋的房产、设备及配套工程的管护费，自 2014 年 6 月 18 日迄今已达 517，762.56 元，构成无因管理。无因管理的费用，反诉原告有权要求反诉被告支付该笔费用。

确认租赁合同已经解除以及请求反诉被告支付管护费的本诉请，与原告提起的诉请之间存在牵连关系，符合《民事诉讼法》规定的提起反诉条件。

综上，请求贵院依法支持原告的诉讼请求，以维护原告的合法权益。

案件结果

一审法院归纳本案争议焦点：(1)某科学院 2015 年 8 月 27 日发出的通知是否导致双方《租赁合作协议书》解除？(2)某家居公司是否仍应按照合同约定支付租金及承担相应违约金？(3)某家居公司反诉所主张的维修管护等费用能否得到支持？

关于争议焦点(1)，某科学院在 2015 年 8 月 27 日发给某家居公司的书面通知中明确表示“双方签订的租赁合作协议已无法继续执行”，建议“双方积极磋商，在国家政策范围内，继续开展相关合作”，故某科学院上述通知关于租赁合同解除的意思表示明确，某家居公司收函后表示“请农科院给出调整的方案，退还已缴年度房屋租金，结算代垫建筑基础相关费用”，即某家居公司亦对某科学院提出的合同解除表示同意，且双方在后续实际就合同解除后的相关问题进行了磋商，只是未达成一致意见，故双方就租赁合同的解除已经达成一致，双方签订的租赁合同应在某家居公司回函后即2015年8月27日解除,对某家居公司要求确认双方租赁协议解除的反诉请求,本院予以支持。

关于争议焦点(2),租赁合同解除后,某家居公司继续占用房屋已无合同依据,理应及时返还房屋。但某家居公司在双方磋商未成后,并未返还房屋,而是占有房屋至今,故应向某科学院支付占有期间的房屋使用费用。关于房屋使用费的标准,某科学院虽对某家居公司举证的《审计取证单说明》的真实性有异议,但该材料中的"目前商业用房的消防报备尚未办结,双方正在协商解决办法,因此绝大部分房产尚未租出"的表述,与某科学院申请设置户外广告牌中表述的商业内容及某科学院原院长严某某的表述能够互相印证,可以证明某科学院对某家居公司将涉案房屋建成后从事商业经营的用途是明知的。涉案房屋的规划用途为科研、实验用房,建成后无法变更未能从事商业经营,某家居公司对此亦是明知,故某家居公司应在双方合同解除后,及时返还房屋,避免更大损失,而不是将房屋占有至今,故某家居公司对涉案房屋产生的房屋使用费损失应承担主要责任。由于某科学院与某家居公司对某家居公司无偿使用的部分与原租赁部分并未明确区分和约定,双方后续的磋商亦未达成一致,同时考虑某科学院对某家居公司租赁房屋从事商业经营用途的事实明知和涉案房屋1~3层一直处于空置等因素,本院参照生效判决确定的租金标准,酌情确定某家居公司按照原租金标准的70%支付2015年8月28日至2018年4月30日的房屋使用费用。按照生效判决确定的租金标准,2015年8月28日至2018年4月30日的租金应为7,732,817.74元,某家居公司应按照70%的比例向某科学院支付此段期间的房屋使用费5,412,972.41元。因房屋租赁合同已经解除,故某科学院要求按照租赁合同标准支付此期间的房屋租金及违约金的诉讼请求,本院不再支持。

据此,一审法院判决如下:(1)本诉被告某家居公司于本判决生效之日起10日内给付本诉原告某科学院2015年8月28日至2018年4月30日的房屋占有使用费5,412,972.41元;(2)反诉被告某科学院与反诉原告某家居公司2008年8月12日签订的《租赁合作协议书》于2015年8月27日解除;(3)驳回本诉原告某科学院的其他本诉请求;(4)驳回反诉原告某家居公司的其他反诉请求。

某科学院不服一审判决，提起上诉，二审法院认为某科学院的上诉请求不能成立，判决驳回上诉，维持原判。

典型意义

本案作为疑难复杂案件一审超审限审理，某家居公司投巨资帮某科学院建成涉案房产，是为了从事家居经营，然而投资的目的不能实现，还要依照双方签订的原《租赁合作协议书》继续支付租金，没有任何协商余地，本案是某科学院第二次起诉，原生效判决对本案很不利。某科学院 2015 年 8 月 28 日发通知函以及某家居公司接函后回复内容，结合后续行为深入分析，认定双方当时已达成解除合意，确认《租赁合作协议书》在该时间节点上已解除，从而无须支付租金和违约金，帮客户大大减少了损失。

本案对合同解除的认定以及解除后房屋租金如何支付，在法院有较大裁量权的情况下，如何充分举证说服法官，具有一定的参考意义。

回顾思考

本案系租赁合同签署内容有漏洞而引发的纠纷，某家居公司系区政府领导推荐招商引资而跟省级事业单位某科学院 2008 年 8 月签署了《委托代建协议》《租赁合作协议书》，但双方合作之初对于后续的商业风险预测不足，某家居公司出于对公职单位的信赖，合同内容过于粗糙，支付租金条款约定对自己很不利，没有在合同中明确约定房屋建成后的用途应做商业使用，也没约定在房屋建成后不能商业使用时，租金如何支付，存在很大的漏洞。

2014 年 5 月涉案房屋竣工验收后，因为实际用途不符合规划用途，消防验收通不过不能使用，一直处于大面积空置状态。而某科学院在 2016 年 10 月首次起诉某家居公司依照原合同约定索要高额租金，二审生效判决尽管比原诉求降低了很多，但房屋大面积空置的状态下，仍判某家居公司应按原协议支付租金和违约金的判决对某家居公司极为不利。某家居公司向省高级人民法院申诉被驳回再审申请的情况下，某家居公司深陷困境。王向光律师作为某家居公司代理人，参与办理了上述全部租赁纠纷案。

为了帮某家居公司从此摆脱困境,确定了反诉方案后,对于2015年8月27日某科学院发通知函,主审法官认为内容不构成解除,认为从合同法法理上合同解除的意思表示要明确作出,王向光律师从落实中央领导在民营企业家座谈会讲话精神:优化营商环境,切实保护守法诚信的中小企业利益出发,多次信函电话跟法官沟通案情,并克服困难,艰难取证:说服某科学院原任领导院长接受律师调查并做了笔录,并申请法院开调查令到审计厅、市质监站等部门调取关键证据。对于某科学院和某家居公司对楼宇建成后的通途做家居超市商业使用,双方都知晓,虽然未写在双方协议中,某科学院新任领导抱着新官不理旧政的态度,一律不承认,律师搜集的关键证据能尽力还原签约时的客观事实,证明双方关于商业功能使用的共识,以及租赁协议实际没有履行,事实已解除等,大量的证据也影响了主审法官裁量权的行使,客观公正地看事情,不是机械适用法律,而改变了认定构成解除的观点。

本案提反诉时,第一项诉请是请求法院适用情势变更解除租赁协议还是确认2015年8月27日发函已构成解除,律师斟酌了好久,最后厘清代理思路,为了最大限度地减少某家居公司的诉讼成本,还是按照确认解除的脉络进行,当事人按确认之诉仅支付少许诉讼费,最后法院支持了关键诉请,且裁判占用费仍参考原租金(现附近地段租金市场价翻了很多倍)标准,且只判了70%,高额违约金没有支持,大大减低了某家居公司损失,为公司今后走出困境打下了基础。

律师简介

王向光,北京市盈科(南京)律师事务所高级合伙人,中小企业法律事务部执行主任,第五届南京仲裁委仲裁员,2017年获得南京市律协评比的年度公司法个人业务大奖,2019年获得南京市律协优秀法律顾问奖,2017年、2018年连续获得盈科全国优秀公司法律师,2020年获得盈科全国优秀商事律师。

人身保险合同中提示义务的司法认定

——吕某某、曹甲、曹乙与某人寿保险公司保险理赔纠纷案

王旭华

案件简介

本案是由一起人身保险理赔纠纷引发的两起关联诉讼案件。

保险合同订立情况：2012 年 8 月 9 日，投保人曹某某在某人寿保险公司投保一份分红型寿险，基本保额 6 万元，身故受益人指定为其子曹甲、曹乙（各占 50% 比例）；2018 年 2 月 8 日，曹某某在上述保险公司投保重大疾病保险，保额 10 万元；2018 年 11 月 27 日，曹某某又在该保险公司投保分红型两全保险，交通意外保险金额 100 万元，后两份保险指定受益人均为其配偶吕某某。三份保险合同保额共计 116 万元。

意外事故发生情况：2019 年 1 月 7 日，被保险人曹某某驾驶摩托车在石嘴山市大武口区国道与他人驾驶的汽车相撞，致使被保险人当场死亡。《道路交通事故责任认定书》认定，被保险人的行为违反了《道路交通安全法》，属无合法有效驾驶证和驾驶无有效行驶证的机动车，交警部门认定被保险人承担本次道路交通事故的主要责任。

本案诉讼情况：保险事故发生后，被保险人的三位受益人向保险公司申请理赔。保险公司调查核实后，以被保险人无合法有效驾驶证和驾驶无有效行驶证的机动车的行为属于保险合同的免责条款为由，发出了拒赔通知书。因本案三份保险合同指定受益人不同，受益人分别提起诉讼，要求全额支付三份保险合同的保险理赔金共 116 万元。本案某人寿保险公司委托北京市盈科（银川）律师事

务所王旭华律师代理应诉。

为方便表述，原告曹甲、曹乙起诉保险公司案（以下简称案一），原告吕某某起诉保险公司案（以下简称案二）。

两案虽然均为人身保险合同纠纷，但两案中三份保险合同订立的方式有所区别：案一中投保人与保险公司通过纸质方式订立了保险合同，投保人在投保书落款处手写签名；而案二两份保险合同由保险公司业务人员通过手持终端设备APP电子方式与投保人订立保险合同，投保人在客户终端使用电子签名予以确认。案二两份保险合同的犹豫期内，保险公司客服人员也通过微信APP端回访确认。

一审法院判决：

【案一】一审法院认为，原告提交的纸质保险合同页数达到76页，该合同中保险公司虽在合同免责条款中对"无合法有效驾驶证""无有效行驶证"字样进行了加粗，但在整体合同文本中，达不到明显注意、提示义务，也无法体现出保险公司推销保险时就免责条款进行了提示与告知，因此该保单的免责条款不产生效力。一审法院由此判决保险公司赔偿6万元赔偿金。

【案二】一审法院认为，原告提交的两份保险合同中投保人的签字系电子签名，但该电子签名的字体明显不一致，无法体现保险公司向投保人就免责条款进行了提示与告知，因此两份保单的免责条款不产生效力。一审法院判决保险公司向原告支付两份保险保险赔偿金共计110万元。

律师策略

针对一审法院的两份败诉判决，律师采取了如下策略：

1. 坚定信心，建议上诉，取得委托方的充分信任，穷尽诉讼程序。代理律师在细致研判一审判决书的基础上，争取到公司分管领导的支持。代理律师具有多年保险行业经历和人身保险案件诉讼经验，与保险公司方面建立了充分的信任，其专业素养也得到了委托方的肯定。诉讼犹如打仗，代理律师和委托人在同一个战壕里，同步进退。坚持诉讼或许在于一念之间，而保险公司对这类案件如果放弃上诉，按照生效裁判文书履行支付保险金，也符合合规要求，理论上也不会有太大影响。但裁判文书应当经得起法律人的推敲，息诉服判的前提也应是事实清楚，法律适用正确。代理律师在认真研判后坚持认为一审判决事实认定和法律适用均明显错误,建议穷尽上诉、再审程序,让更高一级的法院检验一审判决,为案件后续的进展奠定了基础。

2. 二审继续挖掘证据,通过公证方式补强证据,改变法官对电子保单的主观偏见。鉴于一审法院对通过电子投保方式订立的人身保险合同中电子签名、客户回访记录等基础事实的不认可,认为保险公司提交的证据不足。为补强上述证据的效力,代理律师在二审庭审前申请保险公司委托公证处对涉案保险合同订立时,留存于保险投保系统中的人脸识别水印、客户回访记录(微信版)及客户电子签名等内容进行公证,并制作公证文书及影像资料。在二审庭审中,代理律师向法庭同时展示播放了人身保险投保流程的视频。结合补充提交的公证证据,使得法官对于通过电子方式订立人身保险合同中的全流程有了客观的认识。在此情况下,案二的二审法院以事实不清为由,撤销一审判决,发回重审。为案件的逆转改判赢得了机会。

3. 在案一生效判决下达并被划转执行款后,代理律师及时申请冻结该执行款,避免了执行回转的风险。

在案一提起上诉后,二审法院没有采纳上诉意见,作出了驳回上诉,维持原判的判决。案一判决书生效后,原告申请法院强制执行扣划了保险公司相关执行款项,此时保险公司正在对案一申请再审,保险公司非常被动。为降低执行回转的风险,代理律师及时向执行法院申请冻结了该笔被执行款项。事实证明,代理律师的该策略及时有效。案一后来申请再审获准许,自治区高级人民法院指令石嘴山市中级人民法院再审本案,再审法院经审理后撤销了一审、二审判决,驳回原告的全部诉讼请求。在案一审结后,保险公司依法申请法院退回上述执行款项,代理律师的上述策略最大限度地维护了保险公司的合法权益,有效地避免了执行回转的风险。

律师文书

案一再审代理意见
（综合二审、申请再审、指令再审阶段代理意见摘录）

本案争议焦点为保险公司是否在投保人投保时告知免责条款的内容并进行了提示的义务。

第一，被保险人曹某某于2012年8月3日购买本案分红型寿险。在保险合同投保单末尾处，被保险人手写"本人已阅读保险条款，产品说明书和投保提示书，了解本产品的特点和保单利益的不确定性"字样。本案一审、二审庭审中，原告代理人均明确自认，该保险合同的手写签名系投保人自己签名。在保险合同的订立中，投保人在投保单处签字的目的就是将客户知晓保险合同约定的保险责任及责任免除等重要事项留存证据。被保险人签收了纸质保单并连续交纳了7年保险费，其对投保事项及内容非常清楚。

第二，在司法实践中，就保险公司如何履行对投保人进行告知及提示义务最高人民法院司法解释给予了明确的规定。《保险法》第17条第2款规定了"保险人在订立合时应当在投保单、保险单或者其他保险凭证上作出足以引起投保人注意的提示"。最高人民法院《关于适用〈中华人民共和国保险法〉若干问题的解释（二）》（以下简称《保险法司法解释二》）第11条第1款规定，"保险合同订立时，保险人在投保单或者保险单等其他保险凭证上，对保险合同中免除保险人责任的条款，以足以引起投保人注意的文字、字体、符号或者其他明显标志作出提示的，人民法院应当认定其履行了保险法第十七条第二款规定的提示义务"。同时第13条第2款规定，投保人对保险人履行了符合本解释第11条第2款要求的明确说明义务在相关文书上签字、盖章或者以其他形式予以确认的，应当认定保险人履行了该项义务。也即保险公司在保险合同中向投保人履行投保提示义务的方式是将保险责任及责任免除等文字进行字体加黑加粗、增加背影，以示其与合同其他普通条款文字明显不一样。本案保险合同中有投保人签字，保险合同的免责部分通过字体加黑、加粗等方式向客户做了充分提示，保险人在本案保险合同的订立中尽到了提示义务。

第三，本案保险合同中责任免除条款的约定就位于保险条款的第2页显著位置，一审、二审判决认为免责条款虽然对“无合法有效驾驶证”“无有效行驶证”字样进了加黑加粗，但在整体合同文本中，达不到明显注意、提醒义务，这样的认定严重违背了最高人民法院司法解释的认定标准，且其对保险人是否尽到提示义务的要求远远超出了民事合同订立的正常认知范畴，实为强人所难。

因此，本案保险公司在合同订立时尽到了对保险责任及责任免除内容的告知并提示的义务，原一审、二审判决适用法律明显不当。请求再审法院查明事实，正确适用法律，依法改判。

案二发回重审代理意见
（综合上诉状、发回重审代理意见摘录）

本案的争议焦点为保险公司是否在案涉保险投保时尽到了免责条款的提示义务？

第一，某人寿保险股份有限公司于2014年开发并推广使用“神行太保”移动展业模式开展人身保险的投保、保全、理赔等全方位服务，该方式为此申请了国家发明专利。该发明专利产品包含了移动终端设备（ipad、手机）、移动终端子系统、交易处理服务子系统、移动POS支付模块、数字化签名系统等子系统。其投保流程为，业务员通过电子终端设备为客户讲解保险产品内容、责任免除等事项后，录入投保人等综合信息，投保人对投保提示书、个人投保单再次确认后在末尾处电子签名（第一处签字）。保险出单系统将手写的电子签名影像化，再跟保单合同要素捆绑起来，实时进行数字化加密和认证，该加密文件保存于保险公司的专用系统中，通过核保确认后生成保险单。被保险人收到纸质人身保险合同时，保险合同中重要条款均通过加黑加粗的方式向投保人（或被保险人）做了提示注意，投保人可自行阅读合同中保险责任及责任免除等内容。纸质保险合同向客户送达后，在合同犹豫期内，保险公司客服人员通过客户手机APP端向客户做回访，客服就犹豫期是否退保以及保险条款及责任免除等事项向客户进行询问，投保人回复后在回执处电子签名（第二处签字），客户签字时系统会有适时人脸识别拍照（加盖水印防伪识别标识）确认其为本人所签,避免了其他人代投保人签名的可能性。

第二,本案庭审补充提交的保险行销系统发明专利证据和国信公证处出具的公证书是对保险条款、免责内容以及被保险人签字、回访记录中人脸识别照片等一审提交证据的再次补强。该证据中国信公证处所做的公证书客观、公证、独立,其见证了我公司寿险系统中记载的被保险人曹某某在投保涉案保险时的真实信息,该信息包括被保险人本人头像照和身份证正面照,该照片中具有防伪的水印标识,证明被保险人投保和回访时均在场;本案人身保险订立过程中使用的"神行太保"移动展业方式,具有移动终端子系统手写电子签名认证和敏感数据在通讯数字证书加密功能,该系统中生产的保险单中所有资料具有真实性、适时性,且不可复制或篡改保密性的特点,该系统中的被保险人的电子签名符合《电子签名法》的相关规定。因此该证据证实被保险人曹某某在投保时在场,其对合同的责任内容、免责条款均同意并知晓。

第三,根据《保险法司法解释二》第11条第1款规定,保险合同订立时,保险人在投保单或者保险单等其他保险凭证上,对保险合同中免除保险人责任的条款,以足以引起投保人注意的文字、字体、符号或者其他明显标志作出提示的,人民法院应当认定其履行了《保险法》第17条第2款规定的提示义务。第12条规定,通过网络、电话等方式订立的保险合同,保险人以网页、音频、视频等形式对免除保险人责任条款予以提示和明确说明的,人民法院可以认定其履行了提示和明确说明义务。同时第13条第2款规定,投保人对保险人履行了符合本解释第11条第2款要求的明确说明义务在相关文书上签字、盖章或者以其他形式予以确认的,应当认定保险人履行了该项义务。因此,本案相关证据证实保险公司尽到了保险合同免责条款的提示义务。至于本案两份保险合同中被保险人的签名肉眼识别不一致的问题,对于保险公司免责条款提示义务的认定并非主要因素,原告申请笔迹鉴定没有实际影响。

第四,就本案被保险人无证、无照驾驶机动车发生交通事故的事件,在曹甲、曹乙起诉的另一保险理赔纠纷案中,自治区高级人民法院、石嘴山市中级人民法院再审判决均认为,保险合同的免责条款中保险人将法律、行政法规中的禁止性规定情形作为保险合同的免责事由,并通过字体加黑加粗提示投保人注意，保险人对该条款作出提示后，无须进一步解释说明，保险公司对保险合同的免责条款尽到了提示义务。石嘴山市中级人民法院因此改判驳回曹甲、曹乙的诉讼请求。因该案与本案发生的事故等基础事实相同，基于同案同判的原则，可作为本案裁判的依据。

综上，本案证据证实，保险公司在涉案保险合同投保时对就保险合同的免责条款向被保险人尽到了提示义务，保险公司拒绝向保险受益人理赔符合保险法相关规定和保险合同的约定。请求法庭查明事实，驳回原告对保险公司的诉讼请求。

案件结果

【案一】2020 年 7 月 29 日，再审法院充分采纳保险公司代理律师的意见。再审法院认为，被保险人无证驾驶无牌照机动车上路系违法行为。保险公司在保险合同中免责部分对“被保险人人无合法有效驾驶证或驾驶无有效行驶证的机动车”字样加黑加粗，这些约定系法律强制性规定，足以引起被保险人的注意，应当认定保险公司已尽到了提示义务。再审申请具有事实和法律依据，本院应予支持。再审法院最终判决：撤销本院二审判决书以及一审判决书，驳回二原告的全部诉讼请求。

【案二】2020 年 11 月 20 日，发回重审法院经院审委会讨论研究认为，保险公司在涉案保险合同中对免责条款尽到了提示和明确说明义务，该公司的抗辩主张成立，对原告要求理赔的诉请应予驳回。最终判决驳回原告的全部诉讼请求。

典型意义

在目前国家支持商业保险广泛发展的营商环境下，保险公司使用智能移动终端设备、通过网络投保的方式已较为普遍，但同时也带来了投保风险。保险公司如何证明通过电子方式投保时对客户进行了保险条款的解释说明和提示义务成为司法实践的难点。本案再审法院和发回重审法院纠正了一审法院的错误判决，生效裁判文书对人寿保险行业大量同类型电子方式投保的保险合同纠纷案件，尤其是保险公司向客户就保险产品的解释说明和提示义务的证据认定方面具有重要的指导和借鉴意义。

回顾思考

本案属于人身保险理赔纠纷的典型案例。两案一审法院均判决保险公司承担理赔责任,后再审法院和发回重审法院改判驳回了原告的诉讼请求。承办律师认为,本案改判的制胜点和法律建议如下。

一、转变视角,从法律的本意中解释法律

在案二原一审庭审中,出现了两份保险合同被保险人电子签名(肉眼识别)不一致的情形,这一点直接导致判决保险公司败诉。在案二上诉阶段和发回重审阶段,代理人转变思路,从更加广阔的视角积极答辩,有效转变了法官的裁判思路。在人身保险合同订立的过程中,为确保保险人向投保人进行了保险条款的解释说明和风险提示义务,在保险合同尾款设立了由投保人或被保险人签字确认的制度,投保人签字的目的就是证明投保人知晓投保的相关事宜。在传统纸质保险合同订立过程中,通常由投保人书面签字、捺印,这一点很好理解。但在通过电子方式投保的保险合同订立过程中,保险公司投保系统除了电子签名外,还设置了客户人脸识别(水印适时认证)、身份证识别的环节。严格来讲,电子方式投保的保险合同更加严谨、客观真实,通过客户人脸识别的方式证明,投保时客户就在终端设备跟前(本人在场),有效地杜绝了他人代签名、投保人不知晓保险条款内容等行为。本案相关证据证实,在涉案两份保险合同订立的过程中,被保险人均在现场,而按照《保险法》及相关司法解释的规定,保险公司只需要证明其尽到了免责条款的提示义务(合同中免责条款的加黑加粗方式)。至于两份保险合同中通过肉眼识别签名不一致的问题,只要证明投保时被保险人在场即可,其如何签名或是否代签名,或者书写工具不一致等多种情形均存在可能,因此电子签名并非本案唯一证明投保人在场的证据,客户人脸识别、身份认证等方式更符合《保险法》及相关司法解释的立法意图。代理律师从立法本意来调换证据,适时转变了法官的裁判思路,法官最终也采纳了代理律师的上述意见。

二、公平公正原则应当贯彻人身保险合同纠纷审判的始终

人身保险合同虽然是由保险人提供的格式合同,但仍属民事合同范畴,民事合同应当遵循公平、诚实信用的原则。相关法律及司法解释对格式合同做了

有利于签订方的倾向性解释,最大限度地维护了投保人的合法权益,但保险的本质在于风险分担,承担不符合理赔条件的被保险人的赔偿责任,损害的是广大投保人的合法利益,更不利于保险公司的风险管理。同时,法律已对当事人的违法行为给予否定性评价,如果对违反法律强制性规定的违法行为(酒驾、毒驾、无证无照驾驶等)给予理赔,无形中是放纵了道路交通驾驶员的违法行为,给社会造成严重的不良效仿后果。本案再审法院和发回重审法院尊重客观事实,正确适用法律,公正改判,赢得了法律职业共同体的尊重,堪称法院典范。

三、法官的审判思维应当与时俱进

随着社会的发展,电子化的普及,尤其是银行、保险等金融行业,通过手机银行或客户 APP 端口办理业务也成为一种新型模式。此种方式为客户带来便捷的同时,也产生了相应的法律风险,因为金融行业在向客户提供服务时通常采用格式合同,格式合同的制定方具有告知或提示客户的义务,如何证明格式合同的提供者向客户履行了告知或提示的义务成为司法实践中的难点。法官只有了解金融行业的上述电子交易模式,才能对相关电子证据抽丝剥茧,作出客观公正的判断。针对金融行业业务办理方式的变化,建议最高人民法院会同银行保险等金融监管机构,就上述业务中的电子认证、防伪技术等新类型方式进行证据规则的细化认定,统一标准,为法官的公正裁判提供直接依据。

最后,需要强调的是,法治思维不仅需要法律职业共同体掌握,更要向社会大众普及。尊重事实,尊重证据规则,在法治思维的浇灌下,诉讼各方才能坦然接受并承担相应的法律后果,真正做到息诉服判。

律师简介

王旭华,北京市盈科(银川)律师事务所律师、盈科银川政府法律顾问法律事务部副主任,2018 年被宁夏律师协会评为“自治区优秀公益律师”。执业前曾供职于世界百强保险企业,熟悉人寿保险行业的风控合规机制及运营流程。执业期间办理了大量人身保险理赔纠纷案件。

作为反诉原告，综合运用专业知识形成证据链，完美反击

——上海某物流公司与湖北某物流公司海上、通海水域货物运输合同纠纷案

肖东升

案件简介

在2018年6月29日至2018年9月28日，湖北某物流公司承接黄石某薄板公司的年度运输任务。就上述的部分任务，湖北某物流公司与上海某物流公司陆续签订了六份《水路运输合同》，分别约定了六次航次货物运输，由湖北某物流公司将黄石某薄板公司的货物从湖北运送到上海，并过泊至上海某物流公司安排的船舶自上海港运至佛山战备码头。而其中"威×"轮航次与"荣×"轮航次货物运输时发生了货损。

（一）"威×"轮航次

2018年9月4日，湖北某物流公司与上海某物流公司签订《水路运输合同》，约定湖北某物流公司委托上海某物流公司将303件、2007.38吨镀锌卷运至佛山战备码头，湖北某物流公司船舶"鑫×"轮于2018年9月3日抵达中转码头上海十一区码头，上海某物流公司安排"威×"轮在该码头接收货物并于2018年9月17日运至目的港。

该批货物运至佛山港后，发现存在湿损情形。佛山某港务公司制作的《货损记录单》记载："威×"轮开舱后，发现舱底有水；该轮该批次货物中，有243件存在表面有白色斑迹、外包装破损或有水珠或有锈迹。"威×"轮在该《货损记录单》加盖了船章，对此予以确认。后经保险公估，《公估报告》指出，"威×"轮在运输期间船舱未完全关闭，受台风"××嘉"影响，致大量海水自舱盖缝隙流入货

舱内，造成本次事故的原因为暴风。

在2018年9月14日，黄石某薄板公司作为供方，与需方佛山某贸易公司、深圳某钢结构材料公司、佛山某物资公司等分别签订了产品供货合同，装载于“威×”轮的镀锌卷2007.38吨，其中1137.305吨由前述需方购买。此后，湖北某物流公司与上述需方及黄石某薄板公司分别签订了《赔付协议》，就“威×”轮所载钢卷进水氧化事故，湖北某物流公司按照赔付比例50%、单价440元/吨的方式予以赔偿，共对外赔偿了439,146.4元。

（二）“荣×”轮航次

2018年9月28日，湖北某物流公司与上海某物流公司签订《水路运输合同》，约定湖北某物流公司委托上海某物流公司将152件、1030.495吨镀锌卷自上海码头中转运至佛山战备码头。湖北某物流公司安排的船舶“金×”轮抵达中转港的时间为2018年9月28日，上海某物流公司安排“荣×”轮在上海港接收了“金×”轮运输的镀锌钢卷，于10月10日抵达佛山港。

该批钢卷卸货时，发现船舱内有水湿痕迹，卸下的部分钢卷外包装出现明显水湿、生锈现象，经对水湿钢卷进行硝酸银检测，确定进水为淡水，后发现钢卷外包装有明显擦拭痕迹，部分钢卷底部有明显氧化生锈。湖北某物流公司的保险人和公估、上海某物流公司的保险人和公估均参与了此次事故调查，保险公司及黄石某薄板公司人员在仓库开卷检查，抽检的21卷中15卷有进水情形，但钢卷受损原因不详，保险公司不予理赔，故湖北某物流公司发函至上海某物流公司要求协助处理，并表明将暂扣上海某物流公司运费。

根据“荣×”轮船长陈述：该轮于2018年10月4日靠泊上海十一区码头，当日11时开始装货，10月5日20时因下雨停止装货，10月6日约3时至4时雨停后继续装货并于当日10时装货完毕。该航次总计装载了包括湖北某物流公司委托运输的货物共计5007吨，用两层雨布封舱后，开航驶往目的港；装货时，未发现货物存在异常情况，码头货物存放于堆场，上有雨篷、下铺雨布；船舶航行期间无雨，海浪不大且未上船舱；船到达目的港后在佛山战备码头卸货，卸货期间天气良好，未发现货物有异常，也无人告知存在货损；卸货完毕后即离泊，直至10月26日代理公司通知存在货损。

为避免损失扩大，货主要求湖北某物流公司签订赔付协议，湖北某物流公司向货主黄石某薄板公司及需方佛山某贸易公司共赔付410,628元。在赔付后，湖北某物流公司向上海某物流公司商量赔偿事宜，上海某物流公司以“威×”轮航次遭遇到的台风是不可抗力、“荣×”轮航次的货物损坏并非发生于该轮运输期间为由拒绝赔付。

双方就赔偿事宜未达成一致意见，后上海某物流公司向一审法院提起诉讼并申请了诉前财产保全，主张湖北某物流公司支付其运费及差旅费。承办律师代理本案被告（反诉原告）湖北某物流公司参与了诉讼，并提起反诉，主张原告（反诉被告）上海某物流公司承担货损责任及利息。最终，一审法院支持了反诉原告湖北某物流公司要求反诉被告上海某物流公司承担“威×”轮航次及“荣×”轮航次的货物货损的几乎全部赔偿责任的请求。

后反诉被告上海某物流公司以“威×”轮航次属于不可抗力、“荣×”轮航次的货物损失不足以证明发生在运输途中等为由向二审法院提起上诉，二审法院经双方充分论证，依法维持原判。

律师策略

本案系通海水域货物运输合同纠纷案件，最重要的争议点就是货损责任的认定和承担，围绕该焦点，承办律师着重从以下几个方面开展工作：

第一，案件承接后，承办律师根据丰富的实践经验及专业知识储备，指导委托人搜集案件的全面材料，将全案事实尽可能快且全的，通过有形化、可视化的形式保留下来。

第二，对“威×”轮事故中，抽丝剥茧般厘清可能的事故原因，考虑到《公估报告》中认定此次事故系暴风产生，因此本案极大可能争议焦点为“不可抗力”，故承办律师一方面从时间角度判断承运人未来可能主张的“不可抗力”是否属于可预知情形，另一方面寻找承运人是否存在装载、管货过失，可以防范事故的损失产生。从该两方面出发，破解本案“不可抗力”在时间上不可测，在行为上的不可避免或不可克服。

第三，在“荣×”轮事故中，因接货后耽误一段时间，为避免责任区间发生转移，导致货损责任可能出现在承运区间，也有可能出现在接货期间，故承办律师从三个角度固定事故发生在承运区间的证据：(1)固定交接记录的相关货损记录证据；(2)勘察、了解同船其他货物情况；(3)确定交接后的货物转移及完美保存条件的证据。通过该三个角度，承办律师准备全面证据，使事实形成完整的证据链，充分防范了承运人一方的责任推卸。

第四，综合全局材料后，认真研读既有材料，仔细审核货损相关报告，准确把握案件焦点，提炼及学习一审法院及二审法院、最高人民法院大量类案的实践判例及涉及的法律条款解读,针对案件可能的争议焦点,提炼出有力的抗辩观点。

律师文书

二审答辩意见（节选）

收到反诉被告上海某物流公司(也即上诉人)上诉状后,代理律师结合一审事实,综合回顾诉讼策略,针对上诉人的上诉请求及理由,从如下两方面向法庭进行论证:

一、一审判决关于“威×”航次的责任及损失认定正确,上诉人的上诉理由不能成立

1.“威×”航次货损的原因不适用不可抗力免责事由。

(1)事故可以预见、可以避免。

根据公估报告,中央气象台于2018年9月10日上午10时发布了热带低压预报,于9月11日8时生成台风“××嘉”,相关气象台2018年9月10日上午8时发布国内二级航线风力趋势预报,明确预报了台湾海峡的气象。“威×”轮有足够的时间和空间采取避风措施或其他防护措施,因此,该情况不符合《民法总则》第180条第2款关于“不可抗力是指不能预见、不能避免且不能克服的客观情况”,本次事故是可以预见、可以避免的。

(2)“威×”轮存在没有垫高措施、没有封闭船舱等重大过错。

“威×”轮违反了运输合同的约定及货物运输的惯例,没有对货物采取垫高措施(运输合同约定要在船舱底部第一层加垫10厘米的枕木),船舱底部仅有一层塑料雨布,钢卷直接摆放于雨布上,据“威×”轮代表吴某某证实,船舱并未完全封闭,导致大量海水由船舱盖缝隙流入货舱内。

因此,“威×”航次的货损并不是不可预见、不可避免的,且“威×”轮存在重大过错,上诉人没有任何证据证明该货损属于不可预见、不能避免且不能克服,因此,该货损不适用不可抗力免责事由。

2.“威×”航次的货损数量及金额认定正确。

“威×”航次的货损数量是由公估公司按照正规的随机抽检方式确定的，上诉人没有证据证明该货损数量存在不合理之处。

涉案货物镀锌卷浸水受损后，必须及时处理，否则会发生损失的扩大，被上诉人为防止损失扩大，与货方协商，根据货损程度及市场行情，达成了赔付协议，通过现金支付或扣减等额运费的方式完成了款项的实际赔付，上诉人没有有效证据反驳。因此，一审判决对该航次的货损数量及金额认定正确，上诉人的上诉理由不能成立。

3.《公估报告》是第三方深圳某财产保险公估公司接受中国某保险公司黄石市分公司委托，经过严谨的调查作出的，并不存在上诉人提出的存在倾向性意见，且公估师在一审庭审中出庭接受了质询，其作出的《公估报告》具有客观公正性。

二、一审判决关于“荣×”航次的责任及损失认定正确，上诉人的上诉理由不能成立

1.上诉人上诉提交的证据（上海某保险公估公司出具的《公估报告》）系文档打印件，没有公估公司的印章及公估师的签章，不是合法的证据形式，不能够作为新证据，依法不具备证据效力。

2.“荣×”航次的货损发生于“荣×”轮承运期间，货损的责任应当由上诉人全部承担。

（1）货物在装船前状况良好，没有货损信息反馈。

根据《公估报告》第5页受损原因部分记载，货物在黄石装船时状况良好，江船抵达上海时状况良好，无货损现象。根据双方签订的《水路货物运输合同》，如果上海某物流公司在装货时发现货物异常，必须及时通知湖北某物流公司，否则后果由上海某物流公司负责。上海某物流公司装货前没有提出任何货物质量异常的反馈，因此可以认定货物在装货时质量完好。

但综合装货过程中遇到小雨、公估公司对受损货物检测确定船舱进水为淡水、同船其他货物也存在货损、佛山卸货为晴天、上海至佛山没有停靠其他码头等因素，可以明确得出货损发生于“荣×”承运期间的结论。另外，根据公估师

当庭的陈述，码头与仓库之间距离很近，码头卸货速度较快，卸货前后均为晴天，仓库内存放有多批货物，仓储条件良好，因此，货物损失就是发生于“荣×”承运期间。

（2）在佛山开舱卸货的第一时间，湖北某物流公司就发现货物质量异常，货物表面存在明显擦拭水迹的痕迹，并通过微信向上海某物流公司人员表达了该意见。

根据湖北某物流公司提交的微信对话记录、上海过驳图片、佛山开舱图片、卸货现场图片等证据，可以清晰看出，卸货时的货物与上海过泊时所呈现的表面光滑明亮的状态完全不同，表面确实明显存在擦拭的痕迹，且舱底存在明显水迹，部分货物已经存在锈蚀的痕迹。

（3）湖北某物流公司第一时间向保险公司报案，保险公司第一时间安排中国某保险公司佛山分公司工作人员到现场查勘，查勘记录显示开卷 7 卷，其中 4 卷进水，且该 4 卷的外包装并无破损和锈蚀痕迹。（详见《现场查勘记录表》）

根据《现场查勘记录表》，中国某保险公司佛山分公司于 10 月 12 日即赶赴仓库现场，现场抽检 7 卷，发现 4 卷外包装没有破损和锈蚀痕迹的钢卷内部进水，充分说明货物发生货损的事实，亦说明即便外包装无异常，内部依然存在进水的可能，公估师出庭接受质询时也认可该事实。

因此，湖北某物流公司在第一时间发现了货损，并通过保险查勘确认了货物进水的事实。

（4）涉案货物在公估师抽检前一直存放在佛山某仓库，仓库管理规范，环境良好，货物保管过程中没有发生异常情况。（仓库视频可以证明仓库的保管环境）

（5）根据公估报告及公估师出庭接受质询的情况，公估师于 10 月 31 日到达佛山现场，同湖北某物流公司代表、“荣×”轮保险代表、黄石某薄板公司代表、中国某保险公司代表一同进行了现场联合检验和查勘，并得出了抽检结论，确认了货损数量。

（6）涉案货物的质量检验是在合理的检验期间内作出的，符合相关的法律规定。

涉案货物的质量异议，湖北某物流公司在开舱时便提出，然后第一时间由保险公司抽检，公估公司也及时进场进行货物的整体检验查勘。

货损的事实在开舱卸货和抽检7卷钢卷时就已经确定，且该货物的质保期为6个月，因此，涉案货物的质量检验符合相关的法律规定。

3.“荣×”航次的货损数量及金额认定正确。

“荣×”航次的货损数量是由公估公司按照正规的随机抽检方式确定的，且“荣×”轮保险代表参加了现场的抽检，抽检结果应当被采信，上诉人没有证据证明该货损数量存在不合理之处。

涉案货物镀锌卷浸水受损后，必须及时处理，否则会发生损失的扩大，被上诉人为防止损失扩大，与货方协商，根据货损程度及市场行情，达成了赔付协议，通过现金支付或扣减等额运费的方式完成了款项的实际赔付，上诉人没有证据证明货损的金额存在不合理之处。

因此，一审判决对该航次的货损数量及金额认定正确，上诉人的上诉理由不能成立。

4.该航次货损的报告名称虽然是《公估初报》，但是该报告是由有资质的公估师经过严谨的调查作出的，且公估师在一审庭审中出庭接受了质询，其作出的《公估初报》具有客观公正性，应当被采信。

案件结果

一审法院支持了反诉原告湖北某物流公司的诉讼请求，判决反诉被告上海某物流公司承担“威×”轮航次及“荣×”轮航次的货物损失赔偿责任，向湖北某物流公司赔偿货物损失851,859.4元及利息，二审法院维持一审法院判决，驳回上诉人（反诉被告）上海某物流公司的全部上诉请求。（注：反诉原告湖北某物流公司的诉请金额为872,207.4元）

典型意义

本案是两起实践中非常典型的承运人抗辩主张货损免责或无责的海上、通海水域货物运输案，但本案代理律师从两个方面正面且有效地保护了托运人或收货人的正当权利，从证据组织上打破承运人的优势抗辩地位。

本案充分论证了《合同法》第311条所规定的承运人免责条件的适用，为承运人与货主之间权利平衡的法律适用提供了重要实践参考。

回顾思考

本案的主要争议点：(1)湖北某物流公司主张的上海某物流公司应当对“威×”轮航次承担全部货损责任的认定是否正确。(2)湖北某物流公司主张的上海某物流公司应当对“荣×”轮航次承担全部货损责任的认定是否正确。

关于争议焦点一。在“威×”轮航次中，上海某物流公司主张“威×”轮的货损是航行过程中遭遇台风造成的，属于承运人不可抗力免责事由。从表面上看，遇到或避开暴风雨是“威×”轮无法控制的，但本案经过承办律师对事情经过的仔细分析以及相关证据的积极收集，发现在“威×”轮遭遇台风前，中央气象台已经发布了热带低压气象预报以及国内二级航线风力趋势预报，这足以证明“威×”轮航次的货损并不是不可预见、不可避免的。因为该台风可以预见，并且有足够的时间采取避风或船舱封闭措施，但“威×”轮并未采取任何预防措施，且存在船舱未完全封闭、货物底部没有垫物等过错，所以货物毁损并非属于不可抗力，不属于承运人免责事由。

对于争议焦点一，承办律师认为：海上货物运输遭遇货损时，承办律师应当首先了解委托人已掌握的材料，并建议委托人进一步充分相关材料，归纳货损的发生原因，固定责任。若是承运人主张客观免责的，应当审查承运人的免责条件是否充分、明确，发生不可抗力事件不等于可以必然适用，因此仍应审查不可抗力背景下承运人的有效行为，要求其进一步证明是不可预见、不能避免且不能克服的，从而完全破解不可抗力制度的适用。

关于争议焦点二。在“荣×”轮航次中，上海某物流公司主张事故是无法确定的原因造成的，货物损坏并非发生于“荣×”轮运输期间。承办律师经过充分地收集证据并形成完整的证据链，联系同船其他货物的货主询问货物情况，最终证明了货损发生在“荣×”轮运输途中。相关证据显示“荣×”轮在接收钢卷时,货物状态良好,且无货损信息反馈,因此可以认定货物在装货时是完好的。卸货时为晴天,且“荣×”轮从上海行至佛山途中并未停靠其他码头,但卸货第一时间就发现船舱进水,且为淡水,同船其他货物也出现货损,货物接货后储存情况良好,不存在导致货损的可能,综合以上收集到的证据,承办律师得出货损发生在“荣×”轮航行期间的充分结论并在法庭上阐述,最终使得法官认可了承办律师的答辩意见。

对于争议焦点二,承办律师认为:(1)在货损发生后,要及时联系相关当事人及第三方公估机构一起对货损进行公估,保存相关交接材料证据;(2)在交接后,不要盲目处置货物,在事件处理完前,货物应当尽量保存交接时的原始状态;(3)货物责任基本确定后,注意沟通受损货物的处理事宜及保留相关书面记录(包括但不限于邮单、往来函、微信、短信、邮箱等);(4)货物处置时,应注意保留相关书面的协议及协议中有确定付款对象和价格原因。从以上四个角度出发,可更充分地维护货主的正当权益,避免因程序的不畅,导致原因与结果之间的联系中断。

律师简介

肖东升,北京盈科(武汉)律师事务所律师、监事会主任。中华全国律师协会海商海事专业委员会委员、湖北省律师协会海事海商专业委员会主任、中国海事仲裁委员会仲裁员、长江海商法学会理事等职务,(2016 ~ 2021 年)连续 6 年荣登钱伯斯(Chambersand Partners)海事海商(中国东部)领域榜单等。

区域性股权市场证券欺诈及中介机构责任的认定

——程某诉某林业公司、某会计师事务所等侵权纠纷案

陶志超　王巍巍

案件简介

2009 年 12 月 25 日，某林业公司在天津股权交易所（以下简称天交所）挂牌，某投资公司担任保荐服务机构，某会计师事务所担任审计机构。程某作为合格投资者认购了某林业公司的股权，后经媒体报道发现某林业公司负责人存在与国家工作人员串通伪造林权证，以及林权证被撤销的情形，遂以某林业公司、某投资公司、某会计师事务所存在财务造假欺诈行为为由向法院起诉，要求赔偿其股权投资损失。盈科淄博分所陶志超律师团队代理某会计师事务所出庭，经一审、二审，法院终审判决认定欺诈行为证据不足，驳回原告的诉讼请求。

基本事实经过如下：

2009 年 12 月 10 日，某投资公司作为某林业公司的保荐服务机构为某林业公司出具股权挂牌交易说明书、投资价值分析报告，载明：公司拟投资 4000 万元用于建设黄河三角洲耐盐碱植物研发中心，该项目如期完成并顺利达产后，预计项目正常经营年份的销售收入为 4320 万元，税后利润为 1877.06 万元，会大大增强公司的现金流量。

2010 年 8 月 17 日，程某以自然人身份申请成为天交所的合格投资者，天交所为程某开立股权账户卡。

2010 年 8 月 30 日，某投资公司作为某林业公司的私募顾问为某林业公司出具定向增发募股说明书，募股说明书载明募集资金将用于某耐盐碱植物研发

中心项目，拟定向募集人民币普通股1000万股，定向募集价格3.10元/股，预计募股资金净额约定3100万元；本次定向增发后，新增发股权将在天交所挂牌交易。募股说明书提示投资者应充分了解股权挂牌交易市场的投资风险及某投资公司所披露的风险因素，审慎作出投资决定。

2010年9月1日，程某参加天交所组织的企业推介会，并于2010年9月25日认购某林业公司16.5万股股份。2011年7月11日，某林业公司向程某送股16.5万股。截至2015年11月16日，程某持有某林业公司的股份33万股，根据停牌前的挂牌价格，市场价值168.3万元。

某会计师事务所作为某林业公司的挂牌、定向增发及年度审计的审计机构，为某林业公司出具无保留意见的(2009)124号、125号、127号、128号，(2010)0024号、51号、53号，(2011)29号，(2012)61号审计报告。

2011年2月26日，某林业公司召开2011年度第一次股东大会，以无反对股的决议通过了关于收购张某湖北十堰林权的议案以及其他议案，某林业公司的董事、全体股东在股东大会会议决议上签字。

2011年6月28日，某林业公司召开股东大会，以无反对股的决议通过了关于某林业公司资本公积转增注册资本并送股的议案以及其他议案，程某作为参加此次股东大会会议的股东之一在股东大会会议决议上签字。

2011年12月18日，某林业公司召开2011年度第二次临时股东大会，以无反对股的决议通过了关于某林业公司募集资金投资项目及可行性议案、关于公司前次募集资金使用情况说明的议案、关于收购王某林权的议案、关于张某林权作价入股的议案以及其他议案，程某作为参加此次股东大会会议的股东之一在股东大会会议决议上签字。

2015年2月2日，湖北省十堰市某市人民政府发布决定，对2006年11月24日，湖北省十堰市人民政府颁发给张某的某林证字(2006)第121200号、(2006)第121201号林权证予以撤销。

2017年5月12日，湖北省十堰市中级人民法院作出(2016)鄂刑终第×号刑事判决书，认定国家机关工作人员谭某某、皮某某在为包括某林业公司在内的其他主体办理林权证过程中犯受贿罪、行贿罪、滥用职权罪，被依法追究刑事责任。

2018年11月15日，某市工商行政管理局吊销某林业公司的营业执照。某林业公司在天交所的交易处于停盘状态。

程某认为，某林业公司自2009年8月至2011年1月，安排员工于某以张某名义通过行贿方式花费399万元取得某林证字(2006)第121200号、(2006)第121201号林权证,后某林业公司以4200万元购买上述林权证并将上述林权证变更到某林业公司名下,证实某林业公司财务混乱;某林业公司未将募集的资金用于募股说明书记载的某耐盐碱植物研发中心项目而是挪用从张某处高价购买林权。程某认为某林业公司存在虚假记载、误导性陈述、重大遗漏以及财务混乱,属于欺诈挂牌、虚假欺诈增发募集资金。某投资公司所推荐的某林业公司主要业务不存在,存在虚假推荐。某会计师事务所作为审计机构未尽职责造成程某经济损失。程某向一审法院起诉请求:(1)某林业公司、某投资公司、某会计师事务所赔偿程某投资款168.3万元及利息;(2)某林业公司、某投资公司、某会计师事务所承担律师代理费、利息共计24万元;(3)某林业公司、某投资公司、某会计师事务所负担本案诉讼费用。

一审法院判决驳回原告的起诉。原告上诉,经二审法院审理,驳回上诉维持原判。

律师策略

陶志超律师团队接受某会计师事务所的委托担任其代理人参与本案诉讼,经分析认为本案争议的主要焦点问题为:原告程某是否存在损失及损失是如何计算的?发行人是否存在造假欺诈行为?某会计师事务所是否存在执业过错以及过错与损失之间是否存在因果关系?举证及答辩均围绕上述三个方面展开。经分析,陶志超律师团队认为:

1. 某林业公司作为发行人的股权虽暂时在天交所停牌期间,但公司并未解散、清算、注销,原告程某的股权并未灭失,是否存在价值损失也无法确定,原告程某将股权交易价值作为损失是不成立的。

2. 原告程某认为发行人存在欺诈的主要依据是部分林权证系伪造,但该部分林权证并未全部进入发行人的资产范围,部分被用于抵押贷款,并未导致公司权益受损;并且原告主张的财务造假行为具体指向不明,需要在庭审中进一步质证。

3. 某会计师事务所作为审计机构,是依据发行人的账簿资料进行审计,假定存在一定的会计舞弊造假,也并不一定证明某会计师事务所存在过错,要区分会计责任和审计责任,某会计师事务所应将工作底稿作为证据提交,用于证明已经适当履行了审计职责。

另外,关于案由及法律适用。法院在立案时确定的案由系新增资本认购纠纷,后又变更为证券欺诈责任纠纷。反映出受理法院对于此案的法律关系及法律适用存在一定的不确定性。需要进一步研究的问题:作为区域性股权市场的发行、交易行为与证券交易所的发行、交易行为在认定欺诈、确定索赔的依据及损失计算是否存在差别? 如果按照最高人民法院《关于审理证券市场因虚假陈述引发的民事赔偿案件的若干规定》(法释〔2003〕2号)的规定,本案不符合受理的条件、管辖应当由中级法院管辖、原告程某的损失也无法适用该规定进行计算。从原告程某的诉状中尚无法判断原告程某对于法律适用的观点,但是对于委托人某会计师事务所来讲,无论如何适用法律、如何确定案由,对于某会计师事务所是否存在执业过错责任影响不大,依据最高人民法院《关于审理涉及会计师事务所在审计业务活动中民事侵权赔偿案件的若干规定》,是适用过错责任原则,律师举证的重点在于证明某会计师事务所在提供审计服务过程中,遵守了注册会计师执业准则、规则确定的工作程序并保持了必要的职业谨慎,没有违反规则和程序之处,不存在过错,不应承担任何赔偿责任。

律师文书

一审代理词(节选)

原告程某要求被告某会计师事务所赔偿其投资款及利息的诉讼请求,没有事实和法律依据,依法不能成立。请求依法驳回原告程某对某会计师事务所的诉讼请求。

1.原告程某没有提供证据证明其损失的存在,也没有说明导致其投资出现损失的基础事实依据是什么,我们无从判断被告应否承担责任及承担责任的依据是什么。

(1)某林业公司并未破产、未清算,原告程某的股权并未灭失,所谓的股权投资损失不存在。原告程某诉求的损失数额是其全部投资款1,683,000元及利息,更是没有依据。

(2)通过原告程某提供的证据可以证实,能够证明某林业公司参与造假的林权证,仅仅是很小的一部分,并不是全部林权。原告程某认为某林业公司林权灭失导致其投资全部损失，毫无事实根据和法律依据。

(3)通过某会计师事务所提供的审计报告和工作底稿，足以证实，多数涉嫌记载不实的林权证并没有作为资产计入某林业公司资产负债表，对某林业公司的资产负债并没有事实上联系。相反，从刑事判决书看，部分不实记载的林权证被用于某林业公司抵押借款，某林业公司因此获得了资金支持，客观上导致某林业公司因此获取了不应当获取的利益，股东也在一定程度上受益。

(4)涉案部分林权证被撤销的事实，也不能证明原告程某投资股权投资到损失。林权证被撤销后，公司可以采取向合同相对方主张撤销交易合同、宣布合同无效、停止支付对价款、追回已支付的对价款等方式避免损失。

2. 被告某会计师事务所在为被告某林业公司提供审计服务过程中，遵守了注册会计师执业准则、规则确定的工作程序并保持了必要的职业谨慎，没有违反规则和程序之处，不存在过错，不应承担任何赔偿责任。

(1)某会计师事务所的审计工作遵循了必要的程序，不存在过错。某会计师事务所向法庭提供了涉案的全部审计报告及全部工作底稿，审计报告的附注及工作底稿详细记录、反映了审计师的工作程序和所获取的审计证据，以及被审计单位提供的关于审计证据真实、准确、完整的承诺书。某会计师事务所在审计服务过程中按照《注册会计师审计准则》的规定，实施了完整的审计程序，取得了充分适当的审计证据，出具了恰当的审计报告，不存在因工作过失导致审计报告不实的情形，不应承担任何赔偿责任。

(2)工作底稿记载某会计师事务所实施的审计程序完整，底稿记录真实、准确、完整，完全符合审计工作准则要求。

3. 原告程某自行陈述的损失与被告某会计师事务所的审计行为之间不存在任何因果关系。

(1)本案中应当首先分清会计责任和审计责任，不能任意扩大审计机构应当承担的责任。按照会计法和会计准则的要求，被告某林业公司应当对会计的真实资料负责，某林业公司如实编制财务报表、保证会计基础资料真实，是其法定义务，并对不如实编制的行为承担法律责任。审计机构的责任是对会计责任主体提供会计报告进行审核，根据审计准则 1101 号《财务报表审计的目标和一般原则》第6章第14条、第15条的规定,审计工作对财务报表整体不存在重大错报进行担保或绝对保证,审计机构仅在基础资料真实有效的前提下,对财务报告负有一定的合理保证义务。原告程某仅凭推断的、存在怀疑的客观表象就认定某会计师事务所存在过错,毫无事实依据。

(2)本案中应当区分投资者的正常投资风险、某林业公司正常的经营风险和不实陈述、不实报告的侵权责任。原告程某投资是基于被告某林业公司的出具的基础文件,被告某会计师事务所出具的相关审计报告是依据被告某林业公司提供的基础事实资料,并且某林业公司已经向被告某会计师事务所做出书面承诺,保证向审计机构提交的相关材料原件、复印件均为真实的,不存在虚假记录、误导性陈述等。审计报告对委托方股改募股资金实际使用情况进行了如实披露反映,不存在虚假陈述。是否存在募集资金挪用以及挪用会对股权价值造成什么影响问题,与审计机构无关,属于投资人自行甄别和风险判断的范畴,不能证明审计机构在这一问题上存在过错。

(3)即便是某林业公司存在会计舞弊行为,也不能证明某会计师事务所作为审计机构负有过错责任。某会计师事务所的审计程序是事后进行的,并履行了必要的审计程序,审计机构没有发现舞弊行为的存在,也不存在任何过错。根据审计准则1141号《财务报表审计中对舞弊的考虑》第4章第20条、第21条、第24条的规定,某会计师事务所作为审计机构,并没有义务在审计工作中鉴定文件记录的真伪,注册会计师也不是鉴定文件记录真伪的专家,而且可能无法发现文件记录中某些条款已发生变动。如果在完成审计工作后发现舞弊导致的财务报表重大错报,特别是串通舞弊或伪造文件记录导致的重大错报,并不必然表明注册会计师没有遵守审计准则。再者,林权证系政府部门真实颁发,舞弊行为的存在是经过司法程序调查才发现,且从最早的舞弊行为实施到被发现历时多年,说明舞弊行为隐藏很深,审计准则规定的审计程序无法识别,审计人员执行审计程序是难以发现的。林权证被撤销或相关的会计舞弊行为,是不能被认定为审计机构存在过错的。

综上所述,原告程某要求被告某会计师事务所赔偿其投资款及其利息,没有事实和法律依据,请求法院依法驳回原告程某对被告某会计师事务所的诉讼请求。

二审答辩状（节选）

1. 上诉人没有证据证明其投资损失的客观存在，也无法说明因某林业公司实施欺诈行为而遭受的实际损失金额，其主张赔偿损失的请求不成立。

2. 上诉人称某林业公司存在证券欺诈行为证据不足。

根据最高人民法院《关于受理证券市场因虚假陈述引发的民事侵权纠纷案件有关问题的通知》和《关于审理证券市场因虚假陈述引发的民事赔偿案件的若干规定》（法释〔2003〕2 号）的规定，虚假陈述行为的认定应当依据有关机关的行政处罚决定或者法院的刑事裁判文书，本案中没有任何一个机关或法院对某林业公司或有关中介机构是否存在虚假陈述行为予以认定。上诉人自行提供的证据仅仅算是存在一定的线索或疑点，最多算是存在虚假陈述行为的可能性或嫌疑，不能算作虚假陈述行为已经存在。上诉人在补充上诉状中提到的某林业公司违法违规侵权行为事实缺乏依据。

3. 某会计师事务所在为被上诉人某林业公司提供审计服务过程中，遵守了注册会计师执业准则、规则确定的工作程序并保持了必要的职业谨慎，没有违反规则和程序之处，不存在过错，根据最高人民法院《关于审理涉及会计师事务所在审计业务活动中民事侵权赔偿案件的若干规定》第 5 条、第 6 条、第 7 条的规定，被上诉人某会计师事务所不应承担任何赔偿责任。

（1）关于上诉人提到的某林业公司隐瞒林权证（2016 年的 7 本林权证）问题。从刑事判决书反映的部分关联事实看，可能涉嫌某林业公司系统性的舞弊造假行为。但参与人员包括公司员工、经营管理层、董事会、董事长、公司股东及政府机关有关工作人员等，现行准则框架下审计程序及审计手段无法鉴别判断。且部分权证被某林业公司用于小额贷抵押贷款，某林业公司账面也没有上述 7 本林权证相关价值的记载。林权证被撤销的行为不能证明给某林业公司造成了损失。某会计师事务所在为被上诉人某林业公司提供审计服务过程中，遵守了注册会计师执业准则确定的工作程序并保持了必要的职业谨慎，不存在过错，亦无不当之处。

（2）关于上诉人提到的某林业公司未披露资金 437 万元的新购置林地信

息问题,某审字(2010)53号报告,属募集资金专项审计报告,该报告根据某林业公司的会计资料记载,如实对募集资金规定用途及实际支付情况进行了详细披露,其中包括使用募集资金支付新购置林地款437万元。审计师的审计责任是基于委托人的会计报告发表意见,审计责任有别于会计责任。某会计师事务所在为被上诉人某林业公司提供该报告审计服务过程中,遵守了注册会计师执业准则确定的工作程序并保持了必要的职业谨慎,不存在过错,亦无不当之处。

(3)关于上诉人提到的某林业公司法定代表人刘某的1045万元个人借款问题,某会计师事务所在为被上诉人某林业公司提供某审计字(2010)51号报告审计服务过程中,对刘某借款事宜进行充分的关注,查验了借款凭证所附的原始资料,包括董事会授权书、借款借据、内部签批程序等,未发现异常。并在审计报告附注详细披露了刘某借款事宜,且在为被上诉人某林业公司提供2010年度审计报告审计服务过程中,对刘某借款事宜进行了持续关注,未发现异常。并在审计报告附注详细披露了刘某借款使用情况。某会计师事务所在为被上诉人某林业公司提供审计服务过程中,不存在过错,亦无不当之处。上诉人提到的走过场式审计,是对某所的污蔑之词。

(4)关于上诉人提到的某林业公司增发问题,某会计师事务所对该林地购置事宜进行了充分的关注,对某林业公司提供的股东会决议、评估报告、收购合同、林权证等全套资料进行了审验,未发现异常。且基于谨慎原则,某会计师事务所对该林地购置事宜进行了详细披露。并且,我们还发现,上诉人程某作为股东参加了某林业公司2011年6月28日召开的购置林地专题股东会议,并在同意购置林地股东会决议中签字并捺手印。某会计师事务所审计服务不存在过错,亦无不当之处。

综上,答辩人认为,上诉人投资某林业公司出现的风险,目前尚不能判断存在客观损失,也无法认定某林业公司或有关机构存在虚假陈述行为,该风险属于上诉人正常的投资风险范畴,某林业公司经营中出现或存在的风险行为大多属于正常经营风险范畴。某会计师事务所为被上诉人某林业公司提供审计服务过程中,遵守了注册会计师执业准则确定的工作程序并保持了必要的职业谨慎,不存在任何过错,亦无不当之处。上诉人因投资行为出现风险与某会计师事务所的审计行为之间没有因果关系。一审判决结果是正确的,请求依法驳回上诉人的上诉请求,维持原判。

案件结果

一审法院认为,程某起诉时选择的法律关系为证券欺诈责任纠纷,该案的性质属于证券市场交易范畴,应适用与证券交易有关的特别规定。本案中,(1)程某提供的证据不能证实某投资公司、某会计师事务所在履行职责出具相关报告时有虚假记载、误导性陈述或者重大遗漏的情形,亦不能证实某投资公司、某会计师事务所存在诱导、误导或欺诈包括程某在内的投资者的内容。(2)某林业公司通过定向增发募集的资金应当按照募股说明书的用途使用,如某林业公司改变募集资金用途,须经股东大会作出会议决议。某会计师事务所提供的证据能够证实某林业公司分别于2011年2月26日、2011年6月28日以及2011年12月18日组织召开三次股东大会并形成股东大会会议决议同意募集资金用于购买林权,程某主张某会计师事务所出具无保留意见的审计报告时未发现某林业公司改变募集资金用途存在财务混乱及转移资金等事项存在过错,程某的此项主张,证据明显不足。(3)程某作为天交所的合格投资者,基于自身判断选择投资某林业公司并参加某林业公司的股东大会同意通过股东大会会议决议,能够认定程某对于募集资金改变使用用途是明知的,程某应对自己的行为承担相应的后果,程某主张由此造成的投资交易风险与某林业公司、某投资公司、某会计师事务所的上述行为不存在必然的、直接的因果关系。(4)某林业公司购买上述林权的行为系合同行为,合同相对方如因标的物存有瑕疵导致合同履行不能时,合同相对方应向某林业公司承担相应的法律责任,某林业公司因履行林权协议客观上不必然导致某林业公司的经济损失,程某主张因投资某林业公司造成自己经济损失,证据不足。(5)某林业公司虽被吊销营业执照,但未经法定程序解散或清算,程某认为某林业公司侵犯其财产权应承担赔偿责任,证据不足。综上,程某提供的证据不足以证实某林业公司、某投资公司、某会计师事务所存在虚假记载、误导性陈述或者重大遗漏的证券欺诈行为,程某请求某林业公司、某投资公司、某会计师事务所承担赔偿责任的诉讼请求,不予支持。综上,一审法院依照《民事诉讼法》第64条、第144条规定,判决:驳回程某的诉讼请求。

程某不服一审判决,以一审判决认定事实不清,适用法律错误提起上诉,上诉请求:(1)撤销一审判决,依法改判支持程某的诉讼请求;(2)本案一审、二审诉讼费由某林业公司、某投资公司、某会计师事务所承担。

二审法院认为本案争议焦点有两个:

关于焦点一,本案是否适用《证券法》中关于违反信息披露义务的相关规定。程某主张诉请某林业公司承担赔偿责任的法律依据为《证券法》第3条、第5条、第78条、第85条;诉请某会计师事务所、某投资公司承担责任的法律依据为《证券法》第160条、第163条。本院认为,本案不属于行为发生时《证券法》的调整范围。程某主张2010年9月受到发行欺诈,故本案应适用2005年10月27日修订后的《证券法》。而天交所此类区域性股权市场自2017年7月1日《区域性股权市场监督管理试行办法》施行后才首次纳入《证券法》的适用范围。2019年12月28日修订的《证券法》吸收了上述精神,增加了第98条的规定。本案行为发生时,天交所作为区域性股权市场,不属于《证券法》所调整的证券市场。一审法院将案由定为证券欺诈责任纠纷不当,本案应为侵权纠纷。

关于焦点二,程某诉请某林业公司、某投资公司、某会计师事务所承担责任有无事实和法律依据。本院认为,其一,程某主张某林业公司未披露该公司持有的7本林权证,某林业公司用上述林权证进行了抵押贷款及虚假增资。本院认为,依据程某的主张,某林业公司用虚假林权证进行了抵押贷款及虚假增资,某林业公司通过上述行为亦获得了相应的银行贷款及增资,该行为并未侵害股东程某的利益。其二,某审字(2010)53号某林业公司2009年12月私募资金使用情况专项审计中,披露了募集资金870万元的使用情况,其中支付新购置林地款437万元;某审计字(2010)51号、某审字(2011)29号报告审计中均记载了刘某借款的具体事宜;某林业公司及审计机构某会计师事务所未隐瞒上述情况。其三,某林业公司2011年半年度报告中公司投资情况记载了公司第二次募集资金4309万元,其中用于购置林权4200万元。某审字(2011)29号审计报告详细披露了该林地购置及林权证的详细情况。程某作为某林业公司的股东参加某林业公司于2011年6月28日及2011年12月18日召开的股东大会,并同意通过了《关于募集资金投资项目及可行性议案》《关于公司前次募集资金使用情况说明的议案》《关于收购王某林权的议案》等议案,能够证实程某对于募集资金改变使用用途是明知的。综上,程某提供的证据不足以证实某林业公司、某投资公司、某会计师事务所应向其承担侵权责任,对程某的主张,本院不予支持。

二审法院认为程某的上诉请求不能成立,一审判决认定事实清楚,案由定性错误,本院予以纠正。判决驳回上诉,维持原判。

典型意义

本案系区域性股权市场因股权挂牌及证券交易引发的证券欺诈侵权纠纷案,具有一定的典型性。经检索最高人民法院裁判文书网,类似案例尚不多见。对于区域性股权市场或类似非公开交易市场如何认定证券欺诈行为具有一定的参考意义。同时,本案涉及证券发行交易过程中会计师事务所的执业责任认定问题,对于如何区分发行人的会计责任与会计师事务所审计责任、如何认定会计师事务所的执业过错等问题具有很好的参考意义。

回顾思考

陶志超律师团队作为本案被告某会计事务所的代理人,参与本案一审、二审的审理。经过庭前对案情的研判,确定了本案代理工作的重点,组织会计师事务所工作人员收集、整理了本案涉及的9份审计报告的全部审计工作底稿,最终形成证据2000多页,并针对原告的诉讼请求进行了辩驳。一审判决直接引用代理人的多个答辩观点作为驳回原告诉讼请求的理由,支持被告的答辩观点。原告不服提起上诉,二审判决维持原判。对于本案被告某会计师事务所的代理律师而言,本案的代理是一次成功的代理,维护了委托人某会计师事务所的合法权益。通过本案的办理,对于涉及区域性股权市场证券欺诈及中介机构执业责任认定,可以得出三点启示:

第一,关于法律适用。区域性股权市场的监管及法律地位不同于上海证券交易所、深圳证券交易所等公开交易市场,尤其是挂牌要求、交易规则、信息披露要求等存在较大的差异,最高人民法院《关于受理证券市场因虚假陈述引发的民事侵权纠纷案件有关问题的通知》和《关于审理证券市场因虚假陈述引发的民事赔偿案件的若干规定》(法释〔2003〕2 号)的规定无法适用于区域性股权市场。是否构成欺诈、认定依据只能依据一般法律规则、区域性股权市场监管规则和该市场的交易规则确定。本案因发生在 2017 年 7 月 1 日《区域性股权市场监督管理试行办法》施行前,二审判决认定不适用于《证券法》。

第二,关于举证责任。原告对于发行人欺诈行为的存在、损失的计算、欺诈行为与所遭受的损失之间存在因果关系负有举证责任,适用“谁主张,谁举证”的一般举证规则。对于审计等中介机构是否负有侵权责任,则应当明确中介机构对于不存在执业过错负有举证责任。中介机构,应当依据中介机构的执业规则和业务操作规范说明执业行为已经从实体和程序方面满足这些执业规范要求,并提供能够证明自己履职不存在过错的工作底稿和发行人提供的基础资料。

第三,关于中介机构侵权责任的认定。在确定发行人财务造假、舞弊等欺诈行为存在的前提下,认定中介机构是否负有侵权责任,应当重点从因果关系方面进行举证和辩驳。对于会计师事务所来说,依据业务规则判定审计机构的审计责任与发行人的会计责任的边界,说明会计师对于发行人的舞弊行为未发现属于依据自己的知识和能力是无法或难以发现的,审计机构的职业行为不存在过错。

律师简介

陶志超,北京市盈科(淄博)律师事务所党支部书记、管委会主任,山东大学法律硕士,从事专职律师工作 30 年,主要从事公司合规与风险管理、公司治理与公司诉讼业务,2007 年获得“山东省十大杰出青年律师”等荣誉称号。

王巍巍,北京市盈科(淄博)律师事务所律师,黑龙江大学法律学士,从事专职律师工作 7 年,现担任淄博市律师协会公司清算与破产专委委员,主要从事政府及国有平台公司债券融资、重大商事诉讼等法律事务。

票据的无因性

——一起2.5亿元票据追索权纠纷案

张群力

案件简介

2018年3月9日，辽宁某化学公司作为出票人向山西某珠宝公司签发总金额为10亿元、共计190张电子商业承兑汇票，并作为承兑人对上述汇票进行了承兑。上述电子商业承兑汇票出票日期为2018年3月9日，汇票到期日为2019年3月8日。

2018年3月15日，间接持有辽宁某化学公司100%股权的辽宁某化工集团公司出具了《不可撤销的连带责任担保函》，为辽宁某化学公司签发的10亿元汇票的承兑提供连带保证责任担保，保证期限自2018年3月9日起至持票人全部收回上述汇票款止。

2018年4月12日，山西某珠宝公司的关联方山西某融资公司(甲方)与某化工集团的关联方某控股公司(乙方)签署《购销合同》，约定乙方从甲方购买和田白玉6250公斤，总价款10亿元人民币；付款方式为乙方指定所辖“辽宁某化学公司”向甲方所辖“山西某珠宝公司”开具1年期，总金额为10亿元人民币的电子商业承兑汇票。同日，双方又签订《购销合同补充协议》，约定汇票贴现由甲方和山西某珠宝公司负责，贴现的综合成本需控制在24%以内。

2018年5月14日，山西某珠宝公司将6000万元汇票背书转让给某地产置业公司。

2018年5月17日，某地产置业公司将前述6000万元汇票背书转让给贵州某房地产公司。

2018年6月20日，山西某珠宝公司直接将1.4亿元汇票背书转让给贵州某房地产公司。

2018年8月13日，山西某珠宝公司将5000万元汇票背书转让给某地产置业公司。

2018年8月14日，某地产置业公司将前述5000万元汇票背书转让给贵州某房地产公司。

2019年9月12日，某地产置业公司出具《说明》，载明因贵州某房地产公司为其关联方垫付工程款，某地产置业公司及其关联方将持拥有权益的2.5亿元汇票背书转让给贵州某房地产公司。

2019年9月14日，辽宁某化工集团公司的关联方以山西某珠宝公司的实际控制人郑某在获取票据过程中涉嫌诈骗为由向北市公安局某分局申请刑事立案，北市公安局某分局予以受理。

贵州某房地产公司共持有2.5亿元涉案汇票，涉案汇票到期后均无法兑付。

律师策略

本案看似简单，但实际上面临诸多问题，这些问题不解决，可能导致持票人因为不符合起诉条件而被人民法院裁定驳回起诉，或者持票人的诉请得不到人民法院支持，或者人民法院判决无法得到执行。

第一，持票人在未获得拒付证明的情况下是否具备起诉条件。本案中，背书人山西某珠宝公司可能会以持票人未获得拒付证明为由主张持票人不具备起诉条件。《票据法》第62条第1款规定，“持票人行使追索权时，应当提供被拒绝承兑或者被拒绝付款的有关证明。”《票据法》第63条和第64条规定了可以代替拒绝证明的其他证明。《票据法》第65条规定：“持票人不能出示拒绝证明、退票理由书或者未按照规定期限提供其他合法证明的，丧失对其前手的追索权。但是，承兑人或者付款人仍应当对持票人承担责任。”最高人民法院《关于审理票据纠纷案件若干问题的规定》（2008年调整）第5条规定：“付款请求权是持票人享有的第一顺序权利，追索权是持票人享有的第二顺序权利。”本案中，持票人在电子商业汇票系统中提示付款，系统一直显示待签收状态，持票人客观上无法获得拒绝证明。

律师团队经过深入分析、检索大量案例，认为若因票据债务人怠于签收的行为导致持票人无法获得拒绝证明,便认定持票人不具备起诉条件,将违背公平原则,不利于持票人的权利保护和票据的流通。同时大量的案例亦印证了律师团队的判断,票据债务人客观上不履行票据债务的行为,已经构成了实质性的拒付,持票人可以直接主张票据权利。此外,即使持票人未获得拒绝证明,亦不影响对承兑人的追索。综上,律师团队认为持票人可以直接起诉。

第二,票据具有无因性。本案中,出票人辽宁某化学公司可能会以其与背书人山西某珠宝公司之间不具备真实的交易关系或其他基础关系存在纠纷为由进行抗辩。《票据法》第 13 条第 1 款规定:"票据债务人不得以自己与出票人或者与持票人的前手之间的抗辩事由,对抗持票人。"最高人民法院《关于审理票据纠纷案件若干问题的规定》(2008 年调整)第 14 条规定:"票据债务人以票据法第十条、第二十一条的规定为由,对业经背书转让票据的持票人进行抗辩的,人民法院不予支持。"据此,只有存在直接债权债务关系的票据当事人之间才可以进行基础关系抗辩,与持票人不具有直接债权债务关系的票据债务人进行基础关系抗辩的,均不能对抗持票人的票据权利。

第三,持票人是否需要证明其合法取得票据的基础关系。《票据法》第 31 条第 1 款规定:"以背书转让的汇票,背书应当连续。持票人以背书的连续,证明其汇票权利。"最高人民法院《关于审理票据纠纷案件若干问题的规定》(2008 年调整)第 9 条第 2 款规定:"票据的出票、承兑、交付、背书转让涉嫌欺诈、偷盗、胁迫、恐吓、暴力等非法行为的,持票人对持票的合法性应当负责举证。"根据上述规定,持票人只要提供背书连续并且持票人为最后一次背书的被背书人的汇票,即可证明其汇票权利;只有当票据的出票、承兑、交付、背书转让涉嫌欺诈、偷盗、胁迫、恐吓、暴力等非法行为时,持票人才需对持票的合法性承担举证责任。但即便如此,基于谨慎原则,律师团队依然要求持票人提供其取得票据的基础关系材料。

第四,背书人山西某珠宝公司涉嫌诈骗罪是否会导致案件中止审理。本案中,票据债务人可能会以山西某珠宝公司涉嫌刑事犯罪为由,申请法院中止案件审理。若案件被中止,则持票人将迟迟不能获得胜诉判决,其票据权利的实现将面临巨大的不确定性,甚至因为票据债务人转移财产导致判决无法执行。

因此,为了避免不利局面的出现,律师团队检索了最高人民法院《关于在审理经济纠纷案件中涉及犯罪嫌疑若干问题的规定》(法释〔1998〕7号)、最高人民法院《关于审理票据纠纷案件若干问题的规定》(2008年调整)等规定及相关案例后,律师团队认为山西某珠宝公司涉嫌犯罪的行为与持票人的票据追索权并非同一法律关系,法院不应中止票据追索权纠纷案件的审理。

律师文书

本案代理词(一)(节选)

一、原告贵州某房地产公司系涉案汇票的合法持票人,已经履行了第一顺序的付款请求权;承兑人拒绝签收提示付款申请的行为已构成了实质拒付,原告贵州某房地产公司可依法向票据债务人行使追索权

(一)涉案汇票背书连续,原告贵州某房地产公司为涉案汇票的合法持票人

《票据法》第31条规定:"以背书转让的汇票,背书应当连续。持票人以背书的连续,证明其汇票权利;非经背书转让,而以其他合法方式取得汇票的,依法举证,证明其汇票权利。前款所称背书连续,是指在票据转让中,转让汇票的背书人与受让汇票的被背书人在汇票上的签章依次前后衔接。"最高人民法院《关于审理票据纠纷案件若干问题的规定》(2008年调整)第50条规定:"依照票据法第三十一条的规定,连续背书的第一背书人应当是在票据上记载的收款人,最后的票据持有人应当是最后一次背书的被背书人。"最高人民法院《关于审理票据纠纷案件若干问题的规定》(2008年调整)第9条第2款规定:"依照票据法第四条第二款、第十条、第十二条、第二十一条的规定,向人民法院提起诉讼的持票人有责任提供诉争票据。该票据的出票、承兑、交付、背书转让涉嫌欺诈、偷盗、胁迫、恐吓、暴力等非法行为的,持票人对持票的合法性应当负责举证。"

根据上述规定,持票人只要提供背书连续并且持票人为最后一次背书的被背书人的汇票,即可证明其汇票权利;只有当票据的出票、承兑、交付、背书转让

涉嫌欺诈、偷盗、胁迫、恐吓、暴力等非法行为时,持票人才需对持票的合法性承担举证责任。

本案中,原告贵州某房地产公司提供的2.5亿元汇票,背书连续且贵州某房地产公司为最后一次背书的被背书人,已经依法举证证明了其汇票权利;并且,涉案汇票的出票、承兑、交付、背书转让均不涉嫌欺诈、偷盗、胁迫、恐吓、暴力等非法行为,贵州某房地产公司无义务就其取得票据的合法性承担举证责任,但贵州某房地产公司也提供证据证明了其取得汇票的原因系债务人向其偿付垫付的工程款,已说明了其取得票据的合法原因。综上,贵州某房地产公司提供的涉案汇票背书连续,已证明了其为涉案汇票的合法持票人。

(二)原告贵州某房地产公司已进行了提示付款义务,已履行了第一顺序的付款请求权

《电子商业汇票业务管理办法》第6条规定:"电子商业汇票业务主体的类别分为:(一)直接接入电子商业汇票系统的金融机构(以下简称接入机构)……"第7条规定:"票据当事人办理电子商业汇票业务应具备中华人民共和国组织机构代码。被代理机构、金融机构以外的法人及其他组织办理电子商业汇票业务,应在接入机构开立账户。"第58条第1款规定:"提示付款是指持票人通过电子商业汇票系统向承兑人请求付款的行为。"第61条规定:"接入机构应及时将持票人的提示付款请求通知电子商业承兑汇票的承兑人。通知方式由接入机构与承兑人自行约定。"

根据上述规定,持票人提示付款的流程为:(1)持票人通过电子商业汇票系统发出提示付款请求;(2)接入机构(一般指银行)将持票人的提示付款请求通知承兑人。

本案中,原告贵州某房地产公司于2019年2月26日曾发起过提示付款申请[证据六:原告提示付款后于2019年4月28日打印的汇票信息(第66~94页)],该次提示付款申请银行受理后,承兑人一直未签收。原告贵州某房地产公司遂于2019年6月再次发出提示付款申请,但截至本案开庭日(2019年9月17日),该次提示付款申请一直处于待签收状态[证据七:原告再次提示付

款后于2019年6月17日打印的汇票信息(第97~154页)],承兑仍一直未签收。综上,原告贵州某房地产公司已进行过两次提示付款,已履行了第一顺序的付款请求权,可依法向票据债务人行使追索权。

(三)承兑人一直拒绝签收的行为,已经构成了实质性的拒付

《票据法》第61条第1款规定:"汇票到期被拒绝付款的,持票人可以对背书人、出票人以及汇票的其他债务人行使追索权。"第62条规定:"持票人行使追索权时,应当提供被拒绝承兑或者被拒绝付款的有关证明。持票人提示承兑或者提示付款被拒绝的,承兑人或者付款人必须出具拒绝证明,或者出具退票理由书。未出具拒绝证明或者退票理由书的,应当承担由此产生的民事责任。"

本案中,原告贵州某房地产公司提示付款后,作为承兑人的被告一辽宁某化学公司一直拒绝签收,涉案汇票一直处于待签收状态;自涉案汇票到期后至今,承兑人一直未承兑付款,涉案汇票已实际上处于被拒绝付款状态,承兑人的行为已构成了实质上的拒付。

(四)退一步讲,即使原告贵州某房地产公司未获得拒绝证明,也不影响对出票人辽宁某化学公司的追索权

《票据法》第65条规定:"持票人不能出示拒绝证明、退票理由书或者未按照规定期限提供其他合法证明的,丧失对其前手的追索权。但是,承兑人或者付款人仍应当对持票人承担责任。"最高人民法院《关于审理票据纠纷案件若干问题的规定》(2008年调整)第19条规定:"票据法第四十条第二款和第六十五条规定的持票人丧失对其前手的追索权,不包括对票据出票人的追索权。"

本案中,辽宁某化学公司作为出票人和承兑人,不论持票人贵州某房地产公司是否取得拒绝证明,辽宁某化学公司均应当对持票人承担责任。

综上,原告贵州某房地产公司系涉案汇票的合法持票人,已经履行了第一顺序的付款请求权,在承兑人构成实质拒付的情形下,原告贵州某房地产公司可依法向相关票据债务人行使追索权。

二、根据票据无因性原理，贵州某房地产公司与辽宁某化学公司、山西某珠宝公司之间均不具有直接的债权债务关系，辽宁某化学公司、山西某珠宝公司均不得以基础关系事由抗辩贵州某房地产公司的追索权

《票据法》第10条规定："票据的签发、取得和转让，应当遵循诚实信用的原则，具有真实的交易关系和债权债务关系。票据的取得，必须给付对价，即应当给付票据双方当事人认可的相对应的代价。"第13条第1款、第2款规定："票据债务人不得以自己与出票人或者与持票人的前手之间的抗辩事由，对抗持票人。但是，持票人明知存在抗辩事由而取得票据的除外。票据债务人可以对不履行约定义务的与自己有直接债权债务关系的持票人，进行抗辩。"第21条规定："汇票的出票人必须与付款人具有真实的委托付款关系，并且具有支付汇票金额的可靠资金来源。不得签发无对价的汇票用以骗取银行或者其他票据当事人的资金。"最高人民法院《关于审理票据纠纷案件若干问题的规定》(2008年调整)第14条规定："票据债务人以票据法第十条、第二十一条的规定为由，对业经背书转让票据的持票人进行抗辩的，人民法院不予支持。"

根据上述规定，票据具有无因性，除了与持票人具有直接债权债务关系的票据债务人外，其他债务人不得以基础关系不存在、不合法等事由提出抗辩。本案中，原告贵州某房地产公司持有的电子商业承兑汇票共计2.5亿元，其中1.1亿元的票据流转关系为"辽宁某化学公司——山西某珠宝公司——某地产置业公司——贵州某房地产公司"，该1.1亿元汇票，无论是辽宁某化学公司还是山西某珠宝公司，其与持票人贵州某房地产公司均非直接前后手，与贵州某房地产公司也不具有直接债权债务关系，故辽宁某化学公司和山西某珠宝公司均不得以基础关系不存在、不合法为由抗辩贵州某房地产公司的追索权；另1.4亿元的票据流转关系为"辽宁某化学公司——山西某珠宝公司——贵州某房地产公司"，该1.4亿元汇票，虽然山西某珠宝公司与贵州某房地产公司系直接前后手，但山西某珠宝公司将汇票背书转让给贵州某房地产公司的原因是山西某珠宝公司欠付某地产置业公司的关联方购房款，而某地产置业公司欠付贵州某房地产公司工程款，某地产置业公司的关联方指示山西某珠宝公司将该1.4亿元汇票直接背书转让给贵州某房地产公司，即山西某珠宝公司背书转让

给贵州某房地产公司的基础关系存在于山西某珠宝公司与某地产置业公司的关联方、某地产置业公司的关联方与贵州某房地产公司之间，山西某珠宝公司与贵州某房地产公司并非基础关系原因的相对方，基于合同的相对性，山西某珠宝公司即便享有基础原因关系的抗辩权，也仅对某地产置业公司的关联方产生效力，并不及于贵州某房地产公司。综上，贵州某房地产公司与辽宁某化学公司、山西某珠宝公司之间均不具有直接的债权债务关系，辽宁某化学公司、山西某珠宝公司均不得以基础关系事由抗辩贵州某房地产公司的追索权。

另外，贵州某房地产公司持有的2.5亿元汇票已经背书转让，票据债务人根据《票据法》第10条的规定以"不具有真实的交易关系和债权债务关系"进行抗辩的，人民法院应根据最高人民法院《关于审理票据纠纷案件若干问题的规定》(2008年调整)第14条依法不予支持。

三、被告一辽宁某化学公司所述的犯罪嫌疑不影响贵州某房地产公司票据追索权纠纷案的继续审理

最高人民法院《关于在审理经济纠纷案件中涉及犯罪嫌疑若干问题的规定》(法释〔1998〕7号)第10条规定："人民法院在审理经济纠纷案件中，发现与本案有牵连，但与本案不是同一法律关系的经济犯罪嫌疑线索、材料，应将犯罪嫌疑线索、材料移送有关公安机关或检察机关查处，经济纠纷案件继续审理。"最高人民法院《关于审理票据纠纷案件若干问题的规定》(2008年调整)第74条规定："人民法院在审理票据纠纷案件时，发现与本案有牵连但不属同一法律关系的票据欺诈犯罪嫌疑线索的，应当及时将犯罪嫌疑线索提供给有关公安机关，但票据纠纷案件不应因此而中止审理。"

本案中，被告一辽宁某化学公司及被告二辽宁某化工集团公司所述称的被郑某诈骗事宜，虽经北市公安局某分局受理，但该犯罪嫌疑线索存在于被告一、被告二的关联方某控股集团有限公司与郑某之间，与贵州某房地产公司的票据追索权并非同一法律关系，根据最高人民法院《关于在审理经济纠纷案件中涉及犯罪嫌疑若干问题的规定》(法释〔1998〕7号)第10条及最高人民法院《关于审理票据纠纷案件若干问题的规定》(2008年调整)第74条的规定，本案应继续审理，不应中止。

代理词（二）（节选）

二、贵州某房地产公司证明其有偿取得票据的证据客观真实

贵州某房地产公司是涉案票据的合法持票人，贵州某房地产公司有权直接向票据债务人主张票据的权利。

为进一步说明贵州某房地产公司取得涉案票据的过程及有偿取得涉案票据的事实，贵州某房地产公司向法庭提交了垫付工程款项明细表、委托支付函、相关汇款凭证等证据（见原告补充证据八至证据十），而且由原告财务人员将这些证据原件带到法庭，供对方当事人和法庭核实。（见庭审笔录第 9 页第 1 行）

庭审中，山西某珠宝公司对上述证据的真实性予以认可，辽宁某化学公司和辽宁某化工集团公司虽然认为上述证据的真实性无法核实，但并没有提供相关证据予以反驳。根据证据规则，贵州某房地产公司证明其有偿取得票据的证据应被认定为客观真实的。

三、贵州某房地产公司起诉票据债务人的条件已经成就

涉案票据是电子商业承兑汇票，票据的操作均是通过电子商业汇票系统进行。

贵州某房地产公司于 2019 年 2 月 26 日曾发起过提示付款申请［见原告证据六：原告提示付款后于 2019 年 4 月 28 日打印的汇票信息（第 66 ~ 94 页）］，该次提示付款申请银行受理后，承兑人一直未签收。原告贵州某房地产公司遂于 2019 年 6 月再次发出提示付款申请，但截至本案开庭日（2019 年 9 月 17 日），该次提示付款申请一直处于待签收状态，承兑仍一直未签收。［见原告证据七：原告再次提示付款后于 2019 年 6 月 17 日打印的汇票信息（第 97 ~ 154 页）］综上，原告贵州某房地产公司已进行过两次提示付款，已履行了第一顺序的付款请求权，可依法向票据债务人行使追索权。

贵州某房地产公司提示付款后，作为承兑人的被告一辽宁某化学公司一直拒绝签收，涉案汇票一直处于待签收状态；自涉案汇票到期后至今，承兑人一直未承兑付款，且在庭审中明确表示拒绝付款，涉案汇票已实际上处于被拒绝付

款状态,承兑人的行为已构成了实质上的拒付。

综上,贵州某房地产公司起诉票据债务人的条件已经成就。

四、最高人民法院的诸多判例均基于无因性支持了持票人的合理主张

我们查阅了最高人民法院(2014)民申字第1311号、(2017)最高法民申3733号、(2017)最高法民终223号、(2017)最高法民申1401号等诸多案例(详见附件)。上述最高人民法院的裁判观点均认为,票据基础关系独立于票据关系,票据基础关系的效力不影响票据关系的效力;前手取得票据是否合法对持票人是否享有票据权利不产生影响。最高人民法院基于上述理由支持了持票人的合理主张。

案件结果

2020年1月13日,某市中级人民法院作出判决,判决出票人于判决生效后偿付原告贵州某房地产公司2.5亿元,并按照同期人民银行规定的贷款利率支付利息;保证人辽宁某化工集团公司和背书人山西某珠宝公司对前述欠款本息承担连带清偿责任。

典型意义

本案具有如下三个方面的典型意义:

第一,票据无因性问题。本案进一步明确了不具有直接债权债务关系的票据当事人之间不能以基础关系对抗持票人的票据权利。

第二,拒付证明问题。本案明确了在票据债务人长期拒绝在电子商业汇票系统中签收持票人的提示付款申请时,票据债务人便已构成实质性的拒付,持票人此时可以直接主张票据权利,无须拒付证明。

第三,持票人证明其是合法持票人的举证责任问题。虽然法律规定背书转让的汇票以背书的连续证明持票人的票据权利,但在本案中,持票人提供的垫付工程款凭证进一步加强了法官对持票人系合法取得票据的内心确信。

回顾思考

本起胜诉案件从律师代理的角度来讲有几点值得总结的经验：

1. 我国票据法并未采取票据绝对无因性原则，但也仅限于具有直接债权债务关系的票据当事人之间。与持票人不具有直接债权债务关系的票据债务人，不得以自己与出票人或者与持票人的前手之间的抗辩事由对抗持票人。

2. 在票据债务人长期拒绝在电子商业汇票系统中签收持票人的提示付款申请时，票据债务人便已构成实质性的拒付，持票人此时可以直接主张票据权利，无须拒付证明。

3. 关于举证问题。在不会对当事人造成巨大不便的情况下，即使根据法律规定当事人没有该方面的举证义务，当事人也可以适当地多举证。

律师简介

张群力，北京市盈科律师事务所全球总部合伙人、盈科中国区董事会副主任、盈科北京管委会主任、盈科北京商事诉讼与仲裁法律事务部主任；担任全国 20 多家仲裁机构仲裁员或专家咨询委员会委员。张群力律师 1995 年取得律师资格，1996 年专职从事律师执业，20 多年来一直从事诉讼仲裁法律业务。长期的工作实践积累了丰富的执业经验。

保全申请错误，是诉讼保全责任保险担保责任成立首要核心

——某保险公司与马某因诉前财产保全案

朱振仪

案件简介

2018 年 3 月 12 日，马某作为原告，向兰州市中级人民法院提出诉前财产保全申请，人民法院作出保全裁定，查封被申请人王某、某房产公司开发建设的房屋 24 套。后马某以"合伙纠纷"为由将被申请人王某和某房产公司作为被告诉至兰州市中级人民法院，要求二被告给付房产建设项目的合伙利润。

该案经兰州市中级人民法院一审，原告（申请人）马某部分胜诉，法院以"借款关系"作为认定的事实依据，判决被告王某支付原告马某资金占用费 393 万余元，同时驳回原告马某针对被告某房产公司的全部诉讼请求。案经甘肃省高级人民法院二审后维持原判。

2019 年 7 月 31 日，某房产公司作为原告，以保全损害责任纠纷为由，将马某和以"诉讼保全责任险"保单保函形式为马某提供诉前财产保全担保的某保险公司作为共同被告起诉至兰州市中级人民法院，要求其赔偿因财产保全错误给该公司造成的损失 116.27 万元。盈科律师代理保险公司应诉。

律师策略

一、严格扣住保单保函条款中关于保险责任的约定，以马某诉前财产保全不存在申请错误为中心基点抗辩保险责任不成立

保单保函显著列明的保险责任是：如申请人财产保全申请错误致使被申请人遭受损失，经法院判决由申请人承担的损害赔偿责任，

保险人负责赔偿。

律师据此向法庭解构并提出保险责任成立的要件有三点：(1)申请人存在申请错误；(2)被申请人因保全存在经济损失；(3)申请错误与被申请人经济损失之间存在因果关系。

而当前司法实践中，对于“申请错误”的认定，存在两种差别较大的认识和实践。一种是较为绝对的观点，以原诉的胜败诉作为唯一界定标准；另一种观点较为普遍，主张采用侵权责任之一般过错原则进行考量。律师在应诉本案过程中，充分抓住了“申请错误”的关键，以后一种观点作为出发点，向法庭阐述马某的申请不存在错误，强调马某败诉的诉讼结果不应当完全作为认定其“申请有错误”的唯一依据，马某的“诉求未得到支持”不等于“诉求错误”，不能因为法院未支持马某的诉请就严苛地一概认定马某构成保全申请错误。申请财产保全是当事人的诉讼权利。当事人基于一定的事实和理由提起诉讼，为获得最终的权利救济，使法院判决得到有效和圆满的执行而申请财产保全。不能单纯把基础诉讼的最终判决结果作为判定财产保全申请是否错误的依据，申请人的诉讼请求全部或部分未得到支持的，要结合案件情况对其具体原因进行分析，结合案件因素对其作出充分考量，以保证司法程序的逻辑严谨、公正合法。

我们在应诉过程中向法庭强调：在认定申请人马某是否存在申请错误时，必须充分考量马某是否存在主观上的过错。判断申请人的主观过错应当建立在主客观相统一的认识基础上，对个案进行具体的判断，而不能仅仅基于判决结果来推定申请人主观状态的可归责性。如果认为申请人败诉就应当承担损害赔偿责任，就对申请人苛以了过高的注意义务，打破了申请人和被申请人之间权利义务的平衡。

评判马某对申请诉前财产保全是否存在过错，不应以涉案的基础民事诉讼案件的最终结果来倒推判断，而应回归至马某提起该案诉讼之前，审查其是否尽到了合理注意义务。通常情况下，申请人在提起财产保全时，仅能基于现有证据和其对于法律的理解，在尽到合理谨慎的注意义务后提出。在申请人提出财产保全时，其并不知晓也无从知晓案件的最终判决结果。因为案件最终的判决结果是法院对双方当事人争议事实进行审查后作出的，这也是申请人提出财产保全申请的金额与实际判决结果存在差异的现象相当普遍的原因。

因此，申请人不一定具有主观上的责难性，不应对申请人设定过于严格的过错认定标准，只要申请人在提出财产保全时已经尽到了合理谨慎的注意义务，就不应认定申请人主观上存在过错。相反，如果申请人恶意保全对方当事人的财产，才能认定其主观上存在过错。由此既避免了权利的滥用，又维护了当事人的诉讼权利。

二、严扣原告的诉请数额，核查、抗辩其诉请数额的合法合理性，抗辩其诉请与保全申请之间的因果关联性，压减原告的诉请空间

如前文所述，保险责任成立的构成要件有三点：(1)申请人存在申请错误；(2)被申请人因保全存在经济损失；(3)申请错误与被申请人经济损失之间存在因果关系。律师在应诉本案过程中的第二个重点，是对原告的诉请进行严格审核抗辩。

首先，核查抗辩原告诉请数额的真实客观性，通过对其证据形式、证据内涵、证明力的审查，考量其诉请数额是否为原告可见的、直接的经济损失。为此，律师在出庭应诉之前即申请阅看了原告的全部证据资料，针对原告的举证不足提出了充分、有针对性的质证意见。律师的质证意见在法院的裁判过程中被采纳，原告的损失终因举证不足而未获认定。

其次，通过对其诉请逻辑的审查，核查抗辩其诉请是否与财产保全之间存在因果关联性。律师根据原告起诉时提交的证据材料发现，法院在诉前实际采取并实施的司法保全措施为冻结，即仅冻结了案涉房产的转移登记手续。我们据此向法庭提出：与贴封条查封的显性方式相较，冻结的保全措施相对较为隐性，社会公示效应并不显著，对社会公众也即原告某房产公司的不特定客户产生的阻却影响力较弱，原告某房产公司客观上并不会因冻结措施的实施而必然丧失与客户的谈判机会。另外，在法院针对24套房屋作出冻结措施前，涉案的24套房产中，其中有17套已被原告某房产公司以分配股权投资收益的名义，通过股东会决议的方式转让给了王某，司法冻结措施的采取，实际对原告某房产公司而言并未产生实质性影响。

最后，全面核查法院实际采取保全措施的具体期限，从时间周期的角度，减

压原告主张损失的空间。我们认为：即使原告因保全存在损失，其损失的计算时间段，亦应从法院作出生效裁判之日起计算。在法院未就申请人与被申请人之间的纠纷作出司法裁判前的保全期间内，双方之间的最终是非结果处于不确定状态，申请人的保全申请具有合理合法的存在必要性，保全措施的采取，亦系基于法律规定的程序和公平正义。因此，核算原告因保全造成的经济损失，应从法院作出生效裁判文书之日起核算。

律师文书

一审答辩状（节选）

一、判断诉前财产保全申请是否错误应遵循过错责任原则

根据《民事诉讼法》第105条的规定，只有在申请人的财产保全申请有错误时，才应赔偿被申请人因此所遭受的损失。而对于如何认定申请是否有错误，现行《民事诉讼法》却没有作出明确规定。我们认为：

（一）诉前财产保全申请错误的认定，应当适用侵权行为法中的过错责任原则

《侵权责任法》第6条规定："行为人因过错侵害他人民事权益，应当承担侵权责任。根据法律规定推定行为人有过错，行为人不能证明自己没有过错的，应当承担侵权责任。"该条以一般责任条款的形式规定了过错责任原则的适用范围，财产保全申请错误造成的损害赔偿也属于一般侵权行为，应当适用过错责任原则。并且，《侵权责任法》第7条规定："行为人损害他人民事权益，不论行为人有无过错，法律规定应当承担侵权责任的，依照其规定。"也就是说，只有存在法律特别规定时才能适用无过错责任原则，可见财产保全申请错误不属于无过错责任原则的适用范围。同时，在2011年修订的《最高人民法院民事案件案由规定理解与适用》一书中新增了因申请诉前财产保全损害责任纠纷、因诉前证据保全损害责任纠纷、因申请诉中财产保全损害责任纠纷等案由，均作为侵权责任纠纷项下的子案由。因此，对于诉前财产保全申请错误的认定，应适用侵权行为法中的过错责任原则。

从实践层面来看,纵观近年来有关财产保全申请错误损害赔偿的案件,除个别案件外,通行观点认为,《民事诉讼法》第105条所规定的申请保全错误赔偿责任属于侵权责任性质,适用一般侵权责任构成,即以过错为构成要件,并在过错的程度上要求故意或重大过失。另外,最高人民法院早在(2014)民申字第2172号案件中就指出:"因保全引起的损害赔偿案件,应当适用侵权责任法规定的过错责任归责原则。"可见因诉讼财产保全而承担损害赔偿责任,已存在适用过错责任原则的充分实践。

(二)败诉的诉讼结果不应当完全作为判断"申请有错误"的依据

败诉的诉讼结果不应当完全作为认定"申请有错误"的依据。认定申请人保全申请错误需承担赔偿责任,应具备一般侵权的四个要件:(1)行为人主观上有过错;(2)行为具有违法性;(3)存在损害后果;(4)行为与损害后果之间有因果关系。所以,由于申请保全错误而产生侵权损害赔偿的案件,不仅应当具备保全申请人败诉或者部分败诉,还应包括行为与损害结果间存在因果关系、申请人主观上存在故意或重大过失等要件。"诉求未得到支持"不等于"诉求错误",两者存在包含关系,因此申请人败诉的结果只能作为"申请错误"的标准之一,不能因为法院未支持其诉请就严苛地一概认定其构成保全申请错误,对损害的后果以及因果关系也需要予以充分考虑。

(三)申请人尽到了合理注意义务的,不宜认定其主观上存在过错

通常情况下,申请人在提起财产保全时,仅能基于现有证据和其对于法律的理解,在尽到合理谨慎的注意义务后提出。在申请人提出财产保全时,其并不知晓也无从知晓案件的最终判决结果。因为案件最终的判决结果是法院对双方当事人争议事实进行审查后作出的,这也是申请人提出财产保全申请的金额与实际判决结果存在差异的现象相当普遍的原因。

因此,申请人不一定具有主观上的责难性,不应对申请人设定过于严格的过错认定标准,只要申请人在提出财产保全时已经尽到了合理谨慎的注意义务,就不应认定申请人主观上存在过错。相反,如果申请人恶意保全对方当事人的财产,才能认定其主观上存在过错。由此既避免了权利的滥用,又维护了当事人的诉讼权利。

二、综前第一点认定前提，我们认为马某在基础诉讼中申请的保全并不构成申请错误

1. 原告马某在该案起诉之前申请诉前财产保全，系为保证胜诉后判决得以顺利执行而申请。首先其申请程序合法，且在法院裁定保全后，被申请人亦即本案原告某房产公司亦未申请复议。因此，马某的申请行为在无程序错误的前提之下，不具有违法性。

2. 根据该案事实和证据，马某在申请诉前财产保全时对自己的权利诉求对象进行了合理预见。在未经人民法院司法裁判之前，根据马某掌握的证据资料可以得出王某、某房产公司与该案存在利害关系并应作为该案共同被告的合理认知，马某提出的保全请求以及人民法院作出的保全裁定，也均系同时针对王某和某房产公司两个民事主体作出。因此，马某的申请不存在对象错误。

3. 虽然马某的诉请最终未获得法院的全部支持，但综合该案事实和证据，并充分结合两审法院的裁判理由可以充分反映，马某所持有的《共同投资合伙协议》符合合伙协议的形式要件，且马某实际履行了出资义务，在此前提下马某对于合伙协议性质的认识必然为合伙关系，其基于该合伙关系对约定的盈利分配具有合理的期待认知，在得知王某已经自某房产公司分配得到房产的情况下产生王某应向其分配利润的诉求，具有显著的合理性。马某基于此提起诉讼并申请诉前保全的行为，在主观上不存在明显的故意或重大过失。

三、基于前述两方面要件考量本案原告的诉请，我们认为侵权损害赔偿责任的构成要件不齐备，原告诉请无事实依据

1. 马某的诉前保全申请不存在错误。

2. 经对兰州市中级人民法院《执行裁定书》（解封裁定）所列解封房屋清单与基础诉讼中的证据资料《×××股东会决议》及所附分配房地产清单对比后可以清晰显示一个基本事实：司法冻结的24套房屋中的17套，在被采取冻结措施前，已由本案原告某房产公司以股权投资收益的名义分配给王某。据此，司法冻结所涉24套房屋中大部分的实质性利益及风险是王某享有和承担，即使退一步讲因冻结存在利益损失，该损失也是由王某负担而非本案原告。据此，原告某房产公司提起诉讼要求赔偿，与实质性利益关系事实不符，本案原告

并不存在因保全的实际经济损失。

3. 虽然马某申请以及法院作出的保全裁定文书显示的被申请人中包含有本案原告，但根据司法实际冻结的房屋明细看，被保全的房屋权益对象实际仅为王某，财产保全措施的采取，与本案原告之间无实质性关联（因果）关系。

依据上述三点事实，本案原告主张侵权损害赔偿责任的构成要件并不齐备，侵权损害赔偿责任不成立。

四、原告提出的诉请金额法律和事实依据不清、证据不足

1. 原告仅以"保全导致商品房迟延销售、资金周转困难"为由提出诉请，其核算依据不清晰。该诉请数额的来源与构成要件并未清晰体现，我们对该诉请数额的真实性、合法性提出异议，提请法庭审理时予以详查。

2. 实际采取并实施的司法保全措施为冻结，即仅冻结了案涉房产的转移登记手续。与贴封条查封的显性方式相较，该保全措施相对较为隐性，对社会公众也即原告的不特定客户角度产生的阻却影响力十分微弱，原告客观上并不会因冻结措施的实施而必然丧失与客户的谈判机会。

3. 商品房的销售效率，由房产的户型、地域、营销方式、营销人员技能等多种综合市场因素决定，原告以保全作为导致商品房迟延销售的唯一理由，显然不符合基本常理。

4. 案涉房屋在被保全期间实际上是否出现了迟延销售，无相关证据能够反映和证明。

5. 从当下房地产交易价格整体不断增长攀升的基本市场规律看，案涉房产被保全后不仅未降价反而升值的概率极高。我们认为，保全措施的采取，不仅未造成案涉房产的损失反而因保全获得了涨价售出的概率。

依据上述五点合理意见，原告的诉请数额，事实与法律依据不足。

五、损失计算的期间应为终审判决生效至解除保全的期间

即使原告因保全存在损失，其损失的计算时间段，亦应从法院作出生效裁判之日起计算。在法院未就申请人与被申请人之间的纠纷作出司法裁判前的保全期间内，双方之间的最终是非结果处于不确定状态，申请人的保全申请具有合理合法的存在必要性，保全措施的采取，亦系基于法律规定的程序和公平

正义。因此，若核算原告因保全造成的经济损失，应从法院作出生效裁判文书之日起核算至解除保全之日，生效裁判文书作出之前的保全期间不应当计算在损失期间内。

综上五方面答辩意见，我们认为原告诉请存在显著不合法、不合理性，请求法庭予以驳回。

一审代理词（全文）

一、关于马某在申请诉前财产保全过程中是否存在过错的问题

我们认为，过错作为因申请诉前财产保全所产生的损害赔偿责任的首要构成要件，考量和评价的是申请人是否存在故意或重大过失。本案中评判马某对申请诉前财产保全是否存在过错，不应以涉案的基础诉讼案件的最终结果来倒推判断，而应回归至马某提起该案诉讼之前，审查其是否尽到了合理注意义务。

通常情况下，申请人在提起财产保全时，仅能基于现有证据和其对法律的理解，在尽到合理谨慎的注意义务后提出。在申请人提出财产保全时，其并不知晓也无从知晓案件的最终判决结果。因为案件最终的判决结果是法院对双方当事人争议事实进行审查后作出的，这也是申请人提出财产保全申请的金额与实际判决结果存在差异的现象相当普遍的原因。

因此，申请人不一定具有主观上的责难性，不应对申请人设定过于严格的过错认定标准，只要申请人在提出财产保全时已经尽到了合理谨慎的注意义务，就不应认定申请人主观上存在过错。相反，如果申请人恶意保全对方当事人的财产，才能认定其主观上存在过错。由此既避免了权利的滥用，又维护了当事人的诉讼权利。

我们认为：虽然马某的诉请最终未获得法院的全部支持，但综合该案事实和证据，并充分结合两审法院的裁判理由可以充分反映，马某在起诉前所持有的《共同投资合伙协议》符合合伙协议的形式要件，且马某实际履行了出资义务，在此前提下的马某对于合伙协议性质的认识必然为合伙关系，其基于该合伙关系对约定的盈利分配具有合理的期待认知，在得知王某已经自某房产公司分配得到房产的情况下产生王某应向其分配利润的诉求，具有显著的合理性。

马某据此认为王某、某房产公司与该案存在利害关系并将其作为共同被告的认知也具有显著的合理性。马某在此合理认知基础上申请诉前保全,在主观上并不存在明显的故意或重大过失,即不存在过错。

二、原告提出的诉请金额存在显著的不合法、不合理特征,诉求基础欠缺

1. 原告以案涉24套房产的备案价格为基础计算利息的逻辑,实际是以该24套房产全部售出为前提条件,隐含的指向是一种假设即"如果法院未采取保全,24套房屋能够全部售出"。我们认为原告的该主张逻辑于法不符。通过庭审可以看到:无任何证据能够反映和证明保全所涉房屋在被保全期间因保全而丧失交易机会。再者,商品房的销售效率,由房产的户型、地域、营销方式、营销人员技能等多种综合市场因素决定,即使在法院未采取保全措施的情况下,原告也未必就一定确保案涉24套房产全部按照其主张的价格售出。因此,原告以假设的"期待利益"作为计算损失的依据,显然不符合法律规定。

2. 兰州市中级人民法院《执行裁定书》(解封裁定)与基础诉讼中的证据资料《×××股东会决议》及所附分配房地产清单对比后可以清晰显示一个基本事实:司法冻结的24套房屋,在被采取冻结措施前,已由本案原告以股权投资收益的名义分配给王某。该分配房产的行为性质,在兰州市中级人民法院、甘肃省高级人民法院的两审裁判中又被司法确认为偿还借款。据此,司法冻结所涉24套房屋上的实质性的利益及风险是王某享有和承担,即使退一步讲因冻结存在利益损失,该损失也是由王某负担而非本案原告。据此,原告以保全所涉房产提起诉讼要求赔偿,与实质性利益关系事实不符。

3. 损失计算的期间应为终审判决生效至解除保全的期间。我们认为:即使因保全给被保全人造成了损失,其损失的计算时间段,亦应从法院作出生效裁判之日起计算。在法院未就申请人与被申请人之间的纠纷作出司法裁判前的保全期间内,双方之间的最终是非结果处于不确定状态,申请人的保全申请具有合理合法的存在必要性,保全措施的采取,亦系基于法律规定的程序和公平正义。因此,若核算因保全造成的经济损失,应从法院作出生效裁判文书之日起核算至解除保全之日,生效裁判文书作出之前的保全期间不应当计算在损失期间内。

三、某保险公司无须承担保单责任

根据保单保函对保险责任的描述可以得出结论：保单责任的构成要件包括(1)申请人存在申请错误；(2)保全给被申请人造成损失；(3)申请错误与被申请人损失之间存在因果关系。此构成要件与侵权责任损害赔偿的构成要件高度一致。

我们认为：根据本案查明的事实可以看出，马某的诉前财产保全申请并不存在错误，本案原告亦不存在实际损失，马某的保全申请与本案原告无实质性利害关系。据此，本案中保单保函的保单责任并不成立，保险公司无须承担相关责任。

上述代理意见，请法庭审查并采纳为盼！

二审答辩状（节选）

申请财产保全错误的赔偿在性质上属于侵权责任。判断申请财产保全是否错误，不仅要看申请保全人的诉讼请求最终是否得到支持，还要看其是否存在故意或重大过失。判断申请保全人是否存在故意或重大过失，要根据其诉讼请求及所依据的事实和理由考察其提起的诉讼是否合理，或者结合申请保全的标的额、对象及方式等考察其申请财产保全是否适当。本案所涉财产保全为诉前财产保全，考量申请人是否存在申请错误，要将着眼点回归至起诉前、从一般注意义务角度考量申请人是否存在故意或者重大过失。这是审查认定本案的基本前提。

1. 马某起诉前，所持的《共同投资合伙协议》符合合伙协议的形式要件，且马某实际履行了出资义务，在此情形下的马某对于各方关系的认识必然为合伙关系，其基于该合伙关系对约定的盈利分配具有合理的期待认知，在得知王某已经从某房产公司分配得到房产的情况下产生王某应向其分配利润的诉求，具有显著的合理性。

2. 案涉的合伙协议中，明确约定了马某出资的用途为某房产公司的“×××住宅小区”项目；马某的出资，也在客观实际上被用于了某房产公司对该项目的开发建设；支付到王某的全部资金，实际被某房产公司占用并获益。因此，某房产公司与马某之间存在实质上的利益关联关系,马某将该公司作为被告起诉要求分配盈利并无认知上的错误。

至于马某起诉合伙纠纷案一审最终的结果,司法最终定性为借款关系进而驳回马某对某房产公司的诉请,是在起诉之后经由司法审理所作出的司法裁判,马某在起诉前不负有对案件结果的审查和担保义务。我们认为:上诉人诉称某房产公司与马某不存在法律关系的理由,仍然是站在马某起诉合伙纠纷案一审审结后以该一审司法裁判结果为出发点所作的认知,此种评判视角是以确定的结果倒推主观的逻辑,是将败诉结果作为申请错误的唯一认定要素而形成的。这种逻辑本身首先就存在重大偏差,如果这种逻辑可以成立,那岂不就等同于说原告要起诉就必须胜诉且只要原告不胜诉就得承担保全错误的责任?上诉人的此认知逻辑显属不合理,提请法庭明察。

关于上诉人的一审诉请的损失,我们认为:上诉人基于对裁判观点的片面认知而提出了片面的请求且并无证据能够证明该诉请损失的存在。上诉人应当对此自负其责。具体如下:

1. 最高人民法院在2018年第10期公报中所披露的案件裁判观点,是以最高人民法院《关于人民法院办理财产保全案件若干问题的规定》第20条为依据。该条规定强调损失出现的前提是以被保全人在财产保全期间提出自行处分财产的正当请求且未获准许。如因被保全人未请求处分变现或请求不当未获准许的,被保全财产因市场变化产生的价值贬损风险由其自行承担,与申请财产保全行为没有直接的因果关系。本案中,某房产公司并未在案涉房产保全期间曾向保全法院提出过财产处分申请,其跳开裁判观点的这个重要前提,回避自己未曾提出过财产处分申请的事实,提出的诉请显著不合事实不合规则。

2. 某房产公司在保全过程中提供反担保的17套房产,虽然登记在某房产公司名下,但根据该公司的股东会决议以及该公司和王某签署的分配协议,案涉17套房产在被司法冻结前即已由某房产公司以股权投资收益的名义转让给了王某,并且约定由王某自行出售获取相应价款。法院查封的房产,实际是王某所有,房产的权益主体是王某。某房产公司就该17套房产主张所有权的上诉理由违背客观事实。

3. 法院对保全房产采取的措施是冻结，即仅冻结了保全房产的转移登记手续。与贴封条查封、扣押等显性方式相较而言，冻结的保全措施相对较为隐性，对社会公众也即原告的不特定客户角度并不必然产生阻却案涉房产的销售，某房产公司客观上并不会因冻结措施的实施而必然丧失与客户的交易机会。同时有一个非常重要的举证问题提请法庭审查：某房产公司在整个案件审理过程中从未举证证明被保全的房产因冻结而无法销售，也无任何证据证明保全措施解除后的销售价款低于了保全开始时的销售价款进而产生价差损失。

综上事实，我们认为一审裁判事实清楚、法律适用无误。上诉人的上诉理由并不成立，应予驳回上诉、维持原判。请求二审法院详察并公断。

案件结果

本案经两审终审，保险公司最终全额胜诉。

典型意义

诉讼保全责任保险，是保险公司以订立保险合同的方式为财产保全申请人提供担保的险种。此种担保模式下产生保全责任纠纷后，被保全人在提起保全错误损害责任诉讼时往往会将保险公司列为共同被告诉至法庭。有保险公司涉入的此类案件，审判实务中如何区分保险公司应承担的担保责任和申请人应承担的保全损害赔偿责任，是正确厘定保险公司责任的重要前提。本案中，律师通过代理保险公司一方的应诉工作，为司法准确认定保全错误提供了理性的裁判视角，同时为准确认定保险担保责任是否成立提供了专业、准确的实践经验。

回顾思考

诉讼保全责任保险，是近年来各财产保险公司着力推行并被司法机关所认同的全新的保全担保形式。实务中，各保险公司往往也会将产品设计的诉中保全责任扩展至诉前财产保全当中。常以保全申请人为投保人向财产保险公司提出投保要求，保险公司同意承保后向保全申请人签发保险单，并同时向法院出具保单保函，承诺如申请人财产保全申请错误致使被申请人遭受损失，经法院判决由申请人承担的损害赔偿责任,保险人负责赔偿。从法律关系看,此类担保的实体性责任实际是保险责任,保险人和投保人双方均应遵行最大诚信原则,全面履行权责。

不论是诉前保全还是诉中保全,一旦申请人将来被司法认定为申请错误,保险公司笃定承担担保责任。因此,保险公司在核保时应充分重视对风险的审查和甄别,核实案件情况、审慎承保;在承保后仍应继续跟踪、掌握案件进展。保险公司在承保诉责险时应当核实案件材料、根据法律规定综合判断申请人的诉讼请求和保全申请是否合法、合理,做到审慎承保。同时,在承保后也应当继续跟踪、掌握案件进展,根据案件进展为被保险人提供案件处理参考意见,以控制诉责险的承保风险。

被保险人应诚实诉讼、诚实投保并在投保后负有及时通报案件进展的附随义务。保全申请人与保险公司订立《诉讼保全责任保险合同》,由保险公司为保全申请人的保全申请提供担保。同时,保全申请人应当负有诚实投保、投保时如实告知、投保后及时通报案件进展的义务。作为被保险人,在享受保险公司提供的保险服务的同时,也应当尽到保险合同约定的义务。

唯有如此,诉讼保全责任保险的社会价值方得彰显。

律师简介

朱振仪,毕业于甘肃政法大学,法学学士,执业前曾长期供职于世界百强保险企业法律合规部门,熟知保险行业的内控、合规机制,掌握保险业的宏观管控理念与实务制度,熟悉保险业运营流程,截止本文发布时,已专注于保险法律合规事务15年。2019年6月加入北京市盈科(兰州)律师事务所,股权高级合伙人,任保险法律事务部主任。现为盈科全国保险法律专业委员会副主任兼秘书长、甘肃省保险行业协会"法律人才专家库"成员。

刑　事

从有罪到无罪的有效辩护

——刘某故意伤害案

董有生

案件简介

2017 年 6 月 4 日，被告人刘某陪同妻子陈某、妻妹于某来到被害人姜某（于某丈夫）家中，商讨离婚后孩子的抚养问题。交谈过程中，刘某与姜某发生口角，两人在床上厮打，姜某从床上拿出一把长约 30 公分的金色尖刀刺向刘某，刘某遂与其撕扯并将刀夺下。姜某又从枕头下拿出一把长约 10 公分的黑色尖刀刺向刘某，刘某再次与其撕扯并将刀夺下，后刘某将姜某从床上打到地面，姜某以面部朝下的姿势倒地不起。经司法鉴定，姜某钝性外力作用致双侧鼻骨骨折，损失程度构成轻伤二级。

2019 年 3 月 20 日，大连市中山区人民法院一审判决认为，被告人刘某将刀夺下后让于某拿走，后用手击打姜某面部致其受伤，其行为已构成故意伤害罪。判决：被告人刘某犯故意伤害罪，判处有期徒刑 10 个月。被告人刘某不服，向大连市中级人民法院提起上诉。

律师策略

2019 年 4 月，刘某向北京市盈科（大连）律师事务所寻求帮助。董有生律师接受委托后，经过反复阅卷、排查疑点，并多次听取刘某的辩解。感觉到案件过程简单，证据种类单一，但各证据间存在矛盾，难以还原案件真相。可以确定的事实是，刘某与姜某确实发生过激烈厮打，姜某两次动刀和刘某两次夺刀，造成了刘某左腹部右手小臂划伤和姜某的鼻骨骨折，难以认定的是姜某的鼻骨骨折是什么时间造成的，刘某的行为是故意伤害还是正当防卫？为此，董律师拟从两个层次制定辩护策略，为刘某做无罪辩护：一是以“事实不清、证据不足”为由无罪；二是刘某构成正当防卫而无罪。

律师文书

辩护词（节选）

一、一审判决认定故意伤害罪明显事实不清、证据不足

案发现场有四人，被告人刘某、被害人姜某、证人于某和陈某，四个人的笔录所证明的内容不能指向同一事实。

（一）两名证人中仅仅有一名证人证实“被告人刘某用拳头击打被害人鼻子”，但最后又予以否认

证人于某的三次证言，均有被告人刘某用拳头击打被害人鼻子的描述。但是，辩护人在阅卷中注意到，在证人于某第三次笔录的“同步录音录像”中，证人于某却坚决否认了被告人刘某用拳头击打过被害人面部。对如此重要的证言在笔录中未能体现，说明录音录像与证言根本不同步，至少说明侦查人员在记录笔录时，只记录对被告人刘某不利的证言，对被告人刘某有利的证言不记录。

另一证人陈某证实，看见姜某鼻子出血了，怎么造成的我没有看见，我问过刘某，刘某说可能是夺刀的时候碰的。陈某还证实，被告人刘某夺刀后，让证人于某把两把刀放到楼下车上去。证人于某也证实她下楼把两把刀放车上了。既然于某到楼下放刀，于某就不可能看见夺刀之后两名当事人在屋内厮打的情景，更不可能看见夺刀之后用拳头击打面部。于某看到的是她送刀之前两名当事人在屋内厮打的情景。

（二）被害人陈述自相矛盾，难以指向同一事实

被害人姜某对自己受伤作了三次陈述，第一次笔录中说鼻部受伤是刘某用脚踹的。第二次笔录中说他被扔地上后，刘某打了好几下，在这个过程中鼻子

受的伤，具体哪一下记不清楚。同时承认第一次笔录中说了谎。第三次笔录中又说，在他还没有拿刀前，鼻子就已经被拳头打伤，并称侧身着地，后又改称背面着地，前后描述自相矛盾，其真实性严重存疑。

辩护人分析，被害人姜某第二次笔录所作时间距案发不到半年，姜某记不住鼻子是如何受伤的，第三次笔录距案发时间超过了 8 个月，姜某却证实鼻子被拳头打伤。根据常理，记忆应随时间流逝而淡忘，为何时间越久记得越清？按照逻辑推断，第三次陈述可能是在“其他人员”的引导之下所作。另外，第三次笔录中有三处谎言，一是称被打时还没有拿刀；二是说只拿出过那把金色的刀；三是先说侧身先着地，后又说背部先着地，始终没有形成统一观点。辩护人认为，被害人陈述无法证明大部分的事实，尤其对鼻子受伤的事实缺乏统一证据支撑。

（三）被告人供述相对稳定统一，能够互相印证

被告人刘某的九次供述中，前四次笔录均证实，被害人鼻子受伤是在夺刀过程中形成的。第五次笔录证实，在夺刀过程中，两人从床上滚到地板上。第六次笔录证实了第四次笔录内容，在佐证了第五次笔录的基础上，增补了夺刀时除了厮打外，被害人还以脸朝下的姿势被拽倒在床上，接着面部朝下拽到地上。第七次、第八次、第九次笔录与第五次、第六次相互印证。同时所有笔录均证实了被告人左腹部、右手小臂是在夺刀过程中受了伤。

辩护人分析，被告人刘某、被害人姜某对鼻子出血的原因记不清楚，符合厮打中的客观情况。姜某也有可能是在刘某夺刀时，脸朝下被拽倒在床上，接着也是面部朝下拽到地上，鼻子碰到床角或者地面造成伤害。由此推测，现场的床有多高？地面是什么构造？这些都可能是造成姜某受伤的线索，公安机关却没有提供相关证据，没有现场照片及方位图，造成了事实不清。

（四）轻伤结果发生在夺刀中，而不是夺刀后

退一步讲，即使能够认定被告人击打被害人面部成立，也是在夺刀行为发生时，而不是被害人丧失了搏斗能力后。对于该事实，关键证人于某证言“姜某又从枕头底下拿出了一把刀，又要捅我姐夫，我姐夫就又抓住了他拿刀的手，把他手中的刀弄掉了，用拳头打了姜某鼻子，同时我姐就过去捡起了第二把刀

递给了我,然后我就出去把两把刀放到车上”。证明被告人刘某击打姜某鼻子的行为,与证人陈某捡起了第二把刀递给于某的行为是同时发生的。也就是说,第二把刀从被害人手中弄掉后,此时的刀还在地上,双方还在厮打,被害人还有再次拿刀的可能,被告人击打被害人,在极短的时间内连续发生,与夺刀行为属于同一个连贯的、继续的、无停顿的动作。

辩护人认为,一审判决书认定被告人刘某用手击打被害人姜某面部的时间节点,在被害人丧失反击能力,刀被夺下之后,既不符合时间逻辑,也没有充分证据支撑,是完全错误的。

综上,一审判决书认定被告人刘某故意伤害致人受伤的事实明显事实不清、证据不足。

二、即使认定伤害行为,也应构成正当防卫

退一万步讲,如果认定刘某用拳头击打姜某面部的事实成立。根据《刑法》第20条第1款规定,“为了使国家、公共利益、本人或者他人的人身、财产和其他权利免受正在进行的不法侵害,而采取的制止不法侵害的行为,对不法侵害人造成损害的,属于正当防卫,不负刑事责任”,刘某构成正当防卫。主要理由如下:

第一,刘某面临的是正在进行的不法侵害。当姜某拿刀向刘某挥舞时,刘某的生命和健康权利均受到了现实的不法侵害,左腹部、右手小臂受伤即是事实。姜某先后拿出的两把刀,均属于管制刀具,一旦刺中,有可能出人命。姜某之前具有暴力行为,除殴打妻子于某外,在案发前曾用仿真枪击打他人致其住院,由此可见其劣迹斑斑,伤人恶习难改。

第二,夺刀反击是制止不法侵害的正当行为。任何人面对正在进行的不法侵害,都有予以制止、依法实施防卫的权利。当第一把刀被打掉后,姜某又拿出了第二把刀,其行为呈现升级趋势,具有很大的危险性,不法行为具有一定的紧迫性。在此情形之下,刘某反击夺刀制止姜某的不法侵害,系用“正”来制止“不正”。

第三,刘某击打行为系连贯的防卫行为。第二把刀被打掉与击打鼻子,是连贯的无缝衔接。此时第二把刀掉在地上,刘某用手击打姜某面部,也是为了防止姜某在地上将第二把刀捡起，明显属于还是在夺刀过程中制服姜某的行为。这个击打面部的行为，刘某是不能预见到能否将姜某打成轻伤二级的。刘某的防卫行为虽然造成了姜某轻伤二级的客观后果，但是防卫措施并未明显超过必要限度的，不属于防卫过当，依法不负刑事责任。

案件结果

2019 年 9 月 8 日，大连市中级人民法院作出(2019)辽 02 刑终 248 号刑事裁定书，认为原审判决部分事实不清、证据不足，依照《刑事诉讼法》第 236 条第 1 款第 3 项之规定，裁定：(1)撤销大连市中山区人民法院(2018)辽 0202 刑初 294 号刑事判决；(2)发回大连市中山区人民法院重新审判。

重审中，大连市中山区人民检察院以案件证据发生变化，不符合起诉条件为由，请求撤回起诉。2020 年 3 月 23 日，大连市中山区人民法院作出(2019)辽 0202 刑初 362 号刑事裁定书，裁定准许大连市中山区人民检察院撤回起诉。

典型意义

2018 年 12 月，最高人民检察院发布了第十二批指导性案例之后，激活了沉睡多年的“正当防卫”条款。本案最终检察院撤回起诉，虽然没有认定被告人构成正当防卫而无罪，但最终没有以伤害结果而论罪，也是无罪化处理。“法不能向不法让步”，公正司法就是要让正义“不委屈也可以求全”。如果仅以伤者结果而论，对真正伤害者放纵，对防卫反击者苛责，不仅违背立法本意，也难以有效遏制犯罪，保护人民群众合法权益不受侵害，更不符合习近平总书记关于让人民群众在每一个司法案件中感受到公平正义的具体要求。

回顾思考

一是重视细节证据。阅卷是刑辩律师的基本功。只有认真、细致、全面地研究整个案卷材料，才能发现问题，寻找“辩点”和辩护方向，争取维护被告人的合法权益，做到有效辩护。董律师在阅卷中发现，关键证人于某的第三次笔录，有同步录音录像光盘。而在一审开庭笔录中，控辩双方均没有向法庭出示，光盘贴在卷宗背部的材料袋子中,直到一审结束也没有被拆开阅览过。当着二审法官的面,董律师现场打开装有光盘材料袋,并与二审法官一起共同观看,发现同步录音录像与证人于某的第三次笔录不一致,所以判断办案机关对有利于被告人的证言故意不记录,从而排除了证人于某对被告人最不利的第三次供述,律师对案件证据的认真和细致也赢得了二审法院的尊重。

二是重视庭前辩护。刑辩律师在重视法庭辩护的同时,要格外重视庭前辩护,通过建立"庭前+庭审"辩护工作双重心,最终形成辩护合力,达到有效辩护的效果。二审开庭前,董律师到大连市人民检察院与检察员积极沟通案情,理清主要争议焦点和法律适用问题,并递交了书面辩护词。在二审开庭中,检察员发表了"本案部分事实不清、证据不足,建议二审法院将本案发回重审"的意见,该意见与董律师的第一层辩护观点基本相同。律师有效的庭前辩护赢得了检察人员的接受和认可,取得了良好的辩护效果。

三是重视逻辑辩护。在刑事案件辩护中,由于客观证据不足,法庭定罪的主要依据是被害人的陈述和证人证言等主观证据,是存在个人角度的。尤其在大量主观证据由被害人一方提供时,难以还原案件事实。所以,律师的逻辑要跳出办案机关的思维,找到证据中不符合客观逻辑的漏洞。本案中,董律师逐一对比了被告人、被害人、证人三方的笔录,发现被告人9次笔录相对稳定,被害人3次笔录却极不稳定,这显然是不符合一般客观事实的。董律师以此为着力点,进一步论证了被害人行凶在先,被告人防卫在后的辩护观点,再结合证人比较稳定的2次证言,更加证明了被告人刘某没有故意伤害的事实,用无可辩驳的逻辑推理还原了真实情况,打动了审判者的自由心证。

律师简介

董有生,北京市盈科(大连)律师事务所股权高级合伙人律师。

从故意杀人罪到故意伤害罪的成功辩护

——白某故意伤害案

景　媛

案件简介

犯罪嫌疑人白某与被害人刘某是夫妻关系，2019年12月21日，二人因家庭矛盾发生争吵，刘某辱骂白某。白某忍无可忍，情绪失控，抓起西屋电脑桌上的一把剪刀捅向刘某，将刘某心脏、左侧大腿内侧、左侧颈部捅伤。剪刀被其公公抢下后，白某恢复理智，立刻给村委会队长房某打电话，向其报告了她用剪刀捅伤丈夫的情况。在房某、邻居等人的帮助下，白某亲自将刘某背上车，并一路护送至蛟河市人民医院。不幸的是，刘某经抢救无效，死亡。2019年12月22日，白某被公安机关刑事拘留，后经蛟河市人民检察院批准，于2019年12月31日被蛟河市公安局逮捕。

在侦查阶段，犯罪嫌疑人白某之子刘某2来到北京市盈科（沈阳）律师事务所，找到我作为其母亲的辩护律师。我在接受委托后，会见了当事人，在详细询问案件事实并多方调查取证后，对公安机关认定白某涉嫌故意杀人罪的定性有异议，认为犯罪嫌疑人的行为不存在杀人的故意，遂向公安机关递交了书面辩护意见，没有得到支持。

2020年3月30日，蛟河市公安局以被告人白某涉嫌故意杀人罪，向蛟河市人民检察院移送卷宗。我又向蛟河市人民检察院提交辩护意见，在辩护意见中写明了犯罪嫌疑人的犯罪动机及其实施过程，且存在自首等法定或酌定从轻处罚的情节，建议公诉人改变指控罪名。蛟河市人民检察院最终采纳了我的意见，于2020年4月27日以被告人白某涉嫌故意伤害罪，向蛟河市人民法院提起公诉,并依我的建议出具了量刑建议书。从首次公安机关起诉意见书中认定白某涉嫌故意杀人罪到蛟河市人民检察院最终向法院提起公诉时认定白某涉嫌故意伤害罪,之所以会有这样的定罪结果,正是因为我坚持己见,以对法律的精准把握,为犯罪嫌疑人争取到罪责相当的刑事罪名,最大限度地降低了量刑等级,维护了当事人的合法权益,捍卫了法律的公正性。

2020年9月30日经蛟河市人民法院审判,认定白某构成自首,因白某犯故意伤害罪,判处10年有期徒刑,在有罪前提下,我为被告人白某争取到了最轻的量刑。因白某的二儿子刘某3系未成年人,忽然面临父亲被母亲杀害,母亲将近10年的牢狱生活,对于心智尚未成熟的刘某3来说,备受打击,精神上承受不了,很容易在无人管教的情况下走歪路,成为社会隐患,这样既不利于白某服刑改造,也不利于社会和谐,经过辩护人和法院主审法官的双重努力,妥善安置了刘某3(未成年人)到较大城市的职业技术学校学习读书,并争取到每月补助金1100余元。至此,一件因家暴引发的血案得到了平息。

律师策略

故意杀人和故意伤害(致死)在实践中交织复杂,很难分清:有的案件表现为故意杀人,实则故意伤害;有的案件表现为故意伤害,实则故意杀人。如何认定犯罪嫌疑人的主客观要件,是区分两种罪名的关键。实务中的故意杀人罪除疑难案件外通常事实清楚,公检机关对其定性不存在偏差,辩护人在辩诉中常采取先认罪再争取从轻处罚的辩护策略。但本案中,在公检机关通过侦查等法定程序已经认定犯罪嫌疑人涉嫌故意杀人罪的情况下,我凭借丰富的经验,敏锐的直觉,根据多次会见了解到的案件事实情况,从犯罪嫌疑人的主观意图入手,透过现象看到本质,认为嫌疑人在实施犯罪时仅有伤害的故意,绝无杀人的动机,而且伤害故意的产生也是基于一种复杂的行为诱因和激烈的内心冲突。具体表现为,犯罪嫌疑人虽在言语上说要致被害人于死地,但在行为上仅是刺伤被害人的肩膀、大腿等非要害部位,而且其伤害行为也仅仅实施了三次。若犯罪嫌疑人真的存在杀人的故意,怎会在被害人尚未死亡的情况下就收手,又怎会亲自把被害人背上救助车辆并一直搂着被害人……辩护人将上述疑点整理成书面辩护意见,递交至公检机关,并多次与办案单位沟通表达意见,希望公检机关可以查清案件事实,罚当其罪。最终检察机关采纳了辩护人的意见,以故意伤害罪向法院提起公诉。

在审查起诉阶段，算是取得了阶段性的胜利，成功改变案件定性，案件转入审判阶段后，主要主攻量刑方面，于是，我不仅从自首方面进行辩护，还从白某长期遭受被害人刘某的家庭暴力、被害人自身存在过错、白某实际家庭情况等多个方面入手进行辩护，后主审法官与辩护人共同努力解决了其二儿子刘某3的切身问题，然后在白某量刑时主审法官充分考虑白某的实际情况予以从轻处罚。

律师文书

辩护意见

蛟河市人民检察院：

您好！我是北京市盈科（沈阳）律师事务所的律师景媛，受律所指派并接受本案犯罪嫌疑人白某之子刘某2的委托，作为白某的辩护人参与本案。辩护人查阅了本案相关案卷材料，对公安机关认定犯罪嫌疑人白某构成故意伤害罪的认定不存在异议，认为白某有自首情节，存在减轻处罚的情节，现辩护人结合本案事实及犯罪嫌疑人白某的行为，依法提出如下辩护意见，详情如下：

一、犯罪嫌疑人白某实施伤害行为只是临时起意，而非蓄意伤害，无意造成被害人死亡结果的发生

1. 从犯罪嫌疑人白某实施行为时主观意图上来看，犯罪嫌疑人白某在被害人多次扬言要杀了二儿子刘某3并对其进行长达十几小时的谩骂过程中，本想收拾东西躲出去，但又害怕其二儿子回来被被害人杀害。犹豫期间，被害人却用更为恶劣的污秽性言辞辱骂犯罪嫌疑人白某，使得犯罪嫌疑人白某精神高度紧张、极度愤恨，其正是在非理性的精神状态下实施的刺伤被害人的行为。虽然犯罪嫌疑人白某事实上实施了伤害行为，但主观上是因为被害人持续使用带有污秽性的词语谩骂，由此犯罪嫌疑人白某激愤的情绪也一直存续，进而引发的不理性行为亦存在一定的连续性，才会产生再次“伤害”的行为。伤害行为的作出是临时起意，本意是制止被害人对其言语上的羞辱行为，并非蓄意伤害。

2. 从犯罪嫌疑人白某客观实施的伤害行为亦可以反映出其本意并非欲伤

害被害人，只是为了制止其谩骂行为。

（1）从作案工具和打击部位等分析。首先，犯罪嫌疑人白某实施“伤害”行为所持凶器是剪刀，而该剪刀在案发前数日一直放置于电脑桌旁，案发时犯罪嫌疑人白某只是“随手”拿起（详见公安卷第3卷第154页，电脑桌上杂乱摆放各种物品），并非是蓄意谋划。若犯罪嫌疑人白某有蓄意伤害的故意，定会事前准备好凶器，并放置于无人知晓处。其次，在犯罪嫌疑人白某实施伤害行为后，在被害人尚未出现任何死亡征兆的情况下，没有进行再次伤害，从犯罪形态上看应当属于犯罪中止。若犯罪嫌疑人白某具有蓄意伤害被害人身体的故意，此时其完全可继续实施犯罪，直到其愤恨的情绪完全发泄，怎会就此打住，不再进行扎刺呢？最后，犯罪嫌疑人白某本无意造成被害人死亡结果的发生，通过案发时的站位可知，被害人的父亲刘某4站在被害人右侧，挡住了被害人右侧躯干部分，才使得不理智的犯罪嫌疑人白某打击到被害人的左侧躯干处，说明犯罪嫌疑人白某在实施犯罪行为之初并未有伤害要害部位的意图。

（2）对于犯罪嫌疑人具体实施几次扎刺行为，辩护人对此存有异议，因卷宗书面材料显示为两次，故辩护人认为应以书面材料为准。根据尸检报告上显示的被害人住院病历（详见公安局第3卷第184页）主诉可知，被害人共有两处伤口，分别为左侧胸部胸骨旁线约平第3肋可见约3.0厘米创口，以及左侧大腿内侧可见约1.0厘米创口，这与辩护人会见犯罪嫌疑人白某时其所称扎刺两次相吻合，故对犯罪嫌疑人白某在讯问笔录中所提及的扎刺三次的行为是否真实存在合理怀疑，望贵院查证该事实，不能因犯罪嫌疑人白某在做笔录时因存有紧张、害怕而作出了非事实笔录影响案件事实的查证。

结合以上，辩护人认为犯罪嫌疑人白某共计刺向被害人两次，分别是心脏（本意是肩部）、腿部。其在扎伤被害人肩部（其实是心脏处）后没有继续刺向同一部位，而是扎向腿部（非致害部位），此行为足以说明其本不存在伤害被害人的意图，只是想制止被害人的谩骂行为。若犯罪嫌疑人实施犯罪行为时并非只是为了制止谩骂，基于其当时处于情绪激愤、无法理性思考的状态下，应当追随被害人倒下的方向扎刺，但事实并非如此，由此可见其主观上没有伤害的意图。

综上,辩护人认为犯罪嫌疑人白某所实施的行为单纯是为了制止被害人对她的淫秽性谩骂,并非是为了伤害被害人,因而犯罪嫌疑人的主观恶性并不大。故,望贵院在对其量刑时予以充分考虑。

二、从该案具体案发经过分析可知,被害人对本次事件的发生存在一定的过错

犯罪嫌疑人白某与被害人是共同生活了 26 年的夫妻,但此次伤害事件的发生也仅仅是夫妻间对孩子管教方式存在争议而激发的,属于家庭日常琐事。虽然夫妻二人因生活琐事经常发生争吵,但二人间并无不可化解的矛盾。本案事发起因也是普通的家庭纷争,因二儿子多日不回家却向犯罪嫌疑人白某要钱还打伤被害人,由此引发被害人的不满。但酒后被害人却将此责任全部推至犯罪嫌疑人白某身上,并要求犯罪嫌疑人白某带着孩子离开,还在腰间别上了刀,扬言要将回家的二儿子刘某 3 杀死,后经邻居劝阻才将刀卸下。但被害人愤怒的情绪无法得到释放,便将矛头转向犯罪嫌疑人白某,多次朝犯罪嫌疑人白某说出污秽性有辱人格的话,谩骂持续十几小时之久,试问在这样的谩骂下,犯罪嫌疑人白某产生情绪上的激愤、精神上的崩溃怎会不在情理之中?同时被害人父亲刘某 4 也表示犯罪嫌疑人白某“特别孝顺,从来没红过脸”(详见公安局第 2 卷第 78 页刘某 4 的询问笔录),从尹某、王某、刘某 3、刘某 5 等人的笔录(详见公安局第 2 卷第 91 页尹某的询问笔录,第 99 页王某的询问笔录,第 132 页刘某 3 的询问笔录,第 140 页刘某 5 的询问笔录)中也可以看出犯罪嫌疑人白某平时为人很好,不是凶残之人,由此可见犯罪嫌疑人白某本非不懂是非、不能隐忍之人;反观被害人在酒后时常与犯罪嫌疑人白某争吵(详见公安局第 2 卷第 78 页刘某 4 的询问笔录),从房某、王某、胡某、刘某 3、刘某 2、刘某 5 等人的笔录(详见公安局第 2 卷第 95 页房某的询问笔录,第 99 页王某的询问笔录,第 118 页胡某的询问笔录,第 132 页刘某 3 的询问笔录,第 136 页刘某 2 的询问笔录,第 140 页刘某 5 的询问笔录)中也可以看出被害人在酒后总是打骂犯罪嫌疑人白某。而此次事件的发生正是犯罪嫌疑人白某在被害人酒后恶语谩骂下,达至其容忍的极限才冲动实施了此次激情犯罪。故,被害人对本案的发生存在明显的过错。

三、从犯罪嫌疑人白某伤害被害人之后的反应来看，犯罪嫌疑人白某为防止本意（制止被害人的辱骂行为）之外的结果发生而积极救助被害人

犯罪嫌疑人白某在刺伤被害人后，被其公公推着离开屋子，在向邻居黄某家走的路上，立即联系被害人的大姐刘某兰，让其赶快到现场对被害人进行救助，随后又给于某、房某超打电话让其二人开车过来送被害人去医院，与此同时犯罪嫌疑人白某在邻居黄某的陪同下及时返回家中，为了不延误治疗，个子矮小瘦弱的犯罪嫌疑人甚至亲自背着比她高大沉重的被害人坐到了周某峰的车上，并让黄某等人拨打了“120”，被害人在去医院的路上躺在犯罪嫌疑人白某的怀里，意识仍是清醒的。犯罪嫌疑人白某一直在安慰他……从犯罪嫌疑人白某积极救助被害人的行为看，其并不追求死亡结果的发生。

四、犯罪嫌疑人白某存在从轻、减轻的量刑情节

1. 犯罪嫌疑人白某存在自首情节。由公安局第2卷第49页白某的讯问笔录可知，犯罪嫌疑人白某在扎伤被害人后，第一时间联系了其所在屯的负责人员房某，向其投案自首；同时根据公安局第2卷第94～97页房某的询问笔录可知，房某是胜利屯（犯罪嫌疑人白某所在地）的队长，其在案发后接到来自犯罪嫌疑人白某的电话，电话中犯罪嫌疑人主动向其交代伤害被害人一事。犯罪嫌疑人白某在实施犯罪行为后，在被害人尚未出现任何死亡征兆的条件下，便向屯队长领导房某投案，主动交代犯罪事实，根据最高人民法院《关于处理自首和立功具体应用法律若干问题的解释》第1条第1款第1项“犯罪嫌疑人向其所在单位、城乡基层组织或者其他有关负责人员投案的……应当视为自动投案”之规定，应当认定犯罪嫌疑人白某为自首。

2. 犯罪嫌疑人白某具有悔罪表现，从案发至今，犯罪嫌疑人白某自始自终都是以诚恳的态度配合调查，对自己的行为供认不讳，并深表忏悔和自责。目前，被害人的父亲和姐姐也表示不予追究，予以谅解；被害人的两个儿子也对犯罪嫌疑人白某进行了谅解，并出具了书面的谅解书。

3. 犯罪嫌疑人白某无前科劣迹，系初犯、偶犯，其一向遵纪守法，距本案案发时止，犯罪嫌疑人白某从未有过不良记录，没有社会危害性，应从轻处罚。

五、本案的发生具有一定的社会因素,希望贵院对犯罪嫌疑人白某酌情从轻处罚

当今社会,家长与孩子的关系不再向从前一味的父教子从,随社会大环境的变化,孩子的主观能动性也日益完善,其拥有了更多的自主意识,由此孩子与家长间的关系变得不再像从前那般容易处理。众所周知,家长与孩子之间的矛盾、冲突成为当下社会的常态,家长教育理念的不健康、不成熟是引发教育悲剧、家庭矛盾发生的主要诱因。正如经常见诸报端的孩子因不服从管教而自杀自残,又或是家长因孩子的逆反心理被气出"脑淤血",而本案的诱因正是由于对孩子的管教方式出现争议、与孩子的相处出现问题,本是家庭内部的小矛盾,却无意酿成了祸事,故每一个家庭悲剧的发生无疑不具有一定的社会因素。同时,二儿子刘某 3 今年 16 岁,正值青春期,是走向社会的年纪,这个阶段正是需要接受正确思维导向、树立正确的世界观、人生观、价值观的最好时期,若本案可以对犯罪嫌疑人白某作出公正的处理,未尝不是塑造了一个 16 岁孩子正确看待世界的方式;反观,若本案未能做到公平公正的处理,其结果很可能会成为 16 岁的孩子仇视社会乃至危害社会的不良诱因,直至走上犯罪的道路……

综上所述,辩护人认为,从犯罪嫌疑人白某实施行为时的主观意图和案件客观事实,且存在自首的情节以及被害人在本案件中存在明显的过错等角度来说,应当减轻犯罪嫌疑人白某所应负担的刑事责任。根据罪责刑相一致方能彰显我国法律的威慑性和惩罚性。恳请贵院参考上述辩护意见,对犯罪嫌疑人给予减轻处罚!

案件结果

1. 改变定性:检察院起诉书变更涉嫌罪名,按被告人白某因家庭琐事,持凶器故意伤害他人身体,致人死亡,行为触犯了《刑法》第 234 条第 2 款之规定,以故意伤害罪提起公诉。

2. 从轻量刑:认定被告人主动向基层组织人员投案,积极抢救被害人,到案后,自愿认罪认罚,自愿接受刑罚处罚,构成自首。

3. 妥善安置刘某 3(未成年人)到较大城市的职业技术学校学习读书,并为

其争取到每月补助金1100余元。

典型意义

在辩护过程中要做到有的放矢，就本案而言，一方面稳稳抓住被害人存在过错的关键点，另一方面准确列举影响定罪量刑的有利细节，为委托人争取从轻处罚的理想结果，力促案件得到法院的公正裁决。本案辩护中，我将辩护要点放在行为人没有杀人故意、被害人存在明显过错以及自首三个方面，晓之以理，动之以情，说服公诉机关将起诉罪名由故意杀人罪改为故意伤害罪，改变对犯罪嫌疑人的罪名定性，成功落实了辩护策略，实现了主观目标与客观结果的一致。

回顾思考

办案机关在对本案依法进行侦查后，决定以故意杀人罪为由逮捕犯罪嫌疑人。面对如此不利情况，我陷入了沉思，在经过会见和阅卷后，充分梳理案件中的人物关系和性格，沉着应对，从案件背后的事实出发，本着实事求是的态度，准确地还原了案件的真实情况，并利用自身的法律知识，精准区分故意杀人罪和故意伤害罪，并以犯罪嫌疑人没有杀人故意、被害人存在过错以及自首三方面为切入点，及时向办案机关提交文书，表达辩护意见，通过情理兼备，论证层层深入的文书，以犯罪嫌疑人不存在杀人故意为突破点，重点突出，目标明确，凭借深厚的文字功底阐述犯罪行为的主要诱因，尤其是嫌疑人的心理变化过程，既合情理，又合逻辑，令人无可辩驳，成功地改变办案机关之前认定的故意杀人罪的罪名，还犯罪嫌疑人以公正，极大维护了当事人的合法权益。在辩护过程中，我把重点放在犯罪嫌疑人真正的主观意图上，以办案机关所控罪名有误为由，将新发现的证据组成证据链条，先后向公安机关、检察机关两次递交辩护意见，面对公安机关的拒绝态度，保持毫不气馁的心态，坚持己见，据法陈词，为后来公诉人改变原有的罪名定性奠定了基础，最终说服公诉机关依法改变对当事人的指控罪名使犯罪嫌疑人的合法权益得到有效保障。在审判阶段从人情和法理出发，充分了解白某的家庭情况，并将白某的家庭情况向主审法官陈述，使主审法官也认识到如不妥善安置刘某3，那么白某也不能安心服刑，我在解决刑事案件的同时,也充分保障未成年人的健康成长。

律师简介

景媛，一级律师,硕士研究生,盈科全国教育与校园安全法律专业委员会副主任,盈科沈阳高级合伙人、教育产业及未成年保护法律事务部主任,辽宁省法学会法学教育研究会常务理事,辽宁省律协刑法、公司法专家库专家,大连财经学院客座教授,辽宁师范大学海华学院客座教授,辽宁理工学院等九所高等学校的法律顾问。

事实“模糊不清”，律师如何从证据中挖掘“真相”

——王某故意伤害案

张新宇

案件简介

2018年12月28日14时许，王某乘坐其夫张某驾驶的传祺越野汽车在某县昌升市场南侧路口处，与驾驶白色奔腾轿车的徐某相向而行，因双方驾驶车辆均未采取有效制动措施，险至事故发生，此时张某加速行驶到白色奔腾轿车左前方逼停白色奔腾轿车，徐某与张某均下车并发生口角和推搡行为，王某遂下车拉架，并让张某走开别再“惹事”，还要去学校接生病的孩子。此时徐某不让张某离开，但是，张某已经脱身进入汽车驾驶位，随即，徐某绕开王某就躺坐在了张某驾驶的传祺越野车的右前方，不让其离开。

见此情形，王某和徐某说让张某开车离开去学校接孩子，自己不走和她在这里等着解决问题，但是徐某不依。王某便用力拖拽徐某，其间徐某用力后坐，王某脱手，致徐某跌坐在地上，后王某再一次拖拽徐某到一旁。张某遂驾驶传祺越野汽车离开。

案发当天，徐某报案，并自己独自驾车到医院看病，而王某随警官到附近派出所做了笔录，张某接完孩子送回家后，也主动到派出所说明问题。

该案以王某故意伤害罪（徐某轻伤）于2019年10月21日移送检察院审查起诉，后退回补充侦查；2020年1月16日第二次退回补充侦查，2020年2月16日再次移送审查起诉。本案王某一直被取保候审状态。

律师策略

策略之一:疫情期间审查期间争取和解后免予起诉。

本案辩护律师在2020年疫情期间接到当事人王某委托,王某系外地涉案,因为疫情缘故,提交手续和阅卷均受限。在辩护人与公诉人电话沟通案件过程中,公诉人说本案双方纠纷引起,如果双方达成赔偿谅解,可以争取免诉,基于此辩护人未曾阅卷将上述情形转达王某,王某也是出于双方都是在附近村做生意的同龄人,所以也愿意和解,为此,在家属和朋友的带领下到被害人徐某家里道歉并提出和解意愿,但是被害人提出很高的赔偿数额,最终未能达成和解谅解。在此期间,辩护人也向公诉人提出本案事实不清,证据不足的辩护观点,建议免予起诉。

策略之二:从卷宗中查找案件定性证据重大瑕疵,发现案件新“事实”。

本案基于《司法鉴定意见书》受害人腰椎1、2椎体左侧横突骨折,鉴定属于轻伤二级,认定该伤害为王某所致。但是王某否认对于受害人徐某事实故意伤害(打人)的事实,仅仅是为让其离开挡住的车进行了拖拽行为。所以本案争议焦点为受害人的伤是如何形成的?王某拖拽行为能否认定为故意伤害行为。

辩护人第一次阅卷也是依据常规思路重点审查当事人陈述和证人证言。本案中受害人一直坚定认为自己的伤是王某和张某共同殴打所致,但是,本案言词证据侦查机关找到的几位证人所做的证言,基本做到了还原当事人双方发生肢体冲突的全部事实,且证人证言从各方角度阐述案件双方的行为也很充分。本案中的影像视频资料有两份,一份距离较远的摄像头拍摄,因为距离较远根本无法看清双方的行为,仅能看到有人在互相推搡。另一份来自路过驾驶车辆的行驶记录仪拍摄记录,清晰地显示王某拖拽徐某并脱手的动作。本案庭审中公诉人以此证据为指控事实依据,当庭直接指控被告人王某对被害人徐某实施了拖拽和故意“抡”“蹲”的行为,导致受害人受伤。所以,本案纯粹从言词证据很难说清楚“事实”真相,尽管辩护人在比对证人证言的细节下了相当大的功夫。

基于上述情形,辩护人在庭前准备时,又将200页的证据卷宗一页一页的看了两遍,并重点审查比对了客观证据。从卷宗中发现引发本案定性的《司法鉴定意见书》有着严重“瑕疵”,首先,《司法鉴定意见书》显示鉴定机构是2019年1月4日接受委托,卷宗显示鉴定依据的证据仅仅是2019年1月2日提交诊断证明,该份意见于2019年1月12日出具鉴定文书,2019年1月18日受害人徐某签字收到该份意见通知。但是《司法鉴定意见书》中鉴定依据即住院病历却是2019年1月21日办案机关才接受材料。其次,鉴定意见分析说明:“被鉴定人被他人打伤致第1、2腰椎左侧横突骨折……”看到此,我觉得事实真相不仅仅是证人证言能够说清楚,而且客观证据也能否认本案的“案件事实”。

律师文书

1. 依据本案庭审情况,王某所实施行为不具有刑法意义上的危害性,依法不应当认定为故意伤害行为。

首先,结合本案事实的起因,不能认定被告人王某该行为属于故意伤害行为。本案起因是张某与徐某驾驶车辆互相没有合理避让,导致驾驶车辆可能产生剐蹭的危险性,二位驾驶人互相不满,下车后发生言语和行为攻击,但是本案的被告人王某不是产生矛盾的当事人。本案无论是证人证言,还是受害人徐某表述都不认为王某有意对徐某产生肢体冲突,之所以在张某与徐某产生肢体冲突时王某阻止二人,是因为王某不愿意徐某与张某二人冲突升级,同时确实是王某、张某的孩子生病了,需要赶紧去学校接孩子。因为徐某与张某发生冲突不让张某离开,而王某与徐某产生轻微的肢体撕扯是为了防止徐某进一步追赶张某,这时王某无论是从行为的目的、动机及行为的后果均不存在王某与徐某的撕扯具备刑法上的危害性。

其次,在徐某阻止张某驾车驶离时,王某拖拽徐某,该行为也不能认定具有刑法上的侵害性,也不属于故意伤害行为。被告人王某拖拽徐某无论是从行为方式上,还是从该行为实施的合理限度上,以及实施该行为的动因上,都不属于伤害行为。本案驾驶人引发的口角纠纷虽然升级了肢体冲突,但是,还是能从证人证言和视频证据中看到,双方产生冲突的性质都是有限度的肢体触碰和推拉撕扯行为，上述轻微行为一般人常识认知仅仅是造成人身肉体的一定疼痛达不到伤害性的目的，而刑法中的故意伤害行为要求侵犯的是他人的人身健康和身体健康。本案中被告人实施的拖拽行为仅仅是被告人出于私权利救济过程中实施的一般行为，其性质与侮辱式殴打行为不同，所以其违法性恐怕行政处罚都不能认定。

2. 本案中被告人王某实施的拖拽行为不属于伤害行为，其造成徐某的伤情并非故意伤害，仅仅是二人合力过失使然。

本案庭审中公诉人将王某因为劝阻张某与徐某进一步矛盾升级产生撕扯，以及徐某阻止张某驾车驶离将其拖拽到一边，整体认定其行为构成伤害的间接故意，辩护人认为该观点不正确，依法应当认定王某行为主观属于过失，客观行为属于私力救济范畴。

辩护人认为认定被告人的主观是间接故意还是过失需要考量案件中行为人主观认识因素和意志因素，间接故意要求行为人必须对自己的行为产生的结果是明知的认识，而从本案中王某实施的拖拽行为虽然导致徐某受伤，但是从行为上分析可知其主观不具有侵害徐某的故意，仅仅是预防性的制止。王某不可能实际上也没有对徐某实施任何侮辱性的伤害行为，拖拽其仅仅是让徐某离开阻挡张某驶离的车辆，无论是行为前还是车驶离后，徐某对王某都没有产生肢体冲突矛盾的事由。同时在张某驾车离开后，被告人王某也没有再对徐某实施任何行为。通过上述分析足以显示，王某有限度的行为主观上不可能具有侵害性的明知。

在意志因素上，王某拖拽徐某行为不可能预料到徐某会受伤，因为她没有实施攻击性的危害行为，而拖拽也仅仅限在自己的体力拽动徐某离开车的驶离前方，该行为不具有明知更不可能存在所谓的放任。通过视频证据我们可以明显看到王某拖拽的力度明显与徐某抗拒的力度相当，否则不可能出现脱手的情形发生。因为二人用力相当，一个向前用力拽，一个用力向后坐，才导致被告人徐某的伤情产生，该伤情产生的原因“用力拽后在地上挫的”（见卷一第 24 页徐某第一次询问笔录）徐某本人供述都是认可的。所以，徐某的伤情认定为二人过失才更符合法律对行为的合理评价。

3. 辩护人反对公诉人仅仅依靠被害人一份笔录、一句话就推定王某不仅仅对徐某实施了拖拽行为还实施了“抢”的行为，公诉人此说辞没有客观证据来证明。相反，公诉人置于整个案件其他四位证人七份笔录不顾，还无视视频的客观真实性，认定上述行为属于刑法上的危害行为，既违背一般人常识认知，也违背了本案证据能够显示的客观性。本案中证人包括视频提供者都不认为被告人对徐某实施了殴打等伤害行为，更没有实施所谓“抢”的举动，那么被害人的表述不过是自己个人的说辞而已，被害人针对自己的伤情三次的笔录说法均不一致，其真实性极低。公诉人依据受害人客观性、真实性极低的笔录认定案件事实，违反了客观公正的公诉原则。

4. 本案依法认定案件伤情结果的《司法鉴定意见书》依法不得作为定案的依据。

本案中《司法鉴定意见书》是2019年1月4日接受委托，但是案件接受的证据2019年1月2日仅仅是诊断证明。该份意见于2019年1月12日出具鉴定文书，1月18日受害人徐某签字收到该份意见通知，而《司法鉴定意见书》中鉴定依据即住院病历却是2019年1月21日办案机关才接收，所以此鉴定意见的程序严重违反《司法鉴定程序通则》第12条、第14条、第16条第2项规定。案件中涉及伤情的鉴定意见要求鉴定人必须对受伤者进行伤情部位检查并拍照作为鉴定程序之必要环节，本案中《司法鉴定意见书》根本没有《法医临床检验规范》的上述要求事项，所以该份鉴定意见鉴定过程和鉴定方法严重违反《法医临床检验规范》要求。

同时该份鉴定意见的分析说明部分不具有客观性，鉴定意见分析说明：“被鉴定人被他人打伤致第1、2腰椎左侧横突骨折……”鉴定意见要求鉴定人根据委托人提交的鉴定材料客观分析伤情产生原因，无论是鉴定过程的分析说明还是结论性意见均要求鉴定人客观、中性的阐述，而本案的鉴定人直接在分析中对案件事实做出了不可质疑的最终结论，显然违背了其客观真实的法定要求。

所以，依据刑诉法司法解释第85条第5项“鉴定程序违反规定的”、第6项“鉴定过程和方法不符合相关专业的规范要求的”，本案中《司法鉴定意见书》

不得作为定案的依据。

综上，依据本案全案证据，结合本案事实，被告人王某行为不属于刑法上的故意伤害行为。

案件结果

一审庭审结束后，河北省某县人民检查院以事实不清、证据不足决定对被告人王某撤回起诉。

典型意义

本案典型性有两方面：其一，故意伤害类案件，承办律师不能想当然就随着公诉人的思路走和解和认罪认罚，尽管目前这类案件在侦查阶段就存在和解的可能。但是一旦被告人对于案件事实与起诉书指控事实有根本差异，那么应尽力从卷宗或是调取到有利于查明案件事实的证据。认罪认罚尽管在一些看似“小案”中纵横驰骋，但是，个案终归存在其自身“个性特征”，认罪认罚并非每个案件处理的上上策。其二，伤害类尤其是轻伤的伤害类案件，有时候确实需要考虑被告人的行为引发原因是什么，到底是基于防卫行为引起伤害，还是基于私力救济不得不的行为，最终伤情结果可能存在受害人行为成因。

回顾思考

本类故意伤害案如果粗略查阅证据，即使当事人不认可伤害事实，法庭也很难说清楚，最终，难免成为“葫芦僧断葫芦案”。凡因双方矛盾引发的故意伤害类案件，当事人双方基于不太理性，或多或少都向对方实施了侵害性行为，如果仅造成一般轻微伤，依法不属于刑事案件。但是，一旦一方当事人经鉴定构成轻伤结果，侦查机关基于双方均有侵害行为，所以根本不判定伤情的方位及产生的真实原因就立为刑事案件，最终当事人基于刑事案件羁押的情况，也就依据认罪认罚程序和双方和解，最终获取量刑较轻的结果。

本案在审查起诉阶段被告人未能与受害人达成和解，律师基于当事人对于指控实施伤害的案件事实的否认结合卷宗言词证据、电子证据、病例及伤情鉴定意见等,最终发现本案定性的关键证据鉴定意见不仅程序违法,而且鉴定意见明显属于鉴定者主观推定伤情产生原因。同时,结合本案的视频证据及受害人伤情部位,能够确定被害人的伤情并非被告人侵害所致,而是被告人基于适度的私力救济行为,被害人自行造成伤害结果。

律师简介

张新宇,中共党员,北京市盈科(石家庄)律师事务所合伙人律师,党支部纪检委员,工会副主席;河北省律师协会公益与援助委员会委员,石家庄市律师协会刑事委员会委员;石家庄市司法局"七五"、"八五"普法讲师团特聘讲师;2018年度、2019年度、2020年度石家庄市优秀律师,2019年度石家庄律师协会优秀工作者。执业领域:商事犯罪辩护,知识产权犯罪辩护,为公司、企业进行刑事合规治理。

危急时刻伸援手　险象环生辩无罪

——赵某强奸案

郭彦卫

案件简介

本案的被告人老赵出生于1966年，案发于2018年，时年52岁，是北方某乡镇中心小学的校长。报案人高某1989年出生，案发时29岁，是该校一女教师。高某于2014年通过考试到该校任教。老赵称二人自2016年秋天开始发生性关系，后一直保持到2018年8月老赵退二线，任视导员。老赵退二线后基本不到学校了，但学校的办公室兼宿舍未退。

老赵2018年10月29日中午酒后一直睡到下午5时左右，醒后想至学校收拾回自己的被褥，也想和高某道别一下。于是老赵给高某打了个电话，然后就去了学校。高某接了电话后，给老赵屋里拉来了饮水机，烧上了水。老赵到学校后二人发生了一次性关系，高某去给学生上了一节晚自习课后，又来到老赵屋里又发生了一次性关系。事后，高某说我走了，老赵说："走吧，我也退了，也不大方便了，在哪里见面也不太方便，以后尽可能少联系，如果在城里会面，别人知道了，我家里人都在城里，对我影响不好。"高某听后心生不悦，但仍然为老赵把清洗下体的水端到卫生间换了盆清水回来，就回了自己的宿舍。

高某回到宿舍越想越不舒服，便跟曾追求自己的一名在公交公司上班的张姓男青年说被校长强奸了，男青年便让她报警，高某又跟母亲说了，其母亲也让其报警，同时带着高某的弟弟赶到学校。当晚老赵被刑事拘留。

2018年11月4日百度贴吧某省教育吧突然出现一个《谁来保障贫困山区特岗女老师的人身安全》的帖子。一时间在这个贫困县的小县城无异于一颗惊雷,相关部门面临相当大的舆情压力。检察院提前介入,指导办案。

老赵被刑事拘留后,家属急于救人,也不管是不是强奸,通过中间人对高某母亲说给50万元让高某到公安局作笔录称不是强奸,若公安局放人后再付50万元。2018年11月8日至10日高某去公安机关作了三次笔录说与老赵发生性关系是自愿的。而在检察机关核实高某的笔录时,高某说出有调解,有给钱的情况,检察机关对高某进行了一番法制教育,大致是作伪证要承担刑事责任,高某又修改了笔录,称与老赵不是自愿发生性关系。2018年11月13日老赵被批准逮捕。

律师策略

此时此刻,本案面临极为不利的局面。且不说案件本身是通奸还是强奸,首先是舆情的影响在这样一个落后的贫困县,司法机关面临相当大的办案压力;其次老赵家属给高某母亲的钱如何认定,相关人员是否被追究妨害作证的责任,而给钱这个事也会给人造成一种误解,不是强奸为什么要给钱呢?案件本身到底是否是真的强奸也是未知之谜,高某报案的动机又是什么?

面对这样的局面,老赵的家属知道用本县的律师是没什么希望的,就来到省城找律师。本案律师就是在这样错综复杂的情况下接受的委托。

律师会见老赵时,老赵称二人是自愿的,且早已发生过多次性关系,并不存在强奸。结合当前的现状情况,律师认为必须作无罪辩护。否则,强奸罪一旦成立,在这样的舆情下,老赵一定会被重判,开除公职,后半生的退休待遇全免;家属及相关给高某母亲钱的人员也可能被追究责任。因此,制定了无罪辩护的策略。律师进行了法律检索工作,制作了检索报告。包括所有有关强奸罪的法律和司法解释,专家学者的论文及主要意见,有关强奸罪的无罪案例,无罪案例和有罪案例中对于如何认定强奸的评述等,然后再针对本案的具体案情进行论证。

律师文书

一、本案不构成一般情况下的强奸,也不构成特殊情况下的强奸

我们知道一般情况下的强奸有暴力、胁迫或其他方法使妇女不能反抗的情

形,而特殊情况下的强奸是指妇女处于不知反抗、不能反抗或不敢反抗的情形,而本案既不符合一般情况下的强奸,也不符合特殊情况下的强奸。

随着民众性观念的发展,强奸犯罪体现出非典型性及特殊性,但仍具备强奸罪构成要件基本特征,仍以违背妇女意志为本质特征。以强奸罪立法精神及价值取向为依托,以主客观相统一原则为依据,以行为时违背妇女意志为根本,以案件其他客观情形为重点考察。

性行为违背妇女的意志和手段行为的强制性是强奸罪本质特征的两个不可分割的组成部分,前者是强奸罪的内在本质,后者是外部特征。行为人是否使用一定的手段行为,是确认性行为是否违背其意志的主要标志。(高铭暄、马克昌《刑法学》)行为人的强制手段,是指司法解释(最高人民法院、最高人民检察院、公安部《关于当前办理强奸案件中具体应用法律的若干问题的解答》)中规定的“暴力、胁迫或其他手段”。

强奸罪的主观方面要求行为人必须有强行与妇女发生性关系的故意,即“奸淫”的故意,奸淫与发生性关系不是等同的概念。“与妇女发生性关系的意图”与“强行与妇女发生性关系的意图”是截然不同的两种主观心态。前者是思想,后者是犯意。强奸罪要求行为人应当是明知受害人不愿意与自己性关系而强行为之。

“违背妇女意志”的认定标准。我国刑法理论界中有两种不同观点:一种观点认为,在发生性关系的过程中,如果被害人能抗拒而不抗拒或者作不真正的抗拒,不能认定为违背妇女意志。只有在暴力、胁迫手段足以制服被害人,使被害人不能反抗时,才认定为强奸罪。而另一种观点认为,不能以被害人不反抗作为认定是否违背被害人意志的标准,被害人不反抗或反抗不明显不等于同意,应考虑被害人不反抗的具体原因。1984 年 4 月 26 日最高人民法院、最高人民检察院、公安部《关于当前办理强奸案件中具体应用法律的若干问题的解答》中明确规定:“认定强奸罪不能以被害妇女有无反抗表示作为必要条件。对妇女未做反抗表示,或者反抗表示不明显的,要具体分析,精心区别。”如果被害妇女处于不知反抗、不能反抗或不敢反抗的状态时,此时的行为足以认定违背妇女意志,则没有必要要求有反抗表示。

简单总结一下就是,认定构成强奸罪的情形是:

一般情况下,在发生性关系的过程中,妇女能抗拒而不抗拒或者作不真正的抗拒,不能认定为违背妇女意志。只有在暴力、胁迫手段足以制服被害人,使被害人不能反抗时,才认定为强奸罪。

特殊情况下,不能以被害人不反抗作为认定是否违背被害人意志的标准,被害人不反抗或反抗不明显不等于同意,应考虑被害人不反抗的具体原因。如果被害妇女处于不知反抗、不能反抗或不敢反抗的状态时,此时的行为足以认定违背妇女意志,则没有必要要求有反抗表示。

(一)本案不构成一般情况的强奸

老赵与高某发生性关系过程中没有使用暴力、胁迫或其他手段。行为人是否使用一定的手段行为,是确认性行为是否违背其意志的主要标志。本案中,老赵没有使用任何暴力、胁迫或其他手段。这一点老赵的笔录始终坚持,高某的笔录中在公安人员反复询问中都确认没有受到暴力胁迫或其他手段的干扰。且与其他客观证据都能印证,如现场没有任何暴力的痕迹,卷宗中医院的诊断证明,刑警队的情况说明:高某自述未被犯罪嫌疑人捆绑、殴打并称其身上没有伤,其不要求做人体活性操作检验鉴定。

性行为违背妇女的意志和手段行为的强制性是强奸罪本质特征的两个不可分割的组成部分,前者是强奸罪的内在本质,后者是外部特征。行为人是否使用一定的手段行为,是确认性行为是否违背其意志的主要标志。

有没有违反高某的意志,是属于高某的主观心理状态,这种主观心理状态只有当事人自己最清楚,在产生争议时如何认定,只能通过其他客观情况作出判断。

高某在2018年10月29日第一次性行为发生过程中,没有进行反抗或没有真正的反抗。她在2018年10月30日第一次笔录中陈述:“我反抗了,老赵抱住我时,我就推他,他力气大推不开……发生了性关系”;2019年2月25日笔录陈述:“老赵就亲的我的嘴,我就躲,后老赵就亲我的脖子,我就用手推他的脑袋、胸,没推开……”我们暂不说老赵的陈述,单就高某的陈述来说,这样的“反抗”就是“戏耍”,一种调情,是以上分析的没有作真正的抗拒。因此,公诉人在庭审时认为,高某推了老赵一下就是反抗,是错误的。

二人发生第二次性行为,是高某主动的,她在给学生上了一节课后主动来到老赵的房间,自己插上了门。

(二)本案也不构成特殊情况下的强奸

特殊情况下,如果被害妇女处于不知反抗、不能反抗或不敢反抗的状态时,此时的行为足以认定违背妇女意志,则没有必要要求有反抗表示。本案显然不存在高某不知反抗、不能反抗或不敢反抗情形。

首先,现有证据证明本案老赵没有使用任何暴力胁迫等手段,不存在暴力胁迫导致的不敢反抗情况。

其次,高某对发生性行为有认知能力。

高某身为人民教师,属于知识分子,具有完全行为能力人,对性行为的发生及后果均具有明确的判断与选择的能力。老赵陈述其与高某自 2016 年下半年以来持续保持性伴侣的关系,在事发当日,二人又有打电话相约发生性关系的意思表示,对于这种自愿与老赵发生性行为有明确的认知能力,并且希冀发生。

再次,高某在案发当时,如果不自愿,具有反抗能力,且不存在不能反抗的环境因素。

高某在事发当日精神正常,身体健康,没有饮酒或其他失去反抗能力的情况。在第一次发生性行为前,还为老赵拉了饮水机,烧好了开水,打扫了卫生;第一次性行为后还为学生上了一节课,第二次又主动来到老赵的房间发生第二次性行为,这些都证明高某当日属于正常状态,不存在不能反抗的情况,并且是主动追求发生性行为。

从当时的环境看,是发生在学校的办公室,属于公共区域,如果高某不同意,只需要喊一声,其他房间以及楼上楼下的其他老师及学生都能听到,而没有任何人听到她喊;第一次发生性行为时,老赵在插门时,高某没有逃避反而主动走到床边;如果她不同意,为什么不去向门口逃开;房间内没有任何物品损坏,房间内没有任何反抗的痕迹,二人的衣服没有任何破损,二人身上没有任何伤痕或反抗留下的印记,这些都表现出当时没有使用暴力。

最后,高某也不可能因受到其他手段如职务升迁的原因,导致她不敢反抗。

2018年8月老赵实际上已经退休了，不可能对她产生任何压力，更没有职权上的管理关系，对她的薪金、升职等都没有任何影响。因此，不可能对她形成胁迫或其他压力。卷宗显示她与张某、其母亲以及其他人包括作笔录时，凡提到老赵的都是用"以前的校长"来称呼，说明她明确认识前校长对她没有职务上影响，况且卷宗中其他人的证言都证明高某属于外向型性格，对于领导没有畏惧心理。

综上所述，本案不构成一般情况下的强奸，也不构成特殊情况下的强奸。

二、在案证据证明高某与老赵发生性行为时是积极配合的，不违背高某意愿的（略）

三、指控老赵构成强犯奸罪证据不足

（一）关于违背高某意愿证据仅仅只有她的陈述，属于孤证，没有任何其他证据印证

一个人陈述万遍，作万次的笔录，也还都属于一个人的陈述，都做一个证据考虑。

第一次开庭时公诉机关认为张姓男友及高某母亲、弟弟的笔录能与高某的陈述印证是错误的。因为以上三人也是从高某那听来的，其根源还是高某的转述，即使高某告诉一万个人，信息的来源还是她自己，还是孤证。

（二）本案发生性关系的客观证据缺失

鉴定意见显示，检材没有检出与老赵有关的生物成分。根据《刑事诉讼法》第55条规定，只有被告人供述，没有其他证据的，不能认定被告人有罪和处以刑罚；就是不能仅凭口供定罪规则，对于发生性关系这一事实，如果当事人一旦改变陈述说没有发生过性关系，则本案会无法认定，因此，仅凭口供定案是相当危险的。

（三）本案没有形成完整的证明体系

由于老赵否认强奸，每次笔录都稳定，因此属于零口供。根据《刑事诉讼法》第55条和最高人民法院《关于适用〈中华人民共和国刑事诉讼法〉的解释》第105条规定，综合全案证据，对所认定事实已排除合理怀疑；证据已经查证属实；证据之间相互印证，不存在无法排除的矛盾和无法解释的疑问；全案证据已

经形成完整的证明体系；根据证据认定案件事实足以排除合理怀疑，结论具有唯一性；运用证据进行的推理符合逻辑和经验。对照本案来看显然未形成完整的证明体系。

综上所述，指控老赵强奸的证据只有高某的陈述，没有其他任何客观证据印证，我们知道，主观证据极易发生变化，在没有任何客观证据的情况下，仅依据所谓被害人的陈述定案，是非常危险的，一旦口供发生变化，后果不堪设想，必然改判无罪。

（四）关于违背高某的意愿没有任何证据印证或补强

本案老赵与高某对于是否自愿各执一词，属于"一对一"证据。"一对一"证据主要是指能够独立证明案件主要事实的直接言词证据，通常存在于被告人供述与被害人陈述、被告人供述与目击证人证言之间。审查和认定"一对一"证据的突破口在于间接证据。在直接证据相互对立案件中，间接证据的印证作用便显得尤为重要。依据证据裁判原则，直接言词证据如果缺乏其他证据进行印证，即便该证据内容再符合逻辑和经验法则，也不能作为定案的唯一依据，对强奸类案件"一对一"证据的审查，应注重从以下间接证据中寻找印证点和突破口：物证痕迹及鉴定意见、生物学痕迹及鉴定意见、人身检查及人体损伤程度鉴定书、报警时间和方式、证明被害人案发后状态的证人证言、被告人与被害人的身份信息。上述间接证据应就强奸罪构成要件的客观方面和主观方面进行印证和补强，达到排除合理怀疑的证明程度。

在客观方面主要是审查被告人是否"强行"与被害人发生性行为。在"一对一"证据情况下，被告人与被害人可能就是否强行发生性关系各执一词，需要借助间接证据予以印证。

主观方面是强奸罪认定的疑点和难点，在诸多案件中形成"一对一"的证据情形。主观见诸客观，客观反映主观，对强奸罪主观方面的认定，除依据被告人供述、被害人陈述外，还需借助于案件外在的表现或外在客观因素予以综合判断。

具体到本案当中，物证痕迹的证据没有，鉴定意见不能与老赵产生关联性；高某的内衣内裤没有撕裂的痕迹，没有提取到精斑，检验报告也没有检出精斑的成分；生物学痕迹及鉴定意见缺乏；高某身上没有任何受伤的痕迹，也没有提取张某的生物学痕迹，更没有人体损伤及损伤程度鉴定意见；报警的缘由是基于张性男友及高某母亲的怂恿；第一次发生性行为后，高某还能正常上课，其他老师没有发现异常。综之，对高某陈述的违背自愿性，没有任何证据可以印证和补强，也更不能排除合理怀疑。

案件结果

该案老赵于2018年10月30日被刑事拘留，公安机关侦查终结后，检察院经过两次补充侦查，两次延长侦查期限；法院阶段，延长期限一次，检察院建议延期审理，补充侦查一次，经过两次开庭审理，2020年3月18日检察院终于撤回起诉，3月19日法院裁定准予撤回起诉。然而检察院撤回起诉后仍然不放人，不解除羁押，准备再次补充侦查。经过向最高人民检察院申诉控告，终于2020年3月26日出具了不起诉决定书，解除了羁押。

典型意义

本案在这个落后的贫困县具有一定的影响，其结果也改变了当地人们，包括司法机关根深蒂固的“奸出妇人口”的定论。该县看守所羁押的嫌疑人中从来没有一个最终无罪而走出看守所。老赵作为一所学校的校长，在当地也算是成功人士，亲朋好友不乏司法系统、政府部门人员，在案件办理过程中，这些人也都认为无罪不可能实现。然而，本案律师超强驾驭案件的能力，精细化、体系化的辩护，终于获得了无罪的结果。

回顾思考

回顾本案，是一起典型的在一定舆情下相对成功的案例。有舆情影响的案件，办案机关往往受到较大的压力，往往更倾向于“受害人”这一方，对“嫌疑人”将错就错的情况时有发生。如何消除舆情的影响或者降低舆情的影响是我们努力的方向。

在强奸、猥亵类案件中，给“受害人”支付一定数额的金钱，“受害人”改变口供也是一件极其危险的事情，这类案件中身陷囹圄的同行十有八九也是出在这个问题上。那么,这类案件到底如何把握,对律师、对当事人及其家属是一个严峻的挑战。

本案初始阶段,老赵家属与高某母亲达成了100万元的意向,并且实际支付了50万元,因故未达到目的,如果老赵确实构成强奸罪,不但支付的50万元不可能要回来,相关人员还可能被追究妨害作证罪的刑事责任。在案件办事过程中高某母亲明确表示不可能退钱,也不写谅解书,如果写谅解书则再付50万元。针对此种情况,经研判我们认为,还是要尽量争取到谅解书,因为这类案件如果"被害人"不谅解,如果"被害人"持续上访,以当前的社会现状,办案单位为了稳定等因素极有可能会从速、从严按照两个基本(事实基本清楚,证据基本充分)判决,将给辩护工作带来不可逾越的障碍。因此,我们又与对方的律师进行了多次协商,终于达成了调解协议,主要内容为:再支付高某13万元,此前的50万元不要求退回,高某对老赵表示谅解,并明确不管司法机关对老赵作出如何处理包括不起诉或判决无罪,均认可,不提异议。这样后期如果判决无罪办案机关不会承受太大的压力,也就消灭了舆情。这一切调解工作都是在对方有律师参与的情况下进行的,并且检察院也给高某作了《听取"受害人"意见表》,这样有效避免了"伪证"的风险。

律师简介

郭彦卫,毕业于首都师范大学中文系、河北大学法律系、中国政法大学研究生院诉讼法专业在职硕士。盈科全国刑事法律专业委员会副主任,盈科首届百名大律师。著有《刑事辩护全流程实务指引与文书模板》一书(法律出版社),《公职人员刑事法律风险防范》一书(出版中)。郭彦卫律师专注于刑事业务,成功办理了多起无罪案件,办理的无罪判决案件还分别编入了法律出版社《盈的秘密》第一辑(有效辩护的47个制胜思维)、《盈的秘密》第二辑(证据突破)。现主要致力于刑事辩护,刑事控告与代理,刑事合规,机关、企事业单位、民营企业刑事法律风险诊断、防控和培训,刑事法律专项顾问。

被告人梁某恶势力犯罪集团成员成功摘帽

——梁某敲诈勒索案

桂留芬

案件简介

2016年6月13日，孙某联系翟某某至扬州市广陵区大桥西见面，商谈向翟某某借款20万元，翟某某以安装GPS为由将孙某的宝马车辆扣押并支付其10万元。同年6月16日，孙某要求还款，翟某某故意不接电话拖延时间，孙某将宝马车辆开回高邮家中。当晚，翟某某、孟某某、梁某等人至孙某家中对其实行殴打，后双方在高邮市车逻镇派出所签订了102,000元借条。同年7月15日，翟某某、孟某某至孙某家中，将孙某的配偶张某某带至高邮市有意思茶楼，以孙某违约、代还车贷为名，迫使张某某以7万元的价格将宝马车辆抵押给翟某某。2017年5月，翟某某以19万元的价格将该车辆转让给方某某。该车辆价格经鉴定为352,124元，翟某某、孟某某、梁某涉嫌敲诈勒索182,124元。

2016年8月8日，翟某某成立了扬州金丰公司从事放贷业务。该公司中，翟某某负责出资和放贷。张某某、孟某某、耿某某等人为业务员、催收员，负责放贷和催收。

2016年8月25日，梁某在金某介绍下投资5万元至隆承公司项目，并收取返利7500元和3期利息5625元。2016年9月，该公司崩盘。2016年9月26日，翟某某、张某某、梁某等人以投资亏本为由，逼迫金某打下5万元的欠条。

2017年1月，刘某因欠梁某工程款6000元，在金丰公司门口向梁某出具了借条，约定同年4月28日清偿。同年4月18日，翟某某、梁某等人以违约为名，至刘某住处将其名下宝骏车辆强行扣走。同年4月27日，刘某与其配偶朱某某到金丰公司赎车,因还款金额发生纠纷,翟某某等人殴打了刘某,以扣车的形式迫使刘某还款 13,000 元。

2019 年 6 月 29 日,梁某被扬州市公安局—瘦西湖风景名胜区分局刑事拘留,同年 7 月 26 日被批准逮捕。2020 年 9 月 30 日,梁某被公诉机关以翟某为首要犯罪分子,以翟某某等人为其他成员的结构相对稳定的恶势力犯罪集团被起诉至法院,指控该犯罪集团分工合作,通过发布高利贷广告、吸引借款人前来借款、诱骗借款人签订虚高借款合同、机动车抵押合同等方式,在借贷关系发生后以恶意制造违约、肆意认定违约,采用滋扰、纠缠、强行扣车、强行索要等暴力或软暴力手段,时分时合,多次实施敲诈勒索、非法拘禁等犯罪行为。该恶势力犯罪集团成员中,梁某被指控的具体罪名为敲诈勒索罪,系共同犯罪中的主犯,涉案金额 239,124 元,公诉机关出具的量刑建议为 4 ~6 年。北京市盈科(扬州)律师事务所桂留芬律师作为被指控为该恶势力犯罪集团成员被告人梁某的辩护人,为梁某涉嫌敲诈勒索罪进行辩护。

律师策略

梁某被公安机关以敲诈勒索罪立案侦查时,时值全国“扫黑除恶”专项斗争正如火如荼地进行,梁某家属慕名找到扬州市公安局法律专家顾问、北京市盈科(扬州)律师事务所桂留芬律师,希望桂留芬律师能代理该案,担任涉嫌敲诈勒索罪梁某的辩护人。桂留芬律师接受梁某家属委托后,旋即会见了梁某,并第一时间与侦查机关取得联系,了解本案相关情况。办理扫黑除恶案件的律师同行都清楚,涉黑涉恶案件的辩护难度远超于一般的刑事案件。具体到本案中,梁某如最终被审判机关认定为恶势力犯罪集团成员,量刑上极有可能会从重。如何在公诉机关所提供证据中寻找有利于减轻或免除梁某的刑事责任的有效辩点,是摆在辩护律师桂留芬面前的一道难题。经过会见、与侦查机关联系沟通后,桂留芬律师认为,梁某是否属于以翟某某为首的恶势力集团的成员、是否参与公诉机关所指控的三起犯罪事实,以及主观上梁某是否有实施敲诈勒索的故意,是梁某涉嫌敲诈勒索罪是否成立的关键所在。

在案件进入审查起诉阶段后,基于以上整体辩护思路,桂留芬律师对本案案卷进行了全面、详尽的审查,不放过案卷中任何一个细节,结合数次会见梁某所形成的笔录,经与梁某对辩护思维进行充分沟通,桂留芬律师决定为梁某做无罪辩护。这样可以最大限度地维护梁某的合法权益。更为重要的是,因本案被整体定性为涉恶犯罪集团,众所周知,对于此类案件,审判机关作无罪判决的压力是前所未有的。桂留芬律师认为,即使梁某最终不能被判处无罪,至少可以在审判过程中,有一个合理回旋的余地,罪轻辩护或许能够成功。

律师文书

首先,在庭审质证及发问环节,结合公诉机关所举证据及对被告人的发问,将本案定罪、量刑证据的相关问题逐一展现。

其次,在发表辩护意见方面着重以下几点:(1)被告人梁某不应当被认定为翟某某为首的恶势力犯罪集团成员。被告人梁某有正当的职业,其生活来源完全依靠其从事广告业务收入,其与翟某某及金丰公司交往纯属广告业务的正常交往,庭审中翟某某及梁某均供述梁某未从翟某某及金丰公司处获取任何利益,梁某不是金丰公司员工。上述事实说明双方不存在领导与被领导关系或指使与受指使的关系,只是单纯的广告业务上的交往。最高人民法院、最高人民检察院、公安部、司法部《关于办理黑恶势力犯罪案件若干问题的指导意见》第6条规定:"仅因临时雇佣或被雇佣、利用或被利用以及受蒙蔽参与少量恶势力违法犯罪活动的,一般不应认定为恶势力成员。"依据举重以明轻的原则及上述法律规定,即使临时被雇佣者都不能被认定为恶势力成员,那么梁某与翟某某无任何经济往来,亦没有参与任何翟某某的经营活动,梁某对翟某某及金丰公司所从事的任何违约活动既没有事前故意,也没有事后实行行为,当然不能被认定为恶势力成员。(2)公诉机关指控梁某参与了对孙某敲诈勒索182,124元,证据不足。被告人梁某有正当的职业与稳定的收入,只是出于业务交往需要,与翟某某交往较多而已。从现有证据看,无法证明梁某主观上系受翟某某指使,继而向孙某索要非法债务并非法占有。客观上,梁某亦未胁迫或参与胁迫被害人孙某支付182,124元,未获得任何经济利益。被告人梁某系在完全不知情的情况下陪翟某某去了一趟高邮市,不能将其认定为对孙某实施了敲诈勒索。(3)公诉机关指控被告人梁某敲诈勒索金某5万元的事实不成立。一方面,受害人金某在向梁某支付5万元时,并未受到胁迫,被告人梁某对金某没有任何言语及暴力威胁,金某交付该5万元的行为完全出于自愿。而要构成敲诈勒索罪,则行为人应使用胁迫手段,使对方产生恐惧心理,进而取得财产。另一方面,从庭审中控辩双方所提供的证据及对被告人的发问来看,金某并非完全属于受害人,金某不排除是隆承公司兼职业务员,其为了拿到隆承公司回扣,在介绍梁某去隆承公司购买理财时,存在暗示或明示梁某投资的5万元,若发生亏损,则要由金某来承担的可能。

案件结果

在梁某是否属于恶势力犯罪集团成员定性方面,一审法院完全采纳辩护人桂留芬律师关于梁某不应被认定为以翟某某为首的恶势力犯罪集团成员的辩护意见,几乎完全采纳梁某未参与对孙某实施敲诈勒索的辩护意见,将梁某对孙某的敲诈勒索金额从182,124元变更为2000元。在量刑方面,公诉机关提出的4年至6年,最终一审法院认定梁某犯敲诈勒索罪,判处有期徒刑3年,并处罚金4万元。

典型意义

刑事案件无小案。罪与非罪、罪轻与罪重与被告人的人身自由和财产权利直接相关,需要我们律师全身心地投入到辩护代理工作中去。对公诉机关的指控,即使是涉黑涉恶案件,辩护律师依然要本着以事实为基础,以法律为准绳的导向,敢于提出质疑。对于公诉机关的咄咄逼人,不能敷衍了事、人云亦云。刑事案件并非案件证据都翔实细致、毫无破绽,对讯问、询问笔录中有矛盾的地方更需要格外关注,再结合庭审质证、发问环节将问题展现,很有可能是案件的突破口,每一个涉及定罪量刑的证据细节都应精细化分析。

回顾思考

在该案件中,辩护律师主要有以下几点实践经验想和大家分享。

一、关于恶势力的认定

2018年1月23日,全国开始了为期3年的“扫黑除恶”专项斗争,2019年更是攻坚阶段,恶势力的定义对本案起着至关重要的作用。在该阶段承办的被定性为黑恶势力案件,律师首先要从案件的性质上加以审查。

最高人民法院、最高人民检察院、公安部、司法部《关于办理黑恶势力犯罪案件若干问题的指导意见》第3条规定:“恶势力犯罪集团是符合犯罪集团法定条件的恶势力犯罪组织,其特征表现为:有三名以上的组织成员,有明显的首要分子,重要成员较为固定,组织成员经常纠集在一起,共同故意实施三次以上恶势力惯常实施的犯罪活动或者其他犯罪活动。”

我们总结一下“恶势力”的特征主要有以下四个要素:(1)人员方面,有3名以上相对固定的成员;(2)组织架构上,有明确的领导者;(3)表现形式上,经常聚集在一起;(4)行动方面,共同故意实施了三次以上的犯罪行为。以上四个要素缺一不可,同时具备“恶势力”的定性才准确。

二、关于经济型共同犯罪中犯罪数额的认定

经济型犯罪案件中,犯罪数额的认定在量刑上有决定性作用,是属于“数额较大”、“数额特别大”还是“数额特别巨大”,这些从文字理解上有着细微的差别,确在实际运用的结果上有着天壤之别。

司法实践中经济案件里共同犯罪数额认定的三种主要类型:(1)犯罪总额,共同犯罪人通过犯罪活动所获得的全部财物数额;(2)参与数额,指犯罪人在共同犯罪行为所指向的具体数额;(3)分赃数额,指共同犯罪人通过参与犯罪活动,最终所分得的具体财物的数额。

结合本案,被害人孙某案件,其总计被敲诈勒索182,124元,但梁某仅参与其中部分犯罪,一审法院也支持了辩护律师的辩护意见。可见,本案中一审法院对经济案件里共同犯罪数额的认定采用参与数额,这同本人的观点相一致,更为公平公正合理。

三、关于“软暴力”的认定

“软暴力”虽不具备明显的暴力色彩,但有暴力威胁的可能性。实施者采取的一些看似非直接暴力的方式,例如滋扰、纠缠、哄闹、聚众造势等手段,但对受害人的正常生活、生产造成干扰,从而使受害人的内心产生恐惧。“软暴力”侵犯人身权利、财产权利,破坏了经济秩序、社会秩序。

律师简介

桂留芬,北京市盈科(扬州)律师事务所股权高级合伙人、管委会副主任,2020 年度盈科全国优秀政府与公共事务律师,扬州市公安局法律顾问。长期从事建设工程领域纠纷处理及刑事辩护。

“大数据、可视化”视角下的刑事辩护

——李某某开设赌场罪、抢劫罪、敲诈勒索案

郭志浩

案件简介

2018年2月6日，李某某因涉嫌开设赌场罪被Y县公安局刑事拘留，同年3月15日被依法逮捕。同年9月10日，Y县人民检察院以李某某涉嫌开设赌场罪、抢劫罪、敲诈勒索罪为由向Y县人民法院提起公诉，一同指控的还有李某某与李某明、陈某科等15人组成的恶势力犯罪集团。

Y县人民检察院指控，2016年11月至2018年1月，被告人李某明、陈某科等人，未经国家有关机关批准，非法成立“BC金融有限公司”，以月息15%以上不等的利率向社会公众发放贷款10余万元。为达到强行索要债务及高额利息、开设赌场非法牟利的目的，被告人李某明、陈某科等人先后纠集多人，由李某明为其支付报酬，提供住所，共同从事发放高利贷、开设赌场攫取非法利益违法犯罪活动。多名被告人经常纠集在一起，形成了以被告人李某明、陈某科为首要分子，王某臣、靳某峰、田某帆、赵某飞为相对固定的重要成员，李某某、张某兴、李某伟、武某鹏、侯某臣（另案处理）积极参与的恶势力犯罪集团，有组织地以暴力、威胁、滋扰、纠缠等手段，在Y县、J市经济技术开发区、Z县范围内，多次实施开设赌场、非法拘禁、寻衅滋事、抢劫、敲诈勒索、非法侵入住宅等违法犯罪活动，严重扰乱了经济、社会秩序，造成了较为恶劣社会影响。

具体犯罪事实如下。

一、开设赌场事实

1. 2017年1月，经郑某强（另案处理）介绍，被告人李某明到位于Y县L

乡北任村被告人杨某丰家中开设赌场，以四人“推锅”，其他人员“钓鱼”的方式进行赌博。在开设赌场过程中，被告人李某明负责为赌客提供资金，被告人杨某丰负责提供场地、招募参赌人员，被告人李某明安排被告人陈某科负责为参赌人员发放赌资、记账，安排被告人李某某负责收取赌场“抽水”钱，安排被告人王某臣、靳某峰、田某帆、赵某飞、张某兴、武某鹏、李某伟和杨某强（另案处理）、李某锋（另案处理）等人在赌场内外负责维护赌场秩序、望风。该赌场组织赌博共 15 次左右，赌资累计 80 万余元，非法抽头渔利 20 余万元。

2. 2017 年 2 月，被告人李某明在 Y 县府西路被告人张某强的租房内开设赌场。以四人“推锅”，其他人员“钓鱼”的方式进行赌博。在开设赌场过程中，被告人李某明负责为参赌人员提供资金，被告人张某强负责提供场地，被告人李某明安排被告人陈某科负责为参赌人员发放赌资，安排陈某科和被告人李某某负责收取赌场“抽水”钱，安排被告人王某臣、李某某负责维护赌博秩序，安排被告人赵某飞、靳某峰、田某帆、李某锋和杨某强等人负责望风。该赌场组织赌博共 7 次左右，赌资累计 35 万余元，非法抽头渔利 7 万余元。

二、抢劫事实

2017 年 1 月 26 日晚上，被告人李某明在杨某丰家中开设赌场，参赌人员陈某友赢钱后欲离开，被告人李某明、陈某科不让陈某友离开，并将在赌场内外看场、望风的被告人王某臣、靳某峰、田某帆、赵某飞、李某某、李某伟叫至杨某丰家中，被告人李某明、陈某科让陈某友把身上的钱掏出来，并威胁陈某友，陈某友被迫将身上的钱掏出来一部分，被告人李某明不满意，被告人陈某科又在陈某友身上口袋摸，让陈某友继续掏钱，陈某友没办法，将身上的 5 万余元全部掏出来装在陈某科放赌资的包内，李某明才让陈某友离开。

三、敲诈勒索事实

2017 年 2 月 6 日，被告人李某明以宁某郎在赌博过程中“出老千”致使李某明输了钱为由，安排被告人田某新将宁某郎带到 Y 县 F 镇 W 村郑某强家中，被告人李某明、陈某科、王某臣、田某帆、赵某飞和杨某强等人对宁某郎进行殴打，被告人李某某在旁边助阵，后李某明等人用斧头恐吓宁某郎，逼迫宁某郎承认“出老千”，并逼迫宁某郎签下欠李某明 30 万元款的条据。至案发，被害人宁某郎未支付上述款项。

最终，Y 县人民检察院以被告人李某某涉嫌开设赌场罪、抢劫罪、敲诈勒索罪向法院提起公诉。

律师策略

针对本案公诉人在起诉书中指控的内容,结合相关案件事实辩护人制定了如下辩护方案:

1. 关于李某某涉嫌开设赌场罪。

根据本案相关证据,除陈某科与杨某丰供述李某某去了七八次之外,其余被告人或证人证言中均证实李某某去了不到三次或不清楚去了几次。其中,杨某丰当庭供述自己并非每场都在,且供述李某某只是偶尔抽水。综上所述,结合本案其他证据及李某某本人供述的去过五次,应当认定李某某在L乡以抽水方式参与开设赌场的次数应为五次。

同时,根据本案相关证据,明确知道每场赌资数额的仅有李某明与陈某科,且两人供述一致,每场赌资均为2万~3万元。具体抽头渔利的数额除李某明明确指出每场不足1万元外,其余被告人均不清楚具体数额。因此,应以每场赌资2万~3万元(不包含陈某友被抢劫当晚),抽头渔利每场1万多元,作为本罪的定罪量刑依据。

2. 李某某不构成抢劫罪。

根据本案相关证据,陈某友被抢劫当晚,李某某也在场,但其在场的原因并非是被李某明从外面叫回来,而是其一直在赌场中并未离开。根据本案相关证据,李某明等人在开设赌场过程中对赢了钱的陈某友实施抢劫属于临时起意,并未事先与李某某商量过进行该犯罪行为,也未在事发时以明示或暗示的方式要求李某某参与到抢劫陈某友的犯罪活动中。此外,根据李某某本人的供述,其也并没有与李某明一起抢劫或帮助李某明抢劫的犯罪故意。因此,李某某没有抢劫的主观故意。

根据本案相关证据,仅有杨某丰与田某新供述李某某语言威胁过陈某友,但二人供述相互矛盾(杨某丰说李某某说话是在陈某友掏钱之前,田某新说之后),且杨某丰当庭供述记不清说话内容,田某新与李某某存在利益冲突。此外,所有同案被告人及被害人均表示未看到(或记不清)李某某有任何肢体动作或言语威胁。因此,没有任何证据可以证明李某某具有抢劫的客观行为。

3. 李某某不构成敲诈勒索罪。

根据本案相关证据,所有被告人及证人证言中均表明案发时未见到李某某在场(田某新当天供述刚进门看见了,案发时记不清)。此外,结合李某某本人的供述,其当天虽然在郑某强家中,但因身体不适,独自一人在卧室中休息,并不在案发现场,并未参与任何违法犯罪活动。因此,李某某没有敲诈勒索的客观行为。

根据本案相关证据,李某明等人在实施敲诈勒索前或实施敲诈勒索时并没有和李某某商量过敲诈宁某郎的事情,不具有犯意联络。因此,李某某没有敲诈勒索的主观故意。

4. 李某某不是恶势力犯罪集团成员。

李某某此次开设赌场的行为系初犯、偶犯,此前并无任何违法犯罪或其他危害社会的行为,也未与李某明等人经常纠集在一起实施违法犯罪活动,不符合恶势力犯罪集团成员的特征。因此,应认定李某某不是该恶势力犯罪集团的成员。

律师文书

案例检索

本案中,辩护人在经过类案检索,大量的案件统计、分析之后,以类案的方式为当事人及家属作出了大致的量刑预判,同时也为辩护意见提供了案例支撑。(案例检索信息表略)

思维导图

本案中,辩护人在文字版辩护词的基础上,又向合议庭额外提交了辩护意见的思维导图,降低合议庭阅读辩护词时的理解成本。(见图1)

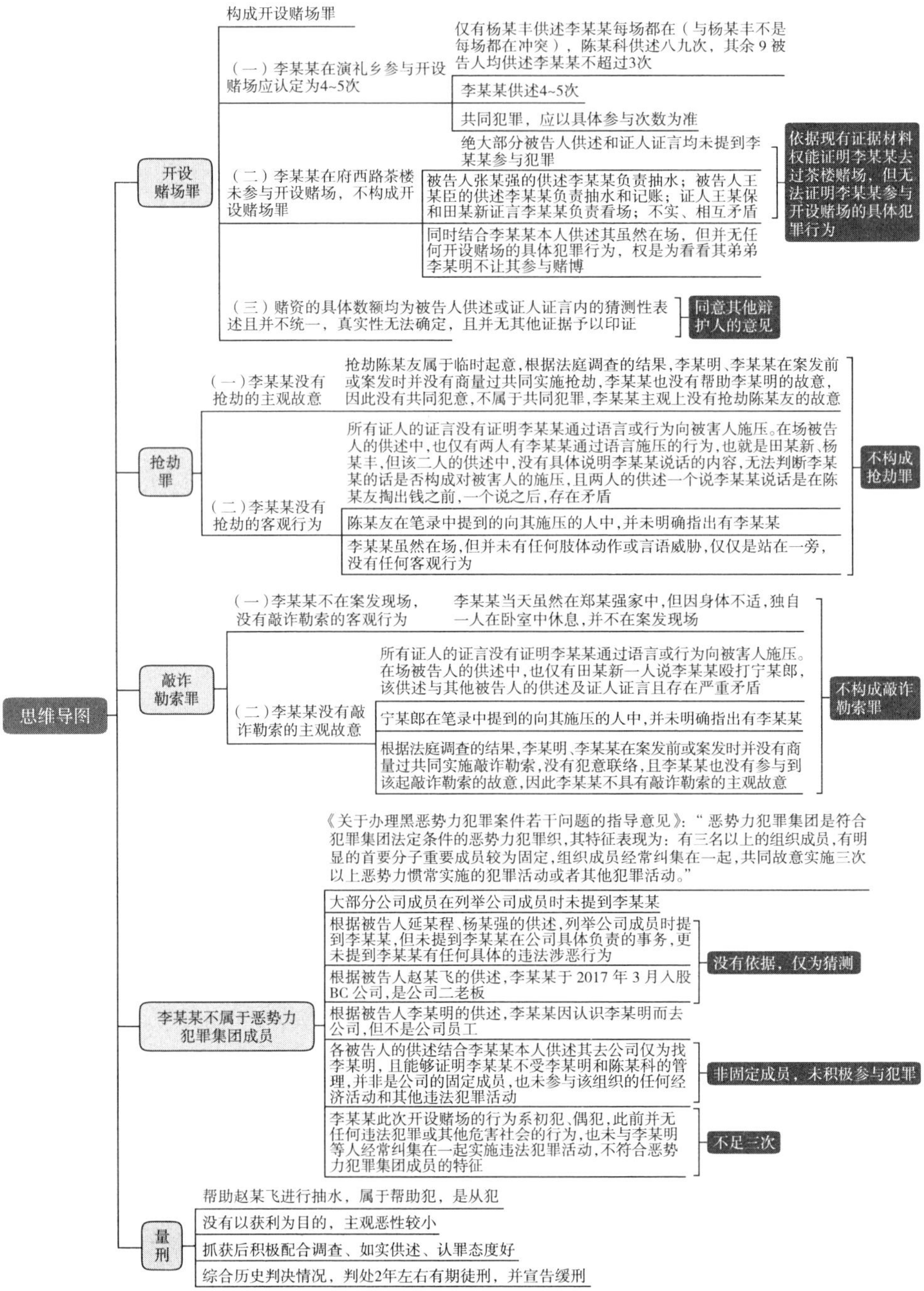
思维导图
开设赌场罪
构成开设赌场罪
（一）李某某在演礼乡参与开设赌场应认定为4~5次
仅有杨某丰供述李某某每场都在（与杨某丰不是每场都在冲突），陈某科供述八九次，其余9被告人均供述李某某不超过3次
李某某供述4~5次
共同犯罪，应以具体参与次数为准
（二）李某某在府西路茶楼未参与开设赌场，不构成开设赌场罪
绝大部分被告人供述和证人证言均未提到李某某参与犯罪
被告人张某强的供述李某某负责抽水；被告人王某臣的供述李某某负责抽水和记账；证人王某保和田某新证言李某某负责看场；不实、相互矛盾
同时结合李某某本人供述其虽然在场，但并无任何开设赌场的具体犯罪行为，权是为看看其弟弟李某明不让其参与赌博
依据现有证据材料权能证明李某某去过茶楼赌场，但无法证明李某某参与开设赌场的具体犯罪行为
（三）赌资的具体数额均为被告人供述或证人证言内的猜测性表述且并不统一，真实性无法确定，且并无其他证据予以印证
同意其他辩护人的意见
抢劫罪
（一）李某某没有抢劫的主观故意
抢劫陈某友属于临时起意，根据法庭调查的结果，李某明、李某某在案发前或案发时并没有商量过共同实施抢劫，李某某也没有帮助李某明的故意，因此没有共同犯意，不属于共同犯罪，李某某主观上没有抢劫陈某友的故意
（二）李某某没有抢劫的客观行为
所有证人的证言没有证明李某某通过语言或行为向被害人施压。在场被告人的供述中，也仅有两人有李某某通过语言施压的行为，也就是田某新、杨某丰，但该二人的供述中，没有具体说明李某某说话的内容，无法判断李某某的话是否构成对被害人的施压，且两人的供述一个说李某某说话是在陈某友掏出钱之前，一个说之后，存在矛盾
陈某友在笔录中提到的向其施压的人中，并未明确指出有李某某
李某某虽然在场，但并未有任何肢体动作或言语威胁，仅仅是站在一旁，没有任何客观行为
不构成抢劫罪
敲诈勒索罪
（一）李某某不在案发现场，没有敲诈勒索的客观行为
李某某当天虽然在郑某强家中，但因身体不适，独自一人在卧室中休息，并不在案发现场
（二）李某某没有敲诈勒索的主观故意
所有证人的证言没有证明李某某通过语言或行为向被害人施压。在场被告人的供述中，也仅有田某新一人说李某某殴打宁某郎，该供述与其他被告人的供述及证人证言且存在严重矛盾
宁某郎在笔录中提到的向其施压的人中，并未明确指出有李某某
根据法庭调查的结果，李某明、李某某在案发前或案发时并没有商量过共同实施敲诈勒索，没有犯意联络，且李某某也没有参与到该起敲诈勒索的故意，因此李某某不具有敲诈勒索的主观故意
不构成敲诈勒索罪
李某某不属于恶势力犯罪集团成员
《关于办理黑恶势力犯罪案件若干问题的指导意见》："恶势力犯罪集团是符合犯罪集团法定条件的恶势力犯罪组织，其特征表现为：有三名以上的组织成员，有明显的首要分子重要成员较为固定，组织成员经常纠集在一起，共同故意实施三次以上恶势力惯常实施的犯罪活动或者其他犯罪活动。"
大部分公司成员在列举公司成员时未提到李某某
根据被告人延某程、杨某强的供述，列举公司成员时提到李某某，但未提到李某某在公司具体负责的事务，更未提到李某某有任何具体的违法涉恶行为
根据被告人赵某飞的供述，李某某于2017年3月入股BC公司，是公司二老板
没有依据，仅为猜测
根据被告人李某明的供述，李某某因认识李某明而去公司，但不是公司员工
各被告人的供述结合李某某本人供述其去公司仅为找李某明，且能够证明李某某不受李某明和陈某科的管理，并非是公司的固定成员，也未参与该组织的任何经济活动和其他违法犯罪活动
非固定成员，未积极参与犯罪
李某某此次开设赌场的行为系初犯、偶犯，此前并无任何违法犯罪或其他危害社会的行为，也未与李某明等人经常纠集在一起实施违法犯罪活动，不符合恶势力犯罪集团成员的特征
不足三次
量刑
帮助赵某飞进行抽水，属于帮助犯，是从犯
没有以获利为目的，主观恶性较小
抓获后积极配合调查、如实供述、认罪态度好
综合历史判决情况，判处2年左右有期徒刑，并宣告缓刑

图1　思维导图

由于涉及的人物较多,各个人物之间发挥的作用难以梳理,于是辩护人以可视化的思路将本案基本事实与人物关系进行了梳理。(见图2、图3)

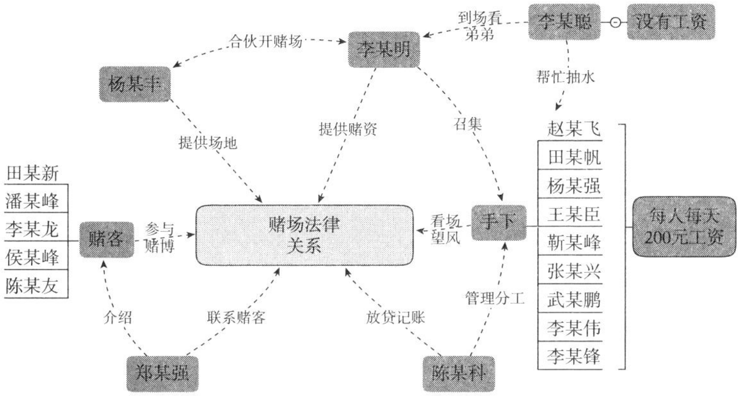

图2 赌场法律关系

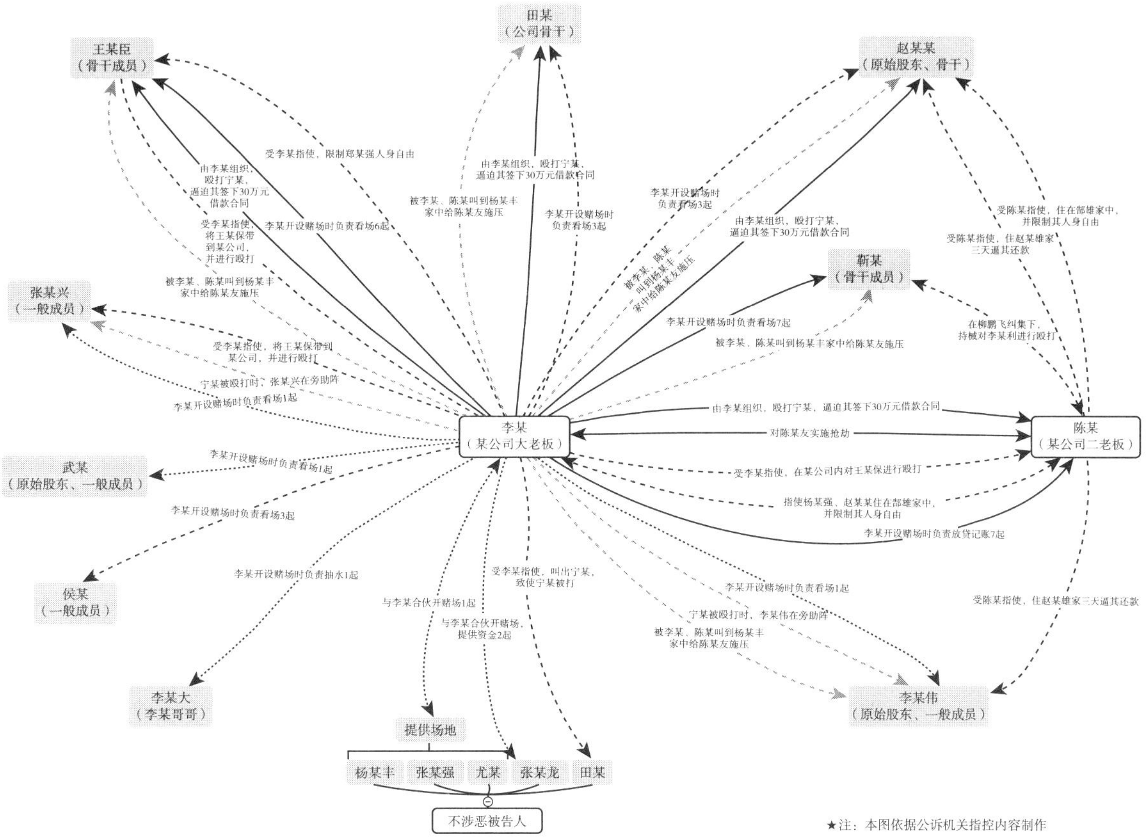

图3

表格化的阅卷笔录

本案中，辩护人利用表格化的阅卷方式，将阅卷笔录以表格化的形式进行记录，方便后期查阅时直观明确地找到重点内容、页码位置、对应证据链、形成时间等较为全面的关键信息。（见表1）

表1 李某某开设赌场案—阅卷笔录

<table>
<tr><th>序号</th><th>材料名称</th><th>时间</th><th>页码</th><th>内容</th><th>备注</th></tr>
<tr><td colspan="6">第一卷</td></tr>
<tr><td>1</td><td>受案登记表</td><td>2018年1月30日</td><td>1</td><td>接警时间</td><td></td></tr>
<tr><td>2</td><td>立案决定书</td><td>2018年1月31日</td><td>2</td><td>刑事立案时间</td><td></td></tr>
<tr><td>3</td><td>拘留证、拘留通知书</td><td>2018年2月7日</td><td>6～7</td><td rowspan="3">诉讼文书</td><td></td></tr>
<tr><td>4</td><td>变更羁押期限通知书</td><td>2018年2月9日</td><td>8</td><td></td></tr>
<tr><td>5</td><td>提请批准逮捕书</td><td>2018年3月8日</td><td>20～23</td><td></td></tr>
<tr><td colspan="6">第二卷</td></tr>
<tr><td>6</td><td>归案说明</td><td>2018年3月2日</td><td>1</td><td>诉讼文书</td><td></td></tr>
<tr><td>7</td><td>李某明第1次讯问笔录</td><td>2018年2月6日</td><td>4～12</td><td>1.2016年11月，李某明开了一个小额贷款公司“宝程”，未注册；
2.2016年年底郑某强开了赌场，和李某明借钱5万元，并让他带公司的人去帮忙；
3.赌博以推锅的方式、李某明负责记账要账、也参与赌博，陈某科负责放胡，赵某飞抽水，田某帆和杨某强望风，王某臣和李某某等人看场，郑某强给他们发工资</td><td>李某某复责看场</td></tr>
</table>

续表

序号	材料名称	时间	页码	内容	备注
8	李某明第5次讯问笔录	2018年2月6日	13～16	1. 杨某丰提供赌博场所，李某某、王某臣负责看场； 2. 共组织了十三、十四场赌博，获利10万多元，李某明和杨某丰各抽20%～30%，其他人每天200元工资，剩下的钱归郑某强	李某某负责看场
9	李某明第6次讯问笔录	2018年3月6日	17～18	1. 李某明共提供30多万元的赌资； 2. L乡的赌博李某某参与了4次	李某某参与4次
10	杨某丰第1次讯问笔录	2018年2月6日	20～28	1. 郑某强和李某明提出在杨某丰家开赌场，每天给杨某丰1000元，共组织了十五场； 2. 陈某科、李某某在一个年轻男子不在场的情况下负责抽水，每晚能抽取1万元以上	李某某在主要负责抽水的年轻男子不在场的情况

辩护词（节选）

一、李某某不构成抢劫罪

1. 李某某没有抢劫的主观故意。

根据法庭调查中查明的事实，陈某友被抢劫当晚，李某某也在场，但其在场的原因并非是被李某明从外面叫回来，而是其一直在赌场中并未离开。

根据法庭调查中查明的事实，李某明等人在开设赌场过程中对赢了钱的陈某友实施抢劫属于临时起意，并未事先与李某某商量过进行该犯罪行为，也未在事发时以明示或暗示的方式要求李某某参与到抢劫陈某友的犯罪活动中。

此外,根据李某某本人的供述,其也并没有与李某明一起抢劫或帮助李某明抢劫的犯罪故意。因此,李某某没有抢劫的主观故意。

2. 李某某没有抢劫的客观行为。

根据法庭调查中查明的事实,仅有杨某丰与田某新供述李某某语言威胁过陈某友,但二人供述相互矛盾(杨某丰说李某某说话是在陈某友掏钱之前,田某新说之后),且杨某丰当庭供述记不清说话内容,田某新与李某某存在利益冲突。此外,所有同案被告人及被害人均表示未看到(或记不清)李某某有任何肢体动作或言语威胁。因此,没有任何证据可以证明李某某具有抢劫的客观行为。

综上,李某某虽然当天在场,但其没有抢劫的主观故意,也没有抢劫的客观行为。因此李某某不构成抢劫罪。

……

根据法庭调查中查明的事实,各被告人(公司成员)在列举公司成员时并未提到李某某(赵某飞原供述中提到李某某是公司二老板,但当庭供述不知道李某某是否公司成员);根据李某明的供述,李某某因认识李某明而去公司,但不是公司员工,没有参与过公司的"经营"活动。结合李某某本人供述其去公司仅为找李某明,且能够证明李某某不受李某明和陈某科的管理,并非是公司的固定成员,也未参与该组织的任何经济活动和其他违法犯罪活动。此外,李某某此次开设赌场的行为系初犯、偶犯,此前并无任何违法犯罪或其他危害社会的行为,也未与李某明等人经常纠集在一起实施违法犯罪活动,不符合恶势力犯罪集团成员的特征。因此,应认定李某某不是该恶势力犯罪集团的成员。

自2018年全国展开"扫黑除恶"专项斗争行动以来,已经取得了极大的进展,但扫黑除恶的本质是为了维护社会的和谐稳定,并非是将一切行为都扩大性地归入犯罪,归入黑恶势力。希望法庭可以严格地根据法律规定、严格地根据罪名的构成要件,审慎裁判。

……

二、刑罚不在于为了处罚而处罚

根据李某某及其家人的陈述:李某某1997~2000年上初中,在此期间以优秀学生身份加入中国共青团;毕业后自己在X县开烧烤店;2002～2004年参军入伍,2002年因表现优秀获得嘉奖,2003年受到表彰被授予优秀士兵称号,并在此期间以优秀军人身份加入中国共产党;2004～2013年在X县H村村委会担任民兵连长,期间山里森林着火,李某某积极组织本村民兵协助森林消防员扑灭山火;2007～2013年在乡里电业所上班;2013年为了照看比较叛逆的弟弟李某明,李某某独自一人来到晋城,并与李某明一起在步行街摆摊,以卖小吃、毛巾、鞋等为生,直至2016年城管清理步行街摆摊的商贩,李某某与其弟弟李某明失去了赖以谋生的稳定收入。此后,李某某跟着父亲到处摆摊,养家糊口。此外,李某某目前患有心脏病,父亲身体也不好,家中还有年幼的女儿,自李某某被抓获归案后,李某某父母、女儿及弟媳(患有精神疾病)和李某明的两个女儿,均由李某某父亲摆摊卖小吃以及妻子王某一个月不到2000元的工资养活。

我国刑法在立法之始是具有谦抑性的,其立法目的并非是对一切违法行为进行刑罚上的打击,而是规范社会基本秩序,并预防同类型犯罪的发生。李某某的行为虽然触犯了法律规定,但究其根源还是我国普法力度普遍较弱的情况下造成的法治意识淡薄,其解决根本并不是将李某某戴上枷锁、投入牢笼。此外,李某某家中仅有其与李某明两个儿子,现在两个儿子都面临刑事处罚,家中年迈的父母、幼子及李某明的两个幼子均等着李某某能够早日重新踏入社会,缓解家中的困难。结合李某某的悔罪态度及实际家庭情况,法院更应该综合考虑社会其他因素,宣告其缓刑,让其照顾女儿与母亲,为社会做出更多的贡献,从而更好地平衡社会矛盾,稳定社会秩序。

案件结果

Y县人民法院经过公开审理认为:被告人李某明、陈某科、王某臣、田某帆、靳某峰、赵某飞、李某某、李某伟、杨某丰、张某强、张某兴、武某鹏、张某龙、尤某涛、田某新为谋取非法利益,或提供赌资,或提供场所、赌具等开设赌场,组织他人在其中进行赌博,从中抽头渔利并参与利润分成;或积极帮助发放和管理赌资,从中营利,或多次望风、抽头,为开设赌场非法营利提供便利条件,均构成开设赌场罪,属共同犯罪。被告人李某明等人开设赌场次数多,持续时间长,参赌人数众多,赌场成员分工严密,赌资数额累计达171.5万余元,非法获利数额累计达37.9万余元,社会危害大,其行为应当认定为“情节严重”。各被告人对各自参与的开设赌场犯罪事实承担刑事责任。

被告人李某明、陈某科、王某臣、田某帆、靳某峰、赵某飞、李某某、李某伟以非法占有为目的,使用胁迫手段当场强行劫取他人财物5万元,数额巨大,其行为均构成抢劫罪,属共同犯罪。其中,被告人李某明、陈某科系主犯,李某明在抢劫犯罪中所起作用相对较大;被告人王某臣、田某帆、靳某峰、赵某飞、李某某、李某伟在抢劫犯罪中受他人指挥,起次要作用,系从犯,依法应当从轻处罚。

被告人李某明、陈某科、王某臣、田某帆、赵某飞、李某某以非法占有为目的,使用暴力、威胁手段,强行索要他人财物,数额巨大,其行为均构成敲诈勒索罪,属共同犯罪。在本案敲诈勒索犯罪中,六被告人已经共同着手实行犯罪,由于其意志以外的原因未得逞,是犯罪未遂,依法可以比照既遂犯从轻处罚。被告人王某臣、田某帆、赵某飞、李某某在敲诈勒索犯罪中受他人指挥,起次要作用,系从犯,依法应当从轻处罚。

最终判处李某某犯开设赌场罪判处有期徒刑3年8个月,并处罚金15万元;犯抢劫罪,判处有期徒刑4年,并处罚金5000元;犯敲诈勒索罪,判处有期徒刑4年,并处罚金2万元;合并执行有期徒刑9年,并处罚金175,000元。后经二审及重审一审后仍维持上述判决内容。

典型意义

本案被山西省律师协会评选为2020年度经典创新案例。区别于以往的典型案例,由于法律之外的一些政策性因素影响,本案的判决结果本身并不理想。因此本案的典型意义并不在于判决结果,而是在案件办理的过程中对大数据、可视化等新的办案方式和技巧的运用。这些方式、技巧的运用大大提高了案件的办理效率以及办理深度,也大大地降低了当事人及法官等沟通对象的理解成本,为刑事诉讼的专业化探索提供了借鉴。

回顾思考

在本案的办理过程中,辩护人运用了很多新的方式、技巧对案件进行办理,对刑事诉讼类案件的办理具有较大的借鉴意义。

一、用“大数据”解决法律实务中的“顽疾”

在法律实务中,“我这事能判几年?”基本成为当事人标配的一个问题,大多数律师可能会有两种回答:“《律师法》和律师的职业道德要求我们不能对案件作出承诺,所以无法对案件进行预判。”或者:“根据我多年办案的经验,你这应该要判××年。”

本案中,辩护人在经过类案检索,大量的案件统计、分析之后,以类案的方式为当事人作出了大致的量刑预判。

案例检索不光在当事人咨询时能够解决案件预判等问题,在与办案人员的沟通过程中,也可为办案人员提供审判参照等。将案例检索中的关键信息进行比对后再汇总形成大数据报告,则更直观地反映了罪名的一些隐藏裁判规则。

总体来说,大数据的创新性运用,为律法实务提供了一份在法律之外却又具有强参考性的依据支撑,为以往难以解决的“顽疾”提供了新的“药方”。

二、用“可视化”让文字变得更加通俗易懂

纯文字表达可以逐条表达分析内容,有条不紊。但缺点也很明显,不能给人直观的认识,需要进一步综合思考。综合思考的过程则增加了理解成本,短篇幅的文字表述固然不会有太大的影响;但如果是需要长篇幅进行描述的内容,则往往因为冗长的内容使阅读者产生厌烦、抗拒的情绪,反映到法律文书这种对精准度要求极高的文本中就会变得变本加厉。文本图形化,则恰好以形象直观的优势,更容易让阅读者能够从整体上把握全局。例如本案中,辩护人在文字辩护词的基础上,又向合议庭额外提交了辩护意见的思维导图。

本案中,由于涉及的人物较多,各个人物之间发挥的作用难以梳理,于是辩护人以可视化的思路将本案基本事实与人物关系进行了梳理。

总体来说,将长篇幅的法律文书或复杂的逻辑关系以图形化、可视化的方式进行表达,可以弥补纯文字表达的缺陷,降低办案人员的理解成本,更有利于律师辩护观点的表达。

三、用"表格化"方式解决阅卷笔录的杂乱无章

无论是办理诉讼业务还是非诉业务，都离不开对证据卷宗的阅读和梳理。常见的阅卷方式无非是两种：(1)阅卷时在卷宗内直接标记重要内容；(2)制作文字版的阅卷笔录。但无论是两种中的哪一种，都无法在需要查阅时直观明确地找到重点内容、页码位置、对应证据链、形成时间等较为全面的关键信息。本案中，辩护人利用表格化的阅卷方式，将阅卷笔录以表格化的形式进行记录，有效的解决了上述问题。

并且，在表格化的阅卷笔录在制作完成后，稍作提炼和修改即可形成一份表格化的质证意见，有效节省了制作质证意见的时间。同时，根据案件需要还可以生成以时间轴为主线的大事记图等。

总体来说，表格化的阅卷笔录，不仅解决了以往阅卷形式的杂乱无章，也为后续的工作打好了基础，提供了便利。

律师简介

郭志浩，北京市盈科(深圳)律师事务所律师，山西农业大学客座教授、山西省法治教育研究会理事、山西省农业与农村法治研究会理事。

公诉机关指控诈骗罪，法院判决构成非法经营罪

——祁某涉嫌邮币卡诈骗案

黄　敬　易　凡

案件简介

河北B大型商品交易市场服务有限公司(以下简称B公司)于2009年成立,经营范围主要是为工艺品及收藏品等的现货交易(含网上交易)活动提供场所即相关配套服务。从2015年开始,B公司违反国务院的相关规定,在其平台上将邮票、纪念币、电话卡等商品电子化,采用证券交易模式进行标准化合约交易,通过平台上的会员单位以中间商的身份向社会招揽客户进行所谓的"邮币卡"交易业务。

2015年11月,当事人祁某与李某、丁某和朱某等人成立深圳市X贸易有限公司(以下简称X公司),X公司通过缴费成为B公司平台的会员单位。X公司将祁某等人包装成资深分析师推荐给投资人,鼓动让投资人开户投资邮币卡,并指导客户进行投资交易。

2017年9月,S市L区公安机关以诈骗罪对祁某、李某等人立案侦查。公安机关经侦查认为,祁某与B公司交易平台相勾结,通过在该平台购买固定一只邮币卡,且拥有对该邮币卡绝对数量的控制权,在平台的协助下通过操纵邮币卡价格与被诈骗的投资人反向操作,骗取投资人的投资款,与B公司平台按一定比例分成。S市L区人民检察院以诈骗罪向L区人民法院起诉,如法院认定祁某构成诈骗罪,其很有可能会被判处无期徒刑。

黄敬律师刑事辩护团队介入本案以后,对本案数亿元的资金流水及平台涨跌数据进行梳理,并从刑法理论上对本案刑法上的因果关系进行分析。经过对

全案证据的条分缕析，团队律师发现本案祁某等人与平台并无非法占有投资人财物的意思联络，且无法控制平台交易价格的涨跌，其从平台获取的资金仅为居间费、平台返还的保证金以及邮币卡的转让费用。在团队律师专业且敬业地努力下，法院最终认定祁某仅构成非法经营罪，判处5年有期徒刑。

律师策略

黄敬律师刑事辩护团队采取了定性辩护策略，通过梳理资金流水、可视化图表呈现等方法实现辩护目标：

1. 定性辩护策略是本案的制胜关键。只有辩护的方向对了，努力才有意义。本案邮币卡的交易金额超过1亿元，检方指控齐某等人诈骗数额近4000万元。如进行罪轻辩护，无论是从犯罪数额还是从犯罪地位等量刑情节进行深挖，祁某等人最终被判处的刑罚均不可能低于15年有期徒刑。团队对证据进行条分缕析后，发现本案具有推翻诈骗罪指控的可能，于是将定性辩护作为本案的辩护策略，接下来所有的辩护行动均是围绕该策略展开。本案能取得有效辩护的效果，也是得益于最初制定了正确的辩护策略。

2. 可视化图表呈现，切断因果关系。正所谓“一图胜千言”，团队律师在办理本案时，首先使用因果关系分析示意图进行层层递推，切断了投资人亏损与祁某等人行为之间的因果关系。并且，团队律师使用资金流向示意图明确展示祁某等人在该平台的投资是亏损的，借此说服法官认定祁某等人并未与平台勾结操纵涨跌，推翻祁某等人主观上具有非法占有故意的认定。

3. 对庞杂的数据进行分析，助力改变定性、减轻量刑。团队律师经过对上亿元的资金流水进行梳理，发现交易平台的资金缺口系平台工作人员以“零（低）入金、高出金”的方式直接侵占，这在一定程度上可以说服法官采纳祁某等人未与平台勾结、非法占有投资人的财物。其次，团队律师经过对交易平台的数据进行比对，发现“中国梦－民族振兴”邮币卡与平台所有邮币卡综合指数总体走势一致，包括下跌周期、下跌幅度都是与平台所有邮币卡综合指数相吻合，这说明投资人的亏损是由B公司大盘走势决定的，而不是祁某等人“操盘”“中国梦－民族振兴”邮币卡所导致的。

律师文书

一审阶段辩护意见（要点）

1. X公司系B公司邮币卡交易中心的邮币卡经纪会员，主要是配合提供邮币卡交易咨询或培训等相关服务，协助开发、维护邮币卡市场交易会员，并赚取手续费（中介费），其从事中介服务并未违反法律强制性规定，属于合法的居间行为。

2. 31025号段下的会员系X公司依据合同约定开发、维护的客户，其除投资“中国梦－民族振兴”邮币卡之外，还大量投资了其他邮币卡。《起诉书》将“邮币卡经纪行为”与“邮币卡发行行为”混为一谈，并将31025号段下的所有会员的全部亏损都归咎于“中国梦－民族振兴”邮币卡，与客观事实严重不符。

3. 被告人祁某等人没有实施“非法占有”投资人财物的行为，其从B公司邮币卡交易中心获取的资金为手续费（居间费用）、平台返还保证金及“中国梦－民族振兴”邮币卡的转让费用。

4. 31025号段下的会员的亏损是由多方面原因造成的，与被告人李某、丁某等人“操盘”行为之间不存在“刑法上的因果关系”。

5. 依据“罪刑法定”的基本原则，即便被告人李某等人存在“操盘”行为，也不宜将其定性为诈骗。

6. B公司邮币卡交易中心违法经营、河北省政府有关主管部门监管失职以及程崇等人非法侵占平台资金才是导致被害人财产损失的根本原因，而X公司及被告人祁某等人是被迫卷入犯罪旋涡的受害人。

7. “中国梦－民族振兴”首次发行时，供申购配售的数量为36,000枚，占托管入库总量95%，不存在操盘手掌握数个账户总计持有总票面97%以上的票量的情形。

8. 涉案被告人实际购买了720,000枚“中国梦－民族振兴”特种邮票，其与平台发行的“中国梦－民族振兴”邮币卡一一对应，本质上属于现货交易，即使存在炒高邮票价格的情形，也不宜认定为诈骗。

9. 依据公安机关提交的鉴定报告，被告人祁某等人实际盈利仅为830,583.31元，扣除成本后，实际上并未盈利。

刑法上因果关系分析示意图

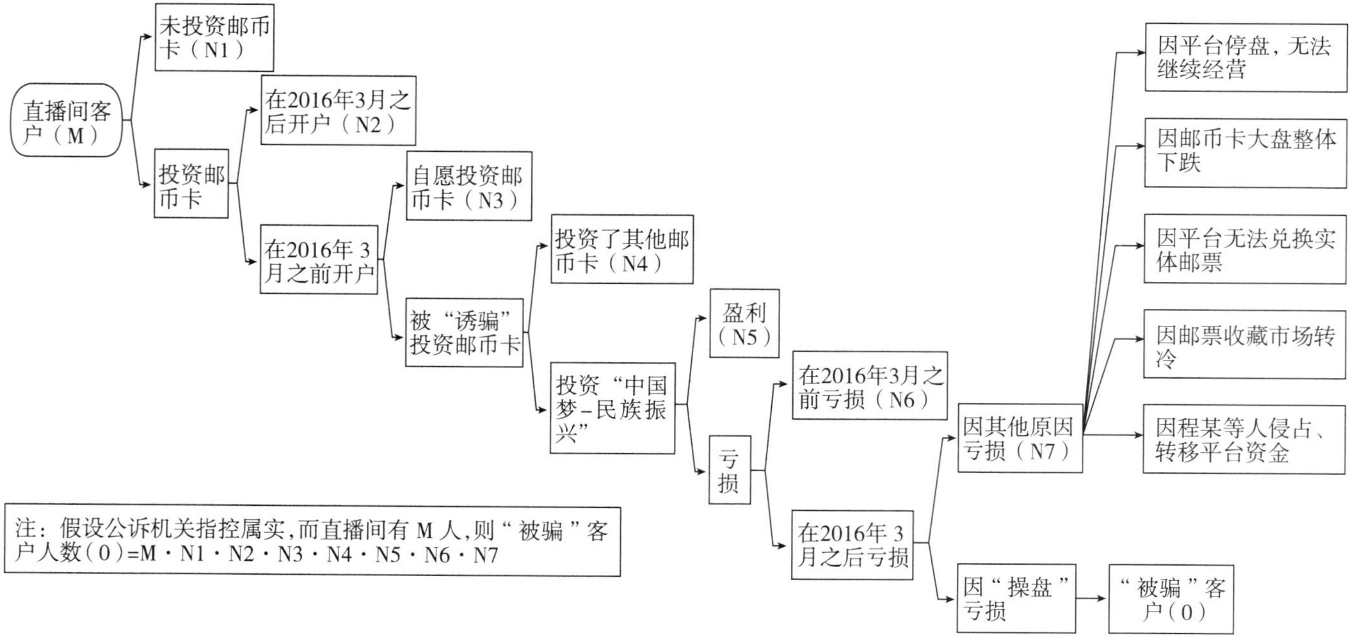

案件结果

S市L区公安机关经侦查认定祁某等人构成诈骗罪,L区人民检察院也以诈骗罪向L区人民法院提起公诉。如本案认定祁某等人构成诈骗罪,则祁某极有可能被判处无期徒刑。

黄敬律师刑事辩护团队力挽狂澜,经过一系列精细化辩护行动,成功说服承办法官改变案件定性,祁某仅被L区人民法院以非法经营罪判处有期徒刑5年,团队律师的辩护工作获得了当事人及家属的极大认可。

典型意义

在刑事辩护工作中,定性辩护是最常被用到的策略,也是有效辩护的常见实现路径。在办理诈骗罪案件时,非法经营罪是定性辩护最常用的罪名之一。

团队在办理该案时,全国邮币卡犯罪案件频频发生,当时很多案件被认定为诈骗罪的关键点就是行为人能够控制邮币卡价格的涨跌。所以,本案要说服法官认定祁某等人不构成诈骗罪,就必须集中火力论证祁某等人无法控制邮币卡价格的涨跌。

为了论证祁某等人无法控制邮币卡价格的涨跌,团队律师对全案的银行流水、交易平台的后台交易数据等数据进行汇总梳理,通过计算说明了祁某等人账户转入的资金为手续费、平台返款保证金和邮币卡的转让费用等正常费用,并将该邮币卡涨跌与大盘涨跌进行比对,发现该只邮币卡的涨跌与大盘基本一致。除此之外,我们还对祁某等人及其亲属的盈亏情况进行统计,发现祁某等人及其亲属的投资情况均为亏损。通过以上多个论点组合论证,最终说服法官认定本案构成非法经营罪。

由此可以得出,在办理诈骗犯罪案件时,一定要重视对电子证据的分析与运用。如果辩护律师能够利用这类客观证据重新组合拼凑出一个让法官无法回避的事实,就能大概率取得案件辩护的胜利。

回顾思考

复盘是为了下一个案件做得更好,对于每一个案件都思考总结得失成败,才能不断追求极致。关于本案的复盘和思考主要有两点:

1. 只有方向对了,努力才有意义,辩护策略的制定将影响甚至决定案件最终辩护效果的有无与大小。如果一开始的辩护方向就错了,那么辩护工作所带来的回报就将大打折扣。所以,对于一个案件究竟是做无罪辩护、轻罪辩护还是罪轻辩护,一定要花时间去思考,慎之又慎。

2. 正所谓"一图胜千言",要重视诉讼可视化在刑事办案过程中的作用。被理解是被采纳的前提,清晰简洁地传递能够提高自己的法律意见被采纳的可能性。办案过程中要注重通过可视化图表等方式高效有力地传递自己的法律意见,便于办案人员理解。

律师简介

黄敬, 北京市盈科律师事务所全球总部合伙人,北京市盈科(深圳)律师事务所刑事法律事务中心主任、第三届监事会副主任。

易凡, 北京市盈科(深圳)律师事务所合伙人律师、刑事法律事务中心秘书长、标准化建设委员会秘书长。

羁押四年，两次发回重审，三次判决十年以上，终审无罪

——苗某某涉嫌合同诈骗案

陶海洋　彭　坤

案件简介

一、涉案人员情况

苗某某：男，48 岁，经商，从事煤炭贸易、酒店经营等，山东某经贸公司法定代表人、执行董事、经理，公司主要从事煤炭批发、零售经营，涉嫌合同诈骗罪，第一被告人。

王某：女，46 岁，经商，从事煤炭贸易，涉嫌合同诈骗罪，第二被告人。

二、拘留、羁押情况

苗某某于 2016 年 4 月 13 日被某县公安局刑事拘留，因检察院不批准逮捕于同年 5 月 21 日被该县公安局取保候审，2016 年 7 月 22 日被逮捕后一直羁押于该县看守所。彭坤律师、陶海洋律师介入该案后，经一年多坚持不懈努力，苗某某最终于 2020 年 4 月 24 日被山东省济宁市中级人民法院宣判无罪，当日释放。

三、公诉机关指控情况——合同诈骗罪

1. 2014 年 9 月 30 日，A 煤矿与苗某某所经营 B 公司签订煤炭买卖协议，并口头约定由苗某某的合作伙伴王某提供场地存放，2014 年 10 ~ 12 月，A 煤矿发煤共计 3.3 万余吨，价值 1000 余万元。存放地点为四处，包括王某处、张甲处（2893.28 吨）、房乙两处（10,800 吨）。2015 年 3 月 2 日，苗某某为支付房乙的 262 万元借款（王某提供担保），将在房乙处储存的 10,800 吨煤炭中的 9800 吨以 310 万元（合同价格 352.8 万元）的总价折抵给房乙。苗某某一直未支付 A

煤矿购煤款。

2.2014年12月，A煤矿与苗某某达成口头供煤协议，由A煤矿往苗某某指定电厂发煤。A煤矿按照苗某某要求发给淄川、黄屯两地7696.91吨。煤款277万余元被苗某某占有，一直未归还给A煤矿。

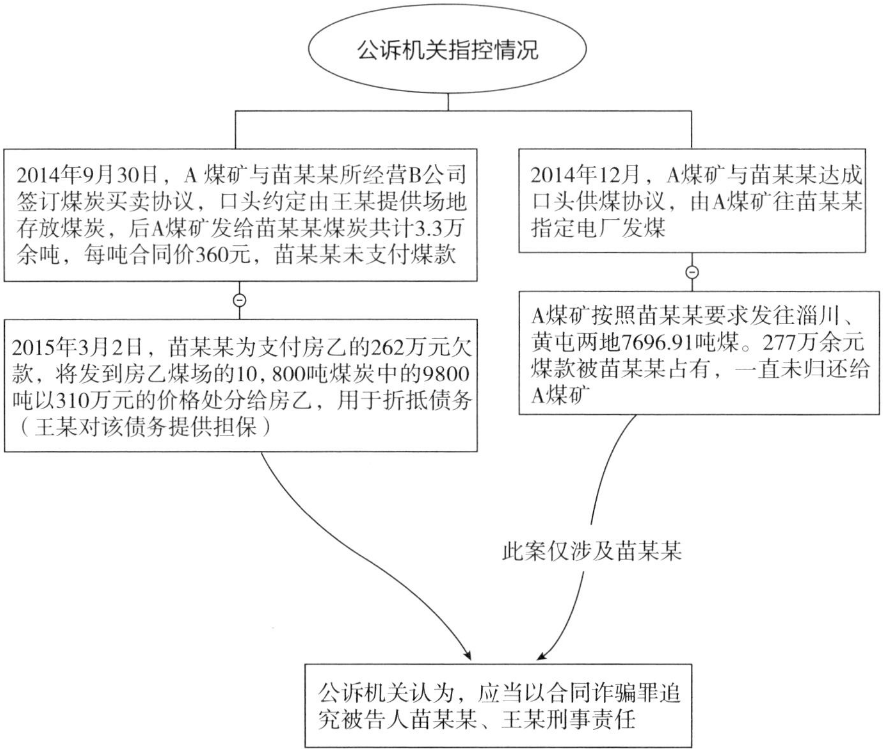

公诉机关认为应当以合同诈骗罪追究苗某某、王某的刑事责任。

四、法院审理情况——三次判决、两次发回重审

原审法院审理认为，被告人苗某某、王某以非法占有为目的，在履行合同过程中，骗取对方当事人财物，数额特别巨大，其行为均已构成合同诈骗罪。该案历经三次判决，两次发回重审裁定，其中三次判决结果均判处苗某某有期徒刑10年。

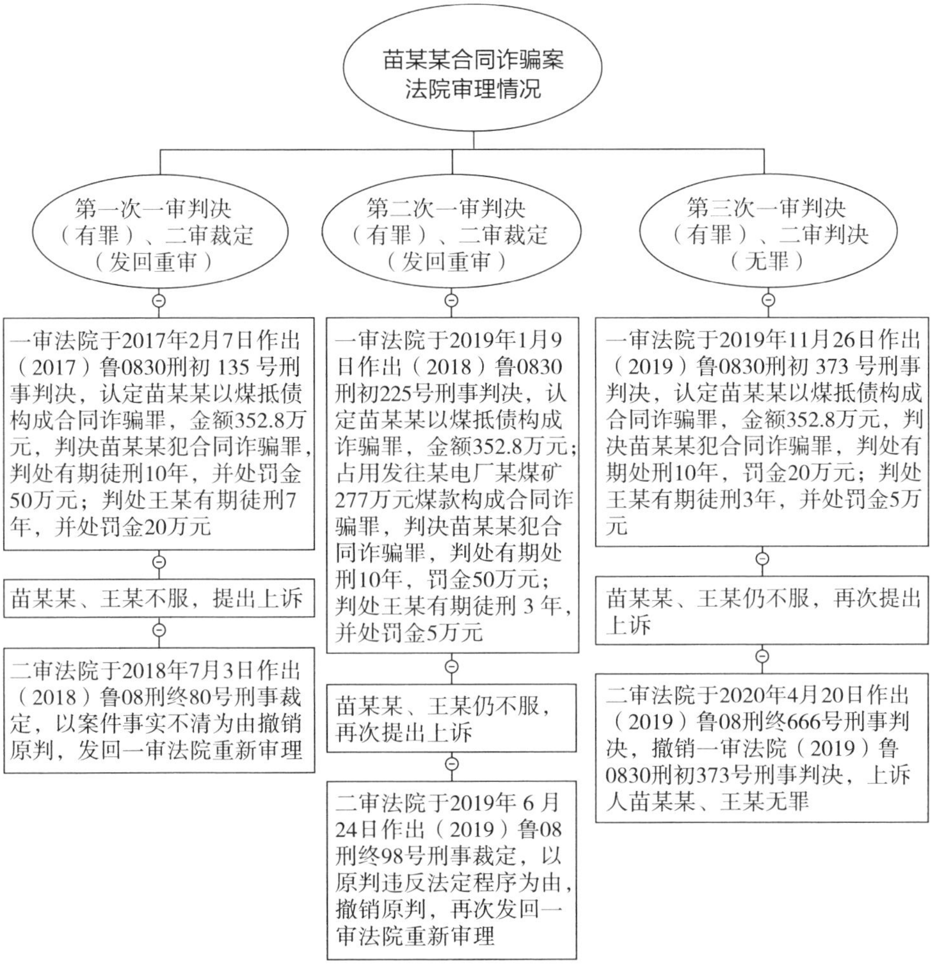

彭坤律师、陶海洋律师接受被告人苗某某的委托，于苗某某第二次提出上诉时介入该案，担任其第二次上诉二审阶段、发回重审一审阶段的辩护人。辩护人认为苗某某不符合合同诈骗罪的构成要件，应宣告无罪。

律师策略

针对本案检察机关在起诉书中对于苗某某合同诈骗罪的指控，经分析案情、研究卷宗，辩护人认为苗某某应属无罪。从构成要件角度出发，苗某某在与A煤矿签订煤炭买卖合同时，在案证据无法推定其具有非法占有的目的；客观上属于民事违法行为,不应上升为刑事处罚程度。

根据双方的煤炭买卖合同,其中特意约定"不打款不发煤",同时A煤矿指派专人监督、看管这批煤炭,且签订合同时,苗某某、王某、A煤矿负责人袁某均在场,约定由王某负责安排煤炭的储存地点。根据《合同法》,标的物的所有权自标的物交付时转移,但法律另有规定或者当事人另有约定的除外。就本案来讲,依据双方协议,A煤矿运来的煤炭,煤炭并未发生物权转移的效果,涉案煤炭仍处于A煤矿的控制、监管之下。此时,苗某某为追回A煤矿煤炭,经房乙联合王某设计签署以煤抵债《证明》,属民事法律关系中的无权处分行为。对于A煤矿客观上造成的经济损失,应通过民事法律途径去解决,在本案中,苗某某不构成合同诈骗罪。

律师文书

二审辩护词（摘要）

核心辩护意见:一次完整的交易分为三个法律行为:(1)合同行为,双方自由达成合意,签订合同。(2)物权交付行为,合同签订后,出卖方应将煤炭的所有权交付给买方,我国实行动产交付生效主义,不动产实行登记生效主义,本案是所有权保留买卖合同,合同明确约定每卖一吨煤必须先将煤款打入A煤矿账户上,才能拉煤。在煤款未付之前,A煤矿对涉案煤炭享有完整的所有权,苗某某无权处置,物权交付行为没有发生,根本未取得煤炭及收益,原有的物权关系未被打破,新的物权关系未建立,尽管A煤矿损失了1000万余元,但是苗某某没有骗的主观意识,没有骗的行为,也未获得任何利益,因此责任不在苗某某,依法不构成合同诈骗罪。(3)债权清偿行为,本案还未进行到这个阶段。

一、苗某某在以煤抵债《证明》上签字属于事后行为、无权处分,合同诈骗罪的犯罪故意不应存在事后的情形

本案中认定苗某某具有非法占有A煤矿9800吨煤的主要证据是2015年3月2日,苗某某签订的以煤抵债《证明》。根据证据材料显示,房乙对煤炭不属于苗某某而属于A煤矿是明知的,A煤矿对于煤炭存放在房乙煤场也是明

知的,同时苗某某在《证明》上签字前还征得了A煤矿负责人袁某的同意,即涉案财产由被害人占有转为行为人房乙占有,苗某某于2015年3月2日签订以煤抵债《证明》属于事后行为、无权处分,将被告人苗某某的事后行为作为犯罪事实指控,不符合“责任与行为同时存在”的法理,合同诈骗罪的犯罪故意不应存在事后的情形。

从各个角度对该《证明》进行分析后可知:被房乙拉走的煤炭是王某背着苗某某让房乙拉走的;王某和房乙让苗某某在此《证明》上签字时房乙拉走的大部分煤炭已被其二人合伙出售;苗某某在3万吨煤炭均已失控、公安机关又不作为的情况下,在事前征得煤矿负责人袁某同意的情况下在房乙起草的《证明》上签字,故《证明》并非其真实意思的表示。所以,从民事法律的角度看,苗某某在《证明》上签字的行为应认定为无效法律行为;从刑事法律的角度看,则其行为依法不应认定为犯罪。

在本案中,没有证据证明苗某某是以非法占有为目的与A煤矿签订了《煤炭买卖协议》。充分和确凿的证据证明,苗某某是在煤矿3万多吨煤炭已全部失控的情况下,为了能收回剩余的2万吨煤炭在征得A煤矿同意后在《证明》上签字的。A煤矿的煤炭被他人非法侵占在先,苗某某同意以其中一部分无望收回的煤炭抵债在后,这足以证明其在签《证明》之前并没有追求这一结果的直接故意,所以,苗某某依法不构成合同诈骗。一审法院因苗某某在《证明》上签字同意以煤抵债给A煤矿造成损失为由认定其构成犯罪,这实际上是一种客观归罪,依法不能成立!

二、一审判决认定苗某某将A煤矿10,800吨煤发到房乙煤矿与在案事实相互矛盾,10,800吨煤系房乙从王某煤场拉走,绝非苗某某安排将煤发至其煤场

1. 签订原煤买卖协议书时苗某某与袁某、王某已约定A煤矿直接将煤发到王某煤场,绝非发至房乙煤场。

2. 苗某某安排池某负责往王某煤场发煤事宜,如变更发货地址池某必须经苗某某同意才会发煤。

在A煤矿煤发往王某煤场整个过程中,苗某某都是要求池某将煤发至王

某煤场,联系电话留的是王某侄子王小某电话,池某从未向苗某某提及过变更收货地址。

3. 案发后当事各方至该县刑警大队说明情况时,房乙承认其从王某煤场拉了13,000吨煤,刑警大队出具的情况说明可予以证实。

4. A煤矿出具证明与房乙所述相互矛盾,足以证明A煤矿并未将煤直接发往房乙煤场。

5. 苗某某向房乙出具的162万元借条,足以证明A煤矿并未将煤直接发往房乙煤场。

三、本案中一些最基本的事实在一审判决中未能查清

1. A煤矿发出的33,000多吨煤炭最终都被谁接收?

2. 按照协议运费由收货方承担,本案涉及200余万元运费由谁支付?

3. 王某在收到的煤炭中掺入多少煤矸石和劣质煤?

4. 煤炭流向何方,涉案赃款最终流向?

四、以程序促实体,通过程序公正实现本案公平正义

一审庭审笔录在一审判决书送达至苗某某,上诉期满后才将庭审笔录交由苗某某签字;第二次发回重审,一审法院违反上诉不加刑原则,判决加重苗某某刑罚等严重违反法定程序行为。

案件结果

本案历经数次回合,二审法院采纳了上诉人及辩护律师的上诉理由、辩护意见,判决撤销原判,宣判上诉人苗某某无罪,当日释放。

典型意义

司法实践中,诈骗类犯罪案件与民事经济纠纷往往难以区分,尤其是被害人受到巨额经济损失时,办案机关很容易会客观归罪。是否具有非法占有目的是区分诈骗类犯罪行为与民事违法行为的重要依据。认定是否有非法占有目的,既要避免单纯根据损失结果客观归罪,也不能仅凭被告人自己的陈述,运用推定的方法加以认定。运用推定必须是在有证据证明基础事实的前提下,运用逻辑和经验法则,推断行为人主观目的。

在本案中，一审法院以苗某某在《证明》上签字同意以煤抵债从而给A煤矿造成经济损失为由认定其构成犯罪，这实际上是一种客观归罪。在办理该类案件时应避免单纯以客观结果入罪，必须审慎运用推定，准确判断行为人的主观目的。

回顾思考

人最深刻的需求是自由。作为一起历时4年，经六次审判，两次发回重审，三次上诉，且前番判决均为10年以上，最终改判无罪的刑事案件，对当事人来讲，4年的牢狱之灾，除了没有失败的名义之外，几乎具备了失败者的一切！家庭、事业均遭毁灭性打击，其中煎熬，可能只有看守所狭窄的天空能记载，但这并不影响这份无罪判决对其人生的伟大意义！

从案件审理过程来看，律师并不是检察官的对立面，更不是法官的对立面，一个成功案例的产生，一定是法律人持之以恒坚定立场，严格适用证据规则、正确适用法律的结果。而一份经得起历史检验的判决，更值得辩护律师及其他法律共同体们付出厚重的心血和审慎的对待，亦是责任所在。

刑事案件无小事，每个案件都牵涉个人的自由甚至生命，刑辩律师所有的努力都是为了避免造成冤案、错案，毕竟一念天堂，一念地狱，数十载的牢狱是每个生命的不堪承受之重。

律师简介

彭坤， 北京市盈科律师事务所中国区董事、全球总部合伙人、盈科北京刑事法律事务部（一部）副主任，北京市盈科律师事务所青工委主任，业务领域为刑事辩护。

陶海洋， 盈科中国区董事会董事、盈科北京刑事法律事务部（一部）副主任，毕业于中国人民公安大学，具有多年公安工作经历，业务领域为刑事控告、刑事辩护。

认罪认罚后当庭反悔，一定不能轻判吗

——孙某涉嫌非法经营罪案

高同武

案件简介

2016 年四五月，孙某从网上认识的一个美国朋友要购买一台空管填充机。后，孙某又从 QQ 群认识了销售空管填充机的马某，二人于 2016 年 7 月在 H 省见面。马某带孙某来到一个厂房，厂房内有一台空管填充机。孙某遂从马某处花 13,000 元替美国朋友代购空管填充机一台，没有获利。

2017 年 10 月，一个西班牙人向孙某订购一台卷烟机，两台空管机，孙某遂又向马某以单价 9 万元的价格订购卷烟机一台，以单价 8 万元的价格订购空管机两台，并陆续向其支付了部分订金。

2018 年五六月，马某在 Q 县租赁一处厂房，在未取得烟草专卖品生产销售经营许可证的情况下，非法升级改造一台卷烟机销售给马某甲，但被马某甲退回的卷烟机，三台滤嘴接装机（其中两台实为孙某所订购的填充机），被 Q 县烟草专卖局执法人员当场查扣。

经检验，送检的四台设备均为伪劣烟草专用机械。经涉案烟草专卖品核价滤嘴接装机每台价值 10 万元。

2020 年 11 月，公诉机关指控：2016 年 7 月，孙某从马某手中购买烟卷填充机一台，并以 13,000 元的价格出售给美国人戴某某；2017 年至 2019 年 7 月，孙某支付马某 20 余万元，用于支付马某购买卷烟设备，交付房租，交付一台卷烟机、两台空管机的定金等款项。公诉机关认为，孙某的行为涉嫌非法经营罪，且未对孙某其他量刑情节作出认定。

2020 年 11 月，孙某签署了《认罪认罚具结书》。2020 年 12 月，公诉机关当庭宣布量刑建议为三年零六个月时，孙某表示量刑过重，公诉机关当庭表示不认罪认罚量刑建议将变更为四年零三个月。

律师策略

由于本案为孙某的亲属进行委托，其近亲属对案件情况基本不了解，所以律师在接受委托后立即对犯罪嫌疑人孙某进行了会见。会见前，律师就罪与非罪、是否罪轻等案件关键问题制作了会见发问提纲，在会见过程中，律师了解了案件基本情况，发现孙某确实涉嫌非法经营罪，但是存在从轻、减轻处罚的诸多情节。

第一，本案中除了孙某，还有马某、代某两个同案的犯罪嫌疑人。马某负责生产，代某帮忙，孙某与马某间是买卖合同关系。即使孙某构成犯罪，孙某也是马某的下游犯罪，孙某与马某间不成立共犯关系。

第二，如果孙某构成犯罪，在数额上，孙某向马某购买并销售了一台价值 13，000 元的空管填充机，没有获利。孙某向马某订购了两台空管机，价值 8 万元，尚未交付。孙某向马某订购了一台卷烟机，价值 9 万元，尚未生产，侦察机关查获的卷烟机是马某甲退回维修的，不是为孙某生产的，不应计入孙某的犯罪数额。孙某共计向马某支付货款 17 万元左右，另借款 2 万元给马某，马某用于租房使用，借款不应计入孙某的犯罪数额。

第三，即使孙某构成犯罪，孙某也是马某的下游犯罪。由于马某属于未遂，因此在犯罪形态上，孙某仅处于预备阶段，情节比马某的未遂更加轻微。

律师文书

辩　护　词

尊敬的审判长、审判员：

北京市盈科律师事务所接受被告人孙某的委托，指派高同武律师、胡映珂实习律师担任孙某涉嫌非法经营罪一案中孙某的辩护人。本人经多次会见并

听取孙某的陈述,结合本案证据事实以及法律规定,提出以下辩护意见,供法庭参考:

一、孙某代购的小型自用填充机在淘宝比比皆是,孙某没有获利,且该起事实涉案数额很小,情节轻微,没有扰乱国内市场秩序。

根据孙某2020年8月22日及9月2日的讯问笔录,孙某仅帮忙代购过一台填充机,价格13,000元,没有获利。

首先,13,000元的销售额不满足非法经营罪数额的要求,孙某未获利也不满足违法所得数额的要求;其次,每分钟10支到12支纸管的填充量与《涉案烟草专用机械产品指导价格目录》(一)、(二)中设备几千支每分钟的规格及生产能力相去甚远;再次,该类小型自用填充机在淘宝等销售平台比比皆是,孙某代购的填充机与淘宝上所售填充机生产能力相近,即使流入市场也不会对市场秩序造成危害;最后,该填充机已销往国外,并未对中国国内的市场秩序造成损害。

根据最高人民法院、最高人民检察院《关于办理非法生产、销售烟草专卖品等刑事案件具体应用法律若干问题的解释》第3条规定,孙某的行为既不满足非法经营罪数额的要求,也不满足违法所得数额的要求,情节轻微,没有对中国市场秩序造成伤害,不能达到"情节严重"的非法经营罪犯罪构成要件。

二、扣押的卷烟机是马某销售给马某甲的,孙某购买的卷烟机尚未生产,空管机处于调试阶段尚未交付,马某根本没有能力生产符合要求的卷烟机及空管机,孙某也不可能购买到卷烟机及空管机,如果其上游犯罪马某被认定为未遂,孙某的情节应比未遂情节更加轻微。

根据马某与孙某在开庭时的一致供述,扣押、鉴定的卷烟机不是马某卖给孙某的,而是马某用于卖给马某甲的卷烟机,这与孙某2020年8月21日及11月3日的讯问笔录完全一致。孙某与西班牙人卡某某关于空管机的交易仍停留在备货阶段;关于卷烟机的交易,因卡某某已经明确表示生产周期过长"不要了"而完全终止。

根据《刑法》第23条第2款之规定,对于未遂犯,可以比照既遂犯从轻或者减轻处罚。马某根本没有能力生产出孙某订购的卷烟机的实物,空管机的生产仍停留在调试阶段，马某作为孙某的上游犯罪未遂，孙某的购买行为更不可能实现，空管机与卷烟机尚未流入市场造成危害，应当对孙某比照未遂情节更加从轻或减轻处罚。

三、关于孙某的犯罪数额的问题，辩护人认为应当仅按照两台空管机的订购价格，比照伪劣卷烟等烟草专卖品未遂犯罪15万元的起刑点定罪处罚。

孙某虽然订购了卷烟机，但卷烟机尚未生产，马某没有资质根本没有能力生产出卷烟设备，因此卷烟机的订购价格不应计入孙某的犯罪数额。根据孙某2020年8月21日讯问笔录，孙某共支付给马某17万元左右的货款，这与《烟草专用机械产品指导价格目录(二)》指导价格相近，应当仅按照订购两台空管机的价格及尚处于预备阶段的情节对孙某定罪处罚。

在预备阶段的起刑数额方面，辩护人认为法庭应当比照最高人民法院、最高人民检察院《关于办理非法生产、销售烟草专卖品等刑事案件具体应用法律若干问题的解释》第2条关于伪劣卷烟、雪茄烟等烟草专卖品销售未遂的规定，定罪起点数额定为标准数额的三倍以上，即金额合计达到15万元以上作为起刑点。如此计算，孙某的犯罪数额刚至起刑点。

四、孙某支付定金、货款、向马某借款的行为不能被认为是为马某购买卷烟设备、交付房租提供资金的行为，孙某没有与马某共同犯罪的故意，双方是买卖关系，不应被认定为共犯。

孙某、马某、代某三人口供及孙某甲证言相辅相成，共同证明了：(1)孙某没有设备厂的股份和分红，不参与生产，孙某不是厂里的一员；(2)孙某与马某二人只是简单的借款及买卖合同关系，没有共同生产、销售烟草专用机械的犯罪合意；(3)孙某并未向马某支付多于货款的额外资金，交的定金、设备费属于货款，代付房屋租金属于借款，并未给马某提供资金。综上所述，不应将孙某认定为马某非法经营罪的共犯。

五、孙某与马某甲一样都是本案的受害者，没有非法经营烟草专用机械的犯罪故意。

六、孙某是初犯，在接受调查期间如实供述自己的犯罪事实，认罪认罚，积极配合司法机关办案调查，具有坦白情节。

七、量刑建议。

比照河北省景县人民法院(2016)冀1127刑初149号刑事判决书,本案中,检察院起诉的第4起事实数额很小且孙某没有获利,不能单独构成犯罪;第5起事实中孙某同案例中未某一样,只是单纯的购买行为,且未某收到了货物属于既遂,尚且量刑仅一年零四个月,孙某订购的货物尚未生产,应当比照未某的购买既遂从轻、减轻处罚。

综上所述,检察院三年零六个月的量刑建议过重,建议对孙某免予刑事处罚。以上辩护意见,请合议庭在合议案件时充分考虑,对被告人孙某的行为作出正确认定,依法公正判决。

案件结果

Q县人民法院认为,孙某非法经营烟草专卖品,数额为26.3万元,其中既遂1.3万元、犯罪未遂16万元、犯罪预备9万元。

孙某犯非法经营罪,判处有期徒刑二年零六个月,并处罚金2万元。

典型意义

"认罪"是指犯罪嫌疑人、被告人如实供述自己的罪行,对指控的犯罪事实没有异议。"认罚"是指犯罪嫌疑人、被告人真诚悔罪,愿意接受处罚。被告人签下《认罪认罚具结书》后又对量刑反悔,检察官当庭撤回原本认罪认罚从宽处罚的量刑建议的新闻并不鲜见,对被告人反悔后的量刑是否应当加重也颇有争议。

本案为签下《认罪认罚具结书》后当庭表示不认罚,通过律师对量刑情节的深层辩护反而获得轻判的一个案例。

回顾思考

2018年10月26日,第十三届全国人民代表大会常务委员会第六次会议作出关于修改《中华人民共和国刑事诉讼法》的决定,在立法上正式确立了认罪认罚从宽制度,这是我国刑事诉讼领域的一场重大变革。

根据2020年10月15日,最高人民检察院检察长张军在第十三届全国人大常委会第二十二次会议上作的最高人民检察院关于人民检察院适用认罪认罚从宽制度情况的报告，2019年1月，检察环节认罪认罚从宽制度适用率只有20.9%，而2020年以来，克服疫情影响，1月至8月整体适用率达到了83.5%。2019年1月至2020年8月，量刑建议采纳率为87.7%。

这些直观的数据说明，法官会极大概率地采纳检察院的量刑建议。当然，这既包括被告人认罪认罚后从轻的量刑建议，也包括被告人反悔认罪认罚后加重刑罚的量刑建议。

现实生活中，被告人关注点往往在于能否通过签署《认罪认罚具结书》获得轻判，但很少有人关注量刑建议本身是否适当，是否符合法律规定，而律师正是最好的法律监督者。

《刑事诉讼法》第201条第2款规定：人民法院经审理认为量刑建议明显不当，或者被告人、辩护人对量刑建议提出异议的，人民检察院可以调整量刑建议。《关于适用认罪认罚从宽制度的指导意见》第40条第1款规定：对于人民检察院提出的量刑建议，人民法院应当依法进行审查。对于事实清楚，证据确实、充分，指控的罪名准确，量刑建议适当的，人民法院应当采纳。具有下列情形之一的，不予采纳：被告人的行为不构成犯罪或者不应当追究刑事责任的。

这些法律规定的内在含义都表明了：认罪认罚案件不以检察院的量刑建议取代人民法院的最终审判权，人民法院审理案件最终仍然要发挥独立审判权，认真、谨慎行使审判权。且认罪认罚案件辩护律师可以提异议，辩护律师提异议的，人民法院经审查成立的可以不采纳量刑建议，而辩护律师提异议的内容当然可以包括罪轻辩护，甚至是无罪辩护的内容。

再次回到本案中，通过检察院的起诉书与检察官当庭表述的观点我们可以得出结论：

首先，检察院认为孙某与马某之间存在共犯关系，而事实上孙某没有设备厂的股份和分红，不参与生产，并未向马某支付多于货款的额外资金，孙某与马某二人只是简单的借款及买卖合同关系，没有共同生产、销售烟草专用机械的犯罪合意。

其次，共犯关系的认定必然导致在犯罪数额上，检察院将四台机器的鉴定价格64万元作为孙某的犯罪数额。而事实上,现场查获的四台机器中只有两台鉴定价格为10万元的空管机与孙某相关,这与其向马某支付的货款数额相近。

最后,起诉书并未对孙某的犯罪形态作出认定,按照既遂的标准进行了量刑。而事实上,作为孙某的上游犯罪马某是犯罪未遂,孙某只是处于预备阶段,情节更加轻微。

辩护人把握的这些案件中的关键细节,成为该案成功辩护的决定因素。因此,认罪认罚后当庭反悔并不必然导致被告人刑罚的加重,只有把握案件的关键细节,才能让被告人罚当其罪,获得公正的判决!

律师简介

高同武,北京市律师协会刑事诉讼法专业委员会委员,北京市盈科律师事务所高级合伙人,盈科北京刑事法律事务部(三部)主任,盈科北京监事会副主任,鲁东大学盈科法学院客座教授。

非吸百万被判缓刑，看律师的“骑墙式”辩护

——张某涉嫌非法吸收公众存款案

高同武

案件简介

2014 年年底，牟某对张某说，其通过朋友投资了国外的 M 金融集团，该集团主要经营沉香树、金矿、外汇等业务，并且准备上市。该理财产品月收益 8%，年化收益率 96%，投资周期 18 个月，到期后返还本金，如返还不了本金，待公司上市后转化为股票。牟某表示他自己投资了且每月都收到返息，如果自己推荐客户还能拿两个或三个点的提成。

随后，牟某带张某参观了位于国外的 M 金融集团，还参观了公司的沉香树园，回国后，张某分多次投资了 30 多万元。签订的合同是从 M 金融集团网站下载，张某将签署后的合同交给了牟某。

2015 年 3 月至 6 月，张某在北京市朝阳区以 Z 管理有限公司经理的名义，向不特定群体宣传投资 M 金融集团（对外宣称注册地为新西兰）的理财产品可获 8% 的月息，并办理商户名称为“Z 管理有限公司”、绑定其本人银行卡的 POS 机收取客户资金，吸收高某、蒋某、沈某等人资金共计人民币 140 万元，后张某扣除个人提成将上述投资款转入牟某账户，高某等人获得 M 金融集团提供的交易账户信息及部分返利。

2016 年，M 金融集团不再正常运营，M 金融集团网站发布公告，投资人的投资款转为 M 集团股票，在美国上市，由 C 公司托管。但后来上市也没有成功，投资人投资款不知去向。

律师策略

律师在接受委托后跟当事人详细地沟通了案件情况，了解到当事人其实也是M金融集团的投资者及受害者之一，只是因为想赚取好处费和提成，才借各种参与女性活动的机会对M金融集团进行宣传，同时为了方便周边投资者刷卡而办理绑定自己银行卡的POS机一台。

本案中，首先钱款方面张某是交给了M金融集团，本案属于单位犯罪，张某不符合非法吸收公众存款罪的主体；其次张某没有向不特定对象公开宣传，不符合非法吸收公众存款罪的四个特征；最后张某不具有金融方面的专业背景、职业经历，不具有非法吸收公众存款的主观故意。

根据上述基本情况，结合非法吸收公众存款的法律规定及相关判例，辩护人认为可以采取既为当事人进行无罪辩护，同时也进行量刑辩护的“骑墙式”辩护方法。

这种“骑墙式”辩护方法原来仅在司法实践中非常普遍，现已于2020年11月5日被正式写入《关于规范量刑程序若干问题的意见》。其中第15条第3款明确指出：被告人及其辩护参加量刑问题的调查的，不影响作无罪辩解或者辩护。这标志着“骑墙式”辩护正式入法。

律师文书

辩 护 词

尊敬的审判长、审判员：

北京市盈科律师事务所接受被告人张某的委托，指派高同武律师担任张某非法吸收公众存款一案中张某的辩护人。本人经反复查阅本案案卷材料，多次听取张某的陈述，出席了今天的法庭审理，结合本案证据事实以及法律规定，发表辩护意见要点如下：

一、本案属于单位犯罪，张某不符合非法吸收公众存款罪的主体

M金融集团是在新西兰注册的公司，有独立的法人资格。从形式上看，合同主体是M金融集团；从实质上看，钱款通过牟某最终流向M金融集团，大部

分违法所得归单位所有。本案中，张某将收到的绝大多数资金通过牟某转交M金融集团，属于单位犯罪。

张某事实上不在M金融集团实际担任任何职务，接触不到M金融集团高层领导人员，既不可能在单位中起到决定、批准、授意、纵容、指挥作用，也不是在具体实施犯罪行为中起较大作用的人员，其获取的所有信息都基于M金融集团举办的相关活动以及牟某的宣传，张某属于被动接受，不符合非法吸收公众存款罪的主体。

二、从客观方面来看，张某行为不同时具备非法吸收公众存款罪的四个条件，不属于非法吸收公众存款或者变相吸收公众存款行为

根据最高人民法院《关于审理非法集资刑事案件具体应用法律若干问题的解释》，非法吸收公众存款罪应同时具备下列四个条件：(1)未经有关部门依法批准或者借用合法经营的形式吸收资金；(2)通过媒体、推介会、传单、手机短信等途径向社会公开宣传；(3)承诺在一定期限内以货币、实物、股权等方式还本付息或者给付回报；(4)向社会公众即社会不特定对象吸收资金。未向社会公开宣传，在亲友或者单位内部针对特定对象吸收资金的，不属于非法吸收或者变相吸收公众存款。

(一)沈某与张某是教会兄弟，不属于社会不特定对象，高某、蒋某投资不是由张某推荐，张某行为不属于向社会不特定对象吸收资金的行为

沈某是张某的教会兄弟，与张某本就相识，双方是以感情为基础的朋友关系，属于法律界定的亲友，不属于社会不特定对象。而高某和蒋某均为陈某好友，高某是在陈某的介绍推荐下投资了M金融集团，陈某与蒋某更是合开账户，张某对蒋某的具体投资情况一无所知。根据M金融集团投资制度，无论放在谁的名下，经谁介绍，则谁拿提成。陈某才是M金融集团投资行为中高某和蒋某的直接推荐人，陈某才是介绍高某和蒋某投资的实际受益人。

(二)张某未通过媒体、推介会、传单、手机短信等途径向社会公开宣传

位于某中心的608号办公室并非专门用于宣传，而是供张某接待朋友，聊一些女性话题所用。张某没有采取任何向社会公开的方式对M金融集团进行刻意宣传，只是在与朋友聊天过程中提及自己的投资经历。

三、张某也是本案的受害者，没有非法吸收公众存款或变相吸收公众存款的主观故意

首先，张某不具有金融方面的专业背景、职业经历，没有在M金融集团实际任职、接受培训，也没有因同类行为受到过任何行政处罚或刑事追究，不了解相关金融法律规定。况且知名经济学家郎某不仅多次出现在M金融集团的会议上，也出现在上海金融博览会的宣传板上，且在照片后配以"M金融集团这两年最大的价值，不仅仅是提供了一个更安全，透明的平台，更重要的是当你不懂得如何投资理财交易的时候，交给M金融集团帮你就对了"的宣传语。张某作为一个普通投资人不可能具有知晓M金融集团涉嫌违法犯罪行为的辨别能力。

其次，牟某及M金融集团提供大量资质、奖项证明M金融集团项目的合法性。在投资之前，张某还专门找过炒外汇的人来看平台，验真假，对方看完说可以进到操作系统，也可以看到是M金融集团在操作。张某并非盲目投资，而是受到诱骗，没有非法吸收公众存款或变相吸收公众存款的主观故意。

最后，张某没有向社会公众推广宣传，她只是在自己的办公室，向自己的亲友，在聊天过程中分享其看到的、有事实依据的个人经历，没有非法吸收公众或者变相吸收公众存款的主观故意，甚至是任何违法犯罪行为的主观故意。

最高人民检察院《关于办理涉互联网金融犯罪案件有关问题座谈会纪要》第10条规定，对于无相关职业经历、专业背景，且从业时间短暂，在单位犯罪中层级较低，纯属执行单位领导指令的犯罪嫌疑人提出辩解的，如确实无其他证据证明其具有主观故意的，可以不作为犯罪处理。

四、量刑建议

张某在接受调查期间，认罪悔罪态度好，如实供述，具有坦白情节；张某本身也是本案的受害者，在本案中损失巨大，仍然积极退赃、退赔；张某签署了《认罪认罚具结书》，自愿如实供述自己的行为，愿意接受处罚，认罪认罚；公诉机关认定张某为从犯。

综上所述，鉴于本案事实，张某认罪认罚，以及本案中存在的多项从轻、减轻或者免除处罚的情节，建议对被告人张某免予刑事处罚。

以上辩护意见，请合议庭在合议案件时充分考虑，对被告人张某的行为作出正确认定，依法公正判决。

案件结果

法院认为，在本案的共同犯罪中，考虑到张某的获利情况、作用大小，认定其为从犯，张某到案后如实供述、认罪认罚且退缴违法所得，结合以上情节，本院对其予以减轻处罚并适用缓刑。

最终，法院判决被告人张某犯非法吸收公众存款罪，判处有期徒刑一年六个月，缓刑二年，罚金人民币5万元。

典型意义

近两年，非法吸收公众存款案件依旧呈现高发态势，网络金融公司诸多爆雷，而群众对网络金融投资热情不减。主要是由于改革开放的深化和经济的高速发展，民间资本较为充裕，大量闲散资金的产生使得公众的投资欲望高涨。但是在此类网络金融公司投资存在诸多风险，除了经济损失，还可能引领投资者走向犯罪的道路。

本案即被告人违反国家金融管理法规，对违法金融公司公开宣传，向社会不特定对象吸收资金，数额巨大，但是通过律师辩护最终被判缓刑的一个案例。

回顾思考

回顾本案，在为被告人进行辩护的过程中，可以总结出非法吸收公众存款案件的一些通行辩护要点：

第一，在单位犯罪中，一般仅对直接负责的主管人员和其他直接责任人员进行刑事处罚。

如果单位主体资格合法，是依法成立并有效存续的企业法人，主要目的是为单位筹措资金，所吸收资金全部投入单位，个人并未从中牟利，仅对直接负责的主管人员和其他直接责任人员进行刑事处罚。如果非法集资犯罪所得全部或者大部分违法所得归单位所有，当事人不在单位实施的犯罪中起决定、批准、授意、纵容、指挥等作用或在具体实施中起较大作用，可以根据情况为被告人进行无罪辩护。

第二,间接故意或过失不能构成非法吸收公众存款罪。

认定行为人是否具有犯罪故意,应当根据行为人的任职情况、职业经历、专业背景、培训经历、本人因同类行为受到行政处罚或者刑事处罚情况以及吸收资金方式、宣传推广、合同资料、业务流程等证据,结合其供述,进行综合分析判断。

因此,如果行为人不具备金融活动相关从业经历、专业背景,在犯罪活动中不担任管理职务,不存在故意规避法律以逃避监管的行为,则有可能不具有非法吸收公众存款犯罪的主观故意。

或者行为人的吸储行为并没有扰乱金融秩序的故意,而是将资金用于生产经营而非资本经营,没有向社会不特定对象吸收资金,一般也不构成非法吸收公众存款罪。

第三,如果行为人没有非法吸储行为,没有扰乱金融秩序,可能不构成犯罪。

行为人借款数额虽然较大,但是仅仅向几人借款,且与借款对象都有一定的社交关系基础,行为人的借款方式是一对一通过电话或当面的民间借贷典型模式,因此行为人不构成非法吸收公众存款罪。

在司法实务中,民间借贷和非法吸收公众存款的区别,系前者的行为有着明确的指向性,一般将资金用于正常的生产经营活动,而后者则扰乱了金融秩序,其目的是通过货币运营等金融手段获取利润,但资金使用方向并不明确。重点在于行为人是否对外公开宣传以及向社会不特定对象集资。民间借贷的借款对象多有特定范围,一般依托借贷双方一定的人际关系和社会关系。认定不具备“向社会公众吸收资金”要件,要求吸储的对象绝大部分均与被告人有特定的社会关系基础,范围相对固定、封闭,不具有开放性、延散性、不可控性,即非随机选择或者随时可能变化的不特定对象。

相较于行为主体是否合法、宣传手段是否公开以及筹资对象是否特定等可能在实务中出现控辩争议的问题,对保本付息承诺这一关键点的核实则更直接明确。若行为人在集资过程中没有承诺保本付息或者变相保本付息,辩护人可以以此作为行为人无罪的关键论据。

第四，数额或人数不能达到立案标准的，不构成非法吸收公众存款罪。

如果未达到“个人非法吸收或者变相吸收公众存款，数额在20万元以上的，单位非法吸收或者变相吸收公众存款，数额在100万元以上的；个人非法吸收或者变相吸收公众存款对象30人以上的，单位非法吸收或者变相吸收公众存款对象150人以上的”标准，则可能不构成犯罪。

第五，非法集资案件中的集资行为人、代理人，积极配合调查，主动全部清退所吸收资金或代理费、好处、返点费、佣金、提成等费用，及时消除社会影响的，情节轻微的，可以免除处罚；情节显著轻微、危害不大的，不作为犯罪处理。

律师简介

高同武，北京市律师协会刑事诉讼法专业委员会委员，北京市盈科律师事务所高级合伙人，盈科北京刑事法律事务部（三部）主任，盈科北京监事会副主任，鲁东大学盈科法学院客座教授。

历经三年四审，无罪辩护终获成功

——赵某职务侵占、对非国家工作人员行贿案

田　帅　李恒德

案件简介

2003 年,为全面提升唐山市某城区周围绿化水平,实施绿色工程。某区某镇某村村委会召开党员大会,对全村村民口粮地进行调整,将调整出的土地发包种树,将承包费发给村民。2003 年 3 月 6 日,该村村委会与唐山某集团签订《围城林工程承包协议书》约定:化工厂承包村委会土地 102 亩用于植树,承包期限为 50 年,承包费每亩每年 400 元,共计 40,800 元。2004 年 3 月 18 日,双方签订《关于终止"2003.3.6 协议"的协议》约定:村委会收回唐山某集团承包植树的 102 亩耕地,该地上种植树木归村委会所有,自 2005 年至 2052 年土地租金由村委会自行负责等。

2008 年 4 月 1 日,在某村未按法定程序规定召开村民代表大会的情况下,王某(时任某镇领导)以其妻子李某的名义与某村签订关于上述 102 亩林地《关于转让原 × ×化工厂林地的协议》,约定:某村村委会将原 × ×化工厂承包造林的 102 亩林地转包给李某,承包费每年 51,000 元,逾期 3 个月不交承包费村委会有权收回,该宗土地使用权及林权归李某所有。赵某以村主任的名义及薄某以村支书的名义在该协议上签字,会计蔡某某在该协议上盖章。王某向某村委会缴纳了 2008 年、2009 年的承包费 102,000 元。2010 年未向村委会缴纳土地承包费。该林地由王某与赵某共同经营。赵某与王某共同投资购树、种树、盖房、养殖、建院墙等。

2010 年 8 月 23 日,某区 × ×项目征用了某村坟地 6 亩,地上附着物补偿标

准为5万/亩。后该村坟地迁至李某承包林地并占地6亩。经王某许可，赵某找人代替李某与某村委会签订了《土地流转补偿协议书》，协议约定每亩地上附着物补偿5万元，合计补偿30万元。2010年8月26日，赵某让赵某某从某镇政府领取了30万元的现金支票，并于当日将现金支票存入赵某信用社账户，之后赵某转给王某。

2011年5月2日，唐钢××项目征用102亩林地中剩余的96亩。李某身在外省，经王某同意，赵某找人代替李某按照流程与某村委会签订了《地上附着物补偿协议书》，协议约定每亩地上附着物补偿5万元，合计补偿480万元。2011年5月17日，赵某让他人领取480万元的现金支票并交给王某。2011年5月17日，王某将现金支票存入其农业银行卡，将其中240万元银行转账给刘某的妻子耿某某。刘某的外甥女婿胥某某转包××制管厂承包的某村118.76亩土地，赵某帮其领取被唐钢×××占地51亩的补偿款255万元后，将200万元转存到其儿子赵某1工行卡，将45万元转存到其工行卡，将10万元转汇给薄某。

2016年4月20日，赵某因涉嫌受贿罪被唐山市××区人民检察院指定居所监视居住；因涉嫌犯贪污罪，于2016年4月29日被刑事拘留；因涉嫌犯受贿罪，于2016年5月17日被唐山市公安局××区分局执行逮捕。2018年3月2日，一审法院作出(2017)冀××刑初××号刑事判决，赵某犯职务侵占罪和对非国家工作人员行贿罪，判处有期徒刑7年。二审法院于2018年12月3日作出(2018)冀××刑终××号刑事裁定，撤销原判，发回重审。重审一审法院于2019年8月9日作出(2019)冀××刑初××号刑事判决，赵某犯职务侵占罪和对非国家工作人员行贿罪，判处有期徒刑7年。2019年12月30日，二审法院作出无罪判决，赵某被羁押1350多天后与家人重新团聚。

律师策略

一审法院判决被告人赵某犯职务侵占罪和对非国家工作人员行贿罪。对于职务侵占罪，辩护人紧扣犯罪构成要件进行辩护，是否具有非法占有的目的，是否利用职务上的便利，是否侵占本单位财物。本案中，赵某对外发包土地的目的就是减轻村里的负担，增加村民收入。赵某在履行受托职责时是基于平等主体之间的委托，没有利用任何职务、职责上的便利条件。根据《土地管理法实施条例》规定的“谁投入、谁所有”的原则，地上附着物及青苗补偿费归附着物及青苗的所有人即赵某所有。因此，赵某不符合职务侵占罪的构成要件。

对于对非国家工作人员行贿罪，要准确认定是否为谋取不正当利益而给予财物。行贿犯罪中的“谋取不正当利益”，是指行贿人谋取的利益违反法律、法规、规章、政策规定，或者要求国家工作人员违反法律、法规、规章、政策和行业规范的规定，为自己提供帮助或者方便条件。违背公平、公正原则，在经济、组织人事管理等活动中，谋取竞争优势的，应当认定为“谋取不正当利益”。本案中，赵某系为村民争取利益，并非谋取不正当利益，故不构成对非国家工作人员行贿罪。

通过深入、详细阅卷，辩护人认为被告人不构成犯罪，故在一审、二审、重审一审、重审二审中辩护人自始至终做无罪辩护。

律师文书

辩护词（节选）

一、刘某、王某、赵某“以他人名义”承包某村土地的行为属于违纪行为，签订土地承包合同程序上的瑕疵并不直接导致承包合同无效

本案中，李某不是某村集体组织成员，其与某村签订土地承包协议之前并未召开村民代表会，也未报请乡（镇）人民政府批准，从形式上看，涉案的土地承包协议违反了法律的相关规定。但在民事司法实践中，对违反相关民主议定程序是否一定导致合同无效存在争议。就本案来说，辩护人认为本案土地承包协议是有效的，首先，土地承包协议的签订属于沿用“当地惯例”，当地村民已经认可了不经过民主议定程序签订土地承包协议的事实；其次，某村将土地发包给李某的目的是增加村民收入，且承包价格符合市场行情，涉案土地承包不仅不会损及村民利益，反而会带来符合村民预期的收益；最后，由于不经过民主议定程序签订土地承包协议是“当地惯例”，某村村委会向法庭提供的证据证实存在大量相似的土地承包协议的事实，如果仅因为没有召开村民代表会而宣告土地承包协议无效，将不利于当地相关民事行为的安全与稳定。民主议定程序的设立，是为了保证发包行为符合村民真实的意思表示，防止村委会滥用权力，损害村民的利益。在不经过民主议定程序发包是“当地惯例”的情况下，涉案土地承包协议中签订的承包价格符合市场行情，最终为村民带来收益，可以

认为是符合村民的真实意思表示。因此，本案中签订协议程序的瑕疵，并不当然导致土地承包协议无效。

二、即使认为土地协议无效，地上附着物补偿费也并非村集体所有，赵某等人有获得地上附着物补偿费的依据

《土地管理法实施条例》第26条第1款规定，土地补偿费归农村集体经济组织所有；地上附着物及青苗补偿费归地上附着物及青苗的所有者所有；2005年最高人民法院《关于审理涉及农村土地承包纠纷案件适用法律问题的解释》第22条第2款规定，承包方已将土地承包经营权以转包、出租等方式流转给第三人的，除当事人另有约定外，青苗补偿费归实际投入人所有，地上附着物补偿费归附着物所有人所有。结合本案事实，赵某、王某除了交纳土地承包费外，在承包地上盖房、开办养殖、种植花木等，实际投入了数十万元，出庭证人及×××委会出具的证词、各被告人的供述等均相互印证了被告人地上投入的事实。根据政府征地补偿标准，赵某等人具有获得地上补偿款的事实依据和法律依据。没有证据证明村集体是地上附着物的所有者，所以也不能认为地上附着物补偿费是村集体应得的财物。因此，赵某等人领取补偿费的行为并未造成村集体经济利益的损失。

三、赵某等人的行为不构成职务侵占，重审一审法院认为赵某等人实际获得了补偿款，就认定其职务侵占属于客观归罪

1. 赵某等人主观上不具有侵犯财产的故意。首先，某村对外签订土地承包合同时赵某并未参与其中，土地承包半年后因地上树木生病，王某和刘某基于经营管理的需要邀请赵某参与，赵某在主观上开始并未有参与承包的意图；其次，村委会发包土地的目的是增加村民收入。被告人赵某、薄某供述：2004年，××化工厂与某村终止了承包协议，由于某村每年需要给村民支付承包费，所以与薄某商量将这块地承包出去，以减轻村里的财务负担；被告人王某供述："赵某与薄某商量想将这块地承包出去，以减轻村里的财务负担，我听说这事后，因为是搞果树专业的，我就想承包这块地，想搞林下养殖。"从三名被告人的供述可知，某村对外发包土地是为了减轻村里的负担，增加村民收入，王某承包的目的是发挥其专业优势，各方发包、承包土地的目的均与侵占地上附着物

的补偿款毫无关系。赵某等人在实质上具有涉案土地的承包经营权,并对其进行大量的投入,具有获取地上附着物补偿费的实质理由,因而应当排除其非法占有目的。

2. 赵某的行为也不符合职务侵占罪的客观构成要件。职务侵占罪的行为对象是单位所有的财物,包括已在单位控制之中的财物与应归单位收入的财物。但是,首先,本案中的地上附着物补偿费并未在村集体控制之中,根据《起诉书》,2010年8月26日,被告人赵某让其三弟赵某某从某镇政府领取了30万元的现金支票……2011年5月17日,被告人赵某让其儿子赵某1到某镇政府领取补偿款,赵某1又委托张某领取了480万元的现金支票。也就是说,地上附着物补偿费并未在村集体的控制之中,而是在某镇政府的控制之中,因此不属于在单位控制之中的财物。其次,地上附着物补偿费并非村集体应得的财物。

3. 赵某对合同的审批是正常履行职务行为。首先,土地在承包过程中,无论是王某还是赵某,都没有利用职务上的便利。无论是给村民的承包合同签字盖章,还是给王某的承包合同签字盖章,本身都只是对承包合同内容的确认。赵某不仅对其参与承包的土地的承包合同签字盖章,也对其他正常承包或转包的承包合同签字盖章,一视同仁,并未利用职权为自己谋私利。其次,赵某取得该补偿款没有利用职务上的便利,卷宗材料证实,赵某通知王某,让王某找李某来取钱,王某让赵某找人代领,并且把李某的身份证件交给赵某,赵某持李某的身份证原件找人办理,王某对赵某的代领是明知的,是有授权的,发放补偿款的工作人员是按照正常发放程序发放补偿款;胥某某承包土地补偿款的领取方式也是刘某将身份证交付给赵某,两块土地补偿款的领取方式相同。赵某在履行受托职责时没有利用任何职务、职责上的便利条件。

综上,公诉机关属于客观归罪,辩护人认为赵某不构成职务侵占罪。

四、赵某不构成对非国家工作人员行贿罪

《刑法》第164条规定,为谋取不正当利益,给予公司、企业或者其他单位的工作人员以财物,数额较大的行为。综观本案,赵某不是为了谋取不正当利益,地上物补偿费理应归实际承包人赵某、王某所有,赵某谋取的是正当利益。

赵某自愿处分自己的财产无可厚非。

五、重审一审法院在程序上存在严重违法之处

1. 对于二审法院发回一审法院重新审理的案件，不得适用陪审制。最高人民法院政治部编著的《〈中华人民共和国人民陪审员法〉条文理解与适用》认为，重审程序，对于非专业的人民陪审员来说，很难发挥实质参审作用。为稳妥起见，也为了合理利用有限的陪审资源，发回一审法院重新审理的案件不适用陪审制。本案中，重审一审法院在重审一审时有两名人民陪审员参与审理，故程序违法，进而作出的判决结果不公正。

2. 对于二审以"事实不清、证据不足"发回重审的案件，在事实、证据没有变化的情况下，一般不能作出与第一次相同的判决，重审一审法院违法了上述精神。

最高人民法院刑事审判第一至第五庭编写的《刑事审判参考》（2006 年第 3 集）发布了典型案例，即（第 396 号）陈某强奸案——如何把握强奸案件"证据确实、充分"的证明标准。该书认为，二审法院作出"案件事实不清、证据不足"的结论，也是具有终审效力的结论。一审法院继续以原一审的证据作出相同的事实认定，并作出相同的判决，是对终审效力的不尊重。正确的做法应当是，原审法院应当充分利用发回重审的机会，就原判决存在的问题加以纠正，对事实不清的，通过诉讼程序予以查清；对证据不足的，如果经过审理，没有新的证据，则应当作出证据不足、指控的犯罪不能成立的无罪判决。在事实、证据没有变化的情况下，不应作出与第一次相同的判决。本案中，法院对于赵某职务侵占一案，在事实与证据没有发生变化的情况下仍作出与第一次相同的判决，严重违法程序，进而得出错误的判决。综上，请求二审法院宣告赵某无罪。

案件结果

唐山市××区人民检察院对赵某以职务侵占和行贿罪、对王某以职务侵占罪、对薄某以受贿罪提起公诉，一审法院对三人分别定罪处罚，经二审法院审判委员会讨论决定，根据《刑事诉讼法》第 200 条第 3 项、第 236 条第 1 款第 3 项之规定，判决如下：（1）撤销一审法院（2019）冀××刑初××号刑事判决；（2）上诉

人(原审被告人)赵某无罪。

典型意义

本案罪与非罪划分较为复杂。本案有两个关键点:一是作为公务员的王某以妻子李某名义与赵某代表的某村委会签订的林地承包合同是否有效?二是协议承包的土地被项目占用后补偿款是否归承包人李某所有?弄清这两个问题,罪与非罪的问题就迎刃而解。一审法院显然在这两个关键点上把握出现偏差,辩护律师仅仅抓住合同有效、承包人在承包土地上投资经营的土地被占用后应当得到补偿这两个关键辩护要点,据理力争,得到二审法院的支持,无罪辩护取得圆满成功。

回顾思考

一是律师之间应加强配合。一个案件中,被告人家属可能会委托两名律师辩护,目的是最大限度地保障被告人的合法权益。因此,律师之间应加强沟通协调,团结合作,分工负责。本案中家属委托我和李恒德律师为被告人辩护,我们二人共同阅卷、共同研讨案件,庭审时做了相应分工,发问时以我为主,李律师补充,质证时李律师为主,我补充。二人相互配合协作取得比较好的辩护效果。

二是律师应善于调查取证。北京大学陈瑞华老师曾经说过:"调查核实证据属于辩护律师开庭前防御准备活动的重要组成部分,也是辩护律师享有的主要诉讼权利。"律师积极辩护是无罪辩护的有效途径,而调查取证则是律师从事积极辩护不可或缺的重要手段。在调查取证方面,律师应当有所作为,通过调查取证来获取新的证据材料,获得新的证人出庭作证的机会,这是有效展开积极辩护的基本要求。本案中,被告人承包土地,植树造林取得了林权证,辩护人到当地林业部门调取了全部档案资料,证明被告人有权取得地上物补偿。在承包土地过程中,被告人投入了巨大的人力、物力和财力,辩护人向相关证人调查取证并申请出庭作证,为案件胜诉奠定了坚实基础。

三是法官公正审理。公平正义是人类永恒的价值追求,也是法律的精神内核和立法的伦理基础。促进社会公平正义是司法工作的核心价值追求,法官应时刻用实际行动捍卫法律的尊严，守护公平正义。习近平总书记多次强调："努力让人民群众在每一个司法案件中感受到公平正义"，本案二审法官做到了，案件充分体现了"以审判为中心"诉讼制度改革环境下，法官公平公正审理，法院敢于作出无罪判决，这是法治进步的表现，也是时代的要求。

律师简介

田帅，北京市盈科律师事务所律师，盈科北京刑事法律事务部（二部）副主任，十余年执业经历，专注于刑事案件辩护。

李恒德，北京市一法律师事务所律师。

被告人已经认罪认罚，检察院为何又撤回起诉

——常某某危险驾驶案

魏俊卿

案件简介

2018 年 10 月 12 日 2 时 30 分许，被告人常某某饮酒后驾驶机动车，沿河南省郑州市杨金路由东向西行驶至距中州大道 2 公里处时与杨金路南半幅灯杆相撞，致使其驾驶的车辆发生侧翻，造成交通事故。事故发生后，常某某受伤，群众拨打电话报警，常某某被送至医院救治。经对常某某抽血检测，常某某血醇含量检验结果为 232.62mg/100ml。经河南省郑州市公安局交通警察支队某大队认定，常某某负事故全部责任。

2020 年 10 月 13 日，在值班律师的见证下，被告人常某某签署了《认罪认罚具结书》，并同意适用速裁程序审理。河南省郑州市某区人民检察院的量刑建议为：拘役 4 个月，并处罚金人民币 3 万元。

2020 年 10 月 15 日，河南省郑州市某区人民检察院以被告人常某某犯危险驾驶罪，向河南省郑州市某区人民法院提起公诉，河南省郑州市某区人民法院依法予以受理。

律师策略

接受委托时，距离原定的开庭时间只有 2 天，笔者急忙到法院递交了委托手续，进行了阅卷。阅卷时，笔者发现卷宗中的《当事人血样提取登记表》中“消毒液名称”一栏内容有改动，原填写为“吉尔碘”，被改为“碘伏”。卷宗中还有一份侦查人员询问抽取血样的护

士罗某某的询问笔录，在这份询问笔录中，护士罗某某称："当时用的是碘伏，民警刚进来时强调用不含酒精的消毒液，平时我们用的是吉尔碘，民警强调后我找了瓶碘伏，对那伤者消毒时就用了碘伏，我当时还给民警说了一句。……因为平时用消毒液用的吉尔碘，顺着就写成吉尔碘了"。当时，笔者并不知道"吉尔碘"是什么，这两份证据让笔者对"吉尔碘"产生了极大兴趣。通过上网搜索，笔者查询到"吉尔碘"是郑州吉尔康消毒制品有限公司生产的一种消毒液。通过进一步搜索"吉尔碘"的说明书，笔者发现"吉尔碘"中含有65%～75%的酒精成分。发现这一查询结果后，笔者认为必须想方设法查清楚抽取本案被告人常某某血样前用的到底是不是"吉尔碘"消毒液。

卷宗中，还有公诉机关提交的《提取常某某血样检材视频》，该视频既有声音又有图像。笔者通过反复查看，确定对被告人常某某抽血前消毒用的就是吉尔碘。因为，《提取常某某血样检材视频》第04:34:21～04:34:41时段，非常清晰地证明，抽取被告人常某某血样前，护士明确告诉在场警察消毒用的是他们常用的吉尔碘，并且明确告诉在场警察里边含有一部分酒精，问警察有没有影响。护士还拿起吉尔碘消毒液瓶子让警察看成分比。在04:36:38～04:38:10时间段，护士开始用蘸有吉尔碘消毒液的棉签消毒、抽血。更为重要的是，在04:39:37～04:40:52时间段，在场警察让护士填写《当事人血样提取登记表》时，警察让护士将消毒液名称也写上，护士离开桌子去拿刚才用于消毒的吉尔碘消毒液瓶子，在场警察明确说用的是吉尔碘，护士仍然走过去将刚才用的消毒液瓶子拿在手中，看着消毒液瓶子上的标签说出"吉尔碘"三个字，并在《当事人血样提取登记表》"消毒液名称"一栏填写了"吉尔碘"三个字。该视频作为客观证据，其内容与护士罗某某的询问笔录内容完全相反。

至此，尽管被告人已经签署了《认罪认罚具结书》，笔者与被告人沟通后，确定了做无罪辩护的思路，并及时将这一辩护思路及理由与承办法官进行了沟通。承办法官鉴于本案的证据情况和律师坚持做无罪辩护，将原定的速裁程序改为普通程序，重新确定了开庭时间，为律师辩护准备留了充分时间。

在接下来的时间里，笔者一方面积极准备本案在抽取被告人血样前使用了含有乙醇成分的消毒液，致使《乙醇检验报告》不能予以采信的材料和辩护意见;另一方面进行第二遍、第三遍阅卷,以求进一步发现新的辩点。

为了让承办法官更加直观地了解本案《提取常某某血样检材视频》能证明在抽取被告人血样前使用了含有乙醇成分的消毒液,笔者将能反映抽取被告人血样前使用了吉尔碘消毒液的关键时间段反复播放,将护士与警察对话的内容以文字形式整理出来,形成《抽血视频关键点整理》,提交给法院。内容为:

1. 时间段:04:34:21 ~ 04:34:41。

视频内容:

护士:咱用的是碘伏给他消毒的,就是我们常用的吉尔碘,里边也含有一部分酒精,不知道有没有影响?

警察:吉尔碘是吧?

护士:就是吉尔碘,你看一下这个成分比(将吉尔碘消毒液小瓶子拿起来让警察看,又放下)。

警察:啊。

2. 时间段:04:36:38 ~ 04:38:10。

视频内容:护士开始用蘸有吉尔碘消毒液的棉签给被告人常某某消毒、抽血。

3. 时间段:04:39:37 ~ 04:40:52。

视频内容:护士开始填写《当事人血样提取登记表》。

警察:这个消毒液名称也写上。

护士:(离开桌子去拿刚才用于消毒的吉尔碘消毒液瓶子)。

警察:是吉尔碘,应该是吉尔碘吧。

护士:(手拿着吉尔碘消毒液的瓶子,看着吉尔碘消毒液瓶子上的标签填写)吉尔碘。

通过这样的整理,能让承办法官在查看视频资料的时候非常直观地判断出抽血当时用的到底是不是"吉尔碘"消毒液,护士罗某某的询问笔录能不能予以采信。同时,为了证明"吉尔碘"消毒液含有乙醇成分,笔者还到当时抽取被告人常某某血液的医院购买了一瓶尚未开封的"吉尔碘"消毒液,并将"吉尔碘"消毒液的瓶贴(瓶贴上成分说明中写有"含乙醇65% ~75%"字样)从不同角度拍摄成照片，将这瓶尚未开封的“吉尔碘”消毒液及瓶贴照片作为证据提交给了法院。

通过进一步地仔细阅卷，笔者从卷宗中《当事人血样提取登记表》与《乙醇检验报告》的对比中，发现《乙醇检验报告》中载明的检材血样量与《当事人血样提取登记表》中载明的提取血样量不一致。《当事人血样提取登记表》中“提取量”一栏显示，A 样本提取量为 3ml，B 样本提取量为 2ml，两试管样本均有相应的编号。而河南省郑州市公安局交通事故鉴定所作出的《乙醇检验报告》中载明的送检样本却为：“2018 年 10 月 12 日 4 时 35 分抽取常某某的血液 4ml”，检材也没有具体的编号。这一发现，为笔者做无罪辩护增加了一个新的理由。

开庭前，笔者撰写了近 5000 字的辩护词，为庭审做了充分的准备。

律师文书

辩护词（摘录）

一、辩护人认为，河南省郑州市公安局交通事故鉴定所作出的《乙醇检验报告》不能作为本案定案的根据。具体理由如下：

（一）本案抽取被告人血样时采用的是吉尔碘消毒液消毒，吉尔碘消毒液中含有 65% ~75% 乙醇成分。因此，本案抽血过程违反了国家关于酒驾抽取血样时不允许使用醇类药品对皮肤进行消毒的规定，检材已受到污染，直接影响到鉴定意见是否具有客观性、合法性。理由是：

公诉机关提交的《提取常某某血样检材视频》第 04:34:21 ~04:34:41 时段，非常清晰地证明，抽取被告人血样前，护士明确告诉在场警察消毒用的是她们常用的吉尔碘，并且明确告诉在场警察里边含有一部分酒精，问警察有没有影响。护士还拿起吉尔碘消毒液瓶子让警察看成分比，在场警察没有表示反对。在 04:36:38 ~04:38:10 时间段，护士开始用蘸有吉尔碘消毒液的棉签为被告人消毒、抽血。更为重要的是，在 04:39:37 ~04:40:52 时间段，在场警察让护士填写《当事人血样提取登记表》时，警察让护士将消毒液名称也写上，护士离开桌子去拿刚才用于消毒的吉尔碘消毒液瓶子，在场警察明确说用的是吉尔碘,护士仍然将刚才用的消毒液瓶子拿在手中,看着消毒液瓶子上的标签说出“吉尔碘”三个字,并在《当事人血样提取登记表》“消毒液名称”一栏填写了“吉尔碘”三个字。该视频作为客观证据,非常清晰地表明,本案抽取被告人血样时采用的是吉尔碘消毒液消毒,消毒液中含有65%～75%乙醇成分。因此,本案《当事人血样提取登记表》中“消毒液名称”一栏中护士原始填写的“吉尔碘”后被他人(与护士原始填写的笔迹相比,不像是同一人书写)涂改为“碘伏”是无效的。护士罗某某在2020年9月24日的询问笔录(证据材料卷第44～45页)中称“当时用的是碘伏,民警刚进来时强调用不含酒精的消毒液,平时我们用的是吉尔碘,民警强调后我找了瓶碘伏,对那伤者消毒时就用了碘伏,我当时还给民警说了一句。……因为平时用消毒液用的吉尔碘,顺着就写成吉尔碘了”,该证言的内容与公安机关制作的《提取常某某血样检材视频》这一客观证据完全相反,明显是一份假证,根本不应予以采信。

国家强制性标准《车辆驾驶人员血液、呼气酒精含量阈值与检验》(GB 19522—2017)第5.3.1条规定:“对需要检验血液中酒精含量的,应及时抽取血样。抽取血样应由专业人员按要求进行,不应采用醇类药品对皮肤进行消毒。”最高人民法院《关于适用〈中华人民共和国刑事诉讼法〉的解释》第85条规定:“鉴定意见具有下列情形之一的,不得作为定案的根据:……(三)送检材料、样本来源不明,或者因污染不具备鉴定条件的。”据此,应当认定本案中抽取的被告人血样在抽取时已经受到污染,不具备鉴定条件,郑州市公安局交通事故鉴定所对该已经污染的检材作出的《乙醇检验报告》,不能作为定案的根据。

(二)送检血样与提取的血样不具有同一性。理由是:

本案《提取常某某血样检材视频》显示当天共抽取被告人两试管血液,《当事人血样提取登记表》中“提取量”一栏显示,A样本提取量为3ml,B样本提取量为2ml,两试管样本均有相应的编号。而郑州市公安局交通事故鉴定所作出的《乙醇检验报告》中载明的送检样本却为:“2018年10月12日4时35分抽取常某某的血液4ml”,检材也没有具体的编号。很显然,提取血液量与送检样本的血液量相差明显,不能证明《乙醇检验报告》中鉴定的血液就是从被告人身上提取的血液。

最高人民法院《关于适用〈中华人民共和国刑事诉讼法〉的解释》第 85 条规定："鉴定意见具有下列情形之一的，不得作为定案的根据：……（四）鉴定对象与送检材料、样本不一致的。"据此，应当认定本案中送检血样与提取的血样不具有同一性。郑州市公安局交通事故鉴定所作出的《乙醇检验报告》，不能作为定案的根据。

（三）送检血液是否系被告人常某某的血液不能排除合理怀疑。理由是：

《提取常某某血样检材视频》显示抽取被告人血液当天，被告人常某某伤势严重，处于半昏迷状态，没有在《当事人血样提取登记表》上签名。由此足以证明，《当事人血样提取登记表》上"被提取人签名"一栏中"常某某"的签名不是在抽血当天被告人常某某亲眼见证下所签，盛装血液的两试管抗凝管上尽管有编号但也没有被告人的签名，郑州市公安局交通事故鉴定所作出的《乙醇检验报告》中载明的送检样本并没有具体的编号，送检血液是否系被告人常某某的血液不能排除合理怀疑。

根据《刑事诉讼法》第 55 条的规定，刑事案件必须达到排除合理怀疑的证明标准。排除合理怀疑原则的立法目的在于，通过严格的证明标准查明案件事实，防止滥用追诉权，切实保障公民权利。如果不能排除合理怀疑，应当坚持疑罪从无原则，作出有利于行为人的认定。最高人民法院、最高人民检察院、公安部、国家安全部、司法部 2016 年 7 月 20 日印发的《关于推进以审判为中心的刑事诉讼制度改革的意见》中也规定："人民法院作出有罪判决，对于证明犯罪构成要件的事实，应当综合全案证据排除合理怀疑，对于量刑证据存疑的，应当作出有利于被告人的认定。"最高人民法院 2017 年 2 月 17 日印发的《关于全面推进以审判为中心的刑事诉讼制度改革的实施意见》（法发〔2017〕5 号）中也规定："人民法院作出有罪判决，对于定罪事实应当综合全案证据排除合理怀疑。"

根据上述规定，本案应当作出有利于被告人的认定，不能认定送检血液就是被告人的血液，郑州市公安局交通事故鉴定所作出的《乙醇检验报告》不能作为定案的根据。

二、郑州市公安局交通事故鉴定所作出的《乙醇检验报告》不作为本案定案的根据后,本案用于证明被告人常某某驾驶机动车时属醉酒状态的证据不足,不能认定被告人有罪。根据《刑事诉讼法》第200条第3项的规定,应当作出证据不足、指控的犯罪不能成立的无罪判决。具体理由如下:

(一)"犯罪事实清楚,证据确实、充分"是我国刑事诉讼法确立的刑事证明标准。《刑事诉讼法》第51条规定:"公诉案件中被告人有罪的举证责任由人民检察院承担。"根据《刑事诉讼法》第200条的规定,只有"案件事实清楚,证据确实、充分"的,才能认定被告人有罪。《刑事诉讼法》第55条第2款明确规定:"证据确实、充分,应当符合以下条件:(一)定罪量刑的事实都有证据证明;(二)据以定案的证据均经法定程序查证属实;(三)综合全案证据,对所认定事实已排除合理怀疑。"最高人民法院《关于适用〈中华人民共和国刑事诉讼法〉的解释》第61条规定:"认定案件事实,必须以证据为根据。"最高人民法院、最高人民检察院、公安部、国家安全部、司法部于2016年7月20日印发的《关于推进以审判为中心的刑事诉讼制度改革的意见》规定:"严格按照法律规定的证据裁判要求,没有证据不得认定犯罪事实""证据不足,不能认定被告人有罪的,应当按照疑罪从无原则,依法作出无罪判决"。最高人民法院2017年2月17日印发的《关于全面推进以审判为中心的刑事诉讼制度改革的实施意见》(法发〔2017〕5号)要求:"坚持证据裁判原则,认定案件事实,必须以证据为根据,没有证据不得认定案件事实""坚持疑罪从无原则,认定被告人有罪,必须达到犯罪事实清楚,证据确实、充分的证明标准""定罪证据不足的案件,不能认定被告人有罪,应当作出证据不足、指控的犯罪不能成立的无罪判决"。

本案作为醉驾案件,血液酒精含量鉴定意见是认定行为人是否构成危险驾驶罪的重要依据。本案中,抽取被告人血样时用的是含有乙醇成分的消毒液消毒,这是抽血视频这一客观证据足以证明的客观事实。而且,《当事人血样提取登记表》中登记的血液样本"提取量"与郑州市公安局交通事故鉴定所作出的《乙醇检验报告》中载明的送检样本血液量明显不一致,不能证明《乙醇检验报告》中鉴定的血液就是从被告人身上提取的血液。该《乙醇检验报告》根据最高人民法院《关于适用〈中华人民共和国刑事诉讼法〉的解释》第85条规定不予采信后，本案认定被告人醉酒驾驶的证据不确实、不充分，应当按照疑罪从无的原则，认定被告人无罪。

（二）本辩护人特别要提出的是，本案被告人在驾车前曾经饮酒，这尽管是事实。但是，危险驾驶罪作为刑事犯罪，根据最高人民法院、最高人民检察院、公安部《关于办理醉酒驾驶机动车刑事案件适用法律若干问题的意见》第1条第1款的规定，在道路上驾驶机动车，血液酒精含量达到80毫克/100毫升以上的，才属于醉酒驾驶机动车，以危险驾驶罪定罪处罚。第6条第1款规定："血液酒精含量检验鉴定意见是认定犯罪嫌疑人是否醉酒的依据。"本案不能仅仅因为被告人确实在驾车前有过饮酒行为，就推定被告人属于醉酒驾驶。

从理论上来讲，刑事推定也只有在相关事实根本无法用直接证据来证明时，才允许采取这种方式进行认定。而且，推定必须以客观事实为基础，不能主观臆测。《刑事审判参考》第265号案例《严某收购赃物案——推定规则在刑事诉讼中的运用，"两罪存疑"案件的处理》中指出："推定规则的运用具有辅助性。推定只是认定案件事实的一种辅助方法，只能限定在特定的条件下运用。……就事实推定规则而言，其适用的辅助性主要体现在：在能够通过收集其他证据直接证明待证事实的情况下，就不允许运用推定方式认定该事实。此外，无论是法律推定还是事实推定，一般只能用于认定案件的某一方面事实，而不能直接用来推定被告人有罪。"

本案作为危险驾驶刑事案件，被告人是否属于醉酒驾驶，完全可以、也只能通过有效的血液酒精含量检验鉴定予以证明，而不是根本无法用证据来证明。因此，本案在排除了血液酒精含量鉴定意见后，不能采用推定方式认定被告人属于醉酒驾驶。

本辩护人认为，本案侦查机关对于已有明确具体的操作规范而予以违反，未尽到职责。不论是从有利于规范执法的角度，还是从责任自担的角度，都应当让侦查机关对自己的违规行为承担不利的结果，侦查机关的过错不应由被告人埋单。

综上所述，本辩护人认为，本案核心事实方面的证据欠缺，而且无法补正，不能认定本案被告人有罪，本辩护人建议本院作出证据不足、指控的犯罪不能成立的无罪判决,或者由公诉机关撤回起诉。

案件结果

河南省郑州市某区人民法院适用普通程序对本案进行了公开开庭审理。法庭辩论结束后,主审法官注意到本案证据存在的问题,当庭询问公诉人是否调整量刑建议,公诉人表示需要集体研究后再做决定。

2020年12月9日,河南省郑州市某区人民检察院以本案的证据发生变化为由,决定对被告人常某某撤回起诉。2020年12月15日,河南省郑州市某区人民法院裁定准许河南省郑州市某区人民检察院撤回对被告人常某某的起诉。

2021年1月14日,河南省郑州市某区人民检察院以证据不足为由,作出《不起诉决定书》,同时作出《不起诉理由说明书》。河南省郑州市某区人民检察院认为,现有证据能够认定常某某系酒后驾驶机动车,发生交通事故的事实,但现阶段证据证明对常某某抽取血样时使用含醇类的消毒液,违反国家质量监督检验检疫总局、国家标准化管理委员会发布的《车辆驾驶人员血液、呼气酒精含量阈值与检验》(GB 19522—2010)第5.3.1条强制性规定"抽取血样应由专业人员按要求进行,不应采用醇类药品对皮肤进行消毒",可能会对血样造成污染。本案血样提取程序违法,导致血醇鉴定意见合法性存疑,故本案血醇鉴定意见不能采信。根据现有证据无法认定常某某是否系醉酒驾驶机动车。

典型意义

醉驾入刑已经整整10年,从2019年开始危险驾驶犯罪案件已跃居刑事案件的第一位。实践中,绝大多数危险驾驶犯罪案件,采用认罪认罚和速裁程序,在很短的时间内走完全部司法程序。危险驾驶罪是目前我国刑法中法定最高刑最低的犯罪,由于刑期较短等原因,实践中,危险驾驶犯罪案件的当事人很少委托律师参与辩护。致使危险驾驶犯罪案件中,通过专业律师辩护发现问题、促进执法规范化和司法公正的案例很少。在此背景下,很有必要在"醉驾入刑"10周年之际,以典型案例为切入点,对危险驾驶犯罪中的若干问题进行分析和总结,以促进相关立法、司法的完善和进步。

我国《刑事诉讼法》在2018年修改时确立了认罪认罚制度,《刑事诉讼法》第174

条第1款规定："犯罪嫌疑人自愿认罪，同意量刑建议和程序适用的，应当在辩护人或者值班律师在场的情况下签署认罪认罚具结书。"最高人民法院、最高人民检察院、公安部、国家安全部、司法部《关于适用认罪认罚从宽制度的指导意见》在"犯罪嫌疑人、被告人辩护权保障"部分规定，"值班律师应当维护犯罪嫌疑人、被告人的合法权益"。可是，实践中，值班律师见证犯罪嫌疑人签署认罪认罚具结书常有"走过场"的情况，在见证签署前，值班律师很少去查阅案卷材料。在犯罪嫌疑人无权阅卷的情况下，值班律师不阅卷就见证签署认罪认罚具结书，致使犯罪嫌疑人的辩护权很难得到保障。该案例充分暴露了我国认罪认罚程序中值班律师见证制度存在的这一问题，对推进我国刑事诉讼制度的立法有重大意义和价值。

回顾思考

刑事案件的辩护成功，大都源于细节。所以，刑辩律师必须具备严谨、细心、认真的办案作风，用心去办理每一个案件。本案被告人在审查起诉阶段已经签署认罪认罚具结书，公诉人在公诉前、主审法官在开庭前也都没有发现本案证据存在的重大问题。如果辩护人没有严谨、细心、认真的工作作风，很难从控方证据《当事人血样提取登记表》中"消毒液名称"一栏填写的"吉尔碘"改为"碘伏"这一细节展开，先是查询到"吉尔碘"含有65%～75%的酒精成分，后通过认真查看控方提供的抽血视频确定消毒用的就是吉尔碘，并从《当事人血样提取登记表》与《乙醇检验报告》的对比中，发现检材血样量与提取的血样量不一致。正是发现控方证据存在这两方面的重大问题，才使本已认罪认罚的案件最终以撤回起诉、不起诉结案。

刑案无小事。每一个刑事案件，对律师来说只是来来往往的众多案件中极其普通的一个，但对当事人来说，却可能是身家性命之依托。所以，不论是当事人委托的律师，还是法律援助值班律师，都应该本着对当事人负责的态度，仔细阅卷、认真分析、积极准备，充分维护当事人的合法权益，尽到作为一名律师的责任，对得起自己的良心。

规范执法、规范办案是一个永恒的话题。作为辩护人，每办理一个成功案例，特别是因侦查机关取证不合法、证据出现问题导致的无罪、不起诉案例，笔者都会反思，笔者的辩护是不是在纵容犯罪、助纣为虐？可是，法治社会要求我们必须严格司法。本案被告人酒后驾驶机动车在道路上行驶,毫无疑问是一个客观事实,由于侦查机关未尽到职责,对于明确具体的抽血操作规范而予以违反,在送检时又审查不严,致使鉴定书载明的检材血样量与抽取的血样量不符,最终导致鉴定意见无法采用,本该承担刑事责任的被告人无法追究,从社会治理角度来看,这显然不是一件好事。但是,无论是从严格司法角度,还是从有利于促进侦查机关规范取证、规范办案角度,本案的不起诉决定显然是正确的。人民检察院作为法律监督机关,人民法院作为审判机关,都不能放任公安机关的不合法取证,不规范执法,公安机关的侦查能力和执法水平需要在历练中不断进步和提升。公检法三机关既要配合,也要制约,只有这样,我国的法治社会建设才能不断推向深入。

律师简介

魏俊卿, 二级律师,2000年开始从事律师执业。现任北京市盈科(洛阳)律师事务所党支部书记、管委会副主任、刑事法律事务部主任,系洛阳市律师协会常务理事、洛阳市律师协会刑事业务委员会副主任,河南省律师协会刑事业务委员会执行委员。2017年2月被河南省律师协会授予"河南省优秀刑辩律师",2019年3月被洛阳市司法局授予"2018年度扫黑除恶专项斗争特别辩护团队优秀律师",2019年9月被河南省律师行业党委授予"全省律师行业优秀党员律师",2019年12月被河南省律师协会授予"2015~2019年度河南省优秀律师"。

证据不足，即便被告人认罪认罚，犯罪事实也不能认定

——潘某某涉嫌参加黑社会性质组织罪案

奚　玮

案件简介

公诉机关指控：自2000年至2018年，被告人汪某某凭借其宗族在某某镇的影响力，以农村基层组织为基础、以宗族关系为纽带，实施非法倒卖土地使用权、非法占用农用地、诈骗、敲诈勒索、强迫交易、聚众斗殴、寻衅滋事、非法拘禁、开设赌场、妨害作证、滥用职权等近40起违法犯罪活动。依靠组织势力影响，攫取非法经济利益，假公济私敲诈群众钱财、侵吞集体资产，逐渐形成以汪某某为组织者、领导者，以汪某忠、汪甲勇、汪甲义、汪某林、汪某岭、丁某安、鲁某、王某俊、梅某荣以及汪某贵等人为积极参加者，以王某所、王某安、潘某某、汪乙义、汪乙勇、汪甲、刘某、罗某三、丁某、杨某、汪乙等人为一般参加者的黑社会性质组织。

2009年3月，被告人汪某某入股某某镇某供水公司担任法定代表人、董事长，被告人潘某某任厂长，两人共同经营该公司。

自2014年起，在被告人汪某某、潘某某的决定、授意下，该公司严重违反物价部门相关规定，长期擅自提高群众生产、生活必须的水资源费用价格，非法获利共计214,637.41元，增加了居民生产、生活成本，严重侵害群众切身利益，遭到当地群众的强烈不满。2017年，为了能够顺利收取高额水费，二被告人安排公司员工为该镇某某商城商户及某某街道居民强行安装智能水表，每户收取260元水表费及价格不等的管网改造费，以不安装、不充值则断水进行威胁，强迫居民交费。2017年4月起，该镇群众因此事多次到该镇政府反映问题，造成严重

的不良社会后果。经审计,该公司强制安装水表309户,收取费用194,540元,非法获利30,900元。被告人潘某某明知该组织具有一定规模并以实施违法犯罪为基本活动,仍自愿加入并接受组织、领导和管理,在该组织违法犯罪活动中起到辅助作用,系一般参加者。公诉机关以参加黑社会性质组织罪、强迫交易罪将潘某某起诉至一审法院。

律师策略

奚玮律师接受本案被告人潘某某的委托,担任其一审辩护人。潘某某认为其不构成参加黑社会性质组织罪。经过多轮细致阅卷、梳理在案证据,辩护人认为,虽然公诉机关指控的罪名有两个,即参加黑社会性质组织罪和强迫交易罪,但是实质争议焦点集中在参加黑社会性质组织罪的认定上。

针对参加黑社会性质组织这一罪名,辩护人一方面认真研读了最高人民法院、最高人民检察院、公安部、司法部《关于办理黑恶势力犯罪案件若干问题的指导意见》(法发〔2018〕1号)等相关司法文件;另一方面通过书籍、网络等渠道检索大量相关判例,检索到诸如广州市中级人民法院(2015)穗中法刑一终字第126号等极具参考价值的案例(该案一审法院对公诉机关指控的被告人麦某甲参加黑社会性质组织罪不予认定,并且二审法院广州中院维持原判),将该些参考案例中法院对涉黑罪名指控不予认定的说理逻辑归纳运用到本案,并紧密结合办理涉黑案件的相关法律法规,确定了辩护思路——从潘某某的主观认知和客观表现两大方面论证公诉机关指控潘某某犯参加黑社会性质组织罪的证据不足,依法不能认定。具体表现为:(1)没有证据证明潘某某明知涉案组织的存在,更没有证据证明潘某某明知涉案组织具有一定规模并以实施违法犯罪为基本活动;(2)没有证据证明潘某某与汪某某之间形成了组织、领导、参加黑社会性质组织罪意义上的“接受组织、领导和管理”关系。

对于强迫交易罪,鉴于潘某某表示认罪认罚,辩护人在提出“公诉机关指控的部分内容证据不足,即便认为潘某某的行为符合强迫交易的行为性质,也属犯罪情节显著轻微,不足以认定为犯罪”观点的基础上,进一步补充了“即便要对潘某某的行为作出构罪评价,其行为也不属于强迫交易罪情节特别严重情形”的论述,以此辩护策略为当事人潘某某尽可能争取有期徒刑3年以下并宣告缓刑的量刑结果。同时，辩护人还分别制作了“强迫交易罪情节特别严重但有自首情节被判处缓刑”以及“强迫交易罪情节特别严重但有自首、从犯情节被判处缓刑”两份《检索报告》提交法庭。

本案法院组织了两次开庭。第一次开庭时，潘某某对参加黑社会性质组织罪做无罪辩解，对强迫交易罪自愿认罪认罚。辩护人认为潘某某不构成参加黑社会性质组织罪。第一次开庭结束后，潘某某接到通知前往公诉机关，事后辩护人得知公诉机关通知潘某某前往的目的在于沟通认罪认罚从宽事宜，后潘某某对指控的两罪都认罪认罚，但公诉机关提出对两罪数罪并罚后的量刑建议幅度虽在3年以下，并未明确建议可以适用缓刑。由于第一次庭审中，辩护人已在尊重案件事实的基础上发表了潘某某不构成参加黑社会性质组织罪的辩护意见，故在潘某某决定签署《认罪认罚具结书》时，辩护人并未到场签字见证，潘某某的《认罪认罚具结书》上由其他律师签字见证。在第二次开庭时，辩护人仍坚持潘某某不构成参加黑社会性质组织罪的辩护意见，并提请法庭注意“两高三部”《关于适用认罪认罚从宽制度的指导意见》（以下简称《指导意见》）第3条关于“办理认罪认罚案件，应当以事实为根据，以法律为准绳，严格按照证据裁判要求，全面收集、固定、审查和认定证据。坚持法定证明标准，侦查终结、提起公诉、作出有罪裁判应当做到犯罪事实清楚，证据确实、充分，防止因犯罪嫌疑人、被告人认罪而降低证据要求和证明标准。对犯罪嫌疑人、被告人认罪认罚，但证据不足，不能认定其有罪的，依法作出撤销案件、不起诉决定或者宣告无罪”之规定，全面贯彻证据裁判原则，坚持法定证明标准，给潘某某一个程序正当、实体公正的判决。

律师文书

辩护意见要点

一、关于参加黑社会性质组织罪

主客观一致原则是承担刑事责任的前提。作为黑社会性质组织成员，其不仅要接受黑社会性质组织的领导和管理，还应当明知其参加的组织以实施违法犯罪活动为基本活动内容，这也是2018年《指导意见》确定的参加黑社会性质组织的认定标准。[①]《起诉书》指控："上述被告人明知该组织具有一定规模并以实施违法犯罪为基本活动，仍自愿加入并接受组织、领导和管理""潘某某自愿加入并接受领导和管理，在该组织违法犯罪活动中起到辅助作用，系一般参与者。"辩护人认为，《起诉书》上述关于潘某某"明知""自愿加入""接受组织、领导和管理"的指控明显证据不足。

(一)没有证据证明潘某某明知涉案组织的存在，更没有证据证明潘某某明知涉案组织具有一定规模并以实施违法犯罪为基本活动

不可否认，对一个犯罪组织是否属于黑社会性质组织的判断属于法律判断，因此，根据2018年《指导意见》精神，认定行为人的参加行为构成参加黑社会性质组织罪，不要求行为人在加入犯罪组织时明确知道该组织具有黑社会性质，但需要注意的是，2018年《指导意见》仍要求行为人知道或者应当知道所参加的是由多人组成、具有一定层级结构，主要从事违法犯罪活动的组织群体，或者该组织虽有形式合法的生产、经营活动，但仍是以有组织地实施违法犯罪活动为基本行为方式，欺压、残害群众的组织，才可以认定其"参加"行为构成参加黑社会性质组织罪。

但根据庭审调查情况，潘某某除了与被告人汪某某就水厂业务有生意上的合作关系之外，与涉案组织其他成员之间并没有任何来往。与涉案组织其他成员没有任何来往，如何能明知涉案组织的存在？又如何能明知涉案组织具有一定规模并以实施违法犯罪为基本活动？法律不强人所难，这应当是每个法律人的底线。

(二)没有证据证明潘某某与汪某某之间形成了组织、领导、参加黑社会性质组织罪意义上的"接受组织、领导和管理"关系

参加黑社会性质组织，是指成为黑社会性质组织的一员，接受黑社会性质组织领导和管理的行为。参加者与涉案黑社会性质组织之间必须存在相对固定的从属关系，也即在黑社会性质组织中组织者、领导者居于核心地位，积极参

---

① 参见周川、张卿：《审理黑恶势力刑事案件中的法律适用》，载《人民司法》2019年第14期。

加者和其他参加者较稳定地处于被领导、被管理的地位。其中,有些人是直接听命于组织者、领导者,更多的则是在分级管理的体系内听命于其他组织成员。但不管怎样,组织成员在黑社会性质组织中均应具有相对固定的位置,如果与黑社会性质组织没有任何从属关系,如只是临时受邀或基于个人意愿参与某起犯罪,即便其参与了有组织的违法犯罪活动,也不能将其认定为黑社会性质组织的成员。换言之,如果在黑社会性质组织中找不到可以对应的位置,就说明被告人与该犯罪组织没有从属关系;如果与黑社会性质组织的某一成员之间没有服从与被服从、管理与被管理关系,就不能认定被告人有参加黑社会性质组织的行为。

按照2018年《指导意见》的规定,无论是积极参加者还是一般参加者,都要接受黑社会性质组织的领导和管理。这不仅是一个必要的主观意志要素,而且是判断"参加"行为是否存在的重要依据。对于那些主观上并无加入意图,客观上也不受犯罪组织领导和管理,因被纠集、雇佣、收买、威逼或者受蒙蔽为黑社会性质组织实施违法犯罪活动或者提供帮助、支持、服务的人员,不应以参加黑社会性质组织罪定罪处罚。

1. 从在案证据看,潘某某与涉案组织人员的交集仅仅体现在其与被告人汪某某合作经营"某某供水公司"。潘某某入股该供水公司与汪某某共同经营仅是一种单纯的商业投资行为,与汪某某是平等的商业合作关系;潘某某不是为汪某某服务,更不是接受汪某某组织、领导和管理。不能仅仅因为潘某某与汪某某在共同经营供水公司过程中存在强迫交易的行为,就认为潘某某是"有组织地进行违法犯罪活动",并将该活动纳入黑社会性质组织犯罪中评价。

汪某某之所以能够收购该供水公司,一方面是由于供水公司原先的股东马某某、泮某某、潘某某在供水公司经营过程中遇到了困难,主观上自愿将供水公司股份出让;另一方面汪某某也支付了相应的对价。而潘某某之所以此后入股供水公司,按照其当庭辩解,是因为汪某某看中了其对供水公司具有丰富的管理经验,故而提出以欠款60万元作为30%的股份款让潘某某作为股东继续经营管理供水公司。因此,汪某某收购供水公司的行为完全是正常的商业投资行为,而潘某某以其债权入股供水公司与参与经营管理工作,完全是其与汪某某之间的平等合作行为。

辩护人检索了相关案例，在广州市中级人民法院（2015）穗中法刑一终字第126号裁定书中，对于公诉机关指控的被告人麦某甲参加黑社会性质组织罪，原审法院广州市黄埔区人民法院认为“就被告人麦某甲的行为来看，被告人麦某甲在帮助被告人戴某投标前就已经从事招投标的中介业务，其本人并非刻意与被告人戴某建立关系，而是被动地通过其做工程的父亲认识戴某的，且其本人住在番禺市桥并不在戴某组织的势力范围，也没有证据证实其帮戴某投标工程前就知道该黑社会性质组织的存在，除了仅就招投标的事务需要与负责戴某工程的被告人戴某甲联系外，与该组织的其他人员均无来往，其他涉案人员作为相关公司代理人参加投标也是被告人戴某甲负责安排的，其领取的报酬仅与招投标有关，应当说其与被告人戴某是一种生意上的合作关系，而非为其服务，更不是接受其领导和管理，当然不宜认定被告人麦某甲参加了该黑社会性质组织”。二审法院广州市中级人民法院维持原判。

2. 潘某某即便在与汪某某合作经营供水公司中获得了部分收益，也完全是基于投资入股和日常工作所获得的合理对价。《起诉书》关于“被告人汪某某采取入股分红、共同经营、违规发放低保补贴、给予一定党政职务等方式进行激励”的指控不应适用于潘某某。因为从在案证据来看，汪某某既没有给潘某某违规发放低保，也没有给予潘某某一定党政职务，虽然潘某某对供水公司有30%的股权，但该股权是以债权折抵的，潘某某是支付了对价的。

综上，辩护人认为，公诉机关指控被告人潘某某构成参加黑社会性质组织罪的证据不足，依法不能认定。

二、关于强迫交易罪

（一）2017年供水公司给用户安装智能水表一事虽直接引发了某某镇众多群众多次到镇政府上访的不良社会后果，但潘某某不仅没有直接参与安装水表，也没有与不愿安装水表的住户有任何接触，并且在决定要安装水表这一事件时，潘某某的提议和决议本身并不带有任何强迫性质，而是在他人要求用户安装过程中才发生了强迫行为

首先，汪某某决定给用水居民安装智能水表时潘某某之所以没有反对，是

因为原先的机械水表经常发生收费困难的情况，智能水表“缴费充卡、用水刷卡”的方式能够很好地解决收费难的问题。但同时，潘某某提出安装智能水表要走正常程序，在汪某某回答说走程序时间太长，由他来做工作后，潘某某仍表示智能水表要自觉自愿安装，至于后面汪某某怎么操作，潘某某并不知晓，没有与汪某某达成“强迫交易”的犯罪故意。其次，根据在案被告人供述及相关证人证言，智能水表的采购、安装、收费等事，完全是由汪某某实施的，潘某某并没有参与。

（二）即便认为潘某某的行为符合强迫交易的行为性质，达到了“罪质”的要求，该行为也达不到“罪量”的要求，不具有定罪的必要性，属于“情节显著轻微，危害不大的，不认为是犯罪”情形

1. 综观全案，潘某某在共同犯罪中作用极小，其行为即使认为是犯罪行为，情节也显著轻微

构成强迫交易罪首先需要满足“以暴力、威胁手段”和“情节严重”两个条件。本案中，导致某某镇众多村民多次到镇政府上访的直接导火索是供水公司给用户安装智能水表一事，但在此事中，在案被告人的供述及多位证人的证言可以证明，智能水表的采购、安装、收费等事，完全是由汪某某自行决定、自行实施的，潘某某虽然同意了汪某某安装智能水表的要求，却提出了必须是“自觉自愿”才可安装，对具体如何“强制安装”并不知情，更谈不上直接参与实施强行拦阻、言语威胁的强迫交易行为。

2. 潘某某主动消除影响、积极止损

安装智能水表一事，由于村民集体到政府上访，在多方协调下，最终达成了一致意见，供水公司将 260 元每户的安装费全部予以退还，且水价按照物价局的标准进行了调整。对于水表退费一事，潘某某积极响应、亲自落实。

3. 潘某某一直坚守岗位，并补缴了水厂偷逃的税款，具有明显的悔过表现

综上，即便认为潘某某参与了强迫交易犯罪，其在共同犯罪中的作用也极小，几乎可以忽略不计，其事后的悔过表现也体现了其对自身行为的清醒认识和反思，主观恶性非常小，属于“情节显著轻微，危害不大的，不认为是犯罪”情形。

（三）退一步来说，即便要对潘某某的行为作出构罪评价，其行为也不属于强迫交易罪中“情节特别严重”情形

对于强迫交易罪“情节特别严重”的界定标准，目前尚未有法律法规或司法解释作出具体规定。鉴于强迫交易罪中“情节严重”为客观处罚条件，即强迫交易行为纳入刑法评价的底线要求，而“情节特别严重”则为刑罚加重适用的条件，从“情节严重”到“情节特别严重”体现的是刑罚惩处“需罚性”的增加。因此，辩护人认为，准确理解强迫交易罪中的“情节特别严重”应建立在对“情节严重”这一标准的把握基础之上。

关于“情节严重”的内涵，最高人民检察院、公安部《关于公安机关管辖的刑事案件立案追诉标准的规定（一）》第28条具体规定了该罪的立案追诉标准，其重点可以归纳为三大方面，即行为人强迫他人交易的强迫手段、强迫交易的次数或者人数、强迫交易的价格。

具体到本案，在案被告人供述及证人证言能够相互印证，证明智能水表的采购、安装、收费等事，完全是由汪某某实施。由于潘某某没有直接参与安装智能水表，也没有与不愿安装的住户有任何接触，而只对安装智能水表表示同意，并且提出必须基于自觉自愿安装。也正因为其提出了安装水表必须自觉自愿，因此其对“强制安装智能水表”的人数、人次不可能明知（应绝对小于使用供水公司自来水的用户数量）。因此汪某某在后续安装水表时采取的强迫手段所应承担的刑事责任至少不应全部由潘某某负责，在案证据无法证明潘某某具体对哪些人数、次数、金额负有刑事责任，也因其对强迫行为的对象数量没有放任其扩张的故意，而不应承担“情节特别严重”的评价后果。鉴于“情节特别严重”是为“情节严重”的升级，在前述已提出“潘某某的行为不具有定罪的必要性，达不到罪量要求”的基础上，辩护人认为潘某某的行为同样达不到强迫交易罪“情节特别严重”之程度。

三、被告人潘某某具有自首情节，应依法对其减轻处罚

《起诉书》认定“2018年7月27日，被告人潘某某经公安机关电话通知到案”。潘某某符合自动投案的认定标准，其自动投案后如实交代了主要犯罪事实，且对强迫交易罪自愿认罪认罚，因此，被告人潘某某构成自首，依法应对其

减轻、从轻处罚。

四、被告人潘某某对于强迫交易罪自愿认罪认罚，依法应从宽处理

潘某某面对强迫交易罪指控，自愿、如实供述自己涉嫌的行为，愿意接受处罚，符合认罪认罚从宽的条件，根据《刑事诉讼法》第15条“犯罪嫌疑人、被告人自愿如实供述自己的罪行，承认指控的犯罪事实愿意接受处罚的，可以依法从宽处理”之规定，依法可以从宽处理。认罪认罚应是独立于自首之外的一个新的量刑情节。由于认罪认罚的立法本意并非单纯为了节约侦查成本，而在于激励犯罪嫌疑人、被告人在客观真实的基础上，自愿认罪悔罪、履行判决义务，这种主客观相结合的判决、价值判断，是刑法量刑情节体系的梳理和优化。因此，被告人潘某某对强迫交易罪认罪认罚，应在自首情节之外进一步从宽处理。

五、鉴于被告人潘某某积极的认罪悔罪态度及其具有的法定减轻、从轻量刑情节，对其判处缓刑于法有据

辩护人此前已经论述指控被告人潘某某构成参加黑社会性质组织罪的证据不足，依法不能认定。在此基础上，针对强迫交易罪名，尽管公诉机关指控潘某某属于强迫交易的“情节特别严重”之情形，按照《刑法》第226条应处3年以上7年以下有期徒刑，但辩护人认为，考虑到潘某某具有在共同犯罪中作用极小，有从犯、自首、自愿认罪认罚三个法定量刑情节，对潘某某在3年以下有期徒刑的幅度内量刑，于法有据。

在此基础上，潘某某符合缓刑的适用条件。这里需要明确的是，缓刑适用要件中的“犯罪情节”与具体罪状中的“犯罪情节”两者旨趣不同，含义有别，在逻辑上不具有同一性和当然的对应性。“犯罪情节较轻”之“犯罪情节”，侧重于反映犯罪的整体社会危害性，是对犯罪主体、犯罪主观方面、犯罪客体和犯罪对象以及犯罪客观方面的全面考察和综合评价，其中不乏体现法官自由裁量权的酌定性。而刑法分则具体罪状中的犯罪情节，一般表述为情节一般、情节严重、情节特别严重三个层次，它们是决定刑罚档次的犯罪因素，刑法理论上又叫基本构成和加重构成。从刑法文本及司法解释规定来看，刑法分则具体罪状中的各类情节，主要体现为对犯罪客观方面的评价，一般不关涉犯罪主体、犯罪客体等其他犯罪构成要素，尤其是在数额犯中。为最大程度上限缩刑罚弹性，防

范司法擅断,刑法分则中的犯罪情节一般都经由司法解释作出较为明确的规定,具有法定性和确定性,法官自由裁量的空间相对较小。易言之,不能认为凡具有刑法分则规定的"情节严重"者,便不属于《刑法》第72条规定"犯罪情节较轻",而当然地将其排除在缓刑适用范围之外。若此,则可能得出凡具有严重情节依法定刑得处3年有期徒刑者,一律不能适用缓刑的不当结论。① 辩护人还检索了相关案例,制作了《"强迫交易罪情节特别严重但有自首情节被判处缓刑"的检索报告》以及《"强迫交易罪情节特别严重但有自首、从犯情节被判处缓刑"的检索报告》,共5个相关案例,供法庭参考。

回到本案,潘某某在共同犯罪中作用极小,且事后主动消除影响、积极止损,到案后如实供述、真诚悔罪,有自首这一法定减轻、从轻处罚情节。至目前潘某某仍在水厂坚守岗位,全心全意保障居民用水,没有再犯的危险。相关部门出具的情况说明能够证明潘某某一贯表现良好、工作尽职尽责、邻里关系和睦,故辩护人认为对潘某某宣告缓刑对其所居住社区并无重大不良影响。

案件结果

一审法院经审理查明,被告人潘某某与马某某、泮某某于2006年共同购买并经营某供水公司。2009年被告人汪某某以420万元的价格收购了该供水公司,被告人潘某某因汪某某欠其收购款而受邀入股该供水公司并占公司30%的股份。法院认为,被告人潘某某主观上并无加入黑社会性质组织的意愿,与被告人汪某某之间仅仅是共同经营该供水公司的合作关系,目前也没有证据证实其在与被告人汪某某合伙经营之前就知道该黑社会性质组织的存在,除了仅就该公司的经营情况联系之外,与该组织的其他人员均无来往,不能因为潘某某与汪某某在共同经营过程中存在强迫交易的行为,就认定被告人潘某某接受被告人汪某某的领导和管理,缺乏主观上加入黑社会性质组织并接受领导和管理的证据,不宜认定被告人潘某某参加了该黑社会性质组织。故对被告人辩护

---

① 参见最高人民法院刑事审判庭主办:《刑事审判参考(总第109集)》,法律出版社2017年版,第50~51页。

人的相关辩护意见予以采纳，对公诉机关的该指控不予支持。

一审法院认定被告人潘某某犯强迫交易罪，情节特别严重，系从犯，有自首情节，且案发后退出全部违法所得，判处有期徒刑 1 年 8 个月，宣告缓刑 3 年，并处罚金人民币 1 万元。

回顾思考

此案的成功辩护体现在两个阶段。第一阶段是对指控潘某某参加黑社会性质组织罪进行辩护，辩护人针对潘某某“明知”“自愿加入”“接受组织、领导和管理”的指控，从证据体系到法律适用，进行了全面分析，阐释辩护理由；不仅如此，还将国家的司法政策与外地的具体案例作为背景，使合议庭能够直观地感受到辩护人的论证充分注意了时代背景，也充分注意到同类案件的类比，增强了辩护观点的说服力。第二阶段是对第一次庭审后出现的认罪认罚具结书开展辩护。在被告人同意认罪认罚的情形下，辩护人从贯彻证据裁判原则，坚持法定证明标准入手，论证认罪认罚案件应遵循的价值理念和司法判断的思维底线，说服合议庭不能忽略定案的基石——证据。

本案一审判决充分彰显了司法的公平、公正。法院对于程序合法、量刑适当的量刑建议，应当支持；发现被告人的行为不构成犯罪或者不应当追究其刑事责任的，被告人违背意愿认罪认罚的，量刑建议不适当的，简单采纳量刑建议会严重影响司法公正的，应当依法调整并及时作出判决。也就是说，认罪认罚的案件事实及量刑建议都必须经过法院开庭审查，是否合适和采纳还是由法院审判以后才能最终决定，法院有权变更罪名，调整量刑等。[①] 本案一审法院在潘某某对参加黑社会性质组织罪认罪认罚的情况下，仍然采纳了辩护人关于潘某某不构成参加黑社会性质组织罪的辩护意见，最终以强迫交易罪对潘某某宣告缓刑，这是“以审判为中心”和庭审实质化的体现，也是辩护人充分运用刑事证据规则取得良好辩护效果的体现。

---

① 参见胡云腾：《去分歧凝共识确保认罪认罚从宽制度贯彻落实》，载《法制日报》2019 年 12 月 11 日。

中共中央、国务院《关于开展扫黑除恶专项斗争的通知》要求,政法各机关要要主动适应以审判为中心的刑事诉讼制度改革,切实把好案件事实关、证据关、程序关和法律适用关,严禁刑讯逼供,防止冤假错案,确保把每一起案件都办成铁案。只有在对黑恶势力进行打击的过程中严格坚持依法办案,确保在案件事实清楚,证据确实、充分的基础上,准确地对案件性质进行判断,坚决防止人为拔高或者降低认定标准,才能切实做到宽严有据,罚当其罪,实现政治效果、法律效果和社会效果的统一。对于辩护律师来说,在办理涉黑涉恶案件过程中,更是应当针对案件事实、证据、程序以及法律适用等方面进行重点审查。

利用互联网大数据检索典型案例、制作检索报告这一做法值得借鉴。虽然我国不是判例法国家,但是形成在先的司法判决对于在后的司法判决仍然具有一定的参考价值,更为重要的是,从先前判决的裁判说理中或许能寻找到同类案件的辩点之所在。

律师简介

奚玮,中国政法大学法学博士,北京师范大学刑事法律科学研究院博士后,盈科芜湖刑事辩护法律事务部主任,中国刑事诉讼法学研究会理事,安徽省律协刑委会副主任,安徽师范大学法学院教授、诉讼法研究所所长。

现实版的刀下留人

——胡某某涉嫌运输毒品罪（死刑）案

余　铖

案件简介

一审法院认定：2019 年 3 月，两名未成年女子将两件装有毒品的包裹走私入境并邮寄到 H 省 J 市。本案被告人胡某某受他人的雇佣，从两名未成年女子手中接受包裹，正将包裹放到车上时被蹲守民警抓获。民警从两件包裹中查获毒品 3 包，净重 4979 克，经鉴定毒品成分为甲基苯丙胺，含量均达 70% 以上，但毒品系两名未成年女子走私入境后邮寄到荆，雇佣、指使胡某某接受毒品的上家也未被抓获。

胡某某因涉嫌运输毒品罪被刑事拘留，此后以非法持有毒品罪被批准逮捕，移送起诉时罪名又变更为运输毒品。为了争取从轻，胡某某在审查起诉阶段"翻供"并检举揭发同案犯，称自己是伙同他人购买毒品后准备贩卖。但因为缺乏证据支撑，一审法院对胡某某贩卖毒品的供述未做认定，最终以运输毒品罪判处其死刑立即执行。

律师策略

一审判决是沉重的，胡某某的上诉如果被驳回，将为自己的错误付出生命的代价。

通过初步会见和阅卷，余铖律师及其团队迅速明确了辩护思路：

一是要做事实之辩。一方面，在自首、立功等情况均不存在或不成立的情况下，首要任务是寻找是否存在其他法定从轻、减轻情节；

另一方面,紧紧围绕《死刑案件证据规则》,探究案件事实是否存在无法排除合理怀疑的另一种可能,是关键所在。

二是要做死刑适用之辩。对于毒品犯罪而言,除了刑法和相关司法解释之外,《全国部分法院审理毒品犯罪案件工作座谈会纪要》(《大连会议纪要》)和《全国法院毒品犯罪审判工作座谈会纪要》(《武汉会议纪要》)更能体现当前国家打击毒品犯罪的政策方针。而毒品死刑案件的二审辩护极为特殊,也十分微妙,如果能够结合会议纪要精神作出有效辩护,就有可能找到二审改判的突破口。

三是要做程序之辩。程序之辩是毒品犯罪案件特别是死刑毒品犯罪案件辩护的重中之重,办案机关在程序中存在的瑕疵和问题,很有可能成为倾斜裁判天秤的重要砝码。

同时,其中实体问题要先入为主,尽早形成精细化的书面辩护意见提交二审合议庭,力争在开庭前就对承办法官造成"影响",使其产生"疑问"。而程序问题则选择在庭审之中抛出,可能会收到意想不到的效果,甚至可能成为"压垮"一审判决的最后一根稻草。

律师文书

二审庭前辩护意见(实体)

一、一审法院认定上诉人胡某某犯运输毒品罪事实不清,证据不足,在无法排除合理怀疑的情况下判处其死刑立即执行不符合死刑案件证据规则

2019年9月23日,胡某某作出了自己参与走私、贩卖毒品的有罪供述,提供了检举揭发同案犯的重要线索。

1. 胡某某检举揭发的行为符合正常的心理变化特征。

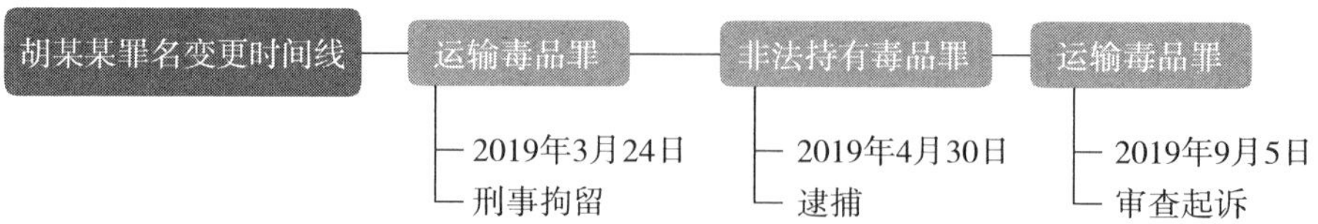

图1

胡某某经历了两次罪名变更,其心态变化是合乎常理的。如胡某某确系毒品买家,其被抓获后,认为仅仅交代受人雇佣、指使收取并持有毒品的行为,可能仅仅构成非法持有毒品的轻罪,罪行的恶劣程度和处罚结果必然低于走私、贩卖毒品的重罪,这符合犯罪嫌疑人通常的畏罪心理,而在以非法持有毒品罪被批准逮捕后,进一步加深了其不会因此被判处重刑的判断。9月5日,J市人民检察院将其罪名变更为运输毒品罪提起公诉,而此时胡某某已经被羁押了近半年时间,有足够的时间学习相关法律知识,因此感觉到情况不妙,认识到此前的畏罪心理导致自己的判断出现了偏差,主动供述犯罪事实才是唯一出路,从而交代了自己参与走私、贩卖毒品的真实情况,并检举揭发了同案犯,争取立功轻判。由此来看,胡某某的心态变化过程是符合正常人的心理变化特点的。

2. 胡某某该份供述的内容可信度极高,所反映的事实也更加符合毒品犯罪的显著特征。

据胡某某交代,2019年3月,其与甲、乙分别出资,计划从缅甸走私毒品到J市贩卖,具体的分工是由甲到缅甸进货,胡某某与乙在家中接货。一审法院认定胡某某构成运输毒品罪,主要依据的是胡某某在侦查阶段的供述及根据供述所掌握的其他证据,但走私、运输毒品的整个过程并不清晰,上家、下家均未查清。而如果将胡某某之后的供述与全案材料相结合,不仅没有明显矛盾,整个过程还更加清晰,即胡某某、甲、乙三人共谋以贩卖的目的从缅甸走私、运输毒品到J市,指示胡某某的人系上家,走私、运输毒品的两名女性系运输者,胡某某、甲、乙系下家,这无疑更加符合毒品犯罪的显著特征。

3. 针对胡某某的检举揭发并未进行深入、细致的调查核实,无法排除合理怀疑,且程序违法。

胡某某作出上述供述及检举揭发之后,J市人民检察院于次日作出了《线索移交函》,要求J市公安局Z区分局对相关线索进行处理。而J市公安局Z区分局作为侦查主体,在收到检察机关的线索移交函后,仅仅由X派出所承办民警出具了一份《对胡某某检举揭发核实的回复》,并未依法作出立案或不予立案的决定,程序违法。而在该回复中,明确了甲、乙等人在本案案发后已不在本地，确认了甲、乙向胡某某转账的情况，但结论是“以目前证据对甲、乙等人不适宜采取强制措施，待查找到后再取证”。

辩护人认为，针对检察机关移送的线索，公安机关应当按照《刑事诉讼法》《公安机关办理刑事案件程序规定》等法律法规依法履行侦查职责，仅由办案民警出具《对胡某某检举揭发核实的回复》的程序违法，且并未充分运用侦查手段开展工作。该线索如经核实，则胡某某等人可能构成走私、贩卖毒品罪而并非运输毒品罪，且胡某某具有重大立功表现或酌定从轻情节，还应当区分罪责大小，极有可能不应当判处其死刑立即执行。该线索即便暂时无法核实，但无法排除合理怀疑，综合全案证据也不能得出胡某某运输毒品的唯一结论，如判处胡某某死刑立即执行，有可能使罪行更加严重的同案犯从此逍遥法外，也不符合国家严厉打击毒品犯罪的立法精神和刑事司法政策。

二、即便认定上诉人胡某某构成运输毒品罪，也遗漏了胡某某犯罪未遂的从宽处罚情节

1. 胡某某与同案犯运输毒品的过程相对独立。

根据一审法院认定的事实，可以获知涉案毒品从缅甸走私入境后运往J市某地（如图2所示），上诉人胡某某在整个运输毒品过程中，仅仅是受雇佣负责其中的一个环节，与两名未成年女性的运输行为相互衔接且相对独立，按照罪刑法定原则仅应当对自己参与运输的过程承担刑事责任。

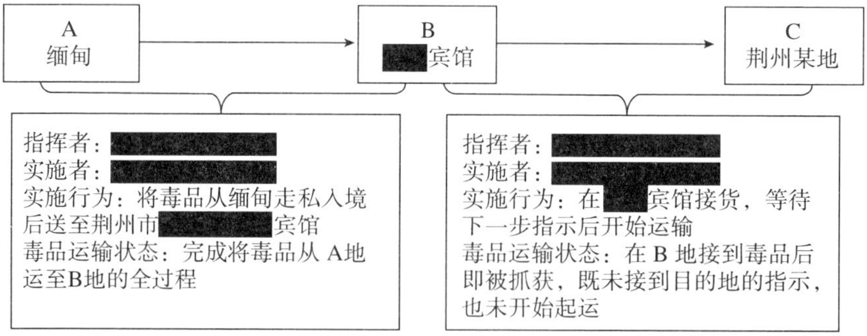

图 2

2. 胡某某收取毒品后并未开始起运,应当认定为犯罪未遂。

当前的刑法理论及审判实务对运输毒品罪之既遂与未遂的认定,主要集中在过程行为犯与举止行为犯的争议。过程行为犯,认为需要实施了将毒品从 A 地运达 B 地的完整行为,才构成既遂;举止行为犯,认为只要实施了将毒品从 A 地起运往 B 地的举止,即构成既遂。但即便按照举止行为犯的标准,也认为至少要开始起运(毒品),才构成既遂。

本案中,胡某某并不是邮件的签收人,而是从他人手中接过包裹放在车辆后排,正欲返回驾驶室上车之时被公安机关抓获,此时毒品并未开始起运。因此,即便按照举止行为犯的标准,也只能认定为犯罪未遂。

3. 本案属于"控制下交付",属于结果不能犯,应当认定为犯罪未遂。

从《线索传递函》可以得知,公安机关已经掌握了邮寄毒品的快递运单号,也已经掌握了其中一名女性犯罪嫌疑人的身份信息及手机号码。根据《抓获经过》可以得知,至少有两名公安民警化妆成快递员,一名跟随快递车,另一名在附近布控,已经对毒品形成了实际控制,此后两名女性犯罪嫌疑人签收包裹,胡某某再接受包裹的情况,都是公安机关为了抓捕而故意引诱,属于控制下交付。在公安机关的严密布控之下,毒品交易实际上已不可能完成,胡某某属于不能犯未遂。

辩护人认为,即便认定胡某某构成运输毒品罪,他与两名女性犯罪嫌疑人的运输毒品行为也是相互衔接、相对独立的,胡某某并不是邮寄包裹的签收人,其仅应对自己参与的过程承担责任。但毒品未开始起运,且胡某某的罪责相对于已经完成整个运输过程的两名女性犯罪嫌疑人明显较轻,应当依据《刑法》第 23 条第 2 款的规定,比照既遂犯从轻或者减轻处罚。而依据办理毒品案件的相关会议纪要精神,控制下交付毒品一般不易流入社会,其社会危害程度大大减轻,这在量刑时也应当加以考虑,一审判处胡某某死刑立即执行量刑畸重。

三、上诉人胡某某并非毒枭、职业毒贩、毒品再犯等应当重点打击的毒品犯罪分子,没有必要判处死刑立即执行

《大连会议纪要》和《武汉会议纪要》针对运输毒品罪特别指出:司法机关在处理运输毒品犯罪的案件时应当重点打击指使、雇佣他人运输毒品的犯罪分

子和接应、接货的毒品所有者、买家或者卖家。对运输毒品犯罪集团首要分子,组织、指使、雇佣他人运输毒品的主犯或者毒枭、职业毒犯、毒品再犯等情节严重的,应当按照法律规定从严惩处,应判死刑的坚决判处死刑。

两个会议纪要还指出:单纯的运输毒品行为具有从属性、辅助性特点,由于部分涉案人员系受指使、雇佣的贫民、边民或者无业人员,只是为了赚取少量运费而为他人运输毒品,他们不是毒品的所有者、买家或者卖家,与幕后的组织、指使、雇佣者相比,在整个毒品犯罪环节中处于从属、辅助和被支配地位,所起作用和主观恶性相对较小,社会危害性也相对较小。因此,对于运输毒品犯罪中的这部分人员,在量刑标准的把握上应当有所区别,不应单纯以涉案毒品数量的大小决定刑罚适用的轻重。

结合本案,胡某某运输毒品虽然数量较大,但考虑到其系受人雇佣,在整个毒品犯罪环节中处于从属、辅助与被支配的地位,并非累犯、毒品再犯,作用和主观恶性都相对较小,社会危害性相对较轻,加之归案后认罪态度好,有悔罪表现,且所运输毒品均被截获,并未流入社会造成重大危害,可以依照会议纪要体现的精神酌情予以从轻处罚。

二审辩护意见(程序)

一审法院没有查明公安机关侦查过程中存在的多项违法事实,且关键证据不能补正或者作出合理解释,应当依法予以排除。

1. 案涉毒品的扣押、提取程序严重违反规定。

按照《办理毒品犯罪案件毒品提取、扣押、称量、取样和送检程序若干问题的规定》(以下简称《程序规定》),公安机关查获毒品后必须现场提取、扣押,非特殊情况应当现场称量、封装。但本案"搜查笔录"记载,公安机关于2019年3月23日12时32分至12时48分在胡某某驾驶的轿车后排座椅查获的并非明显的毒品或毒品疑似物,而是"两件长方体纸盒包裹",公安机关在没有现场提取、明确包裹内系毒品或毒品疑似物并进行封装的情况下直接予以扣押,违反《程序规定》第4条的规定。

"扣押清单"仅记载了两个包裹的运单号,而对包裹的包装完好程度,所装物品种类、数量等情况均无任何记载。

“提取笔录”记载，公安机关于 2019 年 3 月 23 日 13 时 42 分至 16 时 02 分在 Z 区公安分局办案中心对两个包裹内物品进行提取并发现“包裹中的三个水烟筒夹层中均发现一包外用白色透明袋装的疑似毒品物”，但并未记载被提取出毒品的两个包裹的具体特征，甚至没有核对运单号，且扣押包裹与提取毒品跨越的空间距离达 14 公里、经过的时间跨度达 54 分钟，“提取笔录”中的两个包裹特征不明，无法明确就是在胡某某车辆中查获并扣押的两个包裹，其同一性存在重大疑问。

2. 案涉毒品的称量程序违反规定，计量器具未经法定机构检定。

本案办案机关因为提取、扣押程序严重违反规定，导致根本没有现场对查获的毒品或毒品疑似物进行提取、封装。未提取、封装的先行为违法导致称量的后行为失去了合法前提，不符合《程序规定》第 12 条规定。

而电子计重秤的《检定证书》缺少发证单位的盖章，无法证明该计量器具符合法定标准，违反《程序规定》第 14 条的规定。

3. 现场勘验程序违反规定。

本案《现场勘验笔录》记载的勘验单位为 X 派出所，X 派出所的辖区为 Z 区 X 街道办事处辖区，其超出所辖区域到 L 镇进行现场勘验，违反了《公安机关刑事案件现场勘验检查规则》（以下简称《勘验规则》）第 9 条的规定。

《现场勘验笔录》记载的见证人同时系本案证人，违反了《勘验规则》第 24 条的规定。

《现场勘验笔录》记载的现场勘验人员为 X 派出所副所长张某某、田某某，指挥员为所长徐某某，三人是否具有现场勘查资格无从查证，但根据常识判断，公安机关具有现场勘查资格的一般为技术岗位民警，而三人均任有行政职务，存在违反《勘验规则》第 28 条规定的极大可能。

更匪夷所思的是，《现场勘验笔录》记载的现场勘验开始时间为 3 月 23 日 12 时 20 分，结束时间为 13 时 29 分，勘验事由表述为“12 时 20 分在 L 镇某宾馆前抓获 3 名犯罪嫌疑人，并现场查获疑似装有冰毒的快递包裹两个”。说明现场勘验是在将包裹查获后进行。但《搜查笔录》记载，正在作为现场勘验人员的X派出所副所长张某某、田某某却于12时32分至12时48分“对犯罪嫌疑人胡某某人身及随身物品进行搜查”。也就是说，现场勘验人员张某某、田某某在勘验中途又“抽空”去做了个搜查工作。如果按照本案文书记载的时间顺序来解读（如图3所示），12时20分，办案民警抓获3名犯罪嫌疑人并查获两个包裹，随即开始由张某某、田某某任现场勘验人员进行现场勘验检查。12时32分，张某某、田某某正在进行现场勘验的同时，又作为搜查人员从胡某某驾驶的轿车上查获了两个包裹，那么公安机关到底查获了几个包裹？如果按此时间线来梳理，则一共查获了4个包裹，这不仅达不到排除合理怀疑的证据标准，还使得本案事实更加扑朔迷离、荒诞怪异。

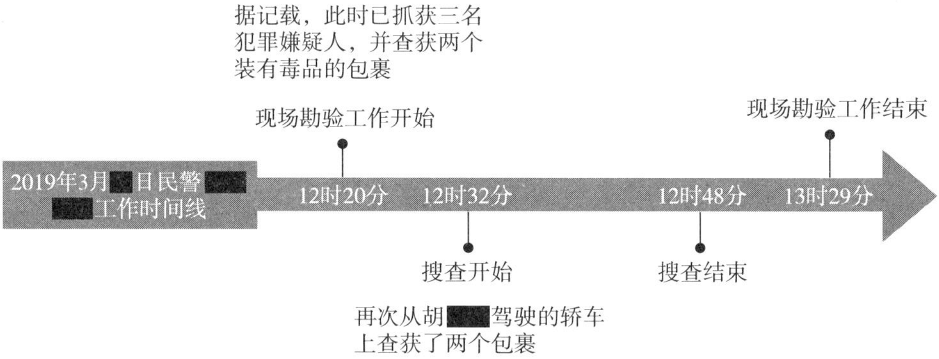

图3

辩护人认为，《勘验规则》《程序规定》对公安机关办理刑事、毒品案件的各个环节都作出了具体翔实的规定，但本案中侦查机关却多次严重违反相关程序规定。根据《程序规定》第3条之规定，在如此多的程序违法同时出现的情况下，以上证据均应当依法予以排除。

案件结果

二审法院认定，胡某某不是毒品的出资者、所有者，也不是犯意的提起者，只是受他人的指使，在运输毒品的过程中仅仅处于接受、等待转交的中转环节，只参与运输毒品的部分环节，其在共同犯罪中的地位和作用相对较小，系毒品犯罪的初犯、偶犯，依法可以酌情从轻处罚。判决如下：

1. 撤销原审判决中第 1 项，维持该判决中第 2 项；

2. 上诉人胡某某犯运输毒品罪，判处死刑，缓期 2 年执行，剥夺政治权利终身，并处没收个人全部财产。

典型意义

死刑辩护，留命是终极目标。辩护律师虽不必追求观点得到完全的采纳，但必须作出全面充分的展示，这对影响法官心证将起到至关重要的作用。毒品死刑案件，还需要辩护律师对死刑案件证据规则、毒品案件程序规定以及国家打击毒品犯罪刑事司法政策具有深入理解，作出准确把握，并需要合理运用罪责刑相适应的刑法基本原则，为最终的死刑改判找到合适的“出口”。

回顾思考

对于本案，余铖律师及其团队在案件未决前通过举办模拟法庭的形式来“重演”庭审，在案件判决后又撰写体会来回顾总结，通过多次“复盘”也积累了寥寥经验，现与大家分享如下：

一、审查案件要善当“侦探”

侦查时，公安民警是“侦探”，通过种种手段抓人破案。而辩护时，律师就是“侦探”，要通过我们认真细致的工作从案卷中发现问题，从而有效维护被告人的合法权益。

九层之台，起于累土。对于毒品死刑案件的二审辩护，需要辩护人深入学习理解死刑证据及毒品案件程序相关规定，在反复细致的阅卷中仔细比对，尽可能的在事实、程序以及死刑适用上发现问题，即便发现的问题很细微，通过归纳往往也能够积沙成塔。

二、提出观点要善取“时机”

凡事豫则立。对形成的辩护观点，要有策略、有步骤的提出。对争议明显的实体问题可以在庭前指出，尽早使法官产生“疑问”；对不易发现的程序问题选择在庭审中抛出，既能防止违规补正，还有可能达到“偷袭”的效果。

通过步步为营，循序渐进的“添砖加瓦”，使律师的辩护观点能够逐渐影响法官心证，让最终的改判成为可能。

三、谋求改判要善找“出口”

毒品死刑案件，在案件基本事实没有类似“冤案”等原则性错误的前提下，辩护律师必须在程序、实体、死刑适用等问题上全面、充分地展开辩护，但最终的“出口”往往还要考虑到方方面面的影响，而罪责刑相适应的刑法基本原则无疑是众多“出口”中最为合适的一个。

由此看来，能够在罪责刑相适应方面找出一定的问题，在此类案件的辩护中也是十分有价值的。

律师简介

余铖，中共党员，北京市盈科（荆州）律师事务所公益委员会主任、刑民交叉法律事务部副主任，毕业于中南财经政法大学，具有十四年公安、司法行政工作经历，执业后专注于刑事辩护。

不应单纯以常规视角来认定传播淫秽物品的行为是否属于情节特别严重

——龚某传播淫秽物品牟利罪案

郑　晓

案件简介

2019 年，龚某因涉嫌传播淫秽物品牟利罪被刑事拘留，同年被逮捕，羁押于 J 市看守所。后，J 市人民检察院指控龚某犯传播淫秽物品牟利罪、妨害信用卡管理罪，向 J 市人民法院提起公诉。

J 市人民检察院指控：自 2017 年以来，被告人龚某在互联网上建立了 20 余个可以提供他人下载淫秽视频的“BT 种子”和“磁力链接”的网站，并从中牟利，经鉴定，淫秽视频 609 部。同时，被告人龚某非法持有他人信用卡 25 张。公诉机关提供受案登记表、抓获经过、扣押决定书、鉴定意见、勘查笔录、被告人供述等证据证实上述指控。公诉机关建议对其判处 3 年以上有期徒刑，并处罚金。

被告人对公诉机关指控其传播淫秽物品牟利罪自愿认罪，但认为其不构成妨害信用卡管理罪。同时，被告人及一审辩护律师提出被告人龚某具有坦白、初犯、认罪悔罪态度好等情节，要求对被告人从轻处罚。

经审理，J 市人民法院认为被告人龚某以牟利为目的，通过其建立的淫秽色情网站传播淫秽物品，情节特别严重，其行为已经构成传播淫秽物品牟利罪。被告人龚某到案后如实供述了其犯罪事实，自愿认罪认罚，可以从轻处罚。依照《刑法》、最高人民法院、最高人民检察院《关于办理利用互联网、移动通讯终端、声讯台制作、复制、出版、贩卖、传播淫秽电子信息刑事案件具体应用法律若干问题的解释（一）》的规定，判决：被告人龚某犯传播淫秽物品牟利罪，判处有期徒刑 10 年，并处罚金人民币 20 万元。

宣判后,其家属认为一审判决判处的刑罚过重,委托律师会见龚某。接受龚某家属的委托后,郑晓律师前往J市看守所会见龚某。经沟通,龚某也认为判决过重,并已经提起上诉,同时龚某要求律师为其提供二审辩护。

律师策略

接受龚某及其家属的委托后,郑晓律师仔细研究现有材料——法院判决书及检察院起诉意见,通过查阅发现,检察院建议对龚某判处3年以上有期徒刑,而法院最终对龚某判处10年有期徒刑,检察院的量刑建议与法院最终量刑差异较大。因案卷材料移送中院需要时间,辩护律师无法第一时间查阅卷宗,为节省时间,辩护律师决定先会见龚某,详细了解案情及一审情况。

会见时,辩护律师仔细询问了龚某所建网站的起始时间、网站运行模式、网站性质、网页内容、网站收入等情况。经了解,龚某建立的网站并非淫秽色情网站,而是类似于"百度"的搜索引擎网站,网站可以搜索全网的BT种子信息,包括音乐、电影、视频、软件等,其网站也没有任何淫秽视频、图片。而BT种子信息是全网共享的,在全网的BT种子中,仅有少部分BT种子所对应的文件可能为淫秽视频。

案卷移送中级人民法院后,辩护律师第一时间前往阅卷。通过阅卷,辩护律师发现缺少龚某所建网站的勘验笔录、违法所得的证明材料、鉴定意见的详细依据、淫秽视频的传播范围等证据,根据现有证据,无法认定龚某所建网站的数量、违法所得金额等。后,辩护律师就网络技术问题请教了专业技术人员,得知龚某建立的20余个"网站",极有可能仅是20余个"网址",辩护律师就该问题向龚某求证,龚某陈述20余个"网址"均指向同一个服务器和一套网站模板,据此,辩护律师认为一审法院认定建立的网站为20余个错误。

对会见信息及案卷材料归纳整理完成后,辩护律师初步形成了如下辩护意见:龚某建立的网站性质、网站数量、网站运作模式,淫秽视频的传播方式,淫秽视频的传播范围、下载量,违法所得等均未予以查清,传播的淫秽视频部数的认定依据不足。辩护律师并就上述意见多次与龚某沟通,询问其是否还有其他补充。同时,辩护律师认为本案与"快播案"(吴铭等制作、复制、出版、贩卖、传播淫秽物品牟利罪一案)较为相似,遂对“快播案”进行了全面研究。

考虑到中级人民法院极有可能采取书面审理的方式审理本案,辩护律师多次与中级人民法院承办法官沟通案情,将一审认定错误部分及证据不足之处一一指出,并先后形成了两份辩护意见递交至中级人民法院。

最终,辩护律师的部分辩护意见被二审法院采纳并在判决主文中予以引述。

律师文书

辩护意见(节选)

根据现有证据,龚某传播淫秽物品的行为不足以构成情节特别严重,一审法院认定情节特别严重,事实不清、证据不足。

根据最高人民法院、最高人民检察院《关于利用网络云盘制作、复制、贩卖、传播淫秽电子信息牟利行为定罪量刑问题的批复》的规定,传播淫秽物品的行为是否属于情节特别严重,不应单纯考虑视频的数量,应综合考虑视频的传播范围、违法所得、行为人的一贯表现以及传播对象是否涉及未成年人等情节,综合评估社会危害性,恰当裁量刑罚,确保罪责刑相适应。除此之外,辩护人认为在判断时也应考虑龚某传播淫秽物品的故意程度、开设网站的性质与内容、淫秽物品的传播方式等情节。而一审法院对龚某传播的淫秽视频的网站性质、网站数量、网站运作模式,淫秽视频的传播方式,淫秽视频的传播范围、下载量,龚某的违法所得等均未予以查清,传播的淫秽视频部数的认定依据不足,不能认定为龚某传播淫秽视频情节特别严重。

一、龚某建立网站性质、网站内容、网站数量没有客观证据认定

龚某建立的网站的客观状态、所呈现的内容以及网站数量缺乏勘验记录、图片、录像等证据,无法得知网站的具体形态及运作模式。但根据龚某在讯问笔录中的陈述,我们可以了解到:

首先,龚某建立的仅是类似于百度的搜索引擎网站,可以搜索全网的 BT 种子信息,包括音乐、电影、视频、软件等,并非淫秽视频网站,其网站也没有任

何淫秽视频、图片。BT种子信息是全网共享的，在全网的BT种子中，绝大部分都是合法正常的内容，仅有少部分BT种子所对应的文件可能为淫秽视频。

其次，龚某用爬虫程序自动爬得BT种子信息，而并非最终的文件，爬虫爬到的BT种子信息存放于其租用的服务器中，其服务器中并未存放任何种子的最终文件。用户到龚某建立的网站上搜索关键词，搜索到的也是BT种子信息，然后由用户自行选择是否下载种子文件，如要下载，则需要通过迅雷等软件进行，但最终并不一定能够下载成功。

最后，龚某建立的网站是一个网站站群，大约20个网站域名。网站域名仅是网站的地址和门牌号，一个域名并不等于一个网站，一个网站可以对应多个域名，故，龚某建立网站数量并非20余个，一审法院认定龚某建立20余个网站错误。

二、淫秽视频的传播范围、下载量均没有客观证据认定

首先，搜索量并不等于下载量，下载量也不代表下载成功量。因为龚某的网站只能提供种子搜索，搜索到种子之后要通过迅雷等软件进行下载，用户搜索之后是否下载，下载是否成功均未知存疑，只有淫秽视频的种子经用户在龚某网站上搜索并下载，且成功下载，才能作为计算有效下载量的数据使用。

其次，根据一审开庭笔录，公诉人对龚某建立的网站中淫秽视频的下载量、访问量均未能进行有效统计，没有证据证明龚某网站上淫秽视频的有效下载量，从而对淫秽视频的传播范围并没有任何证据证实。

三、龚某的违法所得没有客观证据认定

根据一审开庭笔录，公诉人主张龚某违法所得为50万元，但没有任何客观证据，且根据龚某陈述，其网站有合法的内容，50万元是其全部网站的广告收入，该金额没有区分违法所得与合法所得。因此，对于违法所得金额，并没有客观证据予以证实。

四、鉴定书存在多处错误，从而依据鉴定书认定龚某传播淫秽视频588部错误

首先，根据J市公安局的远程勘验笔录中记录，J市公安局淫秽物品鉴定书中鉴定的视频的提取过程为民警自行搜索关键词，搜到种子后通过迅雷下载。

龚某建立的网站可以搜索全网的 BT 种子信息，民警搜索到并下载成功的视频，仅代表在勘验当天民警可以搜索并下载成功，并不代表这些视频曾经被任一用户搜索并下载成功，不能说明提取的视频系龚某已经传播的视频。因此鉴定书中鉴定样本提取错误。

其次，鉴定书中仅有视频的名称及总计数量，没有对应录像、图片等证明其鉴定过程及鉴定依据，鉴定书中所列视频是否确实含有淫秽内容、是否重复并没有客观依据，因此鉴定书确定淫秽视频部数依据不充分，并不能以此确定淫秽视频部数。

五、淫秽视频的传播方式、龚某对传播行为的故意程度未予以查证考量

首先，龚某建立的网站并非淫秽网站，而是正常的搜索引擎网站，其服务器中并未有任何淫秽视频及信息，用户也并非从其服务器中下载视频。因此龚某并非淫秽视频的直接传播者，主观恶性较小。

其次，龚某建立的网站中淫秽视频的传播方式并非其主动传播，网站也未有任何诱导性搜索的内容，所有淫秽视频种子为用户带有目的性地搜索淫秽关键词才能搜到，均系用户主观自行获取的结果，该传播方式与建立淫秽视频网站主动向用户传播有本质区别，主观故意程度较小。

最后，龚某已经采取各种措施屏蔽淫秽关键词及淫秽种子信息，但因为 BT 网络是共享的、爬虫程序每分每秒都在获取 BT 网络的种子信息，屏蔽的速度无法赶超种子的更新程度，才导致有部分淫秽视频种子信息可以被搜到。

补充辩护意见（节选）

龚某的行为应认定为“情节一般”，不构成情节特别严重和情节严重，应处 3 年以下有期徒刑、拘役或者管制。

第一，龚某建立的网站仅为搜索引擎网站，对搜索到的种子对应的视频是否为淫秽视频缺乏事先的明知，其也不具有传播淫秽视频的直接故意。

第二，龚某并非淫秽视频的提供者与直接传播者，其网站上能搜索到全网络的 BT 种子信息，但其服务器中并未存储任何种子文件、淫秽视频，以在其网站上搜索到的淫秽视频种子数量来评价龚某的刑事责任过于严苛。

第三,龚某租用的服务器并无法承载大负荷的访问量与下载量,其网站访问量、下载量小,网址的大众熟知程度极低,即便有少数用户搜索下载淫秽视频,传播范围也较小,造成的社会影响较小。

第四,龚某放任淫秽视频传播的直接获利数额较小。除搜索引擎网站外,龚某还建有其他均为合法内容的网站,但即便是搜索引擎网站,搜索到的绝大部分也是合法内容的种子,淫秽视频种子信息仅为极少的一部分,龚某陈述的50万元的广告收入系其全部网站的全部广告收入,绝大部分为合法收入,传播淫秽视频直接获利的金额较小。

参照北京市海淀区人民法院“快播案”[吴铭等制作、复制、出版、贩卖、传播淫秽物品牟利罪一案,案号:(2015)海刑初字第512号,俗称“快播案”]的刑事判决书,“快播案”的社会影响力、传播范围较本案要大得多,快播公司的行为被认定为“情节严重”,其法定代表人、股东、执行董事、经理王欣被判处有期徒刑3年6个月。

本案中,龚某建立网站所租用服务器的承载量、网站的访问量、搜索量、下载量以及网站的大众熟知度、影响范围、传播范围较“快播案”要小得多,在充分考量龚某所建网站的性质、内容、访问量、大众熟知程度,淫秽视频的传播方式、传播范围、网络信息平台传播特点,龚某的主观故意程度、违法所得以及本案的社会影响力等因素的基础上,参照“快播案”的认定,辩护人认为本案龚某的行为应认定为“情节一般”,对龚某处3年以下有期徒刑、拘役或者管制。

案件结果

中级人民法院对该案书面审理后,采纳了辩护律师的辩护意见,对龚某改判有期徒刑3年,罚金10万元,刑期降低70%,罚金降低50%。

典型意义

随着网络大数据的迅速发展,视频信息的快速、海量且多元化传播已经成为商业网络的重要特征,在此基础上,不应单纯仅以网址数量、视频数量来认定传播淫秽物品的行为人的犯罪程度,而应综合考虑网站性质、网站数量、网站运作模式,淫秽视频的传播方式,淫秽视频的传播范围、下载量,违法所得等情形。

本案区别于传统形式的传播淫秽物品的行为。本案中,行为人建立的是用于搜索BT种子的搜索引擎网站,而非传统意义上的淫秽色情网站,其网站形态与性质直接影响行为人对于淫秽视频传播的主观故意程度及相关事实的认定。在此种情况下,行为人非淫秽视频的提供者与直接传播者,对搜索到的种子对应的视频是否为淫秽视频缺乏事先的明知,也不具有传播淫秽视频的直接故意,这与传统意义上的直接、故意传播淫秽视频具有本质区别。同时,行为人租用的服务器中并未存储任何种子文件、淫秽视频,以在其网站上搜索到的淫秽视频种子数量来评价行为人的刑事责任过于严苛。此外,网址数量并不等于网站数量,不能以网址数量来确认传播范围,而要综合其网站的访问量、淫秽视频下载量等因素。

回顾思考

虽然最高人民法院、最高人民检察院《关于办理利用互联网、移动通讯终端、声讯台制作、复制、出版、贩卖、传播淫秽电子信息刑事案件具体应用法律若干问题的解释(一)》第1条规定:“以牟利为目的,利用互联网、移动通讯终端制作、复制、出版、贩卖、传播淫秽电子信息,具有下列情形之一的,依照刑法第三百六十三条第一款的规定,以制作、复制、出版、贩卖、传播淫秽物品牟利罪定罪处罚:(一)制作、复制、出版、贩卖、传播淫秽电影、表演、动画等视频文件二十个以上的”;第2条规定:“实施第一条规定的行为,数量或者数额达到第一条第一款第(一)项至第(六)项规定标准五倍以上的,应当认定为刑法第三百六十三条第一款规定的‘情节严重’;达到规定标准二十五倍以上的,应当认定为‘情节特别严重’”。但是,最高人民法院、最高人民检察院《关于利用网络云盘制作、复制、贩卖、传播淫秽电子信息牟利行为定罪量刑问题的批复》同时规定,传播淫秽物品的行为是否属于情节特别严重,不应单纯考虑视频的数量,应综合考虑视频的传播范围、违法所得、行为人的一贯表现以及传播对象是否涉及未成年人等情节,综合评估社会危害性,恰当裁量刑罚,确保罪责刑相适应。

基于上述规定,在办理传播淫秽物品牟利罪案件时,不应单纯考虑视频的数量,应综合考虑视频的传播范围、违法所得、行为人的一贯表现以及传播对象是否涉及未成年人等情节，同时，还应考虑淫秽物品的传播方式、行为人传播淫秽物品的故意程度等情节，综合评估社会危害性。

律师简介

郑晓，北京市盈科（青岛）律师事务所律师，专注于民商事争议解决、公司法律事务及刑事辩护，擅长企业风险防范与治理、企业日常运营及纠纷解决、房地产及买卖合同纠纷争议解决。近年来办理过诸多民商事诉讼及刑事案件，工作认真负责，为委托人提供了高效、高质量的法律服务。

刑民交叉

民间借贷还是“套路贷”

——甲某投资有限公司诉被告汪某某、马某、某某安全技术检测公司、某某驾驶培训学校有限公司民间借贷纠纷案

陈　娜　胡　波

案件简介

2013 年 11 月 4 日至 2015 年 4 月 22 日，原告甲某投资有限公司(下称甲某投资)数次向两被告汪某某、马某合计借款人民币 1040 万元。2017 年 3 月 27 日原告甲某投资有限公司与被告汪某某签订《借款补充协议》，确定借款本金 900 万元，借款期限为 6 个月，月利息为 5%，同时约定相关违约责任。某某安全技术检测公司(下称安全监测)、某某驾驶培训学校有限公司(下称驾驶培训学校)分别与甲某投资签订《反担保保证合同》，其公司分别出具股东会决议进行担保。被告于 2017 年 6 月 9 日、2018 年 1 月 17 日、2018 年 5 月 18 日出具欠款说明，2018 年 7 月 25 日，出具还款承诺书确认本金及利息共计 1800 万元。此后一直未还清借款本金 900 万元及其利息。

此案原告先委托某律师事务所律师，后在开庭前委托北京盈(昆明)律师事务所，该所指派陈娜律师和胡波律师作为原告诉讼代理人，陈娜律师和胡波律师深究案情认为应当追加被告、变更诉讼请求等，遂撰写追加被告申请书、诉讼请求变更申请书等相关法律文书，提交至甲市中级人民法院。

经过一审审理，甲市中级人民法院认为甲某投资的行为涉嫌《关于办理黑恶势力犯罪案件若干问题的指导意见》第 20 条所规定的行为。依照最高人民法院《关于在审理经济纠纷案件中涉及经济犯罪嫌疑若干问题的规定》第 11 条的规

定,裁定驳回原告甲某投资的起诉。原告对一审裁定不服进行上诉。

律师策略

律师认为,本案的核心为:

1. 原告甲某投资的行为是否涉嫌《关于办理黑恶势力犯罪案件若干问题的指导意见》第20条的行为?

最高人民法院《关于依法妥善审理民间借贷案件的通知》规定:“套路贷”是指通过虚增债权债务、制造银行流水痕迹、故意失联制造违约等方式,形成证据链条闭环,并借助民事诉讼程序实现非法目的。“套路贷”具有制造民间借贷假象、制造银行流水痕迹、软硬兼施进行“索债”等特征。结合本案,上诉人主观上没有非法侵占财物的意思,客观上没有采取不正当手段向被上诉人施压,强索钱款。且在庭审中被上诉人也未就上诉人涉嫌“套路贷”相关犯罪问题提供相应的证据加以证明。上诉人完全是维护自身的基本权益,取回自己的借款本金及合法孳息,不能因为审理发现对于本金及利息计算方法及认定等实体问题有出入,就直接将该案件定义为经济犯罪。

2. 公司作为担保人的连带责任担保如何才能有效?

接受公司提供担保的债权人(出借人),应当要求公司提供按照该公司章程规定履行决策程序形成的股东会决议或董事会决议。避免事后在诉讼中,担保人以未经过股东会或董事会决议为由主张担保合同无效。本案中,安全检测和驾驶培训学校在与甲某投资签订《反担保保证合同》,并出具了各自股东会决议进行担保。避免事后在诉讼中,安全监测和驾驶培训学校以未经过股东会或董事会决议为由主张担保合同无效。但在实践中,只要债权人尽了形式意义的审查,即便该股东会决议或董事会决议实际上不存在或存在某些瑕疵,也不影响担保合同的法律效力。如果公司作为担保人抗辩认为其法定代表人订立抵押合同的行为超越代表权,债权人以其对相关股东会决议履行了形式审查义务,主张担保人的法定代表人构成表见代理的,人民法院应予支持。所以,尽管安全检测和驾驶培训学校主张其股东会决议不存在或存在瑕疵,也并不影响《反担保保证合同》的合同效力。

律师文书

民事上诉状

上诉人(一审原告):甲某投资有限公司,法定代表人:杨某。

被上诉人1(一审被告1):汪某某。

被上诉人2(一审被告2):马某。

被上诉人3(一审被告3):某某驾驶培训学校有限公司,法定代表人:汪某某。

被上诉人4(一审被告4):某某安全技术检测有限公司,法定代表人:汪某某。

上诉人因民间借贷纠纷一案,不服甲省甲市中级人民法院作出的民事裁定书,现依法提起上诉。上诉请求和事实理由如下:

上诉请求:

请求撤销甲省甲市中级人民法院作出的民事裁定书,指令一审法院对本案进行审理。

事实与理由:

在一审法院民事裁定书中载明:“甲某投资向汪某某、马某实际交付的本金为638万元,与借款凭证所载借款金额差距较大,被告提交的证据其已证实其已向原告归还1200余万元,但债务仍未结清,被告多次向原告出具欠款说明及还款承诺书,至2018年7月25日还承诺归还1800万元。上述行为涉嫌《关于办理黑恶势力犯罪案件若干问题的指导意见》第20条所规定的以非法占有为目的,假借民间借贷之名,通过‘虚增债务’‘签订虚假借款协议虚假诉讼’等手段非法占有他人财产”的行为上诉人认为,一审法院的事实认定错误。

一、借款本金认定事实错误

本案中上诉人或其委托的第三方以银行转账方式实际交付被上诉人的本金为1008万元,即分别于2013年11月4日银行转账192万元,2014年1月8日银行转账236万元,2014年5月14日银行转账210万元,2015年4月22日银行转账370万元,共1008万元,并非一审认定的“甲某投资向汪某某、马某实际交付的本金为638万元”。起诉时上诉人对已支付利息按年化36%利率计算,对未支付利息按年化24%利率计算,不违反法律规定,本案借款事实上为民间借贷，自2013年开始借款，借款时间长达6年以上，且通过《借款补充协议》《反担保保证合同》《欠款说明》《还款承诺书》一系列证据相互印证并形成证据锁链，事实清楚，证据充分。

历时6年多的借款截至起诉时，汪某某尚欠上诉人甲某投资900万元，利息860万元，本息共计人民币1760万元，已扣除已偿还部分。

以上事实和证据可以看出，本案属于民间借贷，历时长，金额大，双方多次自愿核对，借款事实明确。

二、已支付利息认定错误与本案事实严重不符

本案中，被上诉人于2015年5月至2017年3月支付本金140万及利息192.1万，本息合计332.1万元，2017年3月至2018年7月支付利息145.7万元，2018年8月至2019年7月支付利息425.3万元，共计903.1万元。本案于2017年7月4日立案，历时2年多正式开庭，而涉及被上诉人已偿还903.1万元是在2019年10月31日开庭时，双方对所提交已支付款项证据进行的确认，当天法院给被上诉人30日举证期限，要求提交相关证据。在举证期限内上诉人没有收到任何新证据，但在2019年12月3日开庭时，被上诉人当庭提交有第三人还款200多万的证据，由于举证期限已届满，无对应原件等原因上诉不同意对当庭提交的200多万的证据进行质证，法院也没再组织质证，所以对该项200多万还款的真实性尚未确认，但在一审裁定中却载明"被告提交的证据其已证实其已向原告归还1200余万元"，在未经质证的情况下，法院将这200多万还款认定为已归还上诉人的款项，这与本案事实有严重差异，同时，在本案中均有利息的约定，但一审法院简单粗略地认定上诉人支付借款本金为638万元，被上诉人已偿还1200多万，没有考虑本案历经时间长、金额大、多年的利息计算后，上诉人诉讼请求应该得到法院认可。

三、一审法院没有任何事实依据，作出本案涉及"套路贷"和"虚假诉讼"的认定有失公允。

第一，一审裁定书中载明的"以非法占有为目的，假借民间借贷之名，通过虚增债务'‘签订虚假借款协议'‘虚假诉讼'等手段非法占有他人财产的行为"，但根据双方银行交易流水、《借款补充协议》《反担保保证合同》《欠款说

明》《还款承诺书》一系列证据,上诉人没有“虚增债务”“签订虚假借款协议”“虚假诉讼”的行为,在一审中也没有任何证据证明上诉人属于“套路贷”。上诉人只是要维护自身的基本权益,取回自己的借款本金及合法孳息,不能因为审理发现对于本金及利息计算方法及认定等实体问题有出入,就直接将该案件定义为经济犯罪。根据最高人民法院、最高人民检察院《关于办理虚假诉讼刑事案件适用法律若干问题的解释》(法释〔2018〕17 号)的规定,明确单方或者与他人恶意串通,采用伪造证据、虚假陈述等手段,捏造民事法律关系,虚构民事纠纷,向人民法院提起民事诉讼的,属于刑法规定的虚假诉讼犯罪行为,本案借贷有真凭实据,不属于以捏造的事实提起民事诉讼。

第二,本案基础法律关系是借贷关系。在一审中双方银行交易流水、《借款补充协议》《反担保保证合同》《欠款说明》《还款承诺书》一系列证据相互证并形成证据锁链举证证明了本案的借款事实,双方在长达 6 年多的时间里就借款事项签订以上一系列的说明和承诺,关于出借人、借款人、借款用途、借款金额、借期、利息等作出明确约定,借款真实有效,相应借款也是通过银行转账进行支付。

第三,本案不涉及“套路贷”和“虚假诉讼”,审理认定有失公允,严重侵害了上诉人的合法权益。

首先,本案于 2017 年 7 月 4 日立案,历时 2 年多才以得正式开庭,在此过程中原定于 2019 年 10 月 17 日的开庭是被上诉人无任何理由的情况下,法院同意在立案 2 年后仍延期举证,但后面开庭被上诉人并未提出任何实质性证据,也未提出上诉人或有涉及经济犯罪的证据或相关材料,历时 2 年多法院均未提出上诉人涉及经济犯罪的裁定或任何需要查明的资料。

其次,被上诉人在一审中并未提交任何证据证明本案是“套路贷”和“虚假诉讼”本案不应移送公安。第一,没有事实证据证明本案涉及“套路贷”,移送理由不能成立,本案中上诉人就银行交易流水、《借款补充协议》《反担保保证合同》《欠款说明》《还款承诺书》都提供了相应的证据,证明了借贷的真实情况,若一审法院认为本案有违法犯罪嫌疑,可以传唤当事人本人到庭,就有关案件事实进行询问,以查明事实真相。而一审以最高人民法院关于《在审理经济纠纷案件中涉及经济犯罪嫌疑若干问题的规定》第 11 条为依据将案件移送公安，适用法律错误。法律的规定是既要打击利用借贷非法占有公私财产的行为，也要保障合法的借贷关系满足债权人对借贷安全和公平正义的追求。一审法院如认为有“套路贷”嫌疑，应当进一步进行审查，如抗辩理由不足或缺乏依据的，应当告知当事人向侦查机关报案，而一审法院却在没有任何证据以及没有进一步审查下，直接移送公安。

最后，根据最高人民法院《关于依法妥善审理民间借贷案件的通知》规定，“套路贷”是指通过虚增债权债务、制造银行流水痕迹、故意失联制造违约等方式，形成证据链条闭环，并借助民事诉讼程序实现非法目的。而本案中上诉人主观上没有非法侵占财物的意思，也没有实施“套路贷”的行为，没有通过“虚增债务”“签订虚假借款协议”“制造资金走账流水”“肆意认定违约”“转单平账”等方式，采用欺骗胁迫、滋扰、纠缠、非法拘禁、敲诈勒索、虚假诉讼等手段，非法占有财产。上诉人实际出借借款，被上诉人也收到1008万元借款，双方之间是借贷关系。更何况在追要借款的过程中，上诉人的法定代表人还被被上诉人打伤，现上诉人只是想通过诉讼和法律手段追回自己的借款，但在没有任何证据的前提下拖延了2年多后还被一审法院驳回起诉，上诉人才是实际受害人。

四、一审法院非法剥夺上诉人的辩论权

一审法院以本案涉嫌经济犯罪，便直接根据最高人民法院《关于在审理经济合同纠纷案件中涉及经济犯罪嫌疑若干问题的规定》裁定驳回上诉人起诉，根据《民事诉讼法》第12条的规定，人民法院审理民事案件时，当事人有权进行辩论，而一审法院在未进一步审查，也未进行询问，更在被上诉人未提供任何证据材料的情况下，未听取上诉人的申诉和辩解，主观认为本案有涉嫌经济犯罪的嫌疑，直接裁定驳回上诉人的起诉，极大地损害了上诉人的合法诉讼权利。综上所述，本案一审认定事实不清，裁决有失公允，恳请贵院依法撤销甲省甲市中级人民法院作出的民事裁定书，指令甲省甲市中级人民法院对本案进行审理，维护上诉人的合法权益。

案件结果

甲省高级人民法院认为汪某某、马某认可370万元的借款，并表示370万元对应的并非500万元的《收条》,而是另外一笔400万元的借条,但双方在2017年3月27日签订《借款补充协议》时,确认尚欠的本金900万元中纳入了370万元的这笔借款。由于汪某某、马某认可370万元包含在甲某投资主张的借款本金中,故按照现有证据,一审以本金638万元为由认为涉嫌犯罪。但在本案中,甲某投资不满足《关于办理黑恶势力犯罪案件若干问题的指导意见》第20条所列行为,甲某投资只是要维护自身的基本权益,取回自己的借款本金及合法孳息,不能因为审理发现对于本金及利息计算方法及认定等实体问题有出入,就直接将该案件定义为经济犯罪。故二审法院认为以本金628万元为由认为涉嫌犯罪,依据不足。裁定撤销甲省甲市中级人民法院所作出的裁定,并指令甲省甲市中级人民法院审理。

典型意义

本案的典型意义在于对民间借贷和“套路贷”的清晰划分。民间借贷由来已久,而“套路贷”则是近年来的新型犯罪形式,民间借贷的本金和利息均受法律保护,而“套路贷”的实质是披着民间借贷外衣行诈骗之实的骗局,二者有着本质的区别。将“套路贷”与正常民间借贷取回本金及利息的行为相混淆,是本案一审法院对“套路贷”认定存在误解的主要原因。

区分“套路贷”和民间借贷,应根据案件事实和证据综合评判。本案律师从出借目的、手段方法和法律后果等方面进行综合认定,明确本案借贷系合法民间借贷而非“套路贷”,对于实践中民间借贷和“套路贷”的划分具有借鉴意义:即在区分民间借贷和“套路贷”时,不能只关注某个因素、某个情节,而应根据主客观因素,结合证据进行综合考量,从而避免“一刀切”式的认定对正常合法的民间借贷活动造成阻碍。

回顾思考

1. 理清基础法律关系,办理案件时,应当注意把握案件核心,在庭审前,应当根据法律法规案例分析及案件事实,预判案件争议焦点,围绕可能出现的争议焦点进行充分准备。一个民间借贷案件,双方当事人的关系无非三种:一为法律关系,理清案件法律关系,则为把握案件的走向;二为历史关系,理清案件历史关系,则为搞清案件发生的缘起;三为经济关系,理清经济关系。理清案件的三种基本关系,有助于洞悉案情,打好调解基础。本案中,甲某投资有限公司与汪某某、马某、某某安全技术检测公司、某某驾驶培训学校有限公司之间的法律关系无非是民间借贷纠纷,这起纠纷中整个案件的缘起,就是律师所要弄清楚的地方,即民间借贷的起因、借贷经过、借贷价款的来源、具体约定的借贷条款等。而经济关系就是弄明白整个案件中价款的流转问题。

2. 对当事人提供的证据材料应当反复核实,核实证据材料的真实性、合法性及关联性,在缺乏直接证据的情况下,应当细致的梳理间接证据,力求形成完整的证据链,向法庭展现案件事实。尽管我们在标准代理合同中会就委托人需要提供真实的材料作为接受委托的先决条件,但是实践中,笔者认为概括的承诺是不够的,对于真实性存疑的案件,我们应该单独地制作笔录,由委托人对于其所提供材料的真实性进行逐一的确认,并且就提供虚假材料的后果进行详细地提示。就材料的完整性问题,笔者认为,有必要就案件所需要的材料以清单的方式列给委托人,对于当事人已经提供的材料以及仍需提供的材料进行不止一次的告知。本案中,笔者收取甲某投资有关证据材料时,便制作出接收材料清单,以便甲某投资核对,并对提供的材料加以整理,力保形成一套完整的证据链,使其能够验证甲某投资的供述。

律师简介

陈娜,北京市盈科(昆明)律师事务所党总支书记,中国区股权高级合伙人,盈科中国区董事会董事,规章制度委员会副主任,云南省国资委省属企业投资项目评审专家库成员,盈科青年律师导师,全国中小企业协会投融资服务平台合伙人,盈科第三届全国银行法律专业委员会秘书长,盈科昆明分所股权高级合伙人,盈科昆明投行与并购法律事务部主任。

胡波,北京市盈科(昆明)律师事务所专职律师,投行与并购法律事务部律师。自2005年毕业后,一直从事法律相关工作,曾于2005年至2015年在盘龙区环境保护局从事行政法律事务工作,2015至今任北京盈科(昆明)律师事务所专职律师,从业以来即专注于环境保护与发展等方向的法律研究,同时擅长环境保护行政诉讼、民事经济类诉讼。参与团队办理过多起诉前保全、债权债务纠纷及环境违法等重大经济类案件。

行为人虽使用虚假身份但不足以使被害人产生错误认识的不能认定行为人构成诈骗罪

——张某某涉嫌诈骗不批准逮捕案

金玲玲

案件简介

2019 年 6 月初，律某某在河南某地以 40 余万元的价格购买数块玉石原石和数十块玉石雕件、摆件，准备赴某地与被害人铁某某进行交易。律某某与其妻张某某事先通过网络找他人伪造了张某某的身份信息，使用张某某的照片伪造名为“李某某”的居民身份证一枚，准备在玉石交易时使用。为了博得铁某某的怜悯和同情，张某某还让其手有残疾的姐夫江某某与其假扮夫妻，并许诺事成之后支付 1 万元报酬给江某某。

2019 年 6 月 ×日，张某某、律某某、江某某来到某某市地，入住宾馆后与铁某某联系，张某某、律某某欲将带来的玉石原石和雕件、摆件以 350 万元的价格出售，但双方就价格问题当时未达成一致。次日，双方又约谈，价格还未达成一致。铁某某怀疑玉石为假，故向公安机关报案。经过鉴定，案涉玉石原石和雕件、摆件均非虚假，价格为七八十万元。公安机关认为张某某、律某某、江某某涉嫌诈骗罪、伪造身份证件罪，向检察机关提请批准逮捕。

律师策略

北京市盈科律师事务所金玲玲律师在犯罪嫌疑人张某某被公安机关刑事拘留 3 日后即接受家属委托，第一时间赴某某市某某区看守所会见了张某某，了解了本案的基本情况。经研究认为，从诈骗犯罪的角度考虑，如果本案认定构成诈骗罪，由于数额巨大，量刑的起点为10年以上有期徒刑,属于重罪,是否构成诈骗犯罪是本案的研究重点,考虑案涉玉石并非假货,张某某没有非法占有的目的,其虽然使用虚假身份以便博取购买者同情,但不足以使被害人产生错误认识,应当不构成诈骗罪。在与公安机关沟通无效的情形下,做好向检察机关申请不予批准逮捕的准备工作。

在检察机关赞同辩护人的意见,认为指控张某某诈骗犯罪事实不清、证据不足,虽构成伪造身份证件罪,但没有逮捕必要时,将工作重心转移到认可构成伪造身份证件罪而认罪认罚,从而谋求拘役刑以维护张某某的合法权益。

律师文书

不予批准逮捕建议书

建议人金玲玲,北京市盈科律师事务所律师,系诈骗案件犯罪嫌疑人张某某之辩护人。

建议事项:

建议对涉嫌诈骗犯罪的犯罪嫌疑人张某某不予批准逮捕。

事实与理由:

根据诈骗罪的特征,成立诈骗犯罪必须具备以下构成要件:行为人以非法占有为目的而实施欺诈行为;欺诈行为致使受害人产生了错误认识;受害人基于错误认识而处分了财产;行为人基于这种欺诈行为取得了财产;被害人的财产基于这种欺诈行为受到损害。欺诈行为表现为向受害人表示虚假的事项,或者向受害人传递不真实的信息,但这种欺诈行为必须是能够使被害人陷入错误认识,并且“自愿”处分自己财产的行为。通过会见张某某本人、了解案情和研究相关法律规定,建议人认为,张某某并没有骗取他人财物的故意,也没有虚构事实骗取他人财物的行为,不构成诈骗罪。

具体理由如下:

1. 张某某没有非法占有目的。

被害人铁某某向公安机关报案称张某某存在以假玉石冒充真玉石出售给

他的行为,但通过会见张某某,辩护人得知其在向铁某某出售玉石时,始终表示自己出售的是和田玉石,至于品质如何,自己不能保证。就玉石交易而言,行业内并没有明确价格标准,什么价格出售和购买,完全取决于双方的磋商和洽谈。玉石的价格并不取决于玉石本身,而是取决于买家自身对玉石的鉴赏甄别能力和与欲购买之玉石的眼缘。本案中张某某对自己所出售的玉石并未做任何保证,是否购买和什么价格购买,完全由双方决定。根据以上事实,本案所涉玉石的交易为正常、合法的交易行为,不能认定张某某有诈骗铁某某的故意,仅凭铁某某本人的陈述不能认定张某某具有"非法占有目的"。

2. 张某某是否使用真实身份与是否购买玉石没有直接因果关系,伪造身份并不足以使铁某某产生错误认识。

本案张某某隐瞒身份与被害人购买玉石之间没有直接因果关系,伪造身份也不能足以使被害人陷入对玉石本身的错误认识。张某某确实在交易过程中隐瞒了真实身份,但铁某某的主要目的是购买玉石,真正决定其是否购买玉石的因素是玉石本身的品质与价格而不是张某某的身份。

3. 该笔交易最终并未成交,铁某某没有任何经济损失。

张某某虽提出以 350 万元的价格出售玉石原石和雕件、摆件,但该价格仅为张某某最初的报价,依商业惯例,双方会就玉石价格进行反复磋商并达成合意,本案中铁某某最终并没有购买案涉玉石,不存在被骗事实,张某某当然也就不构成诈骗罪。

综上所述,张某某与铁某某之间的交易属于正常、合法的玉石买卖行为,张某某自始至终不具有诈骗铁某某的故意和行为,也并没有给铁某某造成经济损失,张某某主客观上皆不符合诈骗罪的构成要件,不构成诈骗罪,故建议贵院在查明案件事实的基础上依法对张某某不予批准逮捕。

退一万步讲,即使张某某构成刑事犯罪,也是属于犯罪未遂,且到案后如实进行了供述,并无社会危险性,没有羁押之必要性。同时鉴于张某某家中尚有三个年幼的孩子,年龄最大的不超过五岁、最小的孩子刚刚两岁,且其丈夫律某某也因同案被刑事拘留,孩子无人照顾,建议贵院也从人道主义出发,对其不予批准逮捕。

以上建议,供贵院审查是否批准逮捕时参考。

辩护提纲

辩护人对于公诉机关指控被告人张某某犯伪造身份证件罪没有异议,但建议法院对张某某判处较轻的刑罚并适用缓刑。主要理由如下:

1. 该伪造的身份证没有使用,没有产生任何社会危害性;

2. 张某某真诚认罪、悔罪,已经在检察机关认罪认罚;

3. 张某某家中尚有三个年幼的孩子,年龄最大的不超过五岁、最小的孩子刚刚两岁,而且其丈夫律某某也因同案被审判,孩子无人照看;

4. 张某某犯罪情节较轻、有悔罪表现、没有再犯罪的危险、宣告缓刑对所居住社区没有重大不良影响,符合刑法规定的缓刑条件。

以上意见,供参考。

案件结果

某某市某某区人民检察院接受了金玲玲律师的意见,认为张某某构成诈骗罪事实不清、证据不足,虽然构成伪造身份证件罪,但没有逮捕必要,决定不予批准逮捕。

后检察院以张某某、律某某伪造身份证件罪向某某区人民法院提起公诉,某某区人民法院以张某某、律某某伪造身份证件罪判处拘役2个月,并处罚金2000元。

本案一审宣判后,被告人未上诉,检察机关未抗诉。

典型意义

本案被告人销售产品时使用了不实的身份信息,伪造了居民身份证、谎称有残疾的姐夫是自己的丈夫以便博取同情,销售的产品利润过高,容易被认为使用了刑法意义上的诈骗手段。本案的典型意义在于,虽然使用虚假身份,但该虚假不足以使被害人产生错误认识,不能认为构成诈骗犯罪。

回顾思考

本案的成功之处在于，辩护律师在接受委托了解案情之后，第一时间向检察机关提出书面的不予批准逮捕意见并进行当面沟通，说服承办检察官接受自己的意见，使得检察机关认为案件事实不清、证据不足，没有批准逮捕。

在伪造身份证件事实清楚、证据确实的情况下，说服被告人认罪认罚，不做无罪辩护，取得了处罚较轻的结果。

文无定法，作为认罪认罚案件，法庭辩论时发表简要的辩护意见，大多时比长篇累牍的辩护词效果要好。

律师简介

金玲玲，北京市盈科律师事务所律师，辽宁大学法律系经济法专业本科毕业，从事专兼职法律工作 20 年，承办过大量刑事、民事和行政案件，现担任十余家国家机关、企事业单位常年法律顾问。

首案一审完胜结案，彻解五千万国资流失风险

——民刑交叉下合同无效非法参与人资金占用损失另诉案

孙伏龙　邓薇娜　甄博超　刘洪川

案件简介

案件缘起于8年前的一起12.68亿元非法吸收公众存款刑案，本案原告甲某系该非吸案件中的集资参与损失人，本案被告丙公司系某大型央企的销售分公司，被告乙站为丙公司的一个直属站点，非吸案件被告人丁某案发前系乙站前站长。

2012年5月，丁某非法吸收公众存款案发，同月月底，原告甲某将乙站、丙公司起诉至某市中级人民法院，诉请二被告偿还借款800万元及其利息。鉴于民事案件的审理应以丁某刑案的审判结果为依据，法院依法裁定中止民事案件审理。2013年6月，刑事判决作出，丁某被判非法吸收公众存款罪，判决书中认定原告甲某损失为4624.75万元。2013年9月，民案恢复审理，原告甲某据上述刑事判决中查明的损失数额，变更原诉讼请求本息800多万元为4624.75万元及自起诉时至清偿之日止的同期银行贷款利率计算的利息（以下简称前案）。

2014年5月，前案一审判决认定丁某向甲某出具加盖单位印章借条的行为构成表见代表，原告甲某与被告乙站之间借款合同关系成立，但根据最高人民法院的相关规定，该借款合同无效。同时认定二被告在印章管理、用人管理等方面存在严重过错，并且该过错与甲某的损失之间具有直接因果关系，判决二被告连带偿还原告借款4624.75万元。被告上诉，二审维持原判，2016年6月执行完毕。

2019年6月，原告甲某向某区人民法院提起民事诉讼，诉请二被告连带赔偿其自2012年8月12日至2016年6月6日因占用4624.75万元而造成的1062余万元损失（以下简称本案）。

孙伏龙、邓薇娜及团队律师共同代理本案二被告，民、刑合济，程序、实体双击，最终不但取得了一审驳回原告诉请判决，而且通过程序管辖权异议、适用简易程序异议等与实体重复起诉等答辩辩论的精准有力严密等代理努力，达到了原告未再上诉、服判息诉的圆满代理目标。

律师策略

一、战略目标上，因本案为首发系列类案，务求必胜全胜案结事了的同时，力争以一案定可能发生的七案不会起诉的最佳目标

原告诉请基于13年前开始，8年前刑事判决的丁某12.68亿元非法吸收公众存款金融犯罪案件的一部分，原告本人与其他六位受损集资参与人依据刑事案件认定的损失各自诉请二被告支付共计1.3亿元。鉴于本案系丁某非吸案中查明认定的集资损失人在得到上述赔偿后另诉资金占用损失的首案，如败诉，则似第一块多米诺骨牌倾倒一般，其他类似集资参与人必将以本案为例，纷纷跟进起诉。二被告在已代为赔偿1.3亿元后，将再次面临系列新诉合计近5000万元损失的巨大风险。

故本案的最优战略目标，不但是一案胜诉，而且需要争取胜得彻底，胜得让原告及潜在其他随后原告事实服气，敬畏司法正义，以实现另诉损失案首胜，阻可能发生之系列诉讼于关门之外，不战而曲敌。

二、究尽本案及关联刑、民各案全部证据，还原本案全部事实

结合丁某刑案判决书、前案判决书、关联合并开庭审理的戊某类案判决书，通过向法院调取刑案及七民案在案卷宗，梳理事实，初步判断，本案表面上似是一起普通标的额为1062余万元借款利息案件，实质是12亿多元非法吸收公众存款案所谓损失人在据刑事判决书已通过民事诉讼获得损失赔偿后的新生战端。

证据是法律之王，从看似粗心实为精心的反常中往往会找出破绽。我们在

法院阅卷中,发现原告提交的证据二审判决书、再审判决书等竟然缺页,极为反常。执业直觉,缺页中隐藏的极大可能就是对方最怕我们看到的,而这些,往往正是我方答辩的关键突破口。通过到刑案、之前民案及类六案审理法院调取民、刑案相关材料,多案梳理,纵横对比,直觉成真。

首先,本案是民刑交叉案,民案据刑案提出,民案的基础事实一般是以刑事判决查明事实为依据,此前已有据刑事判决书提起的民案。通过对刑事判决书的全面解读,结合前案在案卷宗关联内容,还原出刑事判决中的损失已经全部在前案审理判决中得到支持的关键事实,成为重复起诉、违反一事不再理胜诉的要穴。

其次,在原告甲某前案及关联受损集资参与人戊某二审上诉状中,已明确对利息部分提出了上诉主张,一是请求改判合同有效并支付利息,二是如果合同无效,支付资金占用期间的利息损失。二审法院对此并未予以支持。这证明前案审理,已就本案原告的诉请在终审判决中,明确不予支持。这为胜诉加上了一个重重的砝码。

三、程序和实体结合,通过合理的程序抗辩,及时争取一审法院合议庭高度重视本案

程序之权利行使,运用其妙,存乎一心。优秀争议解决诉讼、仲裁律师,无不高度重视,因为其于司法实践中的攻防战略实现,战术推进,诉讼参与人依法适当争取调整匹配整合资源极为重要。

本案程序上,我们采取了以下措施:

1. 针对以简易程序在送达起诉状的同时,送达7日后进行庭前调解的书面通知的情况,我们判断,审理法官可能将本案等同于一般借贷案件了,虽然案件由副院级法官主办,但适用简易程序审理如此重大、复杂、疑难案件,显然不当。我们立即以原告之前诉讼均在另县级市法院,本案地域管辖错误为由提起管辖权异议,一审支持了我们的管辖异议,尽管对方上诉后二审以选择管辖权为由改裁仍由原审法院管辖,但实现了我方预定的三个目的:初步迟缓了原告攻势,让主办法官在异议一审、二审过程中一定程度上认识到本案的重大特殊性,向原告和法官策略地表明被告坚决打胜之决心。

2. 随后，我方依据相关规定，进一步提交案件应适用普通程序、举证期限不少于30日、调整合议庭组成人员等申请，以进一步延缓对方强势和主动态势，防止法院在未全面了解案件基础事实情况的情形下匆忙开庭，通过合法程序权利行使，尽最大可能争取有利于公正审理的普通程序于本案，以实现程序公正。

律师文书

答辩状（摘录）

一、本案不是合法的普通民间借款损失之诉案，而是丁某重大12.68亿元特别巨额非法吸收公众存款金融犯罪的一部分，原告甲某已就生效刑事判决书认定其所受损失4624万余元提起过民事诉讼，业经一审、二审、再审审结生效并执行完毕。答辩人根本未参与非法集资，无一分钱进入答辩人公司，仅因作废公章被犯罪分子丁某非法使用，至使答辩人被判决被迫承担损失赔偿4624万余元。本案系在上述前提下因生效判决认定借款合同无效而诉请资金占用利息损失衍生的第二次民事诉讼。

二、发生在13年前，于6年前在某市基层人民法院刑事审结的丁某非法吸收公众存款案，因犯罪金额高达12.68亿元，影响特别重大，受到省政法委、省公安厅、省法院等部门的高度重视，并联合督办此案。现今全国与河北正在严格规范金融秩序，打击金融类涉众性犯罪，以维护社会稳定，本案不是独立的个案，恳请公正合法审慎审理。

三、案系无效借款合同纠纷前案中，原告一审诉请即损失，一审判决驳回该诉求，二审原告未上诉，二审维持后判决生效且已执结，本案属于重复起诉，违反一事不再理原则。

（一）被答辩人在前案的一审诉请中明确包含利息等损失，市中级人民法院一审判决书已对原告甲某的损失认定及责任承担问题进行了审理和认定。甲某若对市中级人民法院判决不服，应依法提起上诉。其未在法定期限内上诉。我方上诉被驳回，原一审判决已经生效且执结。另行起诉形成本案，属典型的重复起诉。

（二）省高级人民法院二审庭审笔录证明，前案已对相关利息或损失进行了审理。

（三）根据最高人民法院《关于适用〈中华人民共和国民事诉讼法〉的解释》第247条第1款“当事人就已经提起诉讼的事项在诉讼过程中或者裁判生效后再次起诉，同时符合下列条件的，构成重复起诉：（一）后诉与前诉的当事人相同；（二）后诉与前诉的诉讼标的相同；（三）后诉与前诉的诉讼请求相同，或者后诉的诉讼请求实质上否定前诉裁判结果”之规定，本案为重复起诉，违反一事不再理原则。

四、在案刑事判决书、讯问笔录、司法鉴定结论书等证据和事实充分证实，借条及鉴定结论书认定的4627余万元损失已包括本金和利息等原告全部刑事法律和民事法律应予保护的损失，丁某在案发前，对甲某的借款本息，已通过拆借其他集资参与人的款项予以偿还。原民事案一审、二审生效且已执行的判决款项金额据此来作出，故原告根本不存在任何诉请利息损失。

五、案系诉请的4627余万元是生效刑事判决认定的丁某非法吸收公众存款犯罪活动系列的一部分，被答辩人除本金外的非法利息损失等，依据我国刑法、民商法等规定，已经收到的，予以收缴，尚未收到的不保护，有未还本金的顶折本金。无论刑事还是民事程序和实体法规定均十分明确，不容歪曲。

六、前民案省高级人民法院同一合议庭合并审理的关联案就与本案相同性质诉请的利息并资金占用损失在上诉二审，已明确终审驳回并已生效。

综上，作为央企的答辩人对原告诉请本金和利息，在丁某案犯罪过程中，无一分钱进账，无一元收益，已经因丁某非法盗盖作废单位公章而支付原告4627万余元巨额款项，国有资产受到特别重大损失。原告明显重复起诉，无事实和法律依据的诉请，请依法早日驳回。

代理词之一（摘录）

一、本案系明显的重复起诉，根本违反一事不再理原则。

（一）前案一审、二审、再审的生效裁判文书已充分证实本案原告诉请的无效借款合同资金占用期间损失已包含在刑事判决书认定的全部损失之内，进而在前案一审、二审生效判决中予以审理查明判决，本案系重复诉讼，当予驳回。

前案经三级审理，对原告诉讼请求，依据法院卷宗及裁判书完全可以查明。

原告在一审起诉时，诉请明确列明为请求判令被告偿还本金800万元及利息，后依据刑案判决书认定的4624.75万元损失对诉讼请求进行了变更，足证前案诉请已包括利息损失在内。

前案一审法院判决书第3页中对原告诉讼请求的审理查明明确载明利息损失，它指的就是本案资金占用损失。

对方律师当庭辩称，原告本案主张的是基于无效合同而导致的资金占用损失，前案及戊某诉请和审理的是有效合同利息。这显然是不正确的。戊某案二审判决书对利息方面审理了两个方面内容，一是请求改判合同有效并支付利息，二是如果合同无效，支付资金占用期间的利息损失。损失以利息计付的形式出现，绝不能将损失与利息刻意做有效合同与无效合同的划分，进行歪曲颠倒理解。

对原告起诉状、变更诉讼请求以及当庭对诉请的变更直接法定适格的证据就是一审判决书，二审甲某并未上诉，前案已审结。本案实系重复起诉。

（二）前案生效民事判决认定的4624.75万元系刑事认定的甲某全部损失，原告所称系借款本金损失显系歪曲。

甲某前案的诉请变更及各级法院生效裁判文书均是依据2013年丁某非法吸收公众存款案生效刑事判决书作出的，刑事判决书和司法鉴定书，内容明确，刑事判决书认定的数额明确为损失4624.75万元，不是本金。

原告曲解歪曲不成立，因为此刑事判决书在对甲某损失认定的同一页和前一页中，就参与犯罪的其他20户分别列明本金、获利金额，对甲某及其他7户列明的直接是损失。

所以才有后续戊某、甲某等起诉二被告的民事诉讼，他们民事诉请的就是刑事判决认定的损失，而绝不是原告进行歪曲的“本金”，否则，在刑事判决书中对甲某当和案件那20户一样，将本金和获利分别列出，而非明确表述为损失。

就前案一审、二审，再审诉请和审理范围，对方再怎么歪曲混淆，均不能脱离民案起诉的权利和事实本源——刑事判决书认定的损失。

刑事判决书认定的4624万余元损失不是本金，以下更充分证实：

1. 因为证据最直接、最原始的就是刑事判决书，而上面明确的是损失。对此，即便之后的民案判决书中有当事人或判决表述的不准确，但仍不能改变其事实是损失的刑事查明和认定。

2. 根据在案证据显示，丁某于2012年5月16日被刑事拘留。而前案甲某向法院提交的三张借条均系在丁某案发前十几天出具的，最后一张出具时间为4月29日，距丁某被抓的时间已近，而三张借条显示的借款本金总额为9526万元，但甲某于前案中并未依据三借条上本金数9526万元进行起诉，提起诉讼的最原始诉状诉请为本金800万元及利息，民事案件在因刑事案件中止审理后，刑事判决书作出后，恢复审理，原告根据刑事判决书认定的4624.75万元损失对诉请进行了变更，证明4624.75万元即刑事判决书中的损失，而不是本金。

3. 在案的刑事司法鉴定书列明的甲某及其名下张某某等四人与丁某之间的往来资金显示，甲某是按照年48%收取利息的，共取得5000余万元高息。丁某及甲某在刑事案件中的供述与证言充分证实向其返还的款项中已包含高达5000多万元的利息。故，刑事判决书认定的损失决非本金，就是损失。民案据此判决，并没有对事实做实质性相反或变更认定。

（三）民事判决二被告的偿还金额系法院直接引用自丁某刑事判决书认定的损失数额，据我方提交的讯问笔录等证明，丁某在非法吸收公众存款过程中，在不能按期偿还借款后，连本带利打到一张借条上，本案借条即是如此形成的。

上述系根据甲某关联的民案与刑案、前案与后案、一案及多案进行的综合分析。丁某刑事判决书、鉴定意见书亦明确证明生效民事判决损失金额，既包括本金又包括高额利息。

综上，关于本案借款纠纷的损失问题，前次诉讼均已审理完结，一审未支持，甲某二审未上诉，判决已生效，且其损失已经法院强制执行由二被告代偿给原告。若原告对前诉判决认定合同无效后的法律后果不服，其应通过审判监督程序予以维权，而非另诉。故本次另诉根本无任何事实、法律依据，系典型的重复起诉。

二、根据最高人民法院新近强调的民商事审理中"类案同一"的审理原则，我方提交的类案戊某民事生效终审判决书证明，戊某就借款合同无效情形下刑事判决书认定损失外所谓的无效合同项下资金占用期间利息损失诉请，经过审理及判决，明确不予支持，予以驳回。

戊案二审判决书第12页倒数第5行系对戊上诉请求的查明，一是请求改判借款合同有效，并按人行同期贷款利率计付利息；二是即使按照一审判决确定借款合同无效的情况下，二被告仍应向戊返还其资金被占用期间而产生的利息。

第15页第2段明确：关于上诉请求返还其资金被占用期间产生的利息问题，本案中，虽然二被告当承担还款责任，但原审法院基于合同无效，同时为了平衡双方利益，对戊请求的利息损失不予支持并无不妥，故对该项上诉请求，本院不予支持。

戊案上诉请求与本案甲某本案诉请完全一致。此项，认真对比戊案判决书上述内容和甲某起诉书第2页表述，非常清楚。

戊案与甲某前案系省高级人民法院同一合议庭、同天合并开庭审理后作出的终审判决，并经最高人民法院再审维持。在类案已经作出全国司法体系内最高裁判标准的认定后，原告无视或故意歪曲民事判决书上明确无误的内容，意图通过混淆或曲解有效借款合同利息与无效借款合同资金占用损失概念，攫取央企二被告1000多万元的非法动机，已昭然若揭。

三、犯罪行为之一部分的无效合同项下刑事判决书认定损失外的所谓资金占用损失诉请，无刑事和民商事法律依据。

在前述一、二基础上，进一步而言，在民商事上，导致借款合同无效的情形很多，非法金融活动，特别是犯罪行为导致合同无效是其中一种情形，这种情形决不能同于其他非犯罪行为之一部的无效合同。其他非犯罪情由下合同无效资金占用损失的民事判决案例，不适用本案。

在刑事上，原告诉请的损失系丁某高达12.68亿元的非法吸收公众存款金融犯罪的一部分，原告本人系国务院明确规定的非法经营活动参与人。根据国务院《非法金融机构和非法金融业务活动取缔办法》第18条、第19条之规定，因参与非法金融业务活动受到的损失，由参与者自行承担。

非法金融业务活动所形成的债务或风险不得转嫁给未参与非法金融业务活动的国有银行或其他金融机构和其他任何单位。故，二被告公司并未参与丁某犯罪活动，全部涉案金额中，无一分钱进入二被告的账户内，二被告无获益一分钱,对丁某将近7年的犯罪活动并不知晓的情形下,仅因罪犯丁某在案发前于原告的借条中使用二被告一枚作废公章,就已经民事判决向原告支付4624万余元巨额款项。现在,另行起诉追究原本不存在的资金占用利息损失,何能得逞于公正法庭。

四、原告诉请根本违反公平原则和诚信原则,当予驳回。

民法、合同法的公平、诚实信用原则为民商事案件审理底线原则,以此审查双方主张,是底线法则。

据此,对丁某刑事判决书、前案一审、二审、再审生效民事裁判文书以及在案证据进行的意思解释、查明解释,均已非常明确,不容歪曲和错解。

原告系非法金融活动12.68亿元犯罪的参与人,根据刑事法律,其已经取得的高息予以收缴,未取得不予保护。根据民事法律,其在刑事判决确认外的损失,一分都不可能得到支持。

我国近来民商事审理坚决防范和打击的重点,就是类本案原告类特别无据无耻之诉请。原告诉请如错误得到支持,其得到的利益,远超过合同有效下守约出借人得到的利益。产生判决合同无效与合同有效实际结果相同,甚至无效犯罪行为获得利益竟然超过有效合同,犯罪参与人因此而获利的情形。法律不可能如此被歪曲使用作为鼓励当事人违法犯罪的工具。

丁某在案刑事卷宗证实,原告作为犯罪行为参与人,其前期的借款本金及高额利息,已从丁某处在刑案发前取得,通过刑案判决书及随后的民事审理和执行已从二被告而非犯罪被告人处得到4624多万元损失赔偿,远超本金一倍。故,本案原告在丁某刑事犯罪过程中,作为非法集资参与人,不仅无任何资金占用的损失,相反,原告已获得高额非法回报。

其竟然在刑案判决后7年,民事案结后3年,再混淆事实、歪曲法律诉请千万元利息损失,实违公平原则,更辱司法尊严。

五、最高人民法院明确要求各级法院在审理民间借贷纠纷时应加大审查力度,代理人对案件事实无法说明的,应当传唤当事人本人到庭,就有关案件事实接受询问。以针对民间借贷掺杂非法金融活动及犯罪的严重社会危害,有效应对虚假诉讼的种种乱相。本案原告本人竟然未出庭,亦未派人旁听,有极大可能涉嫌包揽类虚假诉讼。如原告坚持滥用司法资源，二被告将保留追究其滥诉及虚假诉讼的法律责任。

代理词之二（摘录）

原告提交的二案例与本案的主要案件事实完全不同，不适用于本案，本案依法当驳回其诉请。具体为：

一、原告提交二案例非属类案，与本案审判无参考意义

原告提交二案例均为普通的民间借贷纠纷，根本不涉及借款人的刑事犯罪行为，案例所涉合同均为纯民事法律行为，与本案基本事实不同。

本案二被告公司非借款合同直接主体，未参与丁某犯罪活动，仅因丁某资金链断裂，案发前原告为转移风险，与丁某恶意串通，私自加盖丁某手中的作废印章，法院以二被告构成表见代表为依据判决二被告承担责任。

在案系原、被告整个借款往来全过程中，原告与被告都没有签订过任何借款协议，案涉借款款项无分文打到二被告的账户，根本无分文资金占用之实，更无任何获益，何来承担对方的资金占用损失之事实依据。

原告提交二案例关于借款本金的具体金额，均明确具体，无任何异议。而本案至今案涉借款的本金多少、利息多少均不清楚。根本不是类案，无任何参照可能与价值。

二、生效民事判决已明确认定，甲某向丁某借款与丁某非法吸收公众存款之犯罪行为，属于同一事实，故，原告诉请损失应依法追缴，自担风险

（一）刑事法律依据

最高人民法院、最高人民检察院、公安部《关于办理非法集资刑事案件适用法律若干问题的意见》第5条规定，关于涉案财物的追缴和处置问题规定向社会公众非法吸收的资金属于违法所得，以吸收的资金向集资参与人支付的利息、分红等回报，以及向帮助吸收资金人员支付的代理费、好处费、返点费、佣金、提成等费用，应当依法追缴。集资参与人本金尚未归还的，所支付的回报可予折抵本金。

1998年《非法金融机构和非法金融业务活动取缔办法》第4条第1款第1项规定，本办法所称非法金融业务活动，是指未经中国人民银行批准，擅自从事

的下列活动:非法吸收公众存款。第18条规定,因参与非法金融业务活动受到的损失,由参与者自行承担。

据生效民事判决书关于案涉借款与丁某非法吸收公众存款犯罪行为系同一事实之认定,案涉借款在刑事领域属于违法犯罪行为,丁某私盖印章之借条是其非法吸收公众存款行为的延续和组成部分,事实清楚,证据充分。

因此,原告作为丁某非法吸收公众存款犯罪行为的集资参与人,其出借本金已经取得的高息属于违法所得,已支付的利息、分红等回报,应依法追缴。未取得,亦非集资参与人所享有,故本案原告诉请诉请资金占用损失无法律依据,依法应自行承担受到的损失。

(二)民事法律依据

根据最高人民法院《关于审理联营合同纠纷案件若干问题的解答》第4条第2项的规定,即"除本金可以返还外,对出资方已经取得或者约定取得的利息应予收缴,对另一方则应处以相当于银行利息的罚款"。

最高人民法院《关于对企业借贷合同借款方逾期不归还借款的应如何处理问题的批复(2008修订)》(法复〔1996〕15号)规定,企业借贷合同违反有关金融法规,属合同无效。对于合同期限届满后,借款方逾期不归还本金,当事人起诉到人民法院的,人民法院除应按照最高人民法院《联营纠纷解答》第4条第2项的有关规定判决外,对自双方当事人约定的还款期届满之日起,至法院判决确定借款人返还本金期满期间的利息,应当收缴,该利息按借贷双方原约定的利率计算,如果双方当事人对借款利息未约定,按同期银行贷款利率计算。

据上述,无效借款合同纠纷案涉利息应当予以收缴。

综上,本案相关借款事实系丁某非法吸收公众存款犯罪事实的一部分,已经由生效刑事判决予以了违法性评价,案涉损失纠纷的实质系因刑事犯罪行为而引发,并非普通的民事借贷关系,故原告仅依据民事法律主张资金占用损失,适用法律错误,不应支持。

案件结果

一审法院认为,最高人民法院《关于适用〈中华人民共和国民事诉讼法〉的解释》第 247 条规定，当事人就已经提起诉讼的事项在诉讼过程中或者裁判生效后再次起诉，同时符合下列条件的，构成重复起诉：(1)后诉与前诉的当事人相同；(2)后诉与前诉的诉讼标的相同；(3)后诉与前诉的诉讼请求相同，或者后诉的诉讼请求实质上否定前诉的裁判结果。当事人重复起诉的，裁定不予受理；已经受理的，裁定驳回起诉，但法律、司法解释另有规定的除外。本案与 96 号(上述前案)借款合同纠纷一案的当事人相同，原告甲某在本案中提出的“请求人民法院依法判令二被告连带赔偿原告因借款合同无效而给原告造成的损失 10,623,179.32 元”的诉讼请求，与其在 96 号案件中提出的“请求依法判令二被告偿还原告甲某借款 46,247,500 元以及自起诉时起至清偿之日止的同期银行贷款利率计算的利息”的请求相同，96 号案件的最终判决结果并未支持其利息的主张，现在本案中甲某只是将诉求的利息变更为损失，实质上的诉讼请求与 96 号案件相同，构成重复诉讼。综上所述，依照最高人民法院《关于适用〈中华人民共和国民事诉讼法〉的解释》第 247 条的规定，裁定驳回原告甲某的起诉。

典型意义

非法集资参与人诉请集资犯罪行为之一部分的无效借款合同项下刑事判决已明确认定损失外的所谓资金占用损失，即便是刑事判决书作出后至其实际得到清偿前期间的利息损失，均无刑事及民商事法律依据。

根据我国相关法律规定，因参与非法金融业务活动受到的损失，应由参与者自行承担。对刑民交叉类案件中民事案件审理而言，不能割裂刑事与民事所指向的同一法律事实，进而错误适用民商事法律对利息或资金占用损失予以非正当保护，更不能无视前民案及类案的审理查明和判决认定的事实，作出冲突之重复起诉之错判。

回顾思考

近年来，刑民交叉领域案件日趋复杂，以本案缘起的非法吸收公众存款、非法集资案件为代表的重大疑难刑民交叉案件逐渐成为社会关注的热点之一，同时也是法学理论研究及司法实践过程中无法回避的重点难点问题。

对于此类民案的代理，必须全面审慎，全面回顾案件起因刑案，通观前案及本案,结合现有法律规定和司法实践进行,集资参与人损失的获赔途径应是刑事程序在先,或是损失人可不等刑事救济而直接提起民事诉讼,但因民案而承担刑事判决书项下赔偿责任的类似本案被告的权利救济及关联的刑事追赃退赔等,则是需要认真回顾思考、极具司法实践意义的重要问题。

其一,应严格把握集资参与人的合法权益范围。

2015年最高人民法院、最高人民检察院、公安部《关于依法处理非法集资犯罪的通告》第5条规定,向社会公众非法吸收的资金属于违法所得。以吸收的资金向集资参与人支付的利息、分红等回报,以及向帮助吸收资金人员支付的代理费、好处费、返点费、佣金、提成等费用,应当依法追缴。

据此,我国现行法律对集资参与人的合法权利保护范围仅限于损失本身,对所谓利息、分红等种种名目的费用,明确为非合法权益,不予保护。

其二,集资参与人合法权利得以主张之正确途径剖析。

根据《刑法》第64条、最高人民法院《关于适用〈中华人民共和国刑事诉讼法〉的解释》第139条、最高人民法院《关于适用刑法第六十四条有关问题的批复》等相关规定,刑事被害人的财产损失理应通过刑事追赃程序取得。

但涉及共同侵权、担保等纠纷中,不排斥被害人通过民事诉讼获得救济,但是应以相应的民事法律依据为请求权基础,且此时应避免集资参与人双重受偿。

本案结合刑事、民事案件全面综合分析,非法集资参与人的损失应当首先通过刑事程序获得赔偿,不足部分,再根据案件向责任人提起民诉主张予以实现。但现实中,我们发现因为立法和司法规范的不统一、不严格、不合理,出现了类似于本案这样在案扣押5000万元非法所得近10年迟迟不启动退赔程序,损失人却早早通过民案程序实现全额赔偿的反常情形,而未在刑事犯罪中有分文参与、获益的公司却在民案败诉后被迫赔偿之后,为挽损追赃通过刑事执行程序中主张救济,因非刑事判决书中主体而产生程序和实体极难化解的障碍。

对此极需反思。这一问题的产生,是我国类似刑民交叉案件中的重大顽症,是在涉众案件中争取让所谓相对多数损失方通过民刑程序选择而优先通过吃"唐僧肉"般的"和稀泥"审判,自然人损失赔偿得以苛且实现的维稳权宜之策,但并不具有合法性和继续执行的法律和事实依据。

其三，本案二被告在前民案中被迫赔偿而成为非法集资案件的实际受损人，其赔偿后的损失如何挽回问题，亟须法律正面回应。

本案原告甲某已通过民事程序得到了充分救济赔偿后，二被告成为实际的受害者。对已经担责的被告而言，通过向原刑案管辖法院提起民事代位确认之诉，先取得刑事案件中获赔权利，再直接在刑事执行中实现自身实际损失范围内损失的追偿，追缴赃款应直接通过刑事执行退还给民案二被告。

由此延伸出类本案二被告的刑民交叉类案件中其他责任主体（如保证人等）在承担民事责任取得代位权后，应如何对刑事责任主体进行追偿的相关程序、分配等问题，在法律法规上基本属于空白或仅有指向性意见，造成实践中难以有效实施，所以在此方面迫切需要立法规制及实践回应。

追偿程序流程及诸多细节都需要进一步的设计和明确规定，一是程序选择上，是通过民事诉讼程序解决还是通过直接参与刑事程序执行；二是实际承担损失人是直接以被害人身份还是以一般普通债权人身份参与分配；三是如果相关其他责任主体为多人，民事判决取得的先后顺序不同，在追偿过程中应如何进行协调并参与公平分配等。

上述问题的解决，五点反思：

第一，通常情况下有关民事追偿问题的案件事实已清楚明了，在刑事犯罪行为人羁押或在逃而下落不明情况下，若通过提起民事诉讼进行追偿则效率相对不高。因此，在实践过程中，可对其他责任人直接参与刑事执行程序进行路径设计，以提升追偿效率。

第二，对于经营收益类刑事赃物权益的强调措施，一定要同时对财物权益如房产租金、股权利润等同时查封，防止扣押母鸡、蛋却任由非法犯罪分子持续性获得的非法情形发生并持续。在执行中如果发现未同时查封的，立即查封。

第三，类似于本案对刑事非法集资参与人损失进行赔偿后而成为实际损失人的主体，建议通过刑事执行程序中直接确认实际损失人的代位被害人身份，不必再以提起民事代位权确认之诉为前置程序。

第四，刑事判决书生效后，判决书项下判令追缴的财产，不足部分或未追缴的，由执行法院按执行程序继续向非法获利人追缴。司法实践中，存在相当比例的刑案判决时,追缴工作并未完成的情形。

第五,采取强调措施已在案的财产权益,严格遵循效率公正原则及时执行终结,不必再以刑事案件办理过程中政府等单位联合成立的工作小组领导审批为前置条件。因此类工作组的临时性质,在如本案执行距刑事判决已经7年的情形下,工作组往往因人员变动,工作早无实质内容而名存实亡,实不宜再以此为前置条件,致执行实质搁置,而在案扣押的特别巨额赃款赃物被无限期搁置不能得到有效处理。而实际损害人的损失又无处伸张,损失被悬空,因刑事和民事而产生的不同性质损失利益无法得到有效衡平。

第六,如有多个实际损失人的,应向法院执行机关递交财产分配申请,执行机关应根据申请制作分配方案,按比例执行,不应无据先行给付其中个别损失人。以实现程序公平受偿。

律师简介

孙伏龙, 中国区股权高级合伙人,盈科中国董事会副主任、盈科石家庄管委会主任,河北省律师协会副会长、省诉讼法学会、互联网法律学会副会长,全国优秀仲裁员、天津、石家庄等仲裁委员会仲裁员、多所大学特聘教授、硕导,省政府参事室特邀研究员,在民事、商事、刑事、行政、非诉多元及复合业务领域具有精湛的专业素养、丰富的实务经验和最高法、高法、中法相当数量胜诉、十多件无罪辩护成功的优良业绩。担任多个司法、政府、人大、科研院校、企业家等常年法律顾问。主要专业领域为争议解决(重大疑难复合)、资本市场、刑事辩护(经济犯罪、职务犯罪)、知产(著作权、反垄断)等。

邓薇娜, 北京市盈科(石家庄)律师事务所律师,武汉大学硕士。曾作为主办、承办律师,成功代理过数十起最高院、省高院、中院民商事及行政诉讼案件,办理多宗公司股权并购重组、破产重整、PPP非诉专项法律事务。专业领域主要为公司及并购重组、资本市场、争议解决、环保、PPP、建筑房地产等非诉常法或专项法律顾问。

甄博超, 北京市盈科(石家庄)律师事务所律师。

刘洪川, 北京市盈科(石家庄)律师事务所律师。

为赚快钱设私服　律师力辩判缓刑

——知识产权不容侵犯，切莫如此“游戏”人生

叶　飞

案件简介

2017年年底，被告人宋某、李某、尚某某、胡某某（另案处理）为谋取非法利益，共同出资合计五万元人民币，由被告人宋某伙同蓝某某、朱某某（均另案处理），在未经北京光宇在线科技有限公司授权许可的情况下，以十万元的价格非法获取其公司《问道》1.60版本游戏服务端程序，并由朱某某租用服务器、使用非法获取的该游戏服务端程序设立《一鸣惊人》《一战成名》盗版游戏。2018年1月至5月，被告人宋某、李某、尚某某、胡某某非法运营《一鸣惊人》游戏，非法经营数额共计人民币938万余元，其中犯罪嫌疑人宋某、李某、尚某某共获利1659147元。经鉴定，《一鸣惊人》游戏服务端程序与《问道》1.60版本游戏服务端程序存在实质性相似。

2018年5月23日，被告人宋某被抓捕归案。2018年7月14日，被告人李某在其辩护人叶飞律师的建议下，到公安机关投案自首。被告人尚某某在投案途中被公安机关捕获。

经审查，犯罪嫌疑人宋某、李某、尚某某三人对其合伙经营《一鸣惊人》游戏私服并从中牟利、侵犯北京光宇在线科技有限公司著作权的违法犯罪事实供认不讳，自愿如实供述自己的罪行。

律师策略

根据我国《刑法》第217条的规定，以营利为目的，有下列侵犯著

作权情形之一,违法所得数额较大或者有其他严重情节的,处三年以下有期徒刑或者拘役,并处或者单处罚金;违法所得数额巨大或者有其他特别严重情节的,处三年以上七年以下有期徒刑,并处罚金:

(1)未经著作权人许可,复制发行其文字作品、音乐、电影、电视、录像作品、计算机软件及其他作品的;

(2)出版他人享有专有出版权的图书的;

(3)未经录音录像制作者许可,复制发行其制作的录音录像的;

(4)制作、出售假冒他人署名的美术作品的。

本案被告人李某,与被告宋某、尚某某系共同故意犯罪,违法所得数额巨大,情节特别严重,依法应当判处三年以上七年以下有期徒刑。

本辩护人接受委托后,经过多次查阅卷宗、与被告人会见,在与检察院充分沟通的情况下,决定从案件的细节入手,还原事实真相,力求对被告人李某减轻处罚,争取适用缓刑。

一、动员被告人家属,竭尽所能退赃,并赔偿被害人,取得了被害单位签署的《刑事谅解书》

被告人李某的家在东北某农村,家里经济情况极差。辩护人动员其竭尽所能退赔、退赃:几乎耗尽全部家产足额赔偿了被害单位损失。他所在的村委会也为其出具了《家庭困难情况说明书》,证明其认罪、悔罪表现突出。在此基础上,辩护人经多次与检察院和法院沟通,建议尽可能对其减轻处罚,判处缓刑并减少其罚金刑。

二、从案件本身情节入手,找到对被告人李某有利的重要情节并在庭审中予以充分揭示

在阅卷的过程中,辩护人发现了一些对被告人有利的情节:

其一,被告人李某属于帮助犯、从犯。本案是共同犯罪,涉案私服游戏《一鸣惊人》是被告人宋某、李某、尚某某、胡某某(另案处理)四人组成团队共同负责运营。其中,被告人宋某是该团队的总负责人,是领导角色,他与蓝某某、朱某某(均另案处理)非法获取被害人《问道》1.60版本游戏服务端程序,租用服务器,使用该非法获取的游戏服务端程序设立《一鸣惊人》盗版游戏,从事的是

主要犯罪行为,是本案的主犯。而被告人李某在该案中只是负责提供银行卡和支付宝账户。充值平台在扣除手续费后将玩家充值的钱转到被告人李某的账户。李某再将这些钱按照比例分别转到团队的其他成员账户上。他仅仅起到帮助分钱的作用,是帮助犯的角色,应依法认定为从犯。

其二,被告人李某具有自首情节,依法可以从轻处罚。被告人李某在 2018 年 7 月 14 日,在叶律师的建议下主动到公安机关投案自首,自愿、如实供述自己的罪行,依法可以从轻、减轻或免除处罚。

其三,被告人李某主动认罪认罚,应依法对其从宽处理。被告人李某实施了侵犯知识产权的违法犯罪行为,理应受到处罚。但他已经充分认识到了自己的犯罪行为所造成的严重危害后果。被告人李某此前无劣迹前科,属于初犯,并且已经主动认罪认罚,真诚悔罪,应依法对其从宽处理。

三、情、理、法并举,说服法官减轻处罚。

被告人李某的文化程度不高,仅有初中文化,在非法获利的诱惑下,为赚快钱,不知不觉中一步步陷入了犯罪的漩涡。案发后,经过辩护律师、检察官、法官的教育,他深刻地认识到了自己的行为的违法性,非常的懊悔难过,并真诚地认罪认罚表示绝不再犯。为表明自己深刻悔罪的态度,他主动将自己名下仅有的一套房子抵给被害单位,足额赔偿了其损失,取得了被害单位的谅解。基于此,叶飞律师多次积极主动地与法官、检察官沟通说明情况,极力说明李某主观恶性不深,社会危害性较小,说服法官对其减轻处罚。

律师文书摘录

北京市盈科(徐州)律师事务所接受本案被告人李某的委托,指派本所律师叶飞、实习律师邱静担任李某被控侵犯著作权一案的辩护人,参加本次诉讼。接受委托后,辩护人调阅了本案的全部卷宗材料,多次会见了被告人,并经过当天的庭审,对本案案情有了更加全面的了解。现根据事实和法律,发表如下辩护意见:

辩护人对于检察机关指控被告人李某构成侵犯著作权犯罪的定性不持异议,但被告人具有多处法定、酌定从轻、减轻处罚的情节,建议法院对其从轻、减轻处罚。

一、被告人李某属于帮助犯、从犯

本案是共同犯罪,涉案私服游戏《一鸣惊人》是被告人宋某、李某、尚某某、胡某某(另案处理)四人组成团队共同负责运营。其中,被告人宋某是该团队的总负责人,是领导角色,他与蓝某某、朱某某(均另案处理)非法获取被害人《问道》1.60版本游戏服务端程序,租用服务器,使用该非法获取的游戏服务端程序设立《一鸣惊人》盗版游戏,从事的是主要犯罪行为,是主犯。而被告人李某仅在该案中充当帮助角色,是从犯,仅仅起到管钱的作用。他只是负责提供银行卡和支付宝账户,充值平台在扣除手续费后将玩家充值的钱转到被告人李某的账户,被告人李某再将这些钱按照比例分别转到团队的其他成员账户上。

根据《刑法》第27条的规定,"在犯罪中起次要或者辅助作用的,是从犯。对于从犯,应当从轻、减轻处罚或者免除处罚"。

辩护人认为,被告人李某在整个共同犯罪中仅仅起到辅助、帮助的作用,他只是按照团队领导的命令行事,应依法从轻、减轻处罚。

二、被告人李某具有自首情节,依法可以从轻、减轻处罚

根据《刑法》第67条的规定,"犯罪以后自动投案,如实供述自己的罪行的,是自首。对于自首的犯罪分子,可以从轻或者减轻处罚。其中,犯罪较轻的,可以免除处罚"。

被告人李某在2018年7月14日,主动到公安机关投案,并在投案后自愿、如实供述自己的罪行,应当被认定为自首,可以从轻、减轻或者免除处罚。

三、被告人李某符合认罪认罚条件,应依法对其从宽处理

被告人李某实施了违反刑事法律的行为,应该受到处罚,但是他已经充分认识到了自己的犯罪行为所造成的危害后果,请法院考虑被告人李某此前无劣迹前科,属于初犯,并且已经主动认罪认罚,真诚悔罪,几乎耗尽全部家产赔偿了被害单位损失,建议对其从轻、减轻处罚。

根据《江苏省高级人民法院关于办理认罪认罚刑事案件的指导意见》规定:"犯罪嫌疑人、被告人自愿如实供述自己的罪行,承认指控的犯罪事实,愿意接受处罚的,可以依法从宽处理。"本案被告人李某已经配合公诉机关签订

《认罪认罚具结书》请求依法对其适用缓刑。

四、被告人李某犯罪后积极退赔,并取得被害人谅解

根据江苏省高级人民法院《关于常见犯罪的量刑指导意见》实施细则的规定:“退赃、退赔的,可以减少基准刑的30%以下”“主动退赃、退赔的,一般适用从宽幅度的上限”“积极赔偿全部经济损失并取得谅解,基准刑在三年以下的,可以减少基准刑的40%以下;基准刑在三年以上十年以下的,可以减少基准刑的25%以下”。

综上所述,建议法院在考虑被告人李某犯罪的故意程度以及行为社会危害性的基础上,酌定在三年以下幅度范围内从轻量刑,并依法适用缓刑。

案件结果

徐州市中级人民法院经审理认为,被告人宋某、李某、尚某某以营利为目的,未经著作权人许可,复制发行他人计算机软件,情节特别严重,其行为触犯了《刑法》第217条的规定,已经构成侵犯著作权罪,公诉机关指控的罪名及犯罪事实成立,量刑建议适当,本院予以采纳。被告人宋某、李某、尚某某共同故意犯罪,系共犯。被告人宋某到案后能如实供述犯罪事实,具有坦白情节,可以从轻处罚。被告人李某、尚某某犯罪后自动投案,如实供述自己的罪行,构成自首,可以依法从轻或者减轻处罚。被告人宋某、李某、尚某某到案后均能够积极赔偿受害人并取得谅解,可以酌情从轻处罚。被告人李某、尚某某部分退赃,可以酌情从轻处罚。综上,对被告人宋某从轻处罚,对被告人李某、尚某某减轻处罚。被告人宋某、李某、尚某某认罪悔罪态度较好,适用缓刑不致再危害社会,亦不会对所在社区有重大不良影响,本院决定对其适用缓刑。依据《刑法》第217条、第25条、第64条、第67条第1款、第3款、第72条、第73条、最高人民法院、最高人民检察院《关于办理侵犯知识产权刑事案件具体应用法律若干问题的解释》第5条、《关于办理侵犯知识产权刑事案件具体应用法律若干问题的解释(二)》第4条之规定,判决如下:

一、被告人宋某犯侵犯著作权罪,判处有期徒刑三年,缓刑四年,并处罚金人民币一百万元(缓刑考验期从本判决确定之日起计算;罚金五十六万三千三

百元已由公安机关扣押,于本判决生效之日起十日内上缴;剩余罚金四十三万六千七百元已向本院缴纳);

二、被告人李某犯侵犯著作权罪,判处有期徒刑二年,缓刑三年,并处罚金人民币二十万元(缓刑考验期从本判决确定之日起计算;罚金于本判决生效之日起十日内向本院缴纳);

三、被告人尚某某犯侵犯著作权罪,判处有期徒刑二年,缓刑三年,并处罚金人民币二十万元(缓刑考验期从本判决确定之日起计算;罚金已向本院缴纳);

四、被告人宋某违法所得人民币一百万元予以追缴,上缴国库(违法所得已由公安机关扣押,于本判决生效之日起十日内上缴);被告人李某违法所得人民币一百万元予以追缴,上缴国库(违法所得三十万元已由公安机关扣押,于本判决生效之日起十日内上缴;剩余违法所得七十万元已向本院缴纳);被告人尚某某违法所得人民币一百万元予以追缴,上缴国库(违法所得四十万元已由公安机关扣押,于本判决生效之日起十日内上缴;剩余违法所得六十万元已向本院缴纳)。

一审判决后,三被告均未上诉,检察院未抗诉,判决已发生效力。

典型意义

本案是在现代网络经济社会中,典型的侵犯知识产权且触犯刑法需要承担刑事责任的案例,犯罪金额巨大,将近一千万元,属于"情节特别严重"。

在游戏、网络、短视频等信息化非常发达的时代背景下,网络犯罪也频频发生。可悲的是,就像本案的李某一样,他们本以为自己只是带着一群人玩玩游戏而已,顺便挣点快钱,与犯罪毫无关系,却不知道自己已经触犯了刑法,需要承担刑事责任。在此将本案介绍给大家,警示大家警惕网络犯罪。

回顾思考

现今,网络游戏已走入人们的日常生活,给人们的休闲生活提供了一种新的选择。在经济高速发展的当今世界,各种新兴产业应运而生并蓬勃发展,网络游戏产业便是其中之一。传统观点对网络游戏的印象还停留在娱乐阶段,但实际上游戏产业已成为国民经济不可忽视的重要组成部分。正因为游戏产业是新兴产业,且其发展速度迅猛,客观上导致与此相关的法律法规的制定相对滞后。尤其是最近几年,通过利用法律漏洞来获取暴利的涉及网络游戏侵权的违法、犯罪行为逐渐增多。立法的滞后导致对具体行为定性及法律适用引发争议也是不可避免的。网络游戏著作权犯罪以侵犯著作权犯罪为其实质,但犯罪客体和客观要件与网络游戏有关。网络游戏中包含的元素非常多,其中的法律属性更是非常复杂,不仅仅大众对于网络游戏感到陌生,现有的法律规定也没有明确的法律定义。在法律的实际运用中,相关的疑难问题层出不穷,主要体现在罪名的界定、罪名之间的竞合方面,尤其以"私服"、"外挂"犯罪中的侵犯著作权犯罪与非法经营罪的竞合、非法经营罪的入罪标准、对于犯罪行为中复制发行的理解等较为典型。侵犯著作权犯罪的范围特别广,就网络游戏的著作权犯罪而言,其中也蕴含着丰富的法律属性,具有一定的研讨价值。侵犯网络游戏著作权犯罪方式中的盗版行为,主要以"外挂"与"私服"行为为主。

网络犯罪的一个典型特点是,犯罪数额的累积是以非常之快的速度进行的。互联网让人与人之间快速互联,以次方数的方式扩散,犯罪范围的广泛,犯罪数额累积的速度有时候超乎犯罪嫌疑人自己的想象。但是我国刑法对达到触犯刑事责任数额的规定并没有对这方面作出考量,立法略显滞后,因此还需在司法实践中综合权衡,公平考量。像本案这样,检察官、法官更多地考量对被害单位的退赔和对违法所得的退赃,辅之以缓刑考验的惩罚,收到了较好的社会效果。

律师简介

叶飞,北京市盈科(徐州)律师事务所股权高级合伙人、监事会主任,盈科徐州股权筹划法律事务部主任,擅长公司股权设计、股权激励、股权融资、公司并购与重组、PE投融资及企业改制、发行上市,以及企业家刑事风险防范等法律事务。

行　政

行政许可撤销案中的行政行为合法性审查

——某公司诉省商务厅撤销行政许可纠纷案

孙伏龙　韩文娜　任晓阳

案件简介

某石油公司依据1995年11月30日国家经贸委颁布的《成品油市场管理暂行办法》的有关规定，于2002年9月向某县成品油市场管理办公室（市油管办）提交新建加油站（以下简称甲加油站）请示。2002年11月10日至12月6日，县建设局、国土资源局、公安局、整顿成品油领导小组办公室、市油管办等相关部门审批同意甲加油站的建设申请。2002年11月22日，市油管办作出《关于某石油公司申请建设加油站的批复》，同意甲加油站的建设。2003年6月甲加油站建设通过了市政府相关部门及市油管办的验收。2003年7月市油管办为甲加油站颁发《成品油零售经营批准证书》。

后国家经贸委机构改革，成品油市场管理职能由原经贸委划入商务厅，省商务厅具有管理本辖区成品油市场的职权。依据商务部、工商总局、税务总局《关于更换成品油经营证书和建立成品油市场监管信息交换制度的通知》（商改法〔2013〕512号）规定，商务厅应结合2003年度成品油经营资质审核，统一更换本地区成品油批发、仓储和零售经营批准证书。2004年10月30日，省商务厅为甲加油站颁发新的《成品油零售经营业务批准证书》。

原告系该市与甲加油站相邻的另一家个人私营加油站（以下简称乙加油站），在上述省商务厅颁发《成品油零售经营业务批准证书》行政行为作出后，乙加油站认为省商务厅未按照行政法规及《××省加油站行业发展规划》等文件中关于"加油站辐射半径不得小于0.9公里"的规定要求，批准设立甲加油站并准予行政许可的决定行为属于行政违法,遂以省商务厅为被告(以下简称商务厅),向省会某区人民法院诉请撤销被告商务厅对甲加油站成品油零售经营批准许可的决定,拆除该违章加油站。受理法院依法追加甲加油站为本案第三人参加诉讼。

一审法院于2005年3月作出行政裁定,认为:原告所诉甲加油站名下的《成品油零售经营批准证书》是被告商务厅作出的《关于审核同意为甲加油站核发〈成品油零售经营批准证书〉的函》的延续,该函已由生效的裁定书(另案)确认为内部行政行为,且未盖被告单位公章,对外不具有法律效力。原告以此对被告商务厅提起行政诉讼属于重复起诉,故驳回起诉。

二审法院于2005年6月作出行政裁定,认为:2004年10月30日《成品油零售经营批准证书》是商务厅根据市年检合格报告审查换发的证书,是市相关部门行政许可行为的延续,且批准证书在发证机关一栏没有加盖商务厅公章,属于一种监督、审查管理行为,不能确定为一种外部行政行为,故维持一审裁定。

乙加油站向省高级人民法院申请再审。省高级人民法院审理后作出行政裁定,指令市中级人民法院进行再审。市中级人民法院于2014年5月作出行政裁定,裁定撤销市中级人民法院二审行政裁定和一审法院行政裁定,由原一审法院进行再审。

2019年5月,再审之一审法院作出判决,认为:甲加油站在此之前没有取得成品油经营资质,商务厅明知甲加油站的建设不符合《关于印发XX省加油站行业发展规划的通知》中关于城区中辐射半径不少于0.9公里新建加油站布点标准的情况下,未要求甲加油站补证,在甲加油站其他经营事项尚需完备的情况下为甲加油站核发了《成品油零售经营批准证书》,该行政行为对甲加油站的经营资质具有约束力,对乙加油站有主要实际影响,是具体行政行为,本案被诉行政行为构成程序违法、主要证据不足,依法应予撤销。经法院审判委员会讨论决定,判决:撤销原审被告商务厅2004年10月30日为原审第三人甲加油站核发的《成品油零售经营批准证书》。

商务厅与甲加油站不服,向中级人民法院提起上诉,2020年1月,二审法院作出撤销一审行政判决,驳回乙加油站的诉讼请求的判决生效。

律师策略

自原告2004年起诉至2019年,案件已历经某区人民法院一审、某市中级人民法院二审、某省高级人民法院裁定指令某市中级人民法院再审、某市中级人民法院再审裁定撤销原判发还某区人民法院重审、某区人民法院再审一审五个诉讼程序,数次开庭审理,历时长达14年多,案情发展迂回曲折,案件关联关系极为复杂。本案例剖析特定于本律师团队再审一审败诉后的中级人民法院二审代理。

一、排名布阵,整合资源

孙伏龙律师同时系被告商务厅和第三人二单位的常年法律顾问,接受代理后,合理整合上述二单位资源,统一战略,分工合作,力争于最后一役,反败为胜。

一审第三人虽非被告,但根据案情和诉讼后果的影响,结合当事人情况,其实为上诉的主力军。经研究,孙伏龙、韩文娜、任晓阳组成团队作为上诉人甲石油公司的代理方,由商务厅另一常法律师作为商务厅代理方,同时商请商务厅指定主管此项业务的副处长作为共同代理人出庭,在增强二审代理力量、尊重法庭同时,更好地遵守行政诉讼对行政机关出庭率的要求。

二、上诉主要主张

其一,原判撤销所据规范性文件未经合法性审查,其明显不是行政许可法定撤销的适格规范性文件。

此项,根据现行《立法法》《行政许可法》《行政诉讼法》等,至关重要。将作为我方上诉的核心主张和事由。

其二,重复起诉。

详列《行政许可法》《行政诉讼法》及相关司法解释等,检索类案判例,充分论证本案与之前原告提起并已被驳回的案件,在诉讼主体、诉讼标的、诉讼请求等方面均相同,实属重复起诉。

其三,商务厅换新证的行为因非具体行政行为而不可诉。

商务厅在表面上确实给甲石油公司颁发了新的经营许可证,但是这并非新的具体行政行为,而是2003年下半年,因国家机构改革中经贸委机构改革,加油站证书审批机关变更为商务部门,故旧证统一核换的行为。属于内部行政行为,故不可诉。但此项主张,因已被再审高级人民法院裁定再审中否定,得到支持的可能性较小。

其四,原判违反行政法的信赖保护原则、比例原则、限度原则等基本原则问题。从行政法原则衡量一审判决,从根本上阐述剖析其错误。

围绕上述,针对一审判决的要点、争点,精梳证据、细研法律,严谨论证,有效举证,精准质证,充分辩论,力求必胜完胜,务争做到:审中明对错,辩中清是非,案结事随了。

律师文书

再审二审代理词（摘录）

原判认定事实不清、适用法律错误,违反行政许可信赖利益保护原则、限度原则、合理性行政司法裁判的原则。特别强调的是,本案应充分考虑商务厅在国家机构改革的特定历史时期执行国家政策以及当时加油站行业发展的客观历史事实,综合权衡。甲加油站系某央企下设组织单位,二审如不改判,若对方在判决生效后卖掉现已增值几千万元的加油站,数千万元巨额国有资产损失将面临无可挽回的极端后果出现。

一、认定事实错误

(一)换证系充分证据证实之客观事实,一审判决认定其不存在,属认定事实错误

1.换证的客观事实概述

2003年7月20日,某市油管办正式向我方颁发《成品油零售经营批准证书》。当时加油站经营审批的先证后照,即证书取得后的当月,甲加油站随后取得了工商局颁发的营业执照、税务登记证、产品质量监督局的企业代码证等(二审已经提交),一直经营至今,每年年检,正常经营已逾16年之久。其他详见本文事实概述部分,不再重复。

2.旧证书客观真实,原审未予依法认定,判决错误

(1)原判回避事实,不予认定,既不合逻辑,也不符合情理和常识。

原第一个许可证办理的行政许可行为,涉及多个行政部门,均有档可查,事实证据充分,加之央企申请,当时法定行政部门审批,后又交省商务厅据新规制印新证。这一客观过程,不可能出现如此多的行政部门共同做假,商务厅换证

时也被假证所骗的客观可能。

（2）二审新证据进一步证明了这一事实的真实。

我方从工商部门我公司档案中，已经查到了此证书并提交法庭，因此证系办理工商登记必须的前置审批，故在工商存档。这充分证明，一审对此旧审批证书事实在无证据支持前提下不予认定的极端错误。

（3）原审一审、二审裁定均对此证书予以认定。

（二）商务厅换证行为系依法依规承继行政体制改革职能变更后的归属履职行为，根本未创设新的行政法律关系

2003 年下半年，因经贸委机构改革，根据统一换证的文件通知，我方将《成品油零售经营批准证书》交给某市油管办，2004 年 10 月 30 日省商务厅向我方换发《成品油零售经营批准证书》。

（三）一审以明显虚假的停止通知否定旧证的客观真实性，系歪曲事实的错误认定。停业通知明显虚假，其形式和内容均不适格，不应认定其真实性，更不能因此而否定成品油证书的真实合法性

1. 被上诉人提交的停业通知，仅为复印件，不具有真实性。如果确是行政机关真实作出，在长达 16 年的诉讼纠纷中，被上诉人完全可自行调取或委托律师调取提交原件或说明证据来源的复印件。却仅仅始终提交这份复印件，极不正常、更不合常理。

2. 在证据内容上，其上面载明的所谓未审批未取得证书的具体内容，与已经查明在案的事实相冲突，与客观事实相矛盾，充分证明此停业通知虚假。

如上面有记载“未正式验收批准”的文字，但 2003 年 6 月已通过某市油管办的验收，有《某市加油站建设验收情况表》为证。

通知中有未取得《成品油零售经营批准证书》内容，但 2003 年 7 月 20 日实际已取得。

3. 经查，所谓的做出停业通知的该行政单位公文档案中，从未有此文件。

二、适用法律错误

一审中，根本未对其所认定原告诉请撤销所称商务厅违反的规范性文件依据——《关于印发 × × 省加油站行业发展规划的通知》的合法性进行审理查

明,径以不符合其标准,撤销批准证书,明显错误。撤销所据文件合法性如存在问题,则原判根本错误。

《行政诉讼法》第63条规定,审理行政案件,以法律和行政法规、地方性法规为依据。地方性法规适用于本行政区域内发生的行政案件。审理行政案件,参照规章。被上诉人提交的据以申请撤销的《关于印发××省加油站行业发展规划的通知》系××省经济贸易委员会于2002年颁布的部门文件,既不是法律、法规、部门规章,更不是地方性法规,其仅仅是作为全省加油站行业发展规划的参照标准,并不具有强制性。文件中所规定加油站0.9公里间距问题,只是加油站设置合理性问题,根本不能作为撤销行政许可的法定理由。

根据《立法法》第65条,《行政许可法》第14条、第15条、第17条规定,撤销行政许可依据的法律规定极为明确,即法律、行政法规、地方性法规,符合条件的为规章。

案系《××省加油站行业发展规划》及其上位文件国务院国办发〔2001〕某号文件的职权依据、文件内容和制定程序等,表明其既不是上述合法性法律规定的设立主体范围,不是法律、行政法规、部门规章,亦不是地方性法规,其仅仅是作为全省加油站行业发展规划合理性方面的指导标准,并不具有强制性。

在加油站距离规定内容方面,根本不是行政许可撤销规范性文件特指的合法性内容规定,而系合理性行业指引。

以上,再结合最高人民法院《关于适用〈中华人民共和国行政诉讼法〉的解释》第148条第2款的规定,其不是撤销行政许可的合法性规范法律、法规和符合条件的规章,不应成为本案撤销许可的法律依据。

三、一审判决违反信赖利益保护原则、比例原则和限度原则

一审判决并非撤销行政许可决定之行政行为,而是直接撤销批准证书。在行政机关作出行政许可加油站经营行为16年多,甲加油站市场价值已有数百倍增值的情况下,再审撤销被诉行政行为与否案件,依法当受到更加严格的限制条件,但一审判决显然未遵守上述司法精神,违反了行政许可撤销的三大原则。

(一)违反信赖保护原则

对案系已实际经营16年之久的经营类设益性行政许可予以撤销的司法审

查,不同于一般行政行为的撤销审查。因为其系设益性行政认可,涉及的权益巨大,应严格遵守可信赖保护原则不予撤销,这是现代行政司法的宗旨所在。

《行政许可法》第8条第1款规定,公民、法人或者其他组织依法取得的行政许可受法律保护,行政机关不得擅自改变已经生效的行政许可。

据此,信赖保护原则要求,非经法定事由和依照法定程序,不得擅自废止和改变。改变必须有以下两种情况:(1)行政许可所依据的法律、法规、规章修改或废止。(2)准予行政许可所依据的客观情况发生重大变化,基于公共利益需要改变或撤回已经生效的行政许可。

本案中,客观情况未发生重大变化,早在审批时已经注意到合理性审查原则。如二审维持原判撤证,第三人甲加油站实际报废将造成数千万元巨大损失,谁来补偿?

就相对人而言,甲加油站依申请经法定审批程序获得了许可,央企投入及积累财产市场价达2000多万元,作出撤销行政许可行为,严重违反信赖利益保护原则。

退一万步而言,若假设当事人权利存在瑕疵,但已经取得许可,对之后的撤销申请,法院对该行为合法性的审查标准应更加严格,非法定理由不得撤销已经作出的行政行为。

本案中,甲加油站每年年检、审批,正常经营已逾16年,即使当时某市油管办依照当时法律、行政法规、地方性法规的规定予以审核,可不予颁发许可证,那么依前述规定,也只有在法定情形下才能撤销,此为法院审查撤销许可行为合法性的必要内容。

故,2004年10月30日核发的《成品油零售经营批准证书》一经作出,即具有确定力,对于行政机关和相对人均产生法律约束力。

(二)违反比例原则

《行政许可法》第8条第2款规定,为了公共利益的需要,行政机关可依法变更或者撤回已经生效的行政许可。由此给公民、法人或者其他组织造成财产损失的,行政机关应当依法给予补偿的规定。

本案假设撤销行政许可行为,行政机关、行政相对人、广大相关消费者所受损失远远超过被上诉人因诉而获利益。

全国人大在进行《行政许可法》的立法解释时强调说明：如果行政许可虽然具有违法因素，但是，被许可人没有所列情形，即没有采取欺骗、贿赂等不正当手段取得行政许可的行为，并且其基于行政许可所取得的利益明显大于撤销行政许可所要维护的公共利益，行政机关就不应当撤销行政许可。这是贯彻行政管理活动中比例原则的要求。

（三）违反限度原则

取消我方加油站经营资格，是严重违背限度原则的，实际上带来的损害会远远超过案件本身的损失，并且会侵害广大消费者的利益，行政法在合法行政、合理行政的大原则下就是通过司法干预让行政行为更好地为公众服务，取消甲石油公司加油站的经营资格严重背离了此宗旨。

在商务厅换证后长达16年的时间里，某市地区案系路段不能进入市区的大货车加油已经习惯了甲加油站，职能行政机关也从未做出取消甲加油站经营资格的行政行为。在此期间，对其资格合法合理性的认定一日日、一年年随着时间不断赋强，不应当时过16年之久，再予撤销。这是保护行政相对人的权利的需要，更是社会稳定运行的需要。

四、案系证书原始审批时，关于距离及市场需求的审查，在案审批材料档案可以证明这一工作全面审慎、合理合法，具有充分合理性，设立甲加油站并不违反市场自由适当竞争，而系市区界内外不同需求加油站之必需

本案诉争加油站审批前，国家经贸部门多次发文整顿规范加油站，强调新设加油站统一由石油集团、石化集团按照规划建设。在某央企××分公司向某县油管办提交新建加油站时，某市油管办考虑到诉争加油站与被上诉人加油站虽然间距较近，因某县修建新京开路，形成了外环线，大型货运车不得穿市通过，诉争加油站主要服务于新京开路上的各种车辆，而被上诉人的加油站服务于市区及原京开路上的各种车辆，二者并不构成直接竞争关系，而且某县区加油站数量总体不足，我公司作为央企，可以保证油品质量和公平合理的供油秩序，故此从合规合理角度审批了第三人的加油站。

加油站间距由某市在2003年审批时，具有充分合理性。因为审批文件中

有明确充分说明:某市地区整体加油站数量不足,甲加油站与被上诉人加油站市场需求对象不同,乙加油站在市区范围,大型货车不能进市加油,而甲加油站开口在市区外环城道路,为过往的不能进市大货车加油。央企加油站建设工程质量放心,经营油品质量有充分保障。

加油站区域特定限制目的是防止恶性竞争,但类似本案般总量控制的审批,是良性合理竞争。特别是在当下,更不应以撤销一起16年前的行政许可,使作为自然人的被上诉人在败诉16年后,为达到不利于市场竞争、不利于消费者的权益保护的区域垄断目的。

最后,需要特别强调的是,一审错判如不予纠正,其负面后果将极其严重。

如前所述,若二审不改判,错判生效后,一方面第三人的加油站会停业经营价值归零,另一方面被上诉人个人将极大可能诉请16年来加油站经营损失的巨额行政补偿,若果如是,则商务厅、原一审、二审法院将可能面临数千万元巨额国家行政赔偿。行政裁判的社会效果、公平效果、法治效果将相当负面,损失将极其惨重,政府公信力将受到严重贬损!

案件结果

再审二审查明,一审判决认定"2003年10月8日因甲石油公司某加油站未取得《成品油零售经营批准证书》,擅自开业,某市油管办责成某县油管办责令甲加油站停业整顿,未经允许不得擅自营业",被上诉人乙加油站为证明该事实存在所提交的证据为复印件,二上诉人并不认可,且上诉人省商务厅亦提交了证据1至证据6作为反证,一审认定该事实证据不足,对上述事实本院不予认定,二审法院二审查明的事实与一审查明的其他事实基本一致。

二审法院认为,(1)2004年10月30日,某省商务厅依据上级文件精神,经审核为上诉方加油站换发了《成品油零售经营批准证书》,该行政行为与被上诉人乙加油站有法律上的利害关系,其对该行政行为提起行政诉讼,符合法律规定,省商务厅为适格的被告。(2)本案为再审案件,根据案涉行政行为作出时生效的《行政诉讼法》第5条"人民法院审理行政案件,对具体行政行为是否合法进行审查"、第52条第1款"人民法院审理行政案件,以法律和行政法规、地方性法规为依据。地方性法规适用于本行政区域内发生的行政案件”、第53条第1款“法院审理行政案件,参照国务院部、委根据法律和国务院的行政法规、决定、命令制定、发布的规章以及省、自治区、直辖市和省、自治区的人民政府所在地的市和经国务院批准的较大的市的人民政府根据法律和国务院的行政法规制定、发布的规章”之规定,法院对行政机关作出的行政行为进行的是合法性审查,且审查依据只能是“法律和行政法规、地方性法规”,各类规章亦只能参照适用。

本案中,被上诉人乙加油站认为省商务厅作出的为上诉人加油站颁发《成品油零售经营批准证书》行政行为违法的主要理由是甲加油站建设选址违反了“城区内加油站辐射半径不得小于0.9公里”的相关规定。该条加油站建设选址要求规定在《关于完善加油站行业发展规划的意见》(国经贸贸易〔2003〕147号)和《关于印发〈××省加油站行业发展规划〉的通知》(×经贸运行〔2002〕249号)两个部门发文中,而上述两个文件既不是法律和行政法规、地方性法规,亦不是部门规章或地方政府规章,故不能作为行政行为合法性审查的依据或参照标准。

被上诉人乙加油站诉请撤销上诉人省商务厅颁发的案涉《成品油零售经营批准证书》没有法律依据。一审判决撤销原审被告省商务厅2004年10月30日为原审第三人核发的《成品油零售经营批准证书》适用法律错误,本院依法予以纠正。

综上,判决撤销原判,驳回一审原告之诉讼请求。

典型意义

这是一起相对典型的行政诉讼许可类撤销案件,典型意义有二:

其一,尊重特定历史背景,注意裁判的三效合一。

诉争省商务厅核发《成品油零售经营批准证书》行政行为源起于国务院部委机构改革,成品油市场管理职能由原经贸委划入商务厅,此为我国经济与社会转型发展、政府职能与治理模式发展变化的必然选择,在此大背景下,落实上层行政职能调整要求,被告作出被诉行政行为,一定程度上可能涉及原告权益而滋本诉,这充分体现了行政诉讼较强的政治性和社会性，对此类案件的审理判决，应当充分尊重机构改革的历史背景，在合法前提下尽可能保护已有许可和市场既成的秩序，防止机械片面，僵化理解，同时注意裁判结果的法律效果、社会效果和个案效果的三效统一。

其二，特别注意案系行政法律的溯及力和正确适用。

本案历经审级多，时间跨度大，期间经历了行政诉讼法两次修正，行政诉讼法司法解释从无到有，行政许可法从初始实施至适时修正，每一次新法的出台，旧法的修正，有可能直接或间接地对案件审理认定、裁判结果产生一定影响。对此，要特别注意案系行政法律的溯及力和正确适用，并在此基础上审慎客观、全面权衡、综合判断。

回顾思考

作为律师，案件代理虽有终点，但对于案件涉及相关法律问题的思考探究，对案件起初代理策略的检验，对于审理程序、裁判结果的分析研究，对于律师个人相关专业领域的深耕扩展，并无止境。

1. 案系各个阶段的裁判文书在“本院认为”部分，均认定了被诉行政行为与乙加油站有利害关系。但对于乙加油站具有何种法律上的利害关系，及具体的认定标准和说理论证，各裁判文书并无只字论及，如果在此处适当补强更为符合裁判文书强化说理的时代要求。

2. 注意区分行政许可中的行政撤销与行政诉讼中的判决撤销。

从行政许可法角度，行政撤销即行政行为撤销，是就已经发生法律效力的行政行为，如发现其违法或不当，由有权机关予以撤销，使相应的行政行为失去效力。

从行政诉讼法角度，《行政诉讼法》第 70 条对撤销判决进行了明确规定，它是对具体行政行为的否定，具体情形有六种：主要证据不足的；适用法律、法规错误的；违反法定程序的；超越职权的；滥用职权的；明显不当的。法院判决撤销的，可以判决被告重新作出行政行为。

本案再审一审判决撤销商务厅为甲加油站核发的《成品油零售经营批准证书》，正是混淆了上述两者的区别后的错判。

3. 法院针对规范性文件的再审申请审查，根据再审事由和案件实际情况，可以针对规范性文件合法性的所有方面进行审查,也可主要针对再审申请人质疑的方面进行审查。审查中,所谓上位法与下位法相抵触,必须是针对同一事项或对象。此点,(2018)最高法行申3312号行政裁定书审判宗旨有详细的阐明。

律师简介

孙伏龙, 中国区股权高级合伙人,盈科中国董事会副主任、盈科石家庄管委会主任,河北省律师协会副会长、省诉讼法学会、互联网法律学会副会长,全国优秀仲裁员、天津、石家庄等仲裁委员会仲裁员、多所大学特聘教授、硕导,省政府参事室特邀研究员,在民事、商事、刑事、行政、非诉多元及复合业务领域具有精湛的专业素养、丰富的实务经验和最高法、高法、中法相当数量胜诉、十多件无罪辩护成功的优良业绩。担任多个司法、政府、人大、科研院校、企业家等常年法律顾问。主要专业领域为争议解决(重大疑难复合)、资本市场、刑事辩护(经济犯罪、职务犯罪)、知产(著作权、反垄断)等。

韩文娜, 北京市盈科(石家庄)律师事务所律师。

任晓阳, 北京市盈科(石家庄)律师事务所律师。

不服信访答复意见，不能通过行政诉讼方式进行权利救济

——陈某某诉宁夏回族自治区信访局不履行法定职责案

王旭华

案件简介

2018 年 4 月，原告陈某某因同心县张家塬乡种植文冠果将其苜蓿破坏造成经济损失，通过信访渠道请求张家塬乡政府解决其损失赔偿问题。同心县张家塬乡政府经调查核实后向原告出具了信访事项处理意见书；上诉人对该信访事项的处理意见不服，向同心县人民政府申请复议，同心县人民政府经核查后向其出具了信访事项复查意见书，复查意见维持了张家塬乡政府的信访处理意见；后原告向吴忠市人民政府申请复核，吴忠市政府受理审核后作出了复核意见，复核意见维持了复查意见。原告就其诉请事项的信访程序经信访答复、复查和复核三级程序终结。随后原告继续向上一级信访部门提出申请，上一级信访部门以该信访事项已终结为由不再受理。

2020 年 4 月 7 日，原告因不服宁夏回族自治区信访局作出的信访事项不再受理告知书，起诉至银川市中级人民法院，请求法院撤销宁夏回族自治区信访局出具的不再受理告知书。宁夏回族自治区信访局委托北京市盈科（银川）律师事务所王旭华律师出庭应诉。

律师策略

代理思路：本案原告因不服县、乡政府要求种植文冠果将其苜蓿破坏造成损失等事宜，通过信访方式请求政府协调解决损失赔偿问

题，经乡、县、市级政府核查答复后提起的行政诉讼。原告起诉宁夏回族自治区信访局的同时，也分别在其他地市中级人民法院起诉了信访事项复查、复核机关——同心县人民政府、吴忠市人民政府。该案涉及相关市、县两级人民政府和信访行政主管部门，影响较大，两级人民政府也非常重视该案的走向。代理律师接受委托后第一时间与法院行政庭（包括另案行政庭）沟通，尝试建议法院立案庭在立案阶段对该案件不予受理。但法院立案庭因不堪原告的反复请求，已经立案并已转行政庭主办法官。沟通无果后律师转变思路积极做好应诉准备。

具体措施：第一，做好调查核实工作，积极应诉。代理律师协同委托方相关负责人到市、县人民政府部门调阅了大量的信访案件卷宗，核实两级人民政府作出的答复意见、复查复核意见程序是否合法，同时重点审查信访答复意见是否具有超越答复意见之外的实体性处理意见或行政决定行为，在答辩期内按时提交了答辩状及相应的证据材料。第二，代理律师向被告单位领导汇报沟通，争取行政机关行政负责人出庭应诉。被告单位领导非常重视该案，因该案属于宁夏地区第一起因不服信访事项办理意见而提起的行政诉讼案件，被告行政机关负责人出庭应诉，对于检验行政机关日常工作办理流程，提高依法行政水平具有重要意义。在庭审过程中，被告单位的行政负责人向原告解释了信访工作流程，对原告的诉请也一一进行了回复。行政负责人出庭应诉使原告切身感受到其诉请的事项受到相关部门的重视，有利于后期信访事项的化解工作。

律师文书

一审代理意见（摘录）

1. 原告的诉请不符合起诉条件，信访部门作出的对信访事项的相关处理意见不属于人民法院的受案范围。

（1）最高人民法院《关于不服信访工作机构依据〈信访条例〉处理信访事项的行为提起行政诉讼人民法院是否受理的复函》（最高人民法院〔2005〕行立他字第4号、2005年12月12日发布）明确规定："信访人对信访机构依据《信访条例》处理信访事项的行为或者不履行《信访条例》规定的职责不服提起行政诉讼的,人民法院不予受理;对信访事项有权处理的行政机关依据《信访条例》作出的处理意见、复查意见、复核意见和不再受理决定,信访人不服提起行政诉讼的,人民法院不予受理。”

(2)根据最高人民法院《关于适用〈中华人民共和国行政诉讼法〉的解释》第1条第2款第9项规定,行政机关针对信访事项作出的登记、受理、交办、转送、复查、复核意见等行为不属于人民法院行政诉讼的受案范围。

(3)2017年3月23日,最高人民法院(2016)最高法行申364号再审行政裁定书确认:“信访制度是与行政复议和行政诉讼制度相互独立、相互分离的权利救济制度,对于信访工作机构处理信访事项的行为、不履行《信访条例》规定的职责的行为,或者行政机关依据《信访条例》作出的处理意见、复查意见、复核意见和不再受理决定,行政复议和诉讼途径亦是排斥的。”

因此,原告因其争议事项通过信访部门解决,相关信访部门依据《信访条例》作出的处理意见、复查意见、复核意见和不再受理决定,不属于人民法院的受案范围。

2. 被告不再受理原告的信访诉请符合《信访条例》的相关规定。

针对原告“同心县张家塬乡种植文冠果将其苜蓿破坏造成损失,请求政府协调解决造成的损失的问题”的信访事项,由同心县张家塬乡人民政府对其作出了信访答复意见,同心县人民政府对此信访事项进行了复查,吴忠市人民政府最终作出了信访复核意见,该信访事项办理程序合法。按照《信访条例》第35条及《关于进一步规范信访事项受理办理程序引导来访人依法逐级走访的实施细则(试行)》(宁党厅字〔2014〕13号)“已经复查、复核或终结的信访事项,各级人民政府信访工作机构和其他行政机关只登记但不再受理”之规定,信访部门不再受理被上诉人的信访诉请的做法符合信访工作程序要求。

综上,原告的起诉不符合《行政诉讼法》第49条规定的起诉条件,被告不存在未履行法定职责的情形,请求法院依法驳回原告的起诉。

案件结果

2020年7月27日，一审法院作出(2020)宁8601行初311号行政裁定书，裁定书认为，被告对信访事项不再受理的行为对原告的权利义务不产生实际影响，原告的起诉不属于行政诉讼的受案范围，裁定驳回原告的起诉。

原告陈某不服一审裁定，依法提起上诉。

2020年11月2日，银川市中级人民法院作出(2020)宁01行终285号行政裁定书，裁定驳回上诉，维持原裁定。

典型意义

近年来，信访人因不服行政机关信访答复意见，复查、复核意见而提起行政诉讼，请求人民法院撤销上述信访意见的情况时有发生。本案属于宁夏回族自治区第一例不服省级信访部门信访不再受理告知书而提起的行政诉讼案件，该案的判决对于指导宁夏回族自治区类似信访事项中信访答复意见、复查复核意见以及不予(再)受理决定的行政诉讼案件具有重要的指导意义。

回顾思考

我国的信访制度由来已久，信访是群众反映情况、表达自身意见，呼吁解决问题的一种方式。与诉讼方式相比，信访具有便捷、成本低的特点，引导信访人优先通过法定方式(诉讼、仲裁等)解决其诉请是首要原则，因此信访制度在一定程度上是诉讼或其他纠纷解决的一种补充方式。目前，各级行政机关，法院、检察院等单位均设有信访接待室，信访接待及信访案件的化解情况也作为政府年度考核内容之一，各级单位非常重视此项工作。作为一名政府法律服务领域律师，应当了解信访事项的相关程序，建议做好以下几点：

第一，熟悉国务院《信访条例》，中央和国家部委以及地方制定的信访相关政策、规范性文件，了解信访事项办理的全流程，信访答复意见、复查复核意见办理的程序要求。

第二，做好信访制度与行政诉讼(复议)对比的基本功。信访与诉讼相分离原则，已在顶层制度设计中予以确定。最高人民法院通过案例的形式明确，信访制度是与行政复议和行政诉讼制度相互独立、相互分离的权利救济制度，对信访工作机构处理信访事项的行为、不履行《信访条例》规定的职责的行为，或者行政机关依据《信访条例》作出的处理意见、复查意见、复核意见和不再受理决定，行政复议和诉讼途径亦是排斥的。但实践中的情形较为复杂，尤其是信访事项与复议、诉讼存在一定交集时，如何正确处理相互之间的关系仍存在较大争议。对此，律师需要正确理解与适用有关信访的现行规定，准确界定不属于行政诉讼受案范围的涉信访行政行为，既要避免信访与诉讼不当交织而引发法律关系混乱，又要避免滥用信访事项之名不当地排除依法应予受理的事项。

第三，律师通过参与信访案件的化解协调工作，可以扩展政府法律服务的广度与深度。一件较为复杂的信访事项，可能会关联到包括住建、人社、医疗卫生、教育等政府各专业部门，律师在参与协调信访案件的同时，也是向各行政机关展示其专业素养的绝好机会。因此，建议律师把握好每一次参与化解信访案件的机会，积极拓展政府法律服务客户资源。

律师简介

王旭华，现为北京市盈科(银川)律师事务所律师、政府法律顾问法律事务部副主任，2018年被宁夏律师协会评为“自治区优秀公益律师”。执业前曾供职于世界百强保险企业，熟悉人寿保险行业的风控合规机制及运营流程。执业期间办理了大量人身保险理赔纠纷案件。